民法債権法改正
国会審議録集(1)

（第192回国会衆議院法務委員会）

① 第 192 回国会　法務委員会　第 8 号　（平成 28 年 11 月 16 日（水曜日））…………4
② 第 192 回国会　法務委員会　第 9 号　（平成 28 年 11 月 18 日（金曜日））……… 10
③ 第 192 回国会　法務委員会　第 10 号　（平成 28 年 11 月 22 日（火曜日））……… 79
④ 第 192 回国会　法務委員会　第 11 号　（平成 28 年 11 月 25 日（金曜日））………137
⑤ 第 192 回国会　法務委員会　第 12 号　（平成 28 年 12 月 2 日（金曜日））………187

凡　例

*1　本書前編は，第 192 回国会衆議院法務委員会議録（全 5 回分）から**民法債権法改正に関する部分を抽出**掲載した。

*2　後編は国立国会図書館所蔵の**第 192 回国会衆議院法務委員会議録**を複製掲載したものである。（信山社編集部）

信山社

民法債権法改正
国会審議録集(1)

（第192回国会衆議院法務委員会議録）

【2016(平成28)年12月2日現在】

・民法の一部を改正する法律案（内閣提出、第189回国会閣法第63号）
・民法の一部を改正する法律の施行に伴う関係法律の整備等に関する法律案（内閣提出、第189回国会閣法第64号）

衆議院法務委員会の会議録議事情報　目次

①　平成28年11月16日　　第192回国会衆議院法務委員会　第8号
・政府参考人出頭要求に関する件
・**民法の一部を改正する法律案**（内閣提出、第189回国会閣法第63号）
・**民法の一部を改正する法律の施行に伴う関係法律の整備等に関する法律案**
（内閣提出、第189回国会閣法第64号）

②　平成28年11月18日　　第192回国会衆議院法務委員会　第9号
・政府参考人出頭要求に関する件
・参考人出頭要求に関する件
・**民法の一部を改正する法律案**（内閣提出、第189回国会閣法第63号）
・**民法の一部を改正する法律の施行に伴う関係法律の整備等に関する法律案**
（内閣提出、第189回国会閣法第64号）

③　平成28年11月22日　　第192回国会衆議院法務委員会　第10号
・**民法の一部を改正する法律案**（内閣提出、第189回国会閣法第63号）
・**民法の一部を改正する法律の施行に伴う関係法律の整備等に関する法律案**
（内閣提出、第189回国会閣法第64号）

④　平成28年11月25日　　第192回国会衆議院法務委員会　第11号
・政府参考人出頭要求に関する件
・**民法の一部を改正する法律案**（内閣提出、第189回国会閣法第63号）
・**民法の一部を改正する法律の施行に伴う関係法律の整備等に関する法律案**
（内閣提出、第189回国会閣法第64号）

民法債権法改正国会審議録集(1)

① 第**8**号 平成**28**年**11**月**16**日～⑤ 第**12**号 平成**28**年**12**月**2**日

⑤ 平成 28 年 12 月 2 日 第 192 回国会衆議院法務委員会 第 12 号

- 政府参考人出頭要求に関する件
- **民法の一部を改正する法律案（内閣提出、第 189 回国会閣法第 63 号）**
- **民法の一部を改正する法律の施行に伴う関係法律の整備等に関する法律案**
  （内閣提出、第 189 回国会閣法第 64 号）

★★★

第192回国会 衆議院法務委員会
第8号
平成28年11月16日(水曜日)

平成28年11月16日（水曜日）

午前9時30分開議

出席委員

委員長 鈴木 淳司君

理事 今野 智博君 理事 土屋 正忠君

理事 平口 洋君 理事 古川 禎久君

理事 宮崎 政久君 理事 井出 庸生君

理事 逢坂 誠二君 理事 國重 徹君

赤澤 亮正君 井野 俊郎君

奥野 信亮君 勝俣 孝明君

門 博文君 菅家 一郎君

鈴木 貴子君 瀬戸 隆一君

田中 英之君 田畑 毅君

辻 清人君 野中 厚君

藤原 崇君 古田 圭一君

宮川 典子君 宮路 拓馬君

山下 貴司君　　吉野 正芳君

和田 義明君　　小熊 慎司君

階 猛君　　山尾志桜里君

中川 康洋君　　真山 祐一君

吉田 宣弘君　　畑野 君枝君

藤野 保史君　　木下 智彦君

上西小百合君

……………………………………

議員　　二階 俊博君

議員　　山口 壯君

議員　　若狭 勝君

議員　　江田 康幸君

法務大臣　　金田 勝年君

法務副大臣　　盛山 正仁君

法務大臣政務官　　井野 俊郎君

政府参考人

（法務省大臣官房審議官）　　高嶋 智光君

政府参考人

（法務省保護局長）　　畝本 直美君

政府参考人

（厚生労働省大臣官房審議官）　中井川　誠君

法務委員会専門員　矢部　明宏君

―――――――――――――

委員の異動

11月16日

辞任	補欠選任
赤澤　亮正君	山下　貴司君
安藤　　裕君	田中　英之君
城内　　実君	勝俣　孝明君
宮川　典子君	和田　義明君
山田　賢司君	瀬戸　隆一君
枝野　幸男君	小熊　慎司君
大口　善徳君	真山　祐一君
吉田　宣弘君	中川　康洋君

同日

辞任	補欠選任
勝俣　孝明君	城内　　実君
瀬戸　隆一君	山田　賢司君
田中　英之君	安藤　　裕君
山下　貴司君	赤澤　亮正君

和田　義明君　　　宮川　典子君

小熊　慎司君　　　枝野　幸男君

中川　康洋君　　　吉田　宣弘君

真山　祐一君　　　大口　善徳君

―――――――――――――

11月14日

―――――――――――――

本日の会議に付した案件

民法の一部を改正する法律案（内閣提出、第189回国会閣法第63号）

民法の一部を改正する法律の施行に伴う関係法律の整備等に関する法律案（内閣提出、第189回国会閣法第64号）

――――◇―――――

○鈴木委員長　これより会議を開きます。

――――◇―――――

○鈴木委員長　次に、第189回国会、内閣提出、民法の一部を改正する法律案及び民法の一部を改正する法律の施行に伴う関係法律の整備等に関する法律案の両案を一括して議題といたします。

趣旨の説明を聴取いたします。金田法務大臣。

―――――――――――――

民法の一部を改正する法律案

民法の一部を改正する法律の施行に伴う関係法律の整備等に関する法律案

――――――――――――――

○金田国務大臣　民法の一部を改正する法律案につきまして、その趣旨を御説明いたします。

この法律案は、制定以来、約120年間の社会、経済の変化への対応を図り、国民一般にわかりやすいものとする観点から、民法の一部を改正しようとするものであります。

その要点は、次のとおりであります。

第1に、消滅時効について、医師の診療に関する債権は三年、飲食店の飲食料に係る債権は一年などとされております短期消滅時効の特例をいずれも廃止して消滅時効の期間の統一化を図るなど、時効に関する規定の整備を行うこととしております。

第2に、法定利率について、現行の年5％から年3％に引き下げた上で、市中の金利動向に合わせて変動する制度を導入することとしております。

第3に、事業用融資の債務の保証契約は、保証人になろうとする者が個人である場合には、主たる債務者が法人である場合のその理事、取締役等である場合などを除き、公証人が保証意思を確認しなければ効力を生じないものとするなど、保証債務に関する規定の整備を行うこととしております。

第四に、不特定多数の者を相手方とする定型的な取引に使用される定型約款に関し、定型約款によって契約の内容が補充されるための要件を整備するとともに、定型約款を準備した者が取引の相手方の同意を得ることなく定型約款の内容を一方的に変更するための要件等を整備することとしております。

第5に、意思能力を有しなかった当事者がした法律行為は無効とすることや、賃貸借契約の終了時に賃借人は賃借物の原状回復義務を負うものの、通常の使用収益によって生じた損耗等についてはその義務の範囲から除かれることなど、確立した判例法理等を明文化いたしております。

続いて、民法の一部を改正する法律の施行に伴う関係法律の整備等に関する法律案につきまして、その趣旨を御説明いたします。

この法律案は、民法の一部を改正する法律の施行に伴い、商法ほか215の関係法律に所要の整備を加えるとともに、所要の経過措置を定めようとするものであります。

以上が、これら法律案の趣旨でございます。

何とぞ、慎重に御審議の上、速やかに御可決くださいますようお願いいたします。

○鈴木委員長　これにて趣旨の説明は終わりました。

次回は、公報をもってお知らせすることとし、本日は、これにて散会いたします。

午前10時1分散会

第192回国会 衆議院法務委員会
第9号
平成28年11月18日（金曜日）

平成28年11月18日（金曜日）

午前10時開議

出席委員

委員長 鈴木 淳司君

理事 今野 智博君 理事 土屋 正忠君

理事 平口 洋君 理事 古川 禎久君

理事 宮崎 政久君 理事 井出 庸生君

理事 逢坂 誠二君 理事 國重 徹君

赤澤 亮正君 安藤 裕君

井野 俊郎君 大西 宏幸君

加藤 鮎子君 門 博文君

菅家 一郎君 城内 実君

鈴木 貴子君 田畑 毅君

武部 新君 辻 清人君

中谷 真一君 野中 厚君

藤原　　崇君　　　　古田　圭一君

牧島かれん君　　　　宮川　典子君

宮路　拓馬君　　　　山田　賢司君

吉野　正芳君　　　　和田　義明君

枝野　幸男君　　　　階　　　猛君

山尾志桜里君　　　　大口　善徳君

吉田　宣弘君　　　　畑野　君枝君

藤野　保史君　　　　木下　智彦君

上西小百合君

……………………………………

法務大臣　　　　　　　　金田　勝年君

法務副大臣　　　　　　　盛山　正仁君

法務大臣政務官　　　　　井野　俊郎君

政府参考人

（金融庁総務企画局審議官）　水口　　純君

政府参考人

（法務省民事局長）　　　小川　秀樹君

政府参考人

（中小企業庁次長）　　　木村　陽一君

法務委員会専門員　　　　矢部　明宏君

———————————————

委員の異動

11月18日

辞任	補欠選任
安藤　　裕君	中谷　真一君
奥野　信亮君	武部　　新君
鈴木　貴子君	加藤　鮎子君
田畑　　毅君	若狭　　勝君
宮川　典子君	和田　義明君

同日

辞任	補欠選任
加藤　鮎子君	鈴木　貴子君
武部　　新君	奥野　信亮君
中谷　真一君	安藤　　裕君
和田　義明君	大西　宏幸君

同日

辞任	補欠選任
大西　宏幸君	牧島かれん君

同日

辞任　　　　　補欠選任

牧島かれん君　　　　宮川　典子君

―――――――――――――

11月18日

―――――――――――――

本日の会議に付した案件

政府参考人出頭要求に関する件

参考人出頭要求に関する件

民法の一部を改正する法律案（内閣提出、第189回国会閣法第63号）
民法の一部を改正する法律の施行に伴う関係法律の整備等に関する法律案（内閣提出、第189回国会閣法第64号）

――――◇―――――

○鈴木委員長　これより会議を開きます。

第189回国会、内閣提出、民法の一部を改正する法律案及び民法の一部を改正する法律の施行に伴う関係法律の整備等に関する法律案の両案を一括して議題といたします。

この際、**参考人出頭要求に関する件**についてお諮りいたします。

両案審査のため、来る22日火曜日午前9時、参考人の出席を求め、意見を聴取することとし、その人選等につきましては、委員長に御一任願いたいと存じますが、御異議ありませんか。

〔「異議なし」と呼ぶ者あり〕

○鈴木委員長　御異議なしと認めます。よって、そのように決しました。

引き続き、お諮りいたします。

両案審査のため、本日、**政府参考人として金融庁総務企画局審議官水口純君、法務省民事局長小川秀樹君及び中小企業庁次長木村陽一君の出席を求め、説明を聴取いたしたい**と存じますが、御異議ありませんか。

〔「異議なし」と呼ぶ者あり〕

○鈴木委員長 御異議なしと認めます。よって、そのように決しました。

———————————————

○鈴木委員長 これより質疑に入ります。

質疑の申し出がありますので、順次これを許します。**菅家一郎君。**

○菅家委員 おはようございます。（発言する者あり）ありがとうございます。

自由民主党の菅家一郎でございます。質問の機会を与えていただきまして、まずは御礼申し上げたいと存じます。

民法の一部を改正する法律案について質問をさせていただきます。

契約のルールを社会の変化に沿ったものとして、120年ぶりに、約200項目に及ぶこのたびの大改正ということで、関係各位の皆様方、取りまとめに心から敬意を表したいと存じます。

それでは、今回の**改正案を提出した目的は何か**、そして**具体的にどのような改正項目があるのか**を、まずはお示しいただきたいと存じます。

○盛山副大臣 今、菅家委員から御指摘がありましたとおり、民法が制定されましたのは**明治29年、1896年**ということで、今からもう120年前になります。それ以来、**債権関係の規定につきましては、実質的な見直しがほとんど行われず、制定時の規定、内容がおおむねそのまま残されたまま現在に至っている**わけでございます。もちろん、120年ということでございますので、この間における我が国の社会経済情勢は大きく変わっております。取引の内容も高度化、複雑化し、情報伝達の手段、インターネットその他が飛躍的に発展する、いろいろな変化がございます。

また、裁判の実務におきましても、多数の事件について民法の解釈あるいは適用する中で、膨大な数の判例が蓄積されております。さらには、確立された学説上の考え方が実務で広く受け入れられ、明文ではない法規として解釈の前提となっております。しかし、それらの中には、条文からは必ずしも容易に読み取ることができないものも少なくありません。法律の専門でない国民の一般にとっては、民法が定める基本的ルールがわかりにくい、こういうことになっております。

そこで、**民法のうち、取引社会を支える最も基本的な法的基礎である契約に関する規**

定を中心に見直しを行うこととしたものでございます。

具体的には、職業別の短期消滅時効の特例を廃止することによる時効期間の統一化、年5％の法定利率の3％への引き下げその他、事業用融資の保証人になろうとすることについての大きな改正、そして4番目として、定型約款に関する基本的な規律の創設その他でございます。そしてまた、国民一般にわかりやすいものとする視点から、意思能力を有しない当事者がした法律行為が無効であることの明文化、将来発生する債権譲渡等についての明文化、賃貸借の終了時における条項の明文化、こういったものを盛り込んだものでございます。

○菅家委員　それでは、今お示しされた点について、少し詳しく質問をしてまいりたいと思います。

まずは時効についてでございますけれども、消滅時効については、知った時から5年という主観的起算点からの消滅時効の規定を新たに追加するとのことであります。

現行法でも、1年、2年、3年、5年、それから原則的な時効期間である10年と、さまざまな時効期間の定めがありますが、短期消滅時効を廃止し、主観的起算点からの消滅時効の期間を5年とするとの規定を追加した、その理由についてお示しをいただきたいと存じます。

○小川政府参考人　御指摘ありましたように、現在の民法170条から174条まで、それから商法にも短期消滅時効の規定がございます。しかし、これらの規定は、その適用の有無の判断が困難であったり、社会経済情勢の変化に伴って合理的な説明が困難なものもございます。そこで、これらの短期消滅時効の特例を廃止した上で、基本的な時効期間については統一化を図り、シンプルなものとするということが合理的であると考えられたわけでございます。

ただ、特例を単純に廃止するだけでは、例えば現在2年とされております生産者や卸売商人の売買代金債権の時効期間が今度は10年に大きく延長されることになるわけですが、これに対しては、関係諸団体からも、領収書の保存費用など弁済の証拠保全のための費用が増加するといった懸念が示されました。さらに、現在5年で時効が完成する商行為債権につきましても、商取引の実情として多数の取引債権に適用されておりまして、この規律を前提として安定した実務運用が行われているため、改正の影響を極力抑える必要があるとの指摘が、これも実務界から強く寄せられたところでございます。

以上の問題状況を踏まえまして検討を進めまして、法制審議会では、現行法の10年という時効期間を維持した上で、権利を行使することができることを知ったときから5年の時効期間を追加し、そのいずれかが完成した場合には時効により債権が消滅するとの案が大方の賛同を得るに至ったところでございます。

そこで、改正法案におきましては、先ほどお話がありました5年の主観的な起算点による時効期間を追加することといたしました。

○菅家委員 私も、飲み屋のツケが1年だったのが延びるということになりますから、ある意味では1つの時代の流れかなというふうに感じます。

さて次に、改正法案においては法定利率を年3％に引き下げることとしており、利率を引き下げることについては賛成であります。

ただし、法定利率については**貸出約定平均金利を参考**にしているとのことでありますが、現在の貸出約定平均金利の水準は極めて低いですね。例えば、長期プライムレートなどの水準も低い状況であります。そのような中で、法定利率を3％に下げたとしてもなお高いというような印象がございますけれども、**法定利率を3％にした理由**をお示しいただきたいと存じます。

○小川政府参考人 法定利率の引き下げ幅の検討に当たりましては、**貸出金利の水準**を参照にすべきであるというふうに考えられるわけですが、法定利率の適用場面はさまざまでありますため、**借り手が大企業である場合だけでなく、中小企業あるいは一般消費者である場合の水準も広く考慮に入れる必要がある**かと考えられます。

例えば、借り主が大企業や公共団体である場合には極めて低金利となり、かつ、その貸付額も多額に上りますが、国内銀行の貸出約定平均金利の平均値にはこのような特殊性のある大口の貸し出しも含まれるため、**貸出約定平均金利は、そのままでは、借り主が中小企業または一般消費者である場合も視野に入れた数値としては低過ぎる**ということに留意する必要があろうかと思います。

同様に、御指摘がございましたプライムレートにつきましても、優良企業向けの貸し出しに適用される**最優遇金利**でありますために、借り主が中小企業または一般消費者である場合を視野に入れれば、これも相当に低いものと言わざるを得ないと考えられます。

さらに、法定利率の引き下げの際には、**遅延損害金の額が低くなり過ぎると債務の不履行を助長する結果となりかねないことや、これまで120年にわたりまして年5％で実務運用がされてきたこととのバランスも考慮する必要があるといった実務的な観点からの指摘も強くされた**ところでございます。

改正法案におきましては、以上のさまざまな事情を総合的に判断するとともに、実務上取り扱いが容易な、簡明な数値とする必要性なども勘案いたしまして、**引き下げ後の法定利率を年3％といたしたもの**でございます。

○菅家委員 それでは、次は**保証**についてであります。

事業性の融資については、経営者その他の個人が保証人となったため、その生活が破綻する例も少なくないと言われており、保証人の保護は重要であると認識をしております。

今回、**改正法案では、経営者以外の第三者が事業用融資の保証人となる際は、公証人による意思確認を受けなければ保証は無効になる規定を新設**しているわけであります。

経営者以外の第三者が保証人となることは全面的に禁止すべきというような意見もありますが、今回、公証人による意思確認を受ければ保証人になることができるとした、その理由をお示しいただきたいと思います。

○小川政府参考人 法制審議会におきます審議の過程では、今御指摘がございましたような、**事業のために負担した貸し金等債務を経営者以外の第三者が保証することを全面的に禁止するという意見についても検討が行われました。**

しかし、経営者以外の第三者によるいわゆる第三者保証の中には、これは**エンジェル**などと呼ばれます、個人の投資家が事業の支援として自発的に保証することなども現に存在しているところでございます。このため、第三者保証を全て禁止することに対しましては、とりわけ中小企業の円滑な資金調達に支障を生じさせ、金融閉塞を招くおそれがあるとの指摘が中小企業団体からの強い意見として示されました。

また、保証人がその不利益を十分に自覚せず、安易に保証契約を締結するような事態を防止する施策を講ずることができれば、第三者保証を全面的に禁止しなくても、保証人がその不利益の具体的な内容をよく理解した上で、保証契約を締結するかどうかを自己の資力や主債務者との関係その他の事情を勘案しつつ決定することができると考えられるわけでございます。

そこで、改正法案におきましては、**第三者保証を全面的に禁止する措置は講じない**こととする一方で、保証人がその不利益を十分に自覚せず、安易に保証契約を締結する事態を防止するという観点から、事業のために負担した貸し金等債務を保証する際には、原則として公証人による意思確認を経た上で**保証意思宣明公正証書**を作成しなければならないとしたわけでございます。

○菅家委員 **公正証書を作成することとしても、それによって保証人の保護を図ることが本当にできるのか、公正証書は具体的にどのような手続を経て作成することとなるのか、公証人が公正証書を作成しないことになるのはどのような場面なのか**、これについてお示しをいただきたいと思います。

○小川政府参考人 事業のために負担した貸し金等債務に関しまして、保証人になろうとする者は、**保証契約を締結する前に、保証意思宣明公正証書の作成を公証人に対して嘱託することになります。**

保証意思宣明公正証書は保証契約締結の日の前の 1 カ月以内に作成される必要がございます。保証人になろうとする者は、公証人に対し、保証意思を宣明するため、主債務の内容など法定された事項を口頭で述べなければならないとされております。

そして、公証人は、**保証人になろうとする者が保証しようとしている主債務の具体的な内容を認識していること**、それから、保証契約を締結すれば、保証人は保証債務を負担し、主債務が履行されなければみずからが保証債務を履行しなければならなくなることを理解しているかなど、こういった点を検証いたしまして、保証人になろうとする者が相当の考慮をして保証契約を締結しようとしているか否かを見きわめ、仮に保証意思を確認することができないといった場合には公正証書の作成を拒絶しなければならないというわけでございます。

このように、**公的機関であります公証人が保証人となろうとする者の保証意思を確認することによりまして、保証人が保証のリスクを十分に認識することなく安易に保証契約を締結し、生活の破綻に追い込まれるという事態を抑止することができるものと考えております。**

○菅家委員　今回、改正が行われますと、さまざまな面で社会に影響が生じると考えられます。**施行日を「公布の日から起算して3年を超えない範囲内において政令で定める日」**としておりますが、この期間で法務省としてどのような周知活動を行う予定なのか、お示しをいただきたいと思います。

○盛山副大臣　何しろ 120 年ぶりの大改正ということで、国民の皆さんに大きく影響を与えると思っておりますので、法律として成立した後は、その見直しの内容を国民に広く十分に周知する必要がある、そんなふうに考えております。

現在の案では、**改正法の施行日を、原則として公布の日から 3 年を超えない範囲内に**おいて政令で定める日としてございますので、この間に十分な周知活動、こういったものを行いたい。具体的には、今後検討していくわけになりますけれども、**全国各地で説明会を開催すること、あるいは法務省のホームページ**、こういった、国民に対してできるだけわかりやすい、効果的な周知活動を行っていきたいと考えております。

○菅家委員　この法律によって、**消費活動が円滑に、消費社会の成熟へ**つながりますことを御期待申し上げまして、質問を終わります。

ありがとうございました。

○鈴木委員長 次に、**吉田宣弘君。**

○吉田（宣）委員 公明党の吉田宣弘でございます。

本日も、法務委員会においてこのように質問の機会を賜りましたこと、委員長また理事の皆様、委員の皆様、本当に感謝を申し上げます。得がたい時間でございます、早速質問に入らせていただきたいと思います。

私も大学時代は法学部におりまして、私が民法を勉強していた当時というのはまだ片仮名表記の時代です。だんだん片仮名表記で勉強していた方が少なくなっていくのかなと思うと、ある意味、非常に感慨深いものがあるのですけれども、その後、平仮名、いわゆる現代仮名遣いに変わって、今般、債権関係に関して大改正が行われるという意味におきましては、私も、やはり時代の流れ、変化、そういったものを感じながら今回も勉強をさせていただいたところでございます。

質問に入らせていただきます。

先ほど、**菅家先生の御質問**にもありました、そういう意味からすると、多少重複するところがあるかもしれませんので、その点については御容赦いただきたく思います。通告しておりました第1問目については、菅家先生の御質問にございましたので、その御答弁もこれからしっかり私も読ませていただいて、さらなる質問に続けたいと思います。1問飛ばして、通告の2題目から入らせていただきます。

先ほど来、**盛山法務副大臣また政府参考人**の方から御説明もございましたけれども、**ほかにも細やかな改正点も多い**と思うんですね。このような多くの改正事項というのは、これまでどのような審議を経て今般の改正案としてでき上がってきたのか、また、このような基本的な法律の改正に当たっては、実務家や中小企業などのユーザーの声をしっかりと反映させる必要があろうと私は思っておりますけれども、この点についてどのような配慮があったか、当局からお聞きしたいと思います。

○小川政府参考人 まず、提出に至ります経緯でございますが、平成21年の10月に、法務大臣から法制審議会に対しまして、民法のうち債権関係の規定について、契約に関する規定を中心に見直しを行うことを内容とする諮問がされました。

これを受けまして、**法制審議会には、法律実務家や各種団体の代表などの委員が参画する、これは民法（債権関係）部会と言っておりますが、この部会が設置されました。委員19名の内訳は、学者7名、法務省3名のほか、裁判官2名、弁護士2名、経済団体、労働団体の代表4名、消費生活相談員1名で**ございまして、実務家やユーザーの声が反映されるように配慮がされたところでございます。

そして、この部会におきまして、平成21年11月から27年の2月までの5年余りにわたりまして、**合計99回の会議**、それから分科会としまして18回の会議が開催されまして、その審議においては、さらにパブリックコメント手続を2度にわたって行い、関係諸団体のヒアリングも実施するなどして、部会に委員として参加していない団体などの意見を聴取する機会を積極的に設けてまいりました。

このように、実務家やユーザーの意見を反映させた結果、保証人保護の拡充ですとか法定利率の見直しなどを初めとする実質的なルールの見直しを行う改正項目については、実務界からの改正の必要性の指摘などを踏まえた立案が行われておりまして、それが最終的な改正案の内容となっております。最終的な改正案の内容につきましても、実務において適切に運用することが可能なものとなっておるというわけでございます。

以上のとおり、改正法案の立案に当たりましては、**実務家やユーザーの声**を適切に反映させたものと考えております。

以上でございます。

○吉田（宣）委員　丁寧な審議、そういったものがなされてきたというふうに受け取りました。

今般の法律が晴れて成立した暁には、ユーザー、そういった方々に、法律事務所も含めてですけれども、本当にわかりやすい内容というふうなものになっているかとも思います。積極的に意義をこれからも見出していきたいなと私は思っております。

次に移ります。

先ほどの質問にもありましたけれども、私も、**公証人の保証意思というものの確認手続、これは非常に大きな論点だ**と思われます。そのことについて触れさせていただきたいと思います。

第三者保証は大きな論点ですけれども、今回の改正において、事業のために負担した例えば貸し金等の債務、これを主債務とする保証契約を締結する際に、保証人になろうとする者の意思、これはちゃんとそういうふうな意思がはっきりしているのかということについて、まさに法律のプロである公証人の方がしっかり確認をするというふうな手続が新設をされているということでございます。

このような**保証人の意思というものを確認するに当たってプロが担う、そういった規定の新設について、その趣旨**を改めて確認させていただきたいと思います。

○小川政府参考人　<u>公証人によります意思確認の手続</u>は、先ほども申し上げたところでございますが、保証契約のリスクを必ずしも認識しないで保証人になろうとする方が生じないように、いわば、そういった保証契約の持つリスクの確認を公的機関であります公証人のもとでしっかりチェックするということがその趣旨でございます。

○吉田（宣）委員　確かに、以前は**保証の範囲**というものも、一般の国民からすると非常にわかりづらかった印象があります。特に、きょう質問できるかどうかわかりませんけれども、**根保証というふうな余り一般の国民が聞きなれない保証形態があって社会問題になった**ことは、これは若干古い事件であったかと思いますが、私は鮮明に覚えております。

そういった意味において、保証人が公証人のもとまで足を運ぶこと、手続を経るということは、しっかりと**保証債務を負担するという意思が明確にあらわれる**ということであろうかと思いますので、保証人の保護には配慮がなされているというふうにも思います。

ただ、一方で、第三者保証はなるたけなくしていくべきであるというふうな御意見にも、やはりこれは重い意味があるというふうに思っております。この第三者保証をできれば全面的に禁止をしていければ私もいいなとも思うのですけれども、一方でやはり、そういった部分を全面的に禁止してしまえば、いわゆる信用というものの補完において、事業の資金繰りというのもなかなか難しくなってくるというふうなことかとも思っております。

そういう意味では、中小企業へ円滑に資金を融資するに当たって、資金調達というものをやりやすくするという一方で、第三者という方を保護するというバランス、このバランスが非常に難しいのだとは思いますが、私は、この改正案については、そのバランスを本当に絶妙な感じで配慮をされている規定だというふうに思っております。

質問を続けさせていただきます。

今般の改正では、**例えば主債務者である会社の取締役など、この意思確認を行う必要がない場合がある**ということでございますが、ここでもちょっと私確認をさせていただきたいんですけれども、**この改正案において、公証人による保証意思の確認が不要となるのはどのような場合か、確認**をさせてください。

○小川政府参考人　改正法案におきまして、**保証人になろうとする者**は、**債務者が法人である場合のその取締役など**、それから、**主債務者が法人である場合のその総株主の議決権の過半数を有する者など**、また、**主債務者が個人である場合のその個人と共同して事業を行う者**、または**その個人が行う事業に現に従事している配偶者のいずれかである場合**には、**事業のために負担した貸し金等債務を主債務とする保証契約などの締結に当たりまして保証意思の確認は要しない**ということとしております。

○吉田（宣）委員　これも１つの絶妙なバランスをとったというふうなことかと思います。

次に、もしかするとこれが最後になるかもしれませんけれども、規定の中に、**情報の提供義務というふうなものが盛り込まれているか**と思います。

改正法案において、事業のために負担をする債務について、完全に禁止するとの方策はとっていないと。**保証人被害を防止する観点**から、改正法案においては、第三者保証を念頭にさまざまな施策を実施しているというふうなことかと私は認識をしております。

まず、保証人となろうとする者が主債務者の財産や収支の状況をあらかじめ把握をし、保証債務の履行を現実に求められるリスクというものを検討することができるとする、主債務者の財産や収支の状況等に関する**情報の提供義務**について、どのような改正が行われるかについて御説明を願いたいと思います。

○小川政府参考人 保証人になるに当たりましては、主債務者の財産や収支の状況などをあらかじめ把握し、保証債務の履行を現実に求められるリスクを検討すること、これが非常に重要だというふうに考えております。とりわけ、事業のために負担する債務は極めて多額となり得るものでありまして、この債務を保証することは個人である保証人にとって負担が大きなものとなるわけでして、これを主債務とする保証においては、**個人である保証人が主債務者の財産及び収支の状況を把握することが特に重要である**というふうに考えられます。

しかし、現行法上は、**保証人になろうとする者において、主債務者の財産及び収支の状況などに関する情報を得ようとしましても、これを制度的に保障する規律は設けられておりません。**

そこで、改正法案におきましては、保証人が個人である場合には、保証人保護の観点から、事業のために負担する債務を主債務とする保証などでは、その委託をする主債務者は、**自己の財産及び収支の状況等に関する情報を保証人となろうとする者に対して提供しなければならないということとしております。**

その上で、**この情報提供義務の実効性を確保する観点**から、主債務者がこの情報提供義務を怠った場合には、そのために誤認をし保証契約の申し込みなどをした保証人に保証契約の取り消し権、これは債権者の立場にも考慮いたしまして、情報提供義務違反があることを債権者が知り、または知ることができたときに限るわけでございますが、保証人は**保証契約を取り消せる**こととしております。

○吉田（宣）委員 もう質問を終わりますけれども、まだ質問したい事項というのは実はたくさんたくさんございました。これからも、質問の機会をぜひいただきまして、国民の皆様にわかりやすい委員会審議に努めてまいりたいと思いますので、どうかよろしくお願い申し上げます。

以上で質問を終わります。

○鈴木委員長 次に、**逢坂誠二君。**

○逢坂委員 おはようございます。**民進党の逢坂誠二**でございます。

それでは、民法の改正について質疑をさせていただきたいと思います。

私は、今回の民法の改正、いろいろたくさん、範囲が多岐にわたっているんですけれども、原理、原則、原点をしっかり確認しながらやっていくことが大事ではないかと思っています。取り組むべき物事が大きければ大きいほど原理、原則、原点を忘れがちになってしまって、その物事をなすことだけが目的になってしまうということがあるものですから、**原理、原則、原点を確認しながら丁寧な議論**をしていきたいというふうに思います。

きょうの答弁ですけれども、基本的には民事局長に多くお答えいただきたいと思っています。必要があれば政務の皆さんにも御意見を伺いたいというふうに思います。

まず最初に、今回の民法の改正ですけれども、これは何のために何を目的にして行うのかというところ、それはどうでしょうか。

○小川政府参考人 現行民法は120年前にできた後、特に債権法に関する部分はほとんど見直しがされていない状況でございました。しかし、この間、社会、経済の変化は著しいものがあり、取引の高度化ですとか情報の発達など、さまざまな事象が生じております。それに対応するというのが一点目でございます。

それからもう1点は、この間、学説や裁判などにおきまして一定のルール、いわゆる判例などによりますルールが形成されてきたわけでございますが、それは条文上からは見えない。要するに、国民の方からは条文を見ただけではそういった確立したルールも見えない状況でございましたので、その意味で国民にとってわかりやすいものとする、これが2点目の目的でございます。

○逢坂委員 それで、原理、原則、原点みたいなことを確認させていただきたいんですが、まず、民法という法律は何のために存在をしているのか、どういうことを意図して民法というのは存在しているのか、そして、その作用を受ける者、誰のために存在している法律なのか、この点、いかがですか。

○小川政府参考人 まず、**民法とは何か**という点でございますが、この点につきましては、学問的にもさまざまな考えがあるようでございます。

ただ、大まかに言いますと、**私人間の法律関係について定める私法のうち、一般法あるいは基本法とされているもの、これが民法である**というふうに言われているようでございます。

それから、**民法は誰のための法律か**ということでございますが、民法は、先ほども申し上げましたとおり、私法の一般法あるいは基本法でありまして、個人も法人も含むという意味で、広く人を対象として、**裁判規範それから行為規範として機能するもの**でございます。

そこで、民法が誰のためにあるかという点についてでございますが、以上申し上げました意味での、**人のための法律である**というふうに考えております。

○逢坂委員　そうなんですね。民法、私人間の取引、私人間のいろいろな関係に関する法律、それから広く人のためにある法律ということだというふうに私も理解をしております。

そこで、加えて、今度は民法全般ではなくて**債権法**、これは同じような意味で、どういう目的、どういう作用をする法律であって、しかもそれは誰のためのものなのかというところについてお伺いします。

○小川政府参考人　お答えいたします。

まず、債権法でございますが、これは民法の条文の中で用いられている用語ではございません。ただ、民法は、その編別構成で申しますと、**第3編に債権の発生原因であります契約、事務管理、不当利得及び不法行為に関する規定を配置**しておりまして、これらをまとめまして一般に債権法と呼ぶものと承知しております。

また、その意味での債権法は誰のための法律であるかということでございますが、民法は、先ほども申し上げましたとおり、私法の一般法あるいは基本法でありまして、個人も法人も含むという意味で、**広く人を対象として裁判規範及び行為規範として機能する**ということを先ほど申し上げました。そして、債権法も、先ほど申しましたように民法の一部を形成するものでございますので、同様に、広く全ての人のための法律であると言えようかと思っております。

○逢坂委員　民法全般も広く人のためのもの、それから、債権法、これも広く人のためのものということを改めて確認をさせていただきました。

その上で、今回の民法の改正は、**社会経済情勢の変化、これが制定後120年たって随分あるんだ**ということと、国民にわかりやすくする。それは今までの**判例の積み重ね**などで条文から読み取れないことがあるということでありますけれども、具体的な改正のスタートはどの時点だったでしょうか。改正作業のスタートという意味です。

○小川政府参考人 お答えいたします。

法務省としての検討作業ということで申し上げますと、平成21年10月、法務大臣の諮問を受けまして、これに基づきまして法制審議会での審議を開始いたしました。

○逢坂委員 21年10月に当時の法務大臣から法制審議会に対して、民法のうちの債権関係の規定について、同法制定以来の社会経済情勢の変化への対応を図り国民一般にわかりやすいものとするなどの観点から、国民の日常生活や経済活動にかかわりの深い契約に関する規定を中心に見直す必要があるとして、債権法の見直しが諮問されたということであります。

小川局長にお伺いしたいんですけれども、こういう諮問をするということは、突然諮問しようというふうにきっとならないと思うんですね。諮問するからには、諮問する前のさまざまな積み重ねといいましょうか、そういうものをどう捉えていたかということがあると思うんですけれども、諮問する前、一体この民法についてどんな動きがあって諮問に至ったのかというところは、今、ここは説明できるでしょうか。

○小川政府参考人 民法の改正は、家族法の部分を除きますと、冒頭申し上げましたように、120年間、余り改正がされていない状況でございました。ただ、この間、例えば、借地借家法の整備ですとか製造物責任法の制定のような特別法で対応する、さらには債権譲渡特例法といった形で、具体的な問題については特別法で対応するという方法もございました。

他方、民法は、現代語化が当時されておりませんでしたので、民法全体を見渡して現代語化をする動きも、これは平成の3年ころからスタートしたものがございます。その間におきまして、やはり、先ほど申し上げました、社会経済情勢の変化への必要性、あるいは国民にわかりやすいものにするといったことは認識されてきたものだというふうに理解しております。

その上で、**学界でも平成10年ころシンポジウムなども開かれて、債権法の改正が意識**されるようになってきて、そういう意味では、徐々に徐々に債権法の改正の機運は高まってきたということかと思います。例えば学者のグループによる改正法の検討のグループなどができて、さまざまな立法提案もされ始めてきたというのが、平成21年の前の段階までの状況かというふうに理解しております。

○逢坂委員 そうなんですね。個別法でいろいろ民法の改正されていないところを対応してきた、**製造物責任法であるとか借地借家法**であるとか、そういうことをやってきた。だがしかし、だんだん、私のイメージでは、多分それだけではもう済まない状況になってきているのかなと。

だから、地震などに例えて言うと、プレートがだんだん褶曲してきて、だんだんエネルギーがたまってきて、それは個別のさまざまなことで対応してきたんだけれども、そのエネルギーが随分増大してきて、もう大改正せざるを得ないというところへ来たのかなという印象を持っているんですけれども、小川局長、どんなイメージを持ちますか、今回の民法改正。（発言する者あり）

○小川政府参考人　先ほども申し上げましたように、120 年間、債権法本体はほとんど改正がされない状態でございましたので、その意味では大分時間がかかったというのが率直な印象ではございます。

○逢坂委員　今ちょっと、横の方から、遅きに失したという、やじのようなつぶやきが聞こえましたけれども。

これは何で 120 年間改正できなかったか。本来であれば、何か事象が生ずるたびに少しずつ改正をしていくというのがある種の理想形、その方が国民にとっても都合がいいのではないかというふうに思うんですけれども、なぜ 120 年間やらなかった、できなかった、そのあたりはどこにあるとお思いでしょうか。

○金田国務大臣　民法がなぜ柔軟に改正ができなかったのかという御指摘でございます。

条文自体が民法は非常にシンプルに書かれておりまして、その規定内容の抽象度が高い、このように受けとめております。社会経済情勢の変化に対しては、その改正をしなくても、条文の解釈を施すことによって一定程度対応することが可能であった、こういうふうに考えられるわけであります。また、一定の分野における社会経済情勢の変化に対しましては、民法の特則を定めた法律を、先ほどのお話にもございましたが、個別に制定すること等で対応してきたという側面もあろうというふうに思います。

他方で、民法の債権関係の規定というのは取引社会を支える最も基本的な法的基盤であるということから、その規定内容の見直しは取引社会に多大な影響を及ぼすおそれがある。そのために、民法の見直し作業は、法律の専門家でない国民各層からも広く意見を聴取しながら慎重に進められる必要があったということであります。そして、個別に特則を制定することに比べて、その改正に伴う社会的なコストというものが極めて大きい、このように考えられてきたのではないか、このように思います。

そのため、民法の債権関係の規定につきましては、御指摘のように、本格的な改正に着手されないまま現在に至ったものと考えております。

○逢坂委員　大臣から御丁寧に説明いただきまして、ありがとうございます。

そこで、120年ぶりの改正ということなんですが、改正の理由、大きく2つ、社会経済情勢の変化ということでありますけれども、この社会経済情勢の変化というのはどういう変化というふうに、政府、立法している側としては見ているんでしょうか。

○小川政府参考人 お答えいたします。

具体的には、例えば契約ルールが直接対象といたします取引について言えば、恐らく大量の取引が頻繁に行われるようになり、しかも、新しい類型の取引なども生じてきているということが言えようかと思います。取引の複雑化、高度化という言い方もできるかと思います。

それからまた、通信手段といたしましても、民法ができましたころは手紙などがベースだったところに、インターネットのような新しい情報伝達の手段も加わり、そういう意味では、意思表示の形成などに関しましても、従来の民法理論とは大分異なる面も出てきたという点も言えようかと思います。

そういった社会、経済、あるいは例えば高齢化などもそういった要素に含まれようかと思いますが、さまざまな場面におきまして変化が生じてきているというのが前提ではないかというふうに認識しております。

○逢坂委員 今、局長の中で、新しい類型の契約という発言がございました、新しい類型の契約というふうに発言したかと思っているんですが、具体的にそれはどんなものがありますかね。

○小川政府参考人 お答えいたします。

民法の債権法は、各種の契約を幾つか定めております。典型契約というふうに申しますが、賃貸借ですとか消費貸借ですとか売買といったことについて個別の規定を設けておるわけでございますが、例えば、従来は類型からいくと必ずしもどれに当てはまるかよくわからないようなもの、典型的には、リースのような賃貸借と融資の両方の内容を持つようなものといった、取引の工夫によってさまざまなものが出てまいりますので、そういったものを挙げることができようかと思います。

○逢坂委員 あと、私は、今回の社会経済情勢の変化の中にもう1つ含めておかなければならないのは、取引がやはりグローバル化しているというところもあろうかと思うんですね。それからもう1つは、世界のいわゆる民法典の中の債権法、あるいは、世界の中では必ずしも債権法とは呼ばずに別な言い方をしている法律もあろうかと思いますけれども、世界の法律のトレンドといいましょうか、その動きも多少はにらんでいるのかなという気もしないでもないんです。

まず最初に、**グローバル化、取引が世界じゅうを駆けめぐっているという観点から、今回の債権法の改正はそういう視点も含んでいるのかどうか**、含んでいるとすればそれはどういう部分なのか、そのあたりは視野に入っていないのか、そのあたりはいかがでしょうか。

○小川政府参考人 お答えいたします。

お話にございましたように、グローバル化というのがかなり進んでいるわけでございまして、例えば、地域によっては、具体的にはＥＵのようなところですと、比較的共通の基盤を持つ関係もあって、条約の統一によるような形で私法ルールを共通のものとするようなこともございますし、我が国が入っておりますＵＮＣＩＴＲＡＬにおきましても**ウィーン売買条約**というようなものが制定され、一種のグローバルなものに対する対応として、条約への対応というのがございます。

ただ、民法ももちろん当然グローバルな意味を持つものでございますので、各国の状況、あるいはそういった条約の状況などについても、当然のことながら、関心は持って見てまいったわけでございます。

○逢坂委員 契約のところは、私は実は余り、さほど詳しいわけではないんですけれども、世界の債権法といいましょうか、契約法といいましょうか、それと比較した場合、日本の民法の債権法というのはどういう違いがあるというか、あるいはどういう特色があるといいましょうか、世界のこの分野の法律と比べてどんな位置にあるのかということを御説明いただけますか。

○小川政府参考人 お答えいたします。

日本の民法のもともとはフランスを親としたようなものでございまして、そういう意味では、**当時のヨーロッパの近代法を継受したもの**でございますので、そもそもの出発点から見ましても、**比較的世界共通のかなり先端を行く法律を導入した**と考えられると思います。

その上で、日本の債権法の特徴といいますと、そういう意味では、もともと出発点からしましても比較的普遍的なものを持ってまいりましたので、例えば、私的自治の原則と呼ばれる基本的な考え方ですとか、契約違反をした当事者が相手方に一定の責任を負うといった考え方など、その意味では、世界的に見ましても普遍的な考え方を共有している法律という点、これが１つの日本の債権法の特徴として挙げることができようかと思っております。

○逢坂委員 普遍的な考え方を共有している、それが日本の債権法の１つの特徴だということでありますけれども、もう１つ、社会経済情勢の変化ということが今回の民法改正の１

つのきっかけ、理由でありますので、改めて、世界の債権法のトレンドみたいなもの、そういうことは今回、何か視野に入っているものはあったんでしょうか。

世界の債権法がこのように変わっている、だから日本もそれに合わせなきゃいけないみたいなところというのはあったのかなかったのか。先ほど条約の話が出ましたけれども、条約以外にも何か法律関係でそういうところはあったのかなかったのか、お教えいただけますか。

○小川政府参考人 お答えいたします。

社会経済情勢が進展しておりますのは、もちろん日本だけのわけがございませんので、世界各国でそれぞれ民法を持ちつつ、そのもとで社会経済情勢の変化に対応するという作業は多くの国で行われていることだというふうに理解しております。

例えば、日本が出発点といたしましたフランス法、あるいは、その後かなりいろいろな意味で参考にさせていただいたドイツ法などにおきましても、民法の改正が比較的頻繁に行われるところでございますが、最近になりましても大きな改正がされておりまして、そういったものについては、例えば定型約款のような問題はフランスでもそういった導入の議論がされておりますので、そういう面も考慮したものということが言えようかと思います。

○逢坂委員 国際的な動きも、全面的にというか大幅にというかどうかは別にしても、多少視野に入っているということが理解できました。

次に、もう 1 つの今回の改正の論点というか出発点として、国民にわかりやすくというのがあると。

これまで、民法は、具体的に条文改正を行わずに、判例などの積み重ねによって条文を解釈してきた、だから国民にはわかりにくいんだということでありますけれども、例えば、具体的にこの項目というのはどんなことがあるのかというのが1つと、それから、その論点で改正した項目数というのはどれぐらいあるのかというのは、今おわかりになりますでしょうか。

○小川政府参考人 まず、項目の数から申し上げますと、**大体140 ぐらいの項目**が、今お話にありました、**国民にわかりやすくする観点から判例などのルールを明確化したもの**でございます。

具体的な内容を 3 点ほど申し上げますと、1 つは、意思能力の無効であるということを規定しております。これは、いわば民法の基本的な理論としても当然のこととして確立したものでございますが、意思能力を欠いた場合にはその意思表示の効力が否定されるというものでございます。例えば、高齢で判断能力が低下した方などについてそういった問題が出てまいりますので、そういったものに対応することも含めて、規定を設けたわけでございます。

それから 2 点目。私どももよく説明しておりますのは、将来債権の譲渡ということで、民法は債権の譲渡については可能であるということを書いてございますが、それが将来にわたって生ずるものについてどのようなものなのか、あるいは可能性がどうなのかということについては規定を設けておりません。

しかし、最近は、資金調達の手法といたしましても、将来の債権の譲渡、あるいは譲渡担保という手法がかなりとられておりまして、判例も、これもいろいろ変遷はございましたが、将来債権の譲渡についてはもう確立した理論として認めております。これを今回は盛り込んだものがございます。

それから3点目は、賃貸借の終了した際のルールということで、**敷金の点を明確化し、**それから原状回復につきまして、例えば、経年変化ですとか**通常損耗のようなものは賃借人の原状回復義務に含まれない**、これもいわば**確立したルール**としてございますので、そういったものを盛り込んだということが代表例として挙げられようかと思います。

○逢坂委員　御丁寧な説明、ありがとうございます。

私のところへ今回の民法改正についていろいろ意見が寄せられる中の懸念の 1 つは、今回のわかりやすくするというところ、このことによって従来の判例とか従来の解釈が少し狭くなるのではないか、あるいは、それが変更されるのではないかという懸念をお持ちの声が寄せられるわけですが、善意に考えると、単にわかりやすくしただけなので従来とは全く変わりませんよということで、私は善意に理解をしたいんですけれども。

140 の項目を全部チェックするわけにもなかなかいかないんですけれども、局長、従来の判例や解釈と少し守備範囲が変わりましたとか、対応がちょっと変わったんだよねというようなところがあるのかないのか、その辺はいかがでしょうか。全部 100 %一緒というふうに解釈していいのかどうか、そのあたりはいかがでしょうか。

○小川政府参考人　お答えいたします。

判例がもちろんない場面もございまして、今回は、いわゆる通説と言われるようなものに依拠して見直しを、見直しといいますか、その通説の内容を明文化したというようなものもございますので、そういう意味では、既に社会のルールとして確立したものというよりは、ある意味**通説的な見解を内容として盛り込んだ**というものもございます。

ただ、そういったものも含めた上でということになりますが、今回の改正法案を策定する過程では、先ほど申しましたように、**民法を国民一般にわかりやすいものとする観点**から幾つかのルールを示すという点につきましては、そういうものをお示ししながら議論してまいりました。

その上で、審議会での議論があり、パブリックコメントに2回かけ、そういった内容をお示しして、これで大丈夫かということについてもいわば確認をしながら手続として進めてまいりましたので、御懸念のような点は余りないのではないかというふうに考えております。

○逢坂委員　判例のあるものについては判例にのっとってやった、通説については通説をある種条文化したと。でも、通説は、必ずいろいろな解釈の幅があったり、通説の範囲というのでしょうか、通説ですから、必ずしもそれが事実をピンポイントで的を射たことになっていないケースもあるわけですので、通説を条文化したというところについては、私はこれはやはり丁寧にチェックをする必要があるのではないかなというふうに思っています。そうしなければ国民の皆さんの疑問に答えられないというふうに私は思っております。

ここは、きょうは入り口でありますから、私も実は幾つか、あら、これはどうかなと思っているものがありまして、それは後日の議論の中で1つずつ疑問を解消していきたいというふうに思います。

ただ、いずれにしても、わかりやすくしたんだということではありますけれども、以前社会の中で行われていたことが条文化されて、全く同じように100％行われるかどうかについては、100％の保証はないという印象を持つんですけれども、そのあたりはいかがですかね。ちょっと質問がわかりにくいかもしれません。

○小川政府参考人　お答えいたします。

もちろん、そういうことに極力ならないように、いわゆる確立した判例というものを、その表現ぶりも含めて、パブリックコメントなどに付しながら、あるいは審議会の中でも慎重な議論を進めてきたということは言えようかと思います。

ただ、**民法は一種の裁判規範として機能する**わけでございますので、その意味では最終的には裁判所の判断することではございますが、私ども、作業をする上では、今先生御指摘になった点についても十分配慮しながら進めてまいったというつもりでございます。

○逢坂委員　もう全く、私は善意に解釈してそうなんだろうなというふうには思います。

ただ、法律の条文は、私、この間も幾度か経験があるんですが、恐ろしいなと思うことがあるんです。国会でいろいろ議論をしていて、いや実はこの条文はこういう解釈ですよというような議論が、例えばある件についてあった場合に、それが15年、20年たってみると、後の人は何をやるかというと、その条文の字面だけを見て、そこでまた新たな解釈というか思いというか、それを吹き込んでしまう。**条文の字面だけが後になるとひとり歩きする**ということが結構あったりするものですから、そういうケースを幾つか私なりに体験をしていて、やはり、**これほどの大改正を行うときは相当慎重に条文のチェックもしなきゃいけない**なという印象を持っております。この点は、きょうはこの程度にとどめさせていただきます。

そこで、今入り口で 2 つの話をさせてもらいました。**社会経済情勢の変化**、それからわかりやすくということであります。それを踏まえて今度は、それぞれの議論の場でいろいろとやってきたわけでありますけれども、この法案が国会に出されたのは 27 年ですか、それに至るプロセスを簡潔に説明いただけますか。

○盛山副大臣 これまでも局長その他から詳しく御答弁をしたところでございますけれども、**21 年の 10 月に法制審議会に法務大臣から諮問**をいたしました。そして、27 年 2 月に答申をいただいたわけでございまして、その間、先ほど来逢坂委員がいろいろ御質問をされましたけれども、多くの関係者の方にこの法制審議会に入ってもらうような形で、いろいろな各般の分野の御意見をうまく調整させていただいた。さらには、その中でも、途中でパブリックコメント、こういうものを経ながら、案文の作成というんでしょうか、まずはその前の案、骨子をどのように定めていくのか、そんなことをしたつもりでございます。

それから、先ほど委員が御発言ございましたけれども、**確かに、一旦法律として成立しましたならば、その後は、条文をどう解釈するか、どう読むかということになるわけでございまして、これまでの民法が 120 年改正されなかったということのように、できるだけ我々は長く安定して使っていただけるような案はつくるつもりでございます。**

ただ、逆に言うと、120 年前、インターネットの影も形もなかったわけでございまして、そういった時代の変化に合わせて判例その他の解釈で事実上新しい法文のような形にしていくということにもなるでしょうし、あるいは、きょうのこの国会での審議もそうでしょうけれども、国会での答弁、やりとり、こういったものを参考にしながら今後解釈をしていってもらう。あるいは、我々の方としましても、この民法が成立した暁には、我々の方でこんなふうに考えているんだという、立法者の意思というんでしょうか、そういったものを明らかにし、そして、先ほど来御説明しておりますけれども、いろいろな形で国民の皆さんにできるだけわかっていただけるような広報、こういった活動にこれからも努めていきたいと考えております。

○逢坂委員 これほどの大改正ですから、私は議論のプロセスが結構大事だと思っていまして、**中間的な論点整理をされたときは 500 項目ほどの改正、あるいはその論点**についての**中間報告**があったというふうに承知しているんですけれども、これがどういうプロセスを経て現在のこの民法改正の法案につながっていったのか、このあたり、簡単に説明していただけますか。

○盛山副大臣　法制審議会の民法の部会の委員は 19 名でございますけれども、学者の方が7名、法務省が3名のほか、裁判官2名、弁護士が2名、経済団体、労働団体の代表、それから消費生活相談員、こういった方が入っておりまして、実務家やユーザーの声、そんなふうに配慮をしたつもりでございますし、そしてまた、部会でのヒアリングということで、**日本証券業協会、不動産協会、日本司法書士会連合会、弁護士連合会その他、21の団体からのヒアリング**も経ております。さらに、**パブリックコメントの手続を2度経て**おりまして、その過程におきまして、一般の個人の方はもちろんでございますが、経団連を初めとする多くの団体からのお声、そういったものを受けておりまして、そういったものを踏まえた形で我々は今回の民法の改正案をまとめてきたつもりでございます。

○逢坂委員　私の質問の仕方がちょっと悪かったみたいで、ごめんなさい。

中間論点整理で 500 項目だった、それで、**最終的に今回の改正法案に盛り込まれているのは 200 程度の項目**だというふうに承知をしているんですが、500 がどういう議論によって 200 になったのか。どういう議論というのは、細かい、この項目がこんな議論でこれが落ちましたとかこれが入りましたということはいいんですけれども、大きなトレンドとして 500 がどういう議論の方向感で 200 になっていったのか、あるいは、どういうところが今回、やはりこれは民法の改正の課題としてはあるんだけれども盛り込まれなかったというのは、どういう基本的な考え方というか、全体を貫くようなものというのは何かあったんでしょうか。

これは結構大きな議論だと思うんですよ。最初はやはりすごく風呂敷が広かったように思うんですね。

○小川政府参考人　お答えいたします。

今お話ございましたように、中間論点整理ということでパブリックコメントに付しました際には、**項目数は 500 を超えておりました**。これは、委員の方からも御指摘ございましたように、当初は比較的広目にさまざまな関心事項、先ほど申し上げましたように、いろいろな形での立法提案などもございましたので、そういったものを広く検討の対象としたというところからスタートいたしましたので、かなり多いものとなっていたことは事実でございます。

ただ、やはり、**いろいろと反対意見のあるもの、まだ立法にはなじまないもの、あるいは立法化が非常に困難と思われるもの、技術的な面も含めて**ですけれども、そういったものもございますので、徐々に徐々に論点は絞り込まれていったというのが状況でございます。

第 2 段階といたしまして、**中間試案**を出しまして、いわば試案という形でパブリックコメントに付したわけでございますが、**そのときは項目数が約半分、260 程度**でございました。

これは、検討項目からこの段階で落ちた論点が幾つかございますが、やはり全体として見ますと、一方のあるグループは賛成をするけれども、あるグループは反対する、そういう意味では利害の対立の激しいような論点もございましたので、なかなか立法化がそういう意味では困難なテーマということが言えようかと思います。そういったものにつきましては、これも徐々に徐々に絞り込まれ、最終的には大方の異論のないテーマに落ちついて、**要綱仮案の決定の段階では項目数が約 200** になったというのが実情かというふうに考えております。

○逢坂委員　幾つか類型をお示しいただきまして、ありがとうございました。

500 が 200 に絞り込まれていく類型を御紹介いただいたんですが、それぞれの、例えば立法化が難しいとか、あるいは反対、賛成が対立していたといったような類型の中で、**代表例を幾つか御紹介いただけますか。**例えば、こんな論点が最初にあったけれども、最終的にはこれがこんな理由で落ちたんだというような、それぞれの類型に従ってお教えいただけますか。

○小川政府参考人　お答えいたします。

例えば立法化が非常に技術的にも難しいというようなことも先ほど申し上げましたが、その例として、先ほど新たな類型の契約の中で御紹介しましたファイナンスリースなどがございまして、ファイナンスリースなどは、賃貸借類似の契約について賃貸借の規定を準用するということが検討課題と当初されておりました。

ただ、先ほど申し上げましたように、**ファイナンスリースは融資の部分と賃貸借がセットになったようなものでございまして、実質的には金融取引として単純に賃貸借の規定を準用することは妥当ではないなどの指摘**がございまして、取り上げないこととされたものでございます。

それから、意見の対立もあったということで申し上げますと、例えば**事情変更の法理というのがございまして、契約の前提となった事情に変更が生じた場合に、一定の要件を満たせばその契約を解除することができることとする旨の規定を設けるかどうか**、これがいわゆる**事情変更の法理**と言われるものでございますが、こういったものを設けるかどうかが 1 つの検討課題とされておりました。

ただ、これについては、規定を設けてしまうと、むしろ自由な交渉を萎縮させるおそれがあるのではないかという反対意見、もちろん、一方では、これによって救済を図ることができるという賛成意見もあるわけですが、そういった意見の対立もございまして、盛り込まれることにはならなかったということでございます。

○逢坂委員 そうですね、私も事情変更の法理というのを勉強させてもらいまして、ああ、なるほどなと。これは、確かにそういう思いを持っている人がいることは理解するけれども、そういうものが盛り込まれたときに、そのことによって不利益をこうむる人もいるなというような印象を私も持ちまして、こういうことは今回盛り込まないということはよかったなというふうに、私自身は個人的には思っています。

実は、私の今回の民法改正に関する 1 つの着眼点は、冒頭に御答弁いただきました民法というのは何かというのは、それは広く人のための法律なんだということです。

すなわち、どうしても、債権法の議論というようなことになってしまいますと、商取引をする主体といいましょうか、個人ももちろん商取引の主体であることは間違いないんですけれども、法人とか組織とか団体とか、そちらの視点の方が強くなって、いわゆる生の個々人といいましょうか、私人といいましょうか、そこの視点が抜け落ちてしまうおそれがあるのではないかなというのが私の 1 つの問題意識であります。

これは後にまた御答弁いただきたいと思うんですけれども、今回のこの債権法の改正は何のために行うのか。何のためにというのは、いろいろな何のためというのがあると思うんですけれども、経済活動を活発化させるために行うのか。あるいは、個々人の取引あるいは個別の取引、それを安定化させるために行うのか。あるいは、取引の態様が非常に高度、複雑化していて、一般国民の皆さんにはなかなかわかりにくい取引もたくさんあるわけですね、そういうものを保護するといいましょうか、そういうために行うのか。

こういったことをしっかり捉まえて行わないと、この債権法の改正をやった結果、私たちの社会が、あら、こんな社会を目指していたのかなというところがよくわからないものになってしまうんじゃないかなという懸念が私はあるんですね。

だから、狙いをどこに定めて今回のこの債権法の改正というのはやっているのかというところについては、もう少し、今回の改正項目を全部足し合わせた結果どんな社会になるのかというのはよく見据えておく必要があると私は思っています。

今私が言ったような観点で、実際に改正作業実務をやっておられた小川局長の方でどんなイメージをお持ちになっていますか。今回の答弁で小川局長が、いや、実はこれは経済取引を活発化させるためと言ったからといって、後にそれで揚げ足をとるつもりはありませんので。議論ですから、これは。いや、こんなイメージなんだよねとか、私が言ったような論点というか観点以外にもこんなことがあってやったんだよねとか、そのあたりはどうですか、実務をやっている者として。

○小川政府参考人 そうですね。最初の方で申し上げましたが、民法は私法のいわば一般法ということですので、そういう意味では、まさに個人、法人、しかも余り色分けをせずに、非常に一般的な意味で人を対象とするものということが言えようかと思います。

これに対して、商法は、当然のことながら商事ですので、営利行為をする会社であったり、いわゆる商人と言われる者を対象とするわけですので、その意味で商法は、当然のことながら、取引の活発化、あるいは最終的にそういった者の経済活動に資するということにかなり重点が置かれるものかと思います。

ただ、もう一度民法に戻りますと、**民法は一般的な法律**でございますので、あらわれる人間は、事業者の場合もあれば、事業者の中でも当然のことながら大企業もあれば中小企業もあり、**当然今度は消費者、消費者の中でも高齢の方であったり若い方であったり、さまざまな類型の方々を対象とするわけですので、もちろん1つ1つの項目を捉えれば、これは消費者の保護に資するものになります**、あるいは、中小企業の融資に役立つものですということが言えようかと思いますが、全体としてのトレンドとして申し上げられるのは、やはり、**私法の一般法**として、あらゆる方に対して一定のルール、当然のことながら民法の理念としての公平ですとかそういったものについてのルールを提供するものだということが言えようかと思います。

○盛山副大臣　ちょっと、私もこの調整過程に入っていたものですから、1 つの例として申し上げますと、経済団体との調整の場合、例えば経団連ですとか商工会議所とか、彼らも大変広い業界を所管しているものですから、こちらの業界とこちらの業界の意見というのはなかなかうまく収束しない、そんなことも正直ございました。なかなか返事が出てこない、いや、しかし、こちらも期限があるんだからそろそろ出してくれといったようなやりとりがございました。

そのうちでどういう例を挙げるのが適切かはわかりませんけれども、一つやはり大きな議論になったものとしては約款がございます。標準約款の部分でございます。

なぜこれを今さら民法の中に置かなければならないのか、そういうところから議論が始まりました。それぞれ個別法で今うまくやっているじゃないか、余計なおせっかいはしないでくれみたいなようなこともございまして、いや、それは個別法に根拠が一応あるかもしれないけれども、やはり契約の一番大きなベースとして今回民法に入れるべきではないか、やはり一般の消費者あるいは一般の方とのルールを決めるにはここでちゃんと置いておくべきだろう、そしてその場合にはどういうふうにしていって、そしてそれが民法に対してそれぞれの個別法との関係をこれからどのようにしていくのか、そんなことでいろいろ調整を図った、その結果、今回提出した案になっているというふうにお考えいただければと思います。

○逢坂委員　私は、今回の民法の改正がだめだとかということを必ずしも言っているわけではなくて、やはりこれほどの改正ですから、合成の誤謬が起こってはいけないなと思っているんです。

合成の誤謬というのは、それぞれ個々の条文を見ると、それはそれで改正は理にかなっている、合理性があるというふうに思う、でも、全部それを足し合わせてみた結果、私たちの社会がこれからどんな方向へ進んでいくのかということを、もしかすると今回の改正で、特に経済活動において、ある一定の方向感が、見えるか見えないかはわかりませんけれども、場合によっては見えるかもしれない。そのときに、その方向感が正しいのか正しくないのかというのは、これは多分、私は政治家しか判断できないと思っているんです。

個々の、個別の条文の具体的なことの、合理性があるとか合理性がないということは事務方の皆さんが高い能力で精いっぱいやっていただいて、その結果、社会がどうなるのかということについては、これは私たち政治家がやはり大きく担う部分だろうと思っています。

それからもう 1 つ、後にもまた質問させていただきますけれども、**今回の改正のプロセスを見ると、法人組織あるいは団体、先ほどのほかの方の質疑の中にも出ておりました、実務家とかユーザーという言葉が出てくる**んですけれども、法人組織とか団体のヒアリングというのは結構多かったように思うんですけれども。

やはり、自然人としての個人といいましょうか、そういう方々の声をどうやって酌み上げるかというところも非常に重要だと思っていまして、それをやれるのは、場合によってはやはり国会の場しかないのか。もちろん、パブリックコメントもありますけれども、パブリックコメントはやはり、この問題について非常に関心のある方が提出をしてくるわけでありまして、私たちが守らなければならないのは、多分、こういう問題に日常的には関心がない、だけれども、いざ何らかの商取引において契約をする、そのときに、あらという場面に遭遇した国民の皆さんに対して、ちゃんとした安定的な法制度が提供できているかどうかだというふうに思いますので、その観点を私は大事にしたいと思っています。

そこで、また小川局長にお伺いするんですけれども、今回、平成 21 年から最後の、法案ができるまでの間、どんな団体からヒアリングされましたか。

○小川政府参考人 お答えいたします。

法制審の部会の中で、パブリックコメント手続が実施されています間に、これは事業者団体ですとか消費者団体という言い方ができるかと思いますが、こういった団体、合計 21 団体からのヒアリングを行っております。日本何とか協会とか日本何とか連合会とか、そういういわば業界団体のものと、それから消費者関係の方など。

あるいは、個別の形でも、法制審の場でのヒアリングという形式ではなくて、事務当局で事情聴取を行って、その結果を書面で部会に報告する形式で、幾つかの業界団体などからもそういう形式でのヒアリングを実施しておりまして、こちらの方は、合計9団体からのヒアリングを実施しております。

○逢坂委員 ちなみに、その**21**団体ですけれども、ここで読み上げさせていただきますと、**日本貿易会、それから情報サービス産業協会、コンピュータソフトウェア協会、日本チェーンストア協会、日本証券業協会、京都消費者契約ネットワーク、消費者支援機構福岡、それから住宅生産団体連合会、日本建設業連合会、全国宅地建物取引業協会連合会、全日本不動産協会、不動産協会、不動産流通経営協会、日本司法書士会連合会、全国サービサー協会、信託協会、リース事業協会、ＡＢＬ協会、ＡＢＬ協会というのは何かちょっと私はわからないんですけれども、日本損害保険協会、日本賃貸住宅管理協会、日本弁護士連合会というのが21団体**のようなんですね。

これを見たときにというか、これを聞いたときに、いや、もちろん、私はこの団体からヒアリングするというのは何も問題はないと思う、だけれども本当にこれで、私が言うところの自然人といいましょうか、こういう業界に詳しくない国民の皆さんの思いというか声というかがちゃんとこの法律の中にうまく入れ込められているのかどうか、あるいは、これらの団体にはふだん縁のない人たちが、この法律が成立し施行したときに、この法律を受けとめて、ちゃんと納得できるものになっているのかどうかという視点で、やはり国会では議論しなきゃいけないんだろうと思っています。

結構法制審も、国の審議会は結構やっつけ仕事でやるという場面が多くて、私も、自治体にいたころにも、国の審議会というのは形骸化していてどうしようもないということを随分批判していたんですが、そういう観点から見ると、まあまあ丁寧にやっているんじゃないかなというふうに私は感ずるんです、時間もかけて。それだけに問題が大きかったんだとは思うんですけれども。

そうはいうものの、民法の大きな目的が、やはり広く人であります。もちろん法人も含みますけれども、幅広く人でありますから、その観点で、この法改正が大丈夫かというところをよく見ておく必要があるんだと思っています。

そこで、今回こういう経過でこの改正法案が出てきたわけですけれども、よく私が聞くのは、この法改正を急いでほしいという人の声は、あんなに丁寧な手続をやって、法制審でもやり、各種団体からも声を聞き、途中にパブリックコメントもあり、法人からも個人からも意見があってできた改正案なんだ、だから、国会でそんな時間をかけて審議する必要はないんだとおっしゃる方が中にいるんですね。

でも、私は、やはりそうじゃない、**国会は法制審の追認機関ではありませんので**、法制審で議論されたところに、もしかして抜け落ちているものがあったりすれば、やはりそれはちゃんと補わなければいけないというふうに思っていますし、出てきた改正案が、これは法制審の議論では十分ではないな、やはり国会の目線で見たときに、ここはちょっと手直ししなきゃならないなということを指摘し、場合によっては手直ししていくというのが国会の役割だと私は思うんですけれども、この点は、政務三役の皆さん、いかがでしょうか。

○盛山副大臣 例えば、今委員が読み上げられた団体でも、やはり全ての団体が入っているわけじゃありませんですね。そうしたら、そういう声をどのようにしてうまく酌み上げているのかということになりますし、委員がおっしゃったように、一般の方の、普通の、本当に個人の目線、そういうものをどのようにしていくのか、これは大変重要なことだと思っております。

もちろん、法制審議会、私ももともと法務省の公務員ではなかったわけでございますけれども、法務省に来てみると、法制審というのは予想以上に丁寧に時間をかけて、やはり、特にこういう民法だとか、そういう基本的な法律ですから、予想以上に丁寧に時間をかけ、そしていろいろな方々の御意見も聞きながら、間違いがないようにしているなというふうに私自身感じました。

ただ、さはさりながら、そこにおられる**法律の本当の専門家の方々、そういった方々の目線だけで100%いいのか**というのは、委員がおっしゃるとおりだろうと思います。やはりいろいろな方々の目で見て、本当にこれがパーフェクトであるのかどうか、そういった形でもんでいくことは大変大事なことだと思っております。

そうは申し上げましたけれども、私どもとしましては、法制審での審議だけではなく、我々の目線も加えまして、十分に審議にたえる、余り御修正をいただかなくてもいいような案にして提出したつもりではございますので、よろしくお願いします。

○逢坂委員 **閣法として提出**するからには、**不都合があったら修正もいいですよなんてことは軽々しく言えない**ことは、それは私もよくわかるんですが、ただ、やはり120年でありますので、この積み重ねの中でやることでありますから、私は、場合によっては、ここは少しというようなところはよく考えてみた方がいいなと思っています。

それで、きょうは個別、各論には入りませんけれども、私が見ている中でやはり心配だなと思っているところは、**約款のところも若干心配ですし、保証のところも少し心配か**なという、いえ、**現状でも保証は心配なんですけれども、でも改正案で大丈夫かな**と、ちょっと思っているところもありまして、それについてはまた後ほど、個別の論点の中で話をさせていただきたいと思います。

そこで、これも今度事務的なこと。**小川局長**、きょうは済みません、何か小川局長とばかりやりとりして、多少通告のないところもあったので、無理をして答弁をしてもらってありがとうございました。きょう答弁したことを、**後になって、11月の18日にあんな答弁したじゃないかということは私は言いませんので、御安心ください。ほかの人が議事**

録を見て、言わない保証がないところはちょっとあれですが。

それで、今回、この民法の債権法の改正ですけれども、これに伴って**関連法の改正**というのは何本ぐらいあるんでしたか。

○小川政府参考人　今回、民法改正案とあわせまして、いわゆる**整備法案**を提出しておりまして、**対象となります法律は215本**だと記憶しております。

○逢坂委員　そうなんですね。そうなんですねというのは、私も見てびっくりしたんですが、215本なんですよ。それで、いや、もちろん、私は残念ながらこの215本のどこがどう改正されているのかを全部チェックし切るだけの能力も時間的余裕もないんですけれども、やはり今回の改正はそれぐらいのことであるということは、我々は国会議員として認識せざるを得ないと思っています。

議論ですから、100％満足のいくところまで全部やれるかどうかというのは、これは私はわからない。わからないというか、そんな無責任なことで逢坂誠二いいのかとお叱りを受けるかもしれませんけれども。ある一定のところで議論というのは区切りをつけなければいけないということも私はわかるんですけれども、それにしてもやはり結構大きいなというのが正直な感じですね、215本でありますから。それで、法律名を見てみると、やはり結構重要な法律が入っているんですね。だから、これは、やはり丁寧に議論するということが私は必要なんだと思っています。

最後、大臣、きょう私は入り口の議論しかしませんでした。中身の議論は入りませんでしたが、民法は広く人を対象にしている法律であるということ、それから、私の感覚でいえば、法人組織、団体の観点も大事だけれども、やはり人、個人、そういう視点が大事であるということ、さらにまた、改正内容が非常に多岐にわたっているというようなこと、こうしたことを踏まえてみると、やはり丁寧な議論が必要だなというふうに感じております。

先ほどの、わかりやすくといったところを1つとってみても、通説を条文化したなんというところについては、これは相当丁寧にチェックをしておかなければ、後に要らぬ論争を生みかねないというふうにも思いますので、修正するとかしないとかは全く別にして、丁寧な議論が要るというふうに思っているんですが、大臣、感想はいかがでしょうか。

○金田国務大臣　委員御指摘のとおり、人の視点といいますか、それを非常に大切にしながらこの民法の改正案について議論をしていく、特に債権法の分野でございますから、人との関係というのは非常に重要でございますから、そういう丁寧な議論になる、そしてまた、お互いによりよい形で仕上げていくという視点もやはり必要なんだろうというふうに思います。そういう視点で、御指摘のとおり、私たちも臨んでいきたい、こう思っております。

○逢坂委員 多分、**丁寧に丁寧にやり出したら相当な時間がかかる**というふうに思っています。それは、与野党の中で、どの程度の密度の濃さでやるかということは古川筆頭とも協議しながら決めていきたいと思うんですけれども、でも、やはり、不安を残したままで、大丈夫だよということでやる部分というのは極力少なくしなきゃいけない、そう思っておりますので、これから、場合によっては長いつき合いになるかもしれませんが、よろしくお願いいたします。

ありがとうございます。

○鈴木委員長 次に、**井出庸生君。**

○井出委員 **民進党、信州長野の井出庸生**です。本日もよろしくお願いを申し上げます。

民法、債権法部分の大改正の実質的な質疑、審議のスタートということで、私も、**法改正の必要性**というところからまず伺っていきたいと思います。

平成21年の11月からでしょうか、法制審議会でこれに関するものが始まって、27年2月まで 99 回の議論を重ねられた、そのことに対しては率直に敬意を申し上げたいと思います。

ただ、その議論の中で、当初想定されていたものとまとまったものと、その結果というものも大分異なっただろうと思いますし、法案の、**法改正の必要性**というところをやはり丁寧に議論をしていく必要性というものはあるのではないかなと思います。

まず、小川さんに伺いたいのですが。今回、よく 200 項目の改正だと言われているんですが、私、この法務省からいただいた**新旧対照表**、ちょっとこれは引っぺがして汚くなっちゃって申しわけないんですが、**新旧対照表で、法改正の「(新設)」**というところがございます、**この新設というものを朝ちょっと一生懸命数えてみたら、208 個あった**。数え間違いもあるかもしれませんので、その数は別に、そこは正確性を期しているわけではないんですが。

今回の民法改正というものは、民法の分量が従来よりふえるということは簡単に言えるのかどうかというところを、まず基本的な認識を伺いたいと思います。

○小川政府参考人 お答えいたします。

現在の民法の条文数は、**いわゆる枝番号も含めまして 1103 カ条**ございます。

民法改正法案におきましては、**このうち改正の対象として改正がされたものが 257 カ**

条でございます。それから、85 カ条が枝番号を付して新設されておりまして、トータルでいいますと、新設された分、それから削除された分もございますので、非常に今回の改正によって条文数が膨らんだということではないとは思っております。

○井出委員　新設されたものと削除されたものがある、総じてそんなにふえたわけではないというようなお話もあったんですが、例えば、日弁連の方で、民法改正に合わせて一つの本を出されているんです。日弁連さんなので、「消費者からみた民法改正」ということで、24 のテーマを厳選されたというように書かれているんですが、24 のうち最初と最後は、議論のいきさつとか今後の国会審議とかというところ、本論と関係ないんですが。

この本を見たときに、これは日弁連さんが求めていたものなのかどうかわからないんですが、22 の具体の項目を挙げられているうち、たしか 5 つのものは見送られた、残りの 17 はいずれも新設ですとか明文化、これまでになかったものを加えられている。

ちょっとこの本を読んでから新旧対照表を数えてみたんですが、そうすると、今回の改正によって民法がより詳細な、具体的な記述になってくる、そういうところは一般的に言えるかどうか、ちょっと教えていただきたいと思います。

○小川政府参考人　かつての法律、とりわけ明治時代にできました民法などに見られるのは、非常にシンプルな条文の立て方でございます。原則は書かずに、例外だけを書いて原則も読ませるような、そういう非常に技術的な手法などもとられた結果、日本の民法の条文は、条文数も世界に比べますと比較的少ないというふうに言われておりまして、非常にそういう意味では読みづらい面もあったかと思います。

今回の改正は、もちろん、例えば保証のところなど何カ条も枝番号がついたりしていますけれども、非常に詳細に、具体的な規定として、最近の法制執務に基づいて設けておりますので、その意味では、かつてよりも具体性を持った規定ぶりになっているということは言えようかと思います。

○井出委員　今、具体性を持った記載ぶりというお話がありました。

大臣、先ほど逢坂委員への答弁の中で、これまで民法改正がなされなかったところについて、現行民法がシンプルで抽象的であって柔軟にいろいろなことに対応が可能であったというようなお話もあったんですが、現行の民法の持っているシンプルさ、抽象性というものは民法のよいものとして評価をされているのか、それとも、もうこれは変わっていかなきゃいけないというお考えなのか。それを大臣と局長にそれぞれ伺いたいと思います。

○小川政府参考人　もちろん、国民にとってわかりやすいものにするという観点からは、先ほど言いましたように、非常にシンプルで、例外だけを書いて原則も理解しろというようなやり方は決して親切なものではないというふうに思っておりますので、わかりやすいという観点からすれば、いろいろと、そういった国民一般が読む法律である、理解する法律であるということを前提とした規定ぶりとしていくというのが意味のあることではないかというふうに考えております。

○盛山副大臣 先ほどからいろいろなやりとりをしておりますけれども、何しろ120年たっております。そうすると、いろいろ、インターネットが典型だと思いますけれども、明治29年に想定していないものをどのように規定していくか、これも大事であります。

あるいは、その間、シンプルであったがために何とかいろいろな解釈で読み込んできたということは言えるんですが、逆に、それは、いろいろな形で判例ができているものですから、条文を読んでいるだけでは理解できない。それをやはり今回わかりやすく、条文を読んだだけで、つまり、いろいろな判例に当たらなくても、一般の人が条文を読んだだけである程度わかりやすくしようじゃないか、そんなところも入れなくてはならない。

しかしながら、何もこれから120年改正しないというつもりではないんですけれども、ある程度の期間、この新しい民法でいろいろな事態に対応していくということを考えますと、やはり若干は抽象的な形の表現も含めて、ある程度長く使っていただけるよう、そんなことも考えながら、現在の民法のよいところ、それはそれである程度生かしながら、そうはいっても、今のこの時点で、どうすれば国民の皆さんあるいは外国人の皆さんに読んでいただいてわかりやすくなるか、そんなことを考えてまとめた現在の案でございます。

○金田国務大臣 委員が私の先ほどの答弁を引いていただきましたから、お答えをさせていただきますけれども、先ほどの御質問というのは、御承知のとおりなんですが、民法が社会経済情勢の変化に応じてなぜ柔軟に、フレキシブルに改正してこなかったのかという、その点を考えてみた場合に、先ほどおっしゃった、条文自体がシンプルに書かれておることから規定内容の抽象度が高い、だから、改正をしなくても条文の解釈を施すことによって一定程度対応することが可能であったと考えられるということを申し上げたわけであります。その点をつけ加えておきます。

○井出委員 私も、民法がわかりやすくなる、今回の法改正の大きな目的、それから、法制審でも、わかりやすくしていこうというところは最初からそんなに異論はなかったかと思うんです。

民法、特に債権法の部分ですね、当事者間の契約ですとか合意をするときに、裁判法規ですから、争いがあったときにこれが1つの物差しになるんじゃないかと思うんです。争いがなければ民法の出番はないと思うんですけれども。そのときに、ですから、私は、抽象性というものがむしろ当事者間の合意というものをつくりやすくしてきたんじゃないかなとか、当事者の合意、契約ということにおいて、民法の抽象性、シンプルな条文というものは一定の役割を果たしてきたんじゃないかなという疑問を、特に法制審の1回目、2回目の議論で改正の必要性ということを徹底的に御議論されているんですけれども、その中で、抽象性、シンプルな条文のよさというものもあったのではないかなと考えるに至ったんですが、そのあたりはどうでしょうか。

○小川政府参考人 もちろん、法律の適用される場面はさまざまございますので、その場面に即して考える必要があろうかと思いますが、裁判の規範として、先ほどのお話であれば、紛争が生じて裁判になった場合について見れば、抽象的な条文を前提といたしますと、やはり予測可能性という観点からすると劣る面があるのかなという気はいたします。あるいは、先ほど来話が出ていますように、裁判所が抽象的な規定について補充する必要が出てこようかと思いますので、さまざまな問題はあり得るかとは思います。

他方、裁判まで至らなくても、取引の過程で考えますと、債権法の規定というのは、契約法のルールとして、いわゆる任意規定ではございますが、最終的には合意がない場合も任意規定によって定まるというルールになるわけですので、その意味でも、一定の具体性を持った規定の方が契約に伴うコストという観点からしてもいい面があるのではないかなと。

済みません、私のかなり個人的な部分かもしれませんけれども、そういうふうに感想を持ちました。

○井出委員 ありがとうございます。

私も民法は大変不勉強なので、余り何か学説的な議論をしてもこっちがぼろが出ちゃうので、話を進めてまいりたいと思います。

私、**民事裁判の件数**というものをちょっと調べてみたんです。これは恐らく裁判所の方で出されていると思うんですけれども、裁判を迅速化しなければいけないということで、平成10年代からいろいろな研究をされてきておりまして、その中で民事第1審訴訟事件全体の概況というものがありまして、それを見ますと、昭和の初めは、民事第1審で新たに受理した件数というものが3万7,763件だった。それが、多少線がふえたり減ったりはしているんですが、おおむね上がっていって、平成21年が23万5,508件でピークを迎えております。その後、これは昨年のものはないんですが、平成26年になりますと14万2487件。民事裁判は必ずしも債権関係だけではないのですが、民事の全体像を見るとそういう状況であります。

法制審の第1回、第2回のときに委員の方も言われているんですが、今何か変えないと困ることがあるのかと。そういうことに対して、わかりやすさを追求していくということも確かに大事、社会経済情勢の変化に照らしていくということも大事なんですが、実際、民法の出番となる裁判も、これは偶然なんですけれども、この民法改正の議論が始まった年が件数がピークで、その後減ってきているんですね。そういう、実際の民事の紛争に照らした必要性の議論というものが、この7年間の間にあったのかないのか。詳しくは、多分、もう長年の議論ですから、記憶の範囲、感覚的なところで結構ですが、ちょっとお答えいただければと思います。

○小川政府参考人 裁判の件数そのものとリンクしたという点はちょっと私の方も承知しておりませんが、やはり裁判自体は、件数は仮に減ったとしても、さまざまなテーマについて複雑化しておりますので、裁判所からも法制審に委員が出ていましたし、弁護士の方も委員が出ていましたので、そういう意味では、実務に即して裁判実務について意識した発言などはされていたというふうには承知しております。

○井出委員 最高裁の方も入られていましたし、弁護士の方も入られていたので、当然そのあたりの視点は持っていただいていたと思うんです。

ここ5、6年、ずっと事件の数が減ってきている。それはなぜかというと、別に、それは決して現行の民法のままでいいという話では直接的にはないと私も思っているんですが、例えば、裁判に至らなくてもＡＤＲの活用がふえてきたとか、さまざまな要因があるかと思うんです。

最高裁の裁判の迅速化に向けた報告書の中に、ＡＤＲがふえてきているということについて、次のような記載があります。ＡＤＲの利用の進展、費用面等からの提訴回避などによって訴訟事件が減少している一方、労働関係、交通関係、ＩＴはちょっと関係ないとしても、新しい取引形態が問題となる訴訟、こういったものが、当事者間の対立が先鋭化する傾向、また質的に困難な事件の類型が増加をしている、こういうことが書かれてありまして、これを見ますと、紛争の場は裁判だけじゃない、ＡＤＲもあると。

もっと言えば、今は企業で働く弁護士というのも一昔前に比べれば圧倒的にふえていると思いますし、裁判以外の場で、当事者間で物事を解決するという場面がふえてきているかと思うんです。その一方で、紛争の中身というものは難しくなり、多様化している。

そういう意味においては、私は、民法を具体的にして、これまでいろいろな特別法ですとか通説、判例によっていたものをある程度まとめて、わかりやすくぽんと提示をするということは大変効果があることかなと思いますが、そういうことは効果があるというお考えでよろしいかどうか、ちょっと教えてください。

○小川政府参考人 もちろん効果のあることだというふうに考えております。

○井出委員 ですから、民法改正の必要性というものを少し具体的に考えていかなければいけないなということで今のようなお話をさせていただいたんです。

例えば、先ほど小川さんのおっしゃった**少子高齢化、高齢化**というようなことも社会経済情勢の変化に挙げられておりましたが、少子高齢化を情勢変化と捉えるんだったら、やはり、民法でいえば**相続の部分**ですとか、**そっちを見直さなければいけないのかな**と思っております。ですから、やはりもう少し、わかりやすさ、**社会情勢の変化**から、この法改正につながる具体的な、本当に必要性があるんだというところを今後の議論の中で示していっていただければな、そんなふうに今考えております。

その一方で、私は、これは民法に限らないんですが、法律がふえる、法律が具体的になる、そういうことに対しては、また1つ不安に思っているところがございます。**民法の債権法の部分は、当事者間の契約、合意で済めば、裁判に至らなければ、そうそう出番はないわけですし、もともと民法というものは、逢坂委員のときの議論にもありましたが、私人間の、人と人とのやりとりの中で発生するもの、私法であって、刑法とは明らかに違うわけです。**

刑法と民法の一番の違いは何かといえば、やはり制裁、罰則の懲役、服役というところが一番大きな違いだと思うんです。

民法という法律を具体化していく、それは法規範というものをふやしていくということになるんですが、一方で、社会的には、例えば習俗であったり礼儀作法であったり、道徳や倫理、そういった社会規範で解決をしてくるものもある。当然、契約や合意というものは、そうした社会規範の中で、お互い、それぞれの当事者同士が持つ社会規範を前提に合意がなされるものも数多くあると思うんです。

そうした中で、いろいろな紛争の場面がふえているということにおいては、先ほどＡＤＲの後に申し上げたように、法文を具体化する必要はあるかもしれない。しかし、民法の具体化、改正というものが、これは一面、反面的に捉えると、日本の社会規範、習俗とか倫理、道徳、礼儀、そういったものになかなかよることのできない社会になりつつあることの1つのあらわれではないかな、そんなことを考えるんですが、ちょっと小川さんの見解をいただきたいと思います。

○小川政府参考人　今御指摘ありました社会規範というのは、一般に人間の社会生活を規律する規範をいうとされておりまして、社会規範の中には、社会倫理ですとかあるいは慣習などのほか、法規範も社会規範の一種とされているようでございます。

社会規範は、もちろんさまざまな類型のものがあるわけですが、逆に民法の方から見ますと、民法、特に家族法のようなものを除いて債権法について言えば、基本的には、契約自由の原則あるいは私的自治のルールが働くわけで、当事者の合意によってルール化されているものということが言えようかと思います。

その意味では、倫理ですとかそういったものが直接債権法の世界に入り込む場面は本来余りないだろうと思うんです。ただ、やはり、公序良俗に反するとかあるいは信義則に反するというような形で、妥当な結論を得るためにそういった社会規範が作用するという場面はあるのかなというふうに思っております。

そういう意味では、やはり法律のありようとしては、そういった社会規範を常に意識し、そういったものを念頭に置きつつ、それが余り乖離すると、社会規範と法というのが乖離するということは望ましいことではないと思いますので、常に社会規範も意識しながら対応していく必要があろうかというふうに考えております。

○井出委員　大臣にも少し伺いたいのですが、例えば民法によらず憲法もそうなんですが、憲法で法務省関係でいえば、犯罪をした加害者の方については令状をきちっと示さなければいけないとかいろいろな定めがあって、犯罪の被害に遭われた方についてはほとんど記載がない。そのことについてはかなり長い間いろいろな御議論があって、実際そこを、憲法を改正すべきだという方もいらっしゃる一方で、法律でさまざまな犯罪被害者支援というものをやってきた、だから、それは決して、憲法に書いていないことはやらなくていいということでは全くないと思うんですね。

私がこの民法の改正でもやはり同じようなことを考えるのは、人と人が社会で生きていく上ですから、当然ルールや法律が必要なのですが、ルールや法律が多過ぎるということは、果たして日本という国にとってよいのか。小川さんが先ほど言われたんですが、日本の民法というのは世界の各国と比べても条文が少なかった、それはやはり1つこれまでよかったところであって、維持していくべきようなところではないかなという思いを私は持っているんですが、大臣の忌憚のない御意見を伺いたいと思います。

○金田国務大臣　委員御指摘の社会規範と法規範という議論の中で、やはり社会規範というのは人間の社会生活を規律する規範をいうんだ、そして、その社会規範は非常に広義のもので、その中に社会倫理とか慣習とか、そのほかに法規範が含まれると一般にはされているんじゃないか、私はこう思うんですね。

だから、民法について言えば、民法自体が法規範なんですけれども、これを取り巻く各種の取引慣行や商慣習というものが社会規範を形成すると考えられるわけですが、適切なものはやはり法規範として必要なのではないか。

そしてまた、法規範と社会規範が乖離していくということに対しても、局長から説明がありましたが、やはり必要に応じて本来見直しを行うことも必要なときもあるのではないか、こういうふうに思っております。

○井出委員　この議論に少し関連して、法制審の議論の中で、中井さんという方の御発言の中にあったのですが、民法は俳句か散文かというようなお話がありました。民法が俳句か散文かというのは、文字どおり、俳句はその抽象性を詠み込んで、そこから伝わってくるメッセージを、民法でいえば人と人とのルールの間に生かしていく。それが散文、説明文になっていくことに対する疑義をその中井さんという方は呈されていたんですが、冒頭の法制審で、1回目、2回目、法改正の必要性を議論していたときは、結構こういう議論が多かったように見えるんですね。

例えば、今この議論の中でもありましたが、非常に簡素であって、判例や取引の実務のルールで対応してきたから改正をしなくてもよかったんだ、そういうことをおっしゃられる方もいますし、そもそも、債権法に係る当事者同士の合意とは一体何ぞや、そんなような提起をされる方もいて、これは大変私自身も理解、結論を出すところが難しいところなんです。

その中で、これは鹿野さん、幹事の方がおっしゃっていた言葉を御紹介しますと、「合意の尊重とは、契約に関係する紛争の解決において、まず当事者の合意の趣旨を出発点としようということだと思います」「それは、形式的に契約書に書かれているものをすべて押し通さなければならないということを意味するのではない」「むしろ、法的に尊重されるべき「合意」とは何かを検討していくことこそが重要だと思います。」こういうことをおっしゃられていて、この議論がスタートしたときは、民法、債権法の改正に何か1つの大きな目的、理念をきちっと明示するのか、それとも、これから各論でやっていきますが、個別のいろいろな問題を解決するのにとどめていくのか、そこでかなり時間を割いた論争がされているんです。

小川局長に伺いたいのですが、500の項目が200になって、先ほどの御発言の中では、大体大方の方が異論のないところに落ちついたと。この結果というものが、当初、民法の改正をしなければいけない、それに一体どこまでかなっているものなのか、これは点数をつけるとどのぐらいなのか、そういうことをちょっと伺いたいんですが、いかがでしょうか。

○小川政府参考人 私も法務省の職員として法制審の幹事で法律の立案作業にかかわったことがございますが、やはり比較的最初はさまざまな立法提案などがあって、幅広く意見を伺いつつも、最終的には、民事法の特に一般的な法律でございますので、それぞれ利害の対立があって、どちらかに有利になると、それに反する勢力にとってみると有利にはならない、そういう関係もございますので、法制審議会の中の合意を形成していくことがなかなか難しいのはしばしば経験するところでございます。

そういう意味では、今回の民法の手法も、当時、さまざまな立法提案などもございましたので、幅広く受けとめた上で、徐々に徐々に、最終的には5年以上かけて合意を形成していったものだと思います。そういう手法は決して特殊なものではないというふうに理解しております。

ちなみに、やはり点数はちょっと私としてはつける立場にはないのかなというふうに感じております。

○井出委員 100 満点だと言っていただいても十分よかったんですが、大変控え目に御答弁をいただいたのかなと思います。

かなり難しい議論であったということは容易に想像できるんですが、では、実際、民法改正になって、先ほども少し議論がありましたが、一体これからどういう社会になっていくのかな、そういうところも少し考えていかなければいけないんですが。

きょうは一例で少しお話をしたいんですけれども、今回、4 本柱の法改正がある、その中で法定利率の問題があるかと思います。これまで 5 %だったものを 3 %にして、そして変動制にする。この趣旨は、昨今の経済情勢ですとか、経済が変わるから損害賠償とかの利率も少し変動がある方がしかるべきだ、一律 5 %というのはちょっとおかしい、そういう趣旨で今回御提案をいただいていると思うんですけれども、その趣旨を改めて御説明いただきたいと思います。

○小川政府参考人 お答えいたします。

民法の法定利率の規定は、幾つかの場面に適用されるものでございまして、当事者間で利息の合意がない場合のまさに法律で定める利率であったり、金銭債務の支払いがおくれた場合の**遅延損害金の算定の率**にもなりますし、それから、今回明文化したわけですけれども、いわゆる中間利息の控除にも用いられるものでございます。

この 5 %という数字は、それこそ 120 年前に、当時の貸出金利などを念頭に置いて、法定利率でいえば 5 %が当然だという趣旨で定められたものがその後 120 年間ずっと続いてきたというものでございまして、先ほど言いました幾つかの適用場面、例えば遅延損害金の算定になりますと非常に金額がふえていく状態になりますし、**中間利息**について言えば、現状の利率に比べて今度は額が減る傾向があるということになるわけですので、そういう意味で、非常に不公平な状態になっていたということが言えようかと思います。それを是正するというのが今回の改正の大きな目標でございます。

当然のことながら、現在、超低金利の時代ですので、その時代とのミスマッチということを前提とした上で不公平感をなくすというのが改正の趣旨でございます。

○井出委員 ちょっと私の理解不足もあると思うので、もう一度お尋ねをしたいんです。

中間利息の控除にかかる利率が変動制となった場合、その適用利率によって損害賠償額に差が生じることになる。従来の損害賠償、一律の利率のときの方が、同じような損害賠償事例のケースがあったときの被害者、だから、あの人は何年前にこういうことがあって、この人はこういうことで同じようなことがあってといったときに、被害者間の公平性を考えれば、一定の利率、そこで公平性ということを重視してきたのではないのかなというところと、あと、損害の予想の可能性、そういうところをこの一律の利率というものは重視されてきたんじゃないかと思うんですけれども、ちょっともう一度御説明をお願いします。

○小川政府参考人 ちょっと私の説明が不十分でしたが、今回の法定利率の見直しは2つの内容を持っております。

1つは、**5％という現行の法定利率を3％に引き下げる**。これは、現在の経済情勢を見ながら、貸出金利をベースにしつつ、それこそ120年間続いてきたというふうな事情ですとか、あるいは遅延損害金としての意味なども考慮した上で3％に下げるというのが1つ。これは、経済的な実情にまず合わせましょうということです。

それからもう1つは、将来にわたって市中金利との乖離が生じないようにするための変動制の採用でございます。私がまず申し上げましたのは、中間利息の控除の場面では、5％よりも3％にした方が、損害賠償額は基本的には、少なくとも逸失利益という場面でいえばふえていくということになりますので、そういう意味で、今までは非常に実勢から離れた金利を指数とする計算によって、本来の中間利息の控除というものから見ると低額に抑えられていたという点が、今回の是正される内容でございます。

それから、変動制は、緩やかな変動制と私ども称しておりますが、見直しの期間も3年を期間としますし、その計算方法によりましても、非常に緩やかな形ということになります。そういう意味で、そうアップダウンが激しいような性質のものではございません。

また、一定の基準時を設けることといたしますので、損害賠償の中間利息控除について言えば、損害賠償の請求権の発生時、つまり事故時に、その時点での法定利率を基準とするということになりますので、その意味では公平は保たれているのではないかと理解するところでございます。

○井出委員 3％にまず下げて、経済の実情を反映する。そこは、5を3にする、5がいいのか3がいいのかというところの論争はありますけれども、一定の公平な物差しなのかなと思います。緩やかな変動制というところは、もう少し議論があるかなと思うんです。ですから、要は、その2つの案件というのは、やはりそのときの経済情勢をきちっと反映していこうというのが1つの立法趣旨かなと思います。

ちょっとその事例を1つ挙げたいんですが、これはたしか2006年、2008年ぐらいに起こった問題なんですが、火災保険の構造級、要は木造か鉄筋かみたいなところで、保険会社がその基準の算定をいじくって、契約をふやすために、木造なんだけれども安い保険料を取ったりとか、そういうことが問題化したことがあって、後でお金を支払わなきゃいけないというような問題が発生をした。そのとき、保険会社側は、たしか、そういったことに関する賠償の時効というのが3年なんですけれども、そこをもっと、7年さかのぼって、会社側に責任があるので支払うことにします、利率も**商法の方の6％を採用した**というようなことを聞いているんです。

結局、そうした当事者間の合意が何よりですから、そういう事例はこれからもあると思うんですね。いろいろなことが、消費者と企業との間に問題があって、企業が何かお金を払わなければいけない。法律に則して払う額は少ないのかもしれないんですけれども、企業も恐らく、信用ですとか株価ですとか、その後、企業の再スタートのことを考えれば、消費者により満足をしていただくような契約を提示することも、これからも往々にしてあり得ると思うんです。

そのときに、1つ、経済の実情に応じるということを今回の法改正の中で打ち出すことが、私は、少なからずいろいろな影響が出てくるんじゃないかなと。裁判にならなければ民法の出番ということは基本的にはないんですが、裁判にならない契約の上でもいろいろな影響が出てくると思いますし、また、全然それと逆の見方をすれば、法律の趣旨は経済情勢に応じた利息の支払いというのに変わったのに、世の中の実態が全くついてこないということも想定されるのではないかと思うんですね。契約が、合意される契約で、今までどおりの契約がいろいろなところで続いていく。そういう両面考えられるかと思うんですけれども、そういうことについて、ちょっと見解をいただきたいと思います。

○小川政府参考人　**遅延損害金の部分**ももちろん合意によって損害額を定めることは可能でございます。それは債権法に一貫して流れています**私的自治の適用できる範囲だ**と思いますので、その意味では、**法律が変わっても、合意によって解決される部分というのはもちろんあると思います**し、それは、変わる部分もあれば変わらない部分もあるということだとは思います。

○井出委員　この話をお話しさせていただいたのは、今おっしゃった**私的自治、その私的自治が一番重要なんですけれども**、そっちがうまくいけば、いろいろな取引や合意、契約というものは問題ないと思うんですが、そうはいっても、やはり民法が変わるということは、その法律の趣旨、理念が社会に与える影響というのは大変大きいんじゃないかと思うんですね。

そうしたときに、冒頭の話になるんですが、やはり民法を具体化していく、これまであった抽象、普遍的、シンプルな条文から具体化をしていくということは、これから各論の部分で問題があるというところは取り上げていきたいと思いますが、一般論で言っても、やはり社会に大きな影響というものが予想される、そう考えているんですけれども、その点についてちょっとコメントをいただきたいと思います。

○小川政府参考人　繰り返しになりますが、**民法は私人の一般法**でございますので、その意味では広く人全体に適用されるものでございます。

もちろん、そういう意味で、民法の持つ意味が大きいということは言えるだろうと思いますので、民法が変われば、それに伴って変わることの意味も大きいというふうには理解しております。

○井出委員 今、変わる影響が大きいということでお話をいただいたんですが、今回、法改正の大きな目的であるわかりやすさというところで、わかりやすさというのは誰にわかりやすいのかといえば、国民だと思うんですね。それは人に限らず、法人とかいろいろなものも人として、あらゆる人ということで入るかと思うんです。

そのわかりやすさというものが法制審の中では最初から合意もあったし、我々だって、わかりやすさ、それはそうだよねということで思います。その中で、特に法制審では、ユーザーですとか消費者、要は一般国民ですね、特定の団体とかそういうものではなくて、そうした人たちに対しというような御意見もあったかと思うんです。

当初、小川さんもそこに幹事としていらっしゃって御記憶があるかと思うんですが、消費者といいますか、そうした視点に立つ幹事や委員が5人しかいないんじゃないか、ほかの、大学の先生が 18 人もいる、それで果たしてわかりやすい民法になるのかというような問題提起があって、結局、その後、そこの部分のくだりを私もまだちょっとフォローし切れていないんですが。

結果として、メンバー人選の問題というものは、この出てきた法改正案では杞憂に終わった、そういうふうに考えていいかどうか、それとも、そこはなかなか未解決な部分で、99回目になっても少し議論が残ったのか。その部分について教えていただきたいと思います。

○小川政府参考人 もちろん、法制審議会での委員の構成には、研究者の方も多く入っておられますが、これも繰り返しになりますが、実務家、ユーザーの方もお入りいただいて、その他、ヒアリングですとかパブリックコメントでも意見を頂戴していますので、その意味で、決して学理的な関心にかかわるというものではなく、実務的な運用という面からも十分評価できるものとなっていると思いますので、冒頭の御趣旨であれば、杞憂で終わったというふうに理解しております。

○井出委員 パブリックコメントを2回やっていただいて、そういう意味では、いろいろな声を聞く機会というものをとっていただいたのかなと思います。大方の人が賛成するところで落ちついた、そういう話をいただきますと、私も余り反対する理由もないのかななんということを思ったりもする、思ったりするだけで、実際そうするかどうかわからないんですけれども。

そのときに、ただ、そうはいいつつも、今、先ほど民法というものが社会に与える影響は大きいということを言われましたので、やはりしっかりと審議を尽くしていかなければいけないと思いますし、そういう意味では、慎重に慎重過ぎるぐらいの、本当に大丈夫かというような、いろいろな問題提起をしていくところから始めていってもいいのかと思うんです。

法制審に係ることなので、最後、少し大臣に伺いたいんですが、逢坂先生も少し、法制審が絶対ではないというような話をされました。刑事訴訟法は昨年でしたよね。（盛山副大臣「去年からことし」と呼ぶ）去年からことしでしたね。もう 10 年も前のことのように感じるんですが。そのとき、法案の修正を私なりに、私としては大変不満なんですが、修正を少しでもという思いでさせていただいて、合意をさせていただいた。

それに少し後日談がありまして、私、あれだけあの問題にかかわったものですから、官僚の方とざっくばらんに話をする機会がございました。そのときに、ある方に言われたのは、刑事訴訟法の法制審というのは徹底的にやったんだ、あらゆる団体の言うことを聞いて徹底的にやって、だから、まさか国会で修正があるとは思わなかった、政府の立案側にも、やはり立案の趣旨からいって修正できる部分とできない部分がある、大体それは、刑事訴訟法に関して言えば、法制審で出し切った、これ以上何があるんだとその方は思っていたそうなんですね。

私から申し上げますと、それは、法制審に入られる方ほど刑事訴訟法や民法に対して専門の知見があるわけではないんですが、それが社会、国民に与える影響、国民にかかわるものであれば、やはり私のような素人でも物を言っていく必要性というものはあると思います。

今回、大変、99 回、6 年間という御議論を積んでいただいたと思うんですが、もう一度、平らな視点からといいますか、これを 1 から見直していく必要があると思います。ですから、私は、大方の皆さんのまとまるところで落ちついたというものであっても、やはり、そこは 1 からきちっと見ていく必要があり、正すべきところが見つかれば、それは速やかに正すというのがあるべき議論の形ではないかな、そんなふうに考えているんですが、大臣のお考えを伺いたいと思います。

○金田国務大臣　法制審で 6 年をかけたその議論というのは、非常に努力というものをお感じいただけるんだろうというふうに思います。その場での議論も、回数もおっしゃっておられましたが、十二分にやってきたのも事実だと思います。

したがって、私は、法制審の結果も、ここで議論をさせていただくときには尊重をさせていただくということは必要ではないかと考えております。

○井出委員　まさに、尊重はしていいんですが、ここの議論も尊重していただきたいと思いますが、もう一度お願いいたします。

○金田国務大臣　私は、そういう意味も込めて申し上げたつもりでありました。もちろんこの場での議論も非常に大切だ、こういうふうに思っております。

○井出委員　そうしましたら、また次回は参考人をお招きして、いろいろ御意見をいただきまして各論を深めてまいりたいと思いますので、今後ともよろしくお願いします。

きょうは終わりたいと思います。どうもありがとうございました。

○鈴木委員長　この際、暫時休憩いたします。

午後0時27分休憩

————◇—————

午後1時13分開議

○鈴木委員長　休憩前に引き続き会議を開きます。

質疑を続行いたします。階猛君。

○階委員　民進党の階猛です。

金田法務大臣、本日はよろしくお願いします。きょうは、最初の質疑ですので、大きなところを大臣にぜひお答えいただきたいんですが、今回、民法の債権法のところは120年ぶりの改正ということで、大改正になっております。よく閣法については、最初に大臣の方から趣旨説明が行われて、速やかに御審議の上、成立をというお話があるわけですけれども、速やかにといいましても、法律の質や量によって、おのずと速やかにについても意味が変わってくると思うんですね。今回、この大改正ですから、先ほど井出委員からも質問の中でお話があったように、やはり国会の議論も尊重していただいて、じっくりと議論を尽くすべきではないかと思います。

まずは、この点について大臣の認識をお伺いさせていただいてよろしいでしょうか。

○金田国務大臣　ただいま階委員から御指摘がありました。

私は、丁寧な国会での議論というのが必要だと思っております。同時に速やかにということで、丁寧かつ速やかに議論を進めていきたい、このように思っております。

○階委員　なるほど。なかなか奥の深い御答弁でありますが。

ただ、他方で、やはり実務界からは、成立のめどをはっきりしてほしいというような声も聞くわけですね。

実務界だけじゃなくて、例えば司法試験の受験生、これも、今回の改正によって、私は大分勉強の負担が軽くなるような気がするんですね。というのは、先ほどもありましたように、140項目ですか、今まで自分の頭に置いておかなくちゃいけなかった判例の知識、法律の解釈が条文に全部書いてあるわけですから、これは**司法試験の受験生**にとっては本当に大歓迎な話ですよね。逆に、そこまでいっちゃうと、私は、弁護士資格というのは何のためにあるんだろうかというか、そんなに難しい試験を課す必要もないんじゃないかという気もするわけですけれども。

まあ、それはおいておきまして、こういった**法律、成立時期は**、これは国会の審議の後ですから、今言うわけにはいかないというか言ってはいけない話で、ただし、成立した後、施行期日については公布から3年以内という定めがありますけれども、大体イメージとして、公布から3年以内の中でもどれぐらいで施行したいというふうに考えていらっしゃるのか、この点について大臣、お答えをお願いします。

○盛山副大臣 私の方からとりあえず御説明をさせていただきます。

階委員よく御案内のとおり、法律の施行日というのは、やはりある程度わかりやすい日にちでないといけないと思います。例えば11月の18日だとかしますと、もちろん、法律の内容次第では急いで公布即日施行もあるわけでございますけれども、これだけの大きな大改正でございますし、そして、午前中の質疑でもありましたように、その後、我々法務省の方からも丁寧な説明、国民への周知、そういった活動もしたいと思っておりますので、切りのいいとき、例えば1月の1日だとか4月の1日だとか、そういうタイミングになるようなことであり、なおかつ、今の提出しております案にありますように、**3年以内で政令で定める日**、そんな形で我々の方としては準備をさせていただきたい、そんなふうに思っております。

○階委員 今の御答弁は了としますけれども、これが結構微妙ですよね。年内に成立して切りのいいところだと2019年の1月1日、審議を行って年をまたぐと、切りのいいところで3年以内だと2020年の1月1日ということで、切りがいいところを重視するのか、それともその期間をなるべく長くとるのかというところでちょっと変わってくるような気がするんですね。

大臣にもちょっと御確認したいんですが、切りのいいところでということで1月1日とか4月1日を優先させるのか、それとも、**周知期間3年**というところを、なるべく余裕を見て長目にとるのか、このあたりについて、ちょっと、優先順位というか感触をお聞かせいただけますか。

○金田国務大臣 3年の中での切りのいいところというところで考えていくのかなというふうにイメージをいたしております。

○階委員 そうすると、仮に年をまたぐとすれば2020年1月1日というのが可能性として出てきますが、年をまたがないとすると2019年1月1日という可能性も出てくるということだと思います。これ以上は問いませんけれども、そういうふうに、今審議していることが年内かそうじゃないかによって実務にも多分大きな影響を与えるんだと思います。

我々としてはしっかり議論をしていきたいと思います。その結果、年をまたいだというときに、切りのいいところというとやはり2020年というところも視野に入ってきちゃうわけですけれども、余り先送りするのも私はよくないだろうなというふうに思いますし、そこは、私は、切りのいいところも大事なんですけれども、やはりある程度早期に、成立したら施行するということも考えていただかなくてはいけないのかなと思っておりますので、その点を申し上げておきます。

次に、**法定利率について。**

先ほど来議論がありました、**なぜ3％にしたのか**ということで、最近の金融情勢を見ていますと3％でも高過ぎるんじゃないかというような御意見もありましたけれども、改めて、この法定利率、3％とした理由といいますか理論的な根拠、これを大臣からも御説明いただけますでしょうか。

○盛山副大臣 私の方から先に、簡単に御説明をさせていただきます。（階委員「ちょっと時間がないので」と呼ぶ）はい。では、簡単に御説明をさせていただきます。

階委員、もうよく御案内のとおりでございまして、法定利率は高い方がいいのか安い方がいいのか、人によってもいろいろ利害が違います。そんな中、やはりわかりやすい金利というのも必要でございますのと、それから、**現行の5％、これをどの程度下げるのか**、そんなこともございまして、現行の市中金利を考えると同時に、実際に御担当の方、中小の方を含めてお借りになるときの実勢の利率、そういうことも考えました。120年にわたり年5％といったようなことのバランスも考えまして、いろいろ審議の末、3％というふうにしているものでございます。

○階委員 だから、そのいろいろというところをもうちょっと詳しく聞きたいんですよ。3％というのが適当に決められたとしたら、それはそれで問題ですので、何かもうちょっと理論的な根拠を具体的に説明できないかということで大臣にお尋ねしております。

○金田国務大臣 現在の市中金利の水準というものを考えて法定利率を引き下げることにしたのはそのとおりでありまして、考慮した要素としては、やはり、市中金利の指標にはさまざまなものがあるんですけれども、貸し金債権の利息を算定する場面ではもちろんですけれども、**金銭債務の遅延損害金を算定する場面**でも、ほかから金銭を調達するときの利息分が主な損害として想定されるわけでございますことから、法定利率の引き下げ幅の検討に当たっては、預金金利なんかではなくて貸出金利の水準を参照すべきだということであります。

もっとも、例えば借り主が大企業や公共団体である場合には極めて低金利となる、かつ、その貸付額も多額に上るわけですけれども、**国内銀行の貸出約定平均金利の平均値**にはこのような特殊性のある大口の貸し出しも含まれるため、**貸出約定平均金利**がそのままでは、借り主が中小企業または一般消費者である場合も視野に入れた数値としては低過ぎることにも留意する必要がある。同様に、プライムレートについても、優良企業向けの貸し出しに適用される最優遇金利であるために、借り主が中小企業または一般消費者である場合を視野に入れれば、相当に低いものと言わざるを得ない。

さらに、法定利率の引き下げの際には、遅延損害金の額が低くなり過ぎると債務の不履行を助長する結果になりかねない。

これまで約120年にわたって年5％で実務の運用がされてきたこととのバランスもある。

こういうことを考慮いたしまして、改正法案において、以上のような事情を総合的に判断いたしまして、簡明な数値とする必要性なども勘案して、法定利率を約3％に引き下げることとしたものであります。

○階委員　それとともに、私は、考慮要素として頭に置いておかなくちゃいけないのは、今回初めて法定利率が変動金利になるということだと思うんですね。しかも、この変動金利、先ほど緩やかな変動制だと誰かがおっしゃっていましたけれども、要するに、施行から3年ごとに見直しが入ってくる、その見直しをするときに、その見直し前の水準の測定期間と見直し時の測定期間、両者の測定期間の平均金利を比べて、それが1％以上上下したら、変動して新たな金利になるということなんですね。

ところで、仮にですけれども、この法律が成立して、施行されるのが2019年1月1日だったとしておきましょう。そのときに、3年後の見直し時期は2022年の1月1日ですね。そのときに比べる期間はどうなるかといいますと、2014年1月から2018年12月の5年間、まずこの平均金利を出します。他方、もう一方の比べる期間、これは2017年1月から2021年12月、この5年間の平均金利を出します。

恐らく、最初の測定期間と後者の測定期間、今、金利がゼロ％台で推移していますから、前者の測定期間は多分、市場ですから物すごく上に行く可能性もなきにしもあらずですけれども、今の日銀の失敗した金融政策を前提にすれば、2018年12月ぐらいまでに大きく金利がはね上がるということはないと思うんですね。つまり、前者の測定期間は2014年1月から2018年12月の5年間の平均だと言いました、これを平均しても0.何％だと思うんですよ。0.9とか0.8とか、そんなものだと思うんです。

ここから、その後の測定期間、上に行くことはあっても、下に1％下がったらマイナスになりますよね、仮に前者が0.8とか0.9だったら。そうすると、さすがに銀行とかお金を貸す人がマイナス金利では貸さないと思いますから、最初の測定期間が仮に0.8とか0.9だったら、そこからマイナス1％、下がるということはあり得ないんですよ。つまり、3％が2％に下がるという可能性はないということだと思うんですね。ということは、今の時点で3と決めてしまったら、もう未来永劫、恐らく3より下がることはないということも頭に入れておかなくちゃいけないと思うんです。

だからこそ、最近の金融実態を見ていれば、2％ぐらいにしておいて、上に行く分には3年ごとにどんどん改定していけますからいいと思うんですけれども、下方硬直性がある今の金融情勢のもとではやはり3％というのは私は高過ぎると思っていて、2％ぐらいがいいところじゃないかなという気がするんですけれども、2％にすべきではないか。変動金利だけれども、今の制度のもとではこれ以上下に行くことは現実無理だという中で、2％にすべきではないかと私は思うんですけれども、どうでしょうかね、この考え方。

○金田国務大臣 階委員が大変に、金利の現状も踏まえ、経済の現状も踏まえ、そういう計算をされてお示しになりました。

私も、その辺の具体的な試算とか見通しについて、御指摘の趣旨はわからぬでもないんですが、やはりそれを検証する意味においては、ちょっと事務方の方を見たんですが、今資料を持ち合わせていないものですから、それにお答えを申し上げるのは難しいんですけれども。

ただ、私が先ほど申し上げましたように、繰り返しになっちゃうんですけれども、やはり、引き下げ幅を定めるに当たって考慮した要素というのを先ほど申し上げました、その考え方をまた繰り返し述べざるを得ない。その結果、3という数字に今なっているということを申し上げたいと思います。

○階委員 そこで、さっきおっしゃった答弁の中で、今回の変動制度が下には行きづらい制度になっているというところがちょっと考慮要素の中に抜けているんじゃないか。さっき言ったような、今の金利の情勢から、この制度のもとでは3が2に下がるということはほぼあり得ない、まず絶対あり得ないと言っていいと思うんですけれども、そういう中で、上にはどんどん変わり得るわけだから、あらかじめセットしておく数字は2ぐらいでいいんじゃないかというのを私は申し上げたかったわけです。

これについてはまた改めて事務方とも議論させていただきたいと思いますが、大臣に1つだけ、これは、くぎを刺すと言ったらちょっと僭越ですけれども、提案理由の説明の中で、法定利率について、「現行の年5％から年3％に引き下げた上で、市中の金利動向に合わせて変動する制度を導入することとしております。」というくだりがありました。これは、市中の金利動向に合わせて変動する、そのまま読めば上にも下にも変動するというふうに読めますでしょう。実際は、今私が指摘したとおりで、もともと、今の金利情勢からすると、測定期間が恐らく0.7とか0.8とか0.9とかという数字になった場合は、これは変動するとは言っても上方向にしか変動しないんだということはぜひ御理解いただいた上でこれから御議論させていただければなというふうに思います。

○金田国務大臣 今の点につきましては、後で事務方にその辺はよく確認をしてみたいというのが本音であります。

ただ、法定利率が3％を下回らない原因としてはやはり現時点で貸出約定平均金利が空前絶後のレベルで低下しているというお話がございました。基準割合がこれ以上大きく低下することは実際上想定しがたい、そのために改正法案の法定利率が3％を下回ることは想定しにくいかもしれませんが、これは現状の貸出約定平均金利の水準が極めて低いことによるものでもあるということは御理解をいただきたいというふうに、私の思いとしてお話をさせていただきます。

○階委員 幸か不幸か、そういう状況の中で法改正の議論になったんですね。普通の金融情勢で、金利が2パーとか3パーとかのときだったらこういう問題というのは生じないんですけれども、でも、我々の所管じゃないからいいんだみたいなことじゃなくて、やはり、この法律は世の中全体に影響するわけですから、今のことはぜひ頭に置いていただかなくちゃいけない。

それから、3にするか2にするか、たかが1％じゃないかという考え方も私は全然違うと思っていまして、これも先ほど来議論が出ていますように、逸失利益の損害賠償、この中間利息を控除する場合の利率が3になるか2になるかによって全然金額が変わってくるんですね、損害賠償で請求できる金額が。だから、この時点で金融情勢に合わせた判断をしておかないと、どうもやはり賠償請求をする側にはちょっと不満感が残る結果になりかねない。

せっかく5を3にして、**法務省としては現下の金融情勢に配慮して損害賠償を請求**する側の利益にも配慮したんだと胸を張るかもしれませんけれども、今や世の中は、5が3になるだけじゃ満足し切れない、こういう状況にあるということも頭に入れていただいて、柔軟に考えていただければと思います。

その上で、もう1つ、きょうは限られた時間ですので大まかな話をしたいと思います。

保証の問題、これはこの法案の中でも大きな争点になってくると思います。幾つか論点があると思うんですが、個人保証の制限、規制をするということでありますが、これは条文でいいますと、**465条の6**あたりに出てきます。

冒頭に、**「事業のために負担した貸金等債務を主たる債務とする保証契約」**という表現があります。「事業のために負担した」という枕言葉がついていますので、例えば、結婚式とか葬式で物入りになったのでお金を借りますというときの保証人になる場合とか、あるいは、それこそ損害賠償でお金を払わなくちゃいけなくなったのでお金を借りますというときの保証人になる場合とか、あるいは、もっと言うと、ギャンブルでお金を借りる場合にその人の保証人になる場合、こういうのは含まれてこないと思うんですが、それで正しいですか。

○金田国務大臣　正しいです。

○階委員　そうすると、大体、ギャンブルでお金を借りる人が保証人を頼む場合に、ギャンブルに使うからということで保証を頼むということは普通はないと思うんですね。ちょっと金が必要になったので、悪いけれども保証人になってくれないかみたいな感じで保証人になってもらうわけですよ。ところが、実態はギャンブルだったとした場合、この今の枕言葉の部分からは外れますので、こういった保証はもう無条件、無制限にできるという理解でよろしいですか。

○金田国務大臣　根保証以外は無条件でできるということになろうかと思います。

○階委員　おっしゃるとおりで、根保証で金額の上限というのは定めなくちゃいけないかもしれませんけれども、それ以外、例えば今回みたいに公正証書の作成を義務づけるとか、そういう規制は入っていないわけですね。

私がバランス論で考えると、事業のための借り入れについて保証した保証人というのは、将来債務保証を求められる場合であっても、事業が失敗したんだからまあしようがないかなと。ところが、ちょっと金を借りるので保証してくれと言った人に保証したら、ギャンブルで物すごいすっていた、返せないからと保証が求められた、これは、事業のための保証人よりもはるかに保証人としては酷だし納得いかないと思うんですね。

今回の法案は、今の大臣の答弁のように、こういう**ギャンブルのための借り入れ保証**については何ら手当てがなされていない。これはちょっと何か、バランス論としてどうかなと素朴に思うんですけれども、いかがでしょうか。

○金田国務大臣　改正法案では、公証人によります意思確認が必要となる主たる債務というものを、**事業のために負担した貸し金等の債務に限定**をしております。これは、事業のために負担した貸し金等債務の保証については、特にその保証債務の額が多額になりがちである、それから、**保証人の生活が破綻する例も相当数存在するという指摘があること**を考慮したものであります。

そして、もっとも、公証人による意思確認の手続というのは、真に保証の意思を有する者をも含めて、一定の手間やコストを負担させるものであります。したがって、事業のために負担した貸し金等債務以外の債務を主たる債務とする個人保証にも対象を拡大すると、必ずしも保証額が高額ではないものについても公証のためのコストをかけさせることになるといったふうに、かえってその場合には弊害を生じさせるおそれも否定できないと考えております。

○階委員 少額の債務であればいいのかもしれませんけれども、ギャンブルで結構大きな額になることだってあるじゃないですか。こうしたところが保証が一律有効というのも、ちょっと私は納得できないような気がするんですね。

何かもうちょっと、せっかく個人保証を規制するのであれば、本当に何のメリットもなくリスクだけ負うのが保証の特質ですから、そのリスクが顕在化したような、その中でも最たるものが意味のない、ギャンブルの借金が膨らんだような、そういう場合で保証される方について配慮するというのは大事なことではないかなと思うんですけれども、これは大臣の政治家としての考え方をお聞きしたいところでもありますが、いかがでしょうか。

○金田国務大臣 改正法案におきましては、現時点で特に保証人保護の必要性が高いと考えられる類型の保証を抽出する趣旨で、公証人による意思確認が必要となる主たる債務を事業のために負担した貸し金等債務に限定することにしたものであります。

○階委員 これもこの後事務方とも議論したいと思っていますけれども、まず1点申し上げたいのは、個人保証を規制すると言っていますけれども、対象となる主たる債務の範囲がちょっと狭きに失しているんじゃないかということを問題提起させていただきたいと思います。

他方で、個人保証の規制が及ぶ保証人の範囲について、何かいろいろ例外がありまして、主たる債務者が法人その他の団体である場合には、理事とか取締役とか執行役とかこれらに準ずる者とかが除かれたりするわけですね。

私も、被災地で、被災した中小企業の方とかにお話を聞いて、再建する過程で事業承継をしたいというときに、ネックになるのは法人なんですけれども、やはり個人保証を、承継する人もやらなくちゃいけないということで、経営者はさすがに保証してもしようがないかなという気もしないでもないんですが、**この経営者の保証**についても、今や金融庁とか経産省がガイドラインをつくって、なるべく保証に頼らないようにしましょうという流れになっています。

そういう中で、**経営者のみならず理事とか取締役とか執行役、必ずしも経営の根幹に携わらないような人たちも例外となっている。**これはちょっと広過ぎるんじゃないか。経営者ぐらいで、実質経営者でもいいですよ、要は、その法人、会社なり団体なりを動かしている人だけに例外はとどめるという方向の方がいいんじゃないかと思うんですが、この点について、大臣の大まかな考えを伺ってもよろしいでしょうか。

○金田国務大臣 委員が御指摘になりましたのは、保証人になろうとする者がその三つの事例となる場合は、御承知のように、**保証意思宣明公正証書による保証意思の確認**が不要であるということになっているわけですね。その3つ、それが広過ぎるんじゃないか、例外になってという御指摘だと思うんですが、事業のために負担した貸し金等債務を主債務とする保証契約等を締結するに当たりまして、**保証意思宣明公正証書**の作成は不要なものとしているわけですね。そして、保証意思の確認は要しないということになっております。

その理由としては、例外とした者は、主債務者の事業の状況を把握することができる立場にあって、保証のリスクを十分に認識せずに保証契約を締結するおそれが一般的に、類型的にといいますか、低いというふうに言えるという考え方によるものでございますし、また、中小企業に対する融資の実情としましては、これらの者による保証というのは企業の信用補完あるいは経営への規律づけといった観点から有用とされていますから、これらの者による保証が融資の前提とされていることが実際にも少なくないんですけれども、厳格な意思確認の手続を義務づけると、時間やコストを要することとなって円滑な資金調達が阻害されるおそれがあることも否定できないということを考慮いたしまして、この例外の3つの例を定めたという経緯だと私は考えております。

○階委員 今の答弁は3年ぐらい前だったらそのとおりかなと思うんですけれども、さっき言いましたとおり、金融庁とか経産省はそもそも経営者の保証もとらないようにしましょうというような方向でのガイドラインをつくっているわけですから、ちょっと、申しわけないですけれども、1周、2周おくれた御答弁だったのかなという気がします。

今、少しだけきょうは御質問しましたけれども、**私、銀行で社内弁護士をしていた**ので、実は私は一番詳しいのはこの分野なんですよ。質問しろと言われたら多分3年ぐらい質問できると思うんですが、そこまでは言いませんけれども、ぜひじっくり議論をさせていただきたいと思います。大臣の手をそんなに煩わせるつもりはありませんけれども、なるべく事務方に質問するようにしますけれども、**ぜひ慎重審議、御協力いただければと思います。**

きょうはありがとうございました。

○鈴木委員長 次に、**藤野保史君。**

○藤野委員 **日本共産党の藤野保史**です。

今回は、民法の債権関係法が120年ぶりに改正されるということで、大変大事な審議が始まったというふうに受けとめております。

政府は先ほど来、改正理由につきまして、社会、経済の変化への対応、そして国民一般にわかりやすい民法にすると御答弁されておりますが、大臣に、さらにちょっと具体的にどのような変化への対応なのか、さらにはどの点が国民にわかりにくいのか、もう少し詳しく教えていただければと思います。

○金田国務大臣 委員御指摘の、2点ございます。

まず初めの、社会、経済の変化について、具体的内容いかんというお話でございます。

今回の改正におきましては、社会、経済の変化に対応するための改正事項は少なくありません。少なくないんですが、ここで言う社会、経済の変化としては、具体的には、例えば、取引量の劇的な増大、取引の内容の複雑化、高度化、それから情報伝達手段の飛躍的な発展といったようなものが挙げられるのではないかなというふうに考えます。

例えば、取引量の増大や取引内容の複雑、高度化は、約款を利用した取引の劇的な増大を招いている。そして、このような時代に対応するためには、定型約款に関する基本的な規律を創設することとしているということが例として挙げられております。

それから、2つ目の、**基本的なルールが見えないような状況**に対する御質問だと思いますが、今回の改正では、**民法の基本的ルールが国民一般に見えない状況を解消する**、そして国民一般にわかりやすいものとするために多くの改正を行っているわけであります。

基本的ルールが見えない状況というのは、膨大な数の判例や確立した学説上の考え方といった基本的なルールは民法の条文にはあらわれていないわけであります。したがって、民法の条文を見てもその内容を読み取ることが困難な状態となっているということを申し上げたい、このように考えております。

○藤野委員 今詳しく答弁いただきましたが、取引の量の増大や、複雑、高度化、さらにはわかりやすくするということであります。

こうした変化がこの債権という世界で、これはやはり民法ですから、事業者対消費者だけでなく、消費者と消費者、あるいは事業者と事業者、まさに多角的にかかわってくる、債権法の世界では、この変化がより重要な要素になってくる。とりわけ、当事者間による、おっしゃったような情報量の格差、あるいはそれに基づく交渉力、契約を結ぶ際、その交渉力の差という形でも顕著にあらわれてくるのがこの債権法だと認識をしております。

大臣にお聞きしたいんですが、これから審議をしていく上で、大もとにある複雑さといったような変化を受けて、**当事者同士の契約自由に委ねてしまうとこれはどうしても契約弱者が不利な状況に陥ってしまう**、そういう債権関係が生まれてしまう、そういうおそれが今大きくなっていると思うんですね。ですから、先ほど答弁で、個人の視点が大事だとか人の視点が大事だという答弁も大臣はされておりましたが、**今後の新しい債権法の役割として、交渉力の格差や、そうしたことにも配慮して、契約絶対、契約自由だけではない、やはりそうした生身の現実に配慮した法律をつくっていくことが必要だ**と思うんですが、そういう考え方について、お考えをお聞かせください。

○金田国務大臣　契約の当事者に情報の格差が生じているというようなことを今おっしゃられたと思います。

そういった問題は、民法はやはり私法の一般法であるという考え方、そのために、取引当事者の情報あるいは交渉力の格差の是正を図るといった、**消費者の保護**それ自体を目的とする規定を設けるのであれば、**特別法である消費者契約法などによることが基本**になるかな、こういうふうにも思うんです。

この点、今回の改正では、例えば賃貸借のように国民に身近な法律関係に関して現在の実務で通用している基本的なルールを適切に明文化することによって、法律の専門家でない国民一般にも民法をわかりやすいものとしていくということが目指されているのではないか。

したがって、**消費者取引でも多用されている約款**に関して言えば、社会、経済の変化への対応の一環として、基本的な法律関係を明確化することによって**紛争解決や紛争予防**を図るということを目指しているものもあるわけであります。だから、これらの改正は、消費者保護を主たる目的とするものではないんですけれども、消費者の権利利益の擁護に資する、そういった効果を発揮することが期待されるのではないかな、こういうふうに考えております。

○藤野委員　いや、約款などの個別例じゃなくて、全体としてのお考えをお聞きしました。

といいますのも、**消費者契約法**とおっしゃいましたが、それはあくまで**事業者と消費者、こういう世界でありますが**、民法というのは、**消費者と消費者、あるいは事業者と事業者、大企業と中小企業とか**、そういうところにもかかわってくるわけで、ですから、まさに基本法としての民法で、基本的な考え方として、そうした変化に対応して、そうした**格差、契約弱者を生まないという観点を大事にすべき**じゃないかという指摘であったということであります。

その上で、時間の関係もありますので次に行きますが、きょうは**個人保証**についてお聞きをしたいと思っております。

先ほど来も議論がありましたけれども、入り口ですので、私もさかのぼって考えたいと思うんですが、やはり、この**個人保証の問題、長い歴史**がございます。

日弁連などの調査によると、現時点でも、借金の肩がわりや保証で、それが原因となって倒産している人が破産債務者の４人に１人に上っているだとか、あるいは、自殺も比較的多いわけですが、その中でも経済苦を理由とするものがまだやはり多い。

かつて、**ＳＦＣＧ、商工ファンドの問題なども社会問題化**いたしました。私も、かつて国会の秘書をしていた時代に、多重債務、クレ・サラ問題を担当いたしまして、民商の皆さんや多重債務の皆さんが各地で開いていた多重債務問題の対策相談会というのがありまして、通称道場と言われておりました、剣術道場ではないんですが。ひまわり道場とかいろいろあったんですが。

そこでは、**多重債務に陥った方**、あるいはそれを抜け出した方が、まさに多重債務の方同士が教訓を持ち寄って、どうやってそこから抜け出していくのか、あるいは過酷な取り立てにどうやって適切に対応していくのか、こういったことを本当に当事者同士が知恵を出し合って対応するし、弁護士さんもそれに知恵と力をかしていく。そういう場に私も参加させていただいて、本当に血のにじむような、文字どおりそうした経験でこの問題を切り開いてきた。当時はまだ上限金利の規制がありませんで、そのもとでの本当に苦しい闘いだったわけですけれども、そこから一歩一歩改善してきた。政府も、それに基づいていろいろ努力をされてきたと私も認識をしております。

そのもとで、**金融庁**にまずお聞きしたいんですが、この間、金融機関から借り入れている企業のうち、**経営者本人による個人保証を求めていない融資の割合はどれぐらい**でしょうか。

○水口政府参考人　お答え申し上げます。

民間金融機関が無保証での新規融資や保証の契約の解除等を行った件数につきましてですが、平成 27 年 10 月から 28 年 3 月までの 6 カ月間で約 22 万 5,000 件、新規融資全体に占める無保証融資の割合が約 12 %でございます。

○藤野委員　これは 2,014 年に始まっているわけで、そのもとで一割を超えつつあるということだと思います。

今おっしゃっていただいた数字は、先ほど御指摘もありましたけれども、経営者保証に関するガイドラインというのが、金融庁と経産省がかかわって、そして民間ベースでつくられまして、まさに個人保証に頼らない保証をどうやるかというガイドラインがつくられて、これは本当に、先ほど言ったような当事者の方や弁護士の方、運動団体の方が切実に求めていた、そういう運動を受けてつくられた制度の一つだと私も認識をしております。

そして、政府系金融機関もこれに基づいてやっていると思うんですが、政府系金融機関における実績も教えてください。

○木村政府参考人　政府系金融機関におきます経営者保証ガイドラインの運用の状況でございます。

本ガイドライン運用開始時の平成26年の2月－3月期には、件数にして新規融資全体の15％、金額で22％でございましたけれども、平成28年の4月から9月の間でございますと、件数にして33％、金額で51％ということで、その割合は着実に増加しているというふうに考えてございます。

○藤野委員　民間に比べてやはり政府機関は非常に努力されている。平成26年、2014年2月にスタートした時点では、件数では15％、金額では22％ですが、2年たちますと、それは件数で32、金額では51％まで、いわゆる無保証融資が実現している。やればできると、私はこれを見て思いました。政府が率先してそういう例をつくっていると思いました。ですから、そこを本当に今回の法改正もさらに後押しする、それをまさに踏まえた上での民法のルールをつくっていくことが求められていると思っております。

そしてもう1つ、少しだけ紹介したいのは、今言った経営者ガイドラインだけでなく、政府はこの間、さまざまな機関でさまざまな取り組みを、経営者保証だけでなく第三者保証でもやってこられた。

ちょっと時間の関係で私の方で紹介させていただきますが、中小企業庁が2006年に、信用保証協会に対して、第三者保証について原則禁止する通達を出されました。そして、2009 九年には、内閣府が自殺対策の一環として、連帯保証人について、「制度・慣行にまで踏み込んだ対策に向けて検討する」ということを決めました。

政府は、2,010年の金融資本市場及び金融産業の活性化等のためのアクションプラン、この中で、「経営者以外の第三者の個人連帯保証を求めないことを原則とする融資慣行を確立し、また、保証履行時における保証人の資産・収入を踏まえた対応を促進する」、こういう、まさに政府としてのプランも出されている。こうしたことを受けて、金融庁は、2,011 年に監督指針を改正しました。お聞きしてもいいんですけれども、こちらで言いますと、これも、**「経営者以外の第三者の個人連帯保証を求めないことを原則とする」という監督指針の改正であります。**

そして、2013年には、今言った経営者保証ガイドラインができ、政府は、2013年には、日本再興戦略の中で、新事業を創出する、あるいは開廃業 10 ％台を目指すための施策としてこの経営者保証ガイドラインを位置づけているというわけです。

全体としての位置づけ等にはいろいろ意見もありますけれども、しかし、少なくとも政府自身が、こういう保証に依存しない、これを経営者だけじゃなく第三者でもずっとやってこられた、努力されてきた。先ほど言ったように、政府系金融機関では、金額で言えば5割を超えるところまで来ているわけで、これはやればできるというふうに私は強く思うわけです。

大臣にお聞きしたいんですが、こうした一貫した流れといいますか積み重ねがあるわけでして、今度の債権法の改正も、この流れを前に進める、そういうものであるべきだと思うんですが、御認識はいかがでしょうか。

○盛山副大臣 ちょっと、法制審議会での過程につきまして、私の方から御説明させていただきます。

法制審議会における**審議の過程では、事業のために負担した貸し金等債務を経営者以外の第三者が保証することは全面的に禁止すべきであるとの意見がありました。**

しかし、経営者以外の第三者によるいわゆる第三者保証の中には、エンジェルなどと呼ばれる個人の投資家が事業の支援として自発的に保証することなども現に存在しております。このため、第三者保証を全て禁止することに対しては、特に中小企業の円滑な資金調達に支障を生じさせ、金融閉塞を招くおそれがあるとの指摘が中小企業団体から特に強い意見として示されました。

やむなく保証人となる原因にはさまざまなものがあると考えられますけれども、保証意思の形成過程には問題があるという事象に対しては、今回の改正で創設する保証委託時の情報提供義務に関する規定や意思表示に関する一般的な規定によって対処するという方策もあると考えられます。

そこで、改正法案におきましては、保証人がその不利益を十分に自覚せず安易に保証契約を締結する事態を防止するという観点から、事業のために負担した貸し金等債務を保証する際には、原則として、公証人が保証意思を確認しなければならないこととしまして、第三者保証を全面的に禁止する措置までは講じないというふうにしたものでございます。

○藤野委員 資金調達の必要だとか、あるいはエンジェルのような人がいるんだというお話ですけれども、では、そもそも聞きたいんですが、第三者保証に関して言えば、誰が第三者保証を求めているのか。

これは中小企業庁にお聞きしたいんですが、中小企業庁で委託したアンケート調査、この中で、第三者保証が求められる原因として一番多いのは何だというふうに。

○木村政府参考人 当庁で平成24年度にアンケート調査を行っております。

第三者保証の提供を第三者から受けているというふうに御回答された中小企業のうちの約九割は、金融機関から第三者保証を求められたという回答でございます。

その理由といたしましては、やはり債権の保全、これは当然だと思いますけれども、会社の信用力が低い、あるいは経営者の信用力が低い、経営責任の明確化といったようなことを理由に金融機関から第三者保証を求められているという調査結果がございます。

○藤野委員　ですから、この委託調査によりますと九割というか 93.7 %、もう圧倒的なんですね。要するに金融機関が求めている。先ほど言ったエンジェル、要するに自分から申し出た人、第三者が積極的に提供を申し出たというのは 1.3 %しかないわけです。

そういう意味では、**この第三者保証、エンジェル**と言われるようなたくさん資産を持っている方は、ある意味、その資産を担保にして物的担保をやればいいわけですが、保証というのはまさに一般財産全体にかかっていく。全く性質が違ってくるわけで、それがまさに悲劇を生んできた根本にあるわけで、それを金融機関が求める。これだけ足りないからこの物的資産に担保をつけてくれとかいうんじゃなくて、まさに丸ごと押さえようとしているというのがこの第三者保証ではもう 93.7 %なわけですから、結局そこの都合が優先されているというのが実態だというふうに思います。

大臣、今度は大臣にお聞きしたいんですが、せっかく政府も、原則だめなんだ、経営者保証も第三者保証も、原則それはだめだ、それに頼らないことをやってこそ悲惨な事例もなくなるし、ある意味、政府が再興戦略と言っている金融業のまともな発展にもつながる、こういうことで鋭意この間やってこられた。その原則だめだという道筋が今回の民法改正でもとの金融実務に戻ってしまうんじゃないか、こういう懸念があるわけですけれども、大臣、この懸念についてはどのようにお答えになるんでしょうか。

○盛山副大臣　まず、私の方から答えさせていただきます。

大きく2つあると思います。

主債務者の配偶者を除外する理由としましては、個人……（藤野委員「配偶者は聞いていません。後で聞きます」と呼ぶ）はい。

では、**共同事業者みたいな話**をします。

いずれにせよ、先ほどから先生がおっしゃっておられる実態があるわけでございます。こういう金融の実態、現状を踏まえながら、理想としましては、先ほど来金融庁なりあるいは中小企業庁が話をしておりますけれども、個人保証を求めないようにしていくという流れがあるわけでございますけれども、何%かは別にして、ある程度進んでいるとはいえ、まだまだやはり現状はそういう状況であります。

それを、今回こういうような法案を出しましたのは、やはり、**保証意思宣明公正証書**

の作成を義務づけるところをどこまでにすべきかということ、そして、今の金融の現状を踏まえながら、法制審議会において、我々が承知をしております中小企業あるいはその他の関係者の御要望、そういうことを踏まえまして例外として扱うというような形で今規定を設けているということであります。

○金田国務大臣 改正法案も監督指針も、それぞれ、民事上の基本的なルールに基づくものであるか、あるいは行政的な手法を通じたものであるかには違いがありますけれども、いずれも、**保証契約については、契約自由の原則に委ねることとはせずに、保証がもたらす弊害を念頭に置いて不健全な保証を抑止していこうという趣旨に基づくものである**、したがって、監督指針と改正法案とでは方向性に違いはないものと考えておりまして、改正法案によって金融庁の監督指針がある現状よりも第三者保証が広がるといった事態が生ずることにはならないものと認識をいたしております。

○藤野委員 先ほど私は道場の話をしましたが、本当にまともな金融機関だったら、さっき言ったような経営者ガイドラインとかにのっとってやるわけですね。そうじゃなくて、そういうことを守らないブラックな金融機関に頼らざるを得ない債務者というのがやはり生まれてきてしまう、そのときに保証が求められる、そういったときに、この制度で、今回の法案改正でそれがストップできるのか、防ぐことができるのかということなんですね。

やはり、この保証の問題では情義性ということが問題になります。情によって、頼むよと言われて、保証人に仕方なくなってしまう。本当に困っていますから、その人から言われてなってしまう、一般財産を保証してしまうということはあるわけです。

この情義性の問題というのは、公証人のところに行って、いろいろ債務者から情報提供を受けて、そういうことでクリアされるような実態では率直に言ってないわけであります。そういう点の保証が、公証人の手続が1つふえたとしても、仕方なく保証債務を負うという悲劇がなくなる保証が、担保があるのかということなんですね。

そういう点でいえば、この点が、逆に言えば、あなた、この書面ありますよね、公正証書ありますよねということで、あなたは自由意思で、自分の意思で債務保証したんですからというふうに、逆にお墨つきを与えることになりかねない。

過去には、自由意思どころか、公正証書を捏造までして、そういう事件を起こしたというのがまさに商工ローンの話でありました。公正証書というのはそういう過去の実例もあるわけですよ。そういう点を踏まえてお聞きをしているわけで、この公証人がきちんと機能する、今回は機能するという制度的担保はどこにあるんでしょうか。

○小川政府参考人 お答えいたします。

公証人をめぐって商工ローンの時期に一定の問題が生じたのは御指摘のあったとおり

かと思いますが、今回は、この民法の改正に伴って新しく設けられます保証意思宣明公正証書につきましては、十分なチェック事由、法律でも定まったものでございますので、さまざまな事情についての検証を行うこと、これは当然でございます。

公証人につきましては、法務省の方でのきちんとした監督がございますし、必要に応じて懲戒もございます。また、当然のことながら、事務の適正さを担保するために、通達などを適時発出して遺漏のない措置をとっていきたいというふうに考えております。

○藤野委員　本当にそうなるのかという点で、今後も審議をしていきたいというふうに思っております。

別の角度からいいますと、これは、金融機関にとってはそういうお墨つきが得られるという反面、保証人になる人にとってはさらなる負担といいますか、例えば公証人というのは全国に500人いらっしゃって、300の公証役場がある。1つの役場で1人ないし8人が働いていらっしゃるそうですが、大都市にはそれなりの公証役場があるんですけれども、地方に行きますと非常に少ないんですね。私は北陸信越ブロックなんですが、あの広い長野県で7カ所、新潟県では5カ所、北陸、富山、石川、福井、三県、3カ所ずつしかないわけでして、保証人にしてみればわざわざそこまで行かなきゃいけない、あるいは手数料も払わないといけない、公正証書を出してもらう上で。

そういう意味では負担になってくるわけで、その点も考えると、やはり今回のこの制度が本当に機能するのかという点はこれからさらに質問で聞いていきたいというふうに思います。

その上で、先ほど出ました配偶者の問題、適用除外、公正証書をつくらなくていいですよという類型の中に、465条の9第3号後段ですけれども、いわゆる配偶者、一定事業をされているということでありますが、配偶者が入っております。

先ほど情義性という問題がこの保証では大きいと、要するに、頼むよと言われて、もう断れないという話をさせていただきましたけれども、まさに配偶者というのはこの情義性の典型といいますか、主たる債務者、現実には夫が多いわけですが、これが破綻した場合にその配偶者がともに経済的に追い込まれる。これを当然視するがごとき、前近代的な規定だというふうに私は思うわけであります。そして、この規定が存在する、生まれるということは、要するに経営者の配偶者は保証人になるのが当然だというメッセージを発することになるんじゃないのか。

大臣、こういうメッセージを今度の改正で発していいんでしょうか。

○盛山副大臣　今委員がおっしゃった御指摘があることは我々も十分承知しております。他方、どこまでをどういうふうに扱うべきかということで法制審議会で議論をしたわけでございます。

個人事業主に関しては、経営と家計の分離が必ずしも十分でないところが一般的でございます。そうすると、主債務者と、一般的には御主人でしょうけれども、その配偶者、妻、奥さんが経済的に一体的であるということが多いことから、配偶者を保証人とすることによって金融機関から融資を受けている事例が現在多いというのが現状かと思います。

そして、そんな中、**個人事業主の配偶者は事業の状況ということを当然のことながら一般的にはよく知り得る立場ということであり、また保証のリスクについても認識しているという可能性が大でありますことから、保証意思宣明公正証書の作成を義務づける必要性に乏しいというふうに考えたわけでございます。**

法制審議会では、このような実情を踏まえ、さらに中小企業側の意見も踏まえまして、主債務者の配偶者を例外として扱うということが強く主張され、そこで、主債務者が個人事業主である場合のその配偶者については、主債務者の事業に現に従事していることを要求することで、主債務者の事業内容をなお一層把握可能な立場にある場合に限定して例外として扱うということにしたわけでございます。

そういう点ではいろいろな議論がありましたけれども、こういうような限定の中であればやむを得ないかということでの案と御理解いただければと思います。

○藤野委員　新しい時代の変化に対応するというふうに冒頭おっしゃいました。その中には、取引関係だけでなく社会の発展というのもあると思うんですね。民法というのはまさに人を中心に組み立てられるものでありまして、憲法でいえば個人の尊厳というものがあるもとで、ここでは、まさに配偶者は保証人になって当たり前だ、一緒に生活基盤が奪われるということを当然視するかのような規定になってしまっているという点は、私は時代の変化という立法趣旨そのものにもそぐわないというふうに言わざるを得ないと思います。

法制審の議論では、**京都大学の教授である潮見佳男教授**がこうおっしゃっていました。**世界的にこのような規定を設けるということは、個人的には非常に恥ずかしいことではないかと思います、その背後に特に産業界のお考えがあるとしたなら、そういうものを担っていかれるというのは今後の日本の経済社会ではなかろうかと思いますし、ヨーロッパなどでは、近親者保証については、先ほどの暴利行為だのあるいはそれ以外の構成によってこれを否定するという方向が既に定着していると思います、こういう指摘であります。**

これは私は当然の指摘だなというふうに思うんですが、大臣、この指摘、どのように受けとめられますか。

○金田国務大臣　先ほど副大臣から申し上げた考え方と同じであります。

○藤野委員 これは、やはり本当に考え直していただきたいなというふうに思うんです。

同じ法制審で、**東京大学の教授である道垣内教授**はこうおっしゃっているんですね。**配偶者による保証というのは最も不当威圧等の存在が推定されるものであるわけです**と。そして最後に、今後、本規定の空文化に努力したいと。空文化に努力したいと審議会の場でおっしゃっているわけで、**審議会の議論で、まだ議論中であるにもかかわらず空文化に努力したい**と言う、私はちょっと、初めてこれは見たわけであります。

そういう点で、個人保証の分野というのは多くの問題がございます。法制審の段階では、まさに第三者保証の原則禁止や、あるいは保証があったとしても責任財産を制限していく、そういう議論もありました。しかし、それが最終的にはなくなってしまっているというようなお話もあります。

そういう点で、**今後、参考人質疑もありますけれども、**そうした場を通じてこの問題について大いに議論していきたいし、そのためにもしっかりと**審議時間を確保していただきたい**ということを最後にお願いしまして、質問を終わります。

○鈴木委員長 次に、**木下智彦君。**

○木下委員 日本維新の会、木下智彦です。

きょうもお時間をいただきまして、ありがとうございます。金曜日の午後、最後ということで、なるべく手短にやっていきたいなというふうに思うんですけれども。

きょう、朝からいろいろお話を聞いておりました。やはり、まず基本的なところからお話を聞かせていただきたいなと改めてきょうは思ったんですね。

その一番最初の部分、まだ法案に入る手前の部分だと思うんですけれども、法律案の提案理由の説明、趣旨の中でも、それからきょうの御答弁の中でも、制定以来120年間、社会、経済の変化への対応を図り、国民一般にわかりやすいものとするような観点からと。120年間そのままだったというようなお話をされておりました。

本来だったら、時代の変化は、法律は的確にやはりやらなきゃいけないし、国民にもわかりやすいものをつくっていかなければならない。120年間と言いながら、少なくとも戦後70数年の間にそういったことをやはり怠っていたんだろうな、普通であれば、国民にわかりやすいような法律、それから時代の流れに沿ったような、そういったものをつくっていくような不断の努力とそれから議論が行われなければならなかったはずだと。しかし、それが今回、きょうの御答弁を聞いていても思ったんですけれども、それは、認識を新たにしてみると、それをある意味で怠っていたということになるんですかね。

これをまず最初に、今までこれを怠ってこられたから今回の改正があるのかどうか、この辺の認識をまず聞かせてください。

○小川政府参考人 お答えいたします。

御指摘ございますように、債権法に関する部分は 120 年間ほぼ改正をしてこなかった状態でございます。

その間、1 つには、**特別法で、例えば借地法、借家法、あるいは製造物責任法ですとか債権譲渡特例法といった特別法、さらには近時は、消費者契約法ですとか労働契約法のように他省庁にもまたがるようなものとして特別法が制定**され、それによって対応されてきたということが 1 点挙げられます。

もう 1 点は、**立法理由の 1 つにかかわるわけですが、比較的条文がシンプルな中にあって、判例、学説の発展があり、確立した判例、確立した通説**といったものが生まれ、それによって一定の規範としての意味を持つような状態が続いたということでございまして、結果としてその間改正がされなかったわけですが、実務としては運用はきちんと行われてきたということだろうというふうに思っております。

○木下委員 そういう形でやってきたんだということは承知しております。

ただ、結局は、今言われていたように、**特別法、特別措置法**であるとか、それから判例で判断されてきたというふうなことなんですよね。それじゃだめだから、だめだからなのかどうかということもまたこれは 1 つポイントだと思うんですけれども、だから今回改正をするんだ、私はそういう解釈をしているんですけれども。

大臣、ここでちょっと、今のお話を聞いていただいていたと思うんですけれども、実際にこれをだめだったと言うのはなかなか言いにくいところだと思うんですけれども、ある意味、認識をやはり改めて、**今までの特別法それから判例**、そういったものでやっていくということを少しでも変えていくということが今回のこの民法の債権法にかかわる部分の改正という認識で正しいのかどうか、それから、大臣がその辺を実際にはどう思っていらっしゃるかということをまず聞かせていただけますか。盛山副大臣でも結構です。

○盛山副大臣 まず、私の方から御説明をさせていただきたいと思います。

先ほど、民事局長の方からも話がありました。そして、木下委員からも御指摘がありました。**民法というのは大変基本的な法律**であり、午前からの審議の中でもありましたけれども、それなりにシンプルでよくできていた法文ということもありまして、それで何とかやってきたということでありますけれども、さすがに 120 年たちまして、制度疲労というんでしょうか、余りに状況が変わってきたということ。

それから、一固まりでうまく特別法その他でできるところはやってきたわけでございますけれども、債権というのは契約の部分でございますので、我々の社会というのは、まず普通、大体何らかの取引、契約というのがあるのが一般的で、一番基本的な、基礎的な部分でございます。そういう1番基礎的な法規でございます民法の第3編の規定を直すというのは、ここを直すとこっちも直さないといけない、またこちらにも当たりがあるというようなことで、債権編の規定を直すというのはある程度大きくまとまった形でやらないといけない、しかも、それが一般の国民の方々に、皆さんに影響がある、そういうことで慎重に進めなければならない、そういったようないろいろな理由がありまして、ここまで時間がかかってしまった。

そして、平成21年から7年かけてということでございますけれども、民法の全面的な見直しという検討を法制審議会でいたしまして、少しずつ手直しということではなく、ここまで来た、そしてそれをやっと今回御提案できるようになった、そんなふうに御理解いただければと思います。

○金田国務大臣　今、民事局長並びに副大臣から申し上げたとおりでありますが、私としては、やはり、特に国民一般にわかりやすいものとするという観点から、見直しをする際にどうしても民法において行うことが必要とされる内容としては、**消滅時効期間**とか法定利率制度の見直し、あるいは定型約款に関する基本的な規律の創設といったようなものは、まさに民法において見直しを行うことが必要とされるものだというふうに受けとめておりまして、民法自体を見直さざるを得ない状況に直面をしているんだというふうに認識をしております。

○木下委員　皆さんからお答えいただいて、本当にありがとうございます。

今の話を聞いていても、やはり民法というのは大きい、基本的な部分だし、だから変えるところもなかなかままならなかったんだという話だと思うんですね。

これはほかでもあるんだろうなと思っていて、やはり、民法、それから刑法であるとか商法であるとか、こういったものは、結構、今までの改正の話を見ていても、いざ改正するというふうになったときには、あれもこれも、あれもこれもと、いろいろな議論が出てくる。いろいろな議論が出てくるから時間もかかるし、大幅な改正にやはり手をつけていくということになる。そうなると、さっき言われたように7年かかるであるとか5年かかるであるとか、それから、きょうの審議でも言っていましたけれども、項目でも500項目ぐらい出てきたとかいうふうな話になる。これがあるから、120年間そのままになってきたんだというふうに私は思うんですね。

こういったやり方をどこかでやはり変えていかなきゃいけないんだと思うんですね。

それが今回の、まずは手をつけていこうということだと思うんですけれども。

これは、やはり私は思うんですけれども、国会のやり方ということを改めてちょっと考えさせられるなと。

ちょっと関係ないことを言いますけれども、例えば我が党なんかは、改正論議をするべきだというふうに大きく言っております憲法のお話なんかもそうだと思うんですね。やはり今の憲法なんかも時代にそぐわない部分が出てきている、もしくは解釈が、いろいろな意味でいろいろな意見が出てくる。

こういった形になったときに、その部分だけに焦点を当てて、そこだけでも改正しようじゃないかというふうな話をやはりやっていかなければ、いつまでたっても何にも変わっていかないし、そして、その法律、憲法、それぞれがもうどんどん現実とかけ離れたものになっていくのではないかというふうに思っているんです。だからこそ、きょうちょっとこういう話を長々とさせていただいたんです。

大臣に、そう思いませんかというふうなことを聞こうと思っていたんですけれども、今、もう大臣も副大臣もうなずいていただいておりますので、そういうふうな私の意見に御賛同いただけているんじゃないかなというふうに思います。

それで、ただちょっと……（発言する者あり）聞いた方がいい。そうしたら、御答弁いただけますか、どう思われるかということを。（金田国務大臣「せっかくですから前に進めてください」と呼ぶ）前へ進みましょうか。わかりました。では、また次回にでもその辺も聞かせていただければと思います。

そういった意味で、今回のこの民法、きょうもいろいろと話をされていましたけれども、私も全部はまだ読めておりませんけれども、法制審議会の内容、これは答申が出るまで5年から7年というふうな形でずっと議論されてきて、いろいろなことを書いています。これは相当読み応えがあるなと。全部読めなくてきょうここに立っているので非常に申しわけないんですけれども。

やはり、これを見ていて、それから、きょう、逢坂先生でしたか、その辺の話をいろいろとされていて、ちょっとその辺の話をまとめてみると、この今回の改正について、5年の間に99回の会議がされて、分科会を18やられ、それからパブリックコメントをとられということで、さっき言ったとおり**500項目**ぐらい上がってきて、それが中間試案になって**260、最後に200**ぐらいの**項目**に**論点整理**がされたというふうなことだったんですね。

逢坂先生が言われていたのは、**法制審議会のあり方**というところで、一般の人たちの意見が余り入っていないじゃないかというような感じのことを言われていた。だからこそ国会で審議がされるべきだというふうな話をしていたんですけれども、これから先、この法案について審議がどれぐらい続くのか。先ほど共産党の方も長い審議時間をとりたいとか言われていましたけれども、本当にいいのかなと思うんですね。いや、別にいいと思うんですよ、今の状態の中では審議はしなきゃいけないかもしれないけれども。

ちょっと突拍子もないことを言いますけれども、きょう話を聞いていて思ったんですけれども、国会議員、今ここの委員会にいるような人たちが、ある種、法制審議会の中に入って議論するようなことはあってもいいんじゃないかなというふうに私は思ったんです、特に民法のこの話に関しては。そうすると、国会議員、やはり相当厳しいです。ただ、仕事していない国会議員が多いとかと言われる中で、本来の役割からすれば、こういうことも積極的に私は考えていくべきなんじゃないかなと。

これは質問通告していません。きょうの審議を聞いていて、ふっと思いついたんですけれども、そういったことは本当にできないかなと思うんですけれども、どなたがお答えいただけるか、ちょっとわからないですけれども、そういうことは考えられませんかね。（発言する者あり）

○盛山副大臣　今、逢坂先生が御発言されましたが、**国土審議会のように、衆議院議員、参議院議員が入ると規定されているものも中にはございます。**しかしながら、**一般的に、国会議員がメンバーに入るというのは普通の審議会ではございません。**多分それは、我々は立法府のメンバーでございますから、立法府、この国会の場で審議をすればいいということであって、そして、学識経験者や御担当の専門家、そういった方にお入りをいただいて審議会の場では審議をして案をつくろう、こういうことではないかと私は思います。それが一般的ではないかと思います。（発言する者あり）

○木下委員　そうですね。いろいろな御意見、周りからも言っていただいています。司法制度審議会があるじゃないかとか。

ただ、私は思うんです。今回の、法務省が管轄しているような民法であるとか、こういったものに関して、特に120年も変わってこなかったわけですよ。ということを考えたら、そういうことももっと積極的に検討されるべきだし、なぜそんなことを言うかというと、そうすることによってこの国会の審議が短くても充実したものになるんじゃないか、私はそういうふうに思いまして、ちょっと1つの提言として聞いていただければいいかなというふうに思いました。

そんなことを言いながら、時間がどんどん過ぎておりますが、勝手なことを言ったんですけれども、では、中身の話も少しだけさせていただきたいなと思います。

大臣がこの趣旨を説明されたところで一番最初に出てきたのが、**消滅時効**というお話をされておりました。

その前に、私は**井野政務官**が言われていたこともちょっと言いたかったんですけれども、井野政務官がこの審議になる前に民法の話をされたとき、司法試験に合格されて弁護士資格を持たれているんでしたね、司法試験を制する者というのはどんな者かというと、**民法を制する者が司法試験を制するんだ**と言われていたと思うんですよ。それは何でかというと、それが非常に**難解**だということ、それから、**判例**であるとかそういったものを全部多岐にわたって覚えていかなければいけないしということで、これは一般の人だけじゃなくて、司法試験をパスすることを目指しているような方々もそういうことなんだなというふうに思ったんですよ。それを前にくっつけたかったんですけれども、せっかくだから、今ちょっと目が合ったのでお話をさせていただきました。

ちょっと話が戻ります。**消滅時効**の話なんですけれども、医師の診療に関する債権は3年、飲食店の飲食料に係る債権は1年などとされている短期消滅時効の特例を廃止して統一化を図るというふうに言われている。

そこで思ったんですけれども、そもそも、なぜ医師の診療は3年で、飲食店の飲食料は1年とされていたのかなと。なぜこんなことを聞くかというと、素人の意見のような感じですけれども、やはり根本の理由が明確じゃなければ、今回統一化されることが妥当なのかどうなのか、これは判断できないと思うんです。だから、あえて聞かせていただきたいんですけれども、何でこういう形にばらばらだったんですか。

○小川政府参考人 お答えいたします。

御指摘ありましたように、**現行法の170条から174条までの規定**は、一定の債権について短期消滅時効というものを定めるものでございます。その趣旨とされますのは、特例の対象とされた債権は比較的少額であるということを踏まえて、特に時効期間を短期間にしてその権利関係を早期に決着させることにより、将来の紛争を防止することにあると言われております。

ただ、特に御指摘もありましたように、1年のものがあったり2年のものがあったり3年のものがあったりというところが次の問題ですが、こういう形で現行法が時効期間を1年から3年などと短縮いたしましたもとになっておりますのは**現行法の制定当時のフランス民法でございまして、フランス民法を参考にしたというふうに言われております。**

当時のフランス民法にも、6カ月、1年、2年、5年といった短期の時効期間が定められておりまして、例えば、小売商人の売却した商品の代価についての債権ですとか、我が国の弁護士に類似する職業であります、**代訴士**と言われますが、この報酬債権の時効期間は我が国の民法と同様にフランス民法でも2年とされておりました。

そういうことから考慮いたしましても、基本的には、やはりフランス民法の影響を非常に強く受けたものであるということが言えようかと思います。

○木下委員　成り立ちが結構ばらばらだったり、よその国の法律を見本にしてやったとかという形で、やはりこれは統一しなきゃいけないんだなと、改めて今の話を聞いて納得しました。でも、こういうことを今まで何でそのままにしていたんだろうなということも同時にやはり思ってしまうんですよね。

きょう、内容についてはもうこれぐらいにしておこうかなと思っているんですけれども、恐らく、これから先、1個ずつやっていると、今みたいな話を全部やはり聞いていかなきゃいけないと思うんです。この場でそれを全部やっていくんですかということだと私は思うんですね。

当然のことながら、ここにいらっしゃる委員の方々は、法制審議会の議論の内容、すごい数ですけれども、それぞれ目を通されるんだろうなというふうに思っているんですけれども、やはりそういうことをやるためにも、さっき言いました、法制審議会に対する国会議員のアプローチの仕方というか参加の仕方、こういったことをもう少し議論するべきではないかなというふうに思うこと。

それから、ちょっと早目ですけれども、もうまとめに入ります。

そういうことを考えると、閣法もそうですし、それから議員提案の法律でもそうだと思うんですけれども、おかしいと思ったことをどんどんとやはり提案していって、そういうことが政局に引っ張られてとまるというようなことは、こういうことに関しては特にないようにして、より積極的に議論するべき。そこは、私は思うんですけれども、今までの国会の審議の慣例であるとか、そういったことを乗り越えてやはり話をしていくべきだ。きょうのこの法案について考えるに当たって、改めてそういう思いを私ちょっと強くいたしました。

そういったことを主導なさるお立場が大臣だというふうに思いますので、大臣、最後に一言、これはいつも最後に一言と言うと怒られるんですけれども、ぜひともよろしくお願いします。そういうことで、一言お願いします。

○金田国務大臣　委員からのお話は貴重な御意見として伺わせていただきました。丁寧で速やかな、そういう審議を私どもも努力していきたい、このように思っております。（発言する者あり）
○木下委員　ありがとうございます。
なるほどという声を聞かせていただきましたが、どうもありがとうございました。
○鈴木委員長　次回は、来る22日火曜日午前8時50分理事会、午前9時委員会を開会することとし、本日は、これにて散会いたします。
午後2時43分散会

第192回国会 衆議院法務委員会
第10号
平成28年11月22日(火曜日)

平成28年11月22日（火曜日）

午前9時開議

出席委員

委員長　鈴木　淳司君

理事　今野　智博君　理事　土屋　正忠君

理事　平口　　洋君　理事　古川　禎久君

理事　宮崎　政久君　理事　井出　庸生君

理事　逢坂　誠二君　理事　國重　　徹君

青山　周平君　赤澤　亮正君

安藤　　裕君　井野　俊郎君

奥野　信亮君　門　　博文君

菅家　一郎君　城内　　実君

鈴木　貴子君　辻　　清人君

野中　　厚君　藤原　　崇君

古田　圭一君　宮川　典子君

宮路　拓馬君　　　山田　賢司君

若狭　　勝君　　　階　　　猛君

山尾志桜里君　　　吉田　宣弘君

畑野　君枝君　　　藤野　保史君

木下　智彦君　　　上西小百合君

…………………………………

法務大臣政務官　　　井野　俊郎君

参考人

（弁護士）　　　岡　　正晶君

参考人

（名古屋学院大学法学部教授）

（弁護士）　　　加藤　雅信君

参考人

（弁護士）　　　黒木　和彰君

法務委員会専門員　　　矢部　明宏君

―――――――――――――

委員の異動

11月22日

辞任　　　補欠選任

吉野　正芳君　　　青山　周平君

③ 第10号 平成28年11月22日

同日

辞任　　　　　　　　補欠選任

青山　周平君　　　　　吉野　正芳君

―――――――――――――

本日の会議に付した案件

民法の一部を改正する法律案（内閣提出、第189回国会閣法第63号）
民法の一部を改正する法律の施行に伴う関係法律の整備等に関する法律案
（内閣提出、第189回国会閣法第64号）

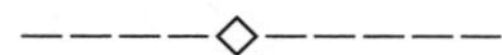

○鈴木委員長　これより会議を開きます。

第189回国会、内閣提出、民法の一部を改正する法律案及び民法の一部を改正する法律の施行に伴う関係法律の整備等に関する法律案の両案を一括して議題といたします。

本日は、両案審査のため、参考人として、弁護士**岡正晶君**、名古屋学院大学法学部教授・弁護士**加藤雅信君**及び弁護士**黒木和彰君**、以上3名の方々に御出席をいただいております。

この際、参考人各位に委員会を代表しまして一言御挨拶を申し上げます。

本日は、御多忙の中、御出席賜りまして、まことにありがとうございました。それぞれのお立場から忌憚のない御意見を賜れれば幸いに存じます。どうぞよろしくお願いいたします。

次に、**議事の順序**について申し上げます。

まず、**岡参考人、加藤参考人、黒木参考人の順**に、それぞれ20分程度御意見をお述べいただき、その後、委員の質疑に対してお答えをいただきたいと存じます。

なお、御発言の際はその都度委員長の許可を得て発言していただくようお願いいたします。また、参考人から委員に対して質疑をすることはできないことになっておりますので、御了承願います。

それでは、まず**岡参考人**にお願いいたします。

○岡参考人　本日は、発言の機会を与えていただきまして、本当にありがとうございました。

私は、日弁連からの推薦で本件の法制審部会の委員となり、5年4カ月間、最初から最後までフルで審議に参加をさせていただきました。その立場と経験を踏まえた本改正法案に対する私の意見は、**日弁連の意見と同じ**であります。

本日は、まず冒頭にその意見を述べさせていただきます。次に、その意見を持つに至った経緯、理由として、本改正審議に取り組んだ日弁連の基本姿勢及びどういう陣容でどのように取り組んだかについて説明をさせていただきます。そして最後に、まとめとしての私の所感を述べさせていただきます。

ではまず、意見でございます。

私の配付させていただきました**資料5、通しページ14分の6**をごらんください。

真ん中あたり、「第一　意見の趣旨」第1項でございます。**「本改正法案は、保証人保護の拡充や約款ルールの新設を見ても明らかなように、利害の対立する複数の契約当事者間の適正な利益調整を図り、かつ、健全な取引社会を実現するために、必要かつ合理的な改正提案であると評価でき、当連合会は本改正法案に賛成する。」、これが結論**でございます。

我々弁護士は、民法を市民の最も身近な立場で活用し、それを通じて市民の権利を実現する職責も負っております、民法のヘビーかつ最大のユーザーであります。その立場と責任を踏まえて、**日弁連も私も本法案に賛成**をいたします。

2項、3項については、後で触れさせていただきます。

次に、**資料6、通しページの14分の13**をごらんください。

日弁連は、昨年の通常国会の法案提出時にこの会長声明を出させていただきました。下から2行目をごらんください。「時を移さず、これらの検討内容を活かして、今国会で」、昨年の通常国会でございますが、昨年の通常国会で「充実した十分な審議を行い、重要法案である本改正法案の成立を求めるものである。」という声明を出させていただきました。

次に、次のページ、**14分の14**をごらんください。

これは、本年9月30日に会長声明を出したものでございます。ここでも下2行に御注目ください。法案提出から 1 年半も経過したことを踏まえ、「今国会で充実した迅速な審議を行い、」今臨時国会での「早期成立を求める」というものでございます。時ここに至って、日弁連も私も、充実だけではなく迅速な審議、すなわち丁寧で速やかな審議をお願いしたいと思っております。

それでは次に、このような意見形成に至った経緯、理由の 1 つ目として、日弁連及び私どもが本改正審議に取り組んだ基本姿勢を御説明いたします。

資料 3、通しページの 14 分の 4 をごらんください。

これは、**日弁連の理事会で機関決定**していただいたものでございます。法制審の部会には、私を含めて 4 名が推薦されてメンバーになりましたが、私ども 4 名は、この基本姿勢に基づいて懸命に発言をし、本法案にこれを反映させたつもりでございます。少し早口になりますが、読ませていただきます。

1　改正を所与の前提として拙速な取り纏めをすることなく、各検討事項につき、改正の必要性、方向性、改正の具体的内容および改正した場合の影響の内容や程度を慎重に検討する。

理念ファーストではなく、個別的、具体的に検討していくという宣言でございます。

2　改正にあたっては、法定債権や担保物権に関する規律などを含む民法全体の整合性、消費者契約関連法、商行為関連法、労働契約関連法などの民事特別法との相互関係や役割分担などについて適切に配慮し、民事法体系全体として整合性・統一性をもった民法とすることをめざす。

3　確立した判例法理や定説のうち法文化すべきものは民法典への適切な取り入れを検討し、市民にとって真に「分かりやすく使いやすい民法」をめざす。

4　専門的知識や情報の量と質または交渉力に大きな格差のある消費者・労働者・中小事業者などが、理由のない不利益を蒙ることがなく、公正で正義にかなう債権法秩序を構築できる民法となるように積極的に提言する。

5　社会経済の現代化、市場の国際化、外国の法制度との比較などの考慮に基づく改正に関しては、我が国における民法規範としての継続性や市民法秩序の法的安定性に十分配慮して検討する。

外国の先進的な取り組みは、研究、検討するけれども、追随はせず、批判的に受け入れる、こういうものでございます。

先ほども申し上げましたが、

6　民法を市民の最も身近な立場で活用し、市民の権利を実現する職責を負う実務法曹の団体として、多面的な議論を尽くし、利用者である市民の視点にたった改正意見を積極的に表明し、活動する。

なお、これに加えて、私個人は、民法は日本国民全てに適用される法律ですので、私のふるさと、四国うどん県、香川県で農村に住む私の両親、親戚にも理解できるもの、納得できるもの、そういうものを目指そうと思いました。

次に、私ども及び日弁連が本改正審議にどういう陣容で取り組んだかを御説明いたします。

資料2、通しページ14分の3をごらんください。

先ほどの基本姿勢の 6 項で述べましたように、多面的な議論を尽くすためには、いろいろな立場のできるだけ大勢の弁護士で議論することが重要と考えました。そこで、全国の各層から約 60 名弱のバックアップチームをつくっていただき、部会の前日等に、合計すると、ここにありますとおり124回の議論をしていただきました。また、このチーム会議の前に、多くの地方の単位会、委員会でも事前議論をしていただき、それを書面等でチーム会議に提出してもらいました。

本当にさまざまな弁護士、具体的には、消費者、大企業、中小企業、労働者等の代理を多く務める弁護士、企業内弁護士、親族、相続の事件を多く扱う弁護士など、大勢集まって、本当に多面的な議論を尽くすことができたと考えております。

そのほか、この表の右側に記載してありますとおり、全国 8 つの高裁所在地で、各 2 回、シンポ、研修会を行ったり、日弁連の重要な意思決定機関である理事会でも何度も意見交換、審議をさせていただきました。

次に、意見形成に至った経緯、理由の最後に、私ども日弁連が本改正審議にどのように取り組んだかを御説明いたします。

資料1、通しページ14分の1をごらんください。

最初の第 1 ステージの当初、我々は、強い警戒心を持って臨みました。きついことも発言をいたしました。また、当初は、日弁連内にも、壊れていないものを直す必要なし、学者主導の改正につき合う必要はない等の批判的な意見が多くございました。しかし、先ほどの基本姿勢に基づいて議論を重ねる中で、批判だけにとどまっているのではなく、前向きで建設的な議論が多くなってきました。

また、部会におきましても、この次の9ページの5行目以下にありますとおり、別の学者有志、具体的には**加藤先生グループの改正提案**でございますが、そのような資料も数多く引用されるとともに、比較法資料も豊富に提供されまして、実に多くの議論が滑らかに進んでいくようになったと理解をしております。

1回目のパブリックコメントの後が第2ステージでございます。

この第2ステージにおきましては、3つの分科会が部会と部会の間に開かれ、本当に中身の濃い審議をいたしました。日弁連も意見書を5本提出いたしました。この9ページの左側の下から10行目にありますとおり、このほかにも弁護士会、弁護士有志等による意見書が何本も部会に提出され、法制審の部会としては異例のことですが、これらも全て机上配付を許され、審議に供されました。

そして、いよいよ、2回目のパブコメが終わった後、第3ステージを迎えました。

資料1、9ページの右側をごらんください。

これは選択と集中の審議であったと認識をしております。まず、全員のコンセンサスが得られたもの、積極的な反対者がいない、そういう論点を要綱案とする方針に従って仕分けが進められました。早々にまとまったもの、詐害行為取消権など、早々に断念されたもの、信義則等の適用に当たっての考慮要素などもございましたが、熟議の上、少数意見者が多数意見を尊重するということでコンセンサスが成立したものも出てまいりました。

その例が**消滅時効**でございますが、消滅時効については、主観的起算点導入に対する不安や時効完成までの期間が短くなる権利がややあるということで、反対が小さくはありませんでした。しかし、熟議を重ねる中で、主観的起算点というのは既に不法行為において民法に導入済みであること、それについて説得的な下級審判決例も出ていて予見可能性があること、生命身体に関する権利の特則を一般債権、不法行為の両方に設けることなどでコンセンサスが得られるに至ったものでございます。

その後、意見が大きく分かれた論点について、事務当局から、この案でどうかという提案が2次案、3次案、4次案を含め出されまして、この結果まとまったもの、**動機の錯誤でありますとか個人保証でございます**、そういうものもありましたが、日弁連にとっては遺憾ながら断念されたもの、**暴利行為の明文化等も少なからず生じました**。

この間、日弁連では、最終局面に入ったことを受け、ここにあるような組織変更を行ったり、日弁連の理事会等で議論をさせていただきまして、最後まで積極的に発言を続けたものでございます。

若干時間がございますので、**法定利率**についても若干御説明をいたしたいと思いますが、法定利率についても、適用法域が異なるごとに利率を設ける方が合理的ではないか、3％では債務不履行のペナルティーとしては低過ぎるので5％のままでいい、逆に、現在のマイナス金利、まあ、その当時はマイナス金利じゃございませんでしたので、当時の低金利を考えると2％がいいなど、さまざまな意見が出ておりました。しかし、これも熟議を重ねる中で、激変は相当ではないのではないか、現在の仕組みに対する適度な変更が今回は相当ではないかということで、**4割減の3％**とし、加えて穏やかな変動制を採用するという方向に収れんをしていきました。

私個人は、こういう方程式ではなく、その都度国会が決めればいいという意見でございました。少数意見で採用されませんでしたが、最終的には、こういう方程式があろうとも、**国会がその時点で議決をすれば、法定利率を変更することは可能ではないか**と考えております。

以上の経緯、理由を踏まえて、私及び日弁連は、本改正案に賛成をし、早期成立をお願いするものでございます。

最後に、まとめとしての所見を3点述べさせていただきます。

第1に、今回の法案は、我々から見ればなお不十分な点もありますし、法案とならなかったものについても残念なものがございます。しかし、これらも、そのような案が公平妥当という方々が社会の中にいらっしゃり、また、それらはまだ時期尚早であるという方々がいらっしゃることから、こうなったものと理解をしております。そして、本法案には我々として評価できるものが数多くございますし、理論よりも実務を優先して採用していただいた条文もございます。

こういう意味で、本法律案は、各界各層の参加者が民法をよりよいものにしようという思いで長年にわたって検討、議論を行い、その英知を結集したものと理解をしております。そういう意味で、絶妙なバランスのとれた法律案と私は考えております。

第2に、私どもから見れば不十分な点についても、制度としては1つの大きな前進であると考えております。よい方向でのアナウンスメント効果もあると考えております。国会における審議、金曜日の審議を拝見させていただきましたけれども、それを通じて行政指導等も充実されるのではないかと考えております。我々弁護士会としては、今後は、不十分と考えられる点から問題が生じないよう、法教育の充実等も含め、実務において力を尽くしていきたいと考えております。

第3に、最後ですが、今回は法案とならなかったものについても、法制審部会における中身の濃い議論が議事録という形で残り、今後に向けての大きな貯金ができたと考えております。これで相当な進展があったと考えています。これをばねにして、さらに一層、全国の弁護士で実務、判例を積み重ね、多数意見の形成に向けて精進していきたいと思っております。

私の意見は以上でございます。御清聴ありがとうございました。（拍手）

○鈴木委員長　ありがとうございました。

次に、**加藤参考人**にお願いいたします。

○加藤参考人　本日は、社会の基本法である民法の大改正に際しまして、国会の先生方にお話をさせていただける貴重な機会をいただきましたこと、心から御礼申し上げます。

現行民法が明治31年に施行されてから120年の歳月がたっております。その間、社会は大きく変化いたしましたので、その変化に合わせて民法を改正しようとするのは極めて自然なことであります。したがって、本来でしたら、この時期に民法の抜本的改正をすることは歓迎されてしかるべきでございます。しかしながら、現在国会に上程されている改正案を見ますと、首をかしげたくなる点も多々ございます。

なぜこのような首をかしげざるを得ないような案が出てきたのか、それをお話しする必要があるかと思うのですが、その前に、**どの点で今回の改正案がすぐれており、どの点で首をかしげざるを得ないのかを**、時間の制約もありますので何点かに絞りますが、お話しさせていただきたいと思います。

まず、賛成する点ですが、先ほど岡参考人の方から話がありましたが、**法定利率を固定利率から変動利率にして、市場利率を反映させるというようにした点は**、もろ手を挙げて賛成したいと思います。

現在は、民法の法定利率が５％、商法のそれは６％で、市場利率よりも高い状況です。そうしますと、利息狙いで訴訟遅延を図ったり、あるいは、**高い利息を払うのは嫌なので争わずに和解に応じたりする動きが出て、訴訟の健全な姿がゆがめられております**。この点を是正する改正案には心から賛成いたします。

しかし、反対すべき点も多々ございます。

まず、今回の債権法改正の動きが始まった段階で大問題となったのは、当時法務省参与と呼ばれていました**内田貴さん**を中心になされた、**債務不履行による損害賠償を過失責任から無過失責任に転換しようとする提案でした**。これは、ドイツ、フランス、日本等の大陸法諸国ではずっと過失責任とされていた法制度を英米流の無過失責任にするもので、民法のこの部分を大陸法型から英米法型に転換しようとするものです。

我が国では、債権法改正作業が始まる前まで、債務不履行を無過失責任にすべきであるという主張があったわけではありませんし、内田さん御自身も、御自身の教科書では債務不履行が過失責任であると説明し、それに別段異議を唱えていませんでした。

社会に無過失責任の要請がないのにこのような改正をいたしますと、**取引社会も法曹実務も混乱**するだけですので、東大民法の**河上正二**さんは、この改正をナンセンスという強い言葉で批判され、**東大ローマ法の木庭さんは、前代未聞の厳格責任と、厳格責任**というのは無過失責任のことですが、批判しましたし、会社法制定の立て役者の**江頭憲治郎**さんは、民法の債務不履行が仮に厳格責任になっても、商法の方は商法の条文が残っている限り過失責任のままでいくと言明しました。また、各地の弁護士会も反対意見を述べましたし、全国 2000 人の弁護士を対象としたアンケート調査でも、無過失責任に賛成するのはわずか 188 名だけで、反対が 1559 名と圧倒的でした。

そこで、内田さんたちは、自分たちの改正方向を示した**「債権法改正の基本方針」**の中では、**債務不履行の規定から帰責事由を意味する文言を除き、無過失責任を一旦明示したわけですが、今回国会に提示された改正案では、帰責事由を意味する文言を復活させました。**しかし、現在でも、法制審議会民法部会の委員であった**潮見佳男**さんは、この文言に**「取引上の社会通念に照らして」という修飾語がついているので、今回の改正条文は過失責任原則の否定であるということを著書で明言**していらっしゃいますし、法務省民事局参事官室の公表した資料でも似たようなことが述べられております。

つまり、**一旦公表した無過失責任化案は反対が強いので、文言を玉虫色に**しておいて、**後から立法者意思に基づく解釈として無過失責任であることを主張し、巻き返しを図ろうとしているとしか思えない**というのが、**法務省民事局参事官室の解説**を見たときの私の印象でございます。

実は、**債務不履行の無過失化は、今回の債権法改正の天王山**とも言えるものでした。ところが、法務省が国会に提出した**改正の理由からは、この点がすっぽり抜け落ちております。**恐らく法務省は、この点が国会で議論され、1 つの争点となるのを避けたいと考えたのだろうと思います。

私は、本日の委員会配付資料として、**「債権法改正法案の総合的検討に向けて　債権法改正の実相を探る」という小さな冊子を配付**いたしました。その 121 ページには、今回の債権法改正をめぐる法務省のやり方につき、裁判所の中枢におられた元裁判官が、今回はこそこそ改正作業を行ったので、不信感が出ているのが実情なのではないかと評している旨を紹介いたしました。また、私自身も、債権法改正の一番の目玉とされてきた問題を国会提出の改正の理由から外す一方、法務省民事局参事官室の解説では無過失責任化を説く法務省の今回の手法につき、**「国会審議を裏口ですり抜けるような手法は、民主主義国家においてはとってはならない」**とそのページに記しました。

この問題に関しまして、ここにいらっしゃる法務委員会の先生方にお願いしたいことがございます。国会で、**改正法案の第415条1項が無過失責任か過失責任なのか**をぜひ法務省に質問していただければと願っております。法務省は玉虫色の官僚答弁をするかもしれませんが、突き詰めた質問をすれば、回答は無過失責任か過失責任のいずれかにならざるを得ないと思います。

無過失責任と答えたら、なぜこれまでの改正作業で最もヒートした争点を法務省が国会提出の改正の理由に挙げなかったのか、**あたかも裏口入学ならぬ裏口立法**を狙っているかのごとき法務省の姿勢につき、国会で問いただしていただきたいと私は願っております。

また、過失責任と答えたら、このままでは、民法の最も重要な規定の 1 つである債務不履行につき、過失責任と無過失責任の双方の主張がなされるような状況は望ましくなく、また、このままでは民法と商法という私法の2大法典の分裂を招く可能性もあるとして、改正法案の**第415条1項**から**「契約その他の債務の発生原因及び取引上の社会通念に照らして」という文言を削除する修正をしていただけませんでしょうか**。そうすれば、今後、法務省民事局参事官室等が今回の改正による債務不履行は無過失責任であると主張する根拠がなくなりますので、混乱の芽が摘まれます。

次に、**保証**に移りたいと思います。

法務省が国会に提出した参考資料の概要には、**取締役等以外の個人が事業債務について保証人となるためには、公証人が保証意思を確認しなければ効力を生じないものとする**と書かれており、改正法案の第465条の6にもそのための規定が置かれております。

ただ、国会におられる先生方は、**1999年に、当時の商工ファンドの社長の大島健伸氏**が国会で証人喚問を受けたことを御記憶かと思います。**商工ファンド**は、お金に困った中小企業とその保証人をしゃぶり尽くし、次々と自殺者を出しました。その手法は公証人を使ったものでした。具体的には、公証人役場に行って執行証書と呼ばれている**執行受諾文言つきの公正証書**をつくってもらえば、判決をもらわなくても強制執行が可能になります。商工ローンは、この手法を使って次々と強制執行をかけ、相手を破綻させていったのです。

今回の債権法改正によって、保証人が公証人のところに行くことが保証することの前提となれば、ついでに執行証書にしてもらうことは簡単になります。要するに、今回の債権法改正の規定は、**商工ローンの再現に道を開くものとしか私には思われません**。このような改正がなされてよいものなのでしょうか。

ある方から、法務省民事局幹部が、公証人に対する教育を行うので問題は起こらないと言っている旨を伺いました。しかし、公証人に対する教育では問題は片づきません。ある公証人から伺ったところでは、問題がある公正証書の作成の依頼も中にはあるのですが、その作成を断っても、結局ほかの公証人役場でつくってもらうことになるので、意味がないのですとのことでした。公証人は基本的に手数料仕事なので、意味がない断り方も仕方がないと考えることになりがちなのです。

公証人役場は法務省の法務局の所管ですので、このような公証の実態は法務省民事局は熟知しているはずです。まさか、まだ、**商工ローンで公証制度が悪用されたことを忘れてはいない**と思います。それなのに、今回のような改正をし、一見すると見ばえがする、口当たりのいい改正をしようとする。この改正によって、商工ローンと同じような保証人の自殺が出てくるようになったら、法務省はどのように責任をとるのでしょうか。今回の**保証法の改正案を見ると、法務省民事局は、行政庁としての責任感を忘れ、法案を通すための体裁だけを整えようとする無責任体制に陥っているようにしか私には思えません。**

法務委員会の先生方の手で、ぜひ、**改正法案の第465条の5から第465条の9までの改正条文を削除し、別の形での保証人保護を考えていただければと願っている次第です。**

次に、先ほどもお話が出ました**消滅時効**に移りたいと思います。

改正条文案では、**第166条1項で、債権等の消滅時効**は、「債権者が権利を行使することができることを知った時から5年間」、「権利を行使することができる時から10年間」行使しないと、債権は時効消滅するとされています。前者が主観的起算点、後者は客観的起算点と呼ばれます。**今回の改正は、これまでの1元的起算点という考えをとっていた消滅時効を2元的起算点の制度に変更しようとするものです。**先ほど、不法行為の消滅時効が2元的だとおっしゃいましたが、不法行為のあれが2元的なのは、時効制度全体の中では極めて例外的な現象です。

そして、時効は、民法ばかりではなく、商法や数多くの行政法規等、さまざまな法律にも規定されています。これらの数多い法律の時効制度は、これまで客観的起算点だけで、1元的起算点制度で運営されてきました。それらの法規についての改正がない以上、今後も1元的起算点の制度が維持されていくことになるだろうと思います。

そうしますと、多数の法律にまたがる時効制度の中で、唯一民法だけが突出した2元的起算点制度を導入することになります。これでは、民法の一般法としての性格が、事時効に関しては放棄されることになります。これまで、環境法の分野では、国の法律よりも地方の条例の方が規制基準が強い、いわゆる横出し条例、上乗せ条例が見られることがありました。ところが、今回の改正では民法典が横出し法規になるという、一般法としての民法の自殺現象が見られるのです。

なぜ、このような奇妙な改正がなされるのでしょうか。それは、一般的に2元的起算点制度が欧米で行われているからです。今回の債権法改正では、欧米の物まね改正という提案が数多く行われました。最初にお話しした**債務不履行の無過失責任化**もその1例です。時効についても、日本の法体系全体を考えずに物まね改正をしようとしているのが今回の時効法の改正提案だと思います。

もっとも、時効法の改正でも、意味があるものもあります。それは、債権の消滅時効期間は一般には10年なのに、現行民法が例外として認めている5年、3年、2年、1年の短期消滅時効の多くの規定を廃止したことです。この多数に上る短期消滅時効の規定の廃止自体は望ましいものです。

ただ、気をつけなければいけないことは、短期消滅時効の対象となるのは、商品代金とか運賃とか飲食料金等の少額債権となるものが多いということです。元来、消滅時効制度は、二重請求された場合に、領収書をなくしていても、時効ですと言えば2重請求による被害を免れられることに意味があります。だから、現行民法は、商品代金、運賃、飲食料金等について短期消滅時効を用意したわけです。これらの現行民法の規定を廃止しただけでは、これらについての領収書を10年間とっておかないと、2重請求の危険にさらされます。

そうであるとしたら、短期消滅時効規定を廃止する際に少額債権一般についての短期消滅時効を用意しておかないと、国民は十年の長きにわたってこれらの領収書をとっておく必要に迫られます。これらの少額債権の領収書を長期間とっておくことは期待しにくいところです。

本当に国民の生活を考えるのであれば、錯綜している現行民法の短期消滅時効の廃止をすること自体はいいのですが、それと同時に少額債権一般についての短期消滅時効の導入を考えるべきなのに、改正法案はそのための手当てを置いていません。失礼な言い方ではありますが、こののうてんきな改正案を見ると、法務省民事局が果たして国民の生活を守ろうとしているのかどうか疑わしいという気さえ起こってしまうのです。

次に、民法の取り消し関連の規定に移りたいと思います。

今回の改正法案は、現行民法121条本文の取り消しの効果の規定を基本的には維持しながら、その次に第121条の2「原状回復の義務」という規定を挿入しました。これは、法律行為が無効な場合に限定した不当利得絡みの規定です。

改正法では、**契約が無効な場合にはこの改正規定による原状回復が認められることになります。しかし、契約が不存在なのに誤って履行してしまった場合にも不当利得が問題になるはずです。しかし、改正民法では、それは民法703条の規定によって不当利得の返還がなされることになります。**

今挙げた2つの事例は、これまではどちらも**給付利得**と呼ばれ、**民法703条が規律**するとされていました。現行民法703条は不当利得の条文ですが、不当利得については類型論という議論があり、給付利得はその一類型とされてきましたが、**給付利得分断論などは、**

日本でも世界でもこれまで聞いたこともありません。一体、法務省民事局は、ローマ法以来の民法の歴史、不当利得の歴史を踏まえてこのようなへんぱな改正案を提案したのでしょうか。

その上、原状回復については、不当利得のほかに物権的返還請求権も問題になるところです。ところが、改正案はこの点にも触れていません。2重3重におかしな、ある意味で、現行民法の精緻な法体系を破壊するだけの思いつき提案としか私には評価することはできません。

民法典をまともなものにするために、先生方には、**ぜひ第121条の2の改正提案の削除を考えていただければと願っております。**

これ以外にも、**約款、債権者代位権、詐害行為取消権等、おかしな提案はたくさんあります。**ただ、20分という時間がありますので、全てを語ることはできません。改正提案の問題点は、やはり**配付資料**の、大分分厚くはありますが、**「債権法改正法務省案の問題点の総合的検討」**に今言った3点を含め検討しておきましたので、御一読いただけることを願っております。

ただ、今までの私の話を聞いて、一体なぜ法務省がこのように問題が多い改正法案を国会に提出したのか、不思議に思われる先生方も多いことと思います。そこで、今回の改正の背景事情をお話ししたいと思います。

法制審議会に民法部会が立ち上げられる3年前、民法（債権法）改正検討委員会が立ち上げられました。その**民法（債権法）改正検討委員会の規程**を見ますと、改正試案の原案作成は準備会の任務とされていましたが、設立された5つの準備会の全てに、法務省参与の内田さんと、参事官の、現在では民事法制管理官ですが、筒井さんが委員として入っていました。また、この規程によりますと、幹事として法務省民事局の局付が準備会に参加することも認められていました。**学者で複数の準備会の委員になった人は一人もおりません。この民法改正検討委員会は、全体会議こそ学者が多数でしたが、原案作成は法務省の影響下にあるように組織が組み立てられておりました。**

この委員会が立ち上げられると、**学界から法務省に移籍した内田さんが委員会の事務局長に就任しました。**そして、法務省に移籍した翌年に、論文で、**「伝統的な民法が想定していた「人」の概念が消費者を上手く包摂できないことを正面から認め、民法の中にも消費者という概念を使って消費者のための規定を置こう、という立場」があると主張しました。内田さんは、法務省に移籍する以前にはこのような主張をしていたわけではない**と私は理解しております。

そして、この論文を発表した翌年、みずからが事務局長を務める民法（債権法）検討委員会が**「債権法改正の基本方針」**を発表する中で、**改正法案の中に、「消費者・事業者**

の定義規定を一対をなすものとして置くものとする。」、「消費者契約法から私法実体規定を削除」した上で民法典に取り込み、「消費者契約法を消費者団体訴訟を中心とする法律として再編する」という方向をうたい上げました。そして、その翌年の法制審議会民法部会に、次のような内容の資料を提出したのです。

総論（消費者・事業者に関する規定の可否等）

従来は、民法には全ての人に区別なく適用されるルールのみを規定すべきであるとの理解もあったが、民法の在り方についてこのような考え方を採る必然性はなく、むしろ、市民社会の構成員が多様化し、「人」という単一の概念で把握することが困難になった今日の社会において、民法が私法の一般法として社会を支える役割を適切に果たすためには、「人」概念を分節化し、消費者や事業者に関する規定を民法に設けるべきではないかという指摘がある。

これが法制審の資料です。

このような資料を見た法制審議会の民法部会の委員の方々は、第三者の指摘に民法部会が耳を傾けようとしていると御理解なさったと思います。しかし、この指摘をあらかじめしたのは**内田参与**です。これは、同一人物が法務官僚でもあり、かつ研究者であるという一人二役であることを利用しつつ、かつ、審議会の場では同一人物のものであることを秘匿し、みずからが書いた論文をあたかも第三者の執筆であるかのごとき印象を与えるような資料の提出をしたことになります。

このことを正当化するために、別の論文で内田さんは次のように書いております。私は現在、法務省に所属していますが、参与という身分で、担当者の求めに応じて学問的見地から自由に意見を述べる立場にあります。本書も、長年大学教授として民法を研究してきた私個人の考え方を自由に述べたものであり、法務省の見解とはかかわりがないことをお断りしておきたいと思いますと。

私は、民法（債権法）改正検討委員会が立ち上げられた段階では、その委員会に入らないかと誘われ、別段、当時は法務省の意図も理解しておりませんでしたので、そこに参加させていただきました。ただ、この民法（債権法）改正検討委員会で提案される事務局原案は、余りにも跳びはねた内容のものが多く、日本国民、日本社会にとって無意味どころか有害であることも多かったので、反対意見を述べることも多々ありました。

また、そのような反対により事務局原案が否決されるようなこともありまして、そのような経緯がありましたので、私も含め、事務局原案に反対したことがある者は、法制審民法部会には誰も参加しませんでした。先ほどの参考意見で、法制審民法部会全会一致ということを言われましたけれども、それは、あらかじめ反対意見をした人は全て排除してからの全会一致であることは御記憶していただきたいと思います。

ただ、民法部会が発足してから半年ほど、私は、政府の公式の審議会であれば、もう跳びはねた議論はしないだろう、まともな議論がされるだろうということを期待いたしまして、沈黙を守りました。しかしながら、**議事録を見ると、跳びはねた議論が続くもので、**覚悟を決めました。そこで、沈黙を破りました。

そのときに考えたことは、今回の債権法改正の本来の、ただ、秘められている目的は、消費者法制定の段階で法務省が、形式的にはともかく実質的に失った消費者契約についての権限を消費者庁から奪還することにある。そこで、自分たちが改正原案をつくった民法（債権法）改正委員会を学者の団体であると言い立てて、消費者契約についての規定を民法に移すという改正案を学者提案としようとしたのだ。そして、この問題が議論の焦点になることを防ぐために、木は森に隠せの格言よろしく、数多くの改正提案の中に消費者契約の問題を紛れ込ませた。そして、債務不履行の無過失責任とか、多くの明らかに反対を呼びそうな改正案を提示し、消費者契約の問題以外に改正案の議論の焦点を誘導した。

このように考えた私は、**「民法（債権法）改正　民法典はどこにいくのか」**という本等を著し、以上に述べたような構造を世の中に明らかにしました。その結果かどうかはわかりませんが、法務省は、最初の段階では法制審議会に提案していた消費者契約に関する規定を民法に置くことは諦めたようで、この法案には消費者契約の問題は残っておりません。残ったのは、当初は消費者契約についての権限奪還の弾よけのために提起された跳びはねた改正提案だけだったのです。

もちろん、このような改正提案には、当然のことながら、学者、裁判官、弁護士等の多くの反対があります。裁判所の中枢におられた元裁判官の中には、今回の改正は、その改正の内容も改正の進め方も、どちらも公益という姿勢に反しているのではないかとおっしゃっている方もいますし、別の裁判官は、本当に国民のための改正ですかと問い直したいとおっしゃっています。

このような反対がありましたので、当初提案よりは、現在の改正法案は大分穏やかになっております。それでも、今回最初に述べましたような債務不履行、保証、時効、原状回復の改正点にあらわれているように、極めて深刻な問題が多々残されております。私個人は、法務省の改正原案のまま民法改正がなされることがあってはならないと考えております。制定後120年たった民法に改正の必要があることは事実ですから、国会の手により、よりよい改正案にしていただくことを願っておりますが、**政府原案のまま改正されることには強く反対したいと思っております。**

官僚主導のもとでロースクールは大失敗いたしましたが、その愚を債権法改正で繰り返すことがないよう、よりよい審議をしていただくように心からお願いしたいと思います。

最後に、冒頭で申し上げました**「取引上の社会通念」**という、今回の改正で債務不履行以外でも極めて多く用いられている文言には、非常に深刻な問題がございます。この点を時間の制約で申し上げられないことは痛恨のきわみですが、時間ですので、これで私の話を終わらせていただきます。

どうもありがとうございました。（拍手）

○鈴木委員長　ありがとうございました。

次に、**黒木参考人**にお願いをいたします。

○黒木参考人　おはようございます。

本日は、このような発言の機会を与えていただきまして、まことにありがとうございます。

私は、**日弁連の消費者問題対策委員会の委員**として、先ほど岡参考人がお話しになりましたけれども、多面的な議論を尽くすためにはいろいろな立場からできるだけ大勢の弁護士で議論することが重要であるとして、全国各層から約 60 人弱のバックアップチームをつくって、部会の前日などに、合計すると 124 回議論したという中にずっと加わっておりました。

私は、事業者と比べまして情報力でも交渉力でも圧倒的に劣位の立場にいる消費者の立場から、今回の債権法の改正に関与してきました。消費者問題対策委員会では、事務方から配られる資料が来ますと、火曜日にありますので、それを金曜日までにみんなで読み込んで、金曜日に集まることができませんので電話会議で議論をし、その議論の結果を日曜日までにまとめて、バックアップに書面で出すということを124回続けてきたということになります。

なぜ、この消費者問題対策委員会がこのような情熱を持って今回の債権法改正に加わったのかということを申しますと、それは、今回の債権法改正ではまさに一種の通奏低音として契約格差の問題が意識され、議論されていたからだと思っております。

本日、私の名前で配らせていただきました**資料の 1 ページ目**を見ていただくといいと思いますけれども、私的自治を実現するためには契約は自由に締結できなければなりません。また、その契約に拘束力がなければなりません。

しかし、現代社会では、圧倒的な事業規模を持つ事業者がその事業規模を背景にして、情報力と交渉力を持たない者との間で契約を締結しているということが多数ございます。この契約条項の中には、一方当事者に過度に有利であったり、あるいは詳細な契約条項を理解していない者からすると不意打ちになってしまっているというような条項が散見されることは間違いありません。

同時に、日弁連の消費者問題対策委員会では、過度の債務に苦しむ人たちの救済活動を続けております。その大きな原因が保証制度の問題である、保証人保護は重要な問題であると意識されておりました。そこで、**日弁連**として、債権法を改正するのであれば、**保証人の保護のための改正**を強く望んでおりました。

今回の民法の改正は、消費者問題対策委員会といたしましては、以上のように深く審議過程にコミットした中での成案となっておりますので、この法案の成案を強く期待しております。

同時に、本日資料として配付させていただきました**「Ｑ＆Ａ　消費者からみた民法改正」という冊子**がございます。これにつきましては、議論した中で見送りになった七項目について言及しております。また、その他の論点につきましても、各項目ごとに「残された課題」というものを設けておりまして、今後の実務上あるいは立法上の課題について指摘させていただいております。

これは去年の 4 月に上梓させていただきました。まさに法案ができた直後に、上程された直後に作成させていただいたものでありまして、このような形で議論をしていただくことについては本当にうれしい機会であります。ですから、もしもお時間がありましたら御一読いただければありがたいと思っております。

また、今後、成年年齢の引き下げも検討されているということでございますが、18 歳になりますと、この 18 歳以降の人たちというのはやはり類型的な契約弱者となりますので、今後も、消費者保護の観点からは、消費者契約法などの関連法も含めて検討していく課題が出てくるんだろうなと思っているところであります。

ではまず、具体的な例としての**保証人保護について御説明申し上げたい**と思います。

日弁連は、今回の債権法改正に当たりまして、2 回にわたって保証人保護制度についての意見書を発表しております。その意見書のうち、2012 年のものは私の資料の 7 ページ以下、1014 年のものは 19 ページ以下にあります。

今回の改正内容は、第三者保証人についてはかなり厳格な手続要件を課しているという点で、評価できると考えております。事業に係る債務についての保証契約は、今まで多くの保証人の悲劇を生んできたものであります。

私の地元で親しくさせていただいて、今回の民法改正について一緒にシンポジウムをさせていただきました中小企業の経営者の方がいらっしゃいます。その方は、事業を営む第三者が事業性の保証人になるということは、一度お願いしてほかの会社の社長さんに保証人になってもらうということを意味するんだ、そうすると、今度はその方からその会社の保証人に自分がなってくれと言われたら断れない、これは、**銀行主導で、融通手形をお互い書き合っているのと何も変わらないんだ**、こういうふうにおっしゃっていました。まさに第三者保証の問題点を鋭く言い当てた至言であると私は思っております。

その観点から今回の改正を考えてみたいと思います。今回の改正法案と金融庁の監督指針を対比させた表を私のレジュメの2ページ以下でつくっておりますので、ごらんください。個々の点については、詳細な点は割愛させていただきます。

第三者保証については、原則として公証人による意思確認、口授を求めている点では、ガイドラインでは意思確認の方法は単なる無方式、無様式の方法でも構いませんので、その点では評価できると思っております。

また、主たる債務者から保証人に対する虚偽の事実の説明があり、それを債権者が知り、または知り得べき場合には取り消すことができるという規定、これも非常に重要な改正であろうと思っております。

他方、公証人による公正証書による事実確認と同日に執行証書をつくるということが懸念されているということは御指摘のとおりであります。この点は、よく考えてみますと、本当に保証をするのかということについて保証人が公証人から確認された後、一日ぐらいもう一度考える機会を保証人に与えるということをすればよいのではないかと思いまして、例えば、これを、先立つ日という修正をすることで、この点の疑問が払拭されて懸念が払拭できるのではないかなと私自身は思っております。

最後に、監督指針との関係で、ぜひとも今後も御検討いただきたい点が、**保証履行時における保証人の履行能力を踏まえた対応でございます**。これにつきましては、34分の3の1番最後のところですけれども、今回の法案にはありません。この点は、日弁連も、繰り返し、**比例原則**といったような形で何とか改正の中に入れてくれということで立法化を期待した考え方でありますけれども、**今回の改正では見送られております**。今後は、実務における**経営者保証のガイドラインの運用などの実績を踏まえ**まして、何らかの形で立法化されていくことを強く期待しているところでございます。

また次に、具体的な例としての定型約款について私の意見を申し述べておきます。

定型約款の規定も大変重要な改正だと私どもは考えております。

現行民法には、**現代社会において重要な役割を果たしている約款について規定が一切ありません。**

この約款のうち、今回は、かなり限定された約款類型である定型約款について規律を設けることとなりました。この定型約款の規律を手がかりといたしまして、当事者の合意が希薄である約款について、どのような要件で拘束力が認められるのか、一方当事者に有利な内容が含まれている場合、合意の効力がどこまで認められるのか、また、約款提供者が約款を変更しようとしている場合、どのような場合にどこまで変更が可能なのかといった論点について、今後、裁判実務も含めて解釈が行われていくことは有意義だと思っております。

この定型約款につきましては、実は、法制審議会で平成26年8月26日に決定された要綱仮案では、「第28 定型契約」と書いてあって、「(P)」、日本語がないという状態でありました。そこで、日弁連は、2014年、平成26年11月に会長声明を発表いたしまして、**民法の改正案には約款に関する法規範を規定すべきである**ということを申し述べました。このような経緯を経まして、今回、定型約款の規定を含む民法改正案が審議されているということは、私どもにとっては大変喜ばしいことであります。

同時に、定型約款の条項の適用範囲がどうなっているのか、これは単に消費者なのか、消費者と事業者だけなのか、あるいは、交渉力が劣位にある中小事業者との関係でもその適用があるのかないのかといったような点につきまして審議をしていただくことが必要だと思っております。

それから、**事業者には、定型約款の重要部分に関する信義則上の説明義務があります。**このような説明義務の存在につきましては、改正民法の施行までの間に周知徹底されていくことが必要であろうと考えております。

約款使用者に一方的に有利な契約条項、不当条項の押しつけに対しては、みなし合意の除外規定で対応できるということは大きな改正であると考えています。同時に、通常想定しがたいような**契約条項の不意打ちに関しましてもみなし合意除外規定**で対応できると考えています。この周知徹底も重要な論点であると考えています。

さらに、定型約款の変更につきましては、変更の可能性の判断基準が抽象的なものとなっております。この変更要件が緩やかに運用されてしまいますと、消費者は契約締結時には同意していない約款条項に広く拘束されることになりますので、約款変更の要件は厳格な運用が必要であるということについても周知徹底される必要がある重要なポイントであると考えております。

あと、個別的な論点といたしましては、時効、法定利率といった大きな改正がなされております。これにつきましては、私どもも議論の中に加わっておりまして、消費者の観点からいろいろな意見を申しましたが、最終的にこの改正の必要性それ自体は是認できるものです。ただ、社会生活に大きな影響を与えることは間違いありません。そのため、法律成立後、施行までの周知期間において、いろいろな広報などにより国民一般に広く周知していただきたいと期待しております。

最後に、残された課題につきましてお話をさせていただければと思います。

この「**Q&A　消費者からみた民法改正**」では 7 項目の見送りの論点があるとしておりますけれども、その重要な論点の1つとしまして、暴利行為と取り消し権の原状回復といった点についてお話しさせていただきます。

まず、**暴利行為**ですけれども、中間試案から最終的な要綱の取りまとめまで、何度か議論が続けられた重要な論点であります。

今後我が国が高齢化社会を迎えていく中で、**典型的な契約弱者であります高齢者**に対して、高齢者などの状況につけ込んで暴利をむさぼるような事案がふえてくることは間違いないのではないかと懸念しております。そのような場合、民事ルールの基本である民法にこの問題を指摘する条項があってもよかったのではないかというのが偽らざる感想であります。今回の改正では、条項の決め方とかさまざまな問題によりまして見送りとなりました。

ただ、**民法の特別法であります消費者契約法の改定作業の中でも**この問題は意識されておりまして、過量取り消し規定が規定されました。ただ、暴利行為はこの類型だけではありません。高齢者の加齢による判断能力の低下につけ込んで高額な商品を買わせる悪徳事業者など、消費者が合理的な判断ができないと、その状況につけ込む形での不当勧誘についての立法的手当てはやはり必要だと考えております。

また、**取り消し権の原状回復**につきましても、基本的なルールが明らかになったということについては前進であると思います。

ただ、**詐欺取り消しの場合、常に原状回復義務を負担するということでは、取り消し権の実効性が担保されません**。その意味で、**改正消費者契約法で返還義務の特則が規定**されたことは前進だと考えています。ただ、同時に、今後、民法の詐欺取り消しや強迫による取り消しについても同様の規定が用意されるべきではないかと考えております。

最後に、私の今回の民法改正についての意見を申しますけれども、今回の民法改正は、百点かと言われたら、まだそうではありませんが、しかし、重要な改正であると同時に、我々から見ても大きな前進でございます。したがいまして、充実した審議をしていただきますのと同時に、早く国民のために新しいルールを社会に定着させていただきたい、そのように考えております。

以上でございます。ありがとうございました。（拍手）

○鈴木委員長　ありがとうございました。

以上で参考人の方々の御意見の開陳は終わりました。

―――――――――――――

○鈴木委員長 これより参考人に対する質疑に入ります。

質疑の申し出がありますので、順次これを許します。**山田賢司君。**

○山田（賢）委員 ありがとうございます。私は、自由民主党の山田賢司でございます。

明治29年に制定され、120年を迎えるこの根本的な法律の改正の審議に参加できること、大変光栄に存じます。本日は、質問の機会をいただきまして、まことにありがとうございます。

そして、本日は、3人の参考人の皆様方、それぞれの専門の立場から大変貴重な御意見を賜りまして、本当にありがとうございます。改めまして御礼を申し上げます。

さてそこで、早速御質問に入らせていただきたいんですが、まず総論的なことをお聞かせいただきたいと思います。

今回の改正に当たっては、これまでの民法の条文に規定されていたんだけれども、考え方をいろいろ変更しないといけない部分、こういったものもあるんですが、中には、明文の規定にはなかったんだけれども、ある程度判例の理論というものが確立している、こういったものをあえて法文の中に書き込むことによって、明記した、わかりやすくした、こういった改正の部分なんかもあろうかと思います。

こういったものを、先ほど岡参考人からはお話があったように、壊れていないものを直す必要はなしみたいな議論も一部にあったというふうに聞いております。そういった考え方は1つあるんですが、民法という、消費者あるいは国民生活にとって大変身近な法律ですから、きちんと法文に書いて周知し、わかるようにするということは非常に大事かと思っております。

ただ、これは専門家の皆さん方では、あえて条文に明記する意味はないという議論もあったということなので、その辺の、あえて条文に明記する意義について、各先生方の御意見をお聞かせいただきたいと思います。お三方からお願いいたします。

○岡参考人 先ほどの基本姿勢の一で述べましたように、我々実務家は、この条文がいいか悪いかというふうに考えておりますので、全体的に、抽象的な考え方は余りなれておりません。今回の条文1つ1つを見ていきまして、これはあった方がいいというものについて条文に残していただいた、こういう理解をしております。

どうも、実務家らしい答えで申しわけございません。

○加藤参考人 御質問ありがとうございました。

一般論として、**判例法理を民法典に取り込む**ということは、**いい側面と悪い側面**がございます。

それは、いい側面というのは、本当に判例法として確立している、抽象的理論を取り込むことはいいことです。しかし、**判例というのは具体的な事案に即しているものでございますので、そこでたまたま抽象論として述べた片言隻句を入れると、その事案にはいいけれども、一般論として不適切なものがございますので、1つ1つ吟味しなければいけないと思います。**

それから、今回の民法改正に関しまして、**法務省は、判例理論を一般に取り込む**ということを終始一貫言っておりました。しかし、そういう方向で改正がなされたのかというと、私はそうは思いません。もしそうだったら、今回やっているところで、非常に重要な問題として、例えば民法 94 条の外観法理、こういうものを入れなければおかしいのに、そういうものは一切入れていない。そして、例えば、判例法では否定されていて、そして学界でも通説は反対している**履行期前の履行拒絶**を入れる。

基本的に、今回の民法改正は、日本社会をにらんだものというよりも欧米の改正をにらんだもの、ただ、そういうことを言うと語弊があるので、判例法理を入れている。判例法理を入れているならなぜ**外観法理という一番重要なものを入れないのか。言っていることとやっていることの間に食い違いがあるというのが私の評価でございます。**

○黒木参考人 私も実務家でございますので、余り、そういう判例が云々という大きなことは申しませんが、ただ、一定の、社会的に明確になっているルールのかなりの部分が今回の条文の中に取り込まれたのではないかと考えておりまして、その意味では、**今まで読んでもわけがわからなかったものが、少しは国民にとってわかるようになりつつあるのではないかということでは評価できるものだと思っています。**

以上です。

○山田(賢)委員 どうもありがとうございます。

私の質問が抽象的だったもので、かえって実務家の方にはお答えにくかったかと思って、大変恐れ入ります。

それでは、次の質問に。

まず、**個別の条文についてお尋ねしたい**と思います。

今回、3 条の 2 ということで、**意思無能力者の無効という規定が設けられました。**これは、法制審の民法部会にも参加していただいております岡参考人にお聞きしたいと思うんですが、意思無能力者の行為は無効、意思能力を有しなかったときは無効という規定になっております。

他方で、既に現行の 7 条では、事理を弁識する能力を欠く者については、家裁で後見人ですとか保佐人ですとか補助人といった者をつけて、それがなければ、要件を満たさない場合は取り消しという形になっております。

この辺の整理、要するに、事理を弁識する能力のない方、後見人が必要な方、こういった方は意思能力を有しなかったというふうには解せないのか、この辺の重複関係というのはあるのかないのかを含めて教えていただければと思います。

○岡参考人　そういう難しい話は後でじっくり法務省に聞いていただければと思いますが、この 3 条の 2 の条文につきましては、意思能力を有しないというのはどういうことなのか、そこをもう少し定義づけしようじゃないかという議論を一生懸命した記憶がございます。ただ、6 歳だとか 10 歳だとかいう説だとか、いろいろございまして、定義化は最終的には断念をしたところでございます。

それから、先ほどの行為無能力者につきましては、行為無能力者よりは、意思能力がないときは、その行為のときは絶対的に無効にする。最も保護に厚くするときの条文がこれだと理解をしております。

○山田（賢）委員　ありがとうございます。

もちろんこれは法務省の方に聞かないといけないんですが、審議の過程で、実務家のお立場からどういった議論があったのかなということで御質問させていただきました。

続きまして、そういう意味ではまたこれも、ほとんど法案の中身というのは提出者である法務省に聞かないといけないんですが、今回はやはり参考人の皆様方のお立場からの御意見をいただければと思っております。

95 条で、錯誤、これが、従来の無効から取り消しというふうになりました。今まで無効としてきて、これは逆に、実務上不都合というものがあったのかなかったのか。あるいは、無効という言葉を使っているんですが、錯誤の場合の無効というのは、本人が反対しない限り有効にしていたというふうに思うんですね。無効なものというのは本来最初から無効なはずなんですが、この辺、今まで無効としてきて不都合があったのかなかったのか。あるいは、今回、無効を取り消しに変えることによって何らかの実務上の変更があるかどうか。

これまた岡参考人、お願いいたします。

○岡参考人 ここも随分議論したところでございます。

判例等も踏まえて、無効にするというのは本人を保護するためのテクニックである、本人を保護するためのテクニックであれば取り消しでもいいのではないか、そういう学説もあったと聞いております。しかも、判例では、その無効は保護されるべき本人しか主張できないというような考え方もあったと思っております。

そういう意味では、今回、最終的には、無効から取り消しに変えたことで、そう大きな変更はないと理解をしております。そういうことで、大きな変化はないと理解をしております。

○山田（賢）委員 ありがとうございます。

恐らく大きな変化はないのかなと思って、これは多分、こういうことを詰めるのは法務省に聞かないといけないとは思うんですが、実務上どういう不都合が生じて、何が変わるのかなというのがちょっとわからなかったもので、お聞きさせていただきました。

これは、加藤参考人には無効の議論についてはかなりお聞きをしましたので、黒木参考人、この点について同じような点から御意見をいただければと思います。

○黒木参考人 ありがとうございます。

私どもの立場からしますと、無効でも取り消しでも余り変わらないねということでありまして、結局、錯誤無効で相対無効だというような話がありましたものですから、その点は結局は余り変わらないんじゃないか。だから、最後のところの原状回復の範囲がどうなるのかということだけが問題だなというところでありまして、余り熱く消費者側として議論した論点ではないというふうに考えております。

ありがとうございます。

○山田（賢）委員 ありがとうございます。ここが余り論点でないということがよくわかりました。

続きまして、同じく錯誤無効のところ、95 条。これまでは何か、講学上、要素の錯誤というものが無効だということだったんですけれども、今回、動機の錯誤で取り消せるようになったということなんです。これは、考え方によっては、勘違いしたという方にとっては取り消せていいなという反面、あんた、そう言ったじゃないか、あなたの返事を、約束を信頼して私は取引関係に入ったんだという人にとっては、大変取引関係が不安定に置かれる状況になると思うんです。

この辺、要素の錯誤だけではなくて、動機の錯誤まで入れてしまった、これによって何か不都合が生じるのか。先ほど、加藤参考人のあれは意見陳述の中でお聞きをしましたので、何度も恐縮ですが、岡参考人、御意見をお聞かせいただければと思います。

○岡参考人 何か司法試験を受けているような気になってまいりましたが。

従前から、要素の錯誤で、重要な場合で一定の場合は取り消せる、無効になるという判例法理がございました。その法理を明文化すべきだということで、どのように条文化すれば、従来の判例法理と整合性があり、安定的な実務が実現できるか、そういうことで随分ここは議論をいたしました。

最終的には、この 95 条の 1 項の本文にありますように、「その錯誤が法律行為の目的及び取引上の社会通念に照らして重要なものであるとき」、こういう大きな縛りを入れました。その上で、この 2 号で、動機の錯誤の表現として、「表意者が法律行為の基礎とした事情についてのその認識が真実に反する」場合、そして 2 項で、「その事情が法律行為の基礎とされていることが表示されていたとき」、この「表示」があるので、相手方の保護とのバランスで取り消せる場合を限定する、こういうバランスのとれた条文に最終的になったと理解をしております。

○山田（賢）委員 ありがとうございます。

そういう意味では、これも抽象的にやっているとイメージが湧きにくいんですが、ただ、これをあえてお聞きするのは、役所に聞くと、個別具体の事案についてはお答えできないということが多いもので、実務家の方にぜひ御質問したいんです。

例えば、今おっしゃった**「法律行為の目的及び取引上の社会通念に照らして重要なもの」**ということで、認識が真実に反する場合とか、例えば**閉店セール**とやって、もう今だけですと言われて、これはえらいこっちゃ、買わないとと思って買いに行ったら、次の日もやはりやっていたとか、そういうケースというのは間々あることなんですね。よそよりも安いです、ここが 1 番安いんですと言われて、そうか、ここが 1 番安いんだと思って、本人にとっては、だから買うんだという、物すごく重要なことなんだけれども、実はよそにいっぱい安いところがあった。

こういう場合、今までは、買うという行為についての意思ははっきりしているのでこれは錯誤ではなかったんだけれども、**動機の錯誤まで取り消せるということになると、そのとき得だと思って買ったけれども、全然得じゃなかったということが後でわかったときに、これは取り消せることになるんでしょうか**、どうでしょうか。これはまた教えていただければ。

○岡参考人　試験の解答ですので、間違っていたらまた後で訂正させていただくということで。

今の場合ですと、直観的には、詐欺があったということで詐欺取り消しに行くのではないかというふうに思います。

それで、詐欺までいかないで、相手方が惹起した不実行為に基づいて誤った意思表示をした場合、これがこの動機の錯誤に当たるか否か、動機の錯誤の一形態なので、相手方が惹起した不実表示の場合の取り消しの規定を置こうかという議論を随分いたしました。しかし、最終的に、相手方惹起による不実表示による取り消しは実現はせず、現在の動機錯誤のところの運用でしばらくはやっていこうというふうになったと理解をしております。

そういう変な事例があった場合、実務家はどの条文でいくか、知恵を駆使して対処してまいりますので、今のお話ですと、現在は詐欺か動機の錯誤で対処していくことになると思います。

○山田（賢）委員　ありがとうございます。

私も、余りひどいものというのは詐欺なのかなと思うんですけれども、詐欺というのはかなり認定が難しくて、欺罔されてそれでもってということなんですけれども、単に表示されていて、ああそうか、それなら買おうかということだったら、欺罔されたというところまでいかないのかなとは思うんです。

また、もう 1 つの考え方を見ると、債務不履行というか、こういうものだと言って売ったのに、その債務に合っていないんだという考え方もあろうかと思うんですが、今回の動機の錯誤、これを取り消せるようにしたことによって、実際の実務の場では、消費者ないしは買った人とか、こういう方の救済にはつながるのかどうか、また岡参考人、教えていただければと思います。

○岡参考人　消費者は黒木先生が専門家ですので、そちらにもお願いしたいと思いますが、十分武器にしていけると理解をしております。

○黒木参考人　黒木でございます。

本日お手元に配っておりますこの本の 14 ページと 15 ページに、その問題につきましては我々の考え方はまとめておりまして、15ページに表がございます。

そこで、つまり、今回の改正法につきましては、**動機の錯誤は改正案で二重丸になりました。**

それから、今おっしゃったような閉店セール、いつまでも続く閉店セールみたいなものを御質問いただきましたが、そういうような、相手方の惹起により意思にミスが起こった場合どうなるのかということにつきましては三角とさせていただきまして、これは今後の解釈に委ねられている、排除されたものではないというふうに考えております。

私どもとしましては、今回の国会審議の中でこれは排除されていないよねということを確認していただくことが、今後、立法者意思という形で裁判実務に大変大きな影響を与えていくと考えておりますので、ぜひとも、私どもはこれは三角だというふうに考えておりますけれども、これは三角なんだ、むしろ丸に近い三角だというふうに議論が進んでいくと、我々とすると大変ありがたいと思っております。

以上でございます。

○山田（賢）委員　ありがとうございます。

それでは次に、時効についてちょっとお尋ねしたいと思います。

今回、ばらばらだった短期の債権の消滅時効というのが 5 年ということでそろえられたんですが、もちろん、請求する側からすれば、1 年、2 年だったものが 5 年ということでは保護にはなるんですけれども、例えば飲み屋さんのツケとか、そういったものを1年から5年にして、長過ぎないかなという気も逆にして、これは先ほど加藤参考人も御指摘になられたんですけれども。

ただ、これは決めの問題ですから、わかりにくいというものをきれいにするというのは1つの意義はあろうかと思うんです。例えば、不法行為の損害賠償請求権の消滅時効、これは知ったときから 3 年で、行為のときから 20 年になっている。他方、債権の消滅時効は全部延びて、知ったときから 5 年、そして行為のときから 10 年ということになりました。不法行為の損害賠償請求権の方が逆に手厚くしてあげないといけないんではないかというような気もするんですけれども、知ったときからの期間は不法行為の方が短くて、行為のときからというのは債権時効の方が、起算点からの 10 年ということで、こちらの方が短くなっている。

この辺について、消費者の保護というのか、被害者の保護といった観点から矛盾はないか、これは黒木参考人、御意見をいただければと思います。

○黒木参考人 ありがとうございます。

御指摘の点ですけれども、これは現行民法の不法行為が既に 3 年ということになっておりまして、先ほど岡参考人の方も申し上げていらっしゃいましたけれども、起算点、主観的起算点については、被害者保護の考え方から何をもって起算点と考えるかということについては判例実務がかなり精緻なものがございます。それを考えますと、基本的に、客観的消滅時効が延びるということの方が被害者、弱者にとっては保護ではないかと私どもは考えておりまして、この点につきましては賛成ということで考えております。

以上でございます。

○山田（賢）委員 同じく、**岡参考人**、御意見いただければと思います。

○岡参考人 もう来ないかと、ちょっと油断をしておりましたが。

まず、不法行為の時効と一般債権の時効を全部そろえた方が簡明ではないかという意見もございました。

ただ、黒木さんがおっしゃったように、不法行為の 3 年、20 年が現にあるので、一般債権をすぐそこまで持っていくのは相当ではないだろうと。一般債権につきましては、商事時効が 5 年というのがかなり一般的でございましたので、基本的には、そこでまずは統一をするということで、一般債権の短期の方が 5 年になったと理解をしております。

ただ、さっきも申し上げましたが、基本的には同じ性質ですので、生命身体に係るものについては、一般債権も 5 年、20 年、不法行為も 5 年、20 年にそろえたということで、整合性が全体としてとれたと理解をしております。

○山田（賢）委員 ありがとうございます。

それでは、加藤参考人に全然質問しなくて済みません、せっかくですから、ぜひお聞かせいただきたいんですけれども。

今回の改正案が大変不十分だというお考えというのは私も理解をしたんですけれども、不十分な点、不満足な点というのはあるんですけれども、それでもさまざまなところで消費者の保護であるとかそういった規定が設けられていて、これをまず一旦速やかに成立させて、課題は課題としてさらにもう一度議論をしていくというお考え方というのはどのように考えられるか、お聞かせいただけますか。

○加藤参考人 先ほども申し上げたんですけれども、当初の提案よりは大分穏やかになってきたことは事実です。

現在の民事局長じゃなくて前の民事局長と、何人かの方と御一緒したときに、法務省の方が、先生、ずっと反対なさっていましたけれども、ここまで来たら賛成していただけませんかということを言い、ただ、それは局長がおっしゃったんじゃないですけれども、そのときに私がにやっと笑ったら、隣にいた法制審の委員の方が、**加藤先生は大きなマイナスがある改正が小さなマイナスになったと考えていらっしゃるんですよ**とその法務省の方には説明しました。

そういう意味で、法定利率とか若干、やっていいというのはあるんですよ。ただ、全体としてはマイナスだ。それはなぜかというと、日本社会のために民法を変えようというのではなくて、要するに、ある意味で法務省の権限争いとかなんかで跳びはねた改正であったものの残滓で、前よりはよくなったけれども依然としてあれなので、これをやることには私は依然として反対でございます。

○山田（賢）委員　ありがとうございます。

時間が参りましたので、終わらせていただきます。3 人の参考人の皆様方、本当にきょうは貴重な御意見をいただきまして、ありがとうございました。失礼いたします。

○鈴木委員長　次に、**國重徹君**。

○國重委員　おはようございます。**公明党の國重徹**でございます。

きょうは、参考人の 3 名の先生方に当委員会までお越しいただきまして、貴重な御意見を賜りましたこと、心より感謝と御礼申し上げます。

今回、民法の債権法の大改正ということで、論点も多岐にわたっておりますし、時間も 20 分ということで限られております。また、政府に対する質疑ではなくて、きょうは参考人の先生方に対する質疑ということですので、私の方から、余り細かい条文の解釈論というよりは、例えば、岡先生、法制審議会に参加されて感じたこととか、また今後の実務の運用、こういったことについてお伺いしていきたいと思います。

そういった観点から、きょうは、長年実務に携わってきた**岡参考人**、**黒木参考人**中心になるかと思いますけれども、**加藤参考人**の御意見も先ほどるるお伺いさせていただきましたので、また御容赦のほどよろしくお願いいたします。

まず第 1 点目に、**岡参考人**にお伺いしたいと思います。

岡参考人、先ほどお話の中で、60 名弱の弁護士から構成される司法制度調査会民法部会バックアップチームというもので、124 回会議がされた。こういうバックアップを受けて、岡参考人が法制審議会の民法部会の委員として最初から最後まで、5 年 4 カ月も参加されてさまざまな意見を言ってきたということですけれども、この間、これは先ほど加藤先生からもお話もありましたけれども、いろいろ悩むこともあったかと思います。最後、絶妙なバランスでこれはできたと思っているということでしたけれども、それは最終結論であって、5 年 4 カ月やっている間にはさまざまな悩み等もあったかと思います。

こういったところで、岡参考人が今回の法制審議会の中で一番悩まれた点はどのような点だったのか、また、今回法制審議会に参加されて、このやり方はちょっとこういうふうに変えた方がいいんじゃないかとか、もし思う点があれば、ぜひ教えていただきたいと思います。

○岡参考人　事前に通告があれば、もっといい答えをしたと思いますが。

率直に言って、やはり社会的合意というのがこんなに難しいのか、それを一番感じました。

まず、日弁連の中でもいろいろな意見がございました。それぞれもっともな意見、それをどのようにまとめて法制審でしゃべればいいか、これがまず最初に悩んだ点でございます。ただ、それは、日弁連は 4 人の委員、幹事を出していただいておりましたので、では、この点は君ね、この点は僕ねという役割分担をして出したこともございました。

それから、やはり部会の中で、さまざまな研究者がおり、経団連さんがおり、中小企業さんがおり、消費者さんがおり、裁判官がおり、そういう中でそれぞれもっともな意見が出てきて、その中でどれを条文にしたら本当に日本にとっていいんだろう、そこが自分の個人の考えではないところでも、そっちの方がやはり社会にいいのかなと。社会にとっての判断、私にとっての判断ではなく、社会にとって、多数派にとって何がいいのか、それを考え抜いた 4 年 9 カ月だったと思います。

実務家ではない視点、むしろ、やはり政治家さんはそういうことに日々悩んでいるんだろうなという思いをして、やはり私は政治家にはなれないな、そういう思いをしたところでございます。

○國重委員　岡参考人、率直な御意見をありがとうございました。

まさに、やはり合意形成というのは、国会においても極めてこれが難しく、重要なものでありまして、ただ、この法務委員会は、与野党ともに、非常に野党の皆さんの意見もしっかりと取り入れながら審議をされている委員会であると思いますので、またしっかりと法務委員会で充実した審議をしてまいりたいと思います。

続きまして、**第三者保証の制限**に関してお伺いしたいと思います。

先ほど**加藤参考人の方から、これは商工ローンの再現に道を開くものじゃないか**というような厳しい御指摘もございました。

この改正法案では、先生方はもう十分御存じのとおり、事業用融資の保証契約は、一定の例外を除いて、公証人がその保証意思を確認しなければ効力を生じない、要は無効であると、非常に強い効力を生じさせることにして、事業用融資の第三者保証における保証人の保護を図ることにしております。

先ほど加藤先生の御意見は伺ったとして、岡参考人、黒木参考人、長年実務家をされてきて、これが仮に改正法として成立した場合、今後、運用としてこういうところには留意してほしいという点があれば、ぜひ御教示いただきたいと思います。

○岡参考人　まず、公証人のところの手続について、過去、加藤先生がおっしゃるような不祥事といいますか、余りよくない事例があったのは承知しておりますので、まず、公証人さんのところの研修といいますか法務省による監督といいますか、公証人さん自身の自覚的な運用、そこがかなり大きいことだろうと思っております。そういう指導等をぜひ国会等からしていただければと思っております。

実務家としましては、やはり**情義性**の問題も含めて**法教育**が大事なのではないか。頼まれたら断れない、そういうところに根差しているものがございますので、法教育が随分重要になり、弁護士も努力しなければいけないというふうに思っております。

最後に、やはり弁護士としましては、万が一トラブルといいますか事件化した場合には、今回できましたいろいろな条文を駆使して救うべきものは救う、そこで最後は弁護士が頑張らなければいけない、こういうふうに考えております。

○黒木参考人　この商工ローンの問題は、実は私も債務者側でやりましたけれども、あれは、**金銭消費貸借契約と複写式で委任状までつくられてしまう**という、初めからもう事業者がそういう意図を持ってやっていて、しかも、**その立ち会いというか、証人というのも事業者が連れてくるという中で執行証書ができていたという問題**であります。

今回の場合は、条文上は**口授**が条件になっておりますので、面談の上、口頭でのやりとりということが手続として必要になります。

そうなりますと、普通の人であれば、公証人役場に行くというだけでもえらいこっちゃと思うだろうと思いますし、そこで、あなた、保証というのはこんなものだよという話をして、それについて、わかりました、私はこうですということについて口頭でのやりとりをするということになりますと、かなり心理的な負担は上がる。あるいは、後で知った、それは知らなかったということは言いにくくなるということはよくわかっていただけるのではないかと思います。

ただ、これは、私どもも同じように消費者問題対策委員会の中から言われていることですけれども、**同日、執行証書がつくられてしまったらどうするんだ**という話はあります。ですから、私としましては、先立つ日という形で、**一般の私文書である契約証書も含めて1回公証人から話を聞いて、もう一度よく考えてみるという機会を、一晩寝ようというか、寝て考えるという機会を1回与えるというのも1つの保証人保護の関係では必要なのではないかと考えています。**

そうすると、緊急の資金融資がだめなんじゃないかという話があるかもしれませんが、保証人がいないと貸せないような緊急の資金融資というのはかなり主たる債務者が怪しいわけですので、そうなってくると、今度は、主たる債務者が正しいことを伝えていたのか、そして、それについて保証人に正しく伝えて、債権者もそれを知っていたのか知っていなかったのかという取り消し権の問題が、同時にそういうことが出てくるわけですから、正常な保証を守る、そして正常な保証が予想外の形で事業展開をしてだめになったときにも保証人がそれを理解するという点では、一晩寝るというために、先立つ日にという形で修正すると、今のような問題はかなり軽減されるのではないかと私は考えております。

以上であります。

○國重委員 貴重な御意見、ありがとうございました。

私もここは結構重要であると思っておりまして、例えば公正証書遺言、私も弁護士時代、相当数、かなりの数つくりましたけれども、遺言者と一緒に公証役場に行って、証人が2人必要なので、私と弁護士事務所の事務員が一緒に行って証人になるということでつくりました。

公正証書の民法上の条文というのは、**「遺言者が遺言の趣旨を公証人に口授すること。」**ということで、これも口授ということが書いてあるんですけれども、実際に実務上どうやってできているかというと、先生方も御存じのとおり、私が遺言者から話を聞いて、遺言者ないしその親族とかいろいろ話し合いをして、事前に下書きをほぼ完璧な形でつくって、それで必要書類等も、公証役場に通帳とかいろいろな必要書類は先にファクス等で送って、事前に下書きを送っていますので、公証人としてはそれをただ、仮にちょっとした言い回しのミス等があればそこは若干直してもらうところがあるにしても、ほぼそのままそれを書いている。

遺言者は、行った場合に、それを自分で読むのではなくて、公証人がそのままずらっと読み上げたものを、これでいいですかと言って、はい、結構ですというようなことが実務上公証役場でも行われていますし、場合によっては、余命幾ばくもないような、少しふらふらで、病院ではなくて家で最期の瞬間をまさに迎えようとされている方というか、そういう方の場合は、家にまで出張で、出張費を払って公証人に来ていただいて、その場合はあらかじめほぼできたもの、こう言うとあれですけれども、どこまで判断能力があるかどうか若干懸念があるような場合も、今までの公証人というのは、私の経験では、少し緩やかに、柔軟に認めてくださっていたような気がするんです。当然、それが、後で意思能力がなかったとかということで無効の裁判等を起こされる場合もあるかもしれませんけれども、実務上かなり柔軟な運用がされてきたんじゃないかというのが私の実感でございます。

そうすると、そういった運用と今回の保証意思の確認というのは同じであってはならない、これは当然のことでございまして、こういった観点から、さまざま、今後政府に対する質疑でもここは確認していきたいと思っております。

続きまして、今回、民法の債権法の大改正というのは、市民生活に大きくかかわることでございます。当然、弁護士会等でも今研修等をされていることと思います。これで、例えば高齢の弁護士の先生がもう俺はやらなくていいんだということで、しなくて、弁護過誤が起きるようなことがあってはならぬということですので、しっかりと弁護士会でもしていただいていることと思います。

また、先ほど岡参考人の方から、法教育が重要だというようなお話もいただきました。その上で、現場の第一線で奮闘されている先生方からした場合に、この民法というのがいろいろな、まさに市民の生活の基本にかかわるということで、政府に対して、この周知が極めて重要だと。では、政府に対してどのような周知をすることを求められるか、できるだけ具体的に、こういうことを政府に望みたいということがあればぜひ言っていただいて、私もそれをもとにまた政府に対して質疑をしてまいりたいと思いますので、ぜひ御教示のほどよろしくお願いします。

これは、一応、**加藤参考人**も、この法案には反対ですけれども、仮にできた場合にということを前提で、できるだけ簡潔に3名の参考人にお話しいただければと思います。

○岡参考人　私の**資料の14分の12**をごらんいただきたいと思います。

上から7行目ぐらいに、民法の所管官庁である法務省において、市民に対する広報、説明会、講演会の実施、関係団体への個別通知などを徹底していただきたい。当然、当連合会もやりますが。

第2に、法務省民事局参事官室の責任において、わかりやすい解説書を、従来の1問1答の倍ぐらいしっかり書いて、しかも早急に書いていただきたい。この書物は非常に重要であると思っております。

第 3 に、**施行までの十分な期間が必要**であろうというふうに思っております。ただ、提出から 1 年半もたっておりますので勉強は進んでおりますが、施行までの期間は十分にとっていただきたいと思います。

それから第 4 に、経過規定、これも重要だろうと思っております。案が出ておりますが、それをきちんと見て、それの実施に努めたいというふうに考えております。

○加藤参考人　別に、どの条文について啓蒙活動が必要かという形で条文を見ていたわけではありませんので、見落としもあるかもしれませんけれども、私が見るところ、年金等とは違いまして、この条文を知らないと市民が、わあ、こういう損をするよというのは、ぱっとは思いつきません。

そういう意味では、一般的な法教育といいますか啓蒙活動は必要だと思いますけれども、この点についてやらないと市民が困るよというのは、後でやって思いつくかもしれませんけれども、今の段階では思いつきません。

そういう意味では、一般的な啓蒙活動の一環として、これは基本法でございますから当然知っていただく必要がありますし、特に法曹関係者、準法律家も含めて、そういう人たちはこれを知らないと非常に問題ですから、そういう人たちの教育が非常に重要だろうと思います。

○黒木参考人　私の立場から申しますと、国民の皆様方がこの民法について知識を、詳しく知る必要があるということはフィクションだと思います。ただ、消費生活センターの相談員の方々とかが最も市民にとって身近なトラブルの相談の窓口ですので、そういったような方々に対して、やはり何らかの形で政府としてはこの新しい民法のルールを伝える。

それから、地域包括支援センターとか、そういう高齢者の方々と日常的に接する立場の方々もいらっしゃいます。こういう方々にとりましても、やはり民法のいろいろな問題点を知っておくということは、高齢者がいろいろ今後の問題点にぶつかったときにまず相談を受ける方ですので、そういった方々を 1 つのターゲットとしてやっていただければと思います。

企業法務の人は、ほっておいても自分たちで勉強するのでいいんです。そういう人たちはもう置いておいてもいいと言ったら語弊がありますけれども、やはり、そうじゃなくて、普通の市民生活を営んでいる人たちにとって、民法が変わるか変わらないかというのは、身近な問題ではありますけれども、トラブルにぶつからぬ限りはほとんど気がつかない問題ですので、今のような方々に周知徹底を、これはある程度政府として命令、命令と言ったら変かもしれません、何かのそういう機会を与えてやることができるのではないかと思いますし、そういう方々がこのセクターとなって周知徹底していただければ余り混乱が起こらないのではないかと思っています。

以上です。

○國重委員 貴重な御意見、ありがとうございました。

しっかりと今の御意見を踏まえてやっていきたいと思いますし、また、1問1答形式の解説書等も、やはり当委員会の審議の充実ぐあいによってより充実したものになると思いますので、しっかり頑張ってまいりたいと思います。

最後の質問をさせていただきたいと思います。

先ほど加藤参考人は、415条、債務不履行責任に関して、無過失責任なのか過失責任なのか、ぜひこれを今後の審議で問うてほしいというようなことでおっしゃいましたけれども、今後の法務委員会の審議というのは極めて重要になってまいります。

こういった観点、先ほど加藤参考人は今のところでおっしゃいましたけれども、岡参考人、黒木参考人に最後に簡潔に教えていただきたいのは、今後、我々、政府に対する質疑、また参考人の方も来られるかもしれませんけれども、そのときどういうような質疑を望まれるか、これに関して最後にお伺いしたいと思います。

○岡参考人 それは415条に関してということではなくてですね。（國重委員「違います。今後の審議全般です」と呼ぶ）はい。

私どもとしては、この法案については迅速に成立をさせていただきたいと思っておりますが、冒頭に述べましたように不十分な点もありますので、その点について、先ほどのような金融庁に対する指導でありますとか法教育でありますとか、国会でなければできない仕事があると思いますので、国会が何をするのか、何をしたらもっとよい施行になるのか、そういう観点で議論していただければとてもありがたいと思います。

○黒木参考人 ありがとうございます。

私の立場からいたしますと、実はよくわからない、まだ最終的によくわかっていないところは、定型約款が、本当はB－Cといいますか消費者にかなり近い事業者みたいな人たちが、フランチャイズの加盟をしている人とか、事業者なのか消費者なのかよくわからない人たちがいまして、そういうような人たちについてのこの定型約款の適用はどうなのかといった点については、ちょっと私、個人的にはぜひ議論をしていただきたいと思っております。

ただ、先ほど申しましたとおり、この法律ができることによってその議論の場が、今まで全く手がかりがないのが、今後、国民のみんなの前に定型約款という考え方が示され、そして、それによっていろいろな考え方がまたこの解釈をめぐって国民各層から出てくるということになっていくことは非常に重要なことでございますので、その手がかりになるのはここの審議でしていただければありがたいと思いますけれども、本当に、まずそういう形のルールをいただきたいというのが偽らざる気持ちです。よろしくお願いします。

○國重委員　以上で質問を終わりたいと思いますけれども、きょうは、3 名の参考人の先生方、率直で貴重な御意見を賜りましたこと、心より感謝と御礼申し上げます。

ありがとうございました。

○鈴木委員長　次に、**井出庸生君**。

○井出委員　**民進党、信州長野の井出庸生**でございます。

きょうは、3 人の先生方、急なお願いにもかかわらずお越しをいただきまして、大変ありがとうございます。私は終わらない閉店セールでスーツを買っている口ですので、きょうは優しくいろいろ教えていただければな、そんなふうに思います。

早速質問に入ってまいりたいのですが、まず、これは弁護士会の黒木先生に伺いたいのですが、消費者のお立場ということを専門にやってきたということで伺いたいのです。

地裁の民事の第一審訴訟事件数というものを、私、ちょっとこの法案審議に当たって調べたのですが、戦後は 3 万 7763 件、昭和 24 年という数字がありまして、平成 21 年がピークで 23 万 5508 件、民事第一審訴訟事件の新たに受けた件数ということでございます。それがどういうわけか、偶然にもこの民法改正の法制審の時期と重なるんですが、だんだん訴訟事件の数が減っていきまして、平成 26 年には 14 万 2487 件となっているんです。

民法の法改正がされたときに、裁判になったときが一番の民法の出番なのかなと思うんですが、訴訟全体の、これも債権法に係る件数ではないので私もこの判断が難しいんですが、債権法に係るところの訴訟ですとかＡＤＲですとか、そういうものが一体ふえるのか、また、その質がどのように変化すると予想されていらっしゃるか、忌憚のないところを教えていただければと思います。

○黒木参考人　ありがとうございます。

非常に難しい質問でありまして、私個人もわかりませんが、かつて、21 年ごろのは、過払い金の事件が非常に多かったために一時的に起きた現象だと考えています。

それで、今回の民法が改正になったときに、裁判実務の中でこの民法が問われることは間違いないんですけれども、それが事件数とどうなるのかということについては、私は、さほど、余り変わらないんじゃないかなとは思っています。結局、社会のベースとなる紛争がどれくらいあるかということが裁判件数の増減に物すごく影響、過払い金の場合は過払い債権者がいっぱい、今まで債務者だと思っていた人が債権者になっちゃったという事実があったからどっとふえたわけでありまして、民法が変わったからということで社会の紛争形態が大きく変わるのかと言われると、余り変わらないんじゃないか。

むしろ、特に企業法務の人たちを中心に、いろいろなことを考えて、トラブルにならないように一生懸命やり始める可能性があって、弁護士からするとむしろ紛争は減るんじゃないかなという気もしますけれども、こればかりは、ほかの経済状況とかも影響しますので、私は何とも言えません。

これが直ちに、民法が変わったから、みんなして施行日の次の日に訴状をいっぱい持って弁護士がいっぱい行って、どっと裁判所に訴状を出すなんということはちょっと考えにくいので、やはりそこまではないんじゃないかなという気がしております。

以上です。

○井出委員　ありがとうございます。

これまでの民法がシンプルで条文も抽象的であった。それが、前回、法務委員会の中で私が質問したときに、条文の量は減ったところもあるのでそんなにはふえないんだけれども、具体化はしたというようなことを民事局長がおっしゃっていたんですが、要は、抽象的な民法ですと、抽象的だからゆえに話し合いがつくということもあれば泣き寝入りもある、抽象的だからこそ訴訟ということもあるんじゃないかと思うんです。

先ほど先生も関心があると言われていた定型約款のことについて、これは、2015 年七月の法学セミナーという資料の中で河上正二さんという方が論文を書かれているんですが、今回、定型約款が、定型取引を合意した者にあっては、1 つには、契約の内容とする旨の合意をした、または2つ目に、定型約款を準備した者があらかじめその定型約款を契約の内容とする旨を相手方に表示していたときには、定型約款の個別の条項についても同意したものとみなされるものとしていると。

この河上さんは、特に後者のケース、定型取引に同意したというだけでは、相手方、顧客の約款内容に対する同意の要素が完全に否定されており、民法の根幹にかかわる私的自治、意思自治の観点から問題が極めて深刻だと。

少し中略をするんですが、今回の民法の改正、新たな約款の規定ですと、その約款の受領者は、採用合意のレベルではなかなか争うことが、する余地が少なくなって、断念をしてこれに従うか、または裁判所に出向いて条項内容の不当性をこのみなし規定を打破するというレベルの問題として争うほかないことになると。

そういうようなことを論文に書かれているんです。

ある程度ルールが具体化されると、社会一般上の契約の世界にあっては、こういうルールです、そうなんですかということになって、それがどうしてもおかしいということになれば裁判になると思うんです。

ですから、裁判の質の変化というところは少し、今までの、よくわからないから裁判をしてみようから、より先鋭化するのではないかというような懸念を持っておるんですが、その点については、先生、いかがでしょうか。

○黒木参考人　今の御質問は、まさに**定型約款の拘束力の範囲**が、どういう約款が定型約款としてこの規制に適用されるのかということがまずわからないとよくわからない話ではありますけれども、**御懸念の点は確かにあるかもしれません。**

そこは私にも何とも言えませんが、ただ、今、消契法、消費者契約法10条とかでもこういう問題がありまして、それについては適格消費者団体が裁判を起こすことができているのですが、では、適格消費者団体が消契法 10 条に基づいて、私も福岡の適格消費者団体の理事をしておりますけれども、いっぱい裁判をやっているのかというとそんなこともないわけでして、これが個人の問題になったからといって、直ちに裁判がふえるのか、裁判が混乱するのかというと、余りないんじゃないかなと思います。

今は何が何だかわからないわけです。今、よくわからない条項に基づいて拘束されているか拘束されていないかもわからないという状況が、ここは確実に拘束されるねとわかるということは、むしろ紛争が減る方向に行くかもしれないなと思っていますけれども、これはもうまさに適用されてみないとわからないので、私としては感想めいたことのコメントになります。済みません。

○井出委員　ありがとうございます。

次に、岡先生に伺いたいのですが、先ほど加藤先生の20分のお話の中で少しお話があったんですが、これは2013年ごろになるのですか、法律時報の85巻3号から少し引いてきたんですが、民法改正、全国弁護士 1900 人の声ということで、弁護士の声を民法改正に反映させる会事務局がアンケートをされている。

この文面を見ますと、当時、中部弁護士会連合会司法制度調査委員会は、会として正式に会員の意向調査をする、山梨県弁護士会も同様のことを考えられていたということで、そのアンケートの結果を見ますと、賛成意見176、反対意見1378、各設問も5段階の評価をして、5 が一番大賛成、1 は大反対、その平均値をとると 1.9 で、極めて慎重な弁護士さんが多いということをこの論文は言われているわけなんです。

先生が冒頭おっしゃられた、弁護士会の中でさまざまな体制を組んで賛成に至ったというところも十分理解はできるんですけれども、例えばこういった声というものは具体的に弁護士会の中でどういう位置づけ、取り上げ方、議論があったのかをちょっと教えてください。

○岡参考人 今でも一部の方に反対の弁護士がいらっしゃるのは事実でございます。

過程の中で段階がそれぞれございまして、当初の中間論点整理のあたりでは、論点数も相当多うございましたし、やや過激な論点もありましたので、それを対象にすると反対という意見も多かったように思いますし、バックアップ会議あるいはその前の単位会の会議でも、そういう意見のある方で会議に出てきていただいた方とはしっかり議論をしていきました。その上で、最終的にはどんどん煮詰まって、最後のこの法律案になったもの、そこについては大多数の賛成が得られているというふうに理解をしております。

ただ、反対の方が今でもいらっしゃるのは事実でございます。

○井出委員 ありがとうございます。

次に、加藤先生に伺いたいんですが、加藤先生には、私の方からちょっときょうは個別にお願いをした経緯もございまして、特に、3 人の先生方の中で、法案に対する慎重な意見を述べていただきました。

民法改正について本当に長い間かかわられてこられたというところは、きょうの20分のお話で大変理解をしたんですが、1 つ、先生の御経歴の中で、国際ファイナンスリースに関するＵＮＩＤＲＯＩＴ条約、この日本政府の代表代理をされたり、ＵＮＩＤＲＯＩＴリース条約草案・ファクタリング条約草案起草委員というのを先生はされていたと伺っているんですが、ちょっとこれについて簡単な説明と、また、このお立場が先生の民法改正案に対するお考えに何か影響があれば教えていただきたいと思います。

○加藤参考人 確かに、民法改正で、初め、**民法（債権法）改正検討委員会**というのは、法務省は学者の団体だとは言っていますけれども法務省の方がすごくかかわったあれで、それに誘われたということを申し上げましたけれども、私、民法改正でここまで発言しますと何か反体制派のように思われがちなんですけれども、私は別に全然反体制派でも何でもなくて、ごく普通に行動していましたので、政府の委員や何かもたくさんやっております。

今おっしゃった**国際リース条約やファクタリング条約**をつくるときにも、これは外交会議というのでつくりました。私は当時国立大学におりまして、外務省に出向していきました。外務省に出向したときに、外務省が私をピックアップしたという形式にはなっていますけれども、これは法務省の推薦だと思います。法務省とも別に全然険悪な関係ではなく、法務省の仕事を今までも手伝っていましたし、法制審の民法部会の委員を、この債権法改正ではなくて、やっておりましたし、司法試験委員もやっている、ごくごく普通の関係。

ただ、今回の民法改正も、そういう意味で、最初に誘われたとき、ごく普通の官庁の仕事で、また、私は民法を改正すべきだという立場でしたから、ごく素直な気持ちで行ったんですけれども、余りにも改正案の原案が跳びはねているので、1つ1つに反対せざるを得なくて反対していった。そして、3年ぐらいしてやっと、民法改正の基本方針が出た段階で、ああ、ここまでやってきたものの背後には消費者契約法の問題があったとやってきたのが3年たった段階で、そういう状況でございましたので、リース条約とか何かつくったときにはごく普通の、よくある学者。私はいわゆる、お役所の言うとおりに動く立場でもありませんので、すさまじく重用されたというわけでもないんですけれども、ごく普通に官庁とつき合っておりました。

○井出委員　国際的なお仕事もされたというところを伺いたかったんですが、ざっくばらんにいろいろとお話をいただきまして、ありがとうございます。

先生の御本の中から 1 点伺いたいのですが、今回、約款というものが全然民法にないじゃないかということで定型約款を設ける。先生の御著書**「迫りつつある債権法改正」**の中で、実は約款の適正化というものは長らく論じられてきている問題だと。

昭和 59 年の第 9 次国民生活審議会の消費者政策部会の中で、「解釈に疑義がある場合は作成者である事業者に不利に解釈すること。」と。このもととなっている、昭和56年11月に出された第 8 次国民生活審議会消費者政策部会報告においては、「事業者からの変更及び解消　消費者は、契約内容に将来変更がないものと考えて契約を締結するのが通常であり、また、事業者は、将来起こり得る危険の負担を織り込んだ上で契約内容を定めることができる。したがって、事業者から理由なく契約内容の変更又は解消を一方的に行うことは許されない。これを行うことができるのは、合理的な事由のある場合のみに限定し、また、その事由を明確に示す必要がある。」と。

これが第八次の報告の中で言われていることなのですが、この約款作成者不利の原則ということが、今回の民法の定型約款の新たな規定の中で何か、これまでどおりなのか、それが大きく変わってしまうのか、先生の御意見をいただきたいと思います。

○加藤参考人　ありがとうございました。

約款につきまして、**現行民法に規定がないので約款を規定すべきだということ自体は、私はあるべき方向だと思います。ただ、当たり前ですけれども、規定するというときは、規定の内容がよくなければいけないわけですね。**

ごくフラットに考えまして、契約をつくった人と、ああそうと言ってサインする人だったら、**つくった人の方が有利なのに決まっているんです。**ですから、**約款というのは常に作成者の方に有利で約款適用者に不利になる可能性があるので、世界的に、いわゆる約款作成者不利の原則という、解釈に疑義があるときは約款作成者の不利に解釈しようとか、そういう議論がなされています。**

それがここのところに反映しているかというと、反映はしておりません。ただ、反映していないのが大問題かというと、ほかの国の事情を見ても、約款作成者不利の原則で決定的なことがあったと私は思っておりませんので、それがないことが大問題だとは私は特に思っておりません。

ただ、今回の約款法の改正で大問題なのは、**約款作成者に事後改定の自由を認めたんですね。**

これは、今までの、法制審ができる前に、まだ経済企画庁の国民生活審議会が議論したときに、そういうことがあってはいけないということは何回も何回も議論されていましたし、ドイツ民法が改正されましたけれども、ドイツ民法では、約款の中に約款作成者の改定権を入れた場合にはそれを無効とするとなっているんです。

それを、今度の民法の改正は、何も書いていなくても、**作成者の自由を法律で認めちゃったんですね。世界的にちょっと考えられないので、**さっき先生がおっしゃった**河上正二さんというのは約款の専門家なんですけれども、この河上正二さんも含めて、この約款の規定は何だろうと言っている民法学者が極めて多い。**恐らく、つくる方には有利ですから、これを推進する方々がいることも事実ですけれども、これは世界的にはかなり異様な約款の規定だと私は思っていますし、これは私個人じゃなくて、学者の方々、もしほかに今後聞いていただいたら、約款の普通の研究者はそう思うと思います。

○井出委員 どうもありがとうございます。

最後、保証の関係を黒木さんに伺いたいのですが。

民進党は、個人の保証について、これまでも厳しくすべきだという法律を出してまいりまして、保証人が法人である場合や保証人が主たる債務者である法人の代表者である場合、それ以外は原則として認めない。

そしてまた、今回の法案については、それもさることながら、その前段の公証人というものについても、果たして本当に機能をするのか、また、これまでの議論で、今回、公証人にも行かなくていい例外で配偶者というところが残っていて、これは極めて前近代的ではないか、そういう指摘があると思うんです。

先生のお立場、先生のお考えで、ここを、さらなる改正、もっと改正を踏み込んだ方がいいとお考えなのか、そのあたりを少し教えていただきたいと思います。

○黒木参考人 ありがとうございます。

まず第1点の公証人に対する口授の問題でございますが、先ほどもいただいておりましたけれども、遺言の場合は、口授をする側の利益があって、自分の遺言意思を公証人によって確定させていただくことによって自分の意思に基づく遺言の効力が発生するという意味で、発言者に利益があるわけです。ところが、今回の場合は保証債務を負担するということでありますので、本人にはほとんど利益がない。こういう、利益状況が違います。

そのような場合に、公証人が、あらかじめ金融機関がつくってきた文書みたいなものをぱっと持たされて、それで、あなた、こういうことだけれども保証人いいのというような形の、そういう形式的な口授と意思確認をするのか、それともより踏み込むのかというのは、やはり実務の問題ではあると思いますが、これは利益状況が180度遺言とかと違うわけです。

そのあたりはぜひとも、法務省等々のお力もあって、やはり保証人に対する口授の仕方というのは、不利益、公証人によって口授することが本人にとっては死活問題になる、しかも、人の債務によって自分が死活問題になるというものですので、自分の財産を自分の死後どうするかという遺言とは全く違うわけですから、そこについての公証人の説明義務の程度、内容の深化というのは違うということをぜひお願いしたいと私は個人的に思います。

そういうことを公証人から言われると、公証人の方というのは結構年ですので、なかなか、聞いている方も、結構大変なことが起こるんじゃないかなというふうに思うんじゃないかなと思いたいと思っていますので、そういう点でまず1つ。

それから第2点、配偶者の問題は非常に重要な問題であると思っております。

これは結局、旦那が失敗したら奥さんも一緒にまとめて保証して、2人して破産しろみたいな、そういう思想が背景にあると思っていますけれども、やはりそれは、現在の社会的な中ではそういう見解、そういうような事実が全くないわけではない。結局、いろいろ議論をした結果、やはり必要だということで押し切られてしまいましたが、この結果として、例えば、離婚してももとの旦那の保証債務だけが乗っかってくるといったような事例もあります。そうなってくると、今度は奥様の再建というようなこととか、旦那が離婚した後何しているかわからないのにいきなり保証債務だけ飛んでくるとか、そういうような事例がいっぱいありますから、今後そういうことについてもいろいろな審議を深めていただいて、これは最終的にはいろいろな形になるかもしれませんけれども、例えば、いわゆる事情変更みたいなもので、旦那と当時は現に事業に従事していたかもしれないけれども、そのままけんかしちゃって別れちゃったから、これは保証債務の効力というのはどうなんだみたいな論点というのも今後何らかの形で裁判実務では考えていきたいと思いますし、この中でも、そういう点についてもどうなのかと。

事業に現に従事するときが成立要件ですけれども、存続要件は何なのかみたいな話をしていただくこととかも含めて、やはり配偶者の問題というのは重要な問題だと私は思っておりますので、ぜひ、できたらそこは修正していただきたいんですけれども、なかなか、いろいろな形の中でこうなってしまっておりますので、そのあたり、今後、特に離婚した後とか、本当に、相談を受けていてかわいそうだなと思います、もう養育費ももらっていないのに突然連帯保証債務だけやってくるみたいな形が現場でありますので、そういうことも考えていただければと思っております。

以上です。

○井出委員 3人の先生方、貴重な御意見ありがとうございました。

どうもありがとうございました。

○鈴木委員長 次に、**藤野保史君。**

○藤野委員 **日本共産党の藤野保史**です。

きょうは、参考人の先生方、御多忙の中、大変貴重な御意見を聞かせていただきまして、本当にありがとうございます。

3人のお話をお聞きして、この民法典の改正、**4年9カ月間の審議**にさまざまな形で主体的にかかわってこられた、その思いといいますか熱意というものを本当に強く感じました。私自身も、そうした大変重要な法案審議だということを、改めて、決意といいますか覚悟といいますか、それを今固めているところであります。本当にありがとうございます。

その上で、論点としては大変多岐にわたるというふうに思います。その大前提としまして、岡参考人がきょう御提出いただいた基本姿勢、岡参考人の資料の 14 分の 4 に当たるところなんですけれども、この基本姿勢がやはり大事かなと思っております。

とりわけ、私も先日の質疑で聞いたんですけれども、4 番目の「専門的知識や情報の量と質または交渉力に大きな格差のある消費者・労働者・中小事業者などが、理由のない不利益を蒙ることがなく、公正で正義にかなう債権法秩序を構築できる民法となるように積極的に提言する。」ということでありました。この視点というのを私は大事にしたいなと個人的には思っておりまして、この点で、今回いろいろ審議があってというお話もありましたが、この角度から見て、参考人の皆さんは、この法案、どうなっているというふうにお感じなのか、お聞かせいただければと思います。

○岡参考人 この点はなかなかハードルの高い点だったと理解をしております。明確に弱者保護ということを打ち出しますと、やはり経済界等から反対が多かったということで、論点から落ちたのも多々あるように理解をしております。

ただ、その次の 5 ページを見ていただきますと、やはり、保証人保護の拡充につきましても、弱者になり得る個人の保護に役立つと思いますし、定型約款の明文化につきましても、若干狭い要件立てではありますが、弱者の保護につながるものだと思っております。重要ルールの明文化のところでも、意思能力の無効の明文化というのは、やはり高齢者の方々に対する前進だと思っております。その下の、賃貸借契約終了時の原状回復義務で通常損耗を除いた、判例法理の明文化ではございますが、そういうところで一歩進展はあったと思っております。

ただ、これは、暴利行為の明文化でありますとか信義則の考慮要素の明文化でありますとか、そういうところでは今回一歩及ばなかったところでございますので、次に向けて社会的合意の形成に努めていきたい、こういうふうに考えております。

○加藤参考人 ありがとうございました。

なかなか、法というのは、いろいろな法があって、役割分担をしていると思うんですね。ですから、取引でも、大企業同士の取引もあれば市民間の取引もあれば大企業と消費者との取引もある。それのときに、基本的に、民法というのはフラットな関係を規律する、そして消費者法とか労働法とかそういったもので弱者を保護する、そういうふうな役割分担ができている法体系になっております。

そういう意味で、**今回の民法改正が、では弱者保護にすごく資するか**というと、特に資するとは私個人は思っておりませんが、そのことは、改正方向としてけしからぬというよりは、もともと役割分担として民法がそういうものなんだから、民法の改正ではそういう形、これは、今でも**消費者契約法の改正**が進んでおりますけれども、そういったところでやる。

要するに、民法というのは全てに適用されますから、弱者保護の規定があると大企業同士の取引も規制されてしまうんですね。ですから、それは法の役割分担ということで仕方がないことかなと思っておりまして、その点では、私、今回の改正について問題があるとは思っておりません。もともと民法はそういうものだと。

○黒木参考人 私どもとしましては、一番最初の意見のときに申しましたけれども、民法改正の議論の中の通奏低音として契約格差の問題はずっと意識されていたと思っています。この事実認識が正しいかどうかというのはまたあれでしょうけれども、そう思っていましたし、その立場で関与していました。

その中で、いろいろな、例えば暴利行為の議論とかも、最後の最後まで、要綱仮案がまとまる直前ぐらいまで議論をされていました。議事録の中でも、貴重な、いろいろな判例の読み方といったようなことも含めた熱い議論がされていたというところから考えますと、民法の中に、今の社会は、やはり、巨大な事業者と、そうじゃない事業者と、それから本当の、そんなところと無関係にただ単に生きているというか、普通の消費者として消費生活をしている人たち、いっぱいいろいろな多様な層があって、そういうような中のルールのある程度一般化できるものは民法の中に取り込もうという意見があったということも承知していますし、それは1つの考え方であると思っていましたし、私ども消費者問題対策委員会では、民法の中に、何かの規定で、事業者と消費者の定義規定ぐらい置いてくれという議論も最後までしていました。

だから、そういう意味においては、トライしたということは間違いないし、その中で、トライした結果として、もちろんそれが入ることによっては解釈の幅が広がり過ぎちゃって、先ほど加藤先生がおっしゃったみたいに、巨大企業同士のMアンドAみたいなところにそんな議論が入ってきたら困るじゃないかとか言われてしまうこともあることも十分承知しておりますので、一定程度、そこはできなかったものもあります。

ただ、先ほど岡参考人もおっしゃっていましたけれども、我々とすると、この日弁連の評価はそのとおりだと思っていまして、個人保証とか定型約款といったようなところでは、かなり前進した、新しいルールができようとしていると思っています。

以上です。

○藤野委員 ありがとうございます。

そこで、今お話も出ました**個人保証と約款**につきましてもお聞きをしたいと思うんです。それぞれ、前進面というところと、やはり懸念もあるということでお話しいただいたと思うんです。

とりわけ、個人保証でいいますと、第三者の場合は、いわゆる公証人による手続ということが今回加わったわけですけれども、先ほど来、法教育の話もありまして、なるほどなというふうにも思いました。

改めて、情義性という部分がどうしても、最後、どうクリアできるのか、手続的にこれを担保できるのかというのがあると思うんですが、この情義性ということに関して、今回の法案はどういう議論を経てこういうことになったのか、あるいは参考人はどうお感じなのか、ちょっと改めて3人にお聞きしたいと思っております。

○岡参考人　最終的には、情義性は民法では対応し切れないのではないかというふうに考えました。軽率性については、公証人手続等で自立支援の方向で対処はできますが、情義性の点でいくとすれば、実態判断をして、一定の場合無効にするという手法しかないように思われまして、それは、今の民法としては相当ではないのではないかというふうに思います。

まあ、時代はだんだん変わってきておりまして、亭主あるいは妻の保証なんかやらない、そんなのは当然だというムードも、私の子供を見ている限り、ふえてきておるように感じますし、保証被害がこれだけ報道される中で、やはり国民の意識を変える、政府あるいは弁護士等がそちらで頑張るしかないのではないか、個人的には私はそう思っております。

○加藤参考人　民法は個人の意思に基づくものでございますから、情義で、気持ちからそういう形に来ることについて手当ては非常にしにくいんですね。

ただ、**保証に関しましては、実はこの民法改正に先行しまして、経産省の中小企業庁とかそれから金融庁がかなり強い規制をしております。**そういう意味で、そちらの方で、情義そのものを全て、情義に焦点を当てたことは不可能ですけれども、かなり法整備がされてきていますので、前よりは状況がよくなったと思っています。

それから、そういう情義とは関係なく、公証人をスクリーニングに使うということは危険性が伴うということをさっき私申しましたけれども、また別の話がありまして、公証人役場に行くのは嫌だという人はたくさんいるわけですね。それのときに、そうおっしゃるならば、では連帯債務にしてくださいとか重畳的債務引き受けにしてくださいといったら、連帯債務でも重畳的債務引き受けでも全部同じ機能を持てるんですね。ですから、保証だけこういう危険回避をやっても全く意味がない。私は、この提案があったときから、保証をやるならば、保証と連帯債務とそれから重畳的債務引き受けを三位一体でやらなきゃ意味がないですよということをずっと論文とか何かで言っていたんです。保証だけやっても、保証にするための公証が嫌だったら、それじゃ連帯債務にしてくださいと言ったらおしまいなので、余り意味がないと私は思っています。

○黒木参考人　ありがとうございます。

なぜ第三者が保証するのか、まさに情義だと思います。私も言いましたけれども、中小企業の社長さんのお話で、自分で保証をお願いした、そしてなってもらったら、その人から頼まれたら俺はならないとは言えない、これが情義性の中心を占める感覚で、それは彼の言葉によると、融通手形の書き合いだ、まさにそのとおりだと思います。この点は非常に重要な、保証の悲劇を生む根拠でもあると思っております。

それにつきまして、先ほど申しましたけれども、今の金融庁のガイドラインでは、これについて、合理的な判断をしているということを確認できればいいということだけなんですね。

それについて手続要件を課す、公証人のところにわざわざ行くというようなことで、そこでやはり、頼む方も、公証人のところまで行ってください、それだけお願いします、では、わかった、そこまで行こうというところで、その情義性というものが手続的にもスクリーニングされるということを期待したいと思っています。

そこまでしても、書き合い手形になるということをわかってもやらなくちゃいけないという中小企業の経営者の人たちの実態というのが否定されているわけではないと思いますから、そういうものはあるんだ。しかし、それはもう本人がそこまでやった。

前は、当然のように、行きもせずに、銀行員も、署名させて印鑑を押して、印鑑証明書があれば２段の推定で連帯保証だみたいな実務があったわけです。今だとそれが少しずつ変わってきてはいますけれども、これが大きく変わるということで、やはりお互いに、大体、銀行が保証人を連れてこいと言わない限りは保証人を頼みに行かないわけですから、そういうことも含めて金融実務が変わっていくことを期待したいと思います。

情義性の問題は本当におっしゃるとおりで、これはなかなか今の日本の社会からこの問題を消すことはできないから、こういう形で考えさせていただいたということが私なりの理解でございます。

○藤野委員　ありがとうございます。

本当にこの中身について少しでもよいものになるように、これからの審議でいろいろと詰めていきたいと思っております。

次は黒木参考人にお聞きしたいんですが、約款についてなんですけれども、今回、組み入れ要件が結構緩やかだというお話もありました。消費者にとっては、これがやはり不意打ちや不当な形でかぶさってくるということがあってはならないというふうに私は考えております。

その点で、どういった点をこれからの審議で確認していくべきなのか。例えば、みな**し合意除外規定というのが548条の２第２項にある**わけですけれども、この役割がかなり重要だというふうに認識をしているわけですが、具体的に、例えば不当条項や不意打ち条項への適用を含め、こういうことが必要じゃないかというのを実務家の観点で黒木参考人に教えていただければと思います。

○黒木参考人　ありがとうございます。

非常に難しい質問であると思います。今までは除外規定なんかないんです。初めて除外規定というものの概念ができました。だから、これがどういうことになるのか、この除外規定の実体的な要件は何なのかということで、書かれている内容をむしろこれから先生方も含めて議論をしていただきたいと思っております。

ただ、私どもといたしましては、信義則制限としては、相手方の権利を制限したり義務を加重する条項であって、社会通念に照らして信義則に反して一方的に害するという、立法過程の議論からすると非常に抽象的な言葉であります。これによって適用が除外される、合意の対象から外れていくという新しい法効果を生む規定なんですけれども、この内実は何ですかというのは、この条文にこれから具体的な現場で当たってみないとわかりません。

しかし、今よりは、ないのですから、消契法の10条で任意規定その他の云々というのはありますけれども、それに比べても広いのではないかと思うんですけれども、そういうことも含めて非常に重要な規定が入った。

もちろん、それに対しては事業者の方々は、これは狭く解するべきだとおっしゃるに決まっていますので、そのせめぎ合いというようなこともあると思いますので、そのあたりも含めて議論、どういう場合がそうなのかということについて、実務家は依頼者がいないと考えないという変なところもありまして、まだですけれども、ただ、いずれにしましても、大変重要な条文であることは間違いないので、内実について立法提案者である法務省も含めて議論をしていただければありがたいと思います。よろしくお願いします。

○藤野委員 まさにそうした形で立法提案者にしっかりと確認していきたいと思っております。

条文のたてつけでいえば、**不当条項**にこの除外規定が適用されるということは確認できると思うんですが、**不意打ち条項**、これについてもやはりこうした除外規定でしっかりと対応できるようにしていくというようなことも必要であるというふうに思っております。

先ほども話が出ましたけれども、変更ができるという、世界でも珍しいというお話がありましたが、こういう、つくった人が勝手に変更できるというふうなことがフリーハンドでやられると、これはやはり消費者にとっては大変影響が大きいわけですから、この点についてもそうではないということを質疑等で確認していきたいというふうに思っています。

そして、もう1点、黒木参考人にお聞きしたいんですが、今法案では実現できなかったけれども、やはり今後こういうことが必要ではないかというようなことを冒頭おっしゃっていただきましたが、もう少し詳しく教えていただければと思います。

○黒木参考人 ありがとうございます。

この「Q＆A」の中の 6 ページ以下に書いている暴利行為の問題でございます。これがやはり私どもとしては非常に重要なものでありまして、既に判例がある、判例として昭和九年とかあるわけですけれども、それを立法化していこうという議論をずっと続けていただいておりました。

ただ、この暴利行為につきましては、やはり、どういう形でこれが裁判規範として機能するのかというようなこととか、民法ですから適用範囲が広過ぎるんじゃないかというような議論があって、最終的に、進めるべき意見と、それから反対するべき意見とがあって、結局立法化できなかったということであります。

それにつきまして、私どもの方では、この本の中の9ページのところで、「残された課題」という形でこれをまとめさせていただいております。

私どもとしましては、**暴利行為とは**、MアンドAで暴利行為があったかなかったかということについて一切興味がありません。巨大な企業同士が何か買収して、そこにのれんをつけるのが高かったか安かったか、暴利行為かということで後でひっくり返るかどうかというような話をする気は一切ないんです、暴利行為の中では。

そうじゃなくて、契約当事者が弱っている、考え方が弱いというようなところにつけ込む、そういうようなものがやはり暴利行為じゃないかということになるわけですので、そういうところでまず消費者契約法、それから、できたらこの民法の中でもその議論を国会でもしていただいて、やはりこれはいつかは必要だよねという附帯決議とかそういうようなことも含めて、これから超高齢社会に日本はなるわけでして、そうすると、どうしたって、細かな字は読めないとか、いいことしかわからないとか、そういうふうに人間はなっていきますから、そういう状況につけ込む事業者というのは必ず出てきます。そこに対する手当てとして、こういう問題について国権の最高府として議論をしていただいて、やはり対応が必要なんだ、今後も必要だということを言っていただきたいと思っております。

以上です。

○藤野委員 大変貴重な御指摘だと思います。

冒頭、皆さんの熱意を感じたという感想を述べさせていただきましたけれども、今回の法案はそうした到達点はあるんだけれども、やはりさらに前向きな形でこれをどう変えていくのかという点を視野に入れながら法案の質疑をやっていきたいというふうに思っております。

最後になりますけれども、冒頭、岡参考人のお示しいただいた資料の中にも、荒れた審議で始まったということや、ステージが3つほどあって、それぞれ局面が変わっていったというお話、あるいは、加藤参考人からはもともとの狙いも含めてお話がありましたけれども、いわゆる過失責任主義の問題等で1点だけお聞きしたいのは、過失責任主義のお話がありましたけれども、415条の規定ぶりも含めて、結局、結論としてどういう到達になったのかというのを、改めて加藤参考人と岡参考人の御認識をお伺いしたいと思います。

○加藤参考人　結論として申しますと、帰責事由相当の文言が入り、それに一定の修飾語がついたということでございます。

普通、帰責事由、過失責任か無過失責任かというのは、こういった債権法改正の議論が始まる前に私は教科書で書いておりまして、帰責事由という言葉、故意、過失という言葉があれば基本的に過失責任、なければ無過失責任ということを書いておりまして、それが普通のクライテリアです。ですから、素直に読めば、これは過失責任の規定と読むのが普通だろうと思います。

ところが、法務省の民事局の参事官室とかあるいは民法部会の委員が、こういう一定の修飾語がついたからこれは過失責任原則の否定だということを言っている。これは、全然立法と関係ない人が言っているなら、そんな説があるんだで通ると思うんですけれども、やはり立法関係者が言っていると、彼らが立法者というわけではないんですけれども、でも、立法者意思ではそうなんだという議論が出てくるので、恐らく実務は混乱するだろうと思います。混乱しても、恐らく裁判官は、普通は条文を読むことになれている人たちですから、マジョリティーは過失責任と読んでくれると私は思っているんですけれども、しかし、必ずそう読まない一部の人も出てきて、混乱するだろうと思います。

そういう意味で、混乱状況になってしまったなというのが私の印象でございます。

○岡参考人　実務家としては、混乱は生じないと思っております。従来に比べて、この修飾語が入ったことによりまして、契約を中心に考えるけれども、契約だけではなく、取引上の社会通念というのも判断要素に入るということで、プラスになったのではないかと思っております。

従来から、弁護士会としては、契約に決めたら契約が全てだ、そうなると契約強者が強くなってしまう、こういう問題意識を持っておりましたので、契約が中心だけれども取引上の社会通念も配慮はする、こういう条文になったことで、従来の実務がより明確になって、また明確にして充実したものに実務として対応していけるのではないか、このように思っております。

○藤野委員　質問を終わりますが、3人の参考人の皆様、本当にありがとうございました。

○鈴木委員長 次に、木下智彦君。

○木下委員 日本維新の会、木下智彦です。

本日は、貴重なお時間をいただきまして、ありがとうございます。もうあと二十分少々ですので、おつき合いいただきたいと思います。

今回のお話なんですけれども、120 年ぶり、相当多岐にわたる部分、それから今まで改正されてこなかった部分、そういった部分にメスを入れていこうということで、きょうもお話を3人の方々から聞かせていただいていたら、さまざまな御意見、それから、同じような視点であったとしても、ベクトルは同じ方向なのかなと思いながらも、感覚的には少し違う御意見があったかな、そういう感覚があります。

そこで、きょうは皆さん、割と細かく法案の中身について聞かれていたんですけれども、ちょっとその前にお話を聞かせていただきたいことがあります。

というのは、まず最初に、**岡先生の方からこの資料**をいただきました。資料の中にいろいろとたくさん読むべき部分があって、私も、法制審議会の内容とかも、全部見るのは相当厳しいんですけれども、見せていただいて、今まで変えているべきであったところを変えられなかった、変えてこなかったといった部分で、ぜひともこれは早期にやはり解決していくべきだという立場ではいるんです。

その中で、この**資料の 14 の 4** のところで、「民法改正問題に取り組む基本姿勢 日本弁護士連合会」という形で、こういうお話が書かれていたり、それから、その次、14 の 6 のところで、これは意見書、これも弁護士連合会から来ている。最後の部分では、日弁連会長から会長声明、そういう感じで資料立てされておりました。

そこで、ちょっと考えたんですけれども、そうはいいながら、やはりさまざまな意見それから主張があった。岡参考人の方からも、日弁連の中でもいろいろな意見があったんだというふうな話がありましたけれども、こういった声明が出たり意見が出たりといったものを、どういった形で日弁連の中で意見集約をされて機関決定されているのかといったところをちょっと岡参考人の方からお話しいただければと思います。

○岡参考人 資料 14 分の 3 をごらんいただきたいと思います。この右側に意見形成に向けた動きも書いてございます。

一番最初は、最初に申し上げましたように、バックアップチームを全国でつくる。法務省からいただいた部会資料を各弁護士会、委員会に流して意見形成をしていただく。ただ、それでは意識のある方が中心になりますので、上から3つ目ぐらいの枠にありますとおり、「会員への状況周知・検討のため各地でシンポジウム開催」、これを、下の方にありますが、研究財団でも行いました。そういうことで、刻々と状況が変わっておりましたので、そういう現状をお知らせして、お考えいただくという対応をとりました。

それに加えまして、グレーで囲ってありますところが「理事会での意見書審議・意見交換等」というところでございます。この理事会といいますのは、全国の単位会の会長さんが全員東京に集まりまして、1カ月に1回、丸2日間議論をするところでございまして、重要な意思決定はそこで行っております。全部で 71 人だったと思いますが、そういうところで代表の、責任のある会長さんと、こんな方向で進んでいて、このような意見が今多数になっていますよ、こういう御説明をしてまいりました。

その上で、14 分の 6 という意見書は、理事会で多数決で決定するものでございます。その理事会で決定されたものがこの 14 分の 6 でございます。

会長声明、14 分の 13、14 といいますのは、意見書の範囲内であれば、正副会長会議というのがございます、会長1人と副会長 13 人が、これは毎週1回、丸1日会議をしておりますが、そこの機関決定を経て、この会長声明を出しているものであります。

そういう意見形成と手続を経て、このような書面を出しております。

以上でございます。

○木下委員 ありがとうございます。

非常に民主的なというのか、しっかりとしたやり方で意見をまとめられているんだなというふうに思いました。

とはいえ、きょうのお話を聞いていると、加藤先生であるとか黒木先生、いろいろと御意見があるかと思うんですね。こういったプロセスで実質的に意見集約がされてそれなりの内容がまとまったというふうにお考えになられているかどうかといったところを、加藤先生それから黒木先生、いろいろ御意見あるかと思うので、ちょっとまずお聞かせいただきたいんです。

なぜこんな話をするかというと、**参考人**で、きょう、たまたまと言ったらあれですけれども、やはり弁護士の方々が3人来られております。この委員会の中でも、法制審議会の中はやはりどうしても専門家に任されてしまう部分が多くて、もっと国民一般の意見が取り入れられやすい、そういった審議がやはり必要なんじゃないかというふうな話があったんですね。にもかかわらず、参考人となると、どうしてもやはり弁護士、専門の方々に御意見を聞くことになってしまう。そこで、ちょっとこのプロセスについても少し掘り下げたいなと思う、そういう次第で、お二人から御意見をいただければと思います。

○加藤参考人 私も弁護士ではございますけれども、弁護士会の流れをずっと言いますと、中坊会長が来るまで、日弁連というのはかなり野党色が強い組織だったと思っています。中坊会長が来た後、日弁連の執行部は法務省とかなり融和的になって、私、場合によっては除名されるかもしれませんけれども。そういう形で、特に、日弁連の執行部になるのは東京三会と大阪が中心で、そういうところの、弁護士の中枢で会務をとっていらっしゃる方々は結構法務省の意向と合う。

ただ、私は法務省の、法務省ではあれは学者の会だと言うかもしれませんけれども、民法（債権法）検討委員会に入っていて、法務省と立場を異にしましたので、半年ほど沈黙を守っていたんですけれども、反対の方々が相当私のところに連絡をとってきました。その中には弁護士の方が非常に多いんですね。

さっき、この質疑でも弁護士1900人の声というのがありましたけれども、あの後ふえていて、2000人の声となっているんですけれども、あれを見ても反対が圧倒的なんです。その声は弁護士会には反映されておりません。それは要するに、弁護士会の執行部にいる人と一般の弁護士との間の乖離だと思います。

今は、反対の方がいらっしゃるというのが岡先生の認識ですけれども、私は、いらっしゃるんじゃなくて、ここまで来たからもういいやという諦めの声はあると思いますけれども、これを積極的に推している人はほとんど少数で、日弁連の執行部の方々は推していらっしゃるかもしれない、あるいは東京三会、大阪とか、他の大都市の執行部の方は推していらっしゃるかもしれないけれども、ほとんど一般の弁護士の方は余りそうではないと思っています。

私は弁護士と同時に学者というあれで多少特殊かもしれませんけれども、この法案が通って、わあ、こういうぐあいによくなるなと思うところがあるのなら賛成したいと思いますし、法定利率等賛成するところはあるんですし、若干ですけれども、ほかにも賛成するところはありますけれども、マジョリティーとして、わあ、これで現行民法がよくなったというよりは、端的に言ってしまえば、もともとの狙いは法務省は達成することができなかったけれども、全部失敗したらメンツ丸潰れですから、そこのところでやっているので、非常に民法はよくなったというような改正とはほど遠いと私は思っていますし、それは多くの弁護士の方々の感覚ではないかと思っております。

それから、弁護士ばかりじゃなくて一般の国民の声を聞くということは絶対必要なことですし、それは本当にあれで、先生方は国民から選出されているんですから、そういう形の国民の声をすくい上げていただけるように、ぜひお願いしたいと思います。

ありがとうございます。

○黒木参考人 黒木でございます。

私は福岡県弁護士会でございますので、東京三会でも大阪でもありません。その福岡県弁護士会の審議の過程についてはある程度わかっていますので、そのことを申し上げたいと思います。

先ほどの、お示しいただきました岡参考人の 14 分の 3 を見ていただきますと、2011年の4月にパブコメがありました。これは3・11の東日本大震災を受けて直後だったので、それについて東北三会が出せないんじゃないかというような話もあって延ばしてもらったというようなこともあって、それでも東北三会はパブリックコメントを出されています。福岡も出しました。これは500項目もありまして、大激論をやはりしなくてはいけなかったのであります。しかし、弁護士会としては、この中間論点整理という形には多分ほとんど全部の単位会は意見を出したんだと思います。そうだったと思います、出していないところはないんじゃないかと思います。

それから、その後も、先ほど申しましたが、私は消費者問題対策委員会で、これは全国のさまざまな単位会から来ていまして、法務省の事務方から、本当は水曜日にもらえるとかいう話だったのが、遅くなって木曜日になりますとか、そんなのはいっぱいあって木曜日にもらって、それを、金曜日にみんなで会議をすることであらかじめ決めていますから、1 日で読んで、それで意見をまとめて、日曜日までに出さないといけない。岡参考人が当時、俺は「龍馬伝」を見てからみんなの意見を見るから、それまでに出していないと俺は見ないとか何か、そういうことを言っていましたけれども、とにかく、それまでには出さないといけないということでやっていました。

もう 1 回申しますと、中間試案に対するパブコメも実施されましたけれども、単位会も、それぞれ全部の単位会は、恐らく中間試案についても、ここはいい、ここは悪いといった意見を出したはずであります。それを踏まえて、その単位会の会長というのは日弁連の理事会を構成しますし、日弁連の意見書は理事会の承認を得なければなりませんので、ある意味では、全国の、この民法の改正についてある程度継続的に勉強している、法制審議会の議論がどうなっているのかということを継続的に検討している弁護士はかなり理解していると僕は思っています。

他方、加藤先生がおっしゃった、反対している先生方もいらっしゃいます。この方々というのは、こう言っちゃなんですけれども、余りこの改正の過程に深くコミットはされていないと思います。やはりこれはすごく労力がかかることでありまして、僕たちの仕事は、法制審議会に出てくる資料を読むことじゃなくて、やはり準備書面を書いたりすることがメーンの仕事ですので、それをすっ飛ばしてそれをやるということに大変なエネルギーが要るわけですけれども、メンバーを見ていても、余りそれはされていなかったのではないかなと思う方々が言われています。

当初反対だった人たちも、この議論をずっとしていく中で、自分たちの必要な部分、それから、どうしてそれが今回立法化されなかったのかということについてもいろいろな意味で議論を深めていますので、私としましては、今のような地方単位会から見ていても、これはかなり日弁連全体の意見としてはかたいものであって、内部でちょっとひっくり返すと、また反対派がわっと出てくるというようなものではないんじゃないかと思っています。

以上です。

○木下委員 ありがとうございます。

自分で思いながら、いい質問したなというふうに思いました。もうここでずっと聞いていたいなというようなお話だったんですけれども。

ちょっと、今の話も聞いていて思ったんですけれども、私がいつもここで疑問に思うところもあるんですね。それは何かというと、やはり今も言われていたとおり、弁護士会、地方の弁護士会、それぞれあります。皆さんが日弁連に加盟している。これは弁護士法の47条でしたか、規定されていて、ちょっと条文があれですけれども、何か、弁護士それから弁護士法人などなどは当然日弁連に加盟すると。私も、当然とは、何で当然なんだろうというふうに思ったんですけれども。

それで、そういうところで意見集約がされて1つのものになっている。いろいろプロセスについては御意見があるかと思うんですけれども、これ自体が本当にいいのかどうかという問題にもかかわってくるのかなと私は思っているんです。というのは、弁護士の先生が一々その1つの団体に加盟していなきゃいけないのかどうか。

これ以外にも、ほかにもいろいろなことがあります。私、何でこんな話をしたかというと、先ごろ、日弁連でも、今大変言われている、死刑制度についてなんかはそういうふうな話をされていますよね。そういった中で、1つの団体しか認められない、こういうことの中でこういう意見集約をしていかなければいけないというのは、相当僕は限界があるのかなというふうに思っております。

ちょっとその辺についても、もう時間で、せっかくなので、もうきょうはそういう話にしようかなと今切りかえましたけれども、逆に今度は、黒木参考人から、加藤参考人、岡参考人という順番で、その方が多分公平かなと思いますので、御意見をいただければと思います。

○黒木参考人 ありがとうございます。

全く想定していない質問なので、どう答えていいかわかりませんが、強制加入は、弁護士自治と裏腹の関係だと僕は思っています。

したがって、私どもがいろいろなこういう問題について、あるいは死刑についても、福井の人権大会も私も参加いたしましたが、いろいろな議論を規制官庁なしに激論を交わせるというのは、強制加入の反対側である自治権があるからであると考えています。これはもう完全に私個人の考えですけれども、これ自体は一種のやむを得ないものであるし、したがって、会内的には民主的な手続というか、できるだけ多くの人たちに参加する機会は、お忙しい方もいらっしゃるので、参加する機会だけで、実質参加できるかどうかはまたそれぞれの弁護士の仕事の状況その他によりますけれども、与え続けていくということによって、いろいろな意見集約をするということではないかと思っています。

以上です。

○加藤参考人　強制加入団体としては、弁護士会もそうですし日本司法書士会もそうです。

今御質問をいただいてふっと思ったんですけれども、弁護士会でも司法書士会でも、一定の決まったことに対して従わなくて、それで、それについて、何の問題でだったか、とにかく弁護士会とか司法書士会とその会員とが訴訟を起こしている例というのは若干ございます。

確かに強制加入団体として、今、黒木先生がおっしゃったように、弁護士自治という形からするならば強制加入をしなければいけないということもわかりますけれども、恐らく、今御質問いただいて思ったことですけれども、強制加入団体ということは、意見が多様な問題についてどこまで発言していいかという問題はあり得ると思うんですね。ここの民法改正ですとちょっとあれですから、関係ない死刑の問題でも、弁護士会の中にも、死刑に反対派もいれば賛成派もいるに決まっているわけで、それについて一つの方向を打ち出すということが、いわば思想信条の自由を強制加入団体であれば侵すことになりますから、当然、強制加入団体の行動の限界というのは考えられてしかるべきだろうと思います。

私自身、もともときっすいの学者をやっていまして、年をとってから弁護士登録したものですから、余り弁護士会のことについて言うだけの資格があるかどうか問題なんですけれども、恐らく強制加入という制度をもらうことの代価はあるだろうと思うので、多様な問題についての意見表明については慎重にしなければいけない。

ただ、それは、民法改正について日弁連がやったことはけしからぬとかそういう趣旨ではなくて、一般論としてお聞きいただければと思います。

○岡参考人　強制加入団体である以上、発言あるいは意見集約にのりがあるべきだ、これはそう思っております。私も昨年度、日弁連の副会長をやりましたけれども、そののりを踏まえなければならないという意思が執行部にもずっと存在をしております。

ただ、弁護士法1条2項に、「弁護士は、前項の使命に基き、誠実にその職務を行い、社会秩序の維持及び法律制度の改善に努力しなければならない。」と書いてございます。民法改正については、この観点からやはり弁護士それぞれが考えなければいけませんし、反対意見があるからといって、日弁連が意見表明しないのは相当ではなかろう、こういう考え方をしておりました。

もう1つ、だからこそ、日弁連が、さっき申し上げたような丁寧な意見形成に努めておるということはまず前提としまして、その上でも、日弁連の声明あるいは意見が会員の意見を拘束するとか、全会員の意見であるという表明ではない、こういうことは判例等でも明らかにされておりますので、会員個人を拘束するものではない、会員の意見形成に極めて慎重に対処しなければならないのりがある、こういう原則のもとに日弁連は動いております。

○木下委員　ありがとうございます。

もう時間が来てしまいまして。非常に聞き応えのある話だなと。

おもしろいなと思ったんですけれども、きょう、弁護士の先生方なんですけれども、バッジをつけていらっしゃる方はいらっしゃらないんですよね。国会議員は当然のように、まあ今は議会ですからつけております。それ以外も、外に行っていても外さない人というのは多いんですよね。その中で、皆さん、ちょっとすばらしいな、逆にすばらしいなというふうに思って聞いていたんですけれども。

本当は、用意していたところ、先ほどの一般の意見というところで、法制審議会なんかに、これはちょっと立法と行政というふうな分かれはありますけれども、国会議員がもう少し入っていってそれで議論をしていけば、こういった議会の中での議論ももう少し活発化する、もしくは短い審議の中でも充実したものができるというような感じのことをどうでしょうかというお話もちょっと聞かせていただきたかったんですけれども、もう時間がなくなりましたので、これで終わらせていただきます。

きょうはどうもありがとうございました。

○鈴木委員長　これにて参考人に対する質疑は終了いたしました。

一言申し上げます。

参考人の方々には、貴重な御意見をそれぞれ賜りまして、まことにありがとうございました。委員会を代表して厚く御礼を申し上げます。(拍手)

次回は、公報をもってお知らせすることとし、本日は、これにて散会いたします。

午前11時45分散会

第192回国会 衆議院法務委員会
第11号
平成28年11月25日（金曜日）

平成28年11月25日（金曜日）

午前8時50分開議

出席委員

委員長 鈴木 淳司君

理事 今野 智博君 理事 土屋 正忠君

理事 平口 洋君 理事 古川 禎久君

理事 宮崎 政久君 理事 井出 庸生君

理事 逢坂 誠二君 理事 國重 徹君

赤澤 亮正君 安藤 裕君

井野 俊郎君 大西 宏幸君

奥野 信亮君 加藤 鮎子君

門 博文君 菅家 一郎君

城内 実君 鈴木 貴子君

辻 清人君 野中 厚君

藤原 崇君 古田 圭一君

山田　賢司君　　　　吉野　正芳君

和田　義明君　　　　若狭　　勝君

枝野　幸男君　　　　階　　　猛君

山尾志桜里君　　　　大口　善徳君

吉田　宣弘君　　　　畑野　君枝君

藤野　保史君　　　　木下　智彦君

上西小百合君

……………………………………

法務大臣　　　　　　**金田　勝年君**

法務副大臣　　　　　　盛山　正仁君

法務大臣政務官　　　　井野　俊郎君

政府参考人

（法務省民事局長）　　**小川　秀樹君**

政府参考人

（法務省人権擁護局長）　萩本　　修君

法務委員会専門員　　　矢部　明宏君

――――――――――――――

委員の異動

11月25日

辞任　　　　　　　　補欠選任

宮路 拓馬君　　　　大西 宏幸君

同日

辞任　　　　補欠選任

大西 宏幸君　　　　和田 義明君

同日

辞任　　　　補欠選任

和田 義明君　　　　加藤 鮎子君

同日

辞任　　　　補欠選任

加藤 鮎子君　　　　宮路 拓馬君

――――――――――――――――

11 月 24 日

――――――――――――――――

本日の会議に付した案件

政府参考人出頭要求に関する件

民法の一部を改正する法律案（内閣提出、第 189 回国会閣法第 63 号）
民法の一部を改正する法律の施行に伴う関係法律の整備等に関する法律案（内閣提出、第 189 九回国会閣法第 64 号）

――――◇―――――

○鈴木委員長　これより会議を開きます。

第 189 回国会、内閣提出、**民法の一部を改正する法律案**及び**民法の一部を改正する法律の施行に伴う関係法律の整備等に関する法律案**の両案を一括して議題といたします。

この際、お諮りいたします。

両案審査のため、本日、政府参考人として法務省民事局長小川秀樹君及び法務省人権擁護局長萩本修君の出席を求め、説明を聴取いたしたいと存じますが、御異議ありませんか。

〔「異議なし」と呼ぶ者あり〕

○鈴木委員長 御異議なしと認めます。よって、そのように決しました。

———————————————

○鈴木委員長 質疑の申し出がありますので、順次これを許します。**逢坂誠二君。**

○逢坂委員 おはようございます。**民進党の逢坂誠二**でございます。

先日、**参考人質疑**が行われて、私は非常によかったなというふうに思っています。いろいろな論点が見えてきましたし、賛成と思われる参考人の方からも、この論点はさらに深掘りをした方がいいというふうな指摘もあったりして、これからの審議の方向性というか、そういうものがやはり議論をしていくたびに見えてくるんだなという印象を持ちました。

与党の筆頭との間では、参考人質疑はこれからも複数回やろうということでもう折り合っているところでありますので、しっかり議論を深めていきたいというふうに思います。

そこで、政府に事務的に確認なんでありますけれども、今回の**民法改正の目的**、これは、**社会経済情勢の変化**があるということと、もう1つは**国民にわかりやすい民法**にするんだということが2つの大きな目的なんですが、現在の債権法のもとで、日本の社会において、例えば契約や取引や、そういうものが混乱をしていて、これはもう早急に是正しなければならないんだというような状況になっているのかどうか。

確かにこの間、債権法改正の議論はいろいろと細かにやられてきた。だがしかし、現状、社会の中で、もうどうにもならない、にっちもさっちもいかない状況があるんだということがあるのかないのか。あるいはまた、逆に、今回の民法改正によって、今回の債権法の改正によって、今社会の中で相当大きな問題を抱えているんだ、それがうまく解決する、クリアするというような、急を要するような事項というものがあるのかないのか。これは事務的に教えていただければと思います。

○小川政府参考人 お答えいたします。

民法の債権法の部分は、120 **年間実質的な見直しがほとんど行われていない**状態にございます。

実質的な見直しが急がれる事項は多岐にわたりまして、そのうちのどこまでを契約や取引の混乱に基づくものと評価するかは難しい面もございますが、例えば保証契約に関しましては、これまでの委員会質疑や参考人質疑でも指摘されましたとおり、個人保証人の中にはそのリスクを十分に自覚せずに安易に保証契約を締結してしまう者も少なくなく、これにより生活の破綻に追い込まれるといった状況が現に生じており、これを早急に是正する必要性は高いものと認識しております。

また、昨今の超低金利の情勢のもとでは、**法定利率**が市中金利を大きく上回る状態が続いておりますが、法定利率が市中金利を大きく上回っていると、債務者が支払うべき利息や遅延損害金の額が著しく多額となる一方で、損害賠償額を算定する際の中間利息の控除の場面では不当に賠償額が抑えられるなど、当事者間の公平を害する結果となっており、この状況も早急に是正する必要がございます。

さらに、現代社会における大量の取引を迅速に行うためのいわゆる**約款**につきましても、約款中の一部の条項が文字どおりに契約の内容となるか否かが争われるといった事態が生じております。これらの状況も早急に是正する必要がございます。

以上のように、現行の民法のもとでは、法律を見直すことによって対処が可能な多くの問題が現に生じていることから、これらの問題を早急に是正する必要があると考えております。

○逢坂委員 今例示に出されたことについては、私もある一定程度理解いたします。例えば**法定利率**でありますとか**保証の問題**でありますとか**定型約款の問題**、これらをクリアしていくということは非常に大事な問題だというふうに思っています。

片や、一方で私が懸念を持っておりますのは、判例などを積み重ねてきた結果、**民法典を読んでも国民の皆様はどういう状況になっているのかがわからない**ということで、今回、**判例などを条文化**するということでありますけれども、私は、本当にこれは急いでやっていいのかどうか、少し悩ましい問題だというふうに思っています。

まず 1 つは、**判例を条文化**するということになりますと、仮に判例のままで置いておくのであれば、違った判決を出すということは場合によってはあり得るわけですね、ところが、条文化してしまいますと、それを固定化するということになってしまいますから、それは本当にそれでいいのかどうかという問題があろうかと思っています。

それから、**世界の民法典**を見ると、必ずしも微に入り細に入り細かく規定していない、しかしながら、そのことが社会経済情勢の柔軟さに対応する１つの肝というかコツになっているようなところもあるわけですね。

したがいまして、今回、**法定金利**をどうするかとか**保証人**をどうするかとか**定型約款**をどうするかといったような、新たに提示された論点というのは、確かにある程度急ぎ足でやった方がいいものなのかもしれないんですけれども、判例を条文化するというところについては、私は、いやいや、判例でもうはっきりしているんだからこれは問題ないんだというふうに一般的に言われがちなんですが、実はそちらの方に大きな問題が潜んでいるような気がするんです。だから、判例で決まっている、それを条文化しただけなんだ、だから議論は要らないということではどうもないのではないかという気が私は今しております。

そこで、あえて、短い時間ではありますけれども、きょう、こういう質問をさせていただきました。

私は、野党の筆頭理事として、いたずらにこの法案の審査を引き延ばしをして議論をとめようとか、そういう気持ちはさらさらございません。しかしながら、やはり**基本法**をいろいろと変更させるということは社会に相当大きな影響があるんだということを、議論をすればするほど痛感をするわけであります。**個別法とはやはり全く違った議論の姿勢が要る**、そういう感じがしているわけであります。しかも、判例の積み重ねだからそれは条文化する、これは当たり前だろうということではどうもない、そういう思いを持っているものですから、あえて、短い時間ですけれども、質疑をさせていただきました。

これからも深掘りできる議論をしてまいりたい、そのように思っております。

では、終わります。ありがとうございます。

○鈴木委員長　次に、**山尾志桜里君。**

○山尾委員　おはようございます。**民進党の山尾志桜里**です。

今、逢坂委員の話を聞いていて、ちょっと、あわせて意見を１つだけ申し上げて、きょうの質問に入りたいと思います。これは意見です。

きのう**憲法審査会**がありまして、私もそこで発言をしました。ともすると、今テーマになっている憲法改正の要否について、規律密度が低いから、やはりその間を埋めるために憲法を改正すべきだというような御意見が特に自民党の方から複数、これは先々回ですけれども、あったんですね。それについて私が先回、きのう申し上げたことは、やはり規律密度の低さ、言いかえれば抽象度の高さというのは、憲法に要求される、時代を超えた安定性、その要請と、もう１つ、時代の変化に合わせて変わっていくべき可変性、それを両立させていく先人からの知恵ではないかということを思うわけです。

もちろん、憲法と民法には性質上違いがあることは重々承知をして申し上げているんですけれども、やはり民法も、幅広い国民生活に関連をする大変重要な基本法の1つでありますし、だからこそ、120 年という時を経て、それなりに、国民生活の中で民法が生きた法律として、さまざまなリーガルの力をかりながら日本の社会の中の法律関係というのを処理し、対応し、一定程度安定させてきたということで、そこは皆さんにも少し考えていただきたいんですね。

それは、今逢坂委員がおっしゃった問題意識と重なるところがあるのかなというふうに思いましたので、一言申し上げて、質問に入りたいというふうに思います。

きょうは、債権法の質疑ということで、本当に**貴重な参考人の質疑**も踏まえて、具体的な質問に入っていきたいと思いますけれども、……、次に続くということで、債権法の議論に移りたいというふうに思います。

今回の債権法改正は、まず、たびたび参考人も含めて問題を指摘されている、配偶者が適用除外になっていることの問題点、これをお聞きしたいと思います。

簡単に言いますと、今回、事業融資のための個人保証については、その契約締結に先立っての「**一箇月以内に作成された公正証書で保証人になろうとする者が保証債務を履行する意思を表示していなければ、その効力を生じない。**」、こういう規定が新設されて、**一定の保証人保護**が図られようとしています。しかし、「**主たる債務者が行う事業に現に従事している主たる債務者の配偶者」がこの保証人保護規定の枠の外**に置かれようとしています。

そこで、まずお聞きします。**なぜ配偶者を保護の枠の外に置いた**のでしょうか。

○小川政府参考人　お答えいたします。

今お話がありました**保証意思宣明公正証書の作成を義務づける**のは、個人的な情義などから、保証のリスクを十分に自覚せずに安易に保証契約を締結することを防止することにあります。

そのため、改正法案の立案の過程におきましても、個人的情義などから保証人となることが多い主債務者の配偶者を例外とするのは相当でないという指摘もございました。

しかし、個人事業主に関しましては、経営と家計の分離が必ずしも十分ではなく、主債務者とその配偶者が経済的に一体であることが多いことから、現に、配偶者を保証人とすることによって金融機関から融資を受けている事例も少なくないのが実情でございます。したがって、配偶者については、これを保証人とする客観的な必要性も高いものと考えられます。

また、個人事業主の配偶者は、一般に事業の状況などをよく知り得る立場にあると言え、保証のリスクを認識することが可能であるから、その意味で保証意思宣明公正証書の作成を義務づける必要性がそれほど高くないと考えられるところでございます。

このような実情を踏まえまして、法制審議会においても、とりわけ中小企業側の意見といたしまして、個人事業主による円滑な資金調達が困難にならないよう、主債務者の配偶者を例外として扱うべきことが強く主張されました。

そこで、**改正法案**におきましては、**主債務者が個人事業主である場合のその配偶者については、主債務者の事業に現に従事しており、事業内容を把握することができる地位にあることを要件**とした上で、**保証意思宣明公正証書による保証意思の確認**がされなくとも保証契約を有効に締結することができることとしたわけでございます。

○山尾委員　**配偶者が保証人になるという実情が多い**ということは、それに伴って、一家もろとも、保証債務、主債務、両面から押しつぶされて、その家庭の子供も含めて非常に厳しい状況を生み出しているという事案もまた多いということにもつながるのでありまして、これを枠の外に置く理由には私はならないというふうに思っているのです。

また、その後、3 点おっしゃったんですけれども、これは盛山副大臣が先回おっしゃったこととも同じなんですが、副大臣でも局長でも結構ですけれども、まず、**その個人事業主の配偶者が事業の状況を一般的によく知り得る立場であるということが理由づけの一つ**になっていますよね。でも、事業の状況を一般的によく知り得る立場というのは、配偶者であるという要件から導かれるものというよりも、主債務者が行う事業に現に従事していることから導かれ得るものであって、**配偶者であるからといって、当然ながら、一般的によく知り得る立場にある**というふうに必ずしも定型化できないというふうに私は思うのですけれども、この点いかがですか。

○小川政府参考人　先ほど申し上げましたように、**主債務者と配偶者が経済的に一体であることが多いということ**、これは経営と家計の分離が必ずしも十分でないことから、一般的な議論としては言えるのではないかというふうに考えております。

○山尾委員　それは、何かそれを**裏づける数字**でもお持ちなんでしょうか。（発言する者あり）

○小川政府参考人　数字としては承知しておりません。**実態としての認識**でございます。

○山尾委員　そういう肌感覚ということでいえば、先ほどからつぶやかれているとおり、母ちゃんは黙ってついてこいとか、そういう共同経営形態もあるわけですね、実態としての肌感覚として。一般的に知り得る立場にあっても、必ずしも知ろうと別に思わないとか、必ずしも母ちゃんが知るべきだとも思わないとか、それでも経営と家計が一体となって事業を進めている、こういうことは、実態として特に中小零細では非常に多いというのが肌感覚であるし、**肌感覚議論になればこれは水かけ論**でありまして、必ずしも定型的に、配偶者であればよく知り得る立場なんだということの根拠には私はならないというふうに思いますし、今の答弁では、そのことについて説明責任を果たしたというふうにはならないんだというふうに思いますね。

経営と家計の分離がされていないということが繰り返し言われるわけですけれども、経営と家計の分離がなされていないという実情が一部あるにしても、それを所与のものとして肯定的に捉えていいのかどうかということも、またこれ、私は大変疑問であります。経営と家計が一体化しているからこそ、仮にその事業が、リスクが顕在化したときに、本当に家計もろとも、子供も含めて、あるいは介護している両親も含めて、大変な状況に陥るということがあるわけで、さらにそのことを理由にして配偶者も保証人になることについて後押しするような改正がなされるのであれば、よりこのリスクは高くなるということになるんだと私は思います。

もしこの点について御意見があったらどうぞ。ない。

では、2 番目に行きたいと思います。**保証のリスク**についても認識しているという可能性が大である、こういうお話があります。

今の話とかぶるんですけれども、表面上事業に現に従事しているとされる者の中で、現実にはそれほど事業の状況について精通しているわけではないんだけれども、表面上はさまざまな利便性を理由に従事者として扱われている立場の最たる者が私は配偶者だというふうに思うんですね。

そう考えると、**配偶者が保証のリスクについても認識している可能性が大**である、こういうふうにおっしゃる体感以外の根拠をお聞きしたいんですけれども、いかがですか。

○小川政府参考人　お答えいたします。

今申し上げましたような保証のリスクの認識の点につきましては、これは個人事業主についてということになりますが、その点につきましては、**法制審議会の中でも中小企業団体からその旨の御発言**があったところでございます。

○山尾委員　ごめんなさい、ちょっとわからないんですけれども、中小企業の団体からどういった発言があったということですか。

○小川政府参考人 個人事業主の配偶者は一般に事業の状況などをよく知り得る立場にあると言えて、保証のリスクを認識することが可能である、そういう趣旨の発言でございます。

○山尾委員 可能であるかどうかというよりも、一般論として可能性が大であるかどうかという話をしているんですけれども、いかがですか。

○小川政府参考人 実態としても、やはり可能性は大きいということは言えようかと思います。

○山尾委員 百歩譲って、そういう旨の発言もあるでしょう。でも一方で、私のような立場から、必ずしもそうは言えないんじゃないですか、こういう発言もあったのではないですか。

もう少し言いましょうか。別の立場からもう少し申し上げますと、私は、配偶者であるという立場は、保証のリスクの認識可能性については、一般論として、逆である可能性も高いと思うんですよ。主たる債務者の配偶者と第三者とを比べたとき、保証人になる際、どちらが保証リスクについて真剣に検討すると思いますか。一般論であれば第三者ではないですか。だって、自分自身が保証人になるときのことを考えてみたら、妻とか夫の保証人になるのと、隣にいる議員とかそういう人の、第三者の保証人になるときと、どっちが保証リスクを真剣に検討しますか。

少なくとも、配偶者であれば保証リスクを真剣に検討して認識している可能性が大であるというのは、ちょっと偏った雑駁な見方ではないかというふうに思うんですけれども、この指摘について何か御意見があればお答えください。どなたでも結構です。

○小川政府参考人 今回の制度の説明といたしますと、個人事業にかかわるものでございます。それに関する事業主の配偶者ということですので、もちろん、事業の経済状況については一般的に知り得る立場にあって、その意味で、リスクについても認識しやすい立場にあるということを繰り返し申し上げているわけでございます。

○山尾委員 近くにいるから知り得る立場にあり、したがって、そのリスクについても認識し得る立場にあるというのは、これはそういう見方もあると思います。でも、そうやって事業の中身を知ろうと思えば知れても、あるいはリスクについて考えようと思えば考えられても、それを特に知らずに、あるいはリスクについて真剣に検討せずに保証人になりやすいというのがまさに配偶者の情実性の問題だというふうに私は思うんですね。

先ほど、最初の方の答弁でも、やはり個人的な情義から保証人になるということの問題点の指摘もありました。保証の情義性、情が一人のかけがえのない人生を狂わせたり、また、このことについては、その家庭丸ごと、何度も申し上げますけれども、子供とか高齢の親御さんも含めて、本当にそういう家庭丸ごとを狂わせる、大きな犠牲を生むリスク、これを低減せずに、この保証ということについて、せっかく保証人を守ろうとしているのに、ここを枠の外に置くのは、私は本当に合点がいかなくて、したがってもう少し聞いてみたいんです。

3点目、**配偶者に関して言えば、公正証書まで義務づける必要性に乏しい**というふうにおっしゃるんですけれども、これはやはり**配偶者ならではの、ほかの場合よりも定型的に保護の必要性が高い**という面、ここをどこまで考えてくださっているのかということが気になるんです。

債権者との関係でいえば、例えば、お金を借りようとする主債務者に夫がいる、多くの場合妻がいるというときに、債権者の側から、せめて奥さんぐらいは保証人に立てられませんか、奥さんに対しても、奥さんぐらいは保証人になってくださいよ、あなたの夫でしょう、奥さんすら保証できないのに、どうやって赤の他人の私が信用できるんですか、こういう有形無形の、少し強い言葉で言えば圧力にさらされる場面というのは、配偶者だからこそ定型的にあるわけですね。

配偶者たる債務者と、夫、妻の関係にしても、保証人を頼むよという一言、説明不足の中で、リスクを真剣に検討する現実的な環境にない中で奥さんが保証人になっていくという場面こそがやはり一般的にある場面だというのが、私も、地元を回っていても体感でもあるわけですね。

こういう配偶者ならではの保護の必要性というのをどこまで検討していただいた上で、配偶者は保護の必要性が少ないというふうにおっしゃられているのか、もうちょっと率直な御意見をどなたかからいただければと思うんですけれども、いかがですか。

○小川政府参考人 先ほども申し上げましたが、法制審議会の中の中小企業団体からは、こういった場合の配偶者の保証の必要性、有用性ということについての指摘はたびたびいただいたところでございます。

○山尾委員 これまでやはり、保証というのは必要性の観点からずっと語られてきて、必要だから必要だからと。でも、今回この改正をしたのは、必要だからということで保証債務がもし仮にかぶさってきたときの、その人の人生、それを本当に狂わせていいのか、そういうことをできるだけ少なくしようよ、こういう優しい思いからスタートしていることだと思うんですね。

全てを、一〇〇%とは言いません、でも、この配偶者の問題は、きょう私が申し上げたとおり、ここを保護せずして、やはりこれは魂が入らない部分だと思うんですね。だって、主債務者と配偶者が丸ごと主債務と保証債務を抱え込んだら、何度も言いますけれども、その家族全部の人生が変わる。これは、第三者が債務保証人になるのとはまた違う、本当に大きなリスクだし、本当に、夫婦という関係に子供があるということはよくあること、ない家庭もあるけれども、そういうことを考えたときに、そういう状況から子供も含めて救おうよということをもう少し私は考えていく必要があると思います。この点についてはこのまま私は仕方なしというふうには到底思えません。

法務大臣、この点について一言、いかがですか。

○金田国務大臣　委員御指摘の点につきまして、お話を伺っておりました。

融資の必要と保証人の保護というのは、やはり両方とも重要ではないか、このように考えております。（発言する者あり）

○山尾委員　ちょっと、なるほどというような答弁では私は受けとめられないのですけれども、また機会があると思いますので、一回議事録なども読んでいただいて、次は、さらに血の通った答弁をいただきたいなというふうに思うところであります。

では、次なんですけれども、今回、債務者から保証人となろうとする者に対して、情報提供義務を負うということが改正案の中にあります。そもそも、この情報提供義務について、私が知っているところによると、日弁連は情報提供義務を債権者に課すことを提案していたと聞いております。改正案では、この義務の主体が債権者ではなくて主債務者というふうになったのですけれども、それはなぜなのでしょうか。

○小川政府参考人　お答えいたします。

提供すべき情報を保有しているのは債務者でございますので、その意味では端的に債務者の義務とするということでございます。

○山尾委員　私が勉強したところによっても、このことについては、提供すべき情報を持っているのは債務者であって、必ずしも債権者は主債務者に関する情報を広く把握しているわけではない、こういう理由があった、こういう御答弁だと思います。

では、その主債務者がこの情報提供義務に違反した場合に、保証契約の効果というのはどうなるんでしょうか。

○小川政府参考人　お答えいたします。

この情報提供義務の実効性を確保する観点から、主債務者がこの情報提供義務を怠った場合には、そのために誤認をし、保証契約の申し込みなどをしたという保証人に保証契約の取り消し権を与えることとしております。

○山尾委員 しかし、その取り消し権には、誤認をして申し込みをしたという保証人の認識のみならず、もう一つ条件がついておりますよね。別に、書いてあることですから、私から申し上げますと、債権者が主債務者による情報提供義務の不履行、虚偽の情報提供の事実を知り、または知ることができた場合に限り、こういう条件がついております。そうですよね。はい、うなずいていただいています。

このことに関する立証責任は誰が負うことになるんですか。

○小川政府参考人 取り消し権を行使する保証人側だと思います。

○山尾委員 そうなんですよね。保証契約の取り消しを主張する保証人が、自分自身が、間違った情報を与えられたり、あるいは隠されたから、誤って、誤認をして保証しちゃったんだという自分の認識を証明するだけじゃなくて、主債務者が情報を提供しなかった、あるいはうその情報を提示した、こういうことについて、債権者がその事実を知っていた、あるいは知ることができた、そのことについても取り消し権を行使する保証人の方が立証しなきゃいけないわけです。

これは考えていただきたいんですけれども、実際に、債権者がいて、主債務者がいて、保証人がいて、保証人がそれを立証できる場合というのはどれだけあるんでしょうか。主債務者がうそをついた、隠したということについて、債権者、あなたは知っていただろう、あるいは知ることができただろうということを、こっちの端っこにいる保証人が立証できるというのは極めてハードルが高いんじゃないかというふうに思うわけです。

なぜなら、さっきおっしゃっていただいたとおり、そもそも契約の際の情報提供義務は、債権者は主債務者の情報を持っていない、主債務者の情報、債務の情報、財産の状況を知っているのは主債務者であるから情報提供義務を債権者じゃなくて主債務者に課した、こういう答弁でした。債権者と主債務者の距離ですらこれだけ遠いんです。さらに、主債務者を挟んだ債権者と保証人の距離というのはどれだけ遠いんでしょうか。

そして、取り消し権を行使したいと思う保証人が債権者の認識まで証明できるというのは立証責任として相当厳しいハードルで、このままでは、幾ら取り消しできるんだといっても、実効性担保に欠けるのではないかというふうに思うんですけれども、いかがですか。

○小川政府参考人 もちろん、立証の対象は、知っているという主観的な認識であるとともに、知ることができたということでございますので、それは客観的な状況によって知ることができたはずかどうかというのは決まってくるだろうと思います。そういう意味で、客観的な状況を主張、立証することは十分可能だろうと思います。

とりわけ、実務上の動きとして考えられることでございますが、保証契約が取り消されるリスクを完全に解消しておこうという観点から、要するに、金融機関とすると何でも知っておこうということになりますので、主債務者がどのような情報を提供したのかなどを積極的に確認する実務慣行が形成されることも予測されるところでありまして、そういう状況になりますと、そうであるにもかかわらず情報提供義務違反が生じたという場合には、それを金融機関が知り得るということも想定されるところでございまして、あくまで、やはり客観的な状況が重要であろうというふうに考えております。

○山尾委員 なので、債権者の認識を裏づける客観的な状況について、保証人がどこまでその情報を把握して立証するところまで持っていけるのかという実務上の困難さを私は申し上げているわけです。

やはり、ここの実効性を担保するには私はもう一工夫あり得るのかなというふうに思いまして、難しいのかもわからないけれども、例えば、保証人の側の立証責任は、自分自身が誤った情報あるいは情報を受け取れなかったことによって誤認をして保証契約をしてしまったという、自分自身の認識あるいはそれを裏づける客観的状況については保証人の立証責任の範囲ということで、それは妥当なんだろうと思いますけれども、では、そういうことについて債権者が実際に知っていたか、あるいは知り得る状況にあったのかということについては、立証責任の転換というようなことも保証人保護という観点からは一つの工夫としてはあり得るのではないかというようなことも考えております。

いずれにしましても、質疑時間が終了いたしましたが、きょうは済みません、たくさんの質問を用意して、御答弁も用意いただいていたかと思うんですけれども、まだまだ引き続き、落ちついたいい議論を続けていきたいと思いますので、どうぞよろしくお願いいたします。

ありがとうございました。

○鈴木委員長 次に、**階猛君**。

○階委員 **民進党の階**です。本日もよろしくお願いいたします。

今の山尾さんの質問、私もちょっとそこに関連する問題意識を持っておりまして、忘れないうちにそこだけちょっと聞いておきたいんですが、山尾さんのおっしゃっていたのは、多分、改正法の 465 条の 10 というところに関する御質問ということでよろしいですよね。この中で、契約締結時、主たる債務者が根保証の委託をするときに、財産及び収支の状況等々を情報提供しなさい、この情報提供したものが間違っていたような場合、その間違っているものだということについて債権者が知り、または知ることができたときは、保証人は取り消すことができるということなんですね。問題は、この債権者が知るとか知ることができたというのを、保証人の側に立証責任を負わせるのは酷ではないかということだったと思います。

私、この問題を解決するための 1 つの方策は、後で質問もしようと思っていたんですが、公正証書をつくる際に公証人に口授する事項の中に今 465 条の 10 に掲げてあるような情報を全部盛り込んで、公正証書に書き込んでしまえば、それを債権者は当然見るわけだから、後で知らなかったというような債権者側の抗弁を封ずることができるような気がするんですね。だから、口授する事項の中にそういったことも盛り込んでしまえばいいような気がするんですが、ちょっと、まずその点についてお聞かせいただきたいんです。

○小川政府参考人 口授すべき事項は、基本的に法律に書かれた事項でございます。保証の場合と根保証の場合に分けて、法律で 465 条の 10 に定めているところでございますが、実際上の運用として、公証人が公正証書を作成する段階では、当然のことながら保証する意思を確認していくわけですので、なぜ保証するに至ったか、その意味では、主債務者の財産状況がどの程度あるかについて一定の情報提供を受けているかということについての確認はすることになると思います。

この点を、きちんと情報提供を受けたのかということについて検証することは当然の内容だというふうに考えております。

○階委員 情報提供を受けたことを確認するだけじゃなくて、どういった情報を受けたのかということをちゃんと紙に書いて残しておくということにすれば、債権者には当然、公正証書の内容は知らしめられるわけですから、それによって、この 465 条の 10 で保証人が立証責任を負わなくてはいけないという問題をクリアできるんじゃないかなという気がするんですけれども、どうなんでしょうか。単に確認するだけじゃなくて、公正証書に盛り込むということはどうでしょう。

○小川政府参考人 立証の手段を与えるという意味では、1 つの方法かとは思います。

○階委員 そういう方法もあり得るだろうということで、まず御提案をさせていただきます。

それと、先ほどの山尾さんの質問で、私も気になるのは、やはり、配偶者が保証人になる場合は公正証書をつくらずともフリーパスで保証してもらえるということについて、私も、これは非常に問題になるんじゃないかなという気がしますよ。

糟糠の妻とかというのがありますね。不遇の時代、旦那さんが事業を立ち上げたけれども、全然もうからない、そういうときに、奥さんも、保証するだけじゃなくて事業にも従事しながら、一生懸命稼いで、それでようやく事業が順調になった。そういう順調になったときに限って、えてして旦那さんは不倫とかするわけですよ。

それで、こういうのをげすと言うと思うんですが、糟糠の妻を見捨てて離婚してしまう。また、そういう離婚するような旦那だから、そんな成功は長続きしないんですよ。長続きしないで、いずれまた事業が失敗する。そうすると、事業が失敗したのでということで、保証人になっている奥さんの方に改めて、あなた、保証人だから保証債務を払ってください、こういう話になった場合、これはまさに踏んだり蹴ったり、私は、平成の踏んだり蹴ったり事件だと思いますよ。奥さんの平成の踏んだり蹴ったり事件。昔、踏んだり蹴ったり事件という有名な事件があったんです。そういうことも実際に起こり得ると私は思うんですね。

だから、私は、配偶者というのをあえて例外としてフリーパスで保証を認めるというのは余りよろしくないんじゃないかなと思うんですけれども、この点について御見解を改めて伺いたいと思います。

○小川政府参考人 お答えいたします。

この制度の説明といたしましては、先ほども申し上げましたように、個人事業主について言えば、経営と家計の分離が十分されていないというような実態、あるいは保証のリスクについても配偶者の方が知り得る立場にあるといったことなどを考慮して、さらに加えて、中小企業団体の方からも非常に強い要望がございましたので、この制度を盛り込んだということでございます。

○階委員 いやいや、私が想定しているケースについて答えてほしいんですけれども。

離婚してしまった場合、しかも相手に帰責事由があるような場合ですよ、旦那さんの方に帰責事由があるような場合、なお配偶者である奥さんに保証履行責任を課すのは、本当に正義にかなうんでしょうか。私はちょっと問題があると思うんですが、そういうのも法務省はしようがないんだと言い切ってしまうんでしょうか。

○小川政府参考人 離婚の前に負った債務について保証の対象になるというのは、これはいたし方ないところだと思いますが、例えば、今お話ありました離婚について言えば、根保証のような場合は、事情が変わったということで特別解約権的な解釈ということで、離婚後発生する債務については負わないという考え方は解釈論としてあり得るとは思います。

○階委員 根保証ではなくて単純保証、特定債務の保証の場合はどうなんですか。

○小川政府参考人 例えば、一定の条件がついているような場合を除けば、やはり、離婚前の債務ですので、保証の対象になるというふうに考えております。

○階委員 それは余りに法務省としては酷な扱いだと私は思いますよ。やはり配偶者というのは、今、離婚も多い時代ですし、いろいろな状況の変化も起こり得るわけですから、例外に含めるというのは、私はちょっと判断としてどうかなと思います。この件については、また後ほど別な観点からお尋ねします。

前回私が質問した続きということで、まず大臣にお尋ねしたいんです。

前回、私の方から、3 %の法定利率の見直し条項について説明をさせていただきまして、現在の金融情勢のもとでこの制度がスタートすると、実際には、下方硬直性といいますか、3 %が 2 になったりすることはあり得ないんじゃないかということを大臣にお尋ねして、そういう認識でいいかどうかということを確認したかったんですけれども、大臣は、そのときは、「今の点につきましては、後で事務方にその辺はよく確認をしてみたい」ということで引き取られています。

改めて私の方からも説明しますけれども、仮にこの法案が成立して、2019 年の 1 月 1 日から施行と、切りのいいところで仮定した場合、これは、2014 年 1 月から 2018 年 12 月の 5 年間の貸出平均金利、これをもとにして、施行後 3 年間の見直し時に、その当時の金利水準、正確に言うと、2022 年 1 月 1 日が今の仮定だと見直しする日になりますから、2017 年 1 月から 2021 年 12 月までの 5 年間の金利水準、この両者を比較して、1 %下がれば 3 が 2 になるということはあり得るということなんですね。

さするに、今の金融情勢は、マイナス金利政策もあり、極めて低い状況です。ちょっと試算してみましたところ、施行が 2019 年 1 月とした場合、算定の基礎となる 2014 年 1 月から 2018 年 12 月の貸出平均金利、これは、今現在の水準がその当該期間の終期である 2018 年 12 月まで仮に続くと仮定しますと、その 2014 年 1 月から 2018 年 12 月の平均金利が大体 0.75 %ぐらいになるということです。0.75 %ということは、既に 1 %を下回っています。そこから、0.75 から 1 下回るということは、マイナスの領域に入ってしまうわけですね。でも、マイナスの領域に入る貸出金利というのは現実には起こり得ないと思っております。

ですから、今回の制度というのは、今の金融情勢を鑑みると、やはり 3 %から上に行くことはあっても下に行くことはない、こういう制度である、そういうふうに私は理解したんですけれども、これは大臣にも共有していただけるかどうか、まずその点をお願いします。

○金田国務大臣　ただいま委員が御指摘になりました、今の金融の状況、制度を前提とすればというお話でございました。

御指摘のとおりだと私も思います。

○階委員　ありがとうございます。

ということは、3が下に行くことはないという前提で物を考えていくというときに、法定利率が適用される場面で典型的な例として、遅延損害金を計算する場合と、逸失利益の中間利息を控除する場合と、2つ考えます。

遅延損害金を計算する場合については、先般副大臣もお答えになられましたけれども、余りに3％より低い水準だと、これは債務不履行を助長することになるからよろしくないだろう、これは私も理解します。

ところが、中間利息を控除する局面は、実は、被害回復をする側にとっては、これは低ければ低いほど手取り額は大きくなるということですから、今の金融情勢よりも高い、高過ぎる3％という水準というのは余り好ましくないだろうと私は考えております。

そこで、遅延損害金割合と中間利息控除割合を、今回、わざわざ法律に規定を設けて同じ法定利率で計算しましょうということにしているわけですが、私は、必ずしも同じ割合で計算する必要はないと思うんですね。なぜ遅延損害金割合と中間利息控除割合を同一にしなくちゃいけないのか、この点について御説明いただけますか。

○小川政府参考人　確かに、法制審議会における検討の過程の中でも、中間利息控除に用いる利率は、いわゆる運用利率を参照として、遅延損害金の算出に用いる利率とは別に定めるべきであるという意見もございました。

もっとも、現在の裁判実務におきましては、特に交通事故訴訟や医療過誤訴訟などを中心として、遅延損害金の算出に用いる利率と中間利息控除に用いる利率が一致すること、これを前提に安定した損害賠償額の算定の実務が形成されていると言えようかと思います。

これは、かつて、中間利息控除に用いる利率を法定利率よりも低くすべきであるとの議論がある中で、最高裁が、平成17年でございますが、遅延損害金の算出に用いる利率と同様に、中間利息控除に用いる利率も法定利率によるべきであると判断したことを受けたものというふうに考えております。

この最高裁の判断は、法定利率が民法制定当時の貸付金利などを踏まえて定められたことを前提に、そのように定められた法定利率を用いて中間利息控除を一律に行うことが、控除割合の判断が区々になることを防ぎ、被害者相互間の公平を確保し、損害額の予測可能性を確保して紛争の予防も図ることにつながるという趣旨に基づくものであるが、このような趣旨は、改正法案におきましても、法定利率を見直すこととする際に尊重すべきものと考えられるところでございます。

また、実際、運用利率を参照するといいましても、その主体が個人であるか法人であるかによってその割合は大きく異なると考えられますし、運用利率の算定が必要となる期間も、これは個別の事案ごとに、数年であったり、あるいは数十年に及ぶものもあるわけでございまして、それらの差異に応じた合理的な割合を算定することは実際上困難でございます。また、そういった数値が算定困難である以上、引き下げ用の数値として、仮に例えば二%とした場合であっても、制度の趣旨に照らした場合に、果たして合理的なのかどうかということについての説明は極めて困難であると考えられます。

以上のような検討結果を踏まえまして、現状の損害賠償額の算定の実務が合理的なものとして維持すべきものであることを前提に、遅延損害金の算出に用いる利率と中間利息控除に用いる利率とを同一のものとしたのでありまして、改正案はそういう趣旨に基づくものでございます。

○階委員　いろいろ述べられましたけれども、前半の方で、私が申し上げたように、遅延損害金の割合と中間利息の控除割合を分けるという議論もあったというふうにおっしゃられました。分けたからといって、最高裁の判旨に反するものでもないというふうに私は思っています。

最高裁の判旨によると、先ほど引用された平成17年の最高裁ですけれども、これによると、通常の利用方法によれば年五%の利息を生ずるということであるとか、法的安定及び統一的処理が必要であるといったことを、当時、5％を中間利息の控除に用いることの根拠として挙げられているわけです。

ところが、この通常の利用方法によれば年5％というのはまさに今の時点では当てはまらないですし、これから法律を改正していく議論をしているわけですから、法的安定とか統一性というのは今この局面では当然変わるわけですから、変わった後、法的安定性、統一性が図られればいいということだと思いますので、必ずしもこの平成十七年の判旨には矛盾するものではないと私は考えております。

そこで、やはり、この3か2かというのは、私、前回も、重要な影響があるんだということを申し上げました。きょう資料で配らせていただいておりますけれども、これは、前回、参考人の黒木先生がお持ちになった資料から抜粋したものの写しが2枚目にあります。

ここで挙がっていますのは、モデル例ということで、27歳の男性、仮に月額41万ぐらいのお給料をもらっていて、この若さで事故とかに遭われて、40年、就労可能年数があったとした場合、生活費の控除割合とかを勘案した逸失利益、5％で割り引いた場合だと5559万なんですが、仮に3％とすると、この表の下の段で、7489万という数字が出ています。確かに、現在の5％に比べれば、34.7％ふえるので、これはこれで被害者のプラスになることは認めます。

ただ、もし現在の金融情勢を勘案しつつ、かつ、先ほど大臣にも確認したように、3

が2になることはないということも踏まえて、最初から2％にしておいたならどういうことになるかというと、3％のときよりもさらに1374万円もふえて、8863万円になるんですね。これは本当に、たかが1％とはいえ、これだけ大きな違いが出てくるわけで、我々としては、ちょっとここは重要なところだと思っております。

2％に逆にしないということになると、先ほど言いましたとおり、この金融情勢下であるということ、それから、引き下げる方向での見直しは事実上あり得ないということから、逸失利益を損害賠償請求する側にとって極めて酷ではないかと思いますが、この点についていかがですか。

○小川政府参考人　お答えいたします。

改正法案において、中間利息控除に用いる利率を年3％とすることにより、ただいまの資料にもございましたように、逸失利益として賠償される額は現在よりも上昇するわけでございます。その意味では、これは損害賠償を請求する者の保護につながるというのが今回の改正の趣旨でございます。

他方、中間利息控除に用いる利率を年3％からさらに低い水準とすることについては、損害賠償額が、今度は、いろいろ評価も含まれるかもしれませんが、著しく高額化することにもつながり、いわば現在の、これは保険も含む安定した損害賠償実務を混乱させるおそれもあるということかと思います。

また、法定利率が3％を下回ることが事実上ないという理由は、現在の市中金利が過去に例を見ない水準で推移しており、実際には法定利率が上昇することしか考えがたいという経済状況にあるということによるものでございまして、そのこと自体を特に取り上げて、当初利率をさらに低く定めるべきものとすることが適切かどうか、この点については慎重な検討を要すると考えております。

○階委員　著しく高額というのは、何をもって著しく高額かというのをはっきりさせてもらわないと困るんですよ。

要するに、私たちが考えたいのは、本来、逸失利益というのは、毎年毎年得られる金額を、それがトータルでどれだけに上るかというのを計算して、それを現在価値に割り引いて一括でもらうわけですから、逆に、もらった側としては、それを毎年毎年運用していって、トータルで見て、四十年間、普通にもらっていれば得られる金額とイコールになればいいわけですね。

今の金融情勢で、もし一括でもらったとして、3％で割り引かれるわけですけれども、一括でもらったものを3％で運用できるかというと、それはないと思うんですよ、実際問題。3％で運用できないということは、逆に言うと、本来もらえるべきものよりも少なくもらっているということにもなるんじゃないですか。

だから、著しく高額というよりも、私の感覚だと、今の金融情勢で 3 %の割引率を適用されるということは、著しく高額じゃなくて著しく低額だと思うんですが、その点はどうお考えになりますか。

○小川政府参考人 もちろん、そういう見方もあり得るところだと思いますが、先ほど申し上げましたように、基本的には、遅延損害金の算出に用いる利率と中間利息控除に用いる利率が同一であるということに合理性があるというふうに考えておりますので、著しく低額という評価は当たらないものと考えております。

また、そもそも、逸失利益の考え方自体、いわばフィクションに近いところがあるわけで、先ほどの例にありましたように、四十年先のことについては、もうある意味わからない部分もあるということではないかというふうに考えております。

○階委員 最初の方におっしゃったのは、**法定利率を遅延損害金にも、この中間利息控除にも、両方に適用するのは合理性がある**ということだったんですけれども、まず、そこの認識が私は違うんですね。

前回の質疑の中でも、なぜ 3 %ということに当初決めたのかという中で、賠償する側がその同じ金額を金融機関などから借りる金利を参考にして決めますという話でした。そこで、遅延損害金の利率は3%ぐらいというのは私はわかるんですね。要するに、手元にお金がない人は、どこかから借りてその賠償金を払わないとどんどん利息が膨らんでくるということで、それで調達する金利が参考になるというのはわかるんです。

一方で、中間利息控除の場合は、そういう貸出金利ではなくて、もらった側の立場に立って、その人が幾らで運用できるか、運用金利の方で考えるべきだと思っています。運用金利を何を見て参考にするか、何を指標にすべきか、これはいろいろ御議論があると思いますけれども、やはり私としては、大体こういった逸失利益が問題になる場合は中長期の期間ですから、例えば 10 年物の国債の金利とか、そういったものも参考にしながら決めていく。当初の金利としては2%ぐらいにして、その後変動がある場合は、その運用金利である国債金利などの水準を参考にして決めていくというのが、私は合理的なあり方ではないかなと思っています。

いろいろ議論してきましたけれども、まず、遅延損害金割合と中間利息控除割合というのは同一の法定利率を適用しない方がいいんじゃないか、さらにその上で、見直す場合の参照すべき金利も、遅延損害金の場合は調達金利、中間利息控除の場合は運用金利ということで、参照金利も別にすべきではないかというふうに私は考えますけれども、この見解に対する大臣のお考えをお聞かせいただけますか。

○金田国務大臣　ただいまの前回からの委員の御指摘に対しまして、私は、先ほど民事局長からも説明がございましたが、法制審議会における検討の過程においても、中間利息控除に用いる利率はいわゆる運用利率を参照して、遅延損害金の算出に用いる利率とは別に定めるべきとの意見もあったようでございますが、最終的には、同一のものとするのが適切であるとの結論になった、このように承知をしております。

その理由としては、大きく言えば、現在の安定した損害賠償の実務を混乱させるべきではないという配慮と、中間利息控除では、確かに、運用利率を参照するというふうにいいましても、その制度の趣旨を踏まえた適切な数値の設定が極めて困難であるという理由であったものと認識をいたしております。

委員の御指摘には、先ほどから申し上げていますように、傾聴すべき点もある、このように考えておりますけれども、以上述べました理由に照らしますと、やはり、遅延損害金の算出に用いる利率と中間利息控除に用いる利率は一致させるのが適切であるものと考えるものであります。

○階委員　ちょっと見解が違いますので、私としては承服しがたいところもあります。この点については、修正案を出すかどうかも含め、考えさせていただければと思います。

それから、個人保証の問題についても前回も少し議論させていただきました。

まず、確認として、前回申し上げたとおり、今回、貸し金等債務の個人保証については、それが事業にかかわらないものである場合は無条件でオーケーだということを前回確認させていただきました。

他方で、事業にかかわる債務であっても、要は公正証書があればオーケーなわけです。さらに、経営者とか一定範囲の人間については公正証書すらなくてもオーケーだということで、いわば貸し金等債務の個人保証は原則有効ですよ、こういうたてつけになっていると私は理解しています。

この委員会でもいろいろな方から個人保証の問題点を指摘されていまして、私は、個人保証というのは、原則有効ではなくて原則無効とし、ただ、資金調達上どうしても必要な場合、例えば法人が主債務者で経営者が保証するような場合、そういったごくごく例外的な場合に限って例外的に有効だ、原則無効で例外有効というようなたてつけにする方が私は今の社会情勢にも合っていると思いますけれども、この点について、なぜ貸し金等債務の個人保証を原則禁止にせず原則有効にしたのかということについて、参考人からで結構ですので、お答えください。

○小川政府参考人　保証の問題は、保証人が経営者である場合と経営者以外の者、いわゆる第三者の場合で分けて考えるということが1つの手法かと思います。

経営者の保証につきましては、やはりその必要性ですとか、必要性というのは融資のための必要性であったり、一定の経営の規律づけといった表現もされようかと思いますが、そういった観点からも一般に認める向きが多いのではないかと思います。

そうしますと、議論の中心は経営者以外の第三者の保証の点でございまして、もちろん、経営者以外の第三者の保証については全面的に禁止すべきという意見も法制審の中でもございました。

しかし、**経営者以外の第三者によるいわゆる第三者保証**の中には、これはエンジェルなどと呼ばれる形のものですが、個人の投資家が事業の支援として自発的に保証することなども現に存在することもございます。こういったことから、第三者保証を全て禁止することに対しては、とりわけ**中小企業の円滑な資金調達に支障**を生じさせ、**金融閉塞を招く**おそれがあるとの指摘が中小企業団体からの強い意見として示されたところでございます。

また、保証人がその不利益を十分に自覚せず安易に保証契約を締結するような事態を防止する施策を講ずることができれば、第三者保証を全面的に禁止しなくても、保証人がその不利益の具体的な内容をよく理解した上で、保証契約を締結するかどうかを自己の資力や主債務者との関係その他の事情を勘案しつつ決定することができると考えられるところでございます。

そこで、改正法案におきましては、貸し金等債務の第三者保証を原則禁止するということとはせず、保証人がその不利益を十分に自覚せず安易に保証契約を締結する事態を防止するため、事業のために負担した貸し金等債務を保証する際には、公証人による意思確認の手続を求めるということとしたところでございます。

○階委員　保証人の問題が出てくるのはこの委員会でも指摘されていますが、保証人が知識がなかったり、あるいは誤解に基づいて保証契約をしたような、いわば軽率な保証と言われる場合、それから、立場上やむを得ず、断り切れず保証する情義に基づく保証の場合、この二つの場合が主に保証契約がトラブルになる場合だというふうに理解していますけれども、そうすると、**今回の法改正によって、そうした軽率な保証とか情義に基づく保証によるトラブル**というのは完全に排除できるというふうに考えていますか。

○小川政府参考人　今回の制度は**公証人の意思確認の手続**でございますので、これを求める対象となるものにつきましては、少なくとも軽率さ、これは、先ほども出ましたが、**保証意思の確認をきっちり公正証書で行う**というものでございますので、軽率性という点につきましては解消されると思います。

それから、情義の点でございますが、これはまさに義理人情の問題でなかなか難しいところがございますが、これも公証人の方で重ねて保証意思の確認を求め、保証契約を締結するに至った点などについての確認をし、さらには保証に伴うリスクについても十分説明いたしますので、その点についても一定程度の効果は生ずるものと考えております。

○階委員　私は、だから、一定程度というところは完全にはリスクは排除できないわけで、他方で、資金調達ということの便宜というのは、経営者が保証することは認めているわけですから、そこでほとんどカバーできるのかなと。エンジェルという人については、別に保証という形態によらなくても、出資であるとか物上保証、すなわち担保を提供する、こういったことで対応すればいいわけで、エンジェルがあらわれなくなるから困るというのはちょっと的外れではないかなと私は思っております。

それと、先ほど、配偶者が公正証書をつくらなくても保証人になれる、例外の中に含まれているということを問題にしましたけれども、それ以外にも、公正証書なしで、それこそ軽率性とか情義性の問題をチェックせずに保証人にできるというふうになっている例外の範囲が極めて広いということだと思います。

それは465条の9にるる書かれておりますけれども、例えば、主たる債務者が法人の場合は、理事、取締役、執行役またはこれらに準ずる者ということで、経営者といえば、普通、株式会社だと代表権のある取締役だと思いますが、代表権のあるなしにかかわらず、およそ取締役であれば、社外取締役であろうと、単なる平の取締役でそんなに責任が重くなくてもフリーパスで保証人になれるというのは、ちょっと余りにも広過ぎるのではないか。まさに軽率性、情義性の問題を生じるのではないかと思っています。

この免除する人的範囲、465条の9にたくさん掲げられておりますけれども、極めて広くて、私はこれが合理的とは思えないんですけれども、このように広くすることの合理性について御説明いただけますか。

○小川政府参考人　お答えいたします。

改正法案の中では、保証人になろうとする者が、例えば主債務者が法人である場合のその取締役など、あるいは支配株主であったり、それから主債務者が個人である場合の共同事業者や配偶者ということで、例外的な者を掲げております。これらの者は主債務者の事業の状況を把握することができる立場にあり、保証のリスクを十分に認識せずに保証契約を締結するおそれが類型的に低い者というふうに考えております。

また、**中小企業に対する融資の実情**として、これらの者による保証は企業の信用補完や経営の規律づけといった観点から有用とされているため、これらの者による保証が融資の前提とされていることが実際にも少なくないわけでございますが、厳格な意思確認の手続を義務づけると時間やコストを要することとなって、円滑な資金調達が阻害されるおそれがあることも否定できません。

これらのことを考慮して例外を定めたものでございます。

なお、先ほどお話がありました代表取締役か取締役かという点ですが、改正法案におきましては、今申し上げましたように、主債務者である会社の事業の状況を把握することができる立場にあり、保証のリスクを十分に認識せずに保証契約を締結するおそれが類型的に低いと言える、そういう趣旨でつくっておりますので、その意味では**取締役が公正証書作成の例外となる**というふうに理解しております。

要するに、取締役であれば、代表権がない者あるいは社外取締役などでありましても株式会社に対して善管注意義務を負うため、いずれの取締役も会社の事業の状況を把握すべき立場にございます。また、会社の業務執行は取締役会あるいは取締役の過半数をもって決定することとされるなど、これは社外取締役も含めまして、取締役が業務執行の決定に参加すべき立場にございます。

そのため、平取締役や社外取締役でありましても、取締役であれば主債務者である会社の事業の状況を把握することができる立場にあり、保証のリスクを十分に認識せずに保証契約を締結するおそれが類型的に低いというふうに言えようかと思います。そこで、代表権がない取締役の場合でありましても、取締役であれば公正証書作成の例外としたというところでございます。

○階委員　ただし、こういう広い範囲でフリーパスで保証が認められるということになりますと、世の中の流れ、この間も御説明しましたとおり、まずは第三者保証はなるべくやらないようにしましょうという金融庁からの監督指針が出され、そして最近では、第三者のみならず経営者の保証もなるべく頼らないようにしましょう、こういう時代の流れがある中で、まさに今回の改正法も社会、経済の変化に対応しましょうという改正なわけだから、むしろ保証に頼らない方向の改正をすべきなのに、一昔前に戻ったような、経営者のみならず平取締役、社外取締役にも保証責任を課すことを法律が容認する内容になっているわけですね。

こういう、そもそもの今回の法改正の大目的との兼ね合いで、私は、このような規定ぶりというのは整合しないのではないかと思います。その点について、どのように見解をお示しになりますか。

○小川政府参考人　基本的には、個人保証に依存し過ぎない融資慣行の確立は我が国社会において極めて重要なものであるというふうに認識しております。

お話にございましたように、金融庁は、金融機関向けの監督指針において、経営者以外の第三者の個人連帯保証を求めないことを原則とする旨を明記し、自発的な意思に基づく申し出がある場合といった例外を除きまして、第三者との間で連帯保証契約を締結しないこととしております。これは、金融機関に対する監督を通じて、第三者保証と言われる経営者以外の保証を求めないことを原則とする融資慣行の確立を図るものだというふうに理解しております。

他方で、改正法案におきましては、個人がリスクを十分に自覚せず安易に保証人になることを防止するため、事業のために負担した貸し金等債務について個人が保証人となるには、原則として公証人による意思確認の手続を経なければならないとし、そのような手続を経ない保証については無効ということとしております。

このように、監督指針も改正法案も、要するに、行政的な手法を通じたものであるか民事上の基本的なルールに基づくものであるかに違いはあるものの、いずれも保証契約については、契約自由の原則に委ねることとはせずに、保証がもたらす弊害を念頭に、不健全な保証を抑止していこうという趣旨のものというふうに理解しております。

したがいまして、基本的には、監督指針などといった行政の動きと改正法案とで方向性に違いはないものというふうに考えております。

○階委員　方向性は同じ方向を向いているにしても、ベクトルの方向は同じでも、ベクトルの大きさが違うような気がするんですね。こちらの方が短いと思いますよ、ベクトルの長さが。だから、**やはり現代の経済社会情勢に合ったというためには、もう一歩踏み込んだ保証の規制**ということも考えなくちゃいけないかなと思っております。

今、公正証書のお話も出ましたので、**資料の 3 ページ目**を見ていただきたいんです。

先ほど来出ているような、保証人になろうとする者が公証人に口授すべき事項について、ここの規定に書かれております。保証契約と根保証契約でちょっと分かれておりますけれども、先ほど言ったように、この口授すべき事項には、山尾さんが取り上げた四百六十五条の十でしたか、こういった情報も口授して、それを書面に残すべきではないかとも思います。

また、もう 1 つあえて挙げるとすると、次の四ページを見ていただくと、今回改正の対象となった錯誤の条文、95 条も挙げられていますが、いわゆる動機といいますか、「表意者が法律行為の基礎とした事情」、こうした事情に関することも公証人に口授をして、その内容を書面に書きとめておいたりすると、この事情に錯誤があった場合の取り消しというのも債権者側が知り得ることになりますから、これは取り消しがやりやすくなって、保証人の保護には資すると思うんですね。

私は、そもそも公正証書をつくればいいという立場には立ちませんけれども、公正証書をもしつくるとすれば、今申し上げました 465 条の十に掲げてあるような情報であるとか、この**動機の錯誤**に関する事情であるとか、そういったものも入れておかないと不十分ではないかなという気がしております。

なぜこの程度の、この程度のというのは、改正法の今の 3 ページ目の範囲の情報にとどめたのかというところについて教えていただけませんか。

○小川政府参考人 お答えいたします。

先ほども申し上げましたように、465 条の 10 の情報提供義務の点ですとか、あるいは保証に至った経緯、それから保証に伴うリスク、具体的には、例えば保証債務を履行できなければどういう状態になるかということについても、公証人とすると、保証人となろう者が十分に理解しているかどうかということを見きわめることが必要でございます。その意味で、説明を求めることはさまざまございます。それによって、十分に理解しているかということを確認するというわけでございます。

ただ、他方で、制度のつくり方として、法律上の口授すべき、口頭で述べなければならない事項そのものにつきましては、いわば法律の定める保証の内容ですとか、あるいは根保証の場合の極度額ですとかそういった特別なもの、さらには、連帯保証の場合は連帯保証についての特別なものということで､具体的な口授する事項そのものにつきましては、いわば法律の内容を求めるということで、そこも区別をしているわけではございます。

○階委員 要するに、口授した内容と書面にする内容は区別している、法律上はそこは分けて考えるということをおっしゃっているわけですか。

私の法律の文言を見た理解だと、例えば今の 3 ページ目の資料でいいますと 2 項の 2 号になるんですか、「公証人が、保証人になろうとする者の口述を筆記し、これを保証人になろうとする者に読み聞かせ、又は閲覧させること。」というくだりがありますね。だから、保証人になろうとする者が言ったことは基本的に全部筆記して、それが公正証書になるというふうに理解したんですけれども、違うんですか。

○小川政府参考人 この条文の中の**口授すべき事項**というのは、**公正証書に記載すべき事項**ということになります。

ただ、現実には、公証人は、この記載すべき事項だけを聞き取るわけではなくて、先ほども申し上げていますように、リスクについての、どういうリスクをしょうことになるのか、あるいはどういう経緯なのか、さらには情報提供義務の内容についても説明を求め、いわばその答えを確認し、検証していくわけでございます。

委員御指摘のようなそういった点、いわば**法律が求める記載事項以外の点についても公正証書に付記していくかどうかという点については、これは実務的な観点から少し検討させていただきたいと思います。**

○階委員 いや、それは結構重要な話で、よく見ると「**口述を筆記し、**」とかと書いていますから、確かに 1 号の方は「**口授すること。**」ということで、表現もちょっと違いますね。

だから、ぜひ、保証人といろいろなやりとりをする中で、例えば、保証人は、主たる債務者から絶対迷惑はかけない、これだけ巨額の資産を持っているというような説明を受けたので保証するに至りました、こういったこともちゃんと書面に残しておくと、まさに、それがうそだった場合は錯誤の取り消しとか、あるいは 465 条の 10 に基づく取り消しとか、そういうことが容易に援用できると思うので、この口述を筆記するときにそういった中身も筆記していただく、これはぜひ実務上やっていただきたいと思うんですが、いかがでしょうか。

○小川政府参考人 検討させていただきたいと思います。

○階委員 そういうことにして、多分議論としては、私たちは、経営者以外の保証は全面的に禁止すべきだという立場に立ちます。ところが、今回の政府案は、原則有効として、一定の場合は公正証書をつくりましょうということだと思います。その両者のせめぎ合いの中でどうなるかということだと思うんです。

改めて大臣にお聞きしたいんですが、私たちの立場である、経営者及びこれと同視できる者以外の個人保証については原則禁止すべきではないかと我々は考えるんですけれども、この点について、大臣の考えもお願いします。

○金田国務大臣 委員の御質問でございます。お答えいたします。

これまで法務当局から述べてまいりましたとおり、法制審議会における審議の過程では、事業のために負担した貸し金等債務を経営者及びこれと同視することができる者以外の第三者が保証することについて、これを全面的に禁止すべきであるかどうかについても検討が行われたわけであります。そして、第三者保証の中には個人が自発的に保証するものなども現に存在するということのために、**第三者保証を全て禁止することに対しては、特に中小企業の資金調達に支障を生じさせることになる、金融閉塞を招くおそれがあるとの指摘が中小企業団体からの強い意見として示された**わけであります。

そこで、改正法案の立案に当たりましても、中小企業の円滑な資金調達に支障が生じないようにしつつ、個人がリスクを十分に自覚せず安易に保証人になることを防止するべく、両者のバランスをとることが重要であると考えられたわけであります。

こうした観点で、改正法案におきましては、第三者保証を全面的に禁止する措置は講じないこととする一方で、保証人がその不利益を十分に自覚せずに安易に保証契約を締結する事態を防止するための措置として、事業のために負担をしました貸し金等債務を保証する際には、原則として公的機関である公証人による意思確認を経ることとしたものでありまして、現在の中小企業金融の実情等に配慮をした適切な内容になっている、このように認識をしておる次第であります。

○階委員　この点については、隔たりがある部分ですので、さらに議論を尽くしたいと思います。

まだまだいろいろ聞きたいこともありますが、そろそろ時間なのですが、あと 1 点だけ聞かせてください。

民法 90 条、公序良俗の規定がありますけれども、微妙に修正が施されていますね。今までは「公の秩序又は善良の風俗に反する事項を目的とする法律行為は、無効とする。」となっていたんですが、今回は「公の秩序又は善良の風俗に反する法律行為は、無効とする。」ということで、「事項を目的とする」というのが抜けております。

これはなぜなのか。何か、文言だけを見ると、例えば振り込め詐欺をやる目的でどこかのアパートの一室を借りた、こういうのは、今までの文言だとまさに公序良俗に反する事項を目的とする賃貸借契約で無効になりそうなんですが、新しい文言だとそういうのはどうなのかなとふと思ったものですから、この削除の趣旨を教えてください。

○小川政府参考人　お答えいたします。

現行法第 90 条によって無効とされますのは、公序良俗に反する事項を目的とする法律行為と規定されておりまして、その文言上は、これは「目的とする」というふうに書かれていますが、この場合の「目的」というのは法律用語としては内容ということでございますので、法律行為の内容が公序良俗に反するものが対象とされているというのがむしろ現行法九十条の読み方だというふうに考えております。

しかし、判例は、例えば賭博の用に供することや賭博で負けた債務の弁済に充てるという動機のもとで行われた金銭消費貸借契約のように、法律行為の内容自体は公序良俗に反するものではない事案においても、その動機を相手方が知っている場合には法律行為を無効としておりまして、民法制定以来の解釈、運用を通じて、法律行為の内容だけでなく、法律行為が行われる過程その他の事情も広く考慮して無効とするか否かが判断されるようになってきております。

そこで、改正法案においては、このような裁判実務における判断の枠組みを条文上も明らかにするために、「事項を目的とする」という文言それ自体を削除いたしまして、端的に、公序良俗に反する法律行為を無効とすることとしております。

○階委員 私も昔そんなふうなことを勉強しているときに聞いた気がしますけれども、ただ、文言がひとり歩きすると、さっき言ったような懸念もあるわけで、そのあたりは注意された方がよろしいかと思います。

以上で終わります。

○鈴木委員長 次に、**藤野保史君。**

○藤野委員 **日本共産党の藤野保史**です。

きょうは、私は、**約款の問題**について質問をいたします。

ネット販売から保険契約など、まさに身近な商品から命や健康にかかわる契約にまで対応されているのがこの約款であります。ところが、**約款というのは、情報量や交渉力に優位にある事業者がみずからに有利な約款をつくって、消費者の側は、事実上交渉の余地もなくそれを契約のもとにせざるを得ないということが多いわけ**であります。

配付資料をお配りさせていただいております。若干字が小さくて恐縮なんですけれども、内閣府がこの約款について行った調査であります。

163 の業者に対して 225 の約款を調べているということで、なかなかリアルだなと。

例えば3ページの下の方には、インターネットサービス契約で、「運営者は本サービスへの表示をもって、会員の承諾を得ることなく、いつでも料金規定の変更を含む、本規約および諸規定の変更を行うことができます。」。本当に一方的に料金含め変えられるよと。

あるいは、7 ページには、これは賃貸借契約なんですけれども、真ん中あたりにあるんですが、**「本契約事項の 1 つたりとも違反した場合は、乙は甲に何らの催告をしないで本契約を直ちに解約し、乙は無条件で明渡すものとする。もし乙がこれに従わない場合は、甲が勝手に本物件内に入り、乙の遺留品その他一切の物品を処分するも、乙は異議なきものとする。一旦処分された後は如何なる理由あろうとも返還しない。又それらの物品の片付け、処分等に要した費用は乙負担とする。」**。

9 ページには、加盟店契約で、下の方ですけれども、「甲は乙より支払われた加盟金、その他の料金等はいかなる理由があろうとも一切返還しない。」というようなこともあります。

これを見出すと大変なんですけれども、要は、契約者が一方的に契約内容を変更できるとか、それに対して消費者は異議なく承諾したと擬制する条項だとか、消費者の解除権は制限するんだけれども、一方で事業者はいつでも解約できますよというものだとか、あるいは損害賠償についても、事業者の損害賠償は上限を決めて制限する、あるいはそもそも清算義務を一切免除しちゃうとか、その一方で消費者には損害賠償義務を加重するとか。

まあ、何というか、余りに不公正な条項が横行している。資料を見ていただければ、理由のいかんを問わずとか、いかなる理由があってもとか、そういう表現が非常に目立つわけであります。こういう状況があるからこそ、本法案は、初めて民法に約款を盛り込むということに踏み出されたんだと私は認識をしております。

このもとで起こっている被害もちょっとだけ紹介したいんですが。**国民生活センターに寄せられている被害は**、例えば保険会社から勧められて、こっちの方がいいですよというので、がん保険からがん特約のある医療保険に切りかえた、ところがその直後にがんと診断されて給付を請求したんだけれども、がん保険から特約つき医療保険に切りかえたときに免責期間というのができてしまって、それに該当するからあなたには払いませんということを言われたと。保険会社から言われたからかわったのに、**その免責期間の説明**はなくて、一方的にその特約なるものに基づいていわゆる給付金が払われない。こういうようなことが起きたりしましたし、中古品を購入した直後にキャンセルしたら違約金が何倍もとか、それは割合はいろいろなんですが、物すごい違約金が請求されたとか、あるいは美容クリニックで、お医者さんでなくカウンセラーに相談して植毛の手術の契約をした、しかし、その後セカンドオピニオンを受けて解約を申し出たんだけれども前払い金は払わないということを言われたとか、こうした被害が国民生活センターには多数寄せられております。

大臣にお聞きしたいんですが、こういう実態があるからこそ、今回、**民法典で約款と**いうところに足を踏み出されたという認識でよろしいでしょうか。

○盛山副大臣　私の方から、まずお答えをさせていただきます。

今先生御指摘のとおり、**定型約款**、こういったことについていろいろな被害があるというのが、今回の民法の中にこういった約款というものを置く根拠づけ、大変大きな背景というのは、先生御指摘のとおりでございます。

それぞれの個別の事業法その他で定めをしているものもあるんですけれども、それ以外のものというのもやはり現在多数存在しているものでございますので、今おっしゃられたような、御指摘のような被害その他も起きている、こういうことでございます。

○藤野委員　この条項、**不当条項**と言われるような条項なわけですけれども、これはどうやって規制していくかという点で、法制審ではかなり議論がされたと認識をしております。その際、諸外国で、不当条項リストというものをつくって規制していこうというやり方、リスト化していくやり方というのも紹介されております。**ドイツ民法やフランスの消費法典、ＥＵの消費者の権利に関する指令案**など、非常におもしろいなと思っております。

それらの特徴といいますのは、共通しているのは、**不当条項リスト**を 2 種類あるいは三種類に分類する。例えばフランスの場合は、ブラックリストというものとグレーリストというのに分けまして、**ブラックリストの方は反証の余地なく無効、これに対してグレーリストは、反証の余地は認めるけれども、その立証責任は事業者にある**ということなんですね。

ちょっとこれは法務省にここだけ確認したいんですが、こういうことが法制審で議論された、資料も出たということ、それだけお答えください。

○小川政府参考人 お答えいたします。

以上の点は議論されております。

○藤野委員 私も資料を読ませていただきました。

フランスの消費法典、これはR 132 の 2 条といいうらしいんですが、ここにはこう書いてあるんですね。**事業者と非事業者または消費者の間の契約において以下のような目的または効果を持つ条項は、事業者が反証を提出した場合を除いて、濫用的であると推定されると。**ですから、事業者が一定のグレーな条項について、ある意味直ちにブラックだ、無効とするのではなくて、反証を認めるということで、硬直的な運用ではない、バランスをとりつつも、しかしその際の立証責任は事業者ですよということであります。

私は、約款をめぐる情報量やさまざまな力関係を考えれば、立証責任を事業者に負わせるというのは一つの知恵だなというふうに思いました。

法務省にお聞きしたいんですが、**なぜ検討したのにこれが入らなかったのか**、主に**どの団体がだめだと言ったんでしょうか。**

○小川政府参考人 今御指摘ありましたように、**ブラックリストの問題**ですとか**グレーリストの問題**なども議論されております。

もちろん、いろいろ議論はございますが、グレーリストを設けることにつきましては、当事者は、形式的にグレーリストに該当していれば、それが不当条項には該当しないと確信を持って判断することができない限り、無効とされるリスクを回避するという観点から、その条項をできるだけ契約に用いないこととせざるを得ず、これによって取引に過度な萎縮効果が働くおそれがあると懸念する意見が強うございました。こういった懸念は、事業者団体の方から主に出されたところでございます。

○藤野委員 反証というのは能力を持っていればできるわけで、過度に萎縮するなんというのは、全くそれはかみ合わないわけですね。

実際、日本でも、公正取引委員会がかつてつくっていたガイドライン、独禁法上のガイドラインの１つである特許・ノウハウライセンス契約に関する独占禁止法上の指針、こういうものがかつてあったんですが、ここには、**黒条項、ブラック**ですね、**灰黒条項、灰色と黒の間の条項、灰条項、グレー条項、こういう分類があったわけですね。**

契約の世界の中でも約款の世界というのは、力関係という点でいえば、私は独禁法に親和性があるなというふうに思っているわけですが、つまり、日本でもこういうのがあったわけですから、十分可能な制度だというふうに思うわけです。しかし、**それが、事業団体、経済界の反対で今回は実現しなかった。**経済界としては、こういう立証責任というものを負うのが嫌だったんだろうと思うんですね。

大臣、しかし、ちょっとお聞きしたいんですが、こういうリストにあるように、いかなる理由があってもとか理由のいかんを問わずとか、ある意味ブラックな条項をさんざんつくっておいて、自分たちは立証責任は嫌だと。これは随分勝手な主張だなというふうに私は思うんですが、大臣、率直な御感想はいかがでしょうか。

○盛山副大臣　先生おっしゃるように、その事業に対するいろいろなノウハウその他、力関係も含めて、契約者たる相手方の消費者と大きな力関係、差があるじゃないかというのはそのとおりかと思います。ただ、これもいろいろな、ケース・バイ・ケースというんでしょうか、事業だとか、その会社によってさまざまなケースがあろうかと思います。

特に今、我々の法体系におきましては、公益事業その他のものにつきましては、それぞれの事業法で、標準約款その他の根拠も設けたりもしております。法制審議会でもいろいろな形で議論いたしまして、定型約款の内容を理解しないままに内容に拘束されるというその方の利益をどのように保護するべきかということを議論した結果でございますけれども、今回、このような形で民法の中に約款を設ける、これ自体についても大変大きな議論があったところでございますが、そんなふうに落ちついたものでございます。

○藤野委員　結果として、今回はこうしたリスト形式は実現しなかった。これが到達点だということだと思うわけですが、しかし、やはり今後さらに、この不当条項への規制のあり方というのは、これは終わりでなく、もっと豊かにしていく、あるいは国民にわかりやすくしていく。今回の法改正の最大の趣旨は、国民一般にわかりやすい民法をということでありますから、そのリストというのは非常にわかりやすいわけであります。ぜひ、こういう方向も検討していただきたい。大体、萎縮効果とおっしゃっても、ヨーロッパではばんばんやっているわけです。本当にそんなことがあるのかというのもしっかり研究していただいて、ぜひ今後取り入れていただきたい。

その意味で、今度は大臣にお聞きしたいんですが。

今回、初めて民法で不当条項が規制の対象になった、これは第一歩だということだと思うんですが、これで終わりではなくて、今後も、今回の不当条項の分野でも考え方をさらに発展させていく、そういう姿勢が大事だと思うんですが、大臣、そういう姿勢で臨まれるんでしょうか。

○金田国務大臣　委員御指摘の点については、例えば経済団体でもさまざまだと思うんですね。良好な企業活動というものもあろうと思います。したがって、そういうものを尊重していくという場合も必要だ、こういうふうに思うわけであります。

ただいまの質問に対しましては、一般法である民法において対応すべきものか否かという観点も踏まえながら、やはり改正法案施行後の定型約款を利用した取引の実情というものを注視していくことで対応をしていきたい、このように思っております。

○藤野委員　まさにこれは、国民の身近な暮らしから命、健康にかかわる大変重要な分野でありますので、ぜひそこは注視をしていただいて、これは第一歩なんだが、さらに前に進めていくという姿勢で臨んでいただきたいというふうに改めて要請させていただきたいと思います。

その上で、先日の参考人質疑で日弁連の黒木参考人からは、この約款について、大変重要な条文であることは間違いないので内実について**立法提案者である法務省も含めて議論していただきたい、中身はまだこれからだという御要望をいただいた**と認識しております。これは法務省だけでなく、まさに当委員会の責任も大きいなと感じているわけです。

そこで、幾つか質問させていただきたいと思っております。

まず、**組み入れ要件**。いわゆる**548条の2第1項**で、約款を見ていないことが多いんだけれども契約内容に組み入れるという規定があるわけですが、これは法制審の議論では、契約締結前に内容を開示させたらどうかとか、認識可能性というものを要件にしたらどうかとか議論はあったんですが、これは全部入りませんで、かなり緩い形で組み入れることが決まっているということなんです。

しかし、これによって立場の弱い消費者が知らないものに拘束されるがままという状況は起きないことが必要だと思うんです。そのための担保として、条文上は明文として規定はされていないんですけれども、事業者には、定型約款の重要部分について、信義則上の**情報提供義務や説明義務がある**と解釈すべきだと思うんですが、法務省、この解釈で間違いありませんか。

○小川政府参考人　説明義務の点でございますが、まず、説明義務としては、例えば保険業法などのいわゆる業法の中には、顧客保護の観点から、事業者に対して契約を締結する際の説明義務を課しているものがございますので、こういったものは、事業者は所定の説明義務を果たす必要がありますので、今回の改正法においても、そのことについては、当然のことながら変更はございません。

また、裁判例におきましては、民法第1条第2項の定める信義則を根拠として、契約の一方当事者が相手方に対して、契約を締結するか否かの判断に影響を与える一定の事項について説明をしなかったことにより相手方が損害を受けた場合には、当事者の一方が損害を賠償する責任を負うとしたものがありまして、これは事業者に説明義務を課したものと理解することができようかと思います。

定型約款を利用した取引についても、個別の事案に応じた解釈によって、事業者側に説明義務が課されることはあり得るものと考えられるところでございます。

改正法案においては、一定の要件のもとで、定型約款の個別の条項について当事者が認識していなくても合意したものとみなすこととしておりますが、このような説明義務を履行する必要がなくなるものではないというふうに考えております。

○藤野委員　信義則上の義務はあるということでありました。

組み入れを緩やかに認めたわけですから、これはやはり重要な部分についてのそうした義務を果たしていくというのは当然必要だというふうに思います。

そして、もう1点。組み入れを認める、みなしていくというこの規定とセットの問題として、しかし、そうはいっても、みなし合意として認めるには余りに不当だということで、除外規定というものも**548条の2の第2項**に設けられております。

条文を読みますと、いわゆる**不当条項**だけを対象としているようにも見えるんですが、不当条項だけではなくて、いわゆる不意打ち条項ですね、通常予測しがたいような内容が盛り込まれているという不意打ち条項についてもこの条文で対応できる、適用される、こういう理解でよろしいですか。

○小川政府参考人　お答えいたします。

改正法案におきましては、相手方にとって負担となるような条項、すなわち相手方の権利を制限し、または相手方の義務を加重する定型約款の個別の条項については、両当事者間の公平を図る基本原則である信義則に反して相手方の利益を一方的に害すると認められるときは、合意をしなかったものとみなすこととしております。

定型約款を利用した取引においては、画一性が高い取引であることなどから、相手方である顧客においても、約款の具体的な内容を認識しようとまではしないのが通常でございます。このような特質に鑑みますと、相手方である顧客にとって、客観的に見て、予測しがたい条項が置かれている場合において、その条項が相手方に多大な負担を課すものであるときは、相手方においてその内容を知り得るようにする措置を定型約款準備者が講じておかない限り、信義則に反することとなる蓋然性が高いと考えられるところでございます。

このような定型約款を利用した取引の特質が考慮されることをあらわすために、**548条の2の第2項**におきましては、定型約款の個別の条項が信義則に反して相手方の利益を一方的に害すると認められるか否かについての考慮事由として、**「定型取引の態様」**という表現を用いております。

以上申し上げましたように、委員御指摘の、いわゆる不意打ち条項でございますが、**「定型取引の態様」**という文言を入れたという点から見ましても、**改正法第548条の2第2項の規定**によって排除され得るものと考えているところでございます。

○藤野委員　何か、いろいろやっておられますけれども、やはり不当条項だけでなく、議論があって、不意打ちであっても**不当**でなければいいとか、不当であっても不意打ちでなければいいとか、そういうことではなくて、両方、この条文で対応していくんだということだというふうに思うんですね。

ですから、そこは、今の答弁でうなずいておられますので、確認されたと。ちょっと、もう1回確認しますけれども、大丈夫ですね。

○小川政府参考人　いわゆる**不当条項と不意打ち条項**、いずれも含むものでございます。

○藤野委員　そして、**約款の変更**についてもお聞きをしたいと思うんです。

この変更が緩やかに解されてしまいますと、まさに**相手方はもう極めて不安定な立場に置かれる**、この点については、産業界からも法制審でかなり意見が出されたと認識をしております。

法務省にお聞きしたいんですが、**約款の変更については裁判例もまだそれほど多くない**、ですから、これからの実務が大事になってくるわけで、**法務省としても、この安易な変更を認めないように厳格に解釈、運用がなされるようにさまざま努力していく**、そういう立場でよろしいですか。

○小川政府参考人　お答えいたします。

変更の可否の判断基準という点でございますが、変更に係る事情に照らして合理的な変更であるときという要件がございます。

その点につきましては、事業者側の事情のみならず、相手方の事情も含めて、変更に係る事情を総合的に考慮しなければならないものでありまして、かつその判断は客観的に見て合理的でなければならず、事業者にとって……（藤野委員「合理性を厳格にやるかどうかですよ」と呼ぶ）合理的なものと言えれば言えるわけでございます。

そういう意味では、一方だけのものではなくて、事業者側、相手方双方の事情も含めますので、適切な判断がされるということでございます。

○藤野委員　いや、違うんです。私が聞いたのは、変更というものが、それこそつくった人が勝手に変更すると極めて不安定になるから、変更については厳格に解釈、運用するべく法務省としても力を尽くすのか、こういう質問です。

○小川政府参考人　もちろん、変更はそれ自体もともと例外的なものでございますので、厳格に運用されることは適当なことだというふうに考えております。

○藤野委員　ちょっと1つ具体的に聞きたいんですけれども、その同条、548条の4には、さまざま合理性とかいろいろある中で、「その他の変更に係る事情」という文言があるんですね。これはちょっと抽象的なんですけれども、事前にお聞きしましたら、例えば不利益な変更、消費者にとっての値上げとか義務の加重があっても、ほかの条項で契約からの離脱とかが代償措置として規定されていれば自分で権利を守れるということで、そうしたことが、このその他の事情に入るというような説明もありました。

しかし、例えば、解除で契約から離脱する際に違約金だなんと言われて、先ほど言ったように消費者が違約金を取られるということであれば、これはもう大変なことで、そうしたことがない、まさに、他の条項においても消費者の立場でそうした事情が、合理性が判断される、そういう理解でよろしいですか。

○小川政府参考人　ただいま御指摘いただきました例に即して申し上げますと、定型約款の変更を望まない取引当事者に契約を解除する権利が付与されていることは、その取引当事者が契約を離脱することを可能とし、その負担を軽減する効果を有するものであるため、定型約款の変更の可否を判断するに当たっては、変更を肯定する方向で考慮され得る変更に係る事情でございます。

しかし、**定型約款の変更を望まない取引当事者に契約を解除する権利**が付与されていたとしても、解除によって過大な違約金を支払わなければならないこととされているなどの事情がある場合には、その権利が実質的には確保されているとは言えないというふうに考えます。

したがいまして、このような場合には、解除する権利が付与されていることを定型約款の変更を肯定する方向で考慮することはできないというふうに考えております。

○藤野委員　今のは１つの例ですけれども、そうした形で、実質的に消費者側の権利というものを含めて合理性の判断がなされるような解釈、運用をぜひ法務省も広げていく、そのために、周知徹底に大いに力を尽くしていただきたいと思っております。

最後になりますけれども、大臣、今回、経済界のいろいろな抵抗で抜け落ちた面もたくさんあります。黒木参考人は、先日、こうおっしゃっておりました。事業者の方はこれを狭く解するべきだとおっしゃるに決まっていますので、そのせめぎ合いというようなところもあるとおっしゃっておりました。

大臣、今、このせめぎ合いの中での審議がやられております。ですから、今後、今のような厳格な解釈、運用に向けて審議を充実させていくという点につきましての大臣の御決意をお聞きして、質問を終わりたいと思います。

○金田国務大臣　私どもも、委員御指摘のような思いを持って、丁寧かつ速やかに審議を進めていきたい、このように思っております。

○藤野委員　質問を終わります。

○鈴木委員長　次に、**木下智彦君**。

○木下委員　日本維新の会、木下智彦です。

きょうもお時間をいただきまして、ありがとうございます。大臣、半ごろまでお時間があるということなので、なるべくぱぱっと質問させていただきたいと思います。

きょうは、民進党さんもずっとお話しされていましたけれども、**債務保証、第三者保証であるとか、保証制度について**主に質問させていただきたいというふうに思います。

いろいろと話を聞いておりますと、いろいろな形で保証人の保護という方策が拡充されていく、これ自体は特に異論のないところだというふうに思っているんですね。

いろいろと前々から私の方からお話しさせていただいていますけれども、法制審議会でずっといろいろな議論がされてきた。読んでいると、すごい多岐にわたるので、読み応えもあって、内容も相当な議論がされているなというふうに感じて、その中で、この保証人の保護に関してお話があるところで、きょうも話をしていたんですけれども、経営者もしくは経営者の配偶者、そういうふうなくくりでお話をされています。

よくよく見てみると、これは、経営者というふうに言っていますけれども、経営者等というふうな、そういう形になっているかと思うんですね。

それは何でだろうなと思って見てみると、細かく書いているのをずっと見てみると、**事業用融資の第三者保証の制限**というところで、経営者だけじゃなくて、理事だとか取締役だとか執行役だとか、そういうところも含まれているというところも含んで経営者等というふうになっているんだなと思って見ていたんです。経営者等となっているんですけれども、そもそもは、恐らく経営者というところから話が始まっているんだなというのも、これは法制審議会の中でわかってきた。

そこで聞きたいんですけれども、今回こういう形で、ある種、経営者等という形にして、ある程度幅を持たせているんですけれども、そもそも、話をしていくその過程において、経営者の定義ということ自体が恐らく議論にあったかと思うんですね。

それで、ちょっと聞きたいんです。

そもそもは、その**経営者の定義**というのはどういうふうに考えられていたのか、もしくは、今回のこの法律の中で、経営者というふうにしてしまうと定義づけが非常にこれは限界があるということで経営者等という形にしたんだと思うんですけれども、そこも含めて、少し突っ込んでその辺を教えていただければと思います。

○小川政府参考人　お答えいたします。

法制審議会における審議の過程におきましては、事業資金の貸し付けについての個人保証は、いわゆる経営者によるものを除いて制限するという考え方をとることを前提として、経営者の範囲を法律上具体的にどのように定めるべきかが検討されました。

ここで、いわゆる経営者による保証については制限が必要でないと考えられる根拠は、経営者が主債務者の事業の状況を把握することができる立場にあり、保証のリスクを十分に認識せずに保証契約を締結するおそれが類型的に低いと言えるほか、中小企業に対する融資の実情として、企業の信用補完や経営の規律づけといった観点から有用とされているためでございます。

したがいまして、経営者という考え方は、以上申し上げたところからむしろ考えていくというのが当時のアプローチでございます。

○木下委員　もともとはそういう考え方だったんだろうと思います。これはわかります。

ただ、議論の過程の中で、ちょっとそこの話が欲しかったんですけれども、この中にあるような、理事だとか取締役だとか執行役だとか、総株主の議決権の過半数を有する者等とか、個人である場合は共同事業者または主たる債務者の行う事業に現に従事している主たる債務者の配偶者、この辺も全部含めてというふうになっていったわけですよね。

結局、一くくりにできなかったということなのかなと私は思うんです。一くくりで経営者と最初は言っていたんだけれども、現実を見てみたらそうじゃなかった、それじゃ限界があったよね、そういうことを示しているのかなというふうに思っているんですけれども、そういう解釈でいいんですか。経営者と一くくりでやっていこうとしたんだけれども、やはりちょっとそれができなかったのか、それとも、そもそもそういうことじゃないのか、ちょっとその辺も含めて教えてほしいんです。

○小川政府参考人　お答えいたします。

もともと経営者という概念自体が、よく私ども、いわゆる経営者という言い方をするんですが、具体的に、もちろん企業の形態もさまざまでございますし、場合によっては個人事業の方もいらっしゃるわけで、そういう意味では、これが経営者だという概念を決めるのはなかなか難しいところがございます。

そういう意味では、一般に、私どもも、いわゆる経営者の概念についてどこまで含めていくかということを検討したということだと思います。

○木下委員　そうですね。恐らくそういう話になっていく。ただ、それで、法律で何とかして落とし込んでいかなきゃいけないということだったと思うんです。

ちょっと時間がないのであれなんですけれども、そもそも、そこまでして、経営者等ですね、いわゆる経営者と言われるものだけを切り出してまで、保証の部分を、この範囲にならないよ、公証人までわざわざ行ってもらうどうこうとかいうふうな保護をしなくてもいいよという例外をここでつくっているわけですね、そんなことまでするんだったら、保証自体、全部一律同じような決め方をしたらいいんじゃないかなというふうに私は思うんです。

だって、考え方によったら、どこまでがいわゆる経営者に当たるのか、もしくはそれに関連する、関連すると言ったらまたここも難しいんですけれども、切り方が相当難しい、だったら、一々こんなところで、公証人の前でその意思を確認する人が、どうこうとかというのが誰で、誰がどうこうって、全員、公証人の前に行けばいいんですよ。何でわざわざこんなことをするのということを思うんです。

そもそも、これが 120 年間変えられなかった。それで、これから改正をしよう、時代に即してやろうと。時代に即してやろうというふうにして考えたときに、これから先、突き詰めていくと、では、この経営者の定義はどうなのとか、どこまでがどうで、どこまではしなくていいのか、これはいろいろな形が、考え得る以上のものが出てくる可能性があるというふうに思うんです。

だったら、もう**一律、意思確認とすればいいじゃないか**というふうに私はちょっと思っているんです。もしくは、もっと根本からいうと、債務に関する保証なんて、第三者、個人にさせることは一々しなくていいんじゃないかなというふうにちょっと思っているんですけれどもね。

余り長く言うとあれなので、もう次の話をしちゃおうかなと思っているんですけれども、もう1つあるのが、保証人のところで、貸し金等の債務ですね、そこはいろいろと保証人の保護というふうにされていると思うんですけれども、賃貸借契約について、私、ちょっと聞きたいなと思っているんです。

これはちょっと聞きにくいなというふうには思いながら、実例というのか、私が経験したことを踏まえながら話をしたいんですけれども。

今回の法律で保証人の極度額の定めが入ってくる、今までなかった。前置きを言うのを忘れました。例えば、どこかの部屋を借ります、賃貸借契約を結びます。そのときには必ず連帯保証人を立てるように大体されているんですね。定型フォームになっています、大体大きな不動産会社が持っていたりとかするところと契約するときは。そこの連帯保証人というのは、今の世の中では無限責任なんだ。だから、これはもう根保証と同じなんですね。

私なんかが普通に自分の家をサラリーマン時代に借りようとすると、大体、賃貸契約というのは2年間だと。2年間だけれども、それに連帯保証人をつけなきゃいけない、これを悩んじゃいまして、無限責任の連帯保証を誰にするか。やむなく兄にお願いをしたんです。でも、それを調べていく中で、兄貴にいろいろ言われるわけですよ。無限責任で、こんなのなかなかできるものじゃないよねと。こっちからも説明しなきゃいけないので、いやいや、無限責任といいながら家賃の範囲内か。家賃の範囲内じゃないんですね。原状回復義務があったり、しかも2年間を超えた後でもその債務が発生する可能性があり得る、だから極度額を設けていこうというふうな話だと思うんです。そんなことに、さすがに自分の兄でも、もういいかげんにしろよと言われました。でも、世の中、普通こうなんだというふうなことを説明するのは非常に大変。

そこで、私は不動産会社と交渉したんです。普通は当事者間の契約なんだから、契約書の内容のこの連帯保証の条項を、極度額を定めるか、もしくは外してくれと。外す条件としては、2年間のその契約期間内の家賃を一括で払うよというふうに言いました。そうしたら、いやいや違うんですと。その後の原状回復とかもあるし、しかも、そんなことはなかなか交渉では認められない。大きな会社で、今、約款の話もしましたけれども、約款に近いですね、定型フォームで全部決められているという状態になっていた。だから、これを少なくとも何とか前に進めようということで、この極度額についてはちゃんと定めをしよう、これはいいことだと思っているんです。

ただ、もう1つ、私は大きな問題が保証人保護について、この賃貸借契約についてはあると思っているんです。これを言うと業界団体の人たちにも相当嫌がられるところなので、言うかどうか迷ったことなんですけれども。

2年間契約します、そうすると、次にまた3年目住もうと思うと、契約書の中に更新事項があるんです。ただ、これは、意思をある程度言って、大体電話がかかってきて、更新しますというふうに言ったらそれでもうおしまいなんですね。当事者間はそうです。

それと同じように、賃貸借契約の中では、この保証人についても、保証人にその意思を確認することなく、そのまま保証が継続することになる。これは結構大変な話で、え、保証人の保護はされているのという話になります。ただ、そのかわり、業界団体もそうだし、借りる側もそうだと思うんですけれども、一々更新のときに保証人にもう一遍頼みに行くというのは、当事者、借りる側も嫌なんですよね。業界団体は当然、またその手続をしなきゃいけないので面倒くさい。実態としてはそれが、これでいいだろうという形で、この議論がされなかったのかなというふうに私は思っているんです。

それがいいか悪いか、社会の今の状況の中でそういう判断がされたというんだったら、それはそれでいいと思うんですけれども、そこを明確にしたいと思うので、今の私の解釈、それでいいのかどうか、ちょっと教えていただけますか。

○小川政府参考人　お答えいたします。

実態を必ずしも十分把握しているわけではございませんが、今お話ありましたように、保証契約についても更新ということが行われて継続していくという状況かと思います。

○木下委員　そういうことなんですね。

私は何が言いたいかというと、保証人保護についても、社会の実態に合わせて、やはり限界もしくは落としどころ、バランスというのがあるんだなということだと思うんです。

大臣もきょう御答弁されていました、第三者保証について、業界団体等からの要望それから保証人保護の観点、そこの中でバランスをとって今回こういうふうにしたというふうに大臣は言われていた。だから、基本的にはいいのかなというふうに思って聞いていたんですけれども。でも、そもそも、この中で、例えば配偶者の話もさっきしていましたけれども、いろいろこんなことがあるんだったら、考えたときに、本当にこれはいいのと。中小企業者が生き延びていく策というのが現実問題あるから、中小企業団体からこういうふうなことを言われているというふうなことを言っている。でも、ただ、今、政府の考え方は本当にそうなんですかということなんです。

中小企業対策として実際にやらなきゃいけないのは、新陳代謝をちゃんとやっていかなきゃいけないですよね。不必要な保証をするのではなくて、ちゃんと事業承継するところに事業承継させられるような、そういう円滑化させるようなことを、ことしの春も法案が出ていましたよね、可決していましたよね。でも、ここの中で個人の保証云々をこうやって法律として助長してしまうと、それに私はブレーキをかけてしまう可能性だってあり得るというふうに思うんです。

例えば、金融庁なんかも言っていますよ、いろいろガイドラインみたいなことがあって、経営者保証に依存しない融資の一層の促進、こういうことを言っているんです。言っているにもかかわらず、法律の中に落とし込まれてしまうと、どうしても保証がありき、その中でどういうふうにしなきゃいけないか、こういう議論になってしまう。これはもういたし方ないことなのかもしれないですけれども、そもそもの、ここからを直していく必要が私はあるんじゃないかと思うんです。

ただ、それが、何でこれができないのかというと、法制審議会の中で議論されるのは法律事項にやはり特化してしまうんですよ。業界団体からいろいろ言われる、いろいろ言われたことも全部含めてやると言いながら、では政府の意向はどこまで入っているのか、私はそう思うんです。これが今回、民法の中で、法律ではそういう部分は排除されているかと私は思っているんですけれども、これは排除すべきではないと。本来、その時代に即して、これからこの国をどうしていくのかということをしっかりと民法の中にも私は落とし込むべきだというふうに思っているんです。

ということを考えたら、前にも言ったところで、**国会議員の人が、そういった意味合いで法制審議会の中にも意見を言う、参加していく、そういうことは意義が出てくるのではないかなというふうな**、こじつけなのかもしれませんけれども、私の考え方はそうなんですね。

だから、やはりしようがない、民法は、こういう形で、法律事項として落とし込んでいくとこうかもしれないけれども、もう少しそこの部分、前のめりになった、そういった改正をこれから私はしていっていただきたいなと思うんですけれども、大臣、最後にそれだけ、どう思われるかということを。

○金田国務大臣　委員御指摘のように、バランスをとるということも大事なんですが、それに加えて、私が思いますのは、引き続き、個人保証に依存し過ぎない融資慣行の確立といったような、関係省庁と連携もしながら、改正法案の施行後の状況を注視して対応していくという点も重要かな、こういうふうに思っております。

○木下委員　そういうことだと思います。

そういうことも含めて考えると、大きく改正するんじゃなくて、直すべきところがあったときにはすぐにやっていく、それがやはりそういう環境もつくることだと思いますので、ぜひともそういう観点でこれからも進めていってください。

以上です。ありがとうございます。

○鈴木委員長 次に、吉田宣弘君。

○吉田（宣）委員 公明党の吉田宣弘でございます。

本日も、質疑の機会を賜りましたこと、心から感謝を申し上げたいと思います。

木下先生の後でございまして、何となく、いつもの雰囲気であればこれで終わりというふうな空気も漂っているのかもしれませんけれども、私の質疑が残っております、あとしばらくおつき合いいただければと思います。

今回の改正で、保証について、先ほど来ずっと議論が積み重ねられております。私も先日、情報提供義務というところで質問を一題させていただいて、そこで時間が参りました。残りの質問について、まず1つさせていただきたいと思います。

先日は、保証人の保護の観点ということから、保証人に対する情報提供義務、これは極めて重要であるということでございました。前回の質疑では、主債務の財産や収支の状況について、主債務者が情報提供義務を負うという規定について確認をさせていただきました。

他方、保証人に対する情報提供という点では、債権者が保証人に対して情報提供を行うという規定が新設をされているというふうにお聞きをしております。

主債務の状況に関する情報提供義務について、この点、どのような改正が行われているかについてお聞かせいただきたいと思います。

○小川政府参考人 お答えいたします。

主債務の状況に関する情報の提供義務に関しましては、1つには主債務の履行状況に関する情報の提供義務、2つ目は主債務の期限の利益喪失時における情報の提供義務について、それぞれ規定を新設しております。

まず、主債務の履行状況に関する情報の提供義務でございますが、保証人にとりましては、主債務者が主債務を履行しておらず遅延損害金が日々生じている状況にあることや主債務の残額が幾らになっているかといった情報、すなわち債権者が把握している主債務の履行状況に関する情報は、履行しなければならない保証債務の内容にかかわる重要な情報でございます。しかし、現行法には、これらの情報を保証人に提供する義務を債権者に課す規定はございません。

法律の規定がなくとも、保証人からの問い合わせに応じて、債権者が任意にこれらの情報を主債務者に提供することはあり得るところでございますが、主債務の履行状況に関する情報は主債務者の信用にかかわるものでございまして、これを保証人に提供することにより、守秘義務あるいは個人情報保護の問題が出てまいります。そこで、法律の規定がない状況では、保証人に対して情報を提供することに債権者がちゅうちょを覚えるという指摘もございます。

こういった点を踏まえまして、改正法案におきましては、主債務の履行状況に関する情報の提供義務に関する規定を新設することといたしまして、保証人が主債務者の委託を受けて保証した場合には、債権者は、保証人の請求があったときは、遅滞なく、主債務の元本、利息、違約金等の債務の不履行の有無、これらの各債務残額と、残額のうち弁済期が到来しているものの額に関する情報の提供を義務づけております。

それから、主債務の期限の利益の喪失時における情報の提供義務でございますが、保証人の責任は、主債務者が支払いを遅滞すると、日々発生する遅延損害金によって増大してまいります。とりわけ、主債務者が分割金の支払いを遅滞するなどして期限の利益を喪失し、保証した債務の全額について弁済期が到来した場合には、発生する遅延損害金の額が多額となります。しかし、こういった期限の利益を喪失したことは保証人が容易に知り得る情報ではなく、また、現行法にはこういったことを保障する制度もございません。

そこで、改正法案におきまして、保証人が個人である場合には、保証人を保護する観点から、主債務者が期限の利益を喪失した場合には、債権者は2カ月以内に保証人に通知しなければならず、通知をしなかったときは、保証人に対し、期限の利益を喪失したときから通知を現にするまでに生じた遅延損害金を請求することができないということとしております。

○吉田（宣）委員 ありがとうございます。2つの義務について、それぞれ深く御説明いただいたかというふうに思います。

通告には、この後、1つ、実益というふうな点で通告をしておりましたが、これは少し割愛をさせていただきたいと思います。

その上で、私が今ちょっと感じていることですけれども、先ほど、山尾先生からこの情報提供義務について御質問もありました、取り消し権ということに関する立証責任というふうな深いテーマが議題になったかというふうに思っております。

私もこの点は非常に考えさせられましたけれども、恐らく、保証人に債権者の主観的事情を立証させるという重い責任というものも、私は、今の時点では、主債務者からの情報提供、それと債権者からの情報提供、これをきちっと組み合わせることができれば、もしかするとそういった立証責任の負担というものも何とかクリアできてくるのではないかなというふうな印象を今持っております。

この点に関しては、まだ私の浅はかな感覚なのかもしれませんので、これからも検討をさせていただきたいというふうに思っております。

もう 1 点、先ほど階先生また山尾先生からもありました、配偶者に関する、公正証書なくフリーパスというふうな問題、これも非常に重い問題であろうかとも思いますが、一方で、私がこの保証の話をいつも考えるときに、1 つやはり心にとめておかなきゃいけないことは、私は今、保証人の立場に立っての議論でございますが、仮に債権者の立場に立ったときに、この保証契約、また物上保証という制度もありますけれども、これはとりもなおさず、債権者に、平易な言葉で言うと、損をさせないというふうな制度であろうかと思うわけですね。どちらが上、どちらが下かということではなく、あえて申し上げれば、例えば金銭債権であれば、やはりお金を貸すということの方が保護をされなければならないんだろうというふうな視点は、私は忘れてはいけないんだろうというふうに思っております。

中小企業の資金の円滑化等々で、この第三者保証の議論がこれからも深められていくとは思いますけれども、いずれにせよ、やはり債務者の保護というのも大切ではありますが、債権者の観点での議論というのもこれからやはりやっていかなければいけないんだろうというふうに、私は今思っている次第でございます。

次に移ります。

次に、**根保証**ということについて、少し初歩の質問から入らせていただきたいと思います。

そもそも、この根保証ですけれども、やはり国民的にはなかなか聞きなれない言葉であるのかなというふうな気もいたしました。そこで、確認の意味でございます。そもそも根保証というものは一体何なのかについて、簡単に教えていただければと思います。

○小川政府参考人 お答えいたします。

根保証契約とは、一定の範囲に属する不特定の債務を主債務とする保証契約でございます。根保証契約においては、特定の債務を主債務とする**通常の保証契約と異なり**まして、主債務となる債務が保証契約の締結後に追加される可能性がありまして、保証人が契約締結時には予想していなかった過大な責任を負うリスクがある、これが根保証契約の特徴でございます。

○吉田（宣）委員 ありがとうございます。

保証人が個人である根保証契約、これは平成16年にも民法の改正が行われているというふうにお聞きをしております。今回の改正法案において、根保証に関してどのような改正が行われているのか、この点についても確認をさせていただきたいと思います。

○小川政府参考人 先ほど申し上げましたように、根保証契約には、保証人が契約時には予想していなかった過大な責任を負うリスクがございます。

このため、平成16年の民法改正におきまして、主債務に貸し金等債務、これは金銭の貸し渡しまたは手形の割引を受けることによって負担する債務をいいますが、貸し金等債務が含まれている保証人が個人である根保証契約のみを対象として、保証人の責任の上限となる極度額に関する規律、保証の対象元本が確定する日であります元本確定期日に関する規律、特別な事情の発生によって保証の対象元本が当然に確定する元本確定事由に関する規律、この3つが設けられております。

改正法案におきましては、根保証契約に関するこのような規律のうち、極度額と元本確定事由に関する規律について、それぞれ適用対象となる保証契約の範囲の拡大等を行っております。

具体的には、現行法におきましては、保証人が個人である根保証契約のうち、主債務に貸し金等債務が含まれているものに対象を限定して、極度額を定めなければ契約が無効となる旨の規律を設けられておりますが、改正法案では、この規律の適用対象を、保証人が個人である根保証契約全般に拡大しております。

次に、元本確定事由に関する規律についても、現行法では、その適用対象は、主債務に貸し金等債務が含まれている個人の根保証契約に限られておりますが、改正法案の中では、個人保証人保護の観点ということで、この規律の適用対象を基本的に拡大することとし、個人の根保証契約全般に及ぼすこととしております。

○吉田（宣）委員 今、改正の概要をお聞きをさせていただいたというふうに思っております。

この極度額に関する規律、これは根保証契約全般に適用対象を拡大するというふうな趣旨でございますけれども、その理由はどういうものでございますでしょうか。確認をさせてください。

○小川政府参考人 お答えいたします。

先ほど申し上げましたように、平成16年の民法改正で、いわゆる貸し金等債務を保証の範囲に含む根保証につきまして、極度額を定めなければならないという改正がされたわけですが、この規律の対象とされた貸金等根保証契約以外の根保証契約についても、個人である保証人が予想を超える過大な責任を負うおそれはあり得るわけでございます。

そこで、法制審議会におきましては、規律の対象を拡大することの要否に関して検討がされ、裁判例の中には、不動産の賃借人の債務を主債務とする根保証契約において、賃借人が長期にわたり賃料を滞納した事案ですとか、賃借人が賃借物件において自殺した事案などで、親類や知人である個人保証人に過大な責任を求めることが問題となったものもあることから、極度額に関する規律の対象を、貸金等根保証契約以外の、保証人が個人である根保証契約にも拡大すべきであるとの意見が大勢を占めました。

これに対して、建物賃貸借の根保証は、賃料以外にも賃借人が負う損害賠償債務なども保証するものであり、将来発生する損害などを予測して極度額を定めることは実務的に困難であるとの意見もございました。

しかし、予測が困難であることのリスクを個人保証人に負わせるのは適当ではなく、個人保証人については極度額を定めることとした上で、必要に応じて、現在の実務でも用いられている法人の保証人をより活用することが適切であるとの意見が大勢を占めたところでございます。

そこで、こういった点を踏まえまして、改正法案におきましては、極度額に関する規律の対象を一般的に拡大したということでございます。

○吉田（宣）委員　ありがとうございます。

次に、根保証契約における元本確定事由に関するルールについて、改正の内容を確認させてください。

○小川政府参考人　お答えいたします。

平成16年の民法改正では、**貸金等根保証契約**については、契約締結後に主債務者が破産するなど、著しい事情変更となる事由が生じた場合には、個人保証人の保護の観点から、主債務の元本が当然に確定することとされております。これを**元本確定事由**と呼んでおりまして、現行法は、主債務者か保証人のいずれかが破産したり、死亡したり、あるいは債権者から強制執行などを受けるといった、合計6通りの事由が定められております。

もっとも、貸金等根保証契約以外の、保証人が個人である根保証契約においても、契約締結後に著しい事情変更が生ずることはあり得るわけでございます。そのため、法制審議会の中でも、元本確定事由に関する規律の対象を、貸金等根保証契約以外の、保証人が個人である根保証契約にも拡大することの要否について検討がされました。

その中では、予想外の事態が生じた場合における個人保証人の責任をできる限り低減するという観点から、貸金等根保証契約以外の、保証人が個人である根保証契約についても、基本的に元本確定事由の規律を及ぼしていくべきであるとの意見が大勢を占めました。

他方で、主債務者が債権者から強制執行を受けたことと、主債務者が破産したことという二つの事由につきましては、これを保証人が個人である根保証契約一般の元本確定事由とすることに否定的な意見が大勢を占めたところでございます。

これは、典型例と言えます不動産の賃借人の債務を主債務とする根保証で見てみますと、これらの2つの事由によって主債務の元本が確定してしまうと、賃貸借契約は主債務者である賃借人についてのこれらの事由によっても終了いたしませんので、賃貸人としては、保証契約の存在を前提として賃貸したにもかかわらず、以後は保証契約がない状態での賃貸を強いられる、そういう事態になるわけでございます。

そこで、改正法案においては、これらの 2 つの事由を除く元本確定事由に関する規律について、個人保証、根保証契約全般に拡大することとしたわけでございます。

○吉田（宣）委員　今、平成 16 六年改正において創設された元本確定事由に関するルールをそのまま拡大しなかったというふうな御説明であったかと承知をしております。確かに、ルールをより広く適用していこうということであれば、さまざまな配慮が必要になってくるのは当然のことだろうと思います。

今回は、根保証に関するルールのうち、元本確定期日についてのルールは置かれておりませんが、それはどのような事情に配慮したことなのか、それについても確認をさせていただきたいと思います。

○小川政府参考人　お答えいたします。

法制審議会の中でも、保証人の責任を限定するために、元本確定期日に関する規律の対象を、貸金等根保証契約以外の、保証人が個人である根保証契約に拡大することの要否も検討いたしました。しかし、貸金等根保証契約以外で、保証人が個人である根保証契約の典型例であります不動産の賃借人の債務を主債務とする根保証契約について見ますと、例えば、最長でも5年以内には元本が確定することといたしますと、賃貸人としては、保証契約の存在を前提として賃貸借契約を締結したにもかかわらず、借地借家法の規定によって、これは五年を超えて賃貸借契約が存続する場合がございますので、こういった場合には、保証がないまま賃貸することを強いられるという不都合が生ずるとの意見がございました。

他方で、個人根保証契約一般について極度額を定めるということにいたしますと、元本確定期日に関する規律の対象とされなくとも、保証人にとっても予想を超える過大な責任を負う事態は最低限回避されるのではないかということも言えます。

こういった事情を考慮いたしまして、改正法案におきましては、元本確定期日に関する規律の対象は拡大することとはしておりません。

○吉田（宣）委員　ありがとうございました。

根保証については以上のような確認をさせていただいて、**これを利用する国民がわかりやすい制度運用をやはりしっかり今後図っていかなければならない**というふうに私自身も思っております。

次に、実は通告でも、先日の参考人の**加藤先生**から大変大きな問題提起がございまして、いわゆる415条、**債務不履行責任のことについて、確認も含めて質問**をさせていただきたいというふうに通告もさせていただいておりましたが、これに関しては、1つ1つの課題がやはり重たいなというふうなことも感じております。残り時間を勘案すると、それも十分質問もできないのかなというふうに今ちょっと感じておるところでございまして、少々早うございますが、私の質問は以上で終わらせていただきたいと思います。

ありがとうございました。

○鈴木委員長　次回は、公報をもってお知らせすることとし、本日は、これにて散会いたします。

午前11時53分散会

第192回国会 衆議院法務委員会
第12号
平成28年12月2日(金曜日)

平成28年12月2日（金曜日）

午前11時30分開議

出席委員

委員長 鈴木 淳司君

理事 今野 智博君 理事 土屋 正忠君

理事 平口 洋君 理事 古川 禎久君

理事 宮崎 政久君 理事 井出 庸生君

理事 逢坂 誠二君 理事 國重 徹君

赤澤 亮正君 秋本 真利君

井野 俊郎君 奥野 信亮君

門 博文君 菅家 一郎君

木村 弥生君 城内 実君

鈴木 貴子君 鈴木 隼人君

辻 清人君 野中 厚君

藤原 崇君 古田 圭一君

宮川　典子君　　宮路　拓馬君

山田　賢司君　　吉野　正芳君

若狭　　勝君　　枝野　幸男君

階　　　猛君　　山尾志桜里君

大口　善徳君　　吉田　宣弘君

畑野　君枝君　　藤野　保史君

木下　智彦君　　上西小百合君

……………………………………

法務大臣　　金田　勝年君

法務副大臣　　盛山　正仁君

法務大臣政務官　　井野　俊郎君

政府参考人

（金融庁総務企画局審議官）　水口　　純君

政府参考人

（法務省民事局長）　小川　秀樹君

政府参考人

（中小企業庁事業環境部長）　吉野　恭司君

法務委員会専門員　　矢部　明宏君

―――――――――――――

委員の異動

十二月一日

辞任　補欠選任

赤澤　亮正君　山下　貴司君

同日

辞任　補欠選任

山下　貴司君　赤澤　亮正君

同月二日

辞任　補欠選任

安藤　　裕君　木村　弥生君

門　　博文君　秋本　真利君

宮路　拓馬君　鈴木　隼人君

同日

辞任　補欠選任

秋本　真利君　門　　博文君

木村　弥生君　安藤　　裕君

鈴木　隼人君　宮路　拓馬君

――――――――――――――

本日の会議に付した案件

政府参考人出頭要求に関する件

民法の一部を改正する法律案（内閣提出、第189回国会閣法第63号）

民法の一部を改正する法律の施行に伴う関係法律の整備等に関する法律案（内閣提出、第189回国会閣法第64号）

————◇—————

○鈴木委員長 これより会議を開きます。

第189回国会、内閣提出、**民法の一部を改正する法律案及び民法の一部を改正する法律の施行に伴う関係法律の整備等に関する法律案の両案を一括して議題**といたします。

この際、お諮りいたします。

両案審査のため、本日、政府参考人として**金融庁総務企画局審議官水口純君、法務省民事局長小川秀樹君**及び**中小企業庁事業環境部長吉野恭司君**の出席を求め、説明を聴取いたしたいと存じますが、御異議ありませんか。

〔「異議なし」と呼ぶ者あり〕

○鈴木委員長 御異議なしと認めます。よって、そのように決しました。

———————————————

○鈴木委員長 質疑の申し出がありますので、順次これを許します。**宮路拓馬君。**

○宮路委員 委員の皆様方、おはようございます。私、**自由民主党の宮路拓馬**でございます。

民法改正案について、初めて質問をさせていただきます。

私、一応、大学の法学部を出ております。ただ、当時、民法というものがこの世からなければどれほどいいことかと思って、大分苦労したことが思い出されます。そんな私が今こうして民法改正案の質疑の場に立っているということは、何というか、世の中何があるかわからないなと。

ただ、今回こうして民法改正案というのを改めて見てみますと、消滅時効、法定利率、保証あるいは意思能力、かつての記憶がおぼろげに思い返されるところでありますが、ああ、そういうこともあったなと思うとともに、しかし、こうして、私も間もなく37歳を迎えます、12月6日が誕生日でございますので、30数年生きてくると、社会というのが徐々にわかってくるものでございまして、民法というのがどれだけ我々の生活に直接あるいは間接的に影響しているのかということがよくわかるようになった、そういうことも改めて感じた次第でございます。ちょっと、とうとうと私の思いを述べてしまいましたが。

まず最初に、先日の参考人質疑で、**法案に反対の立場の方、加藤参考人**から触れられていた点についてまずお伺いしたいと思います。

今回の改正法案では、**債務不履行による損害賠償の要件を定めた民法第４１５条**、これも改正対象になっているというふうに考えております。この条文の改正については、先日も各参考人が異なる評価をされていたところでございますので、この点について少し詳しく説明をしていただければと思っております。

まず、改めて改正法案の内容について確認をさせていただきます。

改正法案では、第４１５条で定める債務不履行による損害賠償の基本的な要件について、今回どのような改正が行われているのかについてお伺いしたいと思います。

○小川政府参考人　お答えいたします。

債務不履行の損害賠償に関します現行法の４１５条は、履行不能の場合に限って、債務者に帰責事由がなければ責任を負わない旨を規定しておりますが、**判例は、履行遅滞など履行不能以外の債務不履行についても、債務者に帰責事由がないことによる免責を認めております。**

そこで、改正法案においては、まず、この判例の解釈に従いまして、履行不能とそれ以外の債務不履行を区別することなく、債務不履行全体について、債務者に帰責事由がない場合に債務者は損害賠償責任を免れる旨の規定を設けまして、債務者に帰責事由がないことが損害賠償責任を免責する要件であることを明確化することとしております。

また、現在の裁判実務におきましては、帰責事由の有無は、給付の内容や不履行の態様から一律に定まるものではなく、個々の取引関係に即して、契約の性質、契約の目的、契約の締結に至る経緯などの、債務の発生原因となりました契約などに関する諸事情を考慮し、あわせて、取引に関して形成された社会通念をも勘案して判断されております。

そこで、改正法案におきましては、このような帰責事由の判断の枠組みを明確化するため、帰責事由の有無は契約その他の当該債務の発生原因及び取引上の社会通念に照らして判断されることを明文化することとしております。

○宮路委員　ただいまの答弁を聞いておりますと、先日、**加藤参考人**は、今回の改正によって**債務不履行による損害賠償の基本的な枠組みが大きく変わるのではないか**という指摘もされていたところでございましたけれども、ほかの参考人の方々から、そういうことはないのではないかという評価もございました。私も、裁判実務、あるいはこれまでのそうした取引の実務をしっかり明文化したにすぎないものではないかというふうに思っております。

ただ、一方で、そうしたことに懸念を抱いている方がいらっしゃる、しかも法律の専門家にということもまた事実でございますので、その点について、しっかりと今後とも国として説明を果たしていただきたいというふうに思っております。

それでは次に、これまでの審議でもかなり多く取り上げられてきております**第三者保証の問題**についてお伺いしてまいりたいと思います。

これまでの審議の中では、**第三者保証を禁止すべきか、それとも公証人の意思確認で足りるのかという点が問題となってきております。**そこで、改めて、第三者保証について、これを今回、全面的に禁止せずに、**公証人の意思確認手続**をすることとした理由についてお伺いしたいと思います。

○盛山副大臣　宮路委員から冒頭御発言がありましたけれども、私も実は法律が嫌いでございまして、法学部なんですが、政治学科というところにおったわけでございますけれども、私がこうやって民法を担当して御答弁していいのかなと思いながら御答弁をさせていただきます。

法制審議会における審議の過程では、事業のために負担した貸し金等債務をいわゆる経営者以外の第三者が保証することについて、**これを全面的に禁止すべきであるかどうか**について検討が行われました。しかしながら、第三者保証の中には個人が自発的に保証するものなどが現に存在するため、第三者保証を全て禁止することに対しましては、特に中小企業の資金調達に支障を生じさせ、金融閉塞を招くおそれがあるとの指摘が中小企業団体から強い意見として示されました。

そこで、改正法案の立案に当たりましては、中小企業の円滑な資金調達に支障が生じないようにしつつ、個人がリスクを十分に自覚せず安易に保証人になることを防止すべく、両者のバランスをとることが重要であると考えたものでございます。

そこで、**改正法案におきましては、第三者保証を全面的に禁止する措置は講じない**こととする一方で、保証人がその不利益を十分に自覚せず安易に保証契約を締結する事態を防止するための措置として、事業のために負担した貸し金等債務を保証する際には、原則として**公的機関である公証人による意思確認を経る**ということとしたものであります。

○宮路委員　ありがとうございます。

私の尊敬する盛山副大臣と同じ思いでこの場に立っているということに、改めて深い感銘を受けたところでございます。

これまでの審議の中で、公証人の意思確認手続を創設するとしても、その例外の範囲が適当かという議論もまたなされております。

法制審の議論においては、中小企業の意見を踏まえたものという説明がなされているようでありますけれども、そうはいいながらも、その意見を全て受け入れてきたわけでもないということも伺っているところでございます。

例えば、中小企業の意見の中では、事業承継予定者についても意思確認の対象から外すべきであるとされていたということも伺っておりますが、今回それを**意思確認の対象から外さなかった理由**をお伺いしたいと思います。

○小川政府参考人　お答えいたします。

法制審議会における検討の過程におきましては、今お話がありましたように、中小企業側からは、事業承継予定者について、金融庁の監督指針などにおいてもこれは一定の要件のもとで例外とされていることを踏まえ、公証人による意思確認の対象外とすべきであるという意見がございました。

しかし、事業を承継する予定であったとしても、いまだ主債務者の取締役などの地位にない以上は主債務の事業の状況を把握することができる立場にあるとは言いがたく、保証のリスクを十分に認識せずに保証契約を締結するおそれが定型的に低いとは言えないと考えられます。

そのため、改正法案におきましては、中小企業側の意見とは異なり、**事業承継予定者については、公証人による意思確認の対象外とはしないこととしております。**

○宮路委員　ありがとうございます。

それでは次に、この論点につきましてさらに御質問したいと思います。

これまた、これまでの議論の中で、特に**配偶者がその例外とされている**ことについて問題とする意見も多数聞かれたところでございます。今回、個人事業主の配偶者について、公証人の意思確認手続の例外とした理由を詳しくお聞かせいただければと思います。

○小川政府参考人　改正法案の検討の過程におきましては、**個人事業主の配偶者を公証人による意思確認の手続の例外とするのが適切かについて**、さまざまな意見がございました。

その中でも、中小企業団体あるいは金融機関からは、主債務者が法人であるかあるいは個人事業主であるかを問わず、主債務の事業に現に従事する配偶者については、経営者との経済的一体性や経営の規律づけの観点から保証人となることに合理性があり、現に金融庁の監督指針などにおいても例外的に保証を求めることが許容されていることを踏まえ、公証人による意思確認の手続の例外とすべきであるという強い意見がございました。

しかし、改正法案におきましては、**その例外とすべき配偶者の範囲**といたしましては、法人である事業者の代表取締役の配偶者などは含めないこととし、あくまでも個人事業者の配偶者であって事業に現に従事している者に限定して例外扱いをすることとしております。

個人が事業を営んでいる場合には、その個人の財産がその事業に供され、かつ、その利益はその個人に帰属することとなりますが、その個人事業主が婚姻しているときは、事業に供した個人の財産及び個人が得た利益は、その配偶者とともに形成した夫婦の共同財産であると評価されるものでございます。そして、夫婦の共同財産が事業に供されるだけでなく、その配偶者がその事業に現に従事しているのであれば、事業を共同で行う契約などが夫婦間に存在せず、共同事業者の関係にあるとまでは言いがたい事例であっても、財産や労務を事業に投下し、他方で利益の分配を受けているという点におきまして、実質的には個人事業主と共同して事業を行っているのとこれは類似する状態にあると評価することができようかと思います。

そういたしますと、**個人事業主の事業に現に従事している配偶者は、その個人事業主の事業の成否に強い利害関係を有し、その状況を把握することができる立場にあると言えようかと思います。**

他方で、先ほど挙げました、法人が事業を行っている場合におけるその法人の代表者などの配偶者ということにつきましては、今申し上げましたような意思確認の手続の例外とすべき実質的な事情は存在しないと考えられるところでございます。

このように、改正法案におきましては、中小企業などの実情も踏まえた上で、保証のリスクを認識せずに保証人となるといった被害を防止するという公証人による意思確認手続創設の趣旨に鑑みまして、**個人事業主の配偶者についてのみ、かつ、あくまでも事業に現に従事している配偶者に限定して意思確認手続の例外としたもの**でありまして、合理的なものだというふうに考えております。

○宮路委員　ありがとうございます。

私も、やはり**保証人の保護という観点**、今回の法改正において非常に重要だと考えております。その中で、ただいまの答弁をお聞きいたしますと、事業に現に従事しているというその実体的な要件、これが非常に重要であると考えております。

今回の改正によって新たに設けられる、事業に現に従事しているという要件でございますが、これについてはどのように実際判断されることになるのかについてお伺いしたいと思います。

○小川政府参考人 お答えいたします。

御指摘ありましたとおり、改正法案におきまして個人事業主の配偶者を保証意思確認の例外としておりますが、それはあくまでも事業に現に従事している配偶者に限定されておりまして、この点は重要であるというふうに考えております。

すなわち、比較的零細であることが多い個人事業主の事業を前提といたしますと、現に事業に従事している配偶者であれば、その事業の状況などを把握することは十分に可能であると考えられるのでありまして、そうであるからこそ、先ほど申し上げましたように、保証意思の確認手続の例外とすることが許容されるというふうに考えております。

そして、以上申し上げましたような趣旨に照らしますと、現に事業に従事しているとは、文字どおり、保証契約の締結時においてその個人事業主が行う事業に実際に従事していると言えることが必要であると考えられます。したがいまして、例えば、単に書類上、事業に従事しているとされているだけではこれは足りませんし、また、保証契約の締結に際して一時的に従事したというようなものでも足りないというふうに考えております。

○宮路委員 相当程度、実質的に本当に保証人たり得るのかということが判断された上で、例外ということになろうかと思います。この点、やはり保護の観点からも非常に関心が寄せられる分野だと思いますので、この点についても、改めて、今回の改正案についての説明の中でしっかりと説明をしていただきたいというふうに思っております。

次に、これまでの質疑では余り話題に上っていなかった分野ではございますけれども、経済実務の観点からしても、債権譲渡に関する改正についても非常に重要であるというふうに考えております。そこで、今回の改正法案において、中小企業の資金調達の円滑化を図る観点から実施しようとしている施策についてこれから伺ってまいりたいと思います。

まず、将来債権の譲渡が可能であるということについて、今回規定を設けることとしたということでございますけれども、将来債権の譲渡、私も法学部時代、はてなでございました。この部分は、もともとその内容が一般市民の方には余りなじみがないものではないかと思っております。

そこで、将来債権の譲渡が可能であるということを明確にすることの意味、あるいは、これがどのような分野で実際利用されているのかについて、具体的にお聞かせいただければと思います。

○小川政府参考人 今お話ありました将来債権の譲渡と申しますのは、将来発生する債権を売買などによって譲渡し、またはこれを担保に供する目的で譲渡する、いわゆる譲渡担保のような場合を指すわけでございます。例えば、いわゆるゼネコンから継続的に仕事を受注しています下請会社が、金融機関から融資を受ける際に、融資後一年間に発生する請負代金債権を担保に供する目的で譲渡するといった例が将来債権の譲渡のされる場合として挙げられようかと思います。

もっとも、現行法におきましては、将来債権の譲渡が可能であることは条文上明確であるとは言えません。判例においては、かつては譲渡が可能な将来債権の範囲が制限的に解されていたものの、現在では、原則として将来債権の譲渡が可能であることは広く認められるに至っております。

将来債権の譲渡は、最近におきましては、先ほど例に挙げましたように、主として中小企業が将来の収益源であります売り掛け債権などを担保に資金を調達する手法として広く用いられるようになっております。従来、担保を設定する不動産を持たない中小企業は保証人を立てることによって資金調達を図ることが多かったわけでございますが、保証に依存しない融資慣行の確立が求められていることから、将来債権の譲渡は、企業の事業収益力に着目した資金調達の手法として脚光を浴びておりまして、利用が急激に増加しているものでございます。

そこで、改正法案では、将来債権の譲渡を安定的に行うことを可能とするという観点から、将来債権の譲渡が可能であるということを明らかにする旨の規定を設けることといたしました。

○宮路委員　今御説明いただいたとおり、保証に依存しないという観点から、最近は、将来債権の譲渡が中小企業の資金調達にとって非常に重要な意味を有してきているということであります。

そして、今回の改正案では、それに加えまして、そのような実情を踏まえて、中小企業の資金調達をより円滑に実施可能なものとするために、債権譲渡を禁止、制限する特約、これは譲渡禁止特約というふうに言われているものだと思っておりますが、それが当事者間でされていたとしても、その債権を譲渡することができるようにしたということもその内容であるということでございますが、これはどういうことなのか、なぜこのような改正を行うこととなったのか、この点についてお伺いしたいと思います。

○小川政府参考人　お答えいたします。

先ほど申し上げましたように、債権の譲渡による資金調達という手法は、主として中小企業の資金調達手法といたしまして重要な役割を果たしてきております。

しかし、現行法のもとでは、債権には、譲渡制限特約、あるいは譲渡禁止特約というふうに申しますが、こういった特約を付すことができまして、譲渡制限特約が付された債権の譲渡は無効であるというふうに解されております。

そのため、譲渡制限特約が付された債権を利用して資金調達を行おうとする債権者は、債務者の承諾を得た上で債権を譲渡する必要がありますが、実際には債務者の承諾を得ることができない場合が少なくないと言われております。

また、債権を譲り受けようとする側におきましても、譲渡制限特約の存在によって譲渡が無効となる可能性が払拭し切れないため、譲渡人の信用リスクをも勘案して債権の価値を算定せざるを得ないという問題もございます。

そこで、譲渡制限特約が資金調達の支障になっているという問題を解消する観点から、改正法案では、譲渡制限特約が付されていても、債権の譲渡の効力が妨げられないこととしております。

○宮路委員　今の御説明を伺っておりまして、やはり大学生時代の私には到底理解できないような世界だったのだなと改めて思った次第でございますが、その後、十数年を経て、私、今の答弁の内容が理解できるようになりました。経験というのは非常に大事なものであります。

ただいま、債権譲渡したい、そういう気持ちがあるというのはわかりますが、他方で、債務者にとっては、債権譲渡しないという合意をしていたのにそれが無視されてしまうことになってしまいます。この点についても改めてここでお伺いしたいと思っておりますが、今回の改正で、そうした譲渡禁止あるいは制限特約というものを設けておるその債務者に何か不都合が生じることはないのか、この点についてお伺いしたいと思います。

○小川政府参考人　お答えいたします。

債務者にとりましては、譲渡制限特約を付する目的は、これは主として、弁済の相手方を固定することにより見知らぬ第三者が債権者となるといった事態を防ぐことになりまして、その限度では、譲渡制限特約を付した債務者の期待は保護する必要があると考えられるところでございます。

そこで、譲り受け人が、譲渡制限特約がされたことを知り、重大な過失によって知らなかった場合、いわゆる悪意または重過失というふうに申し上げておきますが、この悪意または重過失がある場合には、債務者は、譲り受け人に対する債務の履行を拒むことができ、かつ、譲渡人に対する弁済等をもって譲り受け人に対抗することができるということとしております。

したがいまして、この規定のもとでは、譲渡制限特約について、悪意または重過失の譲り受け人との関係では、これは債務者は従前どおり譲渡人に対して弁済を続ければ足りるということになるのでありまして、先ほど申し上げました、債務者の期待は保護されているというところでございます。

○宮路委員 わかりました。

それでは次に、今回の改正によって、譲渡人に支払えば足りるとなりますと、いざその譲渡人が破産したといった場合には、譲り受け人の方は債権回収を図ることができないことにもなりかねません。譲渡人が破産した場合には譲り受け人としてはどのような対策をとることができるのかについて、またこの場でお聞きしたいと思います。

○小川政府参考人 改正法案のもとでは、譲渡制限特約について、悪意または重過失の譲り受け人は、債務者が譲渡人に対して弁済した金銭を譲渡人から受領することによって債権を回収するということが想定されているわけでございます。

もっとも、先ほど御指摘がありましたように、譲渡人が破産した場合には、譲り受け人は、譲渡人に対して弁済された金銭の全額を譲渡人から回収することができなくなる、そういうリスクがございます。債権譲渡を利用した資金調達の円滑化を図るためには、このようなリスクを除去するための措置を講じておく必要があると考えられるところでございます。

そこで、改正法案におきましては、譲渡制限特約が付された金銭債権が譲渡された後に、譲渡人について破産手続開始の決定があった場合には、譲り受け人は債務者にその金銭債権の全額に相当する金銭を供託させることができることとしております。この供託の請求がされた後は、債務者は譲渡人に対する弁済をもって譲り受け人に対抗することができないことになるわけでございます。

そして、この譲り受け人による供託の請求を受けて供託された金銭については、譲り受け人のみが手元に持ってくる、要するに還付を請求することができるとされておりますので、譲り受け人はその還付を受けることによりまして債権の全額を回収することができる、こういう仕組みを設けております。

○宮路委員 当然のことながら、よく練られたものでございまして、債務者に対する配慮も十分になされているということがよくわかりました。

ところで、**債務者の意向に反して譲渡制限特約が付されている債権を譲渡してしまうと、債務者から、譲渡禁止の特約に違反したことを口実に契約を解除されないか**という懸念もあったというふうに聞いております。なかなか細かいところまで皆さんよく行き届いているものだなと思ったわけでございますが、この点についてはどのように考えているのか、この場でお伺いしたいと思います。

○小川政府参考人 改正法案に対しましては、譲渡制限特約が付されている債権を譲渡したとしてもその効力は妨げられないことになるわけですが、譲渡人としては、債務者との関係で、特約に違反したことを理由として、今お話ありましたように契約を解除されるおそれがあるため、譲渡制限特約が付された債権を譲渡するのはやはり困難で、資金調達の円滑化にはつながらないのではないかという懸念も示されたところでございます。

しかし、改正法案におきましては、債務者が譲渡制限特約を付する場合の一般的な目的、すなわち弁済の相手方を固定する目的は達成することができるように、これは先ほど申しましたように弁済の、対抗するような措置をとっております。そういった配慮をした上で債権譲渡を有効としておりますので、譲渡制限特約が付された債権の譲渡は、必ずしも特約の趣旨に反するものではなく、特約違反を構成しないと見ることが可能でございます。

また、仮に特約違反になるとしても、債務者にとっては特段の不利益がないということになりますので、それにもかかわらず、債権譲渡を行ったことをもって取引関係の打ち切りですとか契約解除などを行うことは極めて合理性に乏しい行動と言えて、いわゆる権利濫用などに当たり得るものとも考えられます。

法務省といたしましては、この点を含めて改正法案の趣旨を広く周知し、譲渡制限特約に関する実務運用が改正法案の趣旨に沿ったものとなるよう努めていく所存でございまして、関係省庁や関係団体とも連携協力して、中小企業の資金調達の円滑化を進めるべく取り組んでまいりたいというふうに考えております。

○宮路委員 ありがとうございます。

今の論点を含めまして、今回の改正案、そのほか、消滅時効あるいは法定利率、これもこれまでの審議において各委員の方々から有益な質疑が行われたところでございますが、**その内容の周知が極めて重要である**と考えております。

民法というのは、これまで、債権法の分野は 120 年間大きな改正がなされてこなかったということ、これは、逆に言うと、それだけ定着しているということであります。それを変えるということですから、その周知について、非常に重要であるということであろうと思います。

参考人の方々も、このことについては、周知が大事だということで触れておられたところでございます。

最後に、大臣にお伺いしたいというふうに思っておりますが、この法案が成立した場合の周知について、法務省としてどのように取り組んでいくおつもりか、その決意をお聞かせいただきたいと思います。

○金田国務大臣 宮路委員から、限られた時間で非常に中身のある、第三者保証あるいは債権譲渡についていろいろ質問をいただきました。

そして、ただいまは、私がお答えすることになりますが、本法案が成立した場合の周知の重要性をおっしゃっています。そのとおりだと私も思っております。

改正法案は、民法の中で、債権関係の諸規定を全般的に見直すものであります。したがって、国民の日常生活や経済活動に広く影響を与え得るものでありますから、法律として成立をさせていただきました後は、その見直しの内容を国民に対して十分に周知する必要がある、このように私も考えている次第であります。

そこで、改正法案においては、近時の民事基本法の改正と比較しても長期の準備期間を確保するという趣旨で、改正法の施行の日を、原則として、公布の日から三年を超えない範囲内において政令で定める日としております。

法務省としては、改正法が適切に施行されますように、施行日までの間に、国民各層に対しまして効果的な周知、例えば、全国各地で説明会の開催を行ったり、あるいは法務省ホームページのより一層の活用を考えたり、あるいはわかりやすい解説の公表をするなど、そういった形で効果的な周知を実施するように努めていきたい、このように考えておるところであります。

○宮路委員 これまで、どちらかというと法務行政というのは国民にとってやや遠い存在だったのではないかと思いますが、金田大臣の力強いリーダーシップのもと、国民に近い法務行政ということで、周知の徹底をお願いしたいというふうに思っております。

これで質疑を終わらせていただきたいと思いますが、かつての民法の教授が私の今の姿を見たら何と思うか。（発言する者あり）ありがとうございます。

これで質問を終わらせていただきます。

○鈴木委員長 次に、逢坂誠二君。

○逢坂委員 民進党の逢坂誠二でございます。

北海道函館からやってまいりました。3時間ほど前までは風速30メートルぐらいで、時折ふぶいている状況だったんですが、この東京の青空のもとへ来ると、そういう厳しい情景を忘れてしまうというか、人間というのは随分勝手なものだなというふうに思っていますけれども。飛行機がおくれるかと思ったんですけれども、間に合いまして、本当によかったと思っています。

質問に入る前に、大学できちんと法律を学んだ先生方が、いや、実は大学時代に余り法律は得意でなかったとか、法律は好きじゃなかったという話をされるのは、私は御謙遜なんだというふうに思います。ただ、そういう声を立法府の一員である、国民の代表である国会議員が余りしゃべらない方がいいんじゃないかなという気は私は内心しないでもありません。

私は、逆に、大学では物理や化学や生物の勉強をしておりました。残念ながら、法律の勉強というのは教養のときにちょっとしかやっておりません。だから、法的な思考力という点では、大学でしっかり法の基礎を学んだ方に比べれば、私は相当劣ると思っています。だけれども、立法府にいる国民の代表として、私の持てる力の限りこの立法という仕事を私なりの観点でやはりやっていきたい、そう思っておりますので……（発言する者あり）ありがとうございます。よろしくお願いしたいと思います。

それで、きょうは、**改正民法の 465 条の 6**、主にここについてちょっと話をしたいというふうに思います。

この間もこの保証の問題は複数の先生がお話しなさいましたし、それから参考人の方からも話がございました。今回の民法改正の１つの大きな柱だろうというふうに思います。

今回、**事業に関係のない個人が保証人になる**ということについて、**公正証書を作成**することで保証人になることの意思をしっかり確認しようということではありますが、私は、これまでの議論を聞いていて、今回のことで何が改善されるかなと思うと、軽率だったり安易だったりする保証人、こういうものは相当程度減っていくだろう、簡単な気持ちで、おお、いいぞ、俺、保証やってやるよなんというのはなくなるかもしれないというふうに思います。

しかしながら、よく専門用語で言う**情義性**、要するに、どうしてもいろいろな人間関係の中で保証せざるを得ないとか、あるいは、取引の都合上、ああ、あの社長のところだったら保証しなきゃならないかななんていう**情義性、この部分については、残念ながら今回の改正でもクリアすることはできない、解決することはできないのではないか**というふうに思います。

それからもう１つが、これは根源的な問題でありますけれども、**そもそも保証人が保証能力があるのかどうか**という点についても、必ずしも今回の改正だけではクリアできないなというふうに思います。

それから、私の経験の中で、保証人、特に個人で保証する方の問題で多いのは、お一人で幾つもの保証をされている方がいらっしゃるというようなこと、それから、相互に保証し合っている関係があったりすること、あるいは、相対の相互ではなくて、複数人の間で保証を持ち合いしているといいましょうか、そういうケースが結構散見されるわけでありますけれども、そういうことについても今回の法改正では必ずしもクリアできないだろうというふうに思います。

ただ、安易、軽率な保証行為、これがある一定程度抑制されるだろうというふうには思いますが、それにしても、もう少し丁寧にいろいろなことを確認しておかなければいけないな、そんな思いでおります。

なぜ私がこんなことを言うかというと、実は、私の実家は小さな商売をやっておりました。まさに父と母で仕事をしているような商売でありました。そのときに、運転資金を借りるということで、私の知らない間に、実は私が保証人になっていたということがございました。私が保証人になっていた。そのことで父ともめました。何で勝手にやるんだと。おまえ、いいじゃないか、どうせちゃんと返すんだからと。それはもちろん返してもらわなければ困るわけでありますけれども、でも、そんなことが実は世間で当たり前のようにあったのがかつてでありました。

それから、私の知り合いの農家の息子さん、この方もやはり、お父さんがその息子さんに無断で保証人にした。そこは我が家と違って、残念ながら離農せざるを得なかった。その息子さんの人生はもう、一生を棒に振ると言うと言い過ぎかもしれませんが、父の借金を返すためだけに20年も30年も働いているという実態があります。

だから、そういう経験を踏まえると、やはりここはちょっと丁寧にやらなきゃいけないなというふうに思っています。

それから、加えて、相互に保証し合っているということがあるために、ある一軒がおかしくなったら地域全体が、みんなが倒れてしまったというケースも私なりに体験をさせていただきましたし、そのことによってみずから命を絶った方というのも、私の仕事の中でもいらっしゃいました。そういう経験も踏まえて、保証のところを少し詳しく聞かせていただきたいと思います。

まず、法務省にお伺いします。

事業に関係のない個人が保証をすること、いわゆる第三者保証という言い方をするんだと思いますが、これの課題、問題点というのはどういうところにあると見ていますでしょうか。

○小川政府参考人　お答えいたします。

保証契約は個人的な情義などに基づいて行われることが多いことや、保証契約の締結

の際には保証人が現実に履行を求められることになるかどうかが不確定であることもあって、保証人の中には、そのリスクを十分に自覚せず安易に保証契約を締結してしまう者が少なくないことなどが指摘されております。このような問題は、とりわけ、経営者以外の第三者が保証人となるケースにおいて顕著であると承知しております。

もっとも、第三者保証の中には、個人の投資家が事業の支援として自発的に保証することなども現に存在しているものと承知しております。このため、第三者保証を全て禁止することに対しては、特に**中小企業の円滑な資金調達に支障を生じさせ、金融閉塞を招くおそれがあるとの指摘が中小企業団体からの強い意見として示されており**まして、この意見も重く受けとめる必要があると考えております。

第三者保証のあり方を検討するに当たりましては、これらの相反する要請をどのようにバランスのとれたものとしていくか、これが重要な課題であるというふうに認識しております。

○逢坂委員　第三者保証を全部禁止すると金融閉塞が起こるんだ、それから、個人の意思に基づいて投資をしようという人もいるんだということでありましたけれども、これは通告していませんけれども、個人の意思によって投資をしようという人は、全体の割合からするとそんなに多くなかったですよね。どうでしたか。通告していないですけれども。

○小川政府参考人　お答えいたします。

数的には多くないことは承知しております。

○逢坂委員　だから、個人の意思に基づいてやる投資家がいるから金融閉塞が起こるんだということは、私は必ずしもそうではないのではないかという気がするわけであります。だから、**原則禁止にして、そういうところだけを例外的に残すという方法はある**んだというふうに私は感ずるわけであります。それはちょっと、またこの後の議論で話をしていきたいと思いますが。

それでは、**現在の第三者保証の件数**というんでしょうか、これはどの程度かということはわかりますでしょうか。**金融庁**にも来ていただいておりますので。

○水口政府参考人　お答え申し上げます。

金融庁では、全ての金融機関における第三者保証の徴求状況というのは網羅的には把握してございませんけれども、幾つかの金融機関とのヒアリングの際に確認したところでは、監督指針の改正以降におきまして、いわゆる、**経営に実質的に関与していない第三者による自発的な意思に基づく申し出によりまして個人連帯保証契約というのを締結しているケースは、ほとんどない**、もしくはまれであったということでございます。

○逢坂委員　今の金融庁の話、改めて確認をさせていただきたいんですが、**個人の自発的な意思に基づく保証**という言い方をされたかと思うんですけれども、それは、いわゆる**エンジェル**とか言われる、そういうもののことを言っているんでしょうか、それとも、どういうことを言っているんでしょうか。

○水口政府参考人　お答えいたします。

監督指針におきまして、今申し上げました、**みずから連帯保証の申し出を行った方**という趣旨で申し上げたものでございます。

○逢坂委員　それでは、みずから連帯保証の申し出を行っていない、要するに、みずからは行わないけれども、お願いされてなった方は含まれていない、そういう意味でしょうか。

○水口政府参考人　そこは含まれてございません。

○逢坂委員　わかりました。

びっくりしました。金融庁の答弁のとおりだったら、これは**立法事実がない**ということになってしまうものですから、ちょっとどきどきしました。

法務省に、それじゃ改めてお伺いしますけれども、立法事実はあるんですよね。要するに、今回の465条の6に該当するような、今回はその人たちは公正証書をつくるということになっているわけでありますけれども、この法が改正される以前にこの対象になるような人はいるということですよね。

○小川政府参考人　もちろんいらっしゃいます。

私どもの方としても、今お話がありましたように網羅的に承知しているわけではございませんが、これは、平成25年6月10日の参議院法務委員会におきまして、当時の全国地方銀行協会の会長行であります千葉銀行の方から、自行の個人保証の徴求状況について、個人連帯保証契約先約3万3000のうち、経営に実質的に関与している第三者は約3500、それから経営に実質的に関与していない第三者は 55 というふうになっておりますが、この経営に実質的に関与していないというのも、**代表取締役を退いた会長や取締役を退いた実質オーナーなど、経営に実質的に関与している第三者**として計上しておりますので、これら3500ですとか55につきましては、今回の改正案によりますと、支配株主であるような場合を除きますと、**原則として意思確認の手続の対象になるということでございます。**

○逢坂委員　ちょっと冒頭聞き逃したんですが、民事局長、今の、最初に言った3万3000というのは、銀行協会の何と言いましたでしょうか。

○小川政府参考人　これは、**参議院の法務委員会での参考人質疑**におきまして、当時の全国地方銀行協会の会長行であります千葉銀行が呼ばれておりまして、その担当者の方から、改めて申し上げますと、いわゆる経営者本人保証を含む個人保証全体の件数は約3万3000件である、そのうち、自発的な意思に基づく申し出によって、経営に実質的に関与していない第三者が保証人となっているものは約55件、それから、代表取締役を退いた会長や取締役を退いた実質オーナーなど経営に実質的に関与している第三者が保証となっているものは約3500件。要するに、第三者保証の類型として、今申し上げました55件と3500件ということを言われています。

その3500件の方、我々の仕切り方と若干違いますので、改めて説明いたしますと、代表取締役を退いた会長ですとか取締役を退いた実質オーナーであっても、この方は、例えば支配株主であるというような要件を満たさない限りは今回の意思確認の手続の対象になるという類型であると考えております。

○逢坂委員　それで、3万3000と母数を千葉銀行の方がおっしゃったということでありますけれども、その3500と55以外というのは、それはどういうことなんでしょうか。どういうふうに法務省では見ているんでしょうか。

○小川政府参考人　済みません、私の説明が不十分でございました。

要するに、千葉銀行が自分の銀行の個人保証の徴求状況を説明した文脈でございます。個人連帯保証契約先が約3万3000あって、今申し上げました55ですとか3500の類型以外は経営者本人保証、個人保証全体の件数として3万3000件でございますので、その余のものは経営者本人保証というふうにお考えいただければと思います。

○逢坂委員　わかりました。

それでは、千葉銀行さんを例にとれば、大体3000件強が今回の公正証書作成の対象になり得る可能性があるということ、そのように理解をしましたけれども、よろしいですか。55だけですか。

○小川政府参考人　先ほど申し上げましたが、この類型が私どもの方の類型と必ずしもマッチしているわけじゃないんですが、代表取締役を退いた会長や取締役を退いた実質オーナーなども、これは第三者保証の類型でございます。

したがいまして、自発的な意思に基づく申し出によって、経営に実質的に関与していない第三者が保証人となっているものという類型で55件、もう1つの第三者保証の類型として、代表取締役を退いた会長や取締役を退いた実質オーナーなどが第三者として保証人となっているものが約3500件ということでございますので、先ほどから申し上げていますように、支配株主であるような場合は若干でこぼこがございますが、全体としますと、この合計の3555件というのがいわゆる第三者保証であるというふうに理解しております。

○逢坂委員 私が何でこんな話をするかというと、**立法事実がどれぐらいあるか**ということをやはり確認する必要があると思うんですね。

法務省として、これは、今回の件でどの程度の数があるかという推計、累計みたいなことというのは必ずしもやられておらないんでしょうか。

○小川政府参考人 お答えいたします。

私どもといたしましても状況について詳細に承知しているというわけではないということでございますが、先ほど申し上げました千葉銀行の例をもとにして一定の試算をしております。

この千葉銀行の件数は、当時の、平成25年段階での一時点において継続している保証の総数を述べたものでありまして、1年ごとに新規に締結される保証契約の件数はこの数値よりも低くなるわけでございます。

一般に、1件当たりの保証期間をどの程度のものとして保証契約が締結されるかは定かではございませんが、事業性の融資の多数を占めると考えられます貸金等根保証契約については、その保証期間が法律上最大で5年とされていることを踏まえますと、**5年に1度は保証契約が締結し直されているものと考えております。**そういたしますと、1年ごとに新規に締結される保証契約の件数は、ある一時点における総数の5分の1というふうに仮定できようかと思います。要するに、5年分が累積して先ほどの数になっておりますので。

その上で、これは千葉銀行の貸出残高と、都市銀行や地方銀行、信用金庫などの貸出残高の合計額とを対比いたしまして、**保証契約の件数**を推計いたしました。この結果として、先ほどの2つの類型の合計として、全体として予想される、ここで言う**第三者保証として考えておりますのが4万数千件**というところでございます。

以上申し上げましたのが、私どもが行いました試算でございます。

○逢坂委員 4万数千件というのは日本全体でということで、改めて確認していいんでしょうか。うなずいておりますので、そういうこと……。どうぞ答弁ください。

○小川政府参考人 先ほど申しましたように、千葉銀行の貸出残高と全国のいわゆる金融機関の貸出残高との合計額を対比して、掛け算いたしましたので、**これは全国の数字**というふうに理解しております。

○逢坂委員 金融庁にはこれは通告していないんですけれども、今言ったような形での数字みたいなものは、**金融庁としては何らか把握しているものはあるんでしょうか**。あればある、なければないで構わないんですけれども。

○水口政府参考人 お答えします。

金融庁としては特段把握してございません。

○逢坂委員 では、金融庁に改めて問いたいんですけれども、**金融庁はこの間ずっと、この第三者保証というものを縮小する方向で頑張ってこられたというふうに認識**をしているんですが、これを最初やるときにどの程度の件数があって、それをどういう程度縮小しようとか、そういう目標が必ずしも金融庁はあったわけではないという理解でよろしいんでしょうか。

○水口政府参考人 お答えします。

あらかじめの目標というのは特にございません。

○逢坂委員 私、ちょっと、今、正直申し上げまして愕然としているんですが、こういう法改正をするからには、どの程度の件数があってというようなことはやはりしっかり把握をした上で、立法事実がこうである、しかも、今回の手だてを講ずることによってそれがどの程度減ぜられるのかということをやはりしっかり把握した上で法改正しないと、何となくやったようには見えているけれども、本当に効果があったのかどうかというのは私はわからないということになってしまうんじゃないかなという気がするんですね。

それと、もう１つは、実務を考えてみたときに、これから公正証書をつくっていただくわけですから、**実際に全国の公証人役場がそれを引き受け切れるぐらいの量なのか**、あるいは全体の業務量からいって全くそれは取るに足らない量なのか、そのことも今の話からすると予定していないように思えてならないんですけれども、この辺、もうちょっとお話を聞かせていただきたいと思います。

それじゃ、金融庁は、この間、第三者保証のさまざまな問題というのは改善されているという認識であろうとは思うんですけれども、何をもって改善されているという判断をしているんですか。

○水口政府参考人 お答えいたします。

どの程度改善されているかとお尋ねでございますけれども、今回の民法改正案にございましては、保証人になろうとする者による保証意思というのを公証人が確認するということが求められていると承知してございます。

こうした**保証意思の確認の手続**によりまして、**第三者が連帯保証契約を締結することに対してより一層慎重になるという効果は考えられます**けれども、その結果、第三者保証がどの程度減少するかについてお答えすることはなかなかちょっと困難でございます。

ただ、金融庁としましては、金融機関が個人保証に依存しない融資を一層促していくことが重要だというふうに考えてございまして、モニタリング等を通じて金融機関にさらに取り組みを促していきたいと思っております。

○逢坂委員　正直なところ、驚きました。

私は、今回のこの改正を必ずしも否定的に思っているわけではないんです。ただ、**もう少し緻密な見通し**があってやっているのかなと思ったんですけれども。

今回の改正によって、私が冒頭に言ったとおり、軽率で安易な保証というのは、それには抑止がかかる可能性は非常に高いというふうに思っています。ただ、情義性とか、そもそもの保証能力の問題については、これはクリアできないだろうという話をさせていただいたんですが、必ずしも立法事実を把握しておらないということと同時に、今回の法改正による効果についても余り何か強く感じておらないというのはちょっと意外でありました。

逆に言うならば、それでは、問題になる**第三者保証**というのは少ないという見方なのかどうか。ちょっとその辺はお答えづらいと思いますので聞きませんけれども。

私はそうではないんだと思うんですね。これぐらいの改正をやるからには、もっとそのあたりをちゃんと調べて、全国的に、千葉銀行だけではなくて**事実をもっと調べてやらないと、本当に出発点があやふやだというふうに思います。**これは批判せざるを得ません。ちょっと驚きました。

それでは次に、**現在の公証人役場の公正証書の作成件数**というのはどれぐらいになるでしょうか。

○小川政府参考人　**平成27年の公正証書の作成件数は約22万件**でございます。

○逢坂委員　**22万件公正証書が作成されている。**今回、それでは新たな、民法のこの公正証書の作成ということが保証人について出た場合には、それがどのぐらいふえるというふうに見込んでいるんでしょうか。

○小川政府参考人　先ほど申し上げましたように、私どもの試算では**1年間当たりで4万**

数千件、先ほども言いましたように若干含まれないものも入っているかもしれませんが、多目に見積もって4万数千件。もちろん、一定の数の減少が25年から続いている可能性はあると思いますので、やや変動的な要素があろうかと思いますが、差し当たって4万数千件程度の増が考えられるのではないかというふうに思っております。

○逢坂委員 4万数千件程度、多目に見積もってという発言がありましたけれども、私は、そこはそのまましゃべっていいのかなという気が内心しないでもないんですが、であるならば、公正証書作成業務という観点でいえば、全体の枚数のうち2割弱仕事がふえるという理解でよろしいんでしょうか。

○小川政府参考人 公証人の業務はもちろん公正証書作成だけではございませんが、公正証書作成という観点から見れば御指摘のとおりだと思います。

○逢坂委員 それで、現在、公証人役場というのは全国に300ぐらいある、それから公証人の方は500人ぐらいいるというふうに承知をしているんですが、これに間違いがないかどうかと、仮に4万ふえたとしても、現在の体制のままでそれは十分業務としてはやれる、そういう認識でいるということでありましょうか。

○小川政府参考人 お答えいたします。

本日現在で**公証人の現在員は497名**でございます。役場の数は286カ所でございます。

公正証書の増加数と、それに伴う対応の可否ということでございますが、先ほど申し上げましたように、本日時点での公証人の数は497人でございまして、先ほど、見込まれる件数を申し上げましたが、現在の公証人の数で割りますと、1人当たりの増加する事件数は、多くて年間約100件程度というふうに見込んでおります。

そして、先ほど公正証書につきましては22万件というふうに申し上げましたが、公証人の仕事はそれ以外にも多数ございます。公正証書の作成のほかにも定款認証、私署証書の認証、確定日付といったものが主要な業務でございます。これらを合計いたしますと年間103万件程度ございまして、これを1人当たりで見ますと年間2100件程度の事件を扱っていることになります。

先ほど申し上げましたように、公正証書の増加という観点から見ますと、年間百件程度の増加であれば、現在の公証役場の体制で差し当たっては対応することが可能であるというふうに考えております。

もっとも、これは、公証に対する需要が今後とも高まっていくことが予想されますし、この保証意思宣明公正証書は非常に重要なものでございますので、その推移などを見定めながら、公証人を適切に配置するように努めてまいる所存でございます。

○逢坂委員 仮に4万という推計が正しければ、多分それはそのとおりなんだろうなというふうに聞いて、私は若干安心はいたしました。

ただ、やはり一番問題になるのは、出発点である4万というところが本当にそうなのかどうかというところは、多分かつてに比べれば第三者保証というのは減っているんだろうというふうには思うんですが、せっかくこういう議論をするからには、法務省としては、あるいは金融庁もそうなのかもしれませんけれども、もう少し立法事実のところを丁寧に拾っておけば、この30分はこんなに時間がかからなかったなというふうに思います。

でも、ここは結構私は大事だと思うんですよ。**どの程度の方がお困りになっている、その対象の母集団でいるのかどうかということをしっかり考えておかないと**、対応、対策をせっかくとっても、いや、余り効果がなかったねということになると、これほどエネルギーをかけてやっていることが水の泡になってしまう可能性があるなというふうに思っています。

そこで、実は公証人役場というところは、多くの方々はそんなに行ったことがないんじゃないかと、私は勝手にそう思っているんですけれども、これは感覚で結構なんですが、法務省は公証人役場も所管をしていると思うんですけれども、感覚として、敷居は高いんでしょうか、割とどなたでもどうぞという感じなんでしょうか。そういうところというのはどう、民事局長の感想で構わないので。

○小川政府参考人 私も、いわゆる公証役場に何度か仕事の関係で伺うようなことがございますが、もちろん、都会にあります公証役場はいかにもオフィスという感じでございまして、よくある事務所と同じような形態のものでございます。他方、地方の方に行きますと、比較的小規模な、ビルの何階かに事務所を構えているというようなところがございまして、雰囲気はさまざまでございます。

かつては恐らく敷居が高かったと思われますが、最近は遺言公正証書など非常にふえてきておりますので、一般の方からも近いものになってきているのではないかというふうに感じております。

○逢坂委員 午前中は終わります。

○鈴木委員長 午後1時から委員会を再開することとし、この際、休憩いたします。

午後0時31分休憩

――――◇―――――

午後１時開議

○鈴木委員長　休憩前に引き続き会議を開きます。

質疑を続行いたします。逢坂誠二君。

○逢坂委員　逢坂でございます。

それでは、午前中に引き続いて質問させていただきます。

午前中の質疑の中で、今回の465条の6の立法事実が私は薄弱だとは思いません。立法事実はあるんだと思います、いろいろ困っている方がたくさんいらっしゃいますから。だが、法務省の立法事実の把握はちょっと甘いというふうに私は感じました。

さてそこで、金融庁の方にも午後も引き続きお座りいただきまして、本当にありがとうございます。この間、金融庁も第三者保証というものをだんだん狭めていこう、減らしていこうという取り組みをされてきたことはわかるんですが、個人の事業主は、第三者保証がどんどん減ってくるということになったら、将来的に、どういう形で金融機関に信用を担保するということになるんでしょうか。例えば信用保証協会というようなものがあったり、あと、それ以外ではどういう形になるのかというところを、もし金融庁の方でわかれば教えていただきたい。どんな姿を目指しているのか。

○水口政府参考人　お答えいたします。

先生お尋ねの機関保証がどのようになるかというお話でもあったと存じますけれども、金融庁としましては、金融機関に対しまして、第三者保証に限らず保証に過度に依存することなく、取引先企業の事業内容ですとか成長可能性等も適切に評価して融資等を行うよう促してきておりまして、今後ともモニタリングを通じて金融機関のそういう取り組みを促していきたい、そういう方向性で今考えてございます。

○逢坂委員　私が最近ちょっと実務から遠ざかっているので現場に疎いのかもしれないんですけれども、ということは、例えば信用保証協会なんかを使うということもあるけれども、それを使わないで個人事業主にお金を貸すというケースもあり得るということですか。その個人事業主の信用度合いが高ければそういう方向だということなんでしょうか。

○水口政府参考人　お答えします。

先ほども申し上げましたけれども、**金融庁としては、いわゆる担保、保証に依存することなく、取引先の企業の内容もしくは成長可能性なんかも勘案しながら融資が行われるように金融機関に促しており**まして、その取り組みをさらに促してまいりたいということでございます。

○逢坂委員 もう一言だけちょっと。私は頭の中でイメージできないんです。

ということは、金融庁が目指している姿というのは、第三者保証はどんどん少なくなっていったらいいなということは、それはそれでいいんです。だけれども、では個人事業主にお金を貸すときに、本人に信用力があれば、それは保証というものがない形というのもある種の理想だと考えているということなんでしょうか。

○水口政府参考人 お答えします。

担保、保証に過度に依存することなく、まさに企業の内容ですとか成長可能性ですとか、そういうものを金融機関が見てきちっと融資できるようにということを今促してございまして、その取り組みというのを促してまいりたいということでございます。

そういう意味では、担保、保証というのに過度に依存することなく金融機関が債務者企業の状況を見て融資できるようにしていきたいとしてきておりまして、今後ともそうしていきたいと思ってございます。

○逢坂委員 いや、確かに言っていることはわかるけれども、それで金融機関は納得するのかなという気がしないでもないんですが、この問題はきょうの本質ではないので、後でまたちょっと。

いやいや、言っているのは私は優等生の答弁だと思いますよ。だけれども、**それで現実社会が回っていくのかどうか。**というか、金融機関はそれで、いや、確かに調べましたよ、これはいいですね、でもここは悪いですね、悪いから保証をつけてほしいということに一般的にはなるような気はするんですけれども、そこについては排除していないんですよね。第三者保証はだんだん減らしていきたいけれども、保証をつけるということについては排除していないということでいいんですね。

○水口政府参考人 お答えします。

保証、担保をとってはいけないということではもちろんございませんで、過度に依存することなく、取引企業の事業内容、将来性をきちっと見るような融資をしていただきたいというふうに促しておるということでございます。

○逢坂委員 この業界というか、この類いの議論というのは、何となく、言葉だけ聞いていると、ああなるほどなと思いがちなところは多いんですけれども、実務を頭に思い浮かべると、何か現実と合っていないような話のところがあるような気がしてしようがないんですね。

金融庁に対する質問はきょうはこれで終わりたいと思います。午後まで引きとめて大変申しわけございませんでした。これからもまたどこかでお話を聞かせてもらうと思いますので、きょうのところはありがとうございました。

それじゃ次、また法務省にお伺いしますけれども、公正証書の話にもう1回戻ります。

今回のこの改正民法による公正証書をつくろうとすれば、これはお金は当然かかるわけですね。

○小川政府参考人 公証業務につきましては手数料をいただくということになっておりますので、今回の**保証意思宣明公正証書につきましても手数料**をいただく予定でございます。（逢坂委員「お幾らですか」と呼ぶ）**1万1000円の予定**でございます。

○逢坂委員 1万1000円の手数料をかけて公正証書をつくってもらって保証人になる、その1万1000円は事実上誰が負担するのかはともかくとして、公証人役場へ行ったときは、**その保証人になる人がきっと基本的には払わざるを得ない**のだろうというふうに推測しております。

さてそこで、**公正証書のつくり方**なんですけれども、これは、法律によれば、保証人になる本人が幾つかの事項を、**「公証人が、保証人になろうとする者の口述を筆記し、これを保証人になろうとする者に読み聞かせ、又は閲覧させること。」**、そして**「保証人になろうとする者が、筆記の正確なことを承認した後、署名し、印を押すこと。」**ということで、これで公正証書をつくることになっているんです。

保証人になろうという人、今回保護をしなければならない保証人という方は、きっと、もしかすると余り法律事項に詳しくないとか、あるいは、そもそもそういうことにふなれな人という方が、場合によっては保護されなければならない人だと思うんですけれども、この「保証人になろうとする者」が例えば上手に伝えられないとかというような場合は、**代理の公正証書の作成というのは認められるんでしょうか。**

○小川政府参考人 お答えいたします。

口授すべきは本人というふうに定めておりますので、**今回の公正証書につきましては代理嘱託はできない**こととしております。

○逢坂委員 代理嘱託はできないということですけれども、それじゃ、もう一歩別な形で、本人は余り上手にしゃべれないので、代理嘱託ではないけれども、本人も公証人役場へ行きます、だけれども、銀行の方が誰かがついてきて、その方がある種、本人の話を、この人はこうこうこういうことを言うつもりで来たんだというようなことを言うということは、これは公正証書をつくる上で可能でしょうか。

○小川政府参考人 基本は本人の意思の確認でございますので、もちろん一定の補助ということは考えられる場面もあるかとは思いますが、いずれにしろ、**制度が本来予定している姿というよりは好ましくないものだというふうに考えております。**

○逢坂委員 ここは結構私は重要だと思っていまして、かつてのいろいろなお金の貸し借りの契約の中でも、私も目の前で見ていたケースがあるんですが、やはり御本人はよくわからない、でも御本人がそこに座っている、それで金融機関の方ですとか、ＪＡの方ですとか漁連の方ですとかが来て、横に座って、まあまあ、ここはこうだからこうだからこれでいいから、じゃここに判をついてくださいみたいなことになっちゃう。

公正証書の場合は、そういうことは許されないということでよろしいでしょうか。

○小川政府参考人 繰り返しになりますが、**本人の口授が必要でございますので、今先生の御指摘のあったようなパターンでは、できないというふうに考えております。**

○逢坂委員 では次に、お金を貸し借りする契約の中で、返済が滞ったと。返済が滞ったら、裁判の手だてなしに強制的に保証人の財産を没収する、いわゆる強制執行ができるというケースもあろうかと思うんですが、こういうことになるのは、どういう手続を経たらこういうふうになるんでしょうか。

○小川政府参考人 お答えいたします。

ただいま御指摘がありましたのは、いわゆる**執行証書**と言われます、**執行認諾文言つきの公正証書**ということだと思います。

この執行認諾文言つきの公正証書とは、金銭の一定の額の支払いなどを目的とする請求について、公証人が作成した公正証書で、債務者が直ちに強制執行に服する旨の陳述が記載されているものをいいます。

この執行認諾文言つきの公正証書が作成されている場合には、債権者は、これを債務名義として、保証人に対して強制執行の手続をとることができるということとなっております。

○逢坂委員 ここも多くの方が気にしているところだと思うんですが、債務が滞ったら強制執行しますよというふうに、仮にそのお金を貸し借りする契約書の中に書いてある。書いてあっただけで、そこに保証人として名前を連ねても強制執行はされない。強制執行されるためには、公正証書に別途、**もし債務が滞ったら強制執行されても構いませんよということが書いていなければ強制執行はされないということでよろしいでしょうか。**

○小川政府参考人　お答えいたします。

先ほど申し上げました執行認諾文言つきの公正証書は、債務者側の執行認諾、執行を受けるということについて認める旨の文言が必要でございますので、**本人の認める旨の文言がない以上は執行証書としては扱われない**ということになります。

○逢坂委員　ここも結構大事なところだと思っていまして、余りこれは多くの人はわからない。しかも、今の言葉は難しいですよね、**執行認諾文言つき公正証書**。**ニンダク**と言われてすぐさま漢字が思い浮かぶ人は相当業界に近い人で、ニンダク、ニンダクと言って思い浮かぶ人はなかなか私はいないような気がするんですが。

それじゃ、公証人役場へ行って、本人はいろいろしゃべる、口述する、そのときに、このことが入っているかいないか、要するに執行認諾文言つきの公正証書であるかどうかということは相当に慎重にやはり確認をする手だてが要るんだと思うんですね。

単に保証人になりますよということだけではなくて、**執行認諾文言つき公正証書**であるか否か、この点については、私は、公証人の方々に十分これは指導しなければいけないのではないかというふうに思うんですが、本人が知らないうちに実はそういうものが入っていたということであるならば今回の立法趣旨から大きく外れることになるわけですから、この辺、いかがでしょうか。

○小川政府参考人　今回制度として設けますのは、保証意思そのものを宣明する公正証書でございますが、それとは別に、**保証契約について執行の認諾文言がつくということについては十分注意するというのは、御指摘のとおりだと思います。**

○逢坂委員　本人の意思確認の公正証書以外に、認諾文言つきというところについては、分けて、ちゃんとやれるように、これは今後とも法務省にはちゃんとやってもらいたいと思います。もし法案が通ればの話でありますが。

それから、私は、公証人役場のことについて、これは前に藤野先生も多分御質問されたかと思うんですが、全国に300程度ということになりますと、やはり距離の問題というのがどうしても出てこざるを得ないと思っています。私の選挙区を考えてみますと、離島が1つある。離島はそもそも遠いわけでありますけれども、陸続きのところでも車で2時間半かかるというのが一番遠いところであります。

そういうふうに考えてみると、公証人役場の距離の遠さというか利便性というか、そういうものについては法務省ではどう考えているでしょうか。

○小川政府参考人　お答えいたします。

先ほど申し上げましたように、**公証役場は全国で 280 以上の数がございます**が、やはり、事件数との関係などを見ますと、比較してみますと都市部に多いというのは確かでございます。

もちろん、今後も、そういった需要などを見定めながら、適正な配置、配備を目指していきたいというふうには考えておりますが、公証人の場合、例えば、典型的には遺言公正証書などではよく見られますが、御本人が公証役場に出向くのが難しいというような場合には出張するというようなこともやり方としてはございますので、**保証意思宣明公正証書**においてもそういったものの活用は考えられるのではないかと思っております。

○逢坂委員　公証人役場の地理的な業務の範囲というのは、必ずしも国民の皆様はわかっていないような気が私はするんですが。

私は、今、函館に住んでいます。私が東京の公証人役場へ出向いていって公正証書をつくってもらうことは可能かどうか。逆に、私が函館にいる、その際に、東京の公証人役場にいる公証人が函館に出張してきて公正証書をつくってもらうことは可能かどうか。この２点、いかがですか。

○小川政府参考人　公証人につきましては、**職務執行区域という考え方**がございまして、いわば監督をする法務局の単位での区域が職務執行区域ということになりますので、最初に言われた、東京の公証人のところに北海道から来られてということであれば、東京の公証人は東京の職務執行区域内で行っておりますので、これは問題ございません。逆に、**函館の方に東京の公証人が出向いてやるということは、公証人の制度としては認めておらないというところでございます。**

○逢坂委員　そうなんですね。

そういうことを考えてみると、実は、広い地域を所管している公証人役場にいる公証人の方というのは実は人数が結構少なくて、人口密集しているところ、割と多くの公証人役場があるところにいる公証人の方というのは、どっちかというと配置の人数が多いんですね。

だから、その観点でいいますと、出張して来てもらいたいなと思う、そういう地域のところに公証人の方が少ない、こういう関係になっているような印象を持つんですね。だから、先ほど民事局長から、出張という手だてもありますよとはいったものの、果たしてその出張というのは現実的なのかどうかというところも、きょうはもうこれ以上は言いませんので、ちょっと考えてみなきゃいけないのではないかなというふうに思っています。

ほかにも、**公証人の研修**をどうするかとか、今回のこの法がもし施行された場合に、この法の趣旨をどうやって徹底するのかとか、あるいは、先ほど昼食のときも幾つか議論になっていたんですけれども、公証人によって、随分、対応というか、質とまでは言うかどうかわかりませんけれども、対応にばらつきがあるといったような話も実は出ておりまして、こういった問題についても機会があればちゃんとただしておきたいなというふうに思います。

それで、もう時間がなくなりましたので、これで、大臣の方にちょっと感想というか、お伺いしたいんです。

きょう私が質疑した中で、公正証書を作成するということについては、軽率あるいは安易な保証、これは多少避けることができるだろうというふうに私は感じました。だけれども、情義性の保証、これはやはり今回の手だてをもってしてもうまくいかない、あるいは、保証能力をどう確認するかというところについては、金融庁はいろいろ言っていましたけれども、少なくとも今回の法整備の中ではそこにもなかなか手だてがいかないのではないかなという印象を持ちます。それから、一人で幾つも保証をするとか、あるいは、相互に保証し合っているといったようなことについてもなかなかうまくいかないのではないかなという印象を持っております。

それから、最大のきょうの問題点は、立法事実というのは多分あるんだろう、だがしかし、立法するに当たって、閣法として出すという点において、その立法事実の把握、この辺が具体性が少し乏しいのではないかという印象を私は持ちました。

これらの議論を聞いて、大臣、どのようにお感じになったか、御所見をお伺いします。

○金田国務大臣　午前中からの委員の御指摘、そして民事局長の答弁といったものを私もお聞きしておりました。

ただいま言われたことに関しましては、私は、やはり、公証人による保証意思の確認ということ、公的機関である公証人が保証人となろうとする者の保証意思を確認するという手続を設けることによって安易に保証契約を締結してしまうという事態を抑止することが可能となるという点と、この手続が存在することによりまして、結果的に保証人となることを差し控える例も相当数出てくるというふうに考えておりますので、私は、例えば、委員の御指摘の非常に多い第三者保証の件数、そういうものを減らす方向で、具体的な数字などを申し上げることはできないんですけれども、安易に保証人となるという事態は減少することになるのではないか、このように考えておる次第であります。

○逢坂委員　大臣、ありがとうございました。

ただ、私は、大臣に反論するわけではないんですけれども、安易にならない傾向が強くなるというのは私も同じ感想なんですが、ではそれが具体的に大体どの程度なのかとか、そういうところを、かっちりとした数字は言えないにしても、母集団をちゃんと捉まえた上でどうなるのだというところはやはりもう少し把握しておくべきではないかというふうに思います。

終わります。ありがとうございます。

○鈴木委員長 次に、**井出庸生君**。

○井出委員 民進党、**信州長野の井出庸生**です。本日もよろしくお願いをいたします。

たくさん通告をさせていただきましたが、大事なものから入っていきたいと思います。

まず、今回の新たな債権法の改正、民法改正の中で、**「取引上の社会通念に照らして」**、こういう言葉が随所に出てくるのですが、この**「取引上の社会通念に照らして」**、個別の条文についてはまた後ほど順次聞いていきますが、この言葉を今回この法律に盛り込む、また多用する、そこのあたりの意図を、まず民事局長から伺いたいと思います。

○小川政府参考人 お答えいたします。

御指摘ありましたように、改正法案におきましては、「取引上の社会通念に照らして」という文言が、例えば善管注意義務を定めました400条ですとか、履行不能を定めました412条の2など、こういった場面では、「契約その他の債務の発生原因及び取引上の社会通念に照らして」などという形で、一定の法律要件などの存否についての判断の枠組みを示すために用いられております。

これは、現在の裁判実務において、ある法律要件などの存否を判断する際に、契約の性質などの、債権の発生原因となった契約に関する諸事情のほか、取引に関して形成された社会通念をも考慮していることを踏まえ、このような判断の枠組みを明らかにしたものでございます。

全部で9カ条存在しておりますが、いずれも、抽象的な概念を用いた要件などの存否についての判断の枠組みを明確にする趣旨で規定されているものでございます。

○井出委員 今お話があったように、私も確認をしたところ、9カ所この言葉が使われております。

今御説明あったところは、では、例えば415条の債務不履行による損害賠償のところでいいますと、415条の1で、その前段、「債務者がその債務の本旨に従った履行をしないとき又は債務の履行が不能であるときは、債権者は、これによって生じた損害の賠償を請求することができる。」。この後なんですが、「ただし、その債務の不履行が契約その他の債務の発生原因及び」、ここから「取引上の社会通念に照らして債務者の責めに帰することができない事由によるものであるときは、この限りでない。」と。

この条文を例にしますと、**「契約その他の債務の発生原因」**というところは、想像するに、当事者同士が契約をする、債務関係が発生する、ですから、契約をした目的とか契約の趣旨の部分なのかなと思うんですが、その後の「及び」の後、私が取り上げている**「取引上の社会通念」**というものは、当事者間の契約の発生原因、契約の趣旨といったものよりは、簡単に言えば、取引の常識、常識的にはこうなんだよ、そういう意味合いなのかなと受けとめているのですが、それでよろしいのかどうか伺いたいと思います。

○小川政府参考人 お答えいたします。

社会通念という用語の意義自体は、一般的には、社会一般に受け入れられ通用する常識などと言われておりますので、御指摘がありましたように、**取引上の社会の常識**ということでよろしいかというふうに考えております。

○井出委員 今そういうようなお話を伺いまして、9カ所全部やっておりますとさらなる会期の延長をしなければいけなくなってくると思いますので、重立ったところから聞いてまいりたいと思うのですが、まず、今お話をした415条、債務不履行による損害賠償の部分でございます。

これはもともと、現行の415条は「債務者がその債務の本旨に従った履行をしないときは、債権者は、これによって生じた損害の賠償を請求することができる。債務者の責めに帰すべき事由によって履行をすることができなくなったときも、同様とする。」と。

細かいところはちょっと、いろいろ説明し出すと切りがないんですが、私が先ほど読み上げた新しい方の法律も、ただし書きの前までは大体似たようなことが書いてあるんですね。ただしその債務の不履行が契約その他の債務の発生原因及び取引上の社会通念に照らしても債務者の責めに帰すことができないときはこの限りではないと。

現行法と新法、ただし書きのついたものを読み比べますと、債務者が責任をとらなくていい、損害賠償をしなくていい、新たにそういうケースが、この条文だけ比較するとふえるのかな。現行法は、基本的には損害賠償を請求することができて、債務者に責任があるときはそうなんだよと書いてあるんですけれども、今度は、ただし書きという形で、責任をとらなくてもいいケースを契約、債務の発生原因及び取引上の社会通念ということで挙げられているんですが、これはやはりそういう、債務者が損害賠償しなくていいケースというものを新たに盛り込むということになるのかどうか、そこを確認したいと思います。

○小川政府参考人 お答えいたします。

条文の体裁自体は若干異なる部分はございます。例えば立証責任をひっくり返すような形で、これは確立した判例実務に従ったものですが、そういう条文の立て方にはしておりますが、**基本的な内容は従来の判例と同様**でございます。

帰責事由そのものについても、現在の裁判実務においては、給付の内容や不履行の態様から一律に定まるのではなくて、個々の取引関係に即して、契約の性質、契約の目的、契約の締結に至る経緯などの、債務の発生原因となった契約などに関する諸事情を考慮して、あわせて取引に関して形成された社会通念をも勘案して判断されているということでございまして、書かれている条文の書き方は異なるものの、実質は、あるいは運用としても、変わるところはないというふうに考えております。

○井出委員 実質、運用は変わらないというお話をいただきまして、もう少し、念には念をで確認をしたいんですが。

お配りをしている資料、出典は「図解による民法のしくみ」、神田さんという方が書かれている本。その真ん中の表といいますかエクセルといいますか、そこの部分を見ていただきたいんですが、**「債務不履行には、以下の３つの類型がある」と。「履行遅滞」、「履行不能」、「不完全履行」。**

ここも議論はあるんですが、とりあえずそこはきょうはおいておきまして、その要件の中に、私がちょっとピンクの印をつけているんですが、その3つの類型があっても3つとも、やはり、「債務者に責任があること」をまず要件としている。ここは、この間、参考人でいらっしゃった加藤先生が、損害賠償は過失責任なのか無過失責任なのかはっきりさせてくれということをおっしゃっておったんですが、現行、こういう、3 つの類型について、いずれも「債務者に責任があること」を要件と解説されている本がございます。

その 3 つの類型の書き方も今回の新法で少し変わるんですが、ただ、いずれにせよ、債務不履行というものに対して、やはり債務者に責任があるということは、今回ただし書きが加わってもその大きな原則というものは揺らがないのか、そのことについてもう一度お願いいたします。

○小川政府参考人 債務不履行による損害賠償に関する**現行法415条**は、履行不能の場合に限って債務者に帰責事由がなければ責任を負わない旨を規定しておりますが、判例は、履行遅滞など履行不能以外の債務不履行についても、債務者に帰責事由がないことによる免責を認めております。それが判例の確立した実務でございます。

今の資料では「責任があること」というふうに書いていますが、恐らく、趣旨とすると、債務者に帰責事由がないとは言えないということだと思います。それをそのように書かれているのであって、実質としては、そういう意味では全く異なるところはないというふうに考えております。

○井出委員　その責任を、あると書くのか、ないとは言えないと書くのかで、非常にここの部分はわかりにくいんですが、これまでの判例とまた運用は変わらない、そのことは確認をさせていただきました。

次に問題として取り上げたいのが、**548条の2、定型約款**のところでございます。

定型約款の部分にも、**548条の2の1**で、まず、定型約款について説明をしている。**548の2の2項**で「前項の規定にかかわらず、」「相手方の権利を制限し、又は相手方の義務を加重する条項であって、その定型取引の態様及びその実情並びに」、またここで「取引上の社会通念に照らして第1条第2項に規定する基本原則に反して相手方の利益を一方的に害すると認められるものについては、**合意をしなかったものとみなす。**」と。

ここは、今読み上げたところは、今回、定型約款を事業者と不特定多数の方とが結ばれるときに、約款を作成する側の方がいろいろな情報があったり知識もあったりして、そういうこともあって、不特定多数の方いわゆる消費者を守る側の観点なのかなと思うのですが、そこにも「取引上の社会通念」と、その前段に「定型取引の態様及びその実情」ということもくっついているんですが、消費者側からすれば留保がかかっておるんです。

ここを少し私なりに分析をしますと、「定型取引の態様及びその実情」というのは、お互いの、物を買ったりするときの、要は契約の目的、趣旨だと思うんですが、ただ、それは不特定多数なので、なかなか個別の趣旨というわけにもいかないと思うので、恐らく、定型取引の態様、実情と、先ほどの債務不履行のときと比べると少し言葉を変えられているのかなと。その一方で、「取引上の社会通念に照らして」ということも併記をされているんですが、ここの2つの部分のもう少し具体的な意味を御説明いただきたいと思います。

○小川政府参考人　御指摘ありましたように、**548条の2の第2項**におきましては、定型約款の個別の条項が信義則に反して相手方の利益を一方的に害すると認められるか否かについて、**いわゆる考慮事由**として定められておりまして、**その内容が、「その定型取引の態様及びその実情並びに取引上の社会通念に照らして」**ということでございます。

こういった**考慮事由を定めました趣旨**でございますが、定型取引の態様というのは、まず、**ある特定の者が不特定多数の者を相手方として行う取引であって、その内容の全部または一部が画一的であることがその双方にとって合理的である**と言える、これが**定型取引の定義**でございます。

これにおいては、契約内容の画一性が高い取引であるため、相手方である顧客において、**約款の具体的な内容を認識しようとまではしないのが通常**であります。このような特質に鑑みますと、相手方にとって客観的に見て予測しがたい条項が置かれている場合において、その条項が相手方に多大な負担を課すものであるときには、**相手方においてその内**

容を知り得る措置を定型約款の準備者が講じておかない限り、そのような条項は不意打ち的なものとして信義則に反することとなる蓋然性が高いと考えられます。こういった定型取引の特質を考慮するということを示したのが定型取引の態様でございます。

今の定型取引の態様は、いわば定型取引の一般的な特質を踏まえた考慮要素でございますが、これに加えて、個別の取引の実情を具体的に考慮し、問題とされた条項が信義則に反するかどうかを検討することも必要となるわけでございます。

具体的には、その取引がどのような経済活動に関して行われるものか、その取引においてその条項が設けられた理由や背景、その取引においてその条項がその当事者にとってどのような利害得失を有するものかなどといった点も広く考慮されるべきものと考えられます。この趣旨で、**個別の取引の実情という意味で、定型取引の実情**と言っております。

また、当事者間の公平を図る観点からは、条項が信義則に反するか否かに当たっては、その種の取引において一般的に共有されている常識、すなわち**取引通念に照らして判断**することも必要になると考えられます。このことをあらわす趣旨といたしまして、取引上の社会通念を考慮事由として示したものでございます。

○井出委員　わかったようなわからないような、恐らく私が法学部でないことにも１つ、理解が進まない理由があるのかもしれませんが。

「その定型取引の態様」というのは、例えば携帯電話会社が携帯電話を販売するときに、基本的に、どなたであっても何かいろいろ書いたものを用意すると。その後の「実情」というところは、実際の個別の携帯電話を売る店舗での対応ですとか、私はそんなような思いで捉えていたんですが、そこが合っているか間違っているか、ちょっと実例に即して教えてください。

○小川政府参考人　お答えいたします。

定型取引の態様というのは、一般的な、まさに定型約款を用いた、画一性ですとか、余り条項の内容を読まないといった、そういう前提に立ったものでございますので、先ほどの御指摘でよろしいかと思います。

それから、**定型取引の実情**も、まさに個別の取引の実情ですので、販売店でどういうことが行われていたかとか、あるいはそこでの契約の締結に至る趣旨、経過なども含めて実情ということでございますので、御指摘のとおりかというふうに考えております。

○井出委員　今、その態様、実情のところの御説明をいただきました。

あと、**「取引上の社会通念」**、常識の部分なんですが、そもそも定型約款の項目そのものは今回新設をされますので、さまざまなケースや判例があるのかもしれませんが、その常識というものは一体どういうふうに解釈をしていくのかなというところが大変気になるのですが。

この定型約款というものは、弁護士会なんかもそうですけれども、やはり**消費者の保護というものの視点に立って定型約款の部分を評価されていると**。ただ、こうしたただし書きといいますか、留保のような条項が一体どのくらいの影響があるのかなというところは考慮していかなければいけないと思います。

前に、参考人の質疑のときにも少しここを議論させていただいたんですが、きょうはまた別の専門家の方の視点を少し紹介したいんです。

「民法改正案の評価」、**信山社という会社**から出ている、**加賀山茂**さんという方が書かれている本なんですが、そこでは、**最大の問題点は、無効とすべき不当約款の判断基準から任意規定という概念が落ちて、かわりに取引上の社会通念という、約款の無効ではなく、むしろ約款の有効性を担保するのに好都合な概念を基準としている**、約款が一旦作成をされ合意されたものとみなされると、それが取引上の社会通念とされることになるのであるから、**それを約款の無効の判断基準としたのでは公正な判断基準とはなり得ない**、定型約款の規定を新設した意義を大きく損ねていると。

ちなみに、その加賀山さんも指摘をされているんですが、消費者の利益を一方的に害する条項の無効ということで、消費者契約法の第 10 条を見てみますと、消費者契約法の第10条では、**「民法、商法その他の法律の公の秩序に関しない規定の適用による場合に比し、消費者の権利を制限し、又は消費者の義務を加重する消費者契約の条項であって、民法第一条第二項に規定する基本原則に反して消費者の利益を一方的に害するものは、無効」であると。**

加賀山さんは、消費者契約法第10条、**不当約款の判断基準**は**「民法、商法その他の法律の公の秩序に関しない規定」だ**、それが今回、**民法の新法では取引上の社会通念に成りかわってしまっている**、そういう意味では、極めてそこがまず曖昧になって、**さらに約款の有効性を助ける書きぶりになってしまっているのではないか**、そういうことを指摘されているんですが、その点についてちょっと御見解をいただきたいと思います。

○小川政府参考人　今お話がありました**消費者契約法自体はもちろん消費者と事業者との関係の問題には適用されます**ので、先ほど言われた内容も、**広く、定型約款も含めた形で適用はされる前提**でございます。

ただ、**民法の条文としては、消費者契約法のような任意規定との比較という基準には立たなかったということでございます**ので、今言われた**批判は必ずしも当を得ていない**のではないかというふうに思っております。

○井出委員 この指摘は前に参考人質疑の際に私も申し上げたんですが、これまで約款の議論というものが全くなされていなかったかといえば、決してそうではない。そういう中で、**作成者不利**、何かあったときに、作成する側、情報をきちっと持っている側、そういう者が不利になるという原則が確立されてきて、それが変わってしまうのではないかという疑念なんです。

ちょっと今のところをもう一度お聞きしたいんですが、消費者契約法第10条では、「民法、商法その他の法律の公の秩序に関しない規定の適用による場合に比し、消費者の権利を制限し、又は消費者の義務を加重する消費者契約の条項であって、民法第1条第2項に規定する基本原則に反して消費者の利益を一方的に害するものは、無効」であると。

少なくとも約款の部分に関して言えば、定型約款というものが盛り込まれて、いろいろ気を使って条文をつくっていただいたとはいえ、前段に御紹介をしたような定型約款の定義というものが生まれて、それに対して、取引上の社会通念とかが、あるときは、はっきり言ってしまえば、**作成者側の利をちゃんと認めるということも書かれているんですが**、そうすると、民法が一歩、定型約款に関して具体的なものを書くことによって、消費者契約法第10条の解釈、運用というものも変わってくるんじゃないのか。それは、**加賀山さんの指摘からすれば、これまでの約款作成者不利原則というものがやはり損なわれる**のではないか。ちょっとその点について教えていただきたいと思います。

○小川政府参考人 まず、御指摘がありました**不利の原則については、ちょっと今回の内容とは直接はかかわらないのではないかというふうに思っております。**

それから、**消費者契約法第10条の解釈**に当たりましては、これまでの裁判例の中で、民法等の法律に規定がない判例や一般的な理解から導かれるルールとも比べて、相手方の権利を制限し、または相手方の義務を加重するという要件を充足するか否かを判断するという考え方が既に考え方として確立しておりますので、この考え方は妥当であると考えられますが、**実際の解釈論と条文の文言との間に乖離があるとも言える状況にあります。**

そのため、先ほど御指摘のあった、「民法、商法その他の法律の公の秩序に関しない規定の適用による場合に比し、」という要件は規定していないというのが説明でございます。

○井出委員 今、**約款の作成者不利の原則**のところを申し上げたときに、そのことは少しこの部分の議論には当たらないのではないかと御指摘をいただいたんですが、一番の問題意識は、定型約款を明記すること、それが弁護士会は消費者にとって一歩前進だと評価をしている、また、**新聞とか各種報道を見ていても、消費者のために大きな前進だというようなことが論調として書かれているんですが、果たして本当にそうなのか。**

これは、金田大臣にもちょっと伺いたいのですが、金田大臣、以前この議論で藤野先生が質問をしたときに、「民法はやはり私法の一般法であるという考え方、そのために、取引当事者の情報あるいは交渉力の格差の是正を図るといった、消費者の保護それ自体を目的とする規定を設けるのであれば、特別法である消費者契約法などによることが基本になるかな、こういうふうにも思うんです。」と。このことに対して、藤野委員は、約款の個別例じゃなくて全体としての考えを聞いたんですというお話をされていたところがあるんですが。

果たして、**弁護士会や新聞、テレビが言うように、消費者を守る定型約款の新設なのか**、そうではなくて、大臣がおっしゃっている、あくまで民法だから私法の一般法なんだ、**消費者を守るのであれば特別法でやっていくことが基本になる**、どっちのスタンスがこの法律の定型約款を新設することの趣旨なのか。大事なところですので、できれば大臣に答えていただきたいと思います。

○小川政府参考人　まず、私の方からお答えさせていただきます。

今回の定型約款の制度の基本的な内容は、やはり、定型約款が有効になる場合、あるいは一定の場合に無効になる場合、さらには変更を認められる場合といった枠組みを定めること、これによって予測可能性が立ちますし、紛争の解決の基準としても一定の機能をするということが一般法としての民法の主たる役目でございまして、そのことが消費者にとっても利益になるということ、これが1つの説明でございます。

消費者との関係、事業者と消費者という、まさにその両者との関係のことについていえば、民法以外にも消費者契約法があって、消費者保護をストレートに目的とする規定が用意されているということでございますので、民法の方としますと、あくまでやはり一般法としての規定を設けているということだろうと思います。

○金田国務大臣　**確かに、定型約款を用いた取引の当事者の間には、交渉力や情報力の格差があるケースというものが少なくない**と考えられます。でも、このような交渉力、情報力の格差そのものを是正する観点からの法規制というものは、**消費者契約法といったような、民法以外の法律によって行われているところ**でありまして、こうした格差から生ずる悪影響については、今回の改正法案が結果的にその是正に効果を発揮する面があるとしても、**民法以外の法律によって適切に対応されることが期待される**というふうに考えられます。

○井出委員　民法はやはり一般法ですので、私は、新聞やテレビ、新聞にもそういうふうに正確に書いていただくべきかなと。よくよく読んでみると、定型約款を明確化したことは、確かに局長がおっしゃるように消費者にとっても1つのメリットかもしれませんが、それは消費者側にとっても、法律が明確にされることで、想定される責務みたいなものも出てくるのかなと思います。

もう1つ、約款の問題で伺っておかなければいけないのが、その後の**548条の4**の変更のところなんです。

変更にはいろいろ変更の規定があるんですが、そこは後で聞くとして、一番大事なところは、**定型約款の変更を一定の条件で認めているん**ですが、定型約款の変更については、今し方ずっと議論をしてきました、相手方の権利を制限し、または相手の義務を加重するような条件で何とかかんとかと認められるものについては合意しなかったものとみなす、これを適用しないということを**548条の4の4**で書かれているんですが、そうすると、確かに変更をインターネットで周知しなければいけないとか書いてはあるんですが、これはなかなか、変更を妨げるものというものがないのではないかと。

ここは、もうまさに**参考人の加藤先生が御指摘**をした、**約款の作成者の不利の原則**なんかはそれに比べたら小さな問題だ、**約款の事後変更の自由を認めてしまうことの方が非常に大きな問題である**、そこに力を込められているんですが、変更を一方的に認めているように、**確かに加藤先生の本と条文を見ればそうなのかな**と私は今疑問を持っておりまして、変更について見解を、そうではないと言っていただければ一番いいんですが、ちょっと解説をいただきたいと思います。

○小川政府参考人　定型約款の変更における条項の相当性は、**不当条項規制よりも厳格な要件のもとで判断されます**。したがって、定型約款の変更については、内容の不当性も含めて、先ほど言われました点ですけれども、548条の4の第1項の要件で判断すれば足りるので、だからあえて**548条の2の第2項**の規定を適用する必要がないというのが両者の関係でございますので、いわば両者の要件を比較した上で適用関係を定めたにすぎない条文でございます。

○井出委員　定型約款の変更の要件が厳しい、私、今そこをすっ飛ばしてしまったのは大変申しわけなかったんですが、定型約款の変更の要件というものを**548条の4**に掲げておりまして、以下の条件をみなせば、「個別に相手方と合意をすることなく契約内容を変更することができる。」と。

1つは、**「定型約款の変更が、相手方の一般の利益に適合するとき。」**、相手にとっていいときですね、それはまあよしなのかなと。もう1つは、**「定型約款の変更が、契約をした目的に反せず、かつ、変更の必要性、変更後の内容の相当性、この条の規定により定型約款の変更をすることがある旨の定めの有無及びその内容その他の変更に係る事情に照らして合理的なものであるとき。」**、ここが変更できる条件で、それから、**その変更の効力発生時期**を定めて、**インターネットやその他の適切な方法で周知をするんだと**。

その定型約款変更の条件なんですけれども、「相手方の一般の利益に適合するとき。」、これは確かに消費者にとっていいような話なのかもしれませんが、その後の「変更の必要性」ですとか、**「変更後の内容の相当性」**ですとか、でも、これはやはり**事業者側、約款の作成者が一義的に決めることになるわけですね。そこが、果たして要件を厳しくやっていただけるのか。**

ちょっと先ほどの答弁でわからなかったんですが、**変更の要件が厳しいから不当条項は適用しない**ということかと聞いていたんですけれども、果たしてこれで本当に変更の要件が厳しいと言えるのか。これを読んでも、やはり**不当条項**がかかっていた方が双方、約款をつくる側、それを承諾する側にとっても公平じゃないか、そういうことを考えるんですが、いかがでしょうか。

○小川政府参考人　基本的に、変更が契約の目的に反せず、かつ、変更に係る事情に照らして合理的な変更であるときを定型約款の変更の2つ目の要件としたのは、この場合には相手方の利益に適合するとは言えないものの、法令の変更や経済情勢、経営状況に変動があったときなどに、それに対応して定型約款を変更する必要性があるため、契約の目的に反しないことなどの厳格な要件のもとでこのような変更も許容すべきものと考えられるからということでございます。

そして、変更に係る事情に照らして合理的な変更であるときという要件については、事業者側の事情のみならず、相手方の事情も含めて変更に係る事情を総合的に考慮しなければならないものであり、かつ、その判断は客観的に見て合理的でなければならず、事業者にとって合理的なものと言えればよいというわけではございません。

このように、**定型約款の変更のルールは、事業者に有利に運用されるといったようなことを想定しているものではございません。**

○井出委員　いずれ**裁判になったとき**に、この文言に沿って事業者と契約者の争いを仲裁していくということになるかと思うんですが、この文言を見たその印象としては、今まで約款の規定自体も、それから約款の変更もなかった、だから、トラブって、裁判にならなくても争っているときに、いや、ここに変更していいと書いてあるんですよ、こういう理由で合理的なんですよ、そういうケースが出てくるのではないかなというような思いを持っております。

この変更というのは、**加藤先生**がおっしゃっているんです。加藤さんは今回の民法に対して大変厳しい御意見を持っているんですが、ただ、約款の規定をすることは望ましいと述べられているんです。だけれども、**この約款変更権というものは削除をした方がいい**と。それは私が今質問した趣旨だと思うんですが、この約款変更権というものは、逆に、やはりなきゃいけないものなんですか。

○小川政府参考人　定型約款による契約には、契約関係が一定の期間にわたって継続するものも多いわけでございまして、定型約款には極めて詳細かつ多数の条項が定められているのが実情でありますため、**法令の変更や経済情勢、経営状況に変動があったときなどに、それに対応して定型約款を変更する必要が生ずることが少なくないと言われております。**

もっとも、民法の原則によれば、契約の内容を事後的に変更するには個別に相手方の承諾を得る必要があるわけですが、定型約款を用いる不特定多数を相手方とする取引では、相手方の所在の把握が困難であったり、仮に所在の把握が可能であっても相手方の承諾を得るのに多大な時間やコストを要することがあるほか、**一部の相手方に何らかの理由で変更を拒否された場合**には、定型約款を利用する目的である契約内容の画一性を維持することができないということも問題として出てまいります。

このため、約款中に、この約款は当社の都合で変更することがあります等の条項を設けておいて、この条項に基づいて変更を行うとの実務も見られますが、この条項が有効であるか否かについては見解が分かれているのが現状でございます。

そこで、改正法案においては、定型約款準備者が相手方と合意することなく一方的に契約の内容を変更する定型約款の変更の制度を設け、その要件として、定型約款の変更が相手方の一般の利益に適合するか、あるいは、先ほど来出ております、変更が契約の目的に反せず、かつ変更に係る事情に照らして合理的な変更であることを要するということとしております。

これによりまして、定型約款準備者としては、必要な定型約款の変更を安定的に行うことが可能になりますとともに、定型取引の相手方、いわゆる顧客にとっても、定型約款の変更の効力を争う際の**枠組みが明瞭になりまして、その意味で、その保護にも資する**ことになると考えられるというところでございます。

○井出委員　一定の御主張をいただいたんですが、私の脳みそのキャパを超えておりまして、また**答弁をちょっと精査**させていただきたいと思います。

ただ、**この定型約款のところは、加藤先生以外にも、きょうの加賀山先生、また河上さんという方も問題ありとお話をされている**ので、もう少し、また再度伺いたいと思います。

きょう、中小企業庁に来ていただいているので、中小企業庁にお答えをいただくところのお答えをいただきたいので先にそっちに移りますが、保証、配偶者の問題でございます。

前回、山尾先生が質問をされたときに、経営者、その配偶者、配偶者だからよく知っている、事業のことをよくわかると定型的に言えるのか、それは感覚的なものだ、そういう議論がちょっとあったんですが、少しその関連で。

そもそも、中小企業の方がお金を借りるときに、**配偶者が保証人となっているケース**、団体からの要望が大変強いということなんですけれども、実際、例えば、1000 人の中小企業の社長が金を借りに来たら、800 人ぐらいは配偶者を保証人にしているのか、そういう**実態があるかないか**を、わかる範囲で教えてください。

○吉野政府参考人 お答えいたします。

この問題に関しまして、中小企業庁が平成 24 年度に個人保証制度に関する中小企業の実態調査という調査をいたしております。そのアンケートによりますと、まず、第三者保証の提供の有無、あるかないかということなんですが、まず、**ある場合が 21.3 %、ない場合が 78.7 %でございます。**

ある場合の 21 %余りのうち、第三者保証の提供者について問うておりますけれども、これは配偶者に限定した数字ではございません、**あくまで代表者の親族**ということなんですが、その数字としまして、74.4 %という数字が出ております。

以上でございます。

○井出委員 数字を聞くと、配偶者にこだわらずに、第三者保証そのものが 21 %だから、そこをもう少し何か努力できないのかなというような気に今なってきたんですが。

法務省にあわせて伺いたいのですが、これまで、中小企業団体から、配偶者をきちっとそこに書いたままにしてくれ、そういう要望が強かったと。**法制審**で言われているのかなと思うんですが、**どの団体が、どこの会議で、どういうように発言をしているのか**、ちょっと具体的に紹介していただきたいと思います。

○小川政府参考人 お答えいたします。

中小企業団体からの具体的な要望といたしましては、例えば、平成 25 年 11 月 19 日の法制審の部会第 80 回会議におきまして、日本商工会議所の推薦を受けた大島委員から、いわゆる経営者による保証を除き、保証の範囲を自発的に保証する意思を有することが確認されたものに限ることに対して、「現在有効かつ適切に行われている保証契約が行えないなど、中小企業の資金調達に支障が生じないよう留意が必要であると考えております。このような観点で部会資料を拝見しますと、個人事業主の配偶者が保証する場合、事業承継予定者が保証をする場合、事業承継を行った先代の経営者が保証をする場合の 3 つのケースにおいて困難が生じるおそれがございます。」との意見がございました。

また、平成 26 年 3 月 18 日の第 86 回会議におきましても、**大島委員から、「主債務者が個人事業主の場合には配偶者を保証人として融資を受けることは非常に困難になる。」**

と記載をされました**意見書が提出**されました。

さらに、26年6月24日、第92回会議、これは今回の改正法案と同じ内容ということでございますが、それに対しまして**大島委員**からは、「商工会議所は、従前から個人事業主の配偶者は個人保証の制限の例外として認めていただきたい旨の主張」をしているなど記載された意見書が提出されたほか、「**仮に、個人事業主の配偶者の保証は、公正証書の方法によらなければならない旨の規律を置いた場合には、個人事業主が必要な資金を融資により迅速に調達できなくなるとの懸念が払しょくできません。そこで、現在、部会資料で提案されているとおり、個人事業主の配偶者が公正証書の方法によらず保証を行えるという実務は維持していただきたいと思います。**」との意見が述べられております。

○井出委員　今、御説明があったのはいずれも同じ方なのかなと思うんですが。やはり1度、役所と私でごちゃごちゃやっているよりは、当事者の方にお話を直接伺ってみるというのも、1つ議論を深める手だてなのかなと思います。

もう1点、中小企業庁に伺いたいのです。

中小企業庁が発表されている経営者保証に関するガイドライン、きょうちょっと手元に持ってくるのを忘れちゃったんですが、そこの冒頭の、4ページ、ガイドラインを作成して、その適用者には経営者とその配偶者が入っているんですね。だから、配偶者もこのガイドラインに書かれていることの対象ですと。これを読み進んでいきますと、8ページに、前経営者、経営者をやめた方が、経営者だったらそれをやめれば保証契約が解除される、そんなケースがあるというようなことを、詳しくは私も理解できなかったんですが、ざっくり言うとそういうことが書いてありました。

これを見たときに、なぜ、前配偶者、前夫でも前妻でもどちらでもいいんですが、**離婚してどこか遠くに引っ越すとか、もうその関係性がなくなる**、そういう人たちに対して、保証契約の解除というものがここに併記されていないのかな、そういうことを思ったんですが、ちょっと教えてください。

○水口政府参考人　お答え申し上げます。

お尋ねの件でございますが、経営者保証ガイドラインの対象には、経営者の配偶者が保証人となる場合について含まれておりますけれども、**離婚等により経営者の配偶者でなくなった方につきましても、既存の保証契約の適切な見直しのガイドラインの部分は当然適用されるというふうに承知してございます。**

したがいまして、離婚した前配偶者から、**既存の保証契約の解除等の申し入れ**がございました場合、金融機関においては、ガイドラインの要件に照らして、改めて保証の必要性等について真摯かつ柔軟に検討することになると承知してございます。

なお、ガイドラインにおきましては、事業承継時の、先ほどの対応につきまして特段の規定がございますけれども、これは、経営者保証が特に円滑な事業承継を阻害する要因となっているとの指摘がございましたことから、事業承継時における対応としまして、前経営者との保証契約の解除について適切に判断することが明記されたものというふうに承知してございます。

○井出委員　運用をしていただけるというのであれば、私みたいなど素人でもわかるように明記をしていただきたかったなという思いがあります。

時間になりましたので、次回は、古い裁判の、**内縁の妻**というものをちょっと例にしてこの問題をさらに考えたいと思います。

どうもきょうはありがとうございました。

○鈴木委員長　次に、**山尾志桜里君。**

○山尾委員　図らずも、今、井出委員が最後の方で問題提起されたことと同じ問題意識からスタートしたいと思います。

配偶者が公正証書を必要とする保護規定の適用除外となっていることについて、きょうは 51 分いただいているわけですけれども、主にこの問題にロックオンして、しっかりと議論したいというふうに思っております。

今、くしくも井出委員が小川局長の答弁から引き出したとおり、この法制審において、やはり**配偶者は公正証書は必要ないんだ**、適用除外にするべきなんだと積極的に明言をしている委員は、私も精査したところ、ただ一人なんですよね。ただ一人の委員が、今小川局長がおっしゃったように、繰り返しそういった発言をなさっておられます。

該当部分を精査いたしました。**法制審の債権関係の部会**というのは、1 人の部会長と、18 人の委員と、18 人の幹事で構成をされております。そして、その中で、配偶者は枠外だ、そうすべきだというふうに言っていたのは誰なんだ、このことを前回私もお聞きしたわけですけれども、小川局長に、ちょっと確認のため、もう 1 回お聞きします。

この人というのは、つまるところ、**商工会議所を代表してこの委員になられていた大島委員**ということでおっしゃっていたわけですね。

○小川政府参考人　御指摘のとおりで、大島委員でございます。

○山尾委員　大島委員お一人ということなのであります。

この法制審の中で配偶者の議論が沸騰したのは何回かございまして、先ほど局長から話のあった第80回、そして86回、88回、そして終盤の92回、ここら辺の審議が配偶者の議論がかなり沸騰した回であります。

特に、配偶者は適用除外だということで列挙をされた案が初めて出たのが、第88回の法制審であります。このときに、配偶者を限定的に列挙して、この人については公正証書を不要とする、こういう例外に明記をした案が提案されたときの政府の説明でも、第86回において主債務者が個人事業主である場合における配偶者を保証制限の例外とすべきであるとの意見があったことを踏まえたものであります、こういう説明がされていました。

ちょっと素朴な疑問なんですけれども、局長、別にこの賛成派一人の方を私は非難するつもりはないんです。お立場からそういう議論が出るのも健全なことだと思います。しかし、この88回より以前の複数回の中で、そうやって賛成派の人はお1人おられましたけれども、それに対して複数の、やはり懸念がある、もしくは反対だ、こういう意見がやはり繰り返し数多く出ていたわけですね。なぜ、それにもかかわらず、そういった議論の客観的状況にもかかわらず、このたったお1人の、やはり配偶者は適用除外にするべきだ、これを採用した案が政府から出てきたんでしょうか。

○小川政府参考人　やはり中小企業団体から出られた方でございますし、この問題はすぐれて中小企業の資金調達にかかわる問題でございますので、いわば非常に強い当事者的な立場にも立つものでございまして、数としては少ないのは御指摘のとおりでございますが、その発言自体には非常に重みがあったということだと理解しております。

○山尾委員　少ないのではなくて、36人中たった1人なんですね。

この88回において、ある委員の方が本当に素朴な疑問を提示されておられます。配偶者ということを特に推す意見というのはそれほど強いんでしょうかと尋ねておられます。まさにそのとおりです。それに対して、政府の関係官が、お答えをしているようでしていない。それほど強く推す声というのはあるんですかという声に対して、あえて政府は答弁をしておりません、この第88回のやりとりの中で。言えないと思いますね、36人中たったお1人ですから。

さらに、この88回において、そのたったお1人の方の意見をベースに、配偶者は適用除外、こういう素案が出てきました。そのとき、少なく見積もって七人の委員が立て続けにこの88回で懸念を表明し、うち3人は、議事録を読ませていただく限り、かなり明確に、強い語調で、反対であると断言をされています。賛成派の立場でこの88回において弁解あるいは反駁される委員は、私が読んだところ、おりませんでした。

そして、さらに92回、これは最終盤です。この議事録を読んだとき、私は刑事訴訟法の議事録を非常に思い出しました。そもそも、本当に、説得力ある理由をもって、反対だ、配偶者を適用除外することには理由がないとおっしゃって闘ってこられた委員の方たちが、この第92回、まとめの場面ですよね、かなり苦しい意見表明をされています。

委員の皆様にも、あるいは法務大臣にも聞いていただきたいので、あえて具体的に申し上げますけれども、3人御紹介しますね。

例えばお一人の方。「配偶者による保証を特別扱いすることに反対し、その意見自体は変わってはおりませんが、」「今回は最後まで反対することはしないということにしたいと思います。」。その後何とおっしゃっているか。**「今後、本規定の空文化に努力したいと思います。」**と。**空文化に努力したい**とおっしゃっています。

また、別の方。「賛成はできませんが、反対はしません。」**「空文化することに向けて努力をするとおっしゃられましたが、その気持ちは私も共感するところがございます。そういう共感しなければいけないような人間がもう1人いるということを特によくお考えいただいて、今後の説明等に注意を払っていただきたい」。**

もう一方。「配偶者については規定するべきではないという意見は根強く今でも存在いたします。私個人としても、これを載せた**要綱仮案に賛成したという委員に名前を残したくないという気持ちも強いところがございます。**」。切りがありません。

この一人の賛成派の方の当事者としての意見を重く受けとめた、局長はこうおっしゃいましたけれども、政府が選んだ専門家による法制審の委員が立て続けに、本当に賛成できない、**空文化にこれから努力する、委員として名前を残したくない**、これだけのことをおっしゃっているということも私は同等以上に強く受けとめていただく必要があると思いますけれども、局長、いかがですか。

○小川政府参考人　もちろん、審議の過程でいろいろ御意見があったことは御指摘のとおりでございますが、**要綱、その場合は仮案**だと思いますけれども、これを取りまとめるためにいろいろと御意見を闘わせた上で、最終的には御賛同いただいたものと理解しております。

それから、委員の中で**全銀協**から御出席されています委員につきましても、例えば88回会議におきまして、**「個人事業主の場合、一番問題なのは部会資料にも記載されていますが、配偶者と債務者との経済的結び付きが強い、」と配偶者の例外的扱いを支持する旨**の意見を述べたという方もいらっしゃることを申し添えておきたいと思います。

○山尾委員　大臣にも伺いたいんですけれども、最終盤の取りまとめの中で、これほどの強い懸念の声があり、そして積極的に賛成を表明する方が、私、もう一回局長の今の答弁は精査しますけれども、先ほど局長のお話でも、この大島委員という方が3回とも繰り返し述べている、たった1人、こういう事実関係は、大臣、御存じでしたか。

○金田国務大臣 委員御指摘の中身について、委員の御指摘ほどに厳密に精査してそれを承知していたわけではありません。

しかし一方で、人数だけでは決められない部分もあろうかと思います。やはり、中小企業金融への影響とか、そういったものも含めて重く受けとめるべきである発言、そういうものも考慮した上で考えていく必要があろうかと思います。

○山尾委員 大臣おっしゃるとおり、人数だけではないと私も思うので、もちろん、きょうは、賛成派の理由、反対派の理由、それぞれどちらに理を多く感じられるか、こういう議論をしていきたいと思っております。

ただ、事実関係として、法制審の審議の中で36人の委員のうちの内訳というものを大臣に改めて認識していただいたというのは、私は大変重要なことだというふうに思っています。

中身に入っていくんですけれども、この法務委員会の中で、去年の刑事訴訟法の審議の過程にかかわられた方も、かかわっていない方もおられるわけですけれども、思い出すわけですね。あの刑事訴訟法の改正案のときも、やはり法制審の中で、各委員が、あのときは、可視化の一部法制化に合わせて、通信傍受の手法の範囲拡大だとか司法取引の導入だとか、本当にこれは合わせわざで、一歩前進だけれども、後退部分を含めてこれは本当に賛成できるのかと、かなり苦しい議論が法制審の議論の中でありました。

当時、私たちはガラス細工で、みんなで賛成をしたんだから修正案は無理だ、こういう雰囲気の中で始まったわけですけれども、最終的には、この委員会の中で、与野党問わず丁寧な議論を積み重ねて、確かに十分とは言えませんでしたけれども、それこそ、司法取引では例外なき弁護士の立ち会いという修正だとか、あるいは通信傍受については、私たちから言わせれば、第三者の立ち会いは必ずしもなくなったけれども警察による立ち会いの確保ができたとか、そういう修正ができたわけです。

だから、ぜひ読んでいただきたいんですけれども、88回と92回だけでもいいので読んでいただくと、本当に委員の皆さんがぎりぎりまで頑張られたこの法制審、その第1ラウンドを引き継いで、空文化に努力したいなんていうことを言わせないで、立法府たる第2ラウンドでしっかり私は修正条文をつくっていきたい、与野党問わず一緒に、そういうふうに本気で考えておりますので、ぜひよろしくお願いしたいと思います。

その上で、数だけではない、中身なんですけれども。でも、私はやはり、賛成派の方あるいはこの案を出している政府の理由よりも、懸念を主張し、あるいは反対をしている立場の方の理屈の方が10個並べても理があるなというふうに思っているので、きょうは時間の許す限りそれを明らかにしていきたいというふうに思います。

まず、政府が、もうこれでいくんだ、配偶者は適用除外、こういう案を出してきた第92回、このときの補足説明の資料なんですけれども、これは局長にお伺いしますね。

これは、何で配偶者は除外でいいのかということの、突然びっくりするような新しい理由がこの補足説明につけられていて、最後は賛成するしかないと、92回である意味覚悟をしておられたんでしょう、委員の皆さんも、この期に及んでなぜこの理由と。

本当に皆さん、相当強い語調で懸念を表せられているのが、要は、配偶者が適用除外になる理由として、**「民法上、夫婦は同居、協力及び扶助の義務を互いに負っており、離婚をした場合などには財産分与が行われるなど、法律上その経済的つながりが強いことが予定されており、一方の配偶者の財産と他方の配偶者の財産を区別するのは相当」**でない、**こういう理由**が最後の終盤の92回になって、これは政府ですよ、大島委員の名誉のためにも申し上げますが、決して大島委員が言っていることではありません、**政府の補足説明**で突然出てくるわけです。

ちょっと粗っぽく言えば、**夫婦の財産というのは区別できないのだから、保証人になってもこれはある意味当たり前だ、こう言わんばかりのこの理由づけですけれども、これは局長にお伺いします、この理由づけ、現段階でも維持されているんですか。**

○小川政府参考人　現段階でも維持するということはございません。

○山尾委員　では、もう一度はっきりお聞かせをいただきたいんですけれども、もしこれが維持されているとすれば、まさに**この債権法改正は、夫婦財産の独立性の原則まで変えようとしているのか**、こういう懸念を生じるわけですが、もう一度局長にお伺いをします。

この92回では、**政府の理由づけに使われていた752条、互いの扶助の義務、あるいは離婚した場合の財産分与規定、そして配偶者間の財産を区別するのは相当でない**、この見解を**法務省として撤回される**、そういうことですか。

○小川政府参考人　撤回いたします。

○山尾委員　はっきり撤回をしていただいて、私は評価いたします。これは撤回しないとおかしいです。これは議事録にしっかりと残ったと思いますし、これは一切、今提案されている案の理由にはならないということ。

改めてお伺いしますけれども、**法務省民事局として、762条1項が原則づける夫婦財産の独立性の原則ということ、これは、当然のことながら、極めて夫婦間の財産における大原則である**、こういうことをもう一度確認させていただいてよろしいですか。

○小川政府参考人　もちろん大原則でございます。

○山尾委員　では、そういった答弁をいただいたところで、大臣にも確認をさせていただきたいと思います。

法務省が、これは平成26年6月24日ですけれども、いっときはこの配偶者適用除外の理由として出してきた先ほどから申し上げている理由、これを法務省として撤回するということでよろしいですか。

○金田国務大臣　ただいま私どもの民事局長から答弁をいたしました。私も同じ考え方であります。

○山尾委員　撤回いただいたということを議事録に残し、では次に進みますけれども。

もちろん、この理由が撤回されたり、あるいは削除をされれば、これは例外が認められるんだというわけではありません。私が思ったのは、法務省民事局をしてこんな理由まで持ってこなければ説明できないような状況に92回が追い込まれたのかということで、私は非常に、かなり無理筋だなと思ったので、そこは撤回していただいて、良識を保っていただいたというふうに評価したいと思います。

そして次に、やはりこれは適用除外にする、こういう理由として根強く繰り返されているのが、よく**必要性と許容性の議論**といいますけれども、**配偶者が保証人になるというのは実務ですごく多いから必要なんだ、今すぐこれに制約をかけると困るんだ、こういう必要性の議論であります。**

では、実際に、配偶者による保証というのがどれぐらいなされているのかという話が、先ほどやはり井出委員からもありましたね。さっき答弁にも出ましたけれども、私もその報告書ぐらいしか出てこなかったんです。同じです。平成24年度個人保証制度に関する中小企業の実態調査報告書。中小企業の1万社に対してアンケート調査をかけている、中小企業庁が委託をして出てきた調査結果なんですね。

第三者保証をつけている中小企業のうち、その提供者の74.4％が代表者の親族である、これは先ほどの答弁どおりです。ちなみに、2番目は、代表者親族以外の役員10.5％。親族は74.4％で、親族以外の役員というのが10.5％ですから、相当の乖離があるわけです。**第三者保証というのはかなり親族に頼っている。**

ただ、私、素朴な疑問なんですけれども、今回、親族という中でも、配偶者のことが問題になっておりますよね。局長でいいんですけれども、法務省として、では実際、**配偶者がどの程度保証の比率を担っているのか**、こういう調査はなぜされなかったんですか。

○小川政府参考人　私ども、法制審議会の中で議論する過程において、先ほど来のお話に出てまいります**中小企業団体の方**においでいただいていますので、その方による発言がいわば実情であるという理解をしております。

○山尾委員　ちょっと、局長、それは余りにもあんまりな答弁ではないかと思うんですけれども。

やはりデータですよね。実際、こうやって、親族の比率というのは調査をすれば出てきているわけで、当然、その中でも配偶者の比率というのは、中小企業庁に委託するのか、何か第三者機関に委託するのは構わないですけれども、法務省としても、やろうと思えば当然可能ですよね。先ほどの話からすると、何のデータの裏づけもない、商工会議所を代表としている方の、私もかなり発言は読み込んだつもりですけれども、数字は出てきていませんね。資料も出てきていませんね。

私、今からでも御提案しますけれども、やはり**立法事実の核心**ですね、**必要性の部分。とりわけ、保証というのはかなり配偶者に頼っていて、これが立ち行かなくなったり手続が煩雑になると本当に困るんですという、立法事実の核心部分ですよね。**法案を通そうとする前に、私は調査をなさる必要があると思いますけれども、何か、やらない理由が、合理的な理由があるのであれば、どうぞ御答弁ください。

○小川政府参考人　繰り返しになりますが、**借りる側、あるいは法制審の中には貸す側、銀行協会の方も入っておられますので、そういった方の御発言が私どもとしては理解する内容というふうに考えて**おります。

○山尾委員　済みません、発言する内容が理解する内容ということの意味がわからないので、もう一度御答弁お願いします。

○小川政府参考人　発言する内容で、それを実情として考えたということでございます。

○山尾委員　数字の裏づけが必要でないというふうに考える合理的な理由を述べてください。

○小川政府参考人　まずは、やはり一番身近な立場にいる借りる側あるいは貸す側の説明される状況でいわば足りるという理解をしたということでございます。

○山尾委員　私は、そういう方の肌感覚、体感が不要だと言っているのではありません。しかし、それで足りるという合理的理由は、今、局長の答弁からは一切ありませんでした。

なぜ体感のみで足りて、**数字の裏づけは必要ない**、こういう判断をなされたんですか、根拠をお尋ねします。

○小川政府参考人 もちろん、委員として加わっていただいた方は、個人として加わっているというよりも、組織を代表し、あるいは組織の中のいわゆるバックアップ委員会的なものでの検討を前提とした上で御発言をいただいていますので、そういう意味では、広く、中小企業一般にもいろいろと意見などを伺った状況を反映したものだというふうに理解いたしました。

○山尾委員 その委員の発言のバックアップ資料の中に、**配偶者によるその保証の比率**というのがどれぐらいになっているのか、そういう数字的なデータによって委員の発言がしっかりと組織的にあるいは数字的に裏づけられているのか、こういう確認は法務省民事局としてなされたんですか。

○小川政府参考人 そのような確認はしておりません。

○山尾委員 確認をしていないということであれば、やはり今のは理由にならない答弁だと思いますし、もう余りこんな追及的なことを言ってもしようがないんですけれども、誰もがわかりますわね、だって、配偶者による保証が実務ですごく多くて必要性が高いから、これは適用除外にせざるを得ないよ、今回ばかりは頼むね、こういうところですよね。それなのに、では、実際、配偶者による保証の割合がどれぐらいなのかという立法事実のデータすらとろうとしていないということの不合理性は誰もが感じると思うんですけれども。

これは、政務官、副大臣、大臣、どなたでもいいですけれども、これは要らないんだと、何かありますか、体感だけでいいんだと。

体感も必要なんですよ、私、体感は何ら別に否定していません。でも、そういった、一番の当事者の方の体感に合わせて、せめてその一番のベーシックな数字、私は必要だと思いますけれども、それは不要なのだという合理的な理由をお聞かせいただけるお三方、どなたかおられればお願いします。

○盛山副大臣 データがあればそれにこしたことはないとは思います。しかしながら、現状、実態を考えた上で、委員の皆様方、これで最終的には納得されたと思います。

もちろん、私個人といたしましても、現状の個人保証のあり方がいいと思っているわけでは決してありません。ただ、個人保証の現状を変えるにしても、時間がかかるだろうと。

そして、私は、空文化されたいという委員の方と直接お話をしたわけではありませんけれども、それは、こういう法律の規定がなくてもいいような金融あるいは融資、そういう実態になっていくようになればいい、そういうふうにお考えで御発言をされたんじゃないかなと私は考えております。

○山尾委員　どんな気持ちで空文化に努力するとおっしゃったかというのは、ちょっと私、これを真摯に読んだ限りではなかなか容易に推測は、申しわけないけれども、できません。

その上で、先ほど御紹介したとおり、きちっと反論してこられた委員の方が本当に納得しているとはとても思えません。納得していないということをはっきりおっしゃっていますよね、皆さん。

そういう中で、提案なんですけれども、先ほど中小企業庁が使われた実態調査を見ますと、アンケート調査期間は、このアンケートでいうと1月18日金曜日から2月1日の金曜日、約2週間でできております。しかも、これは結構、項目が多岐にわたっていますけれども、今私が問題に取り上げた、要するに配偶者にどれぐらいよっているのか、これの調査ということであればもっと短い期間で済むでしょう。これはやれない理由がないと思うんですけれども、大臣、これはやった方がいいんじゃないですか。

つまり、法制審の委員は最終的には皆反対はしなかったとおっしゃいますけれども、実際反対されていますし、そして何よりも、一番最終的に国民の代表者として納得しなければいけないのは私たち国会議員ですから、今せっかくこういう議論がなされているわけで、短い期間でこれはできる調査だと思います。大臣、おやりになる考えはありませんか。

○金田国務大臣　先ほど私どもの副大臣の方からも答弁があったわけですけれども、委員が御指摘のように、**数字はあった方がよかったかもしれません。**

しかし、法制審議会の委員の皆さんの発言を踏まえて、相当の割合があると認識していたものと私自身は理解をしておりますので、ただいまの御指摘については、私は、**少し考えてみたいとは思います**が、そういう部分については、**今回の法制審の結論として最終的にお認めいただいた経緯もあることもしっかりと踏まえて考えて**いかなければいけない、私自身はそう思っております。

○山尾委員　少し考えてみたいというところに、私は、なるほどというふうに言いたいと思うんですね。

ぜひ、これはやれますから。しかも、期間もそんなにかかりませんし。やはり数字はあった方がよかったかもわからないというか、これは立法事実として、なくてはならない**最もベーシックな数字がないままこれを押し切るというのは、やはり法務委員会として余り適切なことではないのではないかと私は思います**し、できることですから、やるということでぜひ御検討いただいて、その回答をきちっといただきたいというふうに思います。不可欠だというふうに思います。

それは、今、そういう前向きな御答弁をいただいたということで次に進むとしますと、私が申し上げているのは、要するに、委員の皆さんも、配偶者が保証人となることを、別に今、現段階で禁止すべきだと言っているのではないんですね。**公正証書を必要**としましょうというこの一手間すらなぜかけられないんだ、こういうことをずっと言っているわけです。

だから、百歩譲って、配偶者が実際保証を負っていることが多いという実務の必要性もあるんだよ、こういう大臣や局長の答弁を私も受けとめるとしても。必要なんだよ、実務が今それで回っているんだ、それで融資が受けられなくて困るという中小企業もあるから、そこも考えてほしいと。だとしても、公正証書を受けるという一手間すらかけられないんだということの、何か腑に落ちる説明になっていないと思うんですけれども、この点、局長、いかがですか。

○小川政府参考人　**今回の公正証書による保証意思の確認手続は、いわばリスクを理解してもらって、そこで改めて考えた上で保証をするかどうかを決めるということでございまして、そういう意味での制度でございます。**

したがいまして、**家計と経営が一体的になっているような場合**につきましては、そういう経済状況についても知り得べき立場にございますので、その意味で、今回の公正証書の保証意思確認手続には定型的に乗るというものではないという理解でございます。

○山尾委員　確認しますね。配偶者には公正証書は必要ないんだ、この理由として今局長がおっしゃったのは、先日と同じですけれども、配偶者という立場は、リスクや経営状態を知り得る立場にある、定型的にそう考えられる、こういうことを一点おっしゃって、これについては、私も、きょうまたさらに議論をします。

もう一つ、この理由があるかどうか知りたいんですけれども、賛成派の委員の御発言をひもとくに、要するに、公正証書をとるという手続はやはり非常に手間もかかるんだ、だから、実際、実務上多い配偶者保証についてまで公正証書を必要とする手間をかけると、実務が回らなくなって非常に困るんだと。

公正証書をとる、公証人を絡ませる、このことのやはり手間がかかるということも、これは理由になっているんですか、ならないんですか。

○小川政府参考人　借りる側からいうと、いわゆる円滑な資金調達がしにくくなるということで、その手間について、それを嫌うということはあると思います。

ただ、私どもとして、そのことについてとやかく言っているわけではございません。

○山尾委員 いや、ちょっと前段と後段の関係性がわからないのですけれども。

ちょっとはっきりさせたいんですね。配偶者には公正証書は必要ない、こういう判断に今のところ至っている理由として、1つは、配偶者の、定型的に、リスク等を知り得る立場にあるという民事局の御見解、それプラス、公正証書というもの自体にやはり手間暇がかかるから適用除外というものが必要なんだ、こういう理由、これは両方あるんですか。

○小川政府参考人 後者の方の、要するに、手間暇がかかるということについては、それが中小企業団体側から主張されている内容で、それによって円滑な資金調達が阻害されるということを中小企業側が言われているということは、例外とする理由の一つでございます。

○山尾委員 民事局としては、その理由も正当な理由の1つというふうに判断されているんですか。

実際、あるんです。そうなんですよ、この92回で、**賛成派の方が、配偶者の保証は公正証書の方法によらなければならない、こういう規律を置いた場合には迅速に調達できなくなる**、こういうことをおっしゃっているのでね。これは一委員の意見ですから。これも1つの理由として法務省民事局としても採用されておられるんですか。

○小川政府参考人 それも1つの理由だというふうに考えております。

○山尾委員 やはり公証人制度、公正証書によるということの手間暇、あるいは迅速性の阻害、スピード感がなくなる、これも理由の一つだと今おっしゃいました。そうであるならば、ちょっと私は、大変疑問があるんですね。

先に申し上げると、確かに、地域の偏在の問題などなど、きょうも議論になっていたかと思います公証人制度あるいは公正証書という手続、これにさまざまな課題があるのは確かだと思うんですけれども、それは公証人制度そのものの課題であって、そのことを解決する努力をせずして、やはり、そういう課題があって迅速さに欠けるから配偶者は適用除外でいいんじゃないか、こういう論になるんだとしたら、それは私は、前後、筋道が違う、こういうことを先ほどから言いたかったわけです。

実際、公証人制度における地域偏在の問題、これについて民事局として課題を認識しておられるか、認識しておられるとしたら、それをどのように解決しようとなされているのか、こういうことをちょっとお伺いしたいんですけれども。

今めくっていらっしゃるので、少し私の調べたところを言うと、**日本公証人連合会**というところが出している資料によれば、全国に公証役場が約300カ所、公証人は約500人、確かに思いのほか少ないんですよね。だから、公正証書が必要だとなったときに、ちょっと時間がかかるということは事実としてあろうかと思います。ちなみに、北海道には役場が13カ所、公証人は20人、この資料によれば、こういうふうになっております。

こういった地域偏在の事実関係、それについて、どのように課題として認識をされていて、どうやって解決しようというふうに考えていらっしゃるか、この点、御答弁できますか。

○小川政府参考人 お答えいたします。

公証人は公証事務に対する需要などを考慮して配置されておりますため、御指摘ありましたとおり、大都市に多く配置されているところでございます。**保証意思宣明公正証書**について言いますと、この作成につきましては**保証人になろうとする者による口授が必要**でありまして、**代理人による嘱託ができない**こととしております。

公証人が比較的少ない地域においても、証書作成の緊急性等の諸般の事情を勘案して、役場での職務執行が相当でないと判断される場合には、公証人が出張して公正証書を作成することも可能と考えられます。

公証人が比較的少ない地域におきまして効率的に役場外での職務執行を行う方策なども含めまして、今後、全国の公証人の組織であります日本公証人連合会において、改正法のもとでの公正証書の作成事務のあり方につき、実務上の観点から具体的な検討が進められるものと承知しておりますので、法務省といたしましても、これに必要な協力を十分に行っていきたいというふうに考えております。

○山尾委員 何とも、ちょっと当事者意識が薄いというか、この公証人制度というものをさらに利用して、この改正も含めて、保証という制度の保証人保護をやっていこうという法務省としては、どうしてそういう、協力はするよというような、そういう答弁で終えていいのかなという気がするんですね。

ちょっと基礎的なデータをお伺いしたいんです。公証人の方の平均年齢というのはお幾つなんですか。

○小川政府参考人 平均年齢は64歳でございます。

○山尾委員 公証人の方の収入もお聞きしたいんです。平均的な収入というのはお幾らなんですか。

○小川政府参考人 これは、法務局が公証人制度を監督しておりますけれども、監督法務局においては、公証人の手数料収入の総額を把握することはできるわけですが、公証人が負担している役場維持費用などの必要経費を把握することができないため、いわゆる正確な実収入額というのは不明でございます。

なお、最近に、平成 27 年でとっておりますけれども、平成 27 年における公証人の手数料収入の全国平均で申し上げますと、これは月額約 250 万円程度でありまして、公証人はその中から役場維持経費、つまり役場の賃料ですとか執務用設備の購入維持費、それから、事務補助者が必要になりますので、事務補助者などの人件費などを支払っているというところでございます。

○山尾委員 先ほど、公証人、約 500 というのは、私、連合会の資料で申し上げたんですけれども、現時点で公証人の方というのは何名いて、そのうち、法務省の退職者あるいは裁判所の退職者以外の方というのは何名いらっしゃるんですか。

○小川政府参考人 お答えいたします。

公証人の現在員は 497 名でございます。このうち、前職が法務省関係の職員または裁判所職員であった者以外の者は 3 名でございます。

○山尾委員 ということは、497 名いらっしゃる公証人のうち、494 名は法務省ＯＢあるいは裁判所のＯＢと。それがファクトなんだと思いますね。

ちょっと素朴な疑問なんですけれども、なぜ、もうほとんど、99 ％、法務省ＯＢあるいは裁判所ＯＢという構成になっているんですか。

○小川政府参考人 公証人制度につきましては、平成 14 年度から公募の制度を始めておりまして、これまで、公募制度が始まりましてから、合計 755 名の公証人を任命しております。このうち、いわゆる**民間出身者を公証人に任命した実績**は、先ほど申しました公証人、トータルで見ますと、司法書士が 4 名という状況でございます。

これは、もともと民間出身者からの応募が、公募に対するものとして、極めて少ないというのが現状でございます。もちろん、応募が極めて少ない理由はさまざま考えられるわけでございますが、現状としては、民間出身者からの応募が極めて少ないというところでございます。

○山尾委員 公証人制度そのものの問題でもあるので、あと 5 分という中でどこまでというのはあるんですけれどもね。

では実際に、民間の方にもこの公証人という窓口が開いているよ、こういうことをどれだけ外に向かってアピールしていらっしゃるのか。しっかりそれをアピールしているのであれば、なぜ民間出身者がこんなにも少ないのか。そして、収入は、もちろん支出はあるんでしょうけれども、月額 250 万円の手数料収入というのは、これは決して少ない額ではありませんですね。そういう一定程度の収入も見通せる中で、どうしてこういう結論になっているのか。そしてまた、平均年齢も 64 歳と決して若くない。なぜこの制度がこういう状況になっているのか。

そしてまた、こういう状況になっている中で、かなり地域の偏在が激しくて、それが、ひいては、やはり商工会議所の方がおっしゃる、地方等々を見れば、必ず、とりわけ口授だから、保証人になろうとする人が行く、これは原則。場合によっては公証人の方に来てもらわなきゃならない。しかも、それは自分の利益ではなくて、自分が保証人になるために。こんなことを本当にやっていられるのか、やはり、必要な融資が急ぎだというときにできない場面が出てくるじゃないか、これは、この制度をこのままほっておけば、そういう懸念が商工会議所という立場の方から出てくること自体は、私は理解はします。

ただ、その問題を、では、しようがないから**配偶者はもう除外**にしてしまおう、そういうふうな形で解消するのは筋道違いだということを言いたいんです。必要であれば、公証人が公証人としての役割をしっかり果たせるような環境をきちっとつくるということが本筋だと思うんですね。その課題を解決しようという中には、今言ったような、年齢の問題も出てくるし、なぜ九九%が法務省、裁判所のＯＢなのかということも出てくるでしょう。そういうことをまずやるべきであって、それをやはり配偶者を適用除外とすることの道筋に位置づけるべきではないということを私は申し上げたいというふうに思います。

まだ時間がちょっとあるということで、もう 1 つ、やはり、国際的な潮流ということを一言申し上げたいと思います。

今回、配偶者をそうやって例外にしていくというときに、国際的には、どちらかというと、**配偶者保証というのはやはりかなり問題が多い**と。そういう、**家族や配偶者が保証人になるということをできるだけ避けていこうというのがヨーロッパを初めとする国際的な潮流だ**と思いますし、私、手元に論文も幾つもありますので、時間があれば御紹介をしたいですけれども、こういうことについては、何か今回検討を加えられたんでしょうか。

○小川政府参考人　今回の検討に当たりましては、さまざまな**比較法の調査**はしております。

その上で、事業の限定といったことも、そういったものを参考にして行ったところでございます。

○山尾委員　時間ですので、次の議論に譲りたいと思いますけれども、イギリス、ドイツ、フランスと、私もさまざま論文を目にしたことも含めて、やはり、今回このまま修正もかけずに法案を通してしまうと、本当に国際的な潮流に逆流するような、せっかくの 120 年ぶりの改正で、逆流しているじゃないか、日本は逆行しているんじゃないか、こういうふうに思われるのは大変恥ずかしいし、残念なことになってしまうと思うので、今後ともしっかり議論を続けて、この配偶者の問題についてはしっかり修正をしていただきたいというふうに思います。

ありがとうございました。

○鈴木委員長 次に、**藤野保史君**。

○藤野委員 日本共産党の**藤野保史**です。

きょうは、**不法行為による損害賠償請求権の期間制限**、民法でいえば、724 条後段の改正についてお聞きをしたいと思います。

これは、B型肝炎やじん肺、あるいは水俣病など、これまで薬害や公害をめぐって多くの訴訟が行われてきたわけですが、これと密接に関連する規定であります。

例えば、私は北陸信越ブロックから選んでいただいております。新潟水俣病、阿賀野川がありまして、阿賀野川患者会の皆さんからも何度もお話を聞いてまいりました。ことしは、実は水俣病公式認定から60年、新潟水俣病でいえば、少しおくれて51年ということになります。しかし、50年たっても60年たっても、被害はなお続いている。

実は、きのうも国会内で、終わらない水俣病を問う院内集会が開かれました。12 万筆を超える署名が寄せられました。私も参加したんですが、いまだに水俣病は終わっていないという痛切な訴えが相次ぎました。

しかし、こうやって終わっていないにもかかわらず、不法行為による損害賠償請求権が消滅してしまうという解釈が同条をめぐってなされてきた。これは、被害者にとってみれば大変過酷な解釈がこの 724 条後段をめぐってずっと続いてきたという問題であります。

今回、これが改正されるわけですけれども、そこで、この点についてお聞きをしていきたいと思います。

まず、前提として法務省に確認したいんですが、同条は、特に後段が、これは**消滅時効なのか除斥期間なのかということで争われてまいりました。端的にお願いしますが、消滅時効と除斥期間というのはどう違うのか、教えてください。**

○小川政府参考人 お答えいたします。

除斥期間は、一定の時の経過に権利消滅の効果を認める制度である点では消滅時効と共通いたしますが、消滅時効と異なって、一般に、これは改正法で概念を整理いたしましたが、現行法でいいますと、**中断や停止がなく、また、当事者の援用がなくても裁判所が**その適用を判断することができるために、**援用が信義則違反や権利濫用に当たるとされることはない**と考えられております。

○藤野委員　今答弁いただいたとおりでありまして、結局、除斥期間というのは、ある意味、その期間が経過すればもう自動的に権利が消滅する、大体そういうような形で主張され、援用というものがなくても裁判所が判断できてしまうということであります。

そのもとで法務省にもう一点お聞きしたいんですが、最高裁は、この条文はどちらの解釈をしてきたか、この点もお答えください。

○小川政府参考人　**除斥期間というふうに判断**しております。

○藤野委員　そうなんですね。**最高裁の平成元年12月21日の判決でこの724条後段の規定が除斥期間であると言って以降**、本当に苦しい裁判闘争が続けられてきたわけであります。

この点が法制審で今回議論されたわけでありまして、私は重要だと認識しているんですが、法制審は、この最高裁の解釈のもとでどういう問題が起きてきたというふうにしているでしょうか。法務省、お願いします。

○小川政府参考人　お答えいたします。

先ほど若干申し上げましたが、**除斥期間は、消滅時効期間と異なりまして、中断や停止の規定の適用がないために、期間の経過による権利の消滅を阻止することはできず、また、除斥期間の適用に対して信義則違反ですとか権利濫用に当たると主張することはできないと解されておりました。**

そのため、**長期の権利消滅期間が除斥期間**であるといたしますと、長期間にわたって加害者に対する損害賠償請求をしなかったことに真にやむを得ない事情があると認められるような事案においても被害者の救済を図ることができないということが問題とされました。

○藤野委員　まさにおっしゃったとおりで、不法行為によるいろいろな侵害を受けたとしても、真にやむを得ない事情が被害者の側にあって、援用したいんだけれども、時効を中断、停止したいんだけれどもそれができないという、時には加害者から妨害されたり、そういうこともあって時効をとめられないという場合にも、これが除斥期間だという理由で、それはもう権利消滅したという事案が幾つも出てきたわけですね。

法制審では、著しく正義、公平の理念に反し、被害者にとって酷な結論となるという議論がされて、配付資料を見ていただきますと、ちょっと多くて恐縮なんですが、例えば3枚目の真ん中あたりに「例えば、」と書いてありますが、同じく最高裁、平成10年6月の判決や平成21年4月の判決で、こうした例が法制審でも挙げられている。

ちなみに、平成10年の判決は、不法行為の被害者が、不法行為を原因として心神喪失の状態になってしまった。そのために後見人が選べなかった。それでずっと時間が経過してしまって、20年がたってしまった。もう自分が心神喪失ですから、援用なり、そういうことは全くできないわけですね。後見人も選べなかった。にもかかわらず、20年たったからということで、そういう事案が争われた例であります。

平成21年は、被害者が殺害されてしまいまして、加害者がそれを隠したわけですね。死体を隠したために、相続人の人たちは被害者の死亡そのものを知ることができなくて、相続人が確定しないという状況が続いた。その結果、損害賠償請求権を行使するという機会がないまま、これまた20年が経過してしまった。

20年が経過したということを除斥期間と考えるもとで、これを本当に救う手段というのを、ある意味、この10年判決や21年判決は、いろいろな形で時効の規定を、法理を使ったりさまざまやってきたわけですけれども、しかし、それは不合理だということが法制審で議論されたわけです。

そこで、また法務省に聞きたいんですが、こうした不合理な事態を解決するために、結論として、この**724条後段**について、どう解釈すべきだというふうに法制審は答申したんでしょうか。

○小川政府参考人　長期の権利消滅期間を、除斥期間ではなく消滅時効期間とすることとしております。これによりまして、中断、停止を再構成したものであります更新、完成猶予の規定が適用されることになるため、被害者において、加害者に対する権利の時効による消滅を防ぐための措置をとることが可能になります。

また、消滅時効期間の経過により権利が消滅したという主張が加害者側からされたといたしましても、裁判所は、個別の事案における具体的な事情に応じて、加害者側からの時効の主張が信義則違反ですとか権利濫用になると判断することが可能になるものでありまして、これによって、不法行為の被害者の救済の可能性が広がるものというふうに考えております。

○藤野委員　そのとおりでありまして、法制審は、今までの最高裁の、これは除斥期間であるという解釈を、今回の法改正で、消滅時効にするというふうに改めたわけですね。これによって、権利濫用とか信義則とか、個別事案に沿った解決が法理上も可能になってくるということになります。

配付資料を見ていただきたいんですが、先ほどと同じページ、下の方の、ページでいうと十と書いてあるところですけれども、法制審ではこう言っているんですね。

素案（二）は、民法第 724 条後段の期間制限が同条前段の消滅時効とは異なる性格のものであるという解釈の余地を封ずる趣旨で、「同様とする」という文言を使わずに、これらを各号の方式で併記するものである。これにより、20 年の期間制限が消滅時効であることが明らかになり、中断や停止が認められ、また、信義則や権利濫用の法理を適用することによる妥当な被害者救済の可能性が広がることとなる。

そして、後ろから３枚目のところにも同様の資料がございます。**配付資料の２**になるわけですが、「概要」と真ん中に書いてあるんですけれども、ここには、

民法第 724 条後段の不法行為の時から 20 年という期間制限に関して、中断や停止の認められない除斥期間であるとした判例とは異なり、同条後段も同条前段と同様に時効期間についての規律であることを明らかにするものである。

ということで、はっきりと、そういう立法趣旨であるということを明確にしているわけであります。

大臣、確認したいんですが、今回、そうした法案を提案されたということでよろしいですね。

○金田国務大臣 先ほど民事局長から答弁申し上げました、現行法の第 724 条の後段の改正の理由でございますが、除斥期間を消滅時効期間と改めることで、中断、停止を再構成して、更新、完成猶予の規定が適用されることになる、そしてまた、被害者においても、権利の時効消滅を防ぐための措置をとることが可能になる、また、消滅時効期間の経過によりまして権利が消滅したという主張が加害者側からされたとしても、裁判所は、個別の事案における具体的な事情に応じてその主張が信義則違反や権利濫用になると判断することが可能になるということで、被害者の救済を図る余地が広がることを期待しているものである。

したがって、現行法の第 724 条後段の改正によりまして被害者の救済を図る余地が広がることを期待しているものでありまして、適切に運用されるように、その趣旨の周知徹底を図ってまいりたい、このように考えています。

〔委員長退席、土屋（正）委員長代理着席〕

○藤野委員 本当に、そういう意味で、今回の改正は大きな一歩だと私も認識をしております。

つまり、20 年たってしまえば、権利濫用とか信義則、そういう主張すらできなかったわけで、今回それができるようになるという点で、その適切な解釈、運用の徹底を図るという点も非常に重要なことだというふうに思っております。

先ほど**新潟の阿賀野患者会**のお話をしましたけれども、さまざまな**薬害や公害**でお話をお聞きしますと、一方の側からは、20 年間もほっておいたんだからやむを得ないんじゃないか、そういう声も時々お聞きするわけですね。しかし、実態は全く違う。被害者だと名乗り出たくても出られない。不法行為による侵害が大きければ大きいほど病気や症状も重いわけですし、あるいはエネルギーも奪われてしまう、お金もかかる、日々生きるだけで精いっぱいということで、時効停止の訴えを起こすどころではないわけであります。

きょう、ここで指摘したいのは、さらに深刻な問題として、社会的な差別、偏見という問題があるということであります。

その次のページをめくっていただきますと、**配付資料の３番目**、読売新聞の記事であります。「新潟水俣病　遠い救済　確認50年　残る潜在患者　「金目当て」差別・偏見恐れ」ということであります。

ここでも紹介されているんですが、**新潟水俣病第 5 次訴訟団**の原告団長を務める皆川栄一さんという方がこの一番上の段で紹介をされております。実は私もお会いしたことがありまして、昨年５月、新潟の現地調査に伺って、新潟水俣病の震源地の１つと言われます昭和電工の鹿瀬工場跡地などを視察したわけですけれども、そこに御同行いただいていろいろと御説明いただいたんですけれども、そのとき皆川さんもこういった趣旨のことをおっしゃっていました。この記事では、「「金目当てのニセ患者」と言われている人も見てきて、名乗り出るのが怖かった」という記事であります。

この皆川さん自身は、20 代のころからもう手足のしびれとか耳鳴りに悩まされていたんだけれども、当時、いろいろな差別、偏見があって、患者の家に嫁はやるなとかいろいろ、やはり事実としてあった、そのもとで、水俣病の診察を受けるということ自身が家族に影響が及んでしまう、申請に手を挙げること自身が子供たちに影響を与えてしまうという思いからずっと耐えていた、しかし、加齢によって、年によって症状がもう重くなって耐えかねて、子供たちの自立を見届けた後に申請を、手を挙げた、原告団にも入ったというお話でした。それが何と 2013 年３月ということで、本当に、そういう意味での深刻な実態というのがあるんだということであります。

ほかのところでも、これは**水俣病**だけじゃなくて、**Ｂ型肝炎訴訟**の方にも共通して寄せられております。

例えば、このＢ型肝炎の方は、お医者の方から絶対に酒は飲むなと言われたときに、しかし、職場の飲み会で上司からお酒を勧められる、いや、飲めないと言って断っているんだけれども、先輩たちからは、何だ、俺たちも飲んで鍛えられたんだみたいな、最近の若いのはわがままだなというようなことを言われる、しかし、ウイルス性の肝炎なんですと言えないというんですね。そう言うと、何か、やはりそれに対するまだ偏見や差別がないと確信が持てないもとで、そういうことが言えないと。実際、配偶者の両親と飲むこともあって、配偶者の両親がすごいお酒好きで、しかし一緒に飲むことができない、親族、家族にも隠し事をしなければならないということが本当につらいんだというお話をされています。

結局、原告は、病気だけでなく、差別や偏見に対しても闘わないといけないというのが実態だというふうに思うんですね。

ですから、やはりこうした問題があって、身体的にきつくて、あるいは精神的にきつくて時効を訴えられないということに加えて、社会的にも、それを名乗り出ること、手を挙げること、時効を停止したいと言うことそのものが非常に厳しい状況があるもとで、この間、時効の問題が闘われてきた。そういうものがあるもとで、裁判所は、20年たったら、権利の濫用、信義則での判断すら許さないということをずっとやってきたということが今回の改正の背景にあるということだと認識をしております。

ですから、この解釈というのが今回の改正で変わるわけですが、しかし、私は、やはりこれは、法制審の議論の前に、本当に血の出るような被害者と弁護団の皆さんの長年にわたる闘いがあったということを踏まえて、私たちは審議に臨む必要があるのではないかと思っております。

先ほど、平成10年と平成21年の最高裁を紹介しましたけれども、これも、除斥期間のもとでの一定の工夫といいますか、特例みたいな形で救済した例ですけれども、それ以外にも、やはり下級審でも、じん肺をめぐる下級審やB型肝炎、水俣もそうですが、本当に多くの下級審があったわけであります。そうした、本当に皆さんの長年の運動がこの法改正の背景にある。

大臣にお聞きしたいんですが、今回の改正、先ほどおっしゃっていただいた、これは本当に立法者の意思を示すという点で重要だと私も思うわけですが、そういう意味も含めて大きな一歩であるという御認識だということでよろしいでしょうか。

〔土屋（正）委員長代理退席、委員長着席〕

○金田国務大臣 ただいまの御指摘に対しまして、現行法の第724条後段の改正によりまして被害者の救済を図る余地が広がることを期待しているものだということで、適切な運用をなされますように、その趣旨の周知徹底を図っていきたい、このように考えています。

○藤野委員 その上で、しかしまだ幾つかの問題についてもちょっとお聞きをしたいと思っております。

その次の条文で、724条の2で、生命身体の侵害に対する損害賠償請求があるわけですが、これが設けられた趣旨、これは新設なんですね、これを端的に法務省に、まず前提としてお答えいただきたいと思います。

○小川政府参考人 お答えいたします。

生命や身体の侵害による損害賠償請求権は、債務不履行または不法行為に基づいて生ずるわけですが、生命や身体に関する利益は、一般に、財産的な利益などの他の利益と比べまして保護すべき度合いが強いということでございますので、生命や身体の侵害による損害賠償請求権については、他の利益の侵害による損害賠償請求権よりも権利行使の機会を確保する必要性が高いと考えられます。また、生命や身体について深刻な被害が生じた後、債権者は、通常の生活を送ることが困難な状況に陥るなど、時効完成の阻止に向けた措置を速やかに行うことを期待することができないことも少なくありません。

したがいまして、生命や身体の侵害による損害賠償請求権については、他の利益の侵害による損害賠償請求権についてよりも長い時効期間を設定するのが合理的であるというふうに考えられますが、現行法上はこのような特別な規律が存在いたしません。

他方で、時効制度には、長期間の経過に伴う証拠の散逸などにより反証が困難となった相手方を保護するという側面もあるため、被害者保護のために時効制度を廃止することや時効期間を著しく長いものとすることには弊害もございます。

そこで、改正法案では、生命や身体の侵害による損害賠償請求権について、時効期間を合理的な範囲で長くするという観点から、不法行為に基づく場合には、損害及び加害者を知ったときから三年間という時効期間を5年間とすることとしております。

○藤野委員 要は、やはり新設するということで、保護の必要性が高いということであります。

条文上は生命身体への侵害と規定しているだけなんですが、適用対象として、ＰＴＳＤのように精神的に大きな打撃を受けた場合、これも含まれるという解釈でよろしいですか。

○小川政府参考人 お答えいたします。

身体を害する不法行為に当たるか否かにつきましては、単に精神的な苦痛を味わったという状態を超え、いわゆるＰＴＳＤを発症するなど精神的機能の障害が認められるケースにつきましては、これを身体的機能の障害が認められるケースと区別すべき理由はないと考えられます。

したがいまして、ＰＴＳＤが生じた事案につきましても、身体を害する不法行為に当たるものと考えられるところでございます。

○藤野委員 その上でなんですけれども、ですから、そうしたやはり重大な影響を受けますと、先ほど答弁ありましたように、時効完成の停止に向けた措置を速やかに行うことが期待できないという場合が間々あるわけですね。先ほど私も申し上げました、いろいろな例で。個人の要因だけではなくて、社会的にもそれが阻害されるというケースもあるわけであります。

その点で、法制審の場では、時効の期間につきまして、20 年ではなく 30 年でもいいじゃないか、30 年でもといいますか、30 年という案も出されて議論されたと認識をしております。

結論としてはこれは 20 年になったわけですが、**20 年になった理由は何なのか**、お答えいただけますか。

○小川政府参考人 お答えいたします。

法制審議会での検討の過程におきましては、特に生命身体への侵害による損害賠償請求権を対象として、権利消滅期間を 30 年とするかどうかが検討の対象となりました。しかし、この消滅期間には、長い時間の経過に伴って証拠が散逸することなどにより反証が困難となった債務者を保護するという公益的な機能もあり、その機能は軽視することができないと考えられるところですが、長期の権利消滅期間を20年から30年に変更すると、この機能が大きく損なわれるおそれがあると考えられます。

他方で、今回の改正案におきましては、不法行為の損害賠償請求権の長期の権利消滅期間を、先ほども申し上げましたように、除斥期間から消滅時効期間に改めることとしております。そのため、加害者が被害者の権利行使を実際上妨げる行為をしていたといったケースにおいては、加害者による消滅時効の援用は権利の濫用に当たって許されないと判断することが可能となり、個別の事情に応じて被害者の救済を図ることが可能となっております。

以上の点を踏まえまして、**現行法 724 条後段の 20 年の期間を 30 年に延ばす**ということはしないという結論に至ったものでございます。

○藤野委員 そこがよくわからないんですね。証拠の散逸というのでいえば、20 年も 30 年もそんなに変わらないといいますか、20年で散逸するような証拠であれば、別に 30 年、余り変わらない。

法制審の議論を見ますと、こうおっしゃっているんですね。**この時効期間を30年とした場合には、損害賠償請求の相手方となるのが加害者本人ではなく、その相続人であるという事態が少なからず生じ得る**、その後に、そして、時間の経過によって証拠が散逸しという話が出ていて、一番初めの理由としては相続人が挙がっているわけであります。

しかし、この相続人という点もよくわからない。個人の場合はわかるとしましても、損害賠償請求の相手方が個人じゃない場合、政府とか大企業とか、先ほど言った薬害とか公害とかいった場合、大体、公なわけであります。損害賠償請求が個人じゃない場合は、相続人の問題は生じません。

ですから、法務省にこれをお聞きしたいんですが、損害賠償請求が例えば相手が政府や大企業の場合は、30年という特則を設けてもいいんじゃないでしょうか。

○小川政府参考人　まず第1に、**現在の消滅時効期間は20年ということでございまして、この消滅期間には、長い時間の経過に伴って証拠が散逸することなどにより反証が困難となった債務者を保護するという公益機能が**ございます。その点では、仮に相手方が法人であっても、今申し上げましたような機能が大きく損なわれる点については異ならないというふうに考えております。

○藤野委員　ちょっと答えていないんですけれども。

要するに、大企業や政府が相手方の場合、30年でもいいじゃないかというのが私の質問なんです。

○小川政府参考人　お答えいたします。

時効期間が持つ公益的機能につきましては、特段差異はないというふうに考えております。

○藤野委員　大臣、この点をどう思われますか。ああいう答弁なので、ちょっとお聞きしますけれども。

○金田国務大臣　民事局長が答弁申し上げているとおりなんですけれども、私も、やはり20年と30年とでは違うのではないか、このように考えます。

相続人というのは、反証の難しさの典型例を指摘したものでございますし、法人でも反証は難しいのではないかな、こういうふうに私は考えます。

○藤野委員　法人一般じゃなくて、大企業とか政府とか、ある意味しっかりしたところなんです。そういうところにとって、**相続**という概念そのものが生じないではないかということなんですね。ですから、証拠の云々という話とは別に私はお聞きをしているわけで、その点はやはり個人とは違うということを指摘したいと思います。

ちょっと時間の関係で法務省にお聞きしたいんですが、やはり今後問題になってくるのは、今回の法改正は一歩前進なんですけれども、今後どうなるのかという話であります。

先ほど紹介した最高裁平成21年4月28日の判決には田原睦夫裁判官の意見がついていると思いますけれども、これは簡単に言ってどういったような意見でしょうか。

○小川政府参考人　御指摘のとおり、**田原睦夫最高裁判事の補足意見**がございまして、その骨子は、**民法724条後段の規定を除斥期間と解する場合**には、具体的妥当な解決を図ることは法論理的に極めて難しく、他方、時効期間を定めたものと解することにより、具体的に妥当な解決を図る上で理論上の問題はなく、また、そのように解しても不法行為法の体系に特段の支障を及ぼすとは認められないのであり、さらに、そのように解することが今日の学界の趨勢及び世界各国の債権法の流れに沿うことからすれば、**民法724条後段の規定を除斥期間と解した**、これはもともと平成元年の判決がございますので、その平成元年判決は変更されるべきであるというのが補足意見の骨子でございます。

○藤野委員　そういう意見なんですね。

いろいろな学説の状況や世界の流れ、あるいは不法行為の体系からいってもこれは変更されるべきだという意見、これは最高裁の中からも出ていたという点を紹介したいと思うわけであります。学界からもこういう意見は出ております。

問題は、これからやはり改正法の成立あるいは施行ということが問題になってくるわけですが、その以前に、今回20年ですけれども、20年を経過している事案というのがもう既に多々あるわけでありまして、こうした事案でも多くの被害者の方が苦しんでいらっしゃるという実態があるわけですね。

しかも、こうした事案こそですけれども、被害者の方の高齢化というのが進んでおりまして、先ほど言った新潟水俣病でいえば、事件発生からもう半世紀以上過ぎていて、熊本の場合も60年たっているわけですから、もはや一刻の猶予も許されない、もう人権問題だというふうに私は思うわけであります。

その点で、今回、政府がこうした形で、**724条後段は時効であるということを明確にする法改正を提案しているということであります**。そうであれば、私は、これからこの法案がどうなるのか、改正までどれぐらいかかるのか、あるいは施行までどれぐらいかかるのか、そこの周知徹底という問題もあるというふうに思うわけですが、そこが見通せないもとで、今の被害者の方は刻々と日々年をとって、救済を求めているといいますか、当然の権利を求めているわけですね。

ですから、今回の法改正自身はそうした実態を受けてのものだというふうに思いますし、大臣も適切な運用、周知徹底とおっしゃっているわけでありますので、そこは本当に大事な点だと思うんですが、やはり、これからこの法案が施行されるまでに、裁判もあるし、いろいろな運用もあるというもとで、例えば裁判で国側がこれをいまだに除斥期間だと主張するようなことが仮にあれば、これは私たちのこの審議とも違ってくるわけですし、何より、被害者の痛切な思いとも反してくるわけであります。

ですから、もう時間が来ましたので終わりますが、今この議論を踏まえて、やはり施行前の事案であっても、この趣旨を生かして、これは時効であると、除斥期間などという主張は行うべきでないということを強く求めて、質問を終わります。

○鈴木委員長　次に、**木下智彦君**。

○木下委員　**日本維新の会、木下智彦**でございます。

本日もお時間をいただきまして、ありがとうございます。

きょう、お話を聞いていて、珍しく**民進党の山尾志桜里**先生と意見が一致するところもあるなというふうに思いまして、珍しくと言うと大変申しわけないんですけれども。特に、債務保証のお話をされていたかと思うんですけれども、第三者の保証について、実質的なあり方はどうなんだろうというところ、ここは相当考えさせられるところかなと。特に経営者の配偶者なんかについて特例的に、公証人に委ねられることなく、そういうふうな話は結構そうなんじゃないかなというふうに私も聞いていたんですけれども。

私の方からも、そういった意味で、債務保証に関連するお話を聞かせていただきたいなというふうに思います。観点が私の場合はちょっと違うんですけれども、前回の質問の中でもあったんですが、この法律案、改正案について、実質的に、要は、政府、内閣の考える政策と、それからこの法律の限界、限界と私は言いたくはないんですけれども、そういった観点について、少し質疑を続けさせていただきたいと思うんです。

きょうは、そういったことも含めて、経産省の中小企業庁それから金融庁の方から来ていただいております。なぜかというところなんですけれども、政府の政策にかかわる部分、特に債務保証にかかわる部分には、相当、もう少し政策的な意味合いを強めた改正案にするべきではなかったか、そういう観点であります。

では、どういうことを言いたいかというところなんですけれども、今、経産省、特に中小企業庁を中心に、政府の考え方として、中小企業庁なんかは、企業の中でも新陳代謝を促されている。なぜならば、生産性を高めてより日本の経済のファンダメンタルを強めていく必要があるんだということを強く言われておりまして、この政策については私は非常に賛同する部分が多い。特に、私は、当選以来、今回の国会はこの法務委員会をメーンで所属させていただいておりますが、今まで、委員長もそうですけれども、経済産業委員会にずっと所属をさせていただいていた関係で、そういった意見を持っております。

その経済産業省中小企業庁の政策の中で、やはりそういったところが色濃く出てきているのが産業競争力強化法であるとか、それから、ことしからやられている事業承継円滑化法。特に事業承継円滑化法というのは、中小企業にスポットを当てたそういった法律だというふうに思っております。これは名前のとおり、事業承継を円滑にしていこう、そういうことだと思うんですね。産業競争力強化法については、中小企業のみならず、大きな企業に関しても、事業のポートフォリオ、いろいろな事業をやっている中で、不採算な部分は切り出して、どこかとくっつけて、うまく競争力それから生産性を上げていこうということ。それから、事業承継を円滑化するというところについては、これはやはり、経営者の親族のみならず第三者であるとか、そういったところにも円滑に中小企業が事業を承継していけるようにしようというふうなことだと思っているんです。

そういった趣旨で、せっかく**経済産業省**に来ていただいたので、その辺の、今私がほとんど話していますけれども、そういった点を踏まえて、何をしようとしているのか、経済産業省の重点施策というところで今どういうことをされようとしているのかというところを少し説明いただければと思います。

○吉野政府参考人 お答えいたします。

私ども**中小企業庁**でございますけれども、今まさに先生おっしゃられました新陳代謝、創業、新事業の展開ですとか、それから事業承継といったものをしっかり後押ししていかなければならないと思っております。特に事業承継に関しましては、今、中小企業の経営者のピークの年齢が 66 歳といったところまで来ておりまして、喫緊の課題というふうなところでございます。

これに当たりまして、経営者の個人保証を求めないといったことは重要な観点かと思っております。あらかじめ求めない、それから、実際のこの履行に当たりましてもそれに配慮をするといったところは重要だと思っておりますので、この点、中小企業の活力を引き出す、さらには日本経済の活性化に資するということを目的としたこのガイドラインにつきましては、私ども、しっかりと普及をしてまいりたいというふうに思っているところでございます。

○木下委員 ありがとうございます。明快に御答弁いただいたかと思います。

もう少しちょっと言いたいところがあるのでお話しさせていただくと、今言われていた創業を支援していくというところで、新創業融資制度みたいなものがあって、ここの中に書いてあるのが、**新創業融資制度とは、「新たに事業を開始する者や事業を開始して間もない者に対し、無担保・無保証人で日本公庫が融資を行う制度である。」**と。これは無担保無保証である。

これは、ちょっともう一度質問として聞きたいんですけれども、なぜ保証等が必要でないのか、逆に、保証等が必要になるようなことがハードルだから、だから無担保無保証でやるというふうに私は読み取れるんですけれども、そういう理解でいいですか。そこまでだけ、1つ言っていただければいいと思います。

○吉野政府参考人 お答え申し上げます。

中小企業の創業は、先ほどの観点からもとても大事だということでございますけれども、こうした、経営者による思い切った事業展開を進めるに当たりまして、個人保証、創業時点から保証ですとか担保ですとか、こういうところを当初から求めていくところに関しては、そうした動きを損なうところもあるということで、公的金融におきましては、特に創業時点というところに関しても御指摘のような配慮をしてきているということでございます。

○木下委員 ありがとうございます。

新しい事業を始めるときは特に難しいんだということだと思います。そこをチャレンジしやすい環境に持っていくためにこういうふうな施策をされている。

もう少し行くと、平成28年度、今年度の「経済産業政策の重点」、ここもちょっと読ませていただきたいんですけれども、**「創業促進・事業承継円滑化等による新陳代謝促進」**、そこの中で書いてあるのが、ちょっと抜粋しますと、**「「経営者保証に関するガイドライン」の周知・普及により、個人保証に依存してきた融資慣行を改善し、中小企業・小規模事業者の思い切った事業展開や早期の事業再生等を促進する。」**、これはまさしく今御答弁いただいた内容と合致していると思うんです。

そこで、今度は金融庁にお話を聞きたいんですけれども、今言われた経営者保証に関するガイドライン、これは恐らく、私の理解するところによると、経済産業省が中心となりながら政府が推し進めていく**「経済産業政策の重点」**、この意思にのっとった形でこのガイドラインというのが決められている、その理解で正しいでしょうか。

○水口政府参考人 お答えいたします。

委員御指摘のとおり、金融庁としましては、創業、事業承継というものを円滑に進める上で経営者保証に過度に依存しない融資というのは大変重要であると考えてございまして、こうした点も踏まえまして、中小企業庁と金融庁の方で25年12月に、民間の自主的なルールとして経営者保証ガイドラインというのがまとめられて、2月に適用がされたところでございます。

○木下委員 さすがだなと思うんですね。

これは、中小企業庁とそれから金融庁がしっかり連携して、政府の意向に沿った形で政策的な制度、それから運用がなされている、もうまさしくそういうことだというふうに思うんです。

では、その**経営者保証に関するガイドライン**、ちょっと中を見せていただきました。その中で、これは**調査室の説明資料の中で、「主な着眼点」**というところで、**「経営陣は、ガイドラインを尊重・遵守する重要性を認識し、主導性を十分に発揮して、経営者保証への対応方針を明確に定めているか。また、ガイドラインに示された経営者保証の準則を始めとして、以下のような事項について職員への周知徹底を図っているか。」**、これは、民間の金融機関に対してこういうことの周知徹底を図っているか、その一番最初に書いてあるんですね。

同じようなことですけれども、「経営者保証に依存しない融資の一層の促進（法人と経営者との関係の明確な区分・分離が図られている等の場合における、経営者保証を求めない可能性等の検討を含む。)」。要は、基本的には保証をしない、保証なしに、これは逢坂委員のときの金融庁の答弁でも同じだったかと思うんですけれども、**なるべく保証をせずにお金を金融機関が貸す**というようなことをやっていってくださいねということだと思うんです。逢坂先生はちょっといろいろ意見があったようですけれども、私はこれはいいと思っているんです。

なぜならば、お金を貸す、お金を貸すときには金利が当然あるわけですね。お金を貸して、貸し手の方は金利というものの存在によってそのみずからのリスクをうまく打ち消している、これが普通の摂理として成り立っている。そこにこの保証が入ってくるから私は結構難しくなってくると。

ただ、そのかわり、この保証というのが今までの日本の世の中ではちょっと一般化してしまっているんだと思うんですね。これがまた、今度は今回の民法の説明のところに書いてあるんです、**「検討の経過」**。この法律案の経緯に戻りますけれども。

「検討の経過」の中で、**経営者保証**については、「有用な場合があることは否定できず、民事法による強力な規制は不適当」ということで適用対象外になった。そのかわり、さっき言った**「民間ベースの経営者保証ガイドラインに委ねる。」**と。ただ、経営者保証ガイドラインには、先ほどから言っているとおり、なるべくそういうふうなことをしないようにすると。結局、法律では規定できずに、こういったガイドラインに委ねざるを得なかったということだと思うんですね。それからもう1つ、第三者保証についても書いていますね。「できる限り抑制すべきであるが、一律禁止は行き過ぎ（厳格な要件の下で許容）。」というふうに書いてあるんです。

本当にこれでいいのかなということは、また1つ議論があると思っているんです。では、「有用な場合があることは否定できず、」、この「有用な」と言っているのは誰なんだということなんです。それはちょっと次回の議論にしようかなと思っているんですけれども。要は、いろいろなところからの意見を聞いていると、こういったことは「否定できず、」というふうになっている。「できる限り抑制すべき」、でも全部抑制しないよということですよね。本当にこれでいいのかな。

ただ、さっきから言っているところの、今回の法律案、この中で見る限りにおいては、これは法律だからしようがないというのかもしれませんけれども、この法律の条文だけを読み取ってしまったら、保証人の保護というふうな観点で書いてあるかもしれないけれども、この法律をそのまま真っすぐにとってしまうと、保証はいいんだというふうに捉えざるを得ない。ここからここまでの部分については保証はいいですよというふうなことなのかもしれません。ただ、保証はいいですよということになってしまう。

そうすると、これだけをとってみると、今いろいろ言われていた政策と、この民法の法律案の中に書かれていることというのが整合性がうまく保てていないんじゃないかな。まあ、運用等々でいろいろ考えられるのかもしれません。さっき言っていたように、「経営者保証ガイドラインに委ねる。」というふうに書いています。

ただ、本来であれば、これを言うと法律の専門家の方々には申しわけないんですけれども、幾ら民法であったとしても、政府の意向、政策というのが色濃く反映されているべきなのではないかというふうに私は思っておりまして、ここはちょっと非常に難しいところなんですけれども、大臣がそういった部分についてどういうお考えを持っておられるかというところ、きょうちょっとそれをお聞きしたかったんです。よろしいですか。

○金田国務大臣　委員の御指摘を拝聴しました。

個人保証に依存し過ぎない融資慣行の確立、そういうものは我が国の社会において極めて重要だというふうに認識はしております。他方で、やはり、個人保証を利用することを全面的に禁止した場合には、特に信用力に乏しい中小企業の資金調達に支障を生じさせるおそれがあるという指摘が寄せられておった経緯は今まで議論に出ているとおりであります。したがって、この指摘も一方で重く受けとめる必要があるという中で、個人保証の問題に関しては、これらの相反する要請をどのようにバランスのとれたものにしていくかという点が重要であった、このように認識しております。

したがって、これらの要請を調和のとれたものにするために検討が行われたわけですけれども、最終的な結論としては、**事業性の融資に関して、保証契約を無効にするという**

極めて強力なルールを設けることを前提に、このルールの適用対象として、弊害が顕著である第三者が保証するケースに限定をして、かつ、第三者保証についてもこれを全面的に禁止することとはしないということにしたものであって、改正法案は、金融機関が金融庁の監督指針に反する行動をとることを許容する性質のものではなく、金融庁の監督指針と相まって、**第三者の個人保証を求めないことを原則とする融資慣行を確立し、その適正化を図ることに資するものだというふうに考えているわけであります。**

引き続いて、**個人保証に依存し過ぎない融資慣行の確立に向けて、関係省庁、きょうもお見えですが、連携をしながら取り組んでいきたい**、このように考えておるわけであります。

○木下委員　ありがとうございます。丁寧に御答弁いただいたかと思います。

ただ、やはり今大臣がおっしゃられたようなこと、これはずっと言い続けなきゃいけないと思うんですね。この法律だけをとってしまったら、いや、悪いことしていないじゃないと言う人は絶対に出てくる。

しかも、もう 1 つ私がちょっと言わせてもらうと、これは、次回もこの保証制度についてもう少し突っ込んで話をしたいと思っているんですけれども、要は、言えば、金融機関はもっと働けよということだと思うんですね。自分たちがちゃんとリスクをとって、相手の信用力がどれぐらいか、それによって金利をどれぐらいに設定するかというふうなこともちゃんとやっていけよと。多分金融庁なんかはそう思っていらっしゃると思うんですけれども、そういうことをちゃんとやっていって、本当に社会が適正に回るということに、これは法務省、この民法の中でもちゃんとそういったことを何とかして規定できるようにしていくべきなんじゃないかなということ。これは非常に難しいです。

それから、もう1つ、大臣がおっしゃられていましたけれども、バランスをと。では、このバランスというのが、どこにバランスがあるのかということなんです。法律の専門家それから**業界団体**、それだけで本当にいいのか。前回は、一般の人の意見というのも必要だと言っていたんですけれども、もう1つ、もっと重要なことは何かというと、ちゃんと政府の意向、こういうものが反映されたような、そういった法律をつくっていっていただきたい。しかも、その政府の意向というのが正しいものであるかどうか、それをしっかりとこういった委員会で審議ができればというふうに思っております。

きょうは少し早いですけれども、金曜日、最後、厚労委員会とここしか立っておりませんので、これで終わらせていただきたいと思います。

ありがとうございます。

○鈴木委員長　次回は、公報をもってお知らせすることとし、本日は、これにて散会いたします。

午後3時57分散会

井上達夫 責任編集 (東京大学大学院法学政治学研究科教授)

法と哲学 第❷号

菊変・並製・248頁 定価:本体3,200円(税別) ISBN978-4-7972-9862-8 C3332

法と哲学の共振

法と哲学のシナジーによる〈面白き学知〉の創発を目指して、法の現場から哲学に挑戦し、法学の前線から法を問い直す。第2号は論説4編と書評2編を収録した待望の法哲学に関する最新研究誌。注目は、井上達夫による、異例の性格を持った「応答的書評」で、学界の内発的紛争を活性化させる新たな試みが圧巻。

【目 次】

◇論 説◇
1 順番が大事―世代間正義における現在世代の特別な地位について―〔**若松良樹・須賀晃一**〕
2 高価な嗜好・社会主義・共同体―G.A. コーエンの運の平等主義の再検討―〔**森 悠一郎**〕
3 法は一応の道徳的正当性を有するか―Ronald Dworkin の「一応の道徳的正当化テーゼ」と法概念規定の批判的検討〔**平井光貴**〕
4 自然主義的道徳的実在論擁護のための2つの戦略〔**蝶名林 亮**〕
◇書 評◇
1 平等への妄執（obsession）を抉るロールズ論の好著2冊〔**嶋津 格**〕
2 批判者たちへの「逞しきリベラリスト」の応答〔**井上達夫**〕

法と哲学 創刊第❶号

菊変・並製・232頁 定価:本体2,800円(税別) ISBN978-4-7972-9861-1 C3332

【目 次】

Ⅰ 特 集
〈法における哲学〉と〈哲学における法〉
1 法と哲学―「面白き学知」の発展のために― **井上達夫**
2 憲法と哲学 **長谷部恭男**
3 民法と哲学 **河上正二**
4 刑法と哲学―刑罰の正当化根拠をめぐって― **松原芳博**
5 法と倫理学 **児玉 聡**
6 法と政治哲学―「三つの分離」を超えて― **宇野重規**
Ⅱ 論 説
1 兵士の道徳的平等性に関する一考察 **松元雅和**
2 カントと許容法則の挑戦
―どうでもよいこと・例外・暫定性― **網谷壮介**
3 死と国家―政治的責務論の存在論的転回― **瀧川裕英**
Ⅲ 書 評
『立法学のフロンティア』(全3巻)
ナカニシヤ出版，2014年
第1巻『立法学の哲学的再編』(井上達夫編)
第2巻『立法システムの再構築』(西原博史編)
第3巻『立法実践の変革』(井田良・松原芳博編)
1 法理論における立法の意義 **森村 進**
2 熟議は立法府を救えるか？
―『立法学のフロンティア』と政治哲学との間で― **早川 誠**

下記にご記入の上、FAXまたはメールにてお申し込みください!!

□ 法と哲学 創刊第1号 ＿＿冊　　新刊 □ 法と哲学 第2号 ＿＿冊

＊定期購読の予約受付中

お名前:

ご所属:

〒　　-

お届先:

お電話番号:

e-mail:

〒113-0033 東京都文京区本郷6-2-9-102 東大正門前
TEL:03(3818)1019 FAX:03(3811)3580 E-mail:order@shinzansha.co.jp

http://www.shinzansha.co.jp

信山社
http://www.shinzansha.co.jp

民法改正研究会 編（代表 加藤雅信）

日本民法典改正案Ⅰ 第一編 総則

立法提案・改正理由

A5変・並製・752頁 11,000（税別） ISBN978-4-7972-5468-6 C3332

国民の、国民による、国民のための民法改正

「本書は、民法典のあるべき姿を追求し、わが国が、次世代のための新たな『日本民法典』を準備できるよう、長い歳月をかけて作成してきた日本民法典改正案である。本書は、改正案のうちの第一編の総則を取り扱う」（「はしがき」より）。民法研究者有志による「国民の、国民による、国民のための民法改正」を目指す、民法改正作業における重要文献。

【目 次】

◇第１部 日本民法典改正条文案一覧 総則編◇
第一編 総則
 第一章 通則
 第二章 権利の主体
 第三章 権利の客体
 第四章 権利の変動
 第五章 権利の実現
 付表 定義用語一覧
◇第２部 日本民法典改正条文案対照表 総則編◇
第一編 総則
 第一章 通則
 第二章 権利の主体
 第三章 権利の客体
 第四章 権利の変動
 第五章 権利の実現
◇第３部 日本民法典改正案作成の基本方針◇
 第１章 民法改正の基本精神
 第２章 日本民法典改正案の基本枠組
 第３章 日本民法典改正案公表にいたるまでの経緯
◇第４部 日本民法典改正条文案 改正理由 【総則編】◇
第１編 総則
 序章 総則編の構成
 第１章 通則
 第２章 権利の主体
 第３章 権利の客体
 第４章 権利の変動
 第５章 権利の実現
 第６章 「付表 定義用語一覧」の新設

〈代表紹介〉
加藤雅信（かとう・まさのぶ）
1969（昭和44年）年 東京大学法学部卒業、法学博士
東京大学助手、名古屋大学助教授、教授ハーバード大学・ロンドン大学客員研究員、
コロンビア大学・ハワイ大学・ワシントン大学・北京大学客員教授、
上智大学教授等を経て、現在名古屋学院大学教授、名古屋大学名誉教授、弁護士

下記にご記入の上、FAXまたはメールにてお申し込みください!!

新刊 □ 日本民法典改正案Ⅰ 第一編 総則 ＿＿冊
立法提案・改正理由

お名前：

ご所属：

〒 -

お届先：

お電話番号：

e-mail：

〒113-0033 東京都文京区本郷6-2-9-102 東大正門前
TEL:03(3818)1019 FAX:03(3811)3580 E-mail:order@shinzansha.co.jp
信山社 http://www.shinzansha.co.jp

民法債権法改正国会審議録集(1)

民法債権法改正
国会審議録集(1)

（第192回国会衆議院法務委員会）

① 第 192 回国会　法務委員会　法務委員会議録　第 8 号 ……………………………1
② 第 192 回国会　法務委員会　法務委員会議録　第 9 号 ……………………………65
③ 第 192 回国会　法務委員会　法務委員会議録　第 10 号 ……………………………89
④ 第 192 回国会　法務委員会　法務委員会議録　第 11 号 ……………………………109
⑤ 第 192 回国会　法務委員会　法務委員会議録　第 12 号 ……………………………129

凡　例

*1　本書前編は，第 192 回国会衆議院法務委員会議録（全 5 回分）から民法債権法改正に関する部分を抽出掲載した。

*2　後編は国立国会図書館所蔵の第 192 回国会衆議院法務委員会議録を複製掲載したものである。（信山社編集部）

信山社

第百九十二回国会
衆議院

法務委員会議録　第八号

平成二十八年十一月十六日（水曜日）
　　午前九時三十分開議

出席委員

委員長　鈴木　淳司君

理事　今野　智博君　理事　土屋　正忠君
理事　平口　洋君　理事　古川　禎久君
理事　宮崎　政久君　理事　井出　庸生君
理事　逢坂　誠二君　理事　國重　徹君

赤澤　亮正君　井野　俊郎君
奥野　信亮君　勝俣　孝明君
門　博文君　菅家　一郎君
鈴木　貴子君　瀬戸　隆一君
田中　英之君　田畑　毅君
辻　清人君　野中　厚君
藤原　崇君　古田　圭一君
宮川　典子君　宮路　拓馬君
山下　貴司君　吉野　正芳君
和田　義明君　小熊　慎司君
階　猛君　山尾志桜里君
中川　康洋君　真山　祐一君
吉田　宣弘君　畑野　君枝君
藤野　保史君　木下　智彦君
上西小百合君

議員　二階　俊博君
議員　山口　壯君
議員　若狭　勝君
議員　江田　康幸君
法務大臣　金田　勝年君
法務副大臣　盛山　正仁君
法務大臣政務官　井野　俊郎君
政府参考人（法務省大臣官房審議官）　髙嶋　智光君
政府参考人（法務省保護局長）　畝本　直美君
政府参考人（厚生労働省大臣官房審議官）　中井川　誠君
法務委員会専門員　矢部　明宏君

委員の異動

十一月十六日

辞任	補欠選任
赤澤　亮正君	山下　貴司君
安藤　裕君	田中　英之君
城内　実君	勝俣　孝明君
宮川　典子君	和田　義明君
山田　賢司君	瀬戸　隆一君
枝野　幸男君	小熊　慎司君
大口　善徳君	真山　祐一君
吉田　宣弘君	中川　康洋君

同日

辞任	補欠選任
勝俣　孝明君	城内　実君
瀬戸　隆一君	山田　賢司君
田中　英之君	安藤　裕君
山下　貴司君	赤澤　亮正君
和田　義明君	宮川　典子君
小熊　慎司君	枝野　幸男君
中川　康洋君	吉田　宣弘君
真山　祐一君	大口　善徳君

十一月十四日

複国籍の容認に関する請願（横路孝弘君紹介）（第三八九号）
国籍選択制度の廃止に関する請願（西村智奈美君紹介）（第四六一号）
同（横路孝弘君紹介）（第四七三号）
同（佐々木隆博君紹介）（第五一〇号）
もともと日本国籍を持っている人が日本国籍を自動的に喪失しないよう求めることに関する請願（西村智奈美君紹介）（第四六二号）
同（横路孝弘君紹介）（第四七四号）
同（佐々木隆博君紹介）（第五一一号）
部落差別の解消の推進に関する法律案に断固反対し、成立させないことに関する請願（藤野保史君紹介）（第四七二号）

は本委員会に付託された。

十一月十五日

京都府南部地域に地方裁判所・家庭裁判所支部を設置することを求める意見書（京都府城陽市議会）（第七一三号）
京都府南部地域に地方裁判所・家庭裁判所支部を設置することを求める意見書（京都府京田辺市議会）（第七一四号）
京都府南部地域に地方裁判所・家庭裁判所支部を設置することを求める意見書（京都府木津川市議会）（第七一五号）
京都府南部地域に地方裁判所・家庭裁判所支部を設置することを求める意見書（京都府精華町議会）（第七一六号）
司法修習生の待遇改善と修習期間中の給費制の復活を求める意見書（宇都宮市議会）（第七一七号）
司法修習生に対する給付型の経済的支援の実施に関する意見書（名古屋市議会）（第七一八号）
性的指向および性自認等による差別等の困難の解消および支援のための法律の早期制定を求める意見書（松江市議会）（第七一九号）
選択的夫婦別姓の導入を求める意見書（大分県中津市議会）（第七二〇号）
取調べの可視化（取調べ全過程の録画・録音）義務付けの対象を全事件に拡大することを求める意見書（大阪府守口市議会）（第七二一号）
取調べの可視化（取調べ全過程の録画・録音）義務付けの対象を全事件に拡大することを求める意見書（大阪府泉佐野市議会）（第七二二号）
部落差別の解消の推進に関する法律案に反対を求める意見書（滋賀県甲賀市議会）（第七二三号）
別居・離婚後の親子の断絶を防止する法整備を求める意見書（北海道岩見沢市議会）（第七二四号）
別居・離婚後の親子の断絶を防止する法整備に関する意見書（茨城県下妻市議会）（第七二五号）
本邦外出身者に対する不当な差別的言動の解消に向けた取り組みの推進に関する法律の実効性を求めるとともに、付帯決議の順守を求める意見書（山形県川西町議会）（第七二六号）

は本委員会に参考送付された。

本日の会議に付した案件

政府参考人出頭要求に関する件
部落差別の解消の推進に関する法律案（二階俊博君外八名提出、第百九十回国会衆法第四八号）
民法の一部を改正する法律案（内閣提出、第百八十九回国会閣法第六三号）
民法の一部を改正する法律の施行に伴う関係法律の整備等に関する法律案（内閣提出、第百八十九回国会閣法第六四号）
裁判所の司法行政、法務行政及び検察行政、国内治安、人権擁護に関する件
再犯の防止等の推進に関する法律案起草の件

◇

○鈴木委員長　これより会議を開きます。

第百九十回国会、二階俊博君外八名提出、部落差別の解消の推進に関する法律案を議題といたします。

他に質疑の申し出がありませんので、これにて

本案に対する質疑は終局いたしました。

○**鈴木委員長**　これより討論に入ります。

討論の申し出がありますので、これを許します。藤野保史君。

○**藤野委員**　私は、日本共産党を代表して、自民、民進、公明提出の部落差別解消法案に断固反対の討論を行います。

本法案は、部落差別の解消を目的とする恒久法をつくろうとするものです。

しかし、何をもって部落差別というのか、法案には何の定義もありません。重大なことは、提案者が、部落差別とは部落の出身者に対する差別として明確に理解できると述べたことです。この説明は、部落解放同盟綱領に書かれている定義と同義です。かつて、解同を中心とした特定団体の圧力によって行政が主体性を失い、窓口一本化と不公正、乱脈な同和行政の横行を許した痛苦の歴史を思い起こすべきであり、解同綱領を法律に盛り込むなど断じて認められません。

しかも、第六条で義務づけられる実態調査は、結局、旧対象地区を掘り起こし、対象住民を洗い出すことになります。混住と人口移動が進み、政府も、同和地区や関係者を特定できないと認めています。もはや部落出身者なるものを特定できない歴史的段階にあるにもかかわらず、提案者は、地域によって異なる実態をもう一度調査することが必要だと述べました。これは、かつて総務庁が行った調査、すなわち、当該地区の住民を同和関係者とそうでない者とに区分けする作業を行うことになりますが、こうした調査自体が許しがたい人権侵害にほかなりません。

本法案は、恒久法であり、こうした調査を繰り返し行い、国や地方自治体に教育、啓発など必要な施策を行うことを求め続けるものです。部落差別の解消どころか、差別の固定化、永久化につながることは明白です。

提案者は、インターネット上の書き込みを挙げ部落差別が変化していると言います。しかし、自由同和会が指摘しているように、部落地名総鑑を発見しても、差別の助長になると大騒ぎするのではなく、淡々と処理すればいいことで、いまだに差別のある根拠にすることは、差別の現状を見誤るものです。インターネット上の書き込みにどう対処するかは本法案とは全く別の問題であり、本法案に立法事実はありません。部落差別の解消に逆行し、国民融合を妨げるだけであります。

そもそも部落差別は封建的身分制に起因する問題であり、根源にある貧困の解決と国民融合を目指して、一九六九年以降、環境改善や教育、啓発、市民的自立、社会的交流の増大が図られてきました。関係者の粘り強い取り組みにより、基本的には社会問題としての部落差別は解決したと言える状態に到達し、政府も、二〇〇二年三月、これ以上の特別対策を行うことは問題の解決に有効とは言えないとして、同和対策事業を終結させたのです。これが関係者の血のにじむような闘いによる歴史の到達点です。

ところが、部落民以外は差別者と主張する特定団体との関係を継続している一部の自治体等では、今なお、この歴史に逆行する特別対策が行政や教育で継続されており、本法案が成立すれば、さらなる逆行が進められかねません。

ある四十代の男性は、こうおっしゃっています。解放教育で、おまえらは絶対に結婚できない、部落外の連中は顔でにこにこしていても心の底では差別していると教え込まれました、それは今でも心の傷として残っています、この法案は未来永劫私たちとその子孫に部落の烙印を押すことになります、これは到底容認できることではありません、いつまで私たちを部落に縛りつけるのですか、もう解放してください、お願いします。

委員各位は、いま一度この声を真摯に受けとめていただきたい。

関係団体や地方自治体などからの参考人質疑や公聴会も行わないまま、根本的に誤った法案をわずか二時間程度の質疑で採決するなど、到底許されません。断固廃案を求めて、反対討論を終わります。

○**鈴木委員長**　これにて討論は終局いたしました。

○**鈴木委員長**　これより採決に入ります。

第百九十回国会、二階俊博君外八名提出、部落差別の解消の推進に関する法律案について採決いたします。

本案に賛成の諸君の起立を求めます。

〔賛成者起立〕

○**鈴木委員長**　起立多数。よって、本案は原案のとおり可決すべきものと決しました。

○**鈴木委員長**　この際、ただいま議決いたしました本案に対し、平口洋君外三名から、自由民主党・無所属の会、民進党・無所属クラブ、公明党及び日本維新の会の共同提案による附帯決議を付すべしとの動議が提出されております。

提出者から趣旨の説明を聴取いたします。木下智彦君。

○**木下委員**　ただいま議題となりました附帯決議案につきまして、提出者を代表いたしまして、案文を朗読し、趣旨の説明といたします。

部落差別の解消の推進に関する法律案に対する附帯決議(案)

政府は、本法に基づく部落差別の解消に関する施策について、世代間の理解の差や地域社会の実情を広く踏まえたものとなるよう留意するとともに、本法の目的である部落差別のない社会の実現に向けて、適正かつ丁寧な運用に努めること。

以上であります。

何とぞ委員各位の御賛同をお願い申し上げます。

○**鈴木委員長**　これにて趣旨の説明は終わりました。

採決いたします。

本動議に賛成の諸君の起立を求めます。

〔賛成者起立〕

○**鈴木委員長**　起立多数。よって、本動議のとおり附帯決議を付することに決しました。

この際、ただいまの附帯決議につきまして、法務大臣から発言を求められておりますので、これを許します。金田法務大臣。

○**金田国務大臣**　ただいま可決されました部落差別の解消の推進に関する法律案に対する附帯決議につきましては、その趣旨を踏まえ、適切に対処してまいりたいと存じます。

○**鈴木委員長**　お諮りいたします。

ただいま議決いたしました法律案に関する委員会報告書の作成につきましては、委員長に御一任願いたいと存じますが、御異議ありませんか。

〔「異議なし」と呼ぶ者あり〕

○**鈴木委員長**　御異議なしと認めます。よって、そのように決しました。

〔報告書は附録に掲載〕

○**鈴木委員長**　次に、裁判所の司法行政、法務行政及び検察行政、国内治安、人権擁護に関する件について調査を進めます。

この際、お諮りいたします。

各件調査のため、本日、政府参考人として法務省大臣官房審議官髙嶋智光君、法務省保護局長畝本直美君及び厚生労働省大臣官房審議官中井川誠君の出席を求め、説明を聴取いたしたいと存じますが、御異議ありませんか。

〔「異議なし」と呼ぶ者あり〕

○**鈴木委員長**　御異議なしと認めます。よって、そのように決しました。

○**鈴木委員長**　再犯の防止等の推進に関する法律案起草の件について議事を進めます。

本件につきまして、山下貴司君外三名から、自由民主党・無所属の会、民進党・無所属クラブ、公明党及び日本維新の会の共同提案により、お手

元に配付いたしておりますとおりの再犯の防止等の推進に関する法律案の草案を成案とし、本委員会提出の法律案として決定すべしとの動議が提出されております。

提出者から趣旨の説明を求めます。井出庸生君。

○井出委員　再犯の防止等の推進に関する法律案の起草案につきまして、提案者を代表して、その趣旨及び内容について御説明を申し上げます。

まず、本起草案の趣旨について御説明いたします。

我が国では、犯罪件数は減少傾向にあるものの、犯罪をした者等の円滑な社会復帰の促進等はいまだ十分とは言えず、検挙人員に占める再犯者の割合である再犯者率は、平成九年以降一貫して上昇し続けており、平成二十七年には約五割を占めるまでに至っております。このように、今日の我が国においては、犯罪や非行の繰り返しを防ぐ再犯防止が、犯罪を減らし、安全で安心して暮らせる社会を構築する上での大きな課題となっております。

この問題については、政府において、平成二十四年に策定された再犯防止に向けた総合対策等の各種計画に基づき、犯罪や非行をした者の再犯防止対策が推進されてきたところですが、本委員会においても、再犯防止に関する先進的な取り組みを行っている海外の施設の視察などを通じて、再犯防止に関する基本的な法律を制定することの必要性が強く認識されております。

このような状況及び経緯を踏まえ、安全で安心して暮らせる社会の実現に寄与するため、再犯の防止等に関する施策を国を挙げて推進するための法律を制定する必要があると考えられることから、本起草案を提案することとした次第であります。

次に、本起草案の主な内容について御説明いたします。

第一に、この法律は、再犯の防止等に関する施策を総合的かつ計画的に推進することにより、国民が犯罪による被害を受けることを防止して、安全で安心して暮らせる社会の実現に寄与することを目的とすることとし、犯罪をした者等及び再犯の防止等について定義を設け、基本理念、国等の責務などについて定めることとしております。

第二に、再犯の防止等に関する施策の推進の仕組みとして、政府が再犯防止推進計画を定め、省庁横断的に施策を行うこととするとともに、地方公共団体においても地方再犯防止推進計画を定めるべき努力義務の規定を設けることとしております。

第三に、国民の間に広く再犯の防止等についての関心と理解を深めるため、七月を再犯防止啓発月間とし、その趣旨にふさわしい事業を実施することとしております。

第四に、再犯防止推進計画で定めることとされている項目に対応して、再犯の防止等に向けた教育及び職業訓練の充実、犯罪をした者等の社会における職業及び住居の確保等、再犯の防止等に関する施策の推進のための人的及び物的基盤の整備並びに再犯の防止等に関する施策の推進に関するその他の重要事項の四つの分野について、国が各種施策を行うべきことを定めるとともに、地方公共団体にも地方の実情に合わせて施策を行うべき努力義務の規定を設けることとしております。

なお、この法律は、公布の日から施行することとしております。

以上が、本起草案の趣旨及び内容であります。何とぞ速やかに御賛同いただきますようお願いを申し上げます。

再犯の防止等の推進に関する法律案

〔本号末尾に掲載〕

○鈴木委員長　これにて趣旨の説明は終わりました。

本件について発言を求められておりますので、これを許します。藤野保史君。

○藤野委員　日本共産党の藤野保史です。

今、提案者からありましたように、本法案は、犯罪をした者等の円滑な社会復帰を促進することを目的としておりまして、大変重要な中身だというふうに認識をしております。

その上で、きょうは、とりわけ高齢者や精神障害、知的障害の皆さんの社会復帰をどう促進していくのかということについて幾つかお聞きをしたい、確認をしたいと思います。

まず、法務省にお聞きしたいんですが、近時、高齢者は入所受刑者全体に比べて再入者の割合が高いと認識しているわけですが、二〇一五年のその再入者の割合、また、二〇一五年における入所受刑者のうち精神障害を有すると診断された者の割合、それぞれお答えください。

○高嶋政府参考人　お答えいたします。

平成二十七年におけます再入者のうち高齢者、これは統計上、六十五歳以上というふうに定義しておりますが、その割合は一二・六%でありました。これは、平成三年には一・八%でありましたものがこの一二・六%まで上昇したということでございます。（藤野委員「再入者率ですよ、再入者率」と呼ぶ）再入者、刑務所に再び入ってきた者のうち高齢者の割合が一二・六%でございました。

ちなみに、全入所者のうち高齢者の割合となりますと、これは一〇・七%でございます。

それからもう一つ、障害者、特に精神障害を有している者という御趣旨だと思いますが、平成二十七年度における入所受刑者のうち精神障害を有すると診断された者の割合は一三・一%であります。この一三・一%にはいわゆる人格障害の者も入っておりますが、これを除きますと一二・四%ということになります。

以上でございます。

○藤野委員　ちょっと私が事前に言っていたのと違うお答えだったので、時間の関係でこちらで言いますけれども、ことしの犯罪白書の百八十四ページで、高齢者は再入者率が高い、平成二十七年の再入者率は六九・六%、実に七割が再入しているということで、再犯を減らすということを考えた場合には、こうした高齢者あるいは精神障害者への対応というのは大きな課題になってくると思います。

ただ、高齢者等の社会復帰を図るという点では、刑事施設等で自由刑を科すということでは、これはなかなか実態に合わないという認識が広がっていると思います。

これも法務省にお聞きしたいんですが、犯罪対策閣僚会議において、ことし七月、高齢者等を含む緊急対策が決定されたと思うんですが、この該当部分を御答弁ください。

○高嶋政府参考人　委員御指摘の、ことし七月、犯罪対策閣僚会議で決定されました薬物依存者・高齢犯罪者等の再犯防止緊急対策におきましては、

犯罪をした高齢者・障害者等の再犯防止と社会復帰に向けて、福祉サービスや医療等の支援を必要とする者については、警察、検察、矯正、保護といった刑事司法の各段階において、適切にこれら支援を受けることができるよう福祉・医療機関等につなげる取組を推進する。

さらに、より円滑な社会復帰のため、刑事司法関係機関が、地域の安全・安心を守る拠点であることへの地域社会の理解と協力を得ながら、地域社会とつながった指導・支援を充実させる。

このような取組により、立ち直りに福祉サービスや医療等の支援を必要とする高齢者・障害者等が、刑事司法のあらゆる段階を通じ、適切な時期に必要な支援を受けられるようにする。

ということを記しておるところでございます。

○藤野委員　ですから、こうした高齢者や障害者の更生には、自由刑よりも、適切な段階で適切な福祉的支援を行うことが重要だという指摘であります。

このつなげる取り組みというのは一部で既に始まっておりまして、きょう資料でもお配りしているんですが、厚労省の事業である地域生活定着促進事業というのが二〇〇九年から始まっておりま

す。現在、全都道府県にこのセンターがありまして、帰住支援や相談などを行っているわけであります。

配付資料を見ていただきますと、このセンターの全国組織である一般社団法人全国地域生活定着支援センター協議会が行った全国調査で、二〇〇九年七月から二〇一三年度末までに全国の同センターを介して福祉的支援を受けた対象者がどういう経過をたどったかという資料であります。

強調しているところ、黄色のところで見ていただきますと、実に九一・七％が、このセンターの支援を受けることによって、再逮捕もなく、再入所もなく、地域で暮らしているという状況であります。九割を超える対象者がこのセンターの支援を受けて再び罪を犯すことなく地域で暮らしている、これは劇的と言ってもいい効果だと私は思うんですが、法務省と厚労省にそれぞれお聞きしたいんですけれども、これらのセンターあるいは事業の効果というのはどのように評価されていますか。

○中井川政府参考人　お答え申し上げます。

御指摘の地域生活定着支援センターは、長期間の矯正施設への収容で地域とのつながりを失った結果、例えば住民票がなくて、釈放後直ちに必要な支援が受けづらいような人について、矯正施設から出る前の段階から、必要な支援を地域で受けられるように全国的な調整を行う事業でございます。

同センターの行う業務といたしまして、矯正施設に入所している人の出所後の居住先の確保でございますとか福祉サービスの利用などを、全国調整をする、いわゆるコーディネート業務と呼んでおりますが……（藤野委員「評価をお願いします。定義はわかっていますから」と呼ぶ）はい、わかりました。コーディネート業務で、平成二十七年度実績で七百五十名が受け入れ先に帰住しているなど、センターは一定の実績を上げているというふうに受けとめているところでございます。

それで、御指摘のとおり、このセンターが支援にかかわった人について、再び犯罪をしにくくなっているということであれば、同センターの社会的意義は非常に高いものと考えております。

○畝本政府参考人　適当な帰住先がなく、高齢や障害によって自立が困難な受刑者等に対しましては、出所後速やかに福祉施設への入所あるいは生活保護の受給などの福祉サービスを受けられるよう、生活環境を調整することが極めて重要でございます。

このような方々が必要な福祉のサービスを受けることができるように、平成二十一年度から、特別調整という枠組みで、高齢者、障害者のうち、特に適当な住居がない方々につきまして、センターの方が障害者入所施設あるいは介護保険施設等の受け入れ先の確保等を行ってくださっております。

二十七年度におきましては、こういう調整を行った結果、七百三十人のうち四百七十九人が福祉サービスの方につながっております。

このように、センターは、出所者等の再犯防止あるいは改善更生のために大変に重要な役割を果たしているというふうに認識しておりまして、今後ともセンターとの連携を密にしてまいりたいと考えております。

○藤野委員　提案者にお聞きしたいんですが、社会的意義が非常に高い、極めて重要ということなんですが、本法案でこの事業というのは対象に含まれると理解してよろしいですか。

○井出委員　お答えをいたします。

今委員の御指摘のとおり、この事業は本法案の対象に含まれると考えております。

この法案は、基本理念の一つとして、犯罪をした者が、その特性に応じて、矯正施設に収容されている間のみならず社会に復帰した後も途切れることなく支援を受けられるとすることをうたっておりますので、センターの事業というものが対象になる。また、七条や十七条におきまして、保健医療サービス及び福祉サービスの利用に係る支援、その体制の整備充実を図るために必要な施策を国が講ずることとしておりまして、こうしたことを通じてセンターがこの法案の実施主体の一つとして、体制の強化になる。

高齢であるとか障害のある方が、そうしたことが再犯につながる理由となってしまわないようにしていくということは、この法案の重要な趣旨の一つだと思います。

○藤野委員　先日、この協議会の代表の田島良昭さんからお話を聞いたんですが、法的位置づけがないと。単なる事業なんですね、これ。極めて重要とおっしゃるんですが、これは事業にとどまっていて、法的位置づけがないために毎年毎年予算も要求しなきゃいけないし、来年続くのかどうかわからないということで、職員の方は不安に思っていらっしゃるという声をお聞きしました。

ですから、この法案をきっかけに、ぜひ厚労省も、これを、事業ではなく法的にもしっかり位置づけていただいて、安定性を確保していただきたいと思います。

そして、最後にもう一点だけお聞きしたいんですが、再犯を減らしていく上で、今のは出口支援なんです、施設から出た段階での支援なんですが、出口の方は大体数万というオーダーですけれども、やはり入り口の支援、入り口、いわゆる罪を犯してしまった、これから検察でという方は百万とかそういう単位でいらっしゃる。ですから、この段階で適切な福祉的支援につなげていくという入り口支援が大変大事だと思うんですが、この入り口支援も本法案には含まれるという理解でよろしいでしょうか。

○山下委員　藤野委員、御質問ありがとうございます。

先ほどおっしゃった刑事司法の手続のいわば入り口における支援の必要性、特に高齢者、障害者については福祉的支援、これは大変重要でございます。私も昔、検事をやっておりまして、その必要性は大変感じておったところですので、御質問は大変ありがたいと思っております。

本法におきましては、対象者が「犯罪をした者等」ということで、刑事手続の段階のいかんを問わず、必要な方に必要な支援をしていくということが二条で内容となっておりますし、二十一条におきまして、「社会内における適切な指導及び支援」というところで、「矯正施設における処遇を経ないで、」「社会内において指導及び支援を早期かつ効果的に受けることができるよう、必要な施策を講ずるものとする。」というふうに記載しておりますのは、そういった入り口支援、これについてもしっかり取り組むよう期待してのことでございますので、当然含まれるということでございます。

○藤野委員　もう終わりますけれども、今言った入り口支援そして出口支援、ともに重要なんですけれども、法的位置づけがされておりません。

ですから、この法案をきっかけにしっかり法的にも位置づけて、関係者が安定して安心して支援をできるように、このことを強くお願いしまして質問を終わります。

○鈴木委員長　これにて発言は終了いたしました。

お諮りいたします。

再犯の防止等の推進に関する法律案起草の件につきましては、お手元に配付いたしております起草案を委員会の成案とし、これを委員会提出法律案と決するに賛成の諸君の起立を求めます。

〔賛成者起立〕

○鈴木委員長　起立総員。よって、そのように決しました。

なお、ただいま決定いたしました法律案の提出手続等につきましては、委員長に御一任願いたいと存じますが、御異議ありませんか。

〔「異議なし」と呼ぶ者あり〕

○鈴木委員長　御異議なしと認めます。よって、そのように決しました。

――――◇――――

○鈴木委員長　次に、第百八十九回国会、内閣提出、民法の一部を改正する法律案及び民法の一部

を改正する法律の施行に伴う関係法律の整備等に関する法律案の両案を一括して議題といたします。

趣旨の説明を聴取いたします。金田法務大臣。

民法の一部を改正する法律案

民法の一部を改正する法律の施行に伴う関係法律の整備等に関する法律案

〔本号末尾に掲載〕

○金田国務大臣 民法の一部を改正する法律案につきまして、その趣旨を御説明いたします。

この法律案は、制定以来、約百二十年間の社会、経済の変化への対応を図り、国民一般にわかりやすいものとする観点から、民法の一部を改正しようとするものであります。

その要点は、次のとおりであります。

第一に、消滅時効について、医師の診療に関する債権は三年、飲食店の飲食料に係る債権は一年などとされております短期消滅時効の特例をいずれも廃止して消滅時効の期間の統一化を図るなど、時効に関する規定の整備を行うこととしております。

第二に、法定利率について、現行の年五%から年三%に引き下げた上で、市中の金利動向に合わせて変動する制度を導入することとしております。

第三に、事業用融資の債務の保証契約は、保証人になろうとする者が個人である場合には、主たる債務者が法人である場合のその理事、取締役等である場合などを除き、公証人が保証意思を確認しなければ効力を生じないものとするなど、保証債務に関する規定の整備を行うこととしております。

第四に、不特定多数の者を相手方とする定型的な取引に使用される定型約款に関し、定型約款によって契約の内容が補充されるための要件を整備するとともに、定型約款を準備した者が取引の相手方の同意を得ることなく定型約款の内容を一方的に変更するための要件等を整備することとしております。

第五に、意思能力を有しなかった当事者がした法律行為は無効とすることや、賃貸借契約の終了時に賃借人は賃借物の原状回復義務を負うものの、通常の使用収益によって生じた損耗等についてはその義務の範囲から除かれることなど、確立した判例法理等を明文化いたしております。

続いて、民法の一部を改正する法律の施行に伴う関係法律の整備等に関する法律案につきまして、その趣旨を御説明いたします。

この法律案は、民法の一部を改正する法律の施行に伴い、商法ほか二百十五の関係法律に所要の整備を加えるとともに、所要の経過措置を定めようとするものであります。

以上が、これら法律案の趣旨でございます。

何とぞ、慎重に御審議の上、速やかに御可決くださいますようお願いいたします。

○鈴木委員長 これにて趣旨の説明は終わりました。

次回は、公報をもってお知らせすることとし、本日は、これにて散会いたします。

午前十時一分散会

再犯の防止等の推進に関する法律案

再犯の防止等の推進に関する法律

目次

第一章 総則(第一条―第十条)
第二章 基本的施策
第一節 国の施策(第十一条―第二十三条)
第二節 地方公共団体の施策(第二十四条)
附則

第一章 総則

(目的)

第一条 この法律は、国民の理解と協力を得つつ、犯罪をした者等の円滑な社会復帰を促進すること等による再犯の防止等が犯罪対策において重要であることに鑑み、再犯の防止等に関する施策に関し、基本理念を定め、国及び地方公共団体の責務を明らかにするとともに、再犯の防止等に関する施策の基本となる事項を定めることにより、再犯の防止等に関する施策を総合的かつ計画的に推進し、もって国民が犯罪による被害を受けることを防止し、安全で安心して暮らせる社会の実現に寄与することを目的とする。

(定義)

第二条 この法律において「犯罪をした者等」とは、犯罪をした者又は非行少年(非行のある少年をいう。以下同じ。)若しくは非行少年であった者をいう。

2 この法律において「再犯の防止等」とは、犯罪をした者等が犯罪をすることを防ぐこと(非行少年の非行をなくすこと及び非行少年であった者が再び非行少年となることを防ぐことを含む。)をいう。

(基本理念)

第三条 再犯の防止等に関する施策は、犯罪をした者等の多くが安定した職業に就くこと及び住居を確保することができないこと等のために円滑な社会復帰をすることが困難な状況にあることを踏まえ、犯罪をした者等が、社会において孤立することなく、国民の理解と協力を得て再び社会を構成する一員となることを支援することにより、犯罪をした者等が円滑に社会に復帰することができるようにすることを旨として、講ぜられるものとする。

2 再犯の防止等に関する施策は、犯罪をした者等が、その特性に応じ、矯正施設(刑務所、少年刑務所、拘置所、少年院、少年鑑別所及び婦人補導院をいう。以下同じ。)に収容されている間のみならず、社会に復帰した後も途切れることなく、必要な指導及び支援を受けられるよう、矯正施設における適切な収容及び処遇のための施策と職業及び住居の確保に係る支援をはじめとする円滑な社会復帰のための施策との有機的な連携を図りつつ、関係行政機関の相互の密接な連携の下に、総合的に講ぜられるものとする。

3 再犯の防止等に関する施策は、犯罪をした者等が、犯罪の責任等を自覚すること及び被害者等の心情を理解すること並びに自ら社会復帰のために努力することが、再犯の防止等に重要であるとの認識の下に、講ぜられるものとする。

4 再犯の防止等に関する施策は、犯罪及び非行の実態、再犯の防止等に関する各般の施策の有効性等に関する調査研究の成果等を踏まえ、効果的に講ぜられるものとする。

(国等の責務)

第四条 国は、前条の基本理念(次項において「基本理念」という。)にのっとり、再犯の防止等に関する施策を総合的に策定し、及び実施する責務を有する。

2 地方公共団体は、基本理念にのっとり、再犯の防止等に関し、国との適切な役割分担を踏まえて、その地方公共団体の地域の状況に応じた施策を策定し、及び実施する責務を有する。

(連携、情報の提供等)

第五条 国及び地方公共団体は、再犯の防止等に関する施策が円滑に実施されるよう、相互に連携を図らなければならない。

2 国及び地方公共団体は、再犯の防止等に関する施策の実施に当たっては、再犯の防止等に関する活動を行う民間の団体その他の関係者との緊密な連携協力の確保に努めなければならない。

3 国及び地方公共団体は、再犯の防止等に関する施策の実施に当たっては、再犯の防止等に関する活動を行う民間の団体その他の関係者に対して必要な情報を適切に提供するものとする。

4 再犯の防止等に関する活動を行う民間の団体その他の関係者は、前項の規定により提供を受けた犯罪をした者等の個人情報その他の犯罪をした者等の個人情報を適切に取り扱わなければならない。

(再犯防止啓発月間)

第六条 国民の間に広く再犯の防止等についての関心と理解を深めるため、再犯防止啓発月間を

設ける。

2　再犯防止啓発月間は、七月とする。

3　国及び地方公共団体は、再犯防止啓発月間の趣旨にふさわしい事業が実施されるよう努めなければならない。

（再犯防止推進計画）

第七条　政府は、再犯の防止等に関する施策の総合的かつ計画的な推進を図るため、再犯の防止等に関する施策の推進に関する計画（以下「再犯防止推進計画」という。）を定めなければならない。

2　再犯防止推進計画は、次に掲げる事項について定めるものとする。

一　再犯の防止等に関する施策の推進に関する基本的な事項

二　再犯の防止等に向けた教育及び職業訓練の充実に関する事項

三　犯罪をした者等の社会における職業及び住居の確保並びに保健医療サービス及び福祉サービスの利用に係る支援に関する事項

四　矯正施設における収容及び処遇並びに保護観察に関する体制その他の関係機関における体制の整備に関する事項

五　その他再犯の防止等に関する施策の推進に関する重要事項

3　法務大臣は、再犯防止推進計画の案を作成し、閣議の決定を求めなければならない。

4　法務大臣は、再犯防止推進計画の案を作成しようとするときは、あらかじめ、関係行政機関の長と協議しなければならない。

5　法務大臣は、第三項の規定による閣議の決定があったときは、遅滞なく、再犯防止推進計画を公表しなければならない。

6　政府は、少なくとも五年ごとに、再犯防止推進計画に検討を加え、必要があると認めるときは、これを変更しなければならない。

7　第三項から第五項までの規定は、再犯防止推進計画の変更について準用する。

（地方再犯防止推進計画）

第八条　都道府県及び市町村は、再犯防止推進計画を勘案して、当該都道府県又は市町村における再犯の防止等に関する施策の推進に関する計画（次項において「地方再犯防止推進計画」という。）を定めるよう努めなければならない。

2　都道府県及び市町村は、地方再犯防止推進計画を定め、又は変更したときは、遅滞なく、これを公表するよう努めなければならない。

（法制上の措置等）

第九条　政府は、この法律の目的を達成するため、必要な法制上、財政上又は税制上の措置その他の措置を講じなければならない。

（年次報告）

第十条　政府は、毎年、国会に、政府が講じた再犯の防止等に関する施策についての報告を提出しなければならない。

第二章　基本的施策

第一節　国の施策

（特性に応じた指導及び支援等）

第十一条　国は、犯罪をした者等に対する指導及び支援については、矯正施設内及び社会内を通じ、指導及び支援の内容に応じ、犯罪をした者等の犯罪又は非行の内容、犯罪及び非行の経歴その他の経歴、性格、年齢、心身の状況、家庭環境、交友関係、経済的な状況その他の特性を踏まえて行うものとする。

2　国は、犯罪をした者等に対する指導においては、犯罪の責任等の自覚及び被害者等の心情の理解を促すとともに、円滑な社会復帰に資するものとなるように留意しなければならない。

（就労の支援）

第十二条　国は、犯罪をした者等が自立した生活を営むことができるよう、その就労を支援するため、犯罪をした者等に対し、その勤労意欲を高め、これに職業上有用な知識及び技能を習得させる作業の矯正施設における実施、矯正施設内及び社会内を通じた職業に関する免許又は資格の取得を目的とする訓練その他の効果的な職業訓練等の実施、就職のあっせん並びに就労及びその継続に関する相談及び助言等必要な施策を講ずるものとする。

（非行少年等に対する支援）

第十三条　国は、少年が可塑性に富む等の特性を有することに鑑み、非行少年及び非行少年であった者が、早期に立ち直り、善良な社会の一員として自立し、改善更生することを助けるため、少年院、少年鑑別所、保護観察所等の関係機関と学校、家庭、地域社会及び民間の団体等が連携した指導及び支援、それらの者の能力に応じた教育を受けられるようにするための教育上必要な支援等必要な施策を講ずるものとする。

（就業の機会の確保等）

第十四条　国は、国を当事者の一方とする契約で国以外の者のする工事の完成若しくは作業その他の役務の給付又は物品の納入に対し国が対価の支払をすべきものを締結するに当たって予算の適正な使用に留意しつつ協力雇用主（犯罪をした者等の自立及び社会復帰に協力することを目的として、犯罪をした者等を雇用し、又は雇用しようとする事業主をいう。第二十三条において同じ。）の受注の機会の増大を図るよう配慮すること、犯罪をした者等の国による雇用の推進その他犯罪をした者等の就業の機会の確保及び就業の継続を図るために必要な施策を講ずるものとする。

（住居の確保等）

第十五条　国は、犯罪をした者等のうち適切な住居、食事その他の健全な社会生活を営むために必要な手段を確保することができないことによりその改善更生が妨げられるおそれのある者の自立を支援するため、その自助の責任を踏まえつつ、宿泊場所の供与、食事の提供等必要な施策を講ずるとともに、犯罪をした者等が地域において生活を営むための住居を確保することを支援するため、公営住宅（公営住宅法（昭和二十六年法律第百九十三号）第二条第二号に規定する公営住宅をいう。）への入居における犯罪をした者等への特別の配慮等必要な施策を講ずるものとする。

（更生保護施設に対する援助）

第十六条　国は、犯罪をした者等の宿泊場所の確保及びその改善更生に資するよう、更生保護施設の整備及び運営に関し、財政上の措置、情報の提供等必要な施策を講ずるものとする。

（保健医療サービス及び福祉サービスの提供）

第十七条　国は、犯罪をした者等のうち高齢者、障害者等であって自立した生活を営む上での困難を有するもの及び薬物等に対する依存がある者等について、その心身の状況に応じた適切な保健医療サービス及び福祉サービスが提供されるよう、医療、保健、福祉等に関する業務を行う関係機関における体制の整備及び充実を図るために必要な施策を講ずるとともに、当該関係機関と矯正施設、保護観察所及び民間の団体との連携の強化に必要な施策を講ずるものとする。

（関係機関における体制の整備等）

第十八条　国は、犯罪をした者等に対し充実した指導及び支援を行うため、関係機関における体制を整備するとともに、再犯の防止等に係る人材の確保、養成及び資質の向上のために必要な施策を講ずるものとする。

（再犯防止関係施設の整備）

第十九条　国は、再犯防止関係施設（矯正施設その他再犯の防止等に関する施策を実施する施設をいう。以下この条において同じ。）が再犯の防止等に関する施策の推進のための重要な基盤であることに鑑み、再犯防止関係施設の整備を推進するために必要な施策を講ずるものとする。

（情報の共有、検証、調査研究の推進等）

第二十条　国は、再犯の防止等に関する施策の効果的な実施に資するよう、関係機関が保有する再犯の防止等に資する情報を共有し、再犯の防止等に関する施策の実施状況及びその効果を検証し、並びに犯罪をした者等の再犯の防止等を図る上で効果的な処遇の在り方等に関する調査

及び研究を推進するとともに、それらの結果等を踏まえて再犯の防止等に関する施策の在り方について検討する等必要な施策を講ずるものとする。

（社会内における適切な指導及び支援）

第二十一条　国は、犯罪をした者等のうち社会内において適切な指導及び支援を受けることが再犯の防止等に有効であると認められる者について、矯正施設における処遇を経ないで、又は一定期間の矯正施設における処遇に引き続き、社会内において指導及び支援を早期かつ効果的に受けることができるよう、必要な施策を講ずるものとする。

（国民の理解の増進及び表彰）

第二十二条　国は、再犯の防止等に関する施策の重要性について、国民の理解を深め、その協力を得られるよう必要な施策を講ずるものとする。

2　国は、再犯の防止等の推進に寄与した民間の団体及び個人の表彰に努めるものとする。

（民間の団体等に対する援助）

第二十三条　国は、保護司会及び協力雇用主その他民間の団体又は個人の再犯の防止等に関する活動の促進を図るため、財政上又は税制上の措置等必要な施策を講ずるものとする。

第二節　地方公共団体の施策

第二十四条　地方公共団体は、国との適切な役割分担を踏まえて、その地方公共団体の地域の状況に応じ、前節に規定する施策を講ずるように努めなければならない。

附　則

（施行期日）

1　この法律は、公布の日から施行する。

（検討）

2　国は、この法律の施行後五年を目途として、この法律の施行の状況について検討を加え、その結果に基づいて必要な措置を講ずるものとする。

理　由

国民の理解と協力を得つつ、犯罪をした者等の円滑な社会復帰を促進すること等による再犯の防止等が犯罪対策において重要であることに鑑み、再犯の防止等に関する施策を総合的かつ計画的に推進し、もって国民が犯罪による被害を受けることを防止し、安全で安心して暮らせる社会の実現に寄与するため、再犯の防止等に関する施策に関し、基本理念を定め、国及び地方公共団体の責務を明らかにするとともに、再犯の防止等に関する施策の基本となる事項を定める必要がある。これが、この法律案を提出する理由である。

民法の一部を改正する法律案

民法の一部を改正する法律

民法（明治二十九年法律第八十九号）の一部を次のように改正する。

目次中「第二節　行為能力（第四条―第二十一条）
第三節　住所（第二十二条―第二十四条）
第四節　不在者の財産の管理及び失踪の宣告（第二十五条―第三十二条）
第五節　同時死亡の推定（第三十二条の二）」
を「第二節　意思能力（第三条の二）
第三節　行為能力（第四条―第二十一条）
第四節　住所（第二十二条―第二十四条）
第五節　不在者の財産の管理及び失踪の宣告（第二十五条―第三十二条）
第六節　同時死亡の推定（第三十二条の二）」
に、「第百七十四条の二」を「第百七十四条」に、「第四百二十二条」を「第四百二十二条の二」に、「第二款　債権者代位権及び詐害行為取消権（第四百二十三条―第四百二十六条）」を
「第二款　債権者代位権（第四百二十三条―第四百二十三条の七）
第三款　詐害行為取消権
第一目　詐害行為取消権の要件（第四百二十四条―第四百二十四条の五）
第二目　詐害行為取消権の行使の方法等（第四百二十四条の六―第四百二十四条の九）
第三目　詐害行為取消権の行使の効果（第四百二十五条―第四百二十五条の四）
第四目　詐害行為取消権の期間の制限（第四百二十六条）」
に、「第三款　連帯債務（第四百三十二条―第四百四十五条）
第四款　保証債務
第一目　総則（第四百四十六条―第四百六十五条）
第二目　貸金等根保証契約（第四百六十五条の二―第四百六十五条の五）」
を
「第三款　連帯債権（第四百三十二条―第四百三十五条の二）
第四款　連帯債務（第四百三十六条―第四百四十五条）
第五款　保証債務
第一目　総則（第四百四十六条―第四百六十五条）
第二目　個人根保証契約（第四百六十五条の二―第四百六十五条の五）
第三目　事業に係る債務についての保証契約の特則（第四百六十五条の六―第四百六十五条の十）」
に、「第四百七十三条」を「第四百六十九条」に、「第五節　債権の消滅」を
「第五節　債務の引受け
第一款　併存的債務引受（第四百七十条・第四百七十一条）
第二款　免責的債務引受（第四百七十二条―第四百七十二条の四）
第六節　債権の消滅」
に、「第四百七十四条」を「第四百七十三条」に、「第五百十二条」を「第五百十二条の二」に、「　第五款　混同（第五百二十条）」を
「　第五款　混同
第七節　有価証
第一款　指図
第二款　記名
第三款　その
第四款　無記

（第五百二十条）
券
証券（第五百二十条の二―第五百二十条の十二）
式所持人払証券（第五百二十条の十三―第五百二十条の十八）
他の記名証券（第五百二十条の十九）
名証券（第五百二十条の二十）
」に、「第三款　契約の解除（第五百四十条―第五百四十八条）」を
「第三款　契約上の地位の移転（第五百三十九条の二）
第四款　契約の解除（第五百四十条―第五百四十八条）
第五款　定型約款（第五百四十八条の二―第五百四十八条の四）」
に、「第三款　賃貸借の終了（第六百十六条の二―第六百二十二条）」を
「第三款　賃貸借の終了（第六百十六条の二―第六百二十二条）
第四款　敷金（第六百二十二条の二）
」
に、「第七百二十四条」を「第七百二十四条の二」に改める。

第一編第二章第五節を同章第六節とする。

第一編第二章第四節の節名中「失踪」を「失踪」に改め、同節を同章第五節とし、同章第三節を同章第四節とする。

第十三条第一項に次の一号を加える。

十　前各号に掲げる行為を制限行為能力者（未成年者、成年被後見人、被保佐人及び第十七条第一項の審判を受けた被補助人をいう。以下同じ。）の法定代理人としてすること。

第二十条第一項中「（未成年者、成年被後見人、被保佐人及び第十七条第一項の審判を受けた被補助人をいう。以下同じ。）」を削る。

第一編第二章中第二節を第三節とし、第一節の次に次の一節を加える。

第二節　意思能力

第三条の二　法律行為の当事者が意思表示をした時に意思能力を有しなかったときは、その法律行為は、無効とする。

第八十六条第三項を削る。

第九十条中「事項を目的とする」を削る。

第九十三条ただし書中「表意者の真意」を「その意思表示が表意者の真意ではないこと」に改め、同条に次の一項を加える。

2　前項ただし書の規定による意思表示の無効は、善意の第三者に対抗することができない。

第九十五条を次のように改める。

（錯誤）

第九十五条　意思表示は、次に掲げる錯誤に基づくものであって、その錯誤が法律行為の目的及び取引上の社会通念に照らして重要なものであるときは、取り消すことができる。

一　意思表示に対応する意思を欠く錯誤

二　表意者が法律行為の基礎とした事情についてのその認識が真実に反する錯誤

2　前項第二号の規定による意思表示の取消しは、その事情が法律行為の基礎とされていることが表示されていたときに限り、することができる。

3　錯誤が表意者の重大な過失によるものであった場合には、次に掲げる場合を除き、第一項の規定による意思表示の取消しをすることができない。

一　相手方が表意者に錯誤があることを知り、又は重大な過失によって知らなかったとき。

二　相手方が表意者と同一の錯誤に陥っていたとき。

4　第一項の規定による意思表示の取消しは、善意でかつ過失がない第三者に対抗することができない。

第九十六条第二項中「知っていた」を「知り、又は知ることができた」に改め、同条第三項中「善意の」を「善意でかつ過失がない」に改める。

第九十七条の見出しを「（意思表示の効力発生時期等）」に改め、同条第一項中「隔地者に対する」を削り、同条第二項中「隔地者に対する」を削り、「死亡し」の下に「、意思能力を喪失し」を加え、「を喪失した」を「の制限を受けた」に改め、同項を同条第三項とし、同条第一項の次に次の一項を加える。

2　相手方が正当な理由なく意思表示の通知が到達することを妨げたときは、その通知は、通常到達すべきであった時に到達したものとみなす。

第九十八条の二中「未成年者又は」を「意思能力を有しなかったとき又は未成年者若しくは」に改め、同条ただし書中「その法定代理人」を「次に掲げる者」に改め、同条に次の各号を加える。

一　相手方の法定代理人

二　意思能力を回復し、又は行為能力者となった相手方

第百一条第一項中「意思表示」を「代理人が相手方に対してした意思表示」に改め、「不存在」の下に「、錯誤」を加え、同条第二項中「場合において、」及び「本人の指図に従って」を削り、同項を同条第三項とし、同条第一項の次に次の一項を加える。

2　相手方が代理人に対してした意思表示の効力が意思表示を受けた者がある事情を知っていたこと又は知らなかったことにつき過失があったことによって影響を受けるべき場合には、その事実の有無は、代理人について決するものとする。

第百二条を次のように改める。

（代理人の行為能力）

第百二条　制限行為能力者が代理人としてした行為は、行為能力の制限によっては取り消すことができない。ただし、制限行為能力者が他の制限行為能力者の法定代理人としてした行為については、この限りでない。

第百五条を削る。

第百六条中「前条第一項」を「本人に対してその選任及び監督について」に改め、同条を第百五条とする。

第百七条第二項中「対して」の下に「、その権限の範囲内において」を加え、同条を第百六条とし、同条の次に次の一条を加える。

（代理権の濫用）

第百七条　代理人が自己又は第三者の利益を図る目的で代理権の範囲内の行為をした場合において、相手方がその目的を知り、又は知ることができたときは、その行為は、代理権を有しない者がした行為とみなす。

第百八条の見出しを「（自己契約及び双方代理等）」に改め、同条中「法律行為については」を「法律行為について」に、「となることはできない」を「としてした行為は、代理権を有しない者がした行為とみなす」に改め、同条に次の一項を加える。

2　前項本文に規定するもののほか、代理人と本人との利益が相反する行為については、代理権を有しない者がした行為とみなす。ただし、本人があらかじめ許諾した行為については、この限りでない。

第百九条の見出しを「（代理権授与の表示による表見代理等）」に改め、同条に次の一項を加える。

2　第三者に対して他人に代理権を与えた旨を表示した者は、その代理権の範囲内においてその他人が第三者との間で行為をしたとすれば前項の規定によりその責任を負うべき場合において、その他人が第三者との間でその代理権の範囲外の行為をしたときは、第三者がその行為についてその他人の代理権があると信ずべき正当な理由があるときに限り、その行為についての責任を負う。

第百十条中「前条本文」を「前条第一項本文」に改める。

第百十二条を次のように改める。

（代理権消滅後の表見代理等）

第百十二条　他人に代理権を与えた者は、代理権の消滅後にその代理権の範囲内においてその他人が第三者との間でした行為について、代理権の消滅の事実を知らなかった第三者に対してその責任を負う。ただし、第三者が過失によってその事実を知らなかったときは、この限りでない。

２　他人に代理権を与えた者は、代理権の消滅後に、その代理権の範囲内においてその他人が第三者との間で行為をしたとすれば前項の規定によりその責任を負うべき場合において、その他人が第三者との間でその代理権の範囲外の行為をしたときは、第三者がその行為についてその他人の代理権があると信ずべき正当な理由があるときに限り、その行為についての責任を負う。

第百十七条第一項中「証明することができず、かつ、本人の追認を得ることができなかったときは」を「証明したとき、又は本人の追認を得たときを除き」に改め、同条第二項を次のように改める。

２　前項の規定は、次に掲げる場合には、適用しない。

一　他人の代理人として契約をした者が代理権を有しないことを相手方が知っていたとき。

二　他人の代理人として契約をした者が代理権を有しないことを相手方が過失によって知らなかったとき。ただし、他人の代理人として契約をした者が自己に代理権がないことを知っていたときは、この限りでない。

三　他人の代理人として契約をした者が行為能力の制限を受けていたとき。

第百二十条第一項中「制限行為能力者」の下に「（他の制限行為能力者の法定代理人としてした行為にあっては、当該他の制限行為能力者を含む。）」を加え、同条第二項中「詐欺」を「錯誤、詐欺」に改める。

第百二十一条ただし書を削り、同条の次に次の一条を加える。

（原状回復の義務）

第百二十一条の二　無効な行為に基づく債務の履行として給付を受けた者は、相手方を原状に復させる義務を負う。

２　前項の規定にかかわらず、無効な無償行為に基づく債務の履行として給付を受けた者は、給付を受けた当時その行為が無効であること（給付を受けた後に前条の規定により初めから無効であったものとみなされた行為にあっては、給付を受けた当時その行為が取り消すことができるものであること）を知らなかったときは、その行為によって現に利益を受けている限度において、返還の義務を負う。

３　第一項の規定にかかわらず、行為の時に意思能力を有しなかった者は、その行為によって現に利益を受けている限度において、返還の義務を負う。行為の時に制限行為能力者であった者についても、同様とする。

第百二十二条ただし書を削る。

第百二十四条第一項中「追認」を「取り消すことができる行為の追認」に、「消滅した」を「消滅し、かつ、取消権を有することを知った」に改め、同条第二項を次のように改める。

２　次に掲げる場合には、前項の追認は、取消しの原因となっていた状況が消滅した後にすることを要しない。

一　法定代理人又は制限行為能力者の保佐人若しくは補助人が追認をするとき。

二　制限行為能力者（成年被後見人を除く。）が法定代理人、保佐人又は補助人の同意を得て追認をするとき。

第百二十四条第三項を削る。

第百二十五条中「前条の規定により」を削る。

第百三十条の見出しを「（条件の成就の妨害等）」に改め、同条に次の一項を加える。

２　条件が成就することによって利益を受ける当事者が不正にその条件を成就させたときは、相手方は、その条件が成就しなかったものとみなすことができる。

第百四十五条中「当事者」の下に「（消滅時効にあっては、保証人、物上保証人、第三取得者その他権利の消滅について正当な利益を有する者を含む。）」を加える。

第百四十七条から第百五十七条までを次のように改める。

（裁判上の請求等による時効の完成猶予及び更新）

第百四十七条　次に掲げる事由がある場合には、その事由が終了する（確定判決又は確定判決と同一の効力を有するものによって権利が確定することなくその事由が終了した場合にあっては、その終了の時から六箇月を経過する）までの間は、時効は、完成しない。

一　裁判上の請求

二　支払督促

三　民事訴訟法第二百七十五条第一項の和解又は民事調停法（昭和二十六年法律第二百二十二号）若しくは家事事件手続法（平成二十三年法律第五十二号）による調停

四　破産手続参加、再生手続参加又は更生手続参加

２　前項の場合において、確定判決又は確定判決と同一の効力を有するものによって権利が確定したときは、時効は、同項各号に掲げる事由が終了した時から新たにその進行を始める。

（強制執行等による時効の完成猶予及び更新）

第百四十八条　次に掲げる事由がある場合には、その事由が終了する（申立ての取下げ又は法律の規定に従わないことによる取消しによってその事由が終了した場合にあっては、その終了の時から六箇月を経過する）までの間は、時効は、完成しない。

一　強制執行

二　担保権の実行

三　民事執行法（昭和五十四年法律第四号）第百九十五条に規定する担保権の実行としての競売の例による競売

四　民事執行法第百九十六条に規定する財産開示手続

２　前項の場合には、時効は、同項各号に掲げる事由が終了した時から新たにその進行を始める。ただし、申立ての取下げ又は法律の規定に従わないことによる取消しによってその事由が終了した場合は、この限りでない。

（仮差押え等による時効の完成猶予）

第百四十九条　次に掲げる事由がある場合には、その事由が終了した時から六箇月を経過するまでの間は、時効は、完成しない。

一　仮差押え

二　仮処分

（催告による時効の完成猶予）

第百五十条　催告があったときは、その時から六箇月を経過するまでの間は、時効は、完成しない。

２　催告によって時効の完成が猶予されている間にされた再度の催告は、前項の規定による時効の完成猶予の効力を有しない。

（協議を行う旨の合意による時効の完成猶予）

第百五十一条　権利についての協議を行う旨の合意が書面でされたときは、次に掲げる時のいずれか早い時までの間は、時効は、完成しない。

一　その合意があった時から一年を経過した時

二　その合意において当事者が協議を行う期間（一年に満たないものに限る。）を定めたときは、その期間を経過した時

三　当事者の一方から相手方に対して協議の続行を拒絶する旨の通知が書面でされたときは、その通知の時から六箇月を経過した時

２　前項の規定により時効の完成が猶予されている間にされた再度の同項の合意は、同項の規定による時効の完成猶予の効力を有する。ただし、その効力は、時効の完成が猶予されなかったとすれば時効が完成すべき時から通じて五年を超えることができない。

３　催告によって時効の完成が猶予されている間にされた第一項の合意は、同項の規定による時効の完成猶予の効力を有しない。同項の規定により時効の完成が猶予されている間にされた催

告についても、同様とする。

4　第一項の合意がその内容を記録した電磁的記録（電子的方式、磁気的方式その他人の知覚によっては認識することができない方式で作られる記録であって、電子計算機による情報処理の用に供されるものをいう。以下同じ。）によってされたときは、その合意は、書面によってされたものとみなして、前三項の規定を適用する。

5　前項の規定は、第一項第三号の通知について準用する。

（承認による時効の更新）

第百五十二条　時効は、権利の承認があったときは、その時から新たにその進行を始める。

2　前項の承認をするには、相手方の権利についての処分につき行為能力の制限を受けていないこと又は権限があることを要しない。

（時効の完成猶予又は更新の効力が及ぶ者の範囲）

第百五十三条　第百四十七条又は第百四十八条の規定による時効の完成猶予又は更新は、完成猶予又は更新の事由が生じた当事者及びその承継人の間においてのみ、その効力を有する。

2　第百四十九条から第百五十一条までの規定による時効の完成猶予は、完成猶予の事由が生じた当事者及びその承継人の間においてのみ、その効力を有する。

3　前条の規定による時効の更新は、更新の事由が生じた当事者及びその承継人の間においてのみ、その効力を有する。

第百五十四条　第百四十八条第一項各号又は第百四十九条各号に掲げる事由に係る手続は、時効の利益を受ける者に対してしないときは、その者に通知をした後でなければ、第百四十八条又は第百四十九条の規定による時効の完成猶予又は更新の効力を生じない。

第百五十五条から第百五十七条まで　削除

第百五十八条の見出し、第百五十九条の見出し及び第百六十条の見出し中「停止」を「完成猶予」に改める。

第百六十一条の見出し中「停止」を「完成猶予」に改め、同条中「時効を中断する」を「第百四十七条第一項各号又は第百四十八条第一項各号に掲げる事由に係る手続を行う」に、「二週間」を「三箇月」に改める。

第百六十六条の見出しを「（債権等の消滅時効）」に改め、同条第一項を次のように改める。

債権は、次に掲げる場合には、時効によって消滅する。

一　債権者が権利を行使することができることを知った時から五年間行使しないとき。

二　権利を行使することができる時から十年間行使しないとき。

第百六十六条第二項中「前項」を「前二項」に改め、同項ただし書中「中断する」を「更新する」に改め、同項を同条第三項とし、同条第一項の次に次の一項を加える。

2　債権又は所有権以外の財産権は、権利を行使することができる時から二十年間行使しないときは、時効によって消滅する。

第百六十七条を次のように改める。

（人の生命又は身体の侵害による損害賠償請求権の消滅時効）

第百六十七条　人の生命又は身体の侵害による損害賠償請求権の消滅時効についての前条第一項第二号の規定の適用については、同号中「十年間」とあるのは、「二十年間」とする。

第百六十八条第一項を次のように改める。

定期金の債権は、次に掲げる場合には、時効によって消滅する。

一　債権者が定期金の債権から生ずる金銭その他の物の給付を目的とする各債権を行使することができることを知った時から十年間行使しないとき。

二　前号に規定する各債権を行使することができる時から二十年間行使しないとき。

第百六十八条第二項中「中断」を「更新」に改める。

第百六十九条を次のように改める。

（判決で確定した権利の消滅時効）

第百六十九条　確定判決又は確定判決と同一の効力を有するものによって確定した権利については、十年より短い時効期間の定めがあるものであっても、その時効期間は、十年とする。

2　前項の規定は、確定の時に弁済期の到来していない債権については、適用しない。

第百七十条の前の見出しを削り、同条から第百七十四条までを次のように改める。

第百七十条から第百七十四条まで　削除

第百七十四条の二を削る。

第二百八十四条第二項中「中断」を「更新」に改め、同条第三項中「停止の原因」を「完成猶予の事由」に改める。

第二百九十一条中「第百六十七条第二項」を「第百六十六条第二項」に改める。

第二百九十二条中「中断又は停止」を「完成猶予又は更新」に改める。

第三百十六条中「賃貸人は、」の下に「第六百二十二条の二第一項に規定する」を加える。

第三百五十九条中「（昭和五十四年法律第四号）」を削る。

第三百六十三条を次のように改める。

第三百六十三条　削除

第三百六十四条の見出し中「指名債権」を「債権」に改め、同条中「指名債権を質権の目的としたとき」を「債権を目的とする質権の設定（現に発生していない債権を目的とするものを含む。）」に改め、「第三債務者に」の下に「その」を加える。

第三百六十五条を次のように改める。

第三百六十五条　削除

第三百七十条ただし書中「第四百二十四条の規定により債権者が債務者の行為を取り消す」を「債務者の行為について第四百二十四条第三項に規定する詐害行為取消請求をする」に改める。

第三百九十八条の二第三項中「債権又は」を「債権、」に改め、「請求権」の下に「又は電子記録債権（電子記録債権法（平成十九年法律第百二号）第二条第一項に規定する電子記録債権をいう。次条第二項において同じ。）」を加える。

第三百九十八条の三第二項中「手形上又は」を「手形上若しくは」に改め、「請求権」の下に「又は電子記録債権」を加える。

第三百九十八条の七第三項中「又は債務者」を削り、「ときは、その当事者は、第五百十八条」を「場合における更改前の債権者は、第五百十八条第一項」に改め、同項に後段として次のように加える。

元本の確定前に債務者の交替による更改があった場合における債権者も、同様とする。

第三百九十八条の七中第三項を第四項とし、第二項の次に次の一項を加える。

3　元本の確定前に免責的債務引受があった場合における債権者は、第四百七十二条の四第一項の規定にかかわらず、根抵当権を引受人が負担する債務に移すことができない。

第四百条中「するまで、」の下に「契約その他の債権の発生原因及び取引上の社会通念に照らして定まる」を加える。

第四百四条中「年五分とする」を「その利息が生じた最初の時点における法定利率による」に改め、同条に次の四項を加える。

2　法定利率は、年三パーセントとする。

3　前項の規定にかかわらず、法定利率は、法務省令で定めるところにより、三年を一期とし、一期ごとに、次項の規定により変動するものとする。

4　各期における法定利率は、この項の規定により法定利率に変動があった期のうち直近のもの（以下この項において「直近変動期」という。）における基準割合と当期における基準割合との差に相当する割合（その割合に一パーセント未満の端数があるときは、これを切り捨てる。）を直近変動期における法定利率に加算し、又は減算した割合とする。

5　前項に規定する「基準割合」とは、法務省令で定めるところにより、各期の初日の属する年

の六年前の年の一月から前々年の十二月までの各月における短期貸付けの平均利率（当該各月において銀行が新たに行った貸付け（貸付期間が一年未満のものに限る。）に係る利率の平均をいう。）の合計を六十で除して計算した割合（その割合に〇・一パーセント未満の端数があるときは、これを切り捨てる。）として法務大臣が告示するものをいう。

第四百十条第一項中「、初めから不能であるもの又は後に至って不能となったものがある」を「不能のものがある場合において、その不能が選択権を有する者の過失によるものである」に改め、同条第二項を削る。

第四百十二条第二項中「債務者は、」の下に「その期限の到来した後に履行の請求を受けた時又は」を、「知った時」の下に「のいずれか早い時」を加え、同条の次に次の一条を加える。

（履行不能）

第四百十二条の二　債務の履行が契約その他の債務の発生原因及び取引上の社会通念に照らして不能であるときは、債権者は、その債務の履行を請求することができない。

２　契約に基づく債務の履行がその契約の成立の時に不能であったことは、第四百十五条の規定によりその履行の不能によって生じた損害の賠償を請求することを妨げない。

第四百十三条を次のように改める。

（受領遅滞）

第四百十三条　債権者が債務の履行を受けることを拒み、又は受けることができない場合において、その債務の目的が特定物の引渡しであるときは、債務者は、履行の提供をした時からその引渡しをするまで、自己の財産に対するのと同一の注意をもって、その物を保存すれば足りる。

２　債権者が債務の履行を受けることを拒み、又は受けることができないことによって、その履行の費用が増加したときは、その増加額は、債権者の負担とする。

第四百十三条の次に次の一条を加える。

（履行遅滞中又は受領遅滞中の履行不能と帰責事由）

第四百十三条の二　債務者がその債務について遅滞の責任を負っている間に当事者双方の責めに帰することができない事由によってその債務の履行が不能となったときは、その履行の不能は、債務者の責めに帰すべき事由によるものとみなす。

２　債権者が債務の履行を受けることを拒み、又は受けることができない場合において、履行の提供があった時以後に当事者双方の責めに帰することができない事由によってその債務の履行が不能となったときは、その履行の不能は、債権者の責めに帰すべき事由によるものとみなす。

第四百十四条第一項中「その強制履行」を「民事執行法その他強制執行の手続に関する法令の規定に従い、直接強制、代替執行、間接強制その他の方法による履行の強制」に改め、同条第二項及び第三項を削り、同条第四項中「前三項」を「前項」に改め、同項を同条第二項とする。

第四百十五条を次のように改める。

（債務不履行による損害賠償）

第四百十五条　債務者がその債務の本旨に従った履行をしないとき又は債務の履行が不能であるときは、債権者は、これによって生じた損害の賠償を請求することができる。ただし、その債務の不履行が契約その他の債務の発生原因及び取引上の社会通念に照らして債務者の責めに帰することができない事由によるものであるときは、この限りでない。

２　前項の規定により損害賠償の請求をすることができる場合において、債権者は、次に掲げるときは、債務の履行に代わる損害賠償の請求をすることができる。

一　債務の履行が不能であるとき。

二　債務者がその債務の履行を拒絶する意思を明確に表示したとき。

三　債務が契約によって生じたものである場合において、その契約が解除され、又は債務の不履行による契約の解除権が発生したとき。

第四百十六条第二項中「予見し、又は予見することができた」を「予見すべきであった」に改める。

第四百十七条の次に次の一条を加える。

（中間利息の控除）

第四百十七条の二　将来において取得すべき利益についての損害賠償の額を定める場合において、その利益を取得すべき時までの利息相当額を控除するときは、その損害賠償の請求権が生じた時点における法定利率により、これをする。

２　将来において負担すべき費用についての損害賠償の額を定める場合において、その費用を負担すべき時までの利息相当額を控除するときも、前項と同様とする。

第四百十八条中「不履行」の下に「又はこれによる損害の発生若しくは拡大」を加える。

第四百十九条第一項中「額は、」の下に「債務者が遅滞の責任を負った最初の時点における」を加える。

第四百二十条第一項後段を削る。

第三編第一章第二節第一款中第四百二十二条の次に次の一条を加える。

（代償請求権）

第四百二十二条の二　債務者が、その債務の履行が不能となったのと同一の原因により債務の目的物の代償である権利又は利益を取得したときは、債権者は、その受けた損害の額の限度において、債務者に対し、その権利の移転又はその利益の償還を請求することができる。

第三編第一章第二節第二款の款名を次のように改める。

第二款　債権者代位権

第四百二十三条の見出しを「（債権者代位権の要件）」に改め、同条第一項中「保全するため」の下に「必要があるときは」を、「に属する権利」の下に「（以下「被代位権利」という。）」を加え、同項ただし書中「権利」の下に「及び差押えを禁じられた権利」を加え、同条第二項中「裁判上の代位によらなければ、前項の権利」を「被代位権利」に改め、同条に次の一項を加える。

３　債権者は、その債権が強制執行により実現することのできないものであるときは、被代位権利を行使することができない。

第四百二十三条の次に次の六条、款名及び目名を加える。

（代位行使の範囲）

第四百二十三条の二　債権者は、被代位権利を行使する場合において、被代位権利の目的が可分であるときは、自己の債権の額の限度においてのみ、被代位権利を行使することができる。

（債権者への支払又は引渡し）

第四百二十三条の三　債権者は、被代位権利を行使する場合において、被代位権利が金銭の支払又は動産の引渡しを目的とするものであるときは、相手方に対し、その支払又は引渡しを自己に対してすることを求めることができる。この場合において、相手方が債権者に対してその支払又は引渡しをしたときは、被代位権利は、これによって消滅する。

（相手方の抗弁）

第四百二十三条の四　債権者が被代位権利を行使したときは、相手方は、債務者に対して主張することができる抗弁をもって、債権者に対抗することができる。

（債務者の取立てその他の処分の権限等）

第四百二十三条の五　債権者が被代位権利を行使した場合であっても、債務者は、被代位権利について、自ら取立てその他の処分をすることを妨げられない。この場合においては、相手方も、被代位権利について、債務者に対して履行をすることを妨げられない。

（被代位権利の行使に係る訴えを提起した場合の訴訟告知）

第四百二十三条の六　債権者は、被代位権利の行使に係る訴えを提起したときは、遅滞なく、債務者に対し、訴訟告知をしなければならない。

（登記又は登録の請求権を保全するための債権者代位権）

第四百二十三条の七　登記又は登録をしなければ権利の得喪及び変更を第三者に対抗することができない財産を譲り受けた者は、その譲渡人が第三者に対して有する登記手続又は登録手続をすべきことを請求する権利を行使しないときは、その権利を行使することができる。この場合においては、前三条の規定を準用する。

第三款　詐害行為取消権

第一目　詐害行為取消権の要件

第四百二十四条の見出しを「（詐害行為取消請求）」に改め、同条第一項中「法律行為」を「行為」に改め、同項ただし書中「又は転得者がその行為又は転得」を「（以下この款において「受益者」という。）がその行為」に、「害すべき事実」を「害することを」に改め、同条第二項中「法律行為」を「行為」に改め、同条に次の二項を加える。

3　債権者は、その債権が第一項に規定する行為の前の原因に基づいて生じたものである場合に限り、同項の規定による請求（以下「詐害行為取消請求」という。）をすることができる。

4　債権者は、その債権が強制執行により実現することのできないものであるときは、詐害行為取消請求をすることができない。

第四百二十四条の次に次の四条、一目及び目名を加える。

（相当の対価を得てした財産の処分行為の特則）

第四百二十四条の二　債務者が、その有する財産を処分する行為をした場合において、受益者から相当の対価を取得しているときは、債権者は、次に掲げる要件のいずれにも該当する場合に限り、その行為について、詐害行為取消請求をすることができる。

一　その行為が、不動産の金銭への換価その他の当該処分による財産の種類の変更により、債務者において隠匿、無償の供与その他の債権者を害することとなる処分（以下この条において「隠匿等の処分」という。）をするおそれを現に生じさせるものであること。

二　債務者が、その行為の当時、対価として取得した金銭その他の財産について、隠匿等の処分をする意思を有していたこと。

三　受益者が、その行為の当時、債務者が隠匿等の処分をする意思を有していたことを知っていたこと。

（特定の債権者に対する担保の供与等の特則）

第四百二十四条の三　債権者は、債務者がした既存の債務についての担保の供与又は債務の消滅に関する行為について、次に掲げる要件のいずれにも該当する場合に限り、詐害行為取消請求をすることができる。

一　その行為が、債務者が支払不能（債務者が、支払能力を欠くために、その債務のうち弁済期にあるものにつき、一般的かつ継続的に弁済することができない状態をいう。次項第一号において同じ。）の時に行われたものであること。

二　その行為が、債務者と受益者とが通謀して他の債権者を害する意図をもって行われたものであること。

2　前項に規定する行為が、債務者の義務に属せず、又はその時期が債務者の義務に属しないものである場合において、次に掲げる要件のいずれにも該当するときは、債権者は、同項の規定にかかわらず、その行為について、詐害行為取消請求をすることができる。

一　その行為が、債務者が支払不能になる前三十日以内に行われたものであること。

二　その行為が、債務者と受益者とが通謀して他の債権者を害する意図をもって行われたものであること。

（過大な代物弁済等の特則）

第四百二十四条の四　債務者がした債務の消滅に関する行為であって、受益者の受けた給付の価額がその行為によって消滅した債務の額より過大であるものについて、第四百二十四条に規定する要件に該当するときは、債権者は、前条第一項の規定にかかわらず、その消滅した債務の額に相当する部分以外の部分については、詐害行為取消請求をすることができる。

（転得者に対する詐害行為取消請求）

第四百二十四条の五　債権者は、受益者に対して詐害行為取消請求をすることができる場合において、受益者に移転した財産を転得した者があるときは、次の各号に掲げる区分に応じ、それぞれ当該各号に定める場合に限り、その転得者に対しても、詐害行為取消請求をすることができる。

一　その転得者が受益者から転得した者である場合　その転得者が、転得の当時、債務者がした行為が債権者を害することを知っていたとき。

二　その転得者が他の転得者から転得した者である場合　その転得者及びその前に転得した全ての転得者が、それぞれの転得の当時、債務者がした行為が債権者を害することを知っていたとき。

第二目　詐害行為取消権の行使の方法等

（財産の返還又は価額の償還の請求）

第四百二十四条の六　債権者は、受益者に対する詐害行為取消請求において、債務者がした行為の取消しとともに、その行為によって受益者に移転した財産の返還を請求することができる。受益者がその財産の返還をすることが困難であるときは、債権者は、その価額の償還を請求することができる。

2　債権者は、転得者に対する詐害行為取消請求において、債務者がした行為の取消しとともに、転得者が転得した財産の返還を請求することができる。転得者がその財産の返還をすることが困難であるときは、債権者は、その価額の償還を請求することができる。

（被告及び訴訟告知）

第四百二十四条の七　詐害行為取消請求に係る訴えについては、次の各号に掲げる区分に応じ、それぞれ当該各号に定める者を被告とする。

一　受益者に対する詐害行為取消請求に係る訴え　受益者

二　転得者に対する詐害行為取消請求に係る訴え　その詐害行為取消請求の相手方である転得者

2　債権者は、詐害行為取消請求に係る訴えを提起したときは、遅滞なく、債務者に対し、訴訟告知をしなければならない。

（詐害行為の取消しの範囲）

第四百二十四条の八　債権者は、詐害行為取消請求をする場合において、債務者がした行為の目的が可分であるときは、自己の債権の額の限度においてのみ、その行為の取消しを請求することができる。

2　債権者が第四百二十四条の六第一項後段又は第二項後段の規定により価額の償還を請求する場合についても、前項と同様とする。

（債権者への支払又は引渡し）

第四百二十四条の九　債権者は、第四百二十四条の六第一項前段又は第二項前段の規定により受益者又は転得者に対して財産の返還を請求する場合において、その返還の請求が金銭の支払又は動産の引渡しを求めるものであるときは、受益者に対してその支払又は引渡しを、転得者に対してその引渡しを、自己に対してすることを求めることができる。この場合において、受益者又は転得者は、債権者に対してその支払又は引渡しをしたときは、債務者に対してその支払又は引渡しをすることを要しない。

2　債権者が第四百二十四条の六第一項後段又は第二項後段の規定により受益者又は転得者に対して価額の償還を請求する場合についても、前項と同様とする。

第三目　詐害行為取消権の行使の効果

第四百二十五条を次のように改める。

（認容判決の効力が及ぶ者の範囲）

第四百二十五条　詐害行為取消請求を認容する確

定判決は、債務者及びその全ての債権者に対してもその効力を有する。

第四百二十五条の次に次の三条及び目名を加える。

（債務者の受けた反対給付に関する受益者の権利）

第四百二十五条の二　債務者がした財産の処分に関する行為（債務の消滅に関する行為を除く。）が取り消されたときは、受益者は、債務者に対し、その財産を取得するためにした反対給付の返還を請求することができる。債務者がその反対給付の返還をすることが困難であるときは、受益者は、その価額の償還を請求することができる。

（受益者の債権の回復）

第四百二十五条の三　債務者がした債務の消滅に関する行為が取り消された場合（第四百二十四条の四の規定により取り消された場合を除く。）において、受益者が債務者から受けた給付を返還し、又はその価額を償還したときは、受益者の債務者に対する債権は、これによって原状に復する。

（詐害行為取消請求を受けた転得者の権利）

第四百二十五条の四　債務者がした行為が転得者に対する詐害行為取消請求によって取り消されたときは、その転得者は、次の各号に掲げる区分に応じ、それぞれ当該各号に定める権利を行使することができる。ただし、その転得者がその前者から財産を取得するためにした反対給付又はその前者から財産を取得することによって消滅した債権の価額を限度とする。

一　第四百二十五条の二に規定する行為が取り消された場合　その行為が受益者に対する詐害行為取消請求によって取り消されたとすれば同条の規定により生ずべき受益者の債務者に対する反対給付の返還請求権又はその価額の償還請求権

二　前条に規定する行為が取り消された場合（第四百二十四条の四の規定により取り消された場合を除く。）　その行為が受益者に対する詐害行為取消請求によって取り消されたとすれば前条の規定により回復すべき受益者の債務者に対する債権

第四目　詐害行為取消権の期間の制限

第四百二十六条を次のように改める。

第四百二十六条　詐害行為取消請求に係る訴えは、債務者が債権者を害することを知って行為をしたことを債権者が知った時から二年を経過したときは、提起することができない。行為の時から十年を経過したときも、同様とする。

第四百二十八条を次のように改める。

（不可分債権）

第四百二十八条　次款（連帯債権）の規定（第四百三十三条及び第四百三十五条の規定を除く。）は、債権の目的がその性質上不可分である場合において、数人の債権者があるときについて準用する。

第四百二十九条の見出しを「（不可分債権者の一人との間の更改又は免除）」に改め、同条第一項中「分与される」を「分与されるべき」に改め、同条第二項を削る。

第四百三十条を次のように改める。

（不可分債務）

第四百三十条　第四款（連帯債務）の規定（第四百四十条の規定を除く。）は、債務の目的がその性質上不可分である場合において、数人の債務者があるときについて準用する。

第四百四十六条第三項中「電子的方式、磁気的方式その他人の知覚によっては認識することができない方式で作られる記録であって、電子計算機による情報処理の用に供されるものをいう。）」を削る。

第四百四十八条の見出しを「（保証人の負担と主たる債務の目的又は態様）」に改め、同条に次の一項を加える。

2　主たる債務の目的又は態様が保証契約の締結後に加重されたときであっても、保証人の負担は加重されない。

第四百五十七条第一項中「中断」を「完成猶予及び更新」に改め、同条第二項中「の債権による相殺」を「が主張することができる抗弁」に改め、同条に次の一項を加える。

3　主たる債務者が債権者に対して相殺権、取消権又は解除権を有するときは、これらの権利の行使によって主たる債務者がその債務を免れるべき限度において、保証人は、債権者に対して債務の履行を拒むことができる。

第四百五十八条を次のように改める。

（連帯保証人について生じた事由の効力）

第四百五十八条　第四百三十八条、第四百三十九条第一項、第四百四十条及び第四百四十一条の規定は、主たる債務者と連帯して債務を負担する保証人について生じた事由について準用する。

第四百五十八条の次に次の二条を加える。

（主たる債務の履行状況に関する情報の提供義務）

第四百五十八条の二　保証人が主たる債務者の委託を受けて保証をした場合において、保証人の請求があったときは、債権者は、保証人に対し、遅滞なく、主たる債務の元本及び主たる債務に関する利息、違約金、損害賠償その他その債務に従たる全てのものについての不履行の有無並びにこれらの残額及びそのうち弁済期が到来しているものの額に関する情報を提供しなければならない。

（主たる債務者が期限の利益を喪失した場合における情報の提供義務）

第四百五十八条の三　主たる債務者が期限の利益を有する場合において、その利益を喪失したときは、債権者は、保証人に対し、その利益の喪失を知った時から二箇月以内に、その旨を通知しなければならない。

2　前項の期間内に同項の通知をしなかったときは、債権者は、保証人に対し、主たる債務者が期限の利益を喪失した時から同項の通知を現にするまでに生じた遅延損害金（期限の利益を喪失しなかったとしても生ずべきものを除く。）に係る保証債務の履行を請求することができない。

3　前二項の規定は、保証人が法人である場合には、適用しない。

第四百五十九条第一項中「過失なく債権者に弁済をすべき旨の裁判の言渡しを受け、又は」及び「をし、」を削り、「消滅させるべき行為」を「消滅させる行為（以下「債務の消滅行為」という。）」に、「対して」を「対し、そのために支出した財産の額（その財産の額がその債務の消滅行為によって消滅した主たる債務の額を超える場合にあっては、その消滅した額）の」に改め、同条の次に次の一条を加える。

（委託を受けた保証人が弁済期前に弁済等をした場合の求償権）

第四百五十九条の二　保証人が主たる債務者の委託を受けて保証をした場合において、主たる債務の弁済期前に債務の消滅行為をしたときは、その保証人は、主たる債務者に対し、主たる債務者がその当時利益を受けた限度において求償権を有する。この場合において、主たる債務者が債務の消滅行為の日以前に相殺の原因を有していたことを主張するときは、保証人は、債権者に対し、その相殺によって消滅すべきであった債務の履行を請求することができる。

2　前項の規定による求償は、主たる債務の弁済期以後の法定利息及びその弁済期以後に債務の消滅行為をしたとしても避けることができなかった費用その他の損害の賠償を包含する。

3　第一項の求償権は、主たる債務の弁済期以後でなければ、これを行使することができない。

第四百六十条第三号を次のように改める。

三　保証人が過失なく債権者に弁済をすべき旨の裁判の言渡しを受けたとき。

第四百六十一条第一項中「前二条」を「前条」に改める。

第四百六十二条第一項を次のように改める。

第四百五十九条の二第一項の規定は、主たる債務者の委託を受けないで保証をした者が債務の消滅行為をした場合について準用する。

第四百六十二条に次の一項を加える。

3　第四百五十九条の二第三項の規定は、前二項に規定する保証人が主たる債務の弁済期前に債務の消滅行為をした場合における求償権の行使について準用する。

第四百六十三条を次のように改める。

（通知を怠った保証人の求償の制限等）

第四百六十三条　保証人が主たる債務者の委託を受けて保証をした場合において、主たる債務者にあらかじめ通知しないで債務の消滅行為をしたときは、主たる債務者は、債権者に対抗することができた事由をもってその保証人に対抗することができる。この場合において、相殺をもってその保証人に対抗したときは、その保証人は、債権者に対し、相殺によって消滅すべきであった債務の履行を請求することができる。

2　保証人が主たる債務者の委託を受けて保証をした場合において、主たる債務者が債務の消滅行為をしたことを保証人に通知することを怠ったため、その保証人が善意で債務の消滅行為をしたときは、その保証人は、その債務の消滅行為を有効であったものとみなすことができる。

3　保証人が債務の消滅行為をした後に主たる債務者が債務の消滅行為をした場合においては、保証人が主たる債務者の意思に反して保証をしたときのほか、保証人が債務の消滅行為をしたことを主たる債務者に通知することを怠ったため、主たる債務者が善意で債務の消滅行為をしたときも、主たる債務者は、その債務の消滅行為を有効であったものとみなすことができる。

第三編第一章第三節第四款第二目の目名を次のように改める。

第二目　個人根保証契約

第四百六十五条の二の見出しを「（個人根保証契約の保証人の責任等）」に改め、同条第一項中「その債務の範囲に金銭の貸渡し又は手形の割引を受けることによって負担する債務（以下「貸金等債務」という。）が含まれるもの（保証人が法人であるものを除く。以下「貸金等根保証契約」を「保証人が法人でないもの（以下「個人根保証契約」に、「すべて」を「全て」に改め、同条第二項及び第三項中「貸金等根保証契約」を「個人根保証契約」に改める。

第四百六十五条の三の見出しを「（個人貸金等根保証契約の元本確定期日）」に改め、同条第一項中「貸金等根保証契約に」を「個人根保証契約であってその主たる債務の範囲に金銭の貸渡し又は手形の割引を受けることによって負担する債務（以下「貸金等債務」という。）が含まれるもの（以下「個人貸金等根保証契約」という。）に」に、「貸金等根保証契約の」を「個人貸金等根保証契約の」に改め、同条第二項から第四項までの規定中「貸金等根保証契約」を「個人貸金等根保証契約」に改める。

第四百六十五条の四の見出しを「（個人根保証契約の元本の確定事由）」に改め、同条中「貸金等根保証契約」を「個人根保証契約」に改め、同条に次のただし書を加える。

ただし、第一号に掲げる場合にあっては、強制執行又は担保権の実行の手続の開始があったときに限る。

第四百六十五条の四第一号中「主たる債務者又は」を削り、ただし書を削り、同条第二号中「主たる債務者又は」を削り、同条に次の一項を加える。

2　前項に規定する場合のほか、個人貸金等根保証契約における主たる債務の元本は、次に掲げる場合にも確定する。ただし、第一号に掲げる場合にあっては、強制執行又は担保権の実行の手続の開始があったときに限る。

一　債権者が、主たる債務者の財産について、金銭の支払を目的とする債権についての強制執行又は担保権の実行を申し立てたとき。

二　主たる債務者が破産手続開始の決定を受けたとき。

第四百六十五条の五を次のように改める。

（保証人が法人である根保証契約の求償権）

第四百六十五条の五　保証人が法人である根保証契約において、第四百六十五条の二第一項に規定する極度額の定めがないときは、その根保証契約の保証人の主たる債務者に対する求償権に係る債務を主たる債務とする保証契約は、その効力を生じない。

2　保証人が法人である根保証契約であってその主たる債務の範囲に貸金等債務が含まれるものにおいて、元本確定期日の定めがないとき、又は元本確定期日の定め若しくはその変更が第四百六十五条の三第一項若しくは第三項の規定を適用するとすればその効力を生じないものであるときは、その根保証契約の保証人の主たる債務者に対する求償権に係る債務を主たる債務とする保証契約は、その効力を生じない。主たる債務の範囲にその求償権に係る債務が含まれる根保証契約も、同様とする。

3　前二項の規定は、求償権に係る債務を主たる債務とする保証契約又は主たる債務の範囲に求償権に係る債務が含まれる根保証契約の保証人が法人である場合には、適用しない。

第三編第一章第三節第四款に次の一目を加える。

第三目　事業に係る債務についての保証契約の特則

（公正証書の作成と保証の効力）

第四百六十五条の六　事業のために負担した貸金等債務を主たる債務とする保証契約又は主たる債務の範囲に事業のために負担する貸金等債務が含まれる根保証契約は、その契約の締結に先立ち、その締結の日前一箇月以内に作成された公正証書で保証人になろうとする者が保証債務を履行する意思を表示していなければ、その効力を生じない。

2　前項の公正証書を作成するには、次に掲げる方式に従わなければならない。

一　保証人になろうとする者が、次のイ又はロに掲げる契約の区分に応じ、それぞれ当該イ又はロに定める事項を公証人に口授すること。

イ　保証契約（ロに掲げるものを除く。）　主たる債務の債権者及び債務者、主たる債務の元本、主たる債務に関する利息、違約金、損害賠償その他その債務に従たる全てのものの定めの有無及びその内容並びに主たる債務者がその債務を履行しないときには、その債務の全額について履行する意思（保証人になろうとする者が主たる債務者と連帯して債務を負担しようとするものである場合には、債権者が主たる債務者に対して催告をしたかどうか、主たる債務者がその債務を履行することができるかどうか、又は他に保証人があるかどうかにかかわらず、その全額について履行する意思）を有していること。

ロ　根保証契約　主たる債務の債権者及び債務者、主たる債務の範囲、根保証契約における極度額、元本確定期日の定めの有無及びその内容並びに主たる債務者がその債務を履行しないときには、極度額の限度において元本確定期日又は第四百六十五条の四第一項各号若しくは第二項各号に掲げる事由その他の元本を確定すべき事由が生ずる時までに生ずべき主たる債務の元本及び主たる債務に関する利息、違約金、損害賠償その他その債務に従たる全てのものの全額について履行する意思（保証人になろうとする者が主たる債務者と連帯して債務を負担しようとするものである場合には、債権者が主たる債務者に対して催告をしたかどうか、主たる債務者がその債務を履行することができるかどうか、又は他に保証人があるかどうかにかかわらず、その全額について履行する意思）を有していること。

二　公証人が、保証人になろうとする者の口述を筆記し、これを保証人になろうとする者に

読み聞かせ、又は閲覧させること。

三　保証人になろうとする者が、筆記の正確なことを承認した後、署名し、印を押すこと。ただし、保証人になろうとする者が署名することができない場合は、公証人がその事由を付記して、署名に代えることができる。

四　公証人が、その証書は前三号に掲げる方式に従って作ったものである旨を付記して、これに署名し、印を押すこと。

3　前二項の規定は、保証人になろうとする者が法人である場合には、適用しない。

（保証に係る公正証書の方式の特則）

第四百六十五条の七　前条第一項の保証契約又は根保証契約の保証人になろうとする者が口がきけない者である場合には、公証人の前で、同条第二項第一号イ又はロに掲げる契約の区分に応じ、それぞれ当該イ又はロに定める事項を通訳人の通訳により申述し、又は自書して、同号の口授に代えなければならない。この場合における同項第二号の規定の適用については、同号中「口述」とあるのは、「通訳人の通訳による申述又は自書」とする。

2　前条第一項の保証契約又は根保証契約の保証人になろうとする者が耳が聞こえない者である場合には、公証人は、同条第二項第二号に規定する筆記した内容を通訳人の通訳により保証人になろうとする者に伝えて、同号の読み聞かせに代えることができる。

3　公証人は、前二項に定める方式に従って公正証書を作ったときは、その旨をその証書に付記しなければならない。

（公正証書の作成と求償権についての保証の効力）

第四百六十五条の八　第四百六十五条の六第一項及び第二項並びに前条の規定は、事業のために負担した貸金等債務を主たる債務とする保証契約又は主たる債務の範囲に事業のために負担する貸金等債務が含まれる根保証契約の保証人の主たる債務者に対する求償権に係る債務を主たる債務とする保証契約について準用する。主たる債務の範囲にその求償権に係る債務が含まれる根保証契約も、同様とする。

2　前項の規定は、保証人になろうとする者が法人である場合には、適用しない。

（公正証書の作成と保証の効力に関する規定の適用除外）

第四百六十五条の九　前三条の規定は、保証人になろうとする者が次に掲げる者である保証契約については、適用しない。

一　主たる債務者が法人である場合のその理事、取締役、執行役又はこれらに準ずる者

二　主たる債務者が法人である場合の次に掲げる者

イ　主たる債務者の総株主の議決権（株主総会において決議をすることができる事項の全部につき議決権を行使することができない株式についての議決権を除く。以下この号において同じ。）の過半数を有する者

ロ　主たる債務者の総株主の議決権の過半数を他の株式会社が有する場合における当該他の株式会社の総株主の議決権の過半数を有する者

ハ　主たる債務者の総株主の議決権の過半数を他の株式会社及び当該他の株式会社の総株主の議決権の過半数を有する者が有する場合における当該他の株式会社の総株主の議決権の過半数を有する者

ニ　株式会社以外の法人が主たる債務者である場合におけるイ、ロ又はハに掲げる者に準ずる者

三　主たる債務者（法人であるものを除く。以下この号において同じ。）と共同して事業を行う者又は主たる債務者が行う事業に現に従事している主たる債務者の配偶者

（契約締結時の情報の提供義務）

第四百六十五条の十　主たる債務者は、事業のために負担する債務を主たる債務とする保証又は主たる債務の範囲に事業のために負担する債務が含まれる根保証の委託をするときは、委託を受ける者に対し、次に掲げる事項に関する情報を提供しなければならない。

一　財産及び収支の状況

二　主たる債務以外に負担している債務の有無並びにその額及び履行状況

三　主たる債務の担保として他に提供し、又は提供しようとするものがあるときは、その旨及びその内容

2　主たる債務者が前項各号に掲げる事項に関して情報を提供せず、又は事実と異なる情報を提供したために委託を受けた者がその事項について誤認をし、それによって保証契約の申込み又はその承諾の意思表示をした場合において、主たる債務者がその事項に関して情報を提供せず又は事実と異なる情報を提供したことを債権者が知り又は知ることができたときは、保証人は、保証契約を取り消すことができる。

3　前二項の規定は、保証をする者が法人である場合には、適用しない。

第三編第一章第三節第四款を同節第五款とする。

第四百四十一条を削る。

第四百四十条中「第四百三十四条から前条まで」を「第四百三十八条、第四百三十九条第一項及び前条」に改め、同条に次のただし書を加える。

ただし、債権者及び他の連帯債務者の一人が別段の意思を表示したときは、当該他の連帯債務者に対する効力は、その意思に従う。

第四百四十条を第四百四十一条とし、第四百三十九条を削り、第四百三十八条を第四百四十条とし、第四百三十七条を削る。

第四百三十六条第一項中「すべて」を「全て」に改め、同条第二項中「についてのみ他の連帯債務者が相殺を援用する」を「の限度において、他の連帯債務者は、債権者に対して債務の履行を拒む」に改め、同条を第四百三十九条とする。

第四百三十五条中「すべて」を「全て」に改め、同条を第四百三十八条とし、第四百三十四条を削り、第四百三十三条を第四百三十七条とする。

第四百三十二条の見出しを「（連帯債務者に対する履行の請求）」に改め、同条中「数人が連帯債務」を「債務の目的がその性質上可分である場合において、法令の規定又は当事者の意思表示によって数人が連帯して債務」に、「すべて」を「全て」に改め、同条を第四百三十六条とする。

第四百四十二条第一項中「連帯債務者は」の下に「、その免責を得た額が自己の負担部分を超えるかどうかにかかわらず」を加え、「各自の負担部分について」を「その免責を得るために支出した財産の額（その財産の額が共同の免責を得た額を超える場合にあっては、その免責を得た額）のうち各自の負担部分に応じた額の」に改める。

第四百四十三条第一項中「連帯債務者の一人が債権者から履行の請求を受けた」を「他の連帯債務者があることを知りながら、連帯債務者の一人が共同の免責を得る」に、「過失のある」を「その」に改め、同条第二項中「連帯債務者の一人が」を削り、「共同の免責を得た」の下に「連帯債務者が、他の連帯債務者があることを知りながらその免責を得た」を加え、「弁済をし、その他有償の行為をもって免責を得た」を「弁済その他自己の財産をもって免責を得るための行為をした」に、「その免責を得た」を「当該他の」に、「自己の弁済その他免責のためにした」を「その免責を得るための」に改める。

第四百四十四条ただし書を削り、同条に次の二項を加える。

2　前項に規定する場合において、求償者及び他の資力のある者がいずれも負担部分を有しない者であるときは、その償還をすることができない部分は、求償者及び他の資力のある者の間で、等しい割合で分割して負担する。

3　前二項の規定にかかわらず、償還を受けることができないことについて求償者に過失があるときは、他の連帯債務者に対して分担を請求することができない。

第四百四十五条を次のように改める。

（連帯債務者の一人との間の免除等と求償権）

第四百四十五条　連帯債務者の一人に対して債務の免除がされ、又は連帯債務者の一人のために時効が完成した場合においても、他の連帯債務者は、その一人の連帯債務者に対し、第四百四十二条第一項の求償権を行使することができる。

第三編第一章第三節中第三款を第四款とし、第二款の次に次の一款を加える。

第三款　連帯債権

（連帯債権者による履行の請求等）

第四百三十二条　債権の目的がその性質上可分である場合において、法令の規定又は当事者の意思表示によって数人が連帯して債権を有するときは、各債権者は、全ての債権者のために全部又は一部の履行を請求することができ、債務者は、全ての債権者のために各債権者に対して履行をすることができる。

（連帯債権者の一人との間の更改又は免除）

第四百三十三条　連帯債権者の一人と債務者との間に更改又は免除があったときは、その連帯債権者がその権利を失わなければ分与されるべき利益に係る部分については、他の連帯債権者は、履行を請求することができない。

（連帯債権者の一人との間の相殺）

第四百三十四条　債務者が連帯債権者の一人に対して債権を有する場合において、その債務者が相殺を援用したときは、その相殺は、他の連帯債権者に対しても、その効力を生ずる。

（連帯債権者の一人との間の混同）

第四百三十五条　連帯債権者の一人と債務者との間に混同があったときは、債務者は、弁済をしたものとみなす。

（相対的効力の原則）

第四百三十五条の二　第四百三十二条から前条までに規定する場合を除き、連帯債権者の一人の行為又は一人について生じた事由は、他の連帯債権者に対してその効力を生じない。ただし、他の連帯債権者の一人及び債務者が別段の意思を表示したときは、当該他の連帯債権者に対する効力は、その意思に従う。

第四百六十六条第二項を次のように改める。

2　当事者が債権の譲渡を禁止し、又は制限する旨の意思表示（以下「譲渡制限の意思表示」という。）をしたときであっても、債権の譲渡は、その効力を妨げられない。

第四百六十六条に次の二項を加える。

3　前項に規定する場合には、譲渡制限の意思表示がされたことを知り、又は重大な過失によって知らなかった譲受人その他の第三者に対しては、債務者は、その債務の履行を拒むことができ、かつ、譲渡人に対する弁済その他の債務を消滅させる事由をもってその第三者に対抗することができる。

4　前項の規定は、債務者が債務を履行しない場合において、同項に規定する第三者が相当の期間を定めて譲渡人への履行の催告をし、その期間内に履行がないときは、その債務者については、適用しない。

第四百六十六条の次に次の見出し及び五条を加える。

（譲渡制限の意思表示がされた債権に係る債務者の供託）

第四百六十六条の二　債務者は、譲渡制限の意思表示がされた金銭の給付を目的とする債権が譲渡されたときは、その債権の全額に相当する金銭を債務の履行地（債務の履行地が債権者の現在の住所により定まる場合にあっては、譲渡人の現在の住所を含む。次条において同じ。）の供託所に供託することができる。

2　前項の規定により供託をした債務者は、遅滞なく、譲渡人及び譲受人に供託の通知をしなければならない。

3　第一項の規定により供託をした金銭は、譲受人に限り、還付を請求することができる。

第四百六十六条の三　前条第一項に規定する場合において、譲渡人について破産手続開始の決定があったときは、譲受人（同項の債権の全額を譲り受けた者であって、その債権の譲渡を債務者その他の第三者に対抗することができるものに限る。）は、譲渡制限の意思表示がされたことを知り、又は重大な過失によって知らなかったときであっても、債務者にその債権の全額に相当する金銭を債務の履行地の供託所に供託させることができる。この場合においては、同条第二項及び第三項の規定を準用する。

（譲渡制限の意思表示がされた債権の差押え）

第四百六十六条の四　第四百六十六条第三項の規定は、譲渡制限の意思表示がされた債権に対する強制執行をした差押債権者に対しては、適用しない。

2　前項の規定にかかわらず、譲受人その他の第三者が譲渡制限の意思表示がされたことを知り、又は重大な過失によって知らなかった場合において、その債権者が同項の債権に対する強制執行をしたときは、債務者は、その債務の履行を拒むことができ、かつ、譲渡人に対する弁済その他の債務を消滅させる事由をもって差押債権者に対抗することができる。

（預金債権又は貯金債権に係る譲渡制限の意思表示の効力）

第四百六十六条の五　預金口座又は貯金口座に係る預金又は貯金に係る債権（以下「預貯金債権」という。）について当事者がした譲渡制限の意思表示は、第四百六十六条第二項の規定にかかわらず、その譲渡制限の意思表示がされたことを知り、又は重大な過失によって知らなかった譲受人その他の第三者に対抗することができる。

2　前項の規定は、譲渡制限の意思表示がされた預貯金債権に対する強制執行をした差押債権者に対しては、適用しない。

（将来債権の譲渡性）

第四百六十六条の六　債権の譲渡は、その意思表示の時に債権が現に発生していることを要しない。

2　債権が譲渡された場合において、その意思表示の時に債権が現に発生していないときは、譲受人は、発生した債権を当然に取得する。

3　前項に規定する場合において、譲渡人が次条の規定による通知をし、又は債務者が同条の規定による承諾をした時（以下「対抗要件具備時」という。）までに譲渡制限の意思表示がされたときは、譲受人その他の第三者がそのことを知っていたものとみなして、第四百六十六条第三項（譲渡制限の意思表示がされた債権が預貯金債権の場合にあっては、前条第一項）の規定を適用する。

第四百六十七条の見出し中「指名債権」を「債権」に改め、同条第一項中「指名債権の譲渡」を「債権の譲渡（現に発生していない債権の譲渡を含む。）」に改める。

第四百六十八条及び第四百六十九条を次のように改める。

（債権の譲渡における債務者の抗弁）

第四百六十八条　債務者は、対抗要件具備時までに譲渡人に対して生じた事由をもって譲受人に対抗することができる。

2　第四百六十六条第四項の場合における前項の規定の適用については、同項中「対抗要件具備時」とあるのは、「第四百六十六条第四項の相当の期間を経過した時」とし、第四百六十六条の三の場合における同項の規定の適用については、同項中「対抗要件具備時」とあるのは、「第四百六十六条の三の規定により同条の譲受人から供託の請求を受けた時」とする。

（債権の譲渡における相殺権）

第四百六十九条　債務者は、対抗要件具備時より前に取得した譲渡人に対する債権による相殺をもって譲受人に対抗することができる。

2　債務者が対抗要件具備時より後に取得した譲渡人に対する債権であっても、その債権が次に掲げるものであるときは、前項と同様とする。ただし、債務者が対抗要件具備時より後に他人の債権を取得したときは、この限りでない。

一　対抗要件具備時より前の原因に基づいて生じた債権

二　前号に掲げるもののほか、譲受人の取得した債権の発生原因である契約に基づいて生じた債権

3　第四百六十六条第四項の場合における前二項の規定の適用については、これらの規定中「対抗要件具備時」とあるのは、「第四百六十六条第四項の相当の期間を経過した時」とし、第四百六十六条の三の場合におけるこれらの規定の適用については、これらの規定中「対抗要件具備時」とあるのは、「第四百六十六条の三の規定により同条の譲受人から供託の請求を受けた時」とする。

第四百七十条から第四百七十三条までを削る。

第四百七十四条第一項ただし書を削り、同条第二項中「利害関係を有しない」を「弁済をするについて正当な利益を有する者でない」に改め、同項に次のただし書を加える。

ただし、債務者の意思に反することを債権者が知らなかったときは、この限りでない。

第四百七十四条に次の二項を加える。

3　前項に規定する第三者は、債権者の意思に反して弁済をすることができない。ただし、その第三者が債務者の委託を受けて弁済をする場合において、そのことを債権者が知っていたときは、この限りでない。

4　前三項の規定は、その債務の性質が第三者の弁済を許さないとき、又は当事者が第三者の弁済を禁止し、若しくは制限する旨の意思表示をしたときは、適用しない。

第三編第一章第五節第一款第一目中第四百七十四条の前に次の一条を加える。

（弁済）

第四百七十三条　債務者が債権者に対して債務の弁済をしたときは、その債権は、消滅する。

第四百七十五条の前の見出しを削り、同条に見出しとして「（弁済として引き渡した物の取戻し）」を付する。

第四百七十六条を削る。

第四百七十七条中「前二条」を「前条」に改め、同条を第四百七十六条とし、同条の次に次の一条を加える。

（預金又は貯金の口座に対する払込みによる弁済）

第四百七十七条　債権者の預金又は貯金の口座に対する払込みによってする弁済は、債権者がその預金又は貯金に係る債権の債務者に対してその払込みに係る金額の払戻しを請求する権利を取得した時に、その効力を生ずる。

第四百七十八条の見出しを「（受領権者としての外観を有する者に対する弁済）」に改め、同条中「債権の準占有者」を「受領権者（債権者及び法令の規定又は当事者の意思表示によって弁済を受領する権限を付与された第三者をいう。以下同じ。）以外の者であって取引上の社会通念に照らして受領権者としての外観を有するもの」に改める。

第四百七十九条の見出しを「（受領権者以外の者に対する弁済）」に改め、同条中「弁済を受領する権限を有しない者」を「受領権者以外の者」に改める。

第四百八十条を次のように改める。

第四百八十条　削除

第四百八十一条の見出しを「（差押えを受けた債権の第三債務者の弁済）」に改め、同条第一項中「支払の差止めを受けた」を「差押えを受けた債権の」に改める。

第四百八十二条中「債務者が、債権者の承諾を得て、その」を「弁済をすることができる者（以下「弁済者」という。）が、債権者との間で、債務者の」に改め、「給付を」の下に「することにより債務を消滅させる旨の契約をした場合において、その弁済者が当該他の給付を」を加える。

第四百八十三条中「である」の下に「場合において、契約その他の債権の発生原因及び取引上の社会通念に照らしてその引渡しをすべき時の品質を定めることができない」を加える。

第四百八十四条の見出しを「（弁済の場所及び時間）」に改め、同条に次の一項を加える。

2　法令又は慣習により取引時間の定めがあるときは、その取引時間内に限り、弁済をし、又は弁済の請求をすることができる。

第四百八十六条中「した者は」を「する者は、弁済と引換えに」に、「受領した」を「受領する」に改める。

第四百八十八条の見出しを「（同種の給付を目的とする数個の債務がある場合の充当）」に改め、同条第一項中「すべて」を「全て」に改め、「とき」の下に「（次条第一項に規定する場合を除く。）」を加え、同条に次の一項を加える。

4　弁済をする者及び弁済を受領する者がいずれも第一項又は第二項の規定による指定をしないときは、次の各号の定めるところに従い、その弁済を充当する。

一　債務の中に弁済期にあるものと弁済期にないものとがあるときは、弁済期にあるものに先に充当する。

二　全ての債務が弁済期にあるとき、又は弁済期にないときは、債務者のために弁済の利益が多いものに先に充当する。

三　債務者のために弁済の利益が相等しいときは、弁済期が先に到来したもの又は先に到来すべきものに先に充当する。

四　前二号に掲げる事項が相等しい債務の弁済は、各債務の額に応じて充当する。

第四百八十九条を次のように改める。

（元本、利息及び費用を支払うべき場合の充当）

第四百八十九条　債務者が一個又は数個の債務について元本のほか利息及び費用を支払うべき場合（債務者が数個の債務を負担する場合にあっては、同一の債権者に対して同種の給付を目的とする数個の債務を負担するときに限る。）において、弁済をする者がその債務の全部を消滅させるのに足りない給付をしたときは、これを順次に費用、利息及び元本に充当しなければならない。

2　前条の規定は、前項の場合において、費用、利息又は元本のいずれかの全てを消滅させるのに足りない給付をしたときについて準用する。

第四百九十一条を削る。

第四百九十条中「前二条」を「前三条」に改め、同条を第四百九十一条とし、第四百八十九条の次に次の一条を加える。

（合意による弁済の充当）

第四百九十条　前二条の規定にかかわらず、弁済をする者と弁済を受領する者との間に弁済の充当の順序に関する合意があるときは、その順序に従い、その弁済を充当する。

第四百九十二条中「の不履行」を「を履行しないこと」に改め、「一切の」を削る。

第四百九十四条を次のように改める。

（供託）

第四百九十四条　弁済者は、次に掲げる場合には、債権者のために弁済の目的物を供託することができる。この場合においては、弁済者が供託をした時に、その債権は、消滅する。

一　弁済の提供をした場合において、債権者がその受領を拒んだとき。

二　債権者が弁済を受領することができないとき。

2　弁済者が債権者を確知することができないときも、前項と同様とする。ただし、弁済者に過失があるときは、この限りでない。

第四百九十七条を次のように改める。

（供託に適しない物等）

第四百九十七条　弁済者は、次に掲げる場合には、裁判所の許可を得て、弁済の目的物を競売に付し、その代金を供託することができる。

一　その物が供託に適しないとき。

二　その物について滅失、損傷その他の事由による価格の低落のおそれがあるとき。

三　その物の保存について過分の費用を要するとき。

四　前三号に掲げる場合のほか、その物を供託することが困難な事情があるとき。

第四百九十八条の見出しを「（供託物の還付請求等）」に改め、同条を同条第二項とし、同条に第一項として次の一項を加える。

弁済の目的物又は前条の代金が供託された場合には、債権者は、供託物の還付を請求することができる。

第四百九十九条の見出しを削り、同条の前に見出しとして「（弁済による代位の要件）」を付し、同条第一項中「、その弁済と同時に債権者の承諾を得て」及び「ことができる」を削り、同条第二項を削る。

第五百条を次のように改める。

第五百条　第四百六十七条の規定は、前条の場合（弁済をするについて正当な利益を有する者が債権者に代位する場合を除く。）について準用する。

第五百一条中「、自己の権利に基づいて求償をすることができる範囲内において」を削り、後段及び各号を削り、同条に次の二項を加える。

2　前項の規定による権利の行使は、債権者に代位した者が自己の権利に基づいて債務者に対して求償をすることができる範囲内（保証人の一人が他の保証人に対して債権者に代位する場合には、自己の権利に基づいて当該他の保証人に対して求償をすることができる範囲内）に限り、することができる。

3　第一項の場合には、前項の規定によるほか、次に掲げるところによる。

一　第三取得者（債務者から担保の目的となっている財産を譲り受けた者をいう。以下この項において同じ。）は、保証人及び物上保証人に対して債権者に代位しない。

二　第三取得者の一人は、各財産の価格に応じて、他の第三取得者に対して債権者に代位する。

三　前号の規定は、物上保証人の一人が他の物上保証人に対して債権者に代位する場合について準用する。

四　保証人と物上保証人との間においては、その数に応じて、債権者に代位する。ただし、物上保証人が数人あるときは、保証人の負担部分を除いた残額について、各財産の価格に応じて、債権者に代位する。

五　第三取得者から担保の目的となっている財産を譲り受けた者は、第三取得者とみなして第一号及び第二号の規定を適用し、物上保証人から担保の目的となっている財産を譲り受けた者は、物上保証人とみなして第一号、第三号及び前号の規定を適用する。

第五百二条第一項中「代位者は」の下に「、債権者の同意を得て」を、「行使する」の下に「ことができる」を加え、同条第二項中「前項」を「第一項」に改め、同項を同条第四項とし、同条第一項の次に次の二項を加える。

2　前項の場合であっても、債権者は、単独でその権利を行使することができる。

3　前二項の場合に債権者が行使する権利は、その債権の担保の目的となっている財産の売却代金その他の当該権利の行使によって得られる金銭について、代位者が行使する権利に優先する。

第五百四条中「第五百条の規定により代位をすることができる者」を「弁済をするについて正当な利益を有する者（以下この項において「代位権者」という。）」に、「その代位をすることができる者は、その」を「その代位権者は、代位をするに当たって担保の」に、「できなくなった」を「できなくなる」に改め、同条に後段として次のように加える。

　その代位権者が物上保証人である場合において、その代位権者から担保の目的となっている財産を譲り受けた第三者及びその特定承継人についても、同様とする。

第五百四条に次の一項を加える。

2　前項の規定は、債権者が担保を喪失し、又は減少させたことについて取引上の社会通念に照らして合理的な理由があると認められるときは、適用しない。

第五百五条第二項を次のように改める。

2　前項の規定にかかわらず、当事者が相殺を禁止し、又は制限する旨の意思表示をした場合には、その意思表示は、第三者がこれを知り、又は重大な過失によって知らなかったときに限り、その第三者に対抗することができる。

第五百九条を次のように改める。

（不法行為等により生じた債権を受働債権とする相殺の禁止）

第五百九条　次に掲げる債務の債務者は、相殺をもって債権者に対抗することができない。ただし、その債権者がその債務に係る債権を他人から譲り受けたときは、この限りでない。

一　悪意による不法行為に基づく損害賠償の債務

二　人の生命又は身体の侵害による損害賠償の債務（前号に掲げるものを除く。）

第五百十一条の見出し中「支払の差止め」を「差押え」に改め、同条中「支払の差止めを受けた」を「差押えを受けた債権の」に、「その」を「差押え」に、「ができない」を「はできないが、差押え前に取得した債権による相殺をもって対抗することができる」に改め、同条に次の一項を加える。

2　前項の規定にかかわらず、差押え後に取得した債権が差押え前の原因に基づいて生じたものであるときは、その第三債務者は、その債権による相殺をもって差押債権者に対抗することができる。ただし、第三債務者が差押え後に他人の債権を取得したときは、この限りでない。

第五百十二条の見出しを削り、同条の前に見出しとして「（相殺の充当）」を付し、同条を次のように改める。

第五百十二条　債権者が債務者に対して有する一個又は数個の債権と、債権者が債務者に対して負担する一個又は数個の債務について、債権者が相殺の意思表示をした場合において、当事者が別段の合意をしなかったときは、債権者の有する債権とその負担する債務は、相殺に適するようになった時期の順序に従って、その対当額について相殺によって消滅する。

2　前項の場合において、相殺をする債権者の有する債権がその負担する債務の全部を消滅させるのに足りないときであって、当事者が別段の合意をしなかったときは、次に掲げるところによる。

一　債権者が数個の債務を負担するとき（次号に規定する場合を除く。）は、第四百八十八条第四項第二号から第四号までの規定を準用する。

二　債権者が負担する一個又は数個の債務について元本のほか利息及び費用を支払うべきときは、第四百八十九条の規定を準用する。この場合において、同条第二項中「前条」とあるのは、「前条第四項第二号から第四号まで」と読み替えるものとする。

3　第一項の場合において、相殺をする債権者の負担する債務がその有する債権の全部を消滅させるのに足りないときは、前項の規定を準用する。

第三編第一章第五節第二款中第五百十二条の次に次の一条を加える。

第五百十二条の二　債権者が債務者に対して有する債権に、一個の債権の弁済として数個の給付をすべきものがある場合における相殺については、前条の規定を準用する。債権者が債務者に対して負担する債務に、一個の債務の弁済として数個の給付をすべきものがある場合における相殺についても、同様とする。

第五百十三条第一項中「債務の要素を変更する」を「従前の債務に代えて、新たな債務であって次に掲げるものを発生させる」に、「その」を「従前の」に改め、同項に次の各号を加える。

一　従前の給付の内容について重要な変更をするもの

二　従前の債務者が第三者と交替するもの

三　従前の債権者が第三者と交替するもの

第五百十三条第二項を削る。

第五百十四条ただし書を削り、同条に後段として次のように加える。

　この場合において、更改は、債権者が更改前の債務者に対してその契約をした旨を通知した

時に、その効力を生ずる。

第五百十四条に次の一項を加える。

2　債務者の交替による更改後の債務者は、更改前の債務者に対して求償権を取得しない。

第五百十五条の前の見出しを削り、同条に見出しとして「(債権者の交替による更改)」を付し、同条を同条第二項とし、同条に第一項として次の一項を加える。

債権者の交替による更改は、更改前の債権者、更改後に債権者となる者及び債務者の契約によってすることができる。

第五百十六条及び第五百十七条を次のように改める。

第五百十六条及び第五百十七条　削除

第五百十八条中「更改の当事者」を「債権者（債権者の交替による更改にあっては、更改前の債権者）」に改め、同条に次の一項を加える。

2　前項の質権又は抵当権の移転は、あらかじめ又は同時に更改の相手方（債権者の交替による更改にあっては、債務者）に対してする意思表示によってしなければならない。

第三編第一章中第五節を第六節とし、第四節の次に次の一節を加える。

第五節　債務の引受け

第一款　併存的債務引受

（併存的債務引受の要件及び効果）

第四百七十条　併存的債務引受の引受人は、債務者と連帯して、債務者が債権者に対して負担する債務と同一の内容の債務を負担する。

2　併存的債務引受は、債権者と引受人となる者との契約によってすることができる。

3　併存的債務引受は、債務者と引受人となる者との契約によってもすることができる。この場合において、併存的債務引受は、債権者が引受人となる者に対して承諾をした時に、その効力を生ずる。

4　前項の規定によってする併存的債務引受は、第三者のためにする契約に関する規定に従う。

（併存的債務引受における引受人の抗弁等）

第四百七十一条　引受人は、併存的債務引受により負担した自己の債務について、その効力が生じた時に債務者が主張することができた抗弁をもって債権者に対抗することができる。

2　債務者が債権者に対して取消権又は解除権を有するときは、引受人は、これらの権利の行使によって債務者がその債務を免れるべき限度において、債権者に対して債務の履行を拒むことができる。

第二款　免責的債務引受

（免責的債務引受の要件及び効果）

第四百七十二条　免責的債務引受の引受人は債務者が債権者に対して負担する債務と同一の内容の債務を負担し、債務者は自己の債務を免れる。

2　免責的債務引受は、債権者と引受人となる者との契約によってすることができる。この場合において、免責的債務引受は、債権者が債務者に対してその契約をした旨を通知した時に、その効力を生ずる。

3　免責的債務引受は、債務者と引受人となる者が契約をし、債権者が引受人となる者に対して承諾をすることによってもすることができる。

（免責的債務引受における引受人の抗弁等）

第四百七十二条の二　引受人は、免責的債務引受により負担した自己の債務について、その効力が生じた時に債務者が主張することができた抗弁をもって債権者に対抗することができる。

2　債務者が債権者に対して取消権又は解除権を有するときは、引受人は、免責的債務引受がなければこれらの権利の行使によって債務者がその債務を免れることができた限度において、債権者に対して債務の履行を拒むことができる。

（免責的債務引受における引受人の求償権）

第四百七十二条の三　免責的債務引受の引受人は、債務者に対して求償権を取得しない。

（免責的債務引受による担保の移転）

第四百七十二条の四　債権者は、第四百七十二条第一項の規定により債務者が免れる債務の担保として設定された担保権を引受人が負担する債務に移すことができる。ただし、引受人以外の者がこれを設定した場合には、その承諾を得なければならない。

2　前項の規定による担保権の移転は、あらかじめ又は同時に引受人に対してする意思表示によってしなければならない。

3　前二項の規定は、第四百七十二条第一項の規定により債務者が免れる債務の保証をした者があるときについて準用する。

4　前項の場合において、同項において準用する第一項の承諾は、書面でしなければ、その効力を生じない。

5　前項の承諾がその内容を記録した電磁的記録によってされたときは、その承諾は、書面によってされたものとみなして、同項の規定を適用する。

第三編第一章に次の一節を加える。

第七節　有価証券

第一款　指図証券

（指図証券の譲渡）

第五百二十条の二　指図証券の譲渡は、その証券に譲渡の裏書をして譲受人に交付しなければ、その効力を生じない。

（指図証券の裏書の方式）

第五百二十条の三　指図証券の譲渡については、その指図証券の性質に応じ、手形法（昭和七年法律第二十号）中裏書の方式に関する規定を準用する。

（指図証券の所持人の権利の推定）

第五百二十条の四　指図証券の所持人が裏書の連続によりその権利を証明するときは、その所持人は、証券上の権利を適法に有するものと推定する。

（指図証券の善意取得）

第五百二十条の五　何らかの事由により指図証券の占有を失った者がある場合において、その所持人が前条の規定によりその権利を証明するときは、その所持人は、その証券を返還する義務を負わない。ただし、その所持人が悪意又は重大な過失によりその証券を取得したときは、この限りでない。

（指図証券の譲渡における債務者の抗弁の制限）

第五百二十条の六　指図証券の債務者は、その証券に記載した事項及びその証券の性質から当然に生ずる結果を除き、その証券の譲渡前の債権者に対抗することができた事由をもって善意の譲受人に対抗することができない。

（指図証券の質入れ）

第五百二十条の七　第五百二十条の二から前条までの規定は、指図証券を目的とする質権の設定について準用する。

（指図証券の弁済の場所）

第五百二十条の八　指図証券の弁済は、債務者の現在の住所においてしなければならない。

（指図証券の提示と履行遅滞）

第五百二十条の九　指図証券の債務者は、その債務の履行について期限の定めがあるときであっても、その期限が到来した後に所持人がその証券を提示してその履行の請求をした時から遅滞の責任を負う。

（指図証券の債務者の調査の権利等）

第五百二十条の十　指図証券の債務者は、その証券の所持人並びにその署名及び押印の真偽を調査する権利を有するが、その義務を負わない。ただし、債務者に悪意又は重大な過失があるときは、その弁済は、無効とする。

（指図証券の喪失）

第五百二十条の十一　指図証券は、非訟事件手続法（平成二十三年法律第五十一号）第百条に規定する公示催告手続によって無効とすることができる。

（指図証券喪失の場合の権利行使方法）

第五百二十条の十二　金銭その他の物又は有価証券の給付を目的とする指図証券の所持人がその指図証券を喪失した場合において、非訟事件手続法第百十四条に規定する公示催告の申立てをしたときは、その債務者に、その債務の目的物を供託させ、又は相当の担保を供してその指図

証券の趣旨に従い履行をさせることができる。

第二款　記名式所持人払証券

（記名式所持人払証券の譲渡）

第五百二十条の十三　記名式所持人払証券（債権者を指名する記載がされている証券であって、その所持人に弁済をすべき旨が付記されているものをいう。以下同じ。）の譲渡は、その証券を交付しなければ、その効力を生じない。

（記名式所持人払証券の所持人の権利の推定）

第五百二十条の十四　記名式所持人払証券の所持人は、証券上の権利を適法に有するものと推定する。

（記名式所持人払証券の善意取得）

第五百二十条の十五　何らかの事由により記名式所持人払証券の占有を失った者がある場合において、その所持人が前条の規定によりその権利を証明するときは、その所持人は、その証券を返還する義務を負わない。ただし、その所持人が悪意又は重大な過失によりその証券を取得したときは、この限りでない。

（記名式所持人払証券の譲渡における債務者の抗弁の制限）

第五百二十条の十六　記名式所持人払証券の債務者は、その証券に記載した事項及びその証券の性質から当然に生ずる結果を除き、その証券の譲渡前の債権者に対抗することができた事由をもって善意の譲受人に対抗することができない。

（記名式所持人払証券の質入れ）

第五百二十条の十七　第五百二十条の十三から前条までの規定は、記名式所持人払証券を目的とする質権の設定について準用する。

（指図証券の規定の準用）

第五百二十条の十八　第五百二十条の八から第五百二十条の十二までの規定は、記名式所持人払証券について準用する。

第三款　その他の記名証券

第五百二十条の十九　債権者を指名する記載がされている証券であって指図証券及び記名式所持人払証券以外のものは、債権の譲渡又はこれを目的とする質権の設定に関する方式に従い、かつ、その効力をもってのみ、譲渡し、又は質権の目的とすることができる。

2　第五百二十条の十一及び第五百二十条の十二の規定は、前項の証券について準用する。

第四款　無記名証券

第五百二十条の二十　第二款（記名式所持人払証券）の規定は、無記名証券について準用する。

第五百二十五条を削る。

第五百二十四条中「隔地者に対して」を削り、同条に次のただし書を加える。

ただし、申込者が撤回をする権利を留保したときは、この限りでない。

第五百二十四条に次の二項を加える。

2　対話者に対してした前項の申込みは、同項の規定にかかわらず、その対話が継続している間は、いつでも撤回することができる。

3　対話者に対してした第一項の申込みに対して対話が継続している間に申込者が承諾の通知を受けなかったときは、その申込みは、その効力を失う。ただし、申込者が対話の終了後もその申込みが効力を失わない旨を表示したときは、この限りでない。

第五百二十四条を第五百二十五条とし、第五百二十三条を第五百二十四条とし、第五百二十二条を削る。

第五百二十一条第一項中「契約の」を削り、同項に次のただし書を加える。

ただし、申込者が撤回をする権利を留保したときは、この限りでない。

第五百二十一条を第五百二十三条とし、第三編第二章第一節第一款中同条の前に次の二条を加える。

（契約の締結及び内容の自由）

第五百二十一条　何人も、法令に特別の定めがある場合を除き、契約をするかどうかを自由に決定することができる。

2　契約の当事者は、法令の制限内において、契約の内容を自由に決定することができる。

（契約の成立と方式）

第五百二十二条　契約は、契約の内容を示してその締結を申し入れる意思表示（以下「申込み」という。）に対して相手方が承諾をしたときに成立する。

2　契約の成立には、法令に特別の定めがある場合を除き、書面の作成その他の方式を具備することを要しない。

第五百二十六条及び第五百二十七条を次のように改める。

（申込者の死亡等）

第五百二十六条　申込者が申込みの通知を発した後に死亡し、意思能力を有しない常況にある者となり、又は行為能力の制限を受けた場合において、申込者がその事実が生じたとすればその申込みは効力を有しない旨の意思を表示していたとき、又はその相手方が承諾の通知を発するまでにその事実が生じたことを知ったときは、その申込みは、その効力を有しない。

（承諾の通知を必要としない場合における契約の成立時期）

第五百二十七条　申込者の意思表示又は取引上の慣習により承諾の通知を必要としない場合には、契約は、承諾の意思表示と認めるべき事実があった時に成立する。

第五百二十九条中「この款において」を削り、「その行為をした者」の下に「がその広告を知っていたかどうかにかかわらず、その者」を加え、同条の次に次の二条を加える。

（指定した行為をする期間の定めのある懸賞広告）

第五百二十九条の二　懸賞広告者は、その指定した行為をする期間を定めてした広告を撤回することができない。ただし、その広告において撤回をする権利を留保したときは、この限りでない。

2　前項の広告は、その期間内に指定した行為を完了する者がないときは、その効力を失う。

（指定した行為をする期間の定めのない懸賞広告）

第五百二十九条の三　懸賞広告者は、その指定した行為を完了する者がない間は、その指定した行為をする期間を定めないでした広告を撤回することができる。ただし、その広告中に撤回をしない旨を表示したときは、この限りでない。

第五百三十条を次のように改める。

（懸賞広告の撤回の方法）

第五百三十条　前の広告と同一の方法による広告の撤回は、これを知らない者に対しても、その効力を有する。

2　広告の撤回は、前の広告と異なる方法によっても、することができる。ただし、その撤回は、これを知った者に対してのみ、その効力を有する。

第五百三十三条中「その債務の履行」の下に「（債務の履行に代わる損害賠償の債務の履行を含む。）」を加える。

第五百三十四条及び第五百三十五条を次のように改める。

第五百三十四条及び第五百三十五条　削除

第五百三十六条第一項中「前二条に規定する場合を除き、」を削り、「債務者」を「債権者」に、「を受ける権利を有しない」を「の履行を拒むことができる」に改め、同条第二項中「債務者」を「債権者」に、「を受ける権利を失わない」を「の履行を拒むことができない」に改め、「において」の下に「、債務者は」を加える。

第五百三十七条第二項中「前項」を「第一項」に改め、同項を同条第三項とし、同条第一項の次に次の一項を加える。

2　前項の契約は、その成立の時に第三者が現に存しない場合又は第三者が特定していない場合であっても、そのためにその効力を妨げられない。

第五百三十八条に次の一項を加える。

2　前条の規定により第三者の権利が発生した後に、債務者がその第三者に対する債務を履行し

ない場合には、同条第一項の契約の相手方は、その第三者の承諾を得なければ、契約を解除することができない。

第五百四十一条の見出しを「（催告による解除）」に改め、同条に次のただし書を加える。

　ただし、その期間を経過した時における債務の不履行がその契約及び取引上の社会通念に照らして軽微であるときは、この限りでない。

第五百四十二条及び第五百四十三条を次のように改める。

（催告によらない解除）

第五百四十二条　次に掲げる場合には、債権者は、前条の催告をすることなく、直ちに契約の解除をすることができる。

一　債務の全部の履行が不能であるとき。

二　債務者がその債務の全部の履行を拒絶する意思を明確に表示したとき。

三　債務の一部の履行が不能である場合又は債務者がその債務の一部の履行を拒絶する意思を明確に表示した場合において、残存する部分のみでは契約をした目的を達することができないとき。

四　契約の性質又は当事者の意思表示により、特定の日時又は一定の期間内に履行をしなければ契約をした目的を達することができない場合において、債務者が履行をしないでその時期を経過したとき。

五　前各号に掲げる場合のほか、債務者がその債務の履行をせず、債権者が前条の催告をしても契約をした目的を達するのに足りる履行がされる見込みがないことが明らかであるとき。

2　次に掲げる場合には、債権者は、前条の催告をすることなく、直ちに契約の一部の解除をすることができる。

一　債務の一部の履行が不能であるとき。

二　債務者がその債務の一部の履行を拒絶する意思を明確に表示したとき。

（債権者の責めに帰すべき事由による場合）

第五百四十三条　債務の不履行が債権者の責めに帰すべき事由によるものであるときは、債権者は、前二条の規定による契約の解除をすることができない。

第五百四十五条中第三項を第四項とし、第二項の次に次の一項を加える。

3　第一項本文の場合において、金銭以外の物を返還するときは、その受領の時以後に生じた果実をも返還しなければならない。

第五百四十八条の見出し中「行為等」を「故意による目的物の損傷等」に改め、同条第一項中「自己の行為」を「故意」に改め、同項に次のただし書を加える。

　ただし、解除権を有する者がその解除権を有することを知らなかったときは、この限りでない。

第五百四十八条第二項を削る。

第三編第二章第一節中第三款を第四款とし、第二款の次に次の一款を加える。

　　　第三款　契約上の地位の移転

第五百三十九条の二　契約の当事者の一方が第三者との間で契約上の地位を譲渡する旨の合意をした場合において、その契約の相手方がその譲渡を承諾したときは、契約上の地位は、その第三者に移転する。

第三編第二章第一節に次の一款を加える。

　　　第五款　定型約款

（定型約款の合意）

第五百四十八条の二　定型取引（ある特定の者が不特定多数の者を相手方として行う取引であって、その内容の全部又は一部が画一的であることがその双方にとって合理的なものをいう。以下同じ。）を行うことの合意（次条において「定型取引合意」という。）をした者は、次に掲げる場合には、定型約款（定型取引において、契約の内容とすることを目的としてその特定の者により準備された条項の総体をいう。以下同じ。）の個別の条項についても合意をしたものとみなす。

一　定型約款を契約の内容とする旨の合意をしたとき。

二　定型約款を準備した者（以下「定型約款準備者」という。）があらかじめその定型約款を契約の内容とする旨を相手方に表示していたとき。

2　前項の規定にかかわらず、同項の条項のうち、相手方の権利を制限し、又は相手方の義務を加重する条項であって、その定型取引の態様及びその実情並びに取引上の社会通念に照らして第一条第二項に規定する基本原則に反して相手方の利益を一方的に害すると認められるものについては、合意をしなかったものとみなす。

（定型約款の内容の表示）

第五百四十八条の三　定型取引を行い、又は行おうとする定型約款準備者は、定型取引合意の前又は定型取引合意の後相当の期間内に相手方から請求があった場合には、遅滞なく、相当な方法でその定型約款の内容を示さなければならない。ただし、定型約款準備者が既に相手方に対して定型約款を記載した書面を交付し、又はこれを記録した電磁的記録を提供していたときは、この限りでない。

2　定型約款準備者が定型取引合意の前において前項の請求を拒んだときは、前条の規定は、適用しない。ただし、一時的な通信障害が発生した場合その他正当な事由がある場合は、この限りでない。

（定型約款の変更）

第五百四十八条の四　定型約款準備者は、次に掲げる場合には、定型約款の変更をすることにより、変更後の定型約款の条項について合意があったものとみなし、個別に相手方と合意をすることなく契約の内容を変更することができる。

一　定型約款の変更が、相手方の一般の利益に適合するとき。

二　定型約款の変更が、契約をした目的に反せず、かつ、変更の必要性、変更後の内容の相当性、この条の規定により定型約款の変更をすることがある旨の定めの有無及びその内容その他の変更に係る事情に照らして合理的なものであるとき。

2　定型約款準備者は、前項の規定による定型約款の変更をするときは、その効力発生時期を定め、かつ、定型約款を変更する旨及び変更後の定型約款の内容並びにその効力発生時期をインターネットの利用その他の適切な方法により周知しなければならない。

3　第一項第二号の規定による定型約款の変更は、前項の効力発生時期が到来するまでに同項の規定による周知をしなければ、その効力を生じない。

4　第五百四十八条の二第二項の規定は、第一項の規定による定型約款の変更については、適用しない。

第五百四十九条中「自己の」を「ある」に改める。

第五百五十条の見出し中「撤回」を「解除」に改め、同条中「撤回する」を「解除をする」に改める。

第五百五十一条の見出しを「（贈与者の引渡義務等）」に改め、同条第一項を次のように改める。

　贈与者は、贈与の目的である物又は権利を、贈与の目的として特定した時の状態で引き渡し、又は移転することを約したものと推定する。

第五百五十七条第一項中「当事者の一方が契約の履行に着手するまでは、買主はその手付を放棄し、売主はその倍額を償還して」を「買主はその手付を放棄し、売主はその倍額を現実に提供して」に改め、同項に次のただし書を加える。

　ただし、その相手方が契約の履行に着手した後は、この限りでない。

第五百五十七条第二項中「第五百四十五条第三項」を「第五百四十五条第四項」に改める。

第五百六十条から第五百六十二条までを次のように改める。

（権利移転の対抗要件に係る売主の義務）

第五百六十条　売主は、買主に対し、登記、登録その他の売買の目的である権利の移転についての対抗要件を備えさせる義務を負う。

（他人の権利の売買における売主の義務）

第五百六十一条　他人の権利（権利の一部が他人に属する場合におけるその権利の一部を含む。）を売買の目的としたときは、売主は、その権利を取得して買主に移転する義務を負う。

（買主の追完請求権）

第五百六十二条　引き渡された目的物が種類、品質又は数量に関して契約の内容に適合しないものであるときは、買主は、売主に対し、目的物の修補、代替物の引渡し又は不足分の引渡しによる履行の追完を請求することができる。ただし、売主は、買主に不相当な負担を課するものでないときは、買主が請求した方法と異なる方法による履行の追完をすることができる。

2　前項の不適合が買主の責めに帰すべき事由によるものであるときは、買主は、同項の規定による履行の追完の請求をすることができない。

第五百六十三条の前の見出しを削り、同条から第五百六十七条までを次のように改める。

（買主の代金減額請求権）

第五百六十三条　前条第一項本文に規定する場合において、買主が相当の期間を定めて履行の追完の催告をし、その期間内に履行の追完がないときは、買主は、その不適合の程度に応じて代金の減額を請求することができる。

2　前項の規定にかかわらず、次に掲げる場合には、買主は、同項の催告をすることなく、直ちに代金の減額を請求することができる。

一　履行の追完が不能であるとき。

二　売主が履行の追完を拒絶する意思を明確に表示したとき。

三　契約の性質又は当事者の意思表示により、特定の日時又は一定の期間内に履行をしなければ契約をした目的を達することができない場合において、売主が履行の追完をしないでその時期を経過したとき。

四　前三号に掲げる場合のほか、買主が前項の催告をしても履行の追完を受ける見込みがないことが明らかであるとき。

3　第一項の不適合が買主の責めに帰すべき事由によるものであるときは、買主は、前二項の規定による代金の減額の請求をすることができない。

（買主の損害賠償請求及び解除権の行使）

第五百六十四条　前二条の規定は、第四百十五条の規定による損害賠償の請求並びに第五百四十一条及び第五百四十二条の規定による解除権の行使を妨げない。

（移転した権利が契約の内容に適合しない場合における売主の担保責任）

第五百六十五条　前三条の規定は、売主が買主に移転した権利が契約の内容に適合しないものである場合（権利の一部が他人に属する場合においてその権利の一部を移転しないときを含む。）について準用する。

（目的物の種類又は品質に関する担保責任の期間の制限）

第五百六十六条　売主が種類又は品質に関して契約の内容に適合しない目的物を買主に引き渡した場合において、買主がその不適合を知った時から一年以内にその旨を売主に通知しないときは、買主は、その不適合を理由として、履行の追完の請求、代金の減額の請求、損害賠償の請求及び契約の解除をすることができない。ただし、売主が引渡しの時にその不適合を知り、又は重大な過失によって知らなかったときは、この限りでない。

（目的物の滅失等についての危険の移転）

第五百六十七条　売主が買主に目的物（売買の目的として特定したものに限る。以下この条において同じ。）を引き渡した場合において、その引渡しがあった時以後にその目的物が当事者双方の責めに帰することができない事由によって滅失し、又は損傷したときは、買主は、その滅失又は損傷を理由として、履行の追完の請求、代金の減額の請求、損害賠償の請求及び契約の解除をすることができない。この場合において、買主は、代金の支払を拒むことができない。

2　売主が契約の内容に適合する目的物をもって、その引渡しの債務の履行を提供したにもかかわらず、買主がその履行を受けることを拒み、又は受けることができない場合において、その履行の提供があった時以後に当事者双方の責めに帰することができない事由によってその目的物が滅失し、又は損傷したときも、前項と同様とする。

第五百六十八条の見出しを「（競売における担保責任等）」に改め、同条第一項中「強制競売」を「民事執行法その他の法律の規定に基づく競売（以下この条において単に「競売」という。）」に、「第五百六十一条から前条まで」を「第五百四十一条及び第五百四十二条の規定並びに第五百六十三条（第五百六十五条において準用する場合を含む。）」に改め、同条に次の一項を加える。

4　前三項の規定は、競売の目的物の種類又は品質に関する不適合については、適用しない。

第五百七十条及び第五百七十一条を次のように改める。

（抵当権等がある場合の買主による費用の償還請求）

第五百七十条　買い受けた不動産について契約の内容に適合しない先取特権、質権又は抵当権が存していた場合において、買主が費用を支出してその不動産の所有権を保存したときは、買主は、売主に対し、その費用の償還を請求することができる。

第五百七十一条　削除

第五百七十二条中「第五百六十条から前条までの規定による」を「第五百六十二条第一項本文又は第五百六十五条に規定する場合における」に改める。

第五百七十六条の見出し中「失う」を「取得することができない等の」に改め、同条中「ために」を「ことその他の事由により」に、「又は一部を」を「若しくは一部を取得することができず、又は」に、「限度」を「程度」に改める。

第五百七十七条中「不動産について」の下に「契約の内容に適合しない」を加える。

第五百七十九条中「支払った代金」の下に「（別段の合意をした場合にあっては、その合意により定めた金額。第五百八十三条第一項において同じ。）」を加える。

第五百八十一条第一項中「対しても、その効力を生ずる」を「対抗することができる」に改め、同条第二項中「登記をした」を「前項の登記がされた後に第六百五条の二第一項に規定する対抗要件を備えた」に改める。

第五百八十七条の次に次の一条を加える。

（書面でする消費貸借等）

第五百八十七条の二　前条の規定にかかわらず、書面でする消費貸借は、当事者の一方が金銭その他の物を引き渡すことを約し、相手方がその受け取った物と種類、品質及び数量の同じ物をもって返還をすることを約することによって、その効力を生ずる。

2　書面でする消費貸借の借主は、貸主から金銭その他の物を受け取るまで、契約の解除をすることができる。この場合において、貸主は、その契約の解除によって損害を受けたときは、借主に対し、その賠償を請求することができる。

3　書面でする消費貸借は、借主が貸主から金銭その他の物を受け取る前に当事者の一方が破産手続開始の決定を受けたときは、その効力を失う。

4　消費貸借がその内容を記録した電磁的記録によってされたときは、その消費貸借は、書面によってされたものとみなして、前三項の規定を適用する。

第五百八十八条中「消費貸借によらないで」を削る。

第五百八十九条及び第五百九十条を次のように改める。

（利息）

第五百八十九条　貸主は、特約がなければ、借主に対して利息を請求することができない。
2　前項の特約があるときは、貸主は、借主が金銭その他の物を受け取った日以後の利息を請求することができる。

（貸主の引渡義務等）
第五百九十条　第五百五十一条の規定は、前条第一項の特約のない消費貸借について準用する。
2　前条第一項の特約の有無にかかわらず、貸主から引き渡された物が種類又は品質に関して契約の内容に適合しないものであるときは、借主は、その物の価額を返還することができる。

第五百九十一条第二項中「借主は」の下に「、返還の時期の定めの有無にかかわらず」を加え、同条に次の一項を加える。
3　当事者が返還の時期を定めた場合において、貸主は、借主がその時期の前に返還をしたことによって損害を受けたときは、借主に対し、その賠償を請求することができる。

第五百九十三条中「一方が」の下に「ある物を引き渡すことを約し、相手方がその受け取った物について」を加え、「した後に返還をすることを約して相手方からある物を受け取る」を「して契約が終了したときに返還をすることを約する」に改め、同条の次に次の一条を加える。

（借用物受取り前の貸主による使用貸借の解除）
第五百九十三条の二　貸主は、借主が借用物を受け取るまで、契約の解除をすることができる。ただし、書面による使用貸借については、この限りでない。

第五百九十六条の見出しを「（貸主の引渡義務等）」に改める。

第五百九十七条から第五百九十九条までを次のように改める。

（期間満了等による使用貸借の終了）
第五百九十七条　当事者が使用貸借の期間を定めたときは、使用貸借は、その期間が満了することによって終了する。
2　当事者が使用貸借の期間を定めなかった場合において、使用及び収益の目的を定めたときは、使用貸借は、借主がその目的に従い使用及び収益を終えることによって終了する。
3　使用貸借は、借主の死亡によって終了する。

（使用貸借の解除）
第五百九十八条　貸主は、前条第二項に規定する場合において、同項の目的に従い借主が使用及び収益をするのに足りる期間を経過したときは、契約の解除をすることができる。
2　当事者が使用貸借の期間並びに使用及び収益の目的を定めなかったときは、貸主は、いつでも契約の解除をすることができる。
3　借主は、いつでも契約の解除をすることができる。

（借主による収去等）
第五百九十九条　借主は、借用物を受け取った後にこれに附属させた物がある場合において、使用貸借が終了したときは、その附属させた物を収去する義務を負う。ただし、借用物から分離することができない物又は分離するのに過分の費用を要する物については、この限りでない。
2　借主は、借用物を受け取った後にこれに附属させた物を収去することができる。
3　借主は、借用物を受け取った後にこれに生じた損傷がある場合において、使用貸借が終了したときは、その損傷を原状に復する義務を負う。ただし、その損傷が借主の責めに帰することができない事由によるものであるときは、この限りでない。

第六百条に次の一項を加える。
2　前項の損害賠償の請求権については、貸主が返還を受けた時から一年を経過するまでの間は、時効は、完成しない。

第六百一条中「支払うこと」の下に「及び引渡しを受けた物を契約が終了したときに返還すること」を加える。

第六百二条中「処分につき行為能力の制限を受けた者又は」を削り、同条に後段として次のように加える。
契約でこれより長い期間を定めたときであっても、その期間は、当該各号に定める期間とする。

第六百四条中「二十年」を「五十年」に改める。

第六百五条中「その後」を削り、「に対しても、その効力を生ずる」を「その他の第三者に対抗することができる」に改め、同条の次に次の三条を加える。

（不動産の賃貸人たる地位の移転）
第六百五条の二　前条、借地借家法（平成三年法律第九十号）第十条又は第三十一条その他の法令の規定による賃貸借の対抗要件を備えた場合において、その不動産が譲渡されたときは、その不動産の賃貸人たる地位は、その譲受人に移転する。
2　前項の規定にかかわらず、不動産の譲渡人及び譲受人が、賃貸人たる地位を譲渡人に留保する旨及びその不動産を譲受人が譲渡人に賃貸する旨の合意をしたときは、賃貸人たる地位は、譲受人に移転しない。この場合において、譲渡人と譲受人又はその承継人との間の賃貸借が終了したときは、譲渡人に留保されていた賃貸人たる地位は、譲受人又はその承継人に移転する。
3　第一項又は前項後段の規定による賃貸人たる地位の移転は、賃貸物である不動産について所有権の移転の登記をしなければ、賃借人に対抗することができない。
4　第一項又は第二項後段の規定により賃貸人たる地位が譲受人又はその承継人に移転したときは、第六百八条の規定による費用の償還に係る債務及び第六百二十二条の二第一項の規定による同項に規定する敷金の返還に係る債務は、譲受人又はその承継人が承継する。

（合意による不動産の賃貸人たる地位の移転）
第六百五条の三　不動産の譲渡人が賃貸人であるときは、その賃貸人たる地位は、賃借人の承諾を要しないで、譲渡人と譲受人との合意により、譲受人に移転させることができる。この場合においては、前条第三項及び第四項の規定を準用する。

（不動産の賃借人による妨害の停止の請求等）
第六百五条の四　不動産の賃借人は、第六百五条の二第一項に規定する対抗要件を備えた場合において、次の各号に掲げるときは、それぞれ当該各号に定める請求をすることができる。
一　その不動産の占有を第三者が妨害しているとき　その第三者に対する妨害の停止の請求
二　その不動産を第三者が占有しているとき　その第三者に対する返還の請求

第六百六条の見出しを「（賃貸人による修繕等）」に改め、同条第一項に次のただし書を加える。
ただし、賃借人の責めに帰すべき事由によってその修繕が必要となったときは、この限りでない。

第六百七条の次に次の一条を加える。

（賃借人による修繕）
第六百七条の二　賃借物の修繕が必要である場合において、次に掲げるときは、賃借人は、その修繕をすることができる。
一　賃借人が賃貸人に修繕が必要である旨を通知し、又は賃貸人がその旨を知ったにもかかわらず、賃貸人が相当の期間内に必要な修繕をしないとき。
二　急迫の事情があるとき。

第六百九条中「収益を目的」を「耕作又は牧畜を目的」に改め、ただし書を削る。

第六百十一条の見出しを「（賃借物の一部滅失等による賃料の減額等）」に改め、同条第一項を次のように改める。
賃借物の一部が滅失その他の事由により使用及び収益をすることができなくなった場合において、それが賃借人の責めに帰することができない事由によるものであるときは、賃料は、その使用及び収益をすることができなくなった部分の割合に応じて、減額される。

第六百十一条第二項中「前項の」を「賃借物の一部が滅失その他の事由により使用及び収益をすることができなくなった」に改める。

第六百十三条第一項中「に対して直接に」を「と賃借人との間の賃貸借に基づく賃借人の債務の範囲を限度として、賃貸人に対して転貸借に基づく債務を直接履行する」に改め、同条に次の一項を加える。

3 賃借人が適法に賃借物を転貸した場合には、賃貸人は、賃借人との間の賃貸借を合意により解除したことをもって転借人に対抗することができない。ただし、その解除の当時、賃貸人が賃借人の債務不履行による解除権を有していたときは、この限りでない。

第六百十六条の見出しを「（賃借人による使用及び収益）」に改め、同条中「、第五百九十七条第一項及び第五百九十八条」を削る。

第三編第二章第七節第三款中第六百十七条の前に次の一条を加える。

（賃借物の全部滅失等による賃貸借の終了）

第六百十六条の二　賃借物の全部が滅失その他の事由により使用及び収益をすることができなくなった場合には、賃貸借は、これによって終了する。

第六百十九条第二項ただし書中「ただし、」の下に「第六百二十二条の二第一項に規定する」を加える。

第六百二十条中「おいて、当事者の一方に過失があったときは、その者に対する」を「おいては、」に改める。

第六百二十一条及び第六百二十二条を次のように改める。

（賃借人の原状回復義務）

第六百二十一条　賃借人は、賃借物を受け取った後にこれに生じた損傷（通常の使用及び収益によって生じた賃借物の損耗並びに賃借物の経年変化を除く。以下この条において同じ。）がある場合において、賃貸借が終了したときは、その損傷を原状に復する義務を負う。ただし、その損傷が賃借人の責めに帰することができない事由によるものであるときは、この限りでない。

（使用貸借の規定の準用）

第六百二十二条　第五百九十七条第一項、第五百九十九条第一項及び第二項並びに第六百条の規定は、賃貸借について準用する。

第三編第二章第七節に次の一款を加える。

第四款　敷金

第六百二十二条の二　賃貸人は、敷金（いかなる名目によるかを問わず、賃料債務その他の賃貸借に基づいて生ずる賃借人の賃貸人に対する金銭の給付を目的とする債務を担保する目的で、賃借人が賃貸人に交付する金銭をいう。以下この条において同じ。）を受け取っている場合において、次に掲げるときは、賃借人に対し、その受け取った敷金の額から賃貸借に基づいて生じた賃借人の賃貸人に対する金銭の給付を目的とする債務の額を控除した残額を返還しなければならない。

一　賃貸借が終了し、かつ、賃貸物の返還を受けたとき。

二　賃借人が適法に賃借権を譲り渡したとき。

2 賃貸人は、賃借人が賃貸借に基づいて生じた金銭の給付を目的とする債務を履行しないときは、敷金をその債務の弁済に充てることができる。この場合において、賃借人は、賃貸人に対し、敷金をその債務の弁済に充てることを請求することができない。

第六百二十四条の次に次の一条を加える。

（履行の割合に応じた報酬）

第六百二十四条の二　労働者は、次に掲げる場合には、既にした履行の割合に応じて報酬を請求することができる。

一　使用者の責めに帰することができない事由によって労働に従事することができなくなったとき。

二　雇用が履行の中途で終了したとき。

第六百二十六条第一項中「雇用が当事者の一方若しくは第三者の終身の間継続すべき」を「その終期が不確定である」に改め、ただし書を削り、同条第二項中「ときは、三箇月前に」を「者は、それが使用者であるときは三箇月前、労働者であるときは二週間前に、」に改める。

第六百二十七条第二項中「には、」の下に「使用者からの」を加える。

第六百三十四条の前の見出しを削り、同条から第六百三十六条までを次のように改める。

（注文者が受ける利益の割合に応じた報酬）

第六百三十四条　次に掲げる場合において、請負人が既にした仕事の結果のうち可分な部分の給付によって注文者が利益を受けるときは、その部分を仕事の完成とみなす。この場合において、請負人は、注文者が受ける利益の割合に応じて報酬を請求することができる。

一　注文者の責めに帰することができない事由によって仕事を完成することができなくなったとき。

二　請負が仕事の完成前に解除されたとき。

第六百三十五条　削除

（請負人の担保責任の制限）

第六百三十六条　請負人が種類又は品質に関して契約の内容に適合しない仕事の目的物を注文者に引き渡したとき（その引渡しを要しない場合にあっては、仕事が終了した時に仕事の目的物が種類又は品質に関して契約の内容に適合しないとき）は、注文者は、注文者の供した材料の性質又は注文者の与えた指図によって生じた不適合を理由として、履行の追完の請求、報酬の減額の請求、損害賠償の請求及び契約の解除をすることができない。ただし、請負人がその材料又は指図が不適当であることを知りながら告げなかったときは、この限りでない。

第六百三十七条の前の見出しを削り、同条から第六百四十条までを次のように改める。

（目的物の種類又は品質に関する担保責任の期間の制限）

第六百三十七条　前条本文に規定する場合において、注文者がその不適合を知った時から一年以内にその旨を請負人に通知しないときは、注文者は、その不適合を理由として、履行の追完の請求、報酬の減額の請求、損害賠償の請求及び契約の解除をすることができない。

2 前項の規定は、仕事の目的物を注文者に引き渡した時（その引渡しを要しない場合にあっては、仕事が終了した時）において、請負人が同項の不適合を知り、又は重大な過失によって知らなかったときは、適用しない。

第六百三十八条から第六百四十条まで　削除

第六百四十二条第一項後段を削り、同項に次のただし書を加える。

ただし、請負人による契約の解除については、仕事を完成した後は、この限りでない。

第六百四十二条第二項中「前項」を「第一項」に改め、同項を同条第三項とし、同条第一項の次に次の一項を加える。

2 前項に規定する場合において、請負人は、既にした仕事の報酬及びその中に含まれていない費用について、破産財団の配当に加入することができる。

第六百四十四条の次に次の一条を加える。

（復受任者の選任等）

第六百四十四条の二　受任者は、委任者の許諾を得たとき、又はやむを得ない事由があるときでなければ、復受任者を選任することができない。

2 代理権を付与する委任において、受任者が代理権を有する復受任者を選任したときは、復受任者は、委任者に対して、その権限の範囲内において、受任者と同一の権利を有し、義務を負う。

第六百四十八条第三項を次のように改める。

3 受任者は、次に掲げる場合には、既にした履行の割合に応じて報酬を請求することができる。

一　委任者の責めに帰することができない事由によって委任事務の履行をすることができなくなったとき。

二　委任が履行の中途で終了したとき。

第六百四十八条の次に次の一条を加える。

（成果等に対する報酬）

第六百四十八条の二　委任事務の履行により得ら

れる成果に対して報酬を支払うことを約した場合において、その成果が引渡しを要するときは、報酬は、その成果の引渡しと同時に、支払わなければならない。

2　第六百三十四条の規定は、委任事務の履行により得られる成果に対して報酬を支払うことを約した場合について準用する。

第六百五十一条第二項を次のように改める。

2　前項の規定により委任の解除をした者は、次に掲げる場合には、相手方の損害を賠償しなければならない。ただし、やむを得ない事由があったときは、この限りでない。

一　相手方に不利な時期に委任を解除したとき。

二　委任者が受任者の利益（専ら報酬を得ることによるものを除く。）をも目的とする委任を解除したとき。

第六百五十七条中「相手方のために保管をすることを約してある物を受け取る」を「ある物を保管することを相手方に委託し、相手方がこれを承諾する」に改め、同条の次に次の一条を加える。

（寄託物受取り前の寄託者による寄託の解除等）

第六百五十七条の二　寄託者は、受寄者が寄託物を受け取るまで、契約の解除をすることができる。この場合において、受寄者は、その契約の解除によって損害を受けたときは、寄託者に対し、その賠償を請求することができる。

2　無報酬の受寄者は、寄託物を受け取るまで、契約の解除をすることができる。ただし、書面による寄託については、この限りでない。

3　受寄者（無報酬で寄託を受けた場合にあっては、書面による寄託の受寄者に限る。）は、寄託物を受け取るべき時期を経過したにもかかわらず、寄託者が寄託物を引き渡さない場合において、相当の期間を定めてその引渡しの催告をし、その期間内に引渡しがないときは、契約の解除をすることができる。

第六百五十八条第一項中「使用し、又は第三者にこれを保管させる」を「使用する」に改め、同条第二項を次のように改める。

2　受寄者は、寄託者の承諾を得たとき、又はやむを得ない事由があるときでなければ、寄託物を第三者に保管させることができない。

第六百五十八条に次の一項を加える。

3　再受寄者は、寄託者に対して、その権限の範囲内において、受寄者と同一の権利を有し、義務を負う。

第六百五十九条の見出しを「（無報酬の受寄者の注意義務）」に改め、同条中「で寄託を受けた者」を「の受寄者」に改める。

第六百六十条の見出しを「（受寄者の通知義務等）」に改め、同条に次のただし書を加える。

ただし、寄託者が既にこれを知っているときは、この限りでない。

第六百六十条に次の二項を加える。

2　第三者が寄託物について権利を主張する場合であっても、受寄者は、寄託者の指図がない限り、寄託者に対しその寄託物を返還しなければならない。ただし、受寄者が前項の通知をした場合又は同項ただし書の規定によりその通知を要しない場合において、その寄託物をその第三者に引き渡すべき旨を命ずる確定判決（確定判決と同一の効力を有するものを含む。）があったときであって、その第三者にその寄託物を引き渡したときは、この限りでない。

3　受寄者は、前項の規定により寄託者に対して寄託物を返還しなければならない場合には、寄託者にその寄託物を引き渡したことによって第三者に損害が生じたときであっても、その賠償の責任を負わない。

第六百六十二条の見出しを「（寄託者による返還請求等）」に改め、同条に次の一項を加える。

2　前項に規定する場合において、受寄者は、寄託者がその時期の前に返還を請求したことによって損害を受けたときは、寄託者に対し、その賠償を請求することができる。

第六百六十四条の次に次の一条を加える。

（損害賠償及び費用の償還の請求権についての期間の制限）

第六百六十四条の二　寄託物の一部滅失又は損傷によって生じた損害の賠償及び受寄者が支出した費用の償還は、寄託者が返還を受けた時から一年以内に請求しなければならない。

2　前項の損害賠償の請求権については、寄託者が返還を受けた時から一年を経過するまでの間は、時効は、完成しない。

第六百六十五条中「第六百五十条まで（同条第三項を除く。）」を「第六百四十八条まで、第六百四十九条並びに第六百五十条第一項及び第二項」に改め、同条の次に次の一条を加える。

（混合寄託）

第六百六十五条の二　複数の者が寄託した物の種類及び品質が同一である場合には、受寄者は、各寄託者の承諾を得たときに限り、これらを混合して保管することができる。

2　前項の規定に基づき受寄者が複数の寄託者からの寄託物を混合して保管したときは、寄託者は、その寄託した物と同じ数量の物の返還を請求することができる。

3　前項に規定する場合において、寄託物の一部が滅失したときは、寄託者は、混合して保管されている総寄託物に対するその寄託した物の割合に応じた数量の物の返還を請求することができる。この場合においては、損害賠償の請求を妨げない。

第六百六十六条を次のように改める。

（消費寄託）

第六百六十六条　受寄者が契約により寄託物を消費することができる場合には、受寄者は、寄託された物と種類、品質及び数量の同じ物をもって返還しなければならない。

2　第五百九十条及び第五百九十二条の規定は、前項に規定する場合について準用する。

3　第五百九十一条第二項及び第三項の規定は、預金又は貯金に係る契約により金銭を寄託した場合について準用する。

第六百六十七条の次に次の二条を加える。

（他の組合員の債務不履行）

第六百六十七条の二　第五百三十三条及び第五百三十六条の規定は、組合契約については、適用しない。

2　組合員は、他の組合員が組合契約に基づく債務の履行をしないことを理由として、組合契約を解除することができない。

（組合員の一人についての意思表示の無効等）

第六百六十七条の三　組合員の一人について意思表示の無効又は取消しの原因があっても、他の組合員の間においては、組合契約は、その効力を妨げられない。

第六百七十条の見出し中「業務の」の下に「決定及び」を加え、同条第一項中「の執行」を削り、「で決する」を「をもって決定し、各組合員がこれを執行する」に改め、同条第二項を次のように改める。

2　組合の業務の決定及び執行は、組合契約の定めるところにより、一人又は数人の組合員又は第三者に委任することができる。

第六百七十条第三項中「前二項」を「前各項」に改め、同項を同条第五項とし、同条第二項の次に次の二項を加える。

3　前項の委任を受けた者（以下「業務執行者」という。）は、組合の業務を決定し、これを執行する。この場合において、業務執行者が数人あるときは、組合の業務は、業務執行者の過半数をもって決定し、各業務執行者がこれを執行する。

4　前項の規定にかかわらず、組合の業務については、総組合員の同意によって決定し、又は総組合員が執行することを妨げない。

第六百七十条の次に次の一条を加える。

（組合の代理）

第六百七十条の二　各組合員は、組合の業務を執行する場合において、組合員の過半数の同意を得たときは、他の組合員を代理することができる。

2　前項の規定にかかわらず、業務執行者がある

ときは、業務執行者のみが組合員を代理することができる。この場合において、業務執行者が数人あるときは、各業務執行者は、業務執行者の過半数の同意を得たときに限り、組合員を代理することができる。

3　前二項の規定にかかわらず、各組合員又は各業務執行者は、組合の常務を行うときは、単独で組合員を代理することができる。

第六百七十一条中「業務を」の下に「決定し、又は」を加える。

第六百七十二条第一項中「組合契約で」を「組合契約の定めるところにより」に改め、「業務の」の下に「決定及び」を加える。

第六百七十三条中「を執行する」を「の決定及び執行をする」に改める。

第六百七十五条の見出しを「（組合の債権者の権利の行使）」に改め、同条中「その債権の発生の時に組合員の損失分担の割合を知らなかったときは、各組合員に対して等しい割合で」を「組合財産について」に改め、同条に次の一項を加える。

2　組合の債権者は、その選択に従い、各組合員に対して損失分担の割合又は等しい割合でその権利を行使することができる。ただし、組合の債権者がその債権の発生の時に各組合員の損失分担の割合を知っていたときは、その割合による。

第六百七十六条中第二項を第三項とし、第一項の次に次の一項を加える。

2　組合員は、組合財産である債権について、その持分についての権利を単独で行使することができない。

第六百七十七条を次のように改める。

（組合財産に対する組合員の債権者の権利の行使の禁止）

第六百七十七条　組合員の債権者は、組合財産についてその権利を行使することができない。

第六百七十七条の次に次の一条を加える。

（組合員の加入）

第六百七十七条の二　組合員は、その全員の同意によって、又は組合契約の定めるところにより、新たに組合員を加入させることができる。

2　前項の規定により組合の成立後に加入した組合員は、その加入前に生じた組合の債務については、これを弁済する責任を負わない。

第六百八十条の次に次の一条を加える。

（脱退した組合員の責任等）

第六百八十条の二　脱退した組合員は、その脱退前に生じた組合の債務について、従前の責任の範囲内でこれを弁済する責任を負う。この場合において、債権者が全部の弁済を受けない間は、脱退した組合員は、組合に担保を供させ、又は組合に対して自己に免責を得させることを請求することができる。

2　脱退した組合員は、前項に規定する組合の債務を弁済したときは、組合に対して求償権を有する。

第六百八十二条中「その目的である事業の成功又はその成功の不能」を「次に掲げる事由」に改め、同条に次の各号を加える。

一　組合の目的である事業の成功又はその成功の不能
二　組合契約で定めた存続期間の満了
三　組合契約で定めた解散の事由の発生
四　総組合員の同意

第六百八十五条第二項中「総組合員」を「組合員」に改める。

第六百八十六条を次のように改める。

（清算人の業務の決定及び執行の方法）

第六百八十六条　第六百七十条第三項から第五項まで並びに第六百七十条の二第二項及び第三項の規定は、清算人について準用する。

第六百八十七条中「組合契約で」を「組合契約の定めるところにより」に改める。

第七百二十二条の見出し中「方法」の下に「、中間利息の控除」を加え、同条第一項中「第四百十七条」の下に「及び第四百十七条の二」を加える。

第七百二十四条を次のように改める。

（不法行為による損害賠償請求権の消滅時効）

第七百二十四条　不法行為による損害賠償の請求権は、次に掲げる場合には、時効によって消滅する。

一　被害者又はその法定代理人が損害及び加害者を知った時から三年間行使しないとき。
二　不法行為の時から二十年間行使しないとき。

第三編第五章中第七百二十四条の次に次の一条を加える。

（人の生命又は身体を害する不法行為による損害賠償請求権の消滅時効）

第七百二十四条の二　人の生命又は身体を害する不法行為による損害賠償請求権の消滅時効についての前条第一号の規定の適用については、同号中「三年間」とあるのは、「五年間」とする。

第千十二条第二項中「第六百四十四条」の下に「、第六百四十五条」を加える。

第千十六条第二項を削る。

第千十八条第二項中「第三項」の下に「並びに第六百四十八条の二」を加える。

附　則

（施行期日）

第一条　この法律は、公布の日から起算して三年を超えない範囲内において政令で定める日から施行する。ただし、次の各号に掲げる規定は、当該各号に定める日から施行する。

一　附則第三十七条の規定　公布の日
二　附則第三十三条第三項の規定　公布の日から起算して一年を超えない範囲内において政令で定める日
三　附則第二十一条第二項及び第三項の規定　公布の日から起算して二年九月を超えない範囲内において政令で定める日

（意思能力に関する経過措置）

第二条　この法律による改正後の民法（以下「新法」という。）第三条の二の規定は、この法律の施行の日（以下「施行日」という。）前にされた意思表示については、適用しない。

（行為能力に関する経過措置）

第三条　施行日前に制限行為能力者（新法第十三条第一項第十号に規定する制限行為能力者をいう。以下この条において同じ。）が他の制限行為能力者の法定代理人としてした行為については、同項及び新法第百二条の規定にかかわらず、なお従前の例による。

（無記名債権に関する経過措置）

第四条　施行日前に生じたこの法律による改正前の民法（以下「旧法」という。）第八十六条第三項に規定する無記名債権（その原因である法律行為が施行日前にされたものを含む。）については、なお従前の例による。

（公序良俗に関する経過措置）

第五条　施行日前にされた法律行為については、新法第九十条の規定にかかわらず、なお従前の例による。

（意思表示に関する経過措置）

第六条　施行日前にされた意思表示については、新法第九十三条、第九十五条、第九十六条第二項及び第三項並びに第九十八条の二の規定にかかわらず、なお従前の例による。

2　施行日前に通知が発せられた意思表示については、新法第九十七条の規定にかかわらず、なお従前の例による。

（代理に関する経過措置）

第七条　施行日前に代理権の発生原因が生じた場合（代理権授与の表示がされた場合を含む。）におけるその代理については、附則第三条に規定するもののほか、なお従前の例による。

2　施行日前に無権代理人が代理人として行為をした場合におけるその無権代理人の責任については、新法第百十七条（新法第百十八条において準用する場合を含む。）の規定にかかわらず、なお従前の例による。

（無効及び取消しに関する経過措置）

第八条　施行日前に無効な行為に基づく債務の履行として給付がされた場合におけるその給付を受けた者の原状回復の義務については、新法第百二十一条の二（新法第八百七十二条第二項に

おいて準用する場合を含む。）の規定にかかわらず、なお従前の例による。

2　施行日前に取り消すことができる行為がされた場合におけるその行為の追認（法定追認を含む。）については、新法第百二十二条、第百二十四条及び第百二十五条（これらの規定を新法第八百七十二条第二項において準用する場合を含む。）の規定にかかわらず、なお従前の例による。

（条件に関する経過措置）

第九条　新法第百三十条第二項の規定は、施行日前にされた法律行為については、適用しない。

（時効に関する経過措置）

第十条　施行日前に債権が生じた場合（施行日以後に債権が生じた場合であって、その原因である法律行為が施行日前にされたときを含む。以下同じ。）におけるその債権の消滅時効の援用については、新法第百四十五条の規定にかかわらず、なお従前の例による。

2　施行日前に旧法第百四十七条に規定する時効の中断の事由又は旧法第百五十八条から第百六十一条までに規定する時効の停止の事由が生じた場合におけるこれらの事由の効力については、なお従前の例による。

3　新法第百五十一条の規定は、施行日前に権利についての協議を行う旨の合意が書面でされた場合（その合意の内容を記録した電磁的記録（新法第百五十一条第四項に規定する電磁的記録をいう。附則第三十三条第二項において同じ。）によってされた場合を含む。）におけるその合意については、適用しない。

4　施行日前に債権が生じた場合におけるその債権の消滅時効の期間については、なお従前の例による。

（債権を目的とする質権の対抗要件に関する経過措置）

第十一条　施行日前に設定契約が締結された債権を目的とする質権の対抗要件については、新法第三百六十四条の規定にかかわらず、なお従前の例による。

（指図債権に関する経過措置）

第十二条　施行日前に生じた旧法第三百六十五条に規定する指図債権（その原因である法律行為が施行日前にされたものを含む。）については、なお従前の例による。

（根抵当権に関する経過措置）

第十三条　施行日前に設定契約が締結された根抵当権の被担保債権の範囲については、新法第三百九十八条の二第三項及び第三百九十八条の三第二項の規定にかかわらず、なお従前の例による。

2　新法第三百九十八条の七第三項の規定は、施行日前に締結された債務の引受けに関する契約については、適用しない。

3　施行日前に締結された更改の契約に係る根抵当権の移転については、新法第三百九十八条の七第四項の規定にかかわらず、なお従前の例による。

（債権の目的に関する経過措置）

第十四条　施行日前に債権が生じた場合におけるその債務者の注意義務については、新法第四百条の規定にかかわらず、なお従前の例による。

第十五条　施行日前に利息が生じた場合におけるその利息を生ずべき債権に係る法定利率については、新法第四百四条の規定にかかわらず、なお従前の例による。

2　新法第四百四条第四項の規定により法定利率に初めて変動があるまでの各期における同項の規定の適用については、同項中「この項の規定により法定利率に変動があった期のうち直近のもの（以下この項において「直近変動期」という。）」とあるのは「民法の一部を改正する法律（平成二十七年法律第　　号）の施行後最初の期」と、「直近変動期における法定利率」とあるのは「年三パーセント」とする。

第十六条　施行日前に債権が生じた場合における選択債権の不能による特定については、新法第四百十条の規定にかかわらず、なお従前の例による。

（債務不履行の責任等に関する経過措置）

第十七条　施行日前に債務が生じた場合（施行日以後に債務が生じた場合であって、その原因である法律行為が施行日前にされたときを含む。附則第二十五条第一項において同じ。）におけるその債務不履行の責任等については、新法第四百十二条第二項、第四百十二条の二から第四百十三条の二まで、第四百十五条、第四百十六条第二項、第四百十八条及び第四百二十二条の二の規定にかかわらず、なお従前の例による。

2　新法第四百十七条の二（新法第七百二十二条第一項において準用する場合を含む。）の規定は、施行日前に生じた将来において取得すべき利益又は負担すべき費用についての損害賠償請求権については、適用しない。

3　施行日前に債務者が遅滞の責任を負った場合における遅延損害金を生ずべき債権に係る法定利率については、新法第四百十九条第一項の規定にかかわらず、なお従前の例による。

4　施行日前にされた旧法第四百二十条第一項に規定する損害賠償の額の予定に係る合意及び旧法第四百二十一条に規定する金銭でないものを損害の賠償に充てるべき旨の予定に係る合意については、なお従前の例による。

（債権者代位権に関する経過措置）

第十八条　施行日前に旧法第四百二十三条第一項に規定する債務者に属する権利が生じた場合におけるその権利に係る債権者代位権については、なお従前の例による。

2　新法第四百二十三条の七の規定は、施行日前に生じた同条に規定する譲渡人が第三者に対して有する権利については、適用しない。

（詐害行為取消権に関する経過措置）

第十九条　施行日前に旧法第四百二十四条第一項に規定する債務者が債権者を害することを知ってした法律行為がされた場合におけるその行為に係る詐害行為取消権については、なお従前の例による。

（不可分債権、不可分債務、連帯債権及び連帯債務に関する経過措置）

第二十条　施行日前に生じた旧法第四百二十八条に規定する不可分債権（その原因である法律行為が施行日前にされたものを含む。）については、なお従前の例による。

2　施行日前に生じた旧法第四百三十条に規定する不可分債務及び旧法第四百三十二条に規定する連帯債務（これらの原因である法律行為が施行日前にされたものを含む。）については、なお従前の例による。

3　新法第四百三十二条から第四百三十五条の二までの規定は、施行日前に生じた新法第四百三十二条に規定する債権（その原因である法律行為が施行日前にされたものを含む。）については、適用しない。

（保証債務に関する経過措置）

第二十一条　施行日前に締結された保証契約に係る保証債務については、なお従前の例による。

2　保証人になろうとする者は、施行日前においても、新法第四百六十五条の六第一項（新法第四百六十五条の八第一項において準用する場合を含む。）の公正証書の作成を嘱託することができる。

3　公証人は、前項の規定による公正証書の作成の嘱託があった場合には、施行日前においても、新法第四百六十五条の六第二項及び第四百六十五条の七（これらの規定を新法第四百六十五条の八第一項において準用する場合を含む。）の規定の例により、その作成をすることができる。

（債権の譲渡に関する経過措置）

第二十二条　施行日前に債権の譲渡の原因である法律行為がされた場合におけるその債権の譲渡については、新法第四百六十六条から第四百六十九条までの規定にかかわらず、なお従前の例による。

（債務の引受けに関する経過措置）

第二十三条　新法第四百七十条から第四百七十二条の四までの規定は、施行日前に締結された債務の引受けに関する契約については、適用しな

い。

（記名式所持人払債権に関する経過措置）

第二十四条　施行日前に生じた旧法第四百七十一条に規定する記名式所持人払債権（その原因である法律行為が施行日前にされたものを含む。）については、なお従前の例による。

（弁済に関する経過措置）

第二十五条　施行日前に債務が生じた場合におけるその債務の弁済については、次項に規定するもののほか、なお従前の例による。

2　施行日前に弁済がされた場合におけるその弁済の充当については、新法第四百八十八条から第四百九十一条までの規定にかかわらず、なお従前の例による。

（相殺に関する経過措置）

第二十六条　施行日前にされた旧法第五百五条第二項に規定する意思表示については、なお従前の例による。

2　施行日前に債権が生じた場合におけるその債権を受働債権とする相殺については、新法第五百九条の規定にかかわらず、なお従前の例による。

3　施行日前の原因に基づいて債権が生じた場合におけるその債権を自働債権とする相殺（差押えを受けた債権を受働債権とするものに限る。）については、新法第五百十一条の規定にかかわらず、なお従前の例による。

4　施行日前に相殺の意思表示がされた場合におけるその相殺の充当については、新法第五百十二条及び第五百十二条の二の規定にかかわらず、なお従前の例による。

（更改に関する経過措置）

第二十七条　施行日前に旧法第五百十三条に規定する更改の契約が締結された更改については、なお従前の例による。

（有価証券に関する経過措置）

第二十八条　新法第五百二十条の二から第五百二十条の二十までの規定は、施行日前に発行された証券については、適用しない。

（契約の成立に関する経過措置）

第二十九条　施行日前に契約の申込みがされた場合におけるその申込み及びこれに対する承諾については、なお従前の例による。

2　施行日前に通知が発せられた契約の申込みについては、新法第五百二十六条の規定にかかわらず、なお従前の例による。

3　施行日前にされた懸賞広告については、新法第五百二十九条から第五百三十条までの規定にかかわらず、なお従前の例による。

（契約の効力に関する経過措置）

第三十条　施行日前に締結された契約に係る同時履行の抗弁及び危険負担については、なお従前の例による。

2　新法第五百三十七条第二項及び第五百三十八条第二項の規定は、施行日前に締結された第三者のためにする契約については、適用しない。

（契約上の地位の移転に関する経過措置）

第三十一条　新法第五百三十九条の二の規定は、施行日前にされた契約上の地位を譲渡する旨の合意については、適用しない。

（契約の解除に関する経過措置）

第三十二条　施行日前に契約が締結された場合におけるその契約の解除については、新法第五百四十一条から第五百四十三条まで、第五百四十五条第三項及び第五百四十八条の規定にかかわらず、なお従前の例による。

（定型約款に関する経過措置）

第三十三条　新法第五百四十八条の二から第五百四十八条の四までの規定は、施行日前に締結された定型取引（新法第五百四十八条の二第一項に規定する定型取引をいう。）に係る契約についても、適用する。ただし、旧法の規定によって生じた効力を妨げない。

2　前項の規定は、同項に規定する契約の当事者の一方（契約又は法律の規定により解除権を現に行使することができる者を除く。）により反対の意思の表示が書面でされた場合（その内容を記録した電磁的記録によってされた場合を含む。）には、適用しない。

3　前項に規定する反対の意思の表示は、施行日前にしなければならない。

（贈与等に関する経過措置）

第三十四条　施行日前に贈与、売買、消費貸借（旧法第五百八十九条に規定する消費貸借の予約を含む。）、使用貸借、賃貸借、雇用、請負、委任、寄託又は組合の各契約が締結された場合におけるこれらの契約及びこれらの契約に付随する買戻しその他の特約については、なお従前の例による。

2　前項の規定にかかわらず、新法第六百四条第二項の規定は、施行日前に賃貸借契約が締結された場合において施行日以後にその契約の更新に係る合意がされるときにも適用する。

3　第一項の規定にかかわらず、新法第六百五条の四の規定は、施行日前に不動産の賃貸借契約が締結された場合において施行日以後にその不動産の占有を第三者が妨害し、又はその不動産を第三者が占有しているときにも適用する。

（不法行為等に関する経過措置）

第三十五条　旧法第七百二十四条後段（旧法第九百三十四条第三項（旧法第九百三十六条第三項、第九百四十七条第三項、第九百五十条第二項及び第九百五十七条第二項において準用する場合を含む。）において準用する場合を含む。）に規定する期間がこの法律の施行の際既に経過していた場合におけるその期間の制限については、なお従前の例による。

2　新法第七百二十四条の二の規定は、不法行為による損害賠償請求権の旧法第七百二十四条前段に規定する時効がこの法律の施行の際既に完成していた場合については、適用しない。

（遺言執行者の復任権及び報酬に関する経過措置）

第三十六条　施行日前に遺言執行者となった者の旧法第千十六条第二項において準用する旧法第百五条に規定する責任については、なお従前の例による。

2　施行日前に遺言執行者となった者の報酬については、新法第千十八条第二項において準用する新法第六百四十八条第三項及び第六百四十八条の二の規定にかかわらず、なお従前の例による。

（政令への委任）

第三十七条　この附則に規定するもののほか、この法律の施行に関し必要な経過措置は、政令で定める。

理　由

社会経済情勢の変化に鑑み、消滅時効の期間の統一化等の時効に関する規定の整備、法定利率を変動させる規定の新設、保証人の保護を図るための保証債務に関する規定の整備、定型約款に関する規定の新設等を行う必要がある。これが、この法律案を提出する理由である。

民法の一部を改正する法律の施行に伴う関係法律の整備等に関する法律案

民法の一部を改正する法律の施行に伴う関係法律の整備等に関する法律

目次

第一章　法務省関係（第一条―第五十九条）
第二章　内閣官房関係（第六十条・第六十一条）
第三章　内閣府関係
　第一節　本府関係（第六十二条―第六十五条）
　第二節　国家公安委員会関係（第六十六条―第六十九条）
　第三節　金融庁関係（第七十条―第九十三条）
　第四節　消費者庁関係（第九十四条―第百三条）
第四章　復興庁関係（第百四条・第百五条）
第五章　総務省関係（第百六条―第百十八条）
第六章　財務省関係（第百十九条―第百四十二条）
第七章　文部科学省関係（第百四十三条―第百五十九条）
第八章　厚生労働省関係（第百六十条―第二百

三十八条）
第九章　農林水産省関係（第二百三十九条―第二百六十七条）
第十章　経済産業省関係（第二百六十八条―第三百二条）
第十一章　国土交通省関係（第三百三条―第三百四十九条）
第十二章　環境省関係（第三百五十条―第三百五十八条）
第十三章　防衛省関係（第三百五十九条・第三百六十条）
第十四章　罰則に関する経過措置及び政令への委任（第三百六十一条・第三百六十二条）

附則

第一章　法務省関係

（民法施行法の一部改正）

第一条　民法施行法（明治三十一年法律第十一号）の一部を次のように改正する。

第四条を次のように改める。

第四条　削除

第五十七条を次のように改める。

第五十七条　削除

（民法施行法の一部改正に伴う経過措置）

第二条　この法律の施行の日（以下「施行日」という。）前に作成された前条の規定による改正前の民法施行法第四条に規定する証書の証拠力については、なお従前の例による。

2　施行日前に発行された指図証券、無記名証券及び民法の一部を改正する法律（平成二十七年法律第　　号。以下「民法改正法」という。）による改正前の民法（明治二十九年法律第八十九号。以下「旧民法」という。）第四百七十一条に規定する証券に係る権利の失権については、なお従前の例による。

（商法の一部改正）

第三条　商法（明治三十二年法律第四十八号）の一部を次のように改正する。

目次中「第五百九十二条」を「第五百九十二条ノ二」に改める。

第十八条の二第一項ただし書中「害すべき事実」を「害すること」に改め、同条第二項中「二十年」を「十年」に改める。

第五百七条を次のように改める。

第五百七条　削除

第五百八条第二項中「第五百二十三条」を「第五百二十四条」に改める。

第五百十三条第一項中「（次条の法定利率による利息をいう。以下同じ。）」を削る。

第五百十四条を次のように改める。

第五百十四条　削除

第五百十六条第二項を削る。

第五百十七条から第五百二十条までを次のように改める。

第五百十七条から第五百二十条まで　削除

第五百二十二条及び第五百二十三条を次のように改める。

第五百二十二条及び第五百二十三条　削除

第五百二十六条第二項を次のように改める。

2　前項に規定する場合において、買主は、同項の規定による検査により売買の目的物が種類、品質又は数量に関して契約の内容に適合しないことを発見したときは、直ちに売主に対してその旨の通知を発しなければ、その不適合を理由とする履行の追完の請求、代金の減額の請求、損害賠償の請求及び契約の解除をすることができない。売買の目的物が種類又は品質に関して契約の内容に適合しないことを直ちに発見することができない場合において、買主が六箇月以内にその不適合を発見したときも、同様とする。

第五百二十六条第三項中「売主がその瑕疵又は数量の不足につき」を「売買の目的物が種類、品質又は数量に関して契約の内容に適合しないことにつき売主が」に改める。

第五百六十七条中「債権ハ」の下に「之ヲ行使スルコトヲ得ル時ヨリ」を加える。

第五百七十六条を次のように改める。

第五百七十六条　運送品ノ全部又ハ一部ガ其性質又ハ瑕疵ニ因リテ滅失シタルトキハ荷送人ハ運送賃ノ支払ヲ拒ムコトヲ得ズ

第二編第八章第三節中第五百九十二条の次に次の一条を加える。

第五百九十二条ノ二　第五百六十七条ノ規定ハ旅客ノ運送人ニ之ヲ準用ス

第六百十三条第二項中「手形法」の下に「（昭和七年法律第二十号）」を加える。

第七百六十五条中「債権ハ」の下に「之ヲ行使スルコトヲ得ル時ヨリ」を加える。

第七百九十八条第二項中「ヨリ」の下に「、船舶ノ衝突ニ付テハ損害及ビ加害者ヲ知リタル時ヨリ」を加える。

（商法の一部改正に伴う経過措置）

第四条　施行日前に商人の他の商人に対する営業の譲渡に係る契約が締結された場合におけるその営業譲渡については、前条の規定による改正後の商法（以下この条において「新商法」という。）第十八条の二の規定にかかわらず、なお従前の例による。

2　施行日前にされた前条の規定による改正前の商法（以下この条において「旧商法」という。）第五百七条に規定する契約の申込みについては、なお従前の例による。

3　施行日前に旧商法第五百十四条に規定する商事法定利率による利息が生じた場合におけるその利息を生ずべき債権（商行為によって生じたものに限る。）に係る法定利率については、なお従前の例による。施行日前に債務者が遅滞の責任を負った場合における遅延損害金を生ずべき債権（商行為によって生じたものに限る。）に係る法定利率についても、同様とする。

4　施行日前に生じた指図債権及び無記名債権（その原因である法律行為が施行日前にされたものを含む。）に係る弁済の場所及びその証券の提示については、なお従前の例による。

5　施行日前に発行された旧商法第五百十八条に規定する有価証券に係るその喪失の場合の権利行使方法並びにその譲渡方法及び善意取得については、なお従前の例による。

6　施行日前にされた商行為によって生じた債務に係る取引時間については、なお従前の例による。

7　施行日前にされた商行為によって生じた債権に係る消滅時効の期間については、なお従前の例による。

8　施行日前に締結された売買契約に係る買主による目的物の検査及び通知については、新商法第五百二十六条第二項及び第三項の規定にかかわらず、なお従前の例による。

9　施行日前に締結された運送契約に係る運送賃については、新商法第五百七十六条（新商法第七百六十六条（新商法第七百八十七条において準用する場合を含む。）において準用する場合を含む。）の規定にかかわらず、なお従前の例による。

10　新商法第五百九十二条ノ二の規定は、施行日前に締結された運送契約に係る旅客の運送人の債権については、適用しない。

11　施行日前に船舶の衝突による債権が生じた場合におけるその債権の消滅時効の期間については、新商法第七百九十八条第二項の規定にかかわらず、なお従前の例による。

（工場抵当法の一部改正）

第五条　工場抵当法（明治三十八年法律第五十四号）の一部を次のように改正する。

第二条第一項ただし書中「民法第四百二十四条ノ規定ニ依リ債権者ガ債務者ノ行為ヲ取消ス」を「債務者ノ行為ニ付キ民法（明治二十九年法律第八十九号）第四百二十四条第三項ニ規定スル詐害行為取消請求ヲスル」に改める。

（漁業財団抵当法の一部改正）

第六条　漁業財団抵当法（大正十四年法律第九号）の一部を次のように改正する。

第三条第三項中「民法第四百二十四条ノ規定ニ依リ債権者ガ債務者ノ行為ヲ取消ス」を「債務者ノ行為ニ付キ民法（明治二十九年法律第八

十九号）第四百二十四条第三項ニ規定スル詐害行為取消請求ヲスル」に改める。

第三条ノ二第二項中「前条第四項」を「第二条第四項」に改める。

（抵当証券法の一部改正）

第七条　抵当証券法（昭和六年法律第十五号）の一部を次のように改正する。

第七条第一項第四号中「ニシテ其ノ弁済期ガ抵当権者ノ債権ノ弁済期以前ニ到来スルモノ」を削る。

第四十条中「民法第四百七十条、第四百七十二条、商法第五百十六条第二項、第五百十七条、第五百十八条」を削り、「、第六十九条及民法施行法第五十七条」を「及第六十九条」に改める。

（抵当証券法の一部改正に伴う経過措置）

第八条　施行日前の原因に基づいて債権が生じた場合におけるその債権を理由とする抵当証券の交付又は再交付に関する異議については、前条の規定による改正後の抵当証券法（以下この条において「新抵当証券法」という。）第七条第一項第四号（新抵当証券法第二十二条において準用する場合を含む。）の規定にかかわらず、なお従前の例による。

2　施行日前に発行された抵当証券については、新抵当証券法第四十条の規定にかかわらず、なお従前の例による。

（手形法の一部改正）

第九条　手形法（昭和七年法律第二十号）の一部を次のように改正する。

第十一条第二項中「指名債権」を「民法（明治二十九年法律第八十九号）第三編第一章第四節ノ規定ニ依ル債権」に改める。

第二十条第一項ただし書中「指名債権」を「民法第三編第一章第四節ノ規定ニ依ル債権」に改める。

第四十八条第一項第二号中「年六分ノ率」を「法定利率（国内ニ於テ振出シ且支払フベキ為替手形以外ノ為替手形ニ在リテハ年六分ノ率次条第二号ニ於テ同ジ）」に改める。

第四十九条第二号中「年六分ノ率」を「法定利率」に改める。

第七十一条中「中断ハ」を「完成猶予又ハ更新ハ」に改め、「中断ノ」を削る。

第八十六条を次のように改める。

第八十六条　裏書人ノ他ノ裏書人及振出人ニ対スル為替手形上及約束手形上ノ請求権ノ消滅時効ハ其ノ者ガ訴ヲ受ケタル場合ニ於テ前者ニ対シ訴訟告知ヲ為シタルトキハ訴訟ガ終了スル（確定判決又ハ確定判決ト同一ノ効力ヲ有スルモノニ依リテ其ノ訴ニ係ル権利ガ確定セズシテ訴訟ガ終了シタル場合ニ在リテハ其ノ終了ノ時ヨリ六月ガ経過スル）迄ノ間ハ完成セズ

前項ノ場合ニ於テ確定判決又ハ確定判決ト同一ノ効力ヲ有スルモノニ依リテ其ノ訴ニ係ル権利ガ確定シタルトキハ時効ハ訴訟ノ終了ノ時ヨリ更ニ其ノ進行ヲ始ム

（手形法の一部改正に伴う経過措置）

第十条　施行日前に満期が到来した為替手形又は約束手形の所持人の遡求権については、前条の規定による改正後の手形法（以下この条において「新手形法」という。）第四十八条第一項（新手形法第七十七条第一項において準用する場合を含む。）の規定にかかわらず、なお従前の例による。

2　施行日前に支払をした為替手形又は約束手形を受け戻した者のその前者に対する請求権については、新手形法第四十九条（新手形法第七十七条第一項において準用する場合を含む。）の規定にかかわらず、なお従前の例による。

3　施行日前に前条の規定による改正前の手形法（以下この項において「旧手形法」という。）第七十一条（旧手形法第七十七条第一項において準用する場合を含む。）又は第八十六条に規定する時効の中断の事由が生じた場合におけるその事由の効力については、なお従前の例による。

（小切手法の一部改正）

第十一条　小切手法（昭和八年法律第五十七号）の一部を次のように改正する。

第十四条第二項中「指名債権」を「民法（明治二十九年法律第八十九号）第三編第一章第四節ノ規定ニ依ル債権」に改める。

第二十四条第一項中「指名債権」を「民法第三編第一章第四節ノ規定ニ依ル債権」に改める。

第三十三条中「又ハ行為能力ヲ失フモ」を「意思能力ヲ喪失シ又ハ行為能力ノ制限ヲ受クルモ」に改める。

第四十四条第二号中「年六分ノ率」を「法定利率（国内ニ於テ振出シ且支払フベキ小切手以外ノ小切手ニ在リテハ年六分ノ率次条第二号ニ於テ同ジ）」に改める。

第四十五条第二号中「年六分ノ率」を「法定利率」に改める。

第五十二条中「中断ハ」を「完成猶予又ハ更新ハ」に改め、「中断ノ」を削る。

第七十三条を次のように改める。

第七十三条　裏書人ノ他ノ裏書人及振出人ニ対スル小切手上ノ請求権ノ消滅時効ハ其ノ者ガ訴ヲ受ケタル場合ニ於テ前者ニ対シ訴訟告知ヲ為シタルトキハ訴訟ガ終了スル（確定判決又ハ確定判決ト同一ノ効力ヲ有スルモノニ依リテ其ノ訴ニ係ル権利ガ確定セズシテ訴訟ガ終了シタル場合ニ在リテハ其ノ終了ノ時ヨリ六月ガ経過スル）迄ノ間ハ完成セズ

前項ノ場合ニ於テ確定判決又ハ確定判決ト同一ノ効力ヲ有スルモノニ依リテ其ノ訴ニ係ル権利ガ確定シタルトキハ時効ハ訴訟ノ終了ノ時ヨリ更ニ其ノ進行ヲ始ム

（小切手法の一部改正に伴う経過措置）

第十二条　施行日前に振り出された小切手の効力については、前条の規定による改正後の小切手法（以下この条において「新小切手法」という。）第三十三条の規定にかかわらず、なお従前の例による。

2　施行日前に小切手を提示したその所持人の遡求権については、新小切手法第四十四条（新小切手法第五十五条第三項において準用する場合を含む。）の規定にかかわらず、なお従前の例による。

3　施行日前に支払をした小切手を受け戻した者のその前者に対する請求権については、新小切手法第四十五条（新小切手法第五十五条第三項において準用する場合を含む。）の規定にかかわらず、なお従前の例による。

4　施行日前に前条の規定による改正前の小切手法第五十二条又は第七十三条に規定する時効の中断の事由が生じた場合におけるその事由の効力については、なお従前の例による。

（刑事補償法の一部改正）

第十三条　刑事補償法（昭和二十五年法律第一号）の一部を次のように改正する。

第四条第五項中「すでに」を「既に」に、「年五分の割合」を「徴収の日の翌日の法定利率」に改め、同条第六項中「すでに」を「既に」に、「、又」を「、また」に、「年五分の割合」を「徴収の日の翌日の法定利率」に改める。

（刑事補償法の一部改正に伴う経過措置）

第十四条　施行日前にされた罰金、科料又は追徴の執行による補償については、前条の規定による改正後の刑事補償法第四条第五項及び第六項の規定にかかわらず、なお従前の例による。

（自動車抵当法の一部改正）

第十五条　自動車抵当法（昭和二十六年法律第百八十七号）の一部を次のように改正する。

第六条中「附加して」を「付加して」に改め、同条ただし書中「但し」を「ただし」に、「定が」を「定めが」に、「民法（明治二十九年法律第八十九号）第四百二十四条の規定により他の債権者が債務者の行為を取り消す」を「債務者の行為について民法（明治二十九年法律第八十九号）第四百二十四条第三項に規定する詐害行為取消請求をする」に改める。

（航空機抵当法の一部改正）

第十六条　航空機抵当法（昭和二十八年法律第六十六号）の一部を次のように改正する。

第六条中「附加して」を「付加して」に改め、同条ただし書中「但し」を「ただし」に、「定めが」を「定めが」に、「民法（明治二十九年法律第八十九号）第四百二十四条の規定により他の債権者が債務者の行為を取り消す」を「債務者の行為について民法（明治二十九年法律第八十九号）第四百二十四条第三項に規定する詐害行為取消請求をする」に改める。

（建設機械抵当法の一部改正）

第十七条　建設機械抵当法（昭和二十九年法律第九十七号）の一部を次のように改正する。

第十条中「附加して」を「付加して」に改め、同条ただし書中「但し」を「ただし」に、「定めが」を「定めが」に、「民法（明治二十九年法律第八十九号）第四百二十四条の規定により他の債権者が債務者の行為を取り消す」を「債務者の行為について民法（明治二十九年法律第八十九号）第四百二十四条第三項に規定する詐害行為取消請求をする」に改める。

（企業担保法の一部改正）

第十八条　企業担保法（昭和三十三年法律第百六号）の一部を次のように改正する。

第四十九条の見出しを「（債権の譲渡の通知）」に改め、同条第一項中「指名債権」を「債権（民法第三編第一章第四節の規定により譲渡されるものに限る。）」に改め、同条第二項中「指名債権」を「その債権」に改める。

（企業担保法の一部改正に伴う経過措置）

第十九条　施行日前に売却された指名債権の譲渡の通知については、前条の規定による改正後の企業担保法第四十九条の規定にかかわらず、なお従前の例による。

（執行官法の一部改正）

第二十条　執行官法（昭和四十一年法律第百十一号）の一部を次のように改正する。

第十四条中「五年間行なわない」を「これらを行使することができる時から五年間行使しない」に改める。

（船舶の所有者等の責任の制限に関する法律の一部改正）

第二十一条　船舶の所有者等の責任の制限に関する法律（昭和五十年法律第九十四号）の一部を次のように改正する。

第十九条第一項中「年六パーセントの割合」を「事故発生の日における法定利率」に改める。

第二十二条第一項中「年六パーセントの割合」を「指定日の翌日における法定利率」に改める。

第三十条第一項中「まで年六パーセントの割合」を「まで事故発生の日における法定利率」に、「規定する年六パーセントの割合」を「規定する法定利率」に改める。

第五十四条を次のように改める。

（時効の完成猶予）

第五十四条　責任制限手続への参加がある場合には、責任制限手続への参加が終了する（責任制限手続終結の決定によらないで責任制限手続への参加が終了した場合にあつては、その終了の時から六月を経過する）までの間は、時効は、完成しない。

（船舶の所有者等の責任の制限に関する法律の一部改正に伴う経過措置）

第二十二条　施行日前に発生した事故に係る責任制限事件における供託命令及び受託者が供託しなかった場合の義務については、前条の規定による改正後の船舶の所有者等の責任の制限に関する法律（以下この項において「新責任制限法」という。）第十九条第一項（新責任制限法第三十七条第二項において準用する場合を含む。）、第二十二条第一項（新責任制限法第三十条第二項及び第三十七条第二項において準用する場合を含む。）及び第三十条第一項（新責任制限法第三十八条第二項において準用する場合を含む。）の規定にかかわらず、なお従前の例による。

2　施行日前に前条の規定による改正前の船舶の所有者等の責任の制限に関する法律第五十四条に規定する時効の中断の事由が生じた場合におけるその事由の効力については、なお従前の例による。

（民事執行法の一部改正）

第二十三条　民事執行法（昭和五十四年法律第四号）の一部を次のように改正する。

第二十二条第四号の二中「若しくは家事事件」を「、家事事件若しくは国際的な子の奪取の民事上の側面に関する条約の実施に関する法律（平成二十五年法律第四十八号）第二十九条に規定する子の返還に関する事件」に改める。

第八十八条第二項中「までの」の下に「配当等の日における」を加える。

第百七十一条第一項を次のように改める。

次の各号に掲げる強制執行は、執行裁判所がそれぞれ当該各号に定める旨を命ずる方法により行う。

一　作為を目的とする債務についての強制執行　債務者の費用で第三者に当該作為をさせること。

二　不作為を目的とする債務についての強制執行　債務者の費用で、債務者がした行為の結果を除去し、又は将来のため適当な処分をすべきこと。

第百七十一条第三項、第四項及び第六項中「第一項の」の下に「規定による」を加える。

（民事執行法の一部改正に伴う経過措置）

第二十四条　施行日前に配当等（前条の規定による改正前の民事執行法第八十四条第三項に規定する配当等をいう。以下この条において同じ。）の日がある場合におけるその配当等の額については、前条の規定による改正後の民事執行法（以下この条において「新民事執行法」という。）第八十八条第二項（新民事執行法第百十一条（新民事執行法第百八十八条において準用する場合を含む。）、第百三十九条第四項及び第百四十二条第二項（これらの規定を新民事執行法第百九十二条において準用する場合を含む。）、第百六十一条第六項及び第百六十六条第二項（これらの規定を新民事執行法第百九十三条第二項において準用する場合を含む。）、第百六十七条の十一第七項並びに第百八十八条において準用する場合を含む。）の規定にかかわらず、なお従前の例による。

（借地借家法の一部改正）

第二十五条　借地借家法（平成三年法律第九十号）の一部を次のように改正する。

第十条の見出しを「（借地権の対抗力）」に改め、同条第三項及び第四項を削る。

第二十九条第二項中「民法」の下に「（明治二十九年法律第八十九号）」を加える。

第三十一条の見出しを「（建物賃貸借の対抗力）」に改め、同条第二項及び第三項を削る。

（借地借家法の一部改正に伴う経過措置）

第二十六条　施行日前に前条の規定による改正前の借地借家法（次項において「旧借地借家法」という。）第十条第一項又は第二項の規定により第三者に対抗することができる借地権の目的である土地の売買契約が締結された場合におけるその契約に係る契約の解除及び損害賠償の請求については、なお従前の例による。

2　施行日前に旧借地借家法第三十一条第一項の規定により効力を有する賃貸借の目的である建物の売買契約が締結された場合におけるその契約に係る契約の解除及び損害賠償の請求については、なお従前の例による。

（民事訴訟法の一部改正）

第二十七条　民事訴訟法（平成八年法律第百九号）の一部を次のように改正する。

第四十九条の見出し中「中断等」を「完成猶予等」に改め、同条中「主張して、」を「主張する者が」に、「その参加は、」を「時効の完成猶予に関しては、当該」に、「さかのぼって時効の中断又は法律上の期間の遵守の効力を生ずる」を「、裁判上の請求があったものとみなす」に改め、同条に次の一項を加える。

2　前項に規定する場合には、その参加は、訴訟の係属の初めに遡って法律上の期間の遵守の効力を生ずる。

第百四十七条を次のように改める。

（裁判上の請求による時効の完成猶予等）

第百四十七条　訴えが提起されたとき、又は第百四十三条第二項（第百四十四条第三項及び第百四十五条第四項において準用する場合を含む。）の書面が裁判所に提出されたときは、その時に時効の完成猶予又は法律上の期間の遵守のために必要な裁判上の請求があったものとする。

（民事訴訟法の一部改正に伴う経過措置）

第二十八条　施行日前に前条の規定による改正前の民事訴訟法（以下この条において「旧民事訴訟法」という。）第四十九条（旧民事訴訟法第五十条第三項（旧民事訴訟法第五十一条において準用する場合を含む。）及び第五十一条において準用する場合を含む。）又は第百四十七条（旧民事訴訟法第二百九十七条（旧民事訴訟法第三百十三条（旧民事訴訟法第三百二十七条第二項（旧民事訴訟法第三百四十一条及び第三百八十条第二項において準用する場合を含む。）及び第三百四十一条において準用する場合を含む。）及び第三百四十一条において準用する場合を含む。）、第三百四十一条及び第三百八十四条において準用する場合を含む。）に規定する時効の中断の事由が生じた場合におけるその事由の効力については、なお従前の例による。

（動産及び債権の譲渡の対抗要件に関する民法の特例等に関する法律の一部改正）

第二十九条　動産及び債権の譲渡の対抗要件に関する民法の特例等に関する法律（平成十年法律第百四号）の一部を次のように改正する。

第四条第一項中「指名債権であって」を削り、「とするもの」の下に「であって、民法第三編第一章第四節の規定により譲渡されるもの」を加え、「民法」を「同法」に改め、同条第三項及び第四項を次のように改める。

3　債権譲渡登記がされた場合においては、民法第四百六十六条の六第三項、第四百六十八条第一項並びに第四百六十九条第一項及び第二項の規定は、前項に規定する場合に限り適用する。この場合において、同法第四百六十六条の六第三項中「譲渡人が次条」とあるのは「譲渡人若しくは譲受人が動産及び債権の譲渡の対抗要件に関する民法の特例等に関する法律（平成十年法律第百四号）第四条第二項」と、「同条」とあるのは「同項」とする。

4　第一項及び第二項の規定は当該債権の譲渡に係る第十条第一項第二号に掲げる事由に基づいてされた債権譲渡登記の抹消登記について、民法第四百六十八条第一項並びに第四百六十九条第一項及び第二項の規定はこの項において準用する第二項に規定する場合について、それぞれ準用する。この場合において、同法第四百六十八条第一項中「対抗要件具備時」とあるのは「動産及び債権の譲渡の対抗要件に関する民法の特例等に関する法律第四条第四項において準用する同条第二項に規定する通知又は承諾がされた時（以下「対抗要件具備時」という。）」と、同項並びに同法第四百六十九条第一項及び第二項中「譲渡人」とあるのは「譲受人」と、「譲受人」とあるのは「譲渡人」と読み替えるものとする。

第十四条第一項中「第四条及び」を「第四条（第三項を除く。）及び」に、「、法人」を「法人」に、「、当該質権」を「当該質権」に改め、「について」の下に「、民法第四百六十八条第一項の規定はこの項において準用する第四条第二項に規定する場合について、それぞれ」を加え、「から同条第三項まで」を「及び同条第二項」に、「民法第四百六十七条」を「同法第四百六十七条」に、「民法第三百六十四条」を「同法第三百六十四条」に、「から同条第四項まで」を「及び同条第四項」に改め、「第十二条第三項」の下に「並びに民法第四百六十八条第一項」を加え、「第四条第二項及び第四項」を「第四条第二項から第四項まで」に改め、「第十条第一項並びに第十一条第二項第一号」の下に「並びに民法第四百六十八条第一項」を、「質権者」と」の下に「、第四条第四項中「民法第四百六十八条第一項並びに第四百六十九条第一項及び第二項」とあるのは「民法第四百六十八条第一項」と」を加え、「同法第四百六十七条」を「民法第四百六十七条」に、「同法第三百六十四条」を「民法第三百六十四条」に改め、「設定に」と」の下に「、民法第四百六十八条第一項中「対抗要件具備時」とあるのは「動産及び債権の譲渡の対抗要件に関する民法の特例等に関する法律第十四条第一項において準用する同法第四条第二項に規定する通知又は承諾がされた時」と」を加え、同条第二項中「規定は、」を「規定は」に、「設定し、」を「設定し」に、「ついて準用する」を「ついて、それぞれ準用する」に改める。

（動産及び債権の譲渡の対抗要件に関する民法の特例等に関する法律の一部改正に伴う経過措置）

第三十条　施行日前に債権の譲渡の原因である法律行為がされた場合におけるその債権の譲渡については、前条の規定による改正後の動産及び債権の譲渡の対抗要件に関する民法の特例等に関する法律第四条第一項、第三項及び第四項並びに第十四条第一項の規定にかかわらず、なお従前の例による。

（特定破産法人の破産財団に属すべき財産の回復に関する特別措置法の一部改正）

第三十一条　特定破産法人の破産財団に属すべき財産の回復に関する特別措置法（平成十一年法律第百四十八号）の一部を次のように改正する。

第四条第二項中「それぞれその前者に対する否認の原因のある」を「特定破産法人がした行為が破産債権者を害する」に改める。

第五条の見出しを「（否認権行使の期間の特例）」に改める。

（特定破産法人の破産財団に属すべき財産の回復に関する特別措置法の一部改正に伴う経過措置）

第三十二条　施行日前にされた破産手続開始の申立て又は施行日前に職権でされた破産手続開始の決定に係る破産事件における否認及び施行日前に特定破産法人（前条の規定による改正前の特定破産法人の破産財団に属すべき財産の回復に関する特別措置法第二条第二項に規定する特定破産法人をいう。）によりされた行為の破産事件における否認については、なお従前の例による。

（民事再生法の一部改正）

第三十三条　民事再生法（平成十一年法律第二百二十五号）の一部を次のように改正する。

第十二条第一項第二号、第十六条第四項第一号及び第三十二条中「第百三十四条の二第一項」を「第百三十四条の四第一項」に改める。

第四十条の二第一項中「第四百二十三条若しくは第四百二十四条」を「第四百二十三条第一項、第四百二十三条の七若しくは第四百二十四条第一項」に改め、同条第二項中「第四百二十三条」を「第四百二十三条第一項又は第四百二十三条の七」に改める。

第八十七条第一項第一号中「法定利息」を「再生手続開始の時における法定利率による利息」に改め、同項第二号中「額が」の下に「再生手続開始の時における」を加える。

第百二十七条第一項第一号ただし書及び第二号ただし書中「害する事実」を「害すること」に改める。

第百二十七条の二第一項第一号中「害する」の下に「こととなる」を加え、「この条並びに第百三十二条の二第二項及び第三項において」を削る。

第百三十二条の二第二項中「害する事実」を「害すること」に改める。

第百三十四条第一項中「次に掲げる場合には」を「次の各号に掲げる場合において、否認しようとする行為の相手方に対して否認の原因があるときは」に改め、「否認権は、」の下に「当該各号に規定する」を加え、同項に次のただし書を加える。

ただし、当該転得者が他の転得者から転得

した者である場合においては、当該転得者の前に転得した全ての転得者に対しても否認の原因があるときに限る。

第百三十四条第一項第一号及び第二号ただし書中「それぞれその前者に対する否認の原因のある」を「再生債務者がした行為が再生債権者を害する」に改め、同項第三号中「場合において、それぞれその前者に対して否認の原因が」を「者で」に改める。

第百三十四条の三を第百三十四条の五とし、第百三十四条の二を第百三十四条の四とし、第百三十四条の次に次の二条を加える。

（再生債務者の受けた反対給付に関する転得者の権利等）

第百三十四条の二　再生債務者がした第百二十七条第一項若しくは第三項又は第百二十七条の二第一項に規定する行為が転得者に対する否認権の行使によって否認されたときは、転得者は、第百三十二条の二第一項各号に掲げる区分に応じ、それぞれ当該各号に定める権利を行使することができる。ただし、同項第一号に掲げる場合において、再生債務者の受けた反対給付の価額が、第四項に規定する転得者がした反対給付又は消滅した転得者の債権の価額を超えるときは、転得者は、共益債権者として再生債務者の受けた反対給付の価額の償還を請求する権利を行使することができる。

2　前項の規定にかかわらず、第百三十二条の二第一項第二号に掲げる場合において、当該行為の当時、再生債務者が対価として取得した財産について隠匿等の処分をする意思を有し、かつ、当該行為の相手方が再生債務者がその意思を有していたことを知っていたときは、転得者は、同条第二項各号に掲げる区分に応じ、それぞれ当該各号に定める権利を行使することができる。

3　前項の規定の適用については、当該行為の相手方が第百二十七条の二第二項各号に掲げる者のいずれかであるときは、その相手方は、当該行為の当時、再生債務者が前項の隠匿等の処分をする意思を有していたことを知っていたものと推定する。

4　第一項及び第二項の規定による権利の行使は、転得者がその前者から財産を取得するためにした反対給付又はその前者から財産を取得することによって消滅した債権の価額を限度とする。

5　否認権限を有する監督委員又は管財人は、第一項に規定する行為を転得者に対する否認権の行使によって否認しようとするときは、第百三十二条第一項の規定により再生債務者財産に復すべき財産の返還に代えて、転得者に対し、当該財産の価額から前各項の規定により共益債権となる額（第百三十二条の二第一項第一号に掲げる場合（第一項ただし書に該当するときを除く。）にあっては、再生債務者の受けた反対給付の価額）を控除した額の償還を請求することができる。

（相手方の債権に関する転得者の権利）

第百三十四条の三　再生債務者がした第百二十七条の三第一項に規定する行為が転得者に対する否認権の行使によって否認された場合において、転得者がその受けた給付を返還し、又はその価額を償還したときは、転得者は、当該行為がその相手方に対する否認権の行使によって否認されたとすれば第百三十三条の規定により原状に復すべき当該行為の相手方の債権を行使することができる。この場合には、前条第四項の規定を準用する。

第百三十九条中「二十年」を「十年」に改める。

第百四十条第一項中「第四百二十四条」を「第四百二十四条第一項」に改める。

第百四十三条第五項中「中断」を「完成猶予及び更新」に改める。

第二百三十八条中「第四百二十三条」を「第四百二十三条第一項又は第四百二十三条の七」に改める。

（民事再生法の一部改正に伴う経過措置）

第三十四条　施行日前に再生手続開始の決定があった再生事件における再生債権者の議決権については、前条の規定による改正後の民事再生法（第三項において「新民事再生法」という。）第八十七条第一項の規定にかかわらず、なお従前の例による。

2　施行日前にされた再生手続開始の申立てに係る再生事件における否認及び施行日前にされた行為の再生事件における否認については、なお従前の例による。

3　施行日前にされた再生手続開始の申立てに係る再生事件における再生債務者（前条の規定による改正前の民事再生法（次項において「旧民事再生法」という。）第二条第一号に規定する再生債務者をいう。）について施行日以後に新民事再生法第二百五十二条第一項各号又は第三項に規定する破産手続開始の決定がされた場合における当該決定に係る破産事件における否認については、なお従前の例による。

4　施行日前に旧民事再生法第百四十三条第五項に規定する時効の中断の事由が生じた場合におけるその事由の効力については、なお従前の例による。

（犯罪被害者等の権利利益の保護を図るための刑事手続に付随する措置に関する法律の一部改正）

第三十五条　犯罪被害者等の権利利益の保護を図るための刑事手続に付随する措置に関する法律（平成十二年法律第七十五号）の一部を次のように改正する。

第二十八条を次のように改める。

（時効の完成猶予）

第二十八条　損害賠償命令の申立てについて、前条第一項の決定（同項第一号に該当することを理由とするものを除く。）の告知があったときは、当該告知を受けた時から六月を経過するまでの間は、時効は、完成しない。

（犯罪被害者等の権利利益の保護を図るための刑事手続に付随する措置に関する法律の一部改正に伴う経過措置）

第三十六条　施行日前に前条の規定による改正前の犯罪被害者等の権利利益の保護を図るための刑事手続に付随する措置に関する法律第二十三条第一項に規定する損害賠償命令の申立てがされた場合におけるその申立てに係る時効の特例については、前条の規定による改正後の犯罪被害者等の権利利益の保護を図るための刑事手続に付随する措置に関する法律第二十八条の規定にかかわらず、なお従前の例による。

（会社更生法の一部改正）

第三十七条　会社更生法（平成十四年法律第百五十四号）の一部を次のように改正する。

第五十二条の二第一項中「第四百二十三条若しくは第四百二十四条」を「第四百二十三条第一項、第四百二十三条の七若しくは第四百二十四条第一項」に改める。

第八十六条第一項第一号ただし書及び第二号ただし書中「害する事実」を「害すること」に改める。

第八十六条の二第一項第一号中「害する」の下に「こととなる」を加え、「この条並びに第九十一条の二第二項及び第三項において」を削る。

第八十六条の三第一項第二号ただし書及び第九十一条第二項中「害する事実」を「害すること」に改める。

第九十三条第一項中「次に掲げる場合には」を「次の各号に掲げる場合において、否認しようとする行為の相手方に対して否認の原因があるときは」に改め、「否認権は、」の下に「当該各号に規定する」を加え、同項に次のただし書を加える。

ただし、当該転得者が他の転得者から転得した者である場合においては、当該転得者の前に転得した全ての転得者に対しても否認の原因があるときに限る。

第九十三条第一項第一号及び第二号ただし書中「それぞれその前者に対する否認の原因のある」を「更生会社がした行為が更生債権者等を害する」に改め、同項第三号中「場合において、それぞれその前者に対して否認の原因が」を「者で」に改め、同条の次に次の二条を加える。

（更生会社の受けた反対給付に関する転得者の権利等）

第九十三条の二　更生会社がした第八十六条第一項若しくは第三項又は第八十六条の二第一項に規定する行為が転得者に対する否認権の行使によって否認されたときは、転得者は、第九十一条の二第一項各号に掲げる区分に応じ、それぞれ当該各号に定める権利を行使することができる。ただし、同項第一号に掲げる場合において、更生会社の受けた反対給付の価額が、第四項に規定する転得者がした反対給付又は消滅した転得者の債権の価額を超えるときは、転得者は、共益債権者として更生会社の受けた反対給付の価額の償還を請求する権利を行使することができる。

2　前項の規定にかかわらず、第九十一条の二第一項第二号に掲げる場合において、当該行為の当時、更生会社が対価として取得した財産について隠匿等の処分をする意思を有し、かつ、当該行為の相手方が更生会社がその意思を有していたことを知っていたときは、転得者は、同条第二項各号に掲げる区分に応じ、それぞれ当該各号に定める権利を行使することができる。

3　前項の規定の適用については、当該行為の相手方が第八十六条の二第二項各号に掲げる者のいずれかであるときは、その相手方は、当該行為の当時、更生会社が前項の隠匿等の処分をする意思を有していたことを知っていたものと推定する。

4　第一項及び第二項の規定による権利の行使は、転得者がその前者から財産を取得するためにした反対給付又はその前者から財産を取得することによって消滅した債権の価額を限度とする。

5　管財人は、第一項に規定する行為を転得者に対する否認権の行使によって否認しようとするときは、第九十一条第一項の規定により更生会社財産に復すべき財産の返還に代えて、転得者に対し、当該財産の価額から前各項の規定により共益債権となる額（第九十一条の二第一項第一号に掲げる場合（第一項ただし書に該当するときを除く。）にあっては、更生会社の受けた反対給付の価額）を控除した額の償還を請求することができる。

（相手方の債権に関する転得者の権利）

第九十三条の三　更生会社がした第八十六条の三第一項に規定する行為が転得者に対する否認権の行使によって否認された場合において、転得者がその受けた給付を返還し、又はその価額を償還したときは、転得者は、当該行為がその相手方に対する否認権の行使によって否認されたとすれば第九十二条の規定により原状に復すべき相手方の債権を行使することができる。この場合には、前条第四項の規定を準用する。

第九十八条中「二十年」を「十年」に改める。

第百条第四項中「中断」を「完成猶予及び更新」に改める。

第百三十六条第一項第一号中「法定利息」を「更生手続開始の時における法定利率による利息」に改め、同項第二号中「額」の下に「更生手続開始の時における」を加える。

（会社更生法の一部改正に伴う経過措置）

第三十八条　施行日前にされた更生手続開始の申立てに係る更生事件（前条の規定による改正前の会社更生法（以下この条において「旧会社更生法」という。）第二条第三項に規定する更生事件をいう。以下この条において同じ。）における否認及び施行日前にされた行為の更生事件における否認については、なお従前の例による。

2　施行日前にされた更生手続開始の申立てに係る更生事件における更生会社（旧会社更生法第二条第七項に規定する更生会社をいう。）又は開始前会社（同条第六項に規定する開始前会社をいう。）について施行日以後に前条の規定による改正後の会社更生法（第四項において「新会社更生法」という。）第二百五十四条第一項各号又は第三項に規定する破産手続開始の決定がされた場合における当該決定に係る破産事件における否認については、なお従前の例による。

3　施行日前に旧会社更生法第百条第四項に規定する時効の中断の事由が生じた場合におけるその事由の効力については、なお従前の例による。

4　施行日前に更生手続開始の決定があった更生事件における更生債権者等（旧会社更生法第二条第十三項に規定する更生債権者等をいう。）の議決権については、新会社更生法第百三十六条第一項の規定にかかわらず、なお従前の例による。

（仲裁法の一部改正）

第三十九条　仲裁法（平成十五年法律第百三十八号）の一部を次のように改正する。

第二十九条の見出しを「（仲裁手続の開始並びに時効の完成猶予及び更新）」に改め、同条第二項中「時効中断」を「時効の完成猶予及び更新」に改める。

（仲裁法の一部改正に伴う経過措置）

第四十条　施行日前に前条の規定による改正前の仲裁法第二十九条第二項に規定する時効の中断の事由が生じた場合におけるその事由の効力については、なお従前の例による。

（破産法の一部改正）

第四十一条　破産法（平成十六年法律第七十五号）の一部を次のように改正する。

第四十五条第一項中「第四百二十三条又は第四百二十四条」を「第四百二十三条第一項、第四百二十三条の七又は第四百二十四条第一項」に改める。

第九十九条第一項第二号中「法定利息」を「破産手続開始の時における法定利率による利息」に改め、同項第四号中「額が」の下に「破産手続開始の時における」を加える。

第百六十条第一項第一号ただし書及び第二号ただし書中「害する事実」を「害すること」に改める。

第百六十一条第一項第一号中「害する」の下に「こととなる」を加え、「この条並びに第百六十八条第二項及び第三項において」を削る。

第百六十二条第一項第二号ただし書及び第百六十七条第二項中「害する事実」を「害すること」に改める。

第百七十条第一項中「次に掲げる場合には」を「次の各号に掲げる場合において、否認しようとする行為の相手方に対して否認の原因があるときは」に改め、「否認権は」の下に「当該各号に規定する」を加え、同項に次のただし書を加える。

ただし、当該転得者が他の転得者から転得した者である場合においては、当該転得者の前に転得した全ての転得者に対しても否認の原因があるときに限る。

第百七十条第一項第一号及び第二号ただし書中「それぞれその前者に対する否認の原因のある」を「破産者がした行為が破産債権者を害する」に改め、同項第三号中「場合において、それぞれその前者に対して否認の原因が」を「者で」に改め、同条の次に次の二条を加える。

（破産者の受けた反対給付に関する転得者の権利等）

第百七十条の二　破産者がした第百六十条第一項若しくは第三項又は第百六十一条第一項に規定する行為が転得者に対する否認権の行使によって否認されたときは、転得者は、第百六十八条第一項各号に掲げる区分に応じ、それぞれ当該各号に定める権利を行使することができる。ただし、同項第一号に掲げる場合において、破産者の受けた反対給付の価額が、第四項に規定する転得者がした反対給付又は消滅した転得者の債権の価額を超えるとき

は、転得者は、財団債権者として破産者の受けた反対給付の価額の償還を請求する権利を行使することができる。

2　前項の規定にかかわらず、第百六十八条第一項第二号に掲げる場合において、当該行為の当時、破産者が対価として取得した財産について隠匿等の処分をする意思を有し、かつ、当該行為の相手方が破産者がその意思を有していたことを知っていたときは、転得者は、同条第二項各号に掲げる区分に応じ、それぞれ当該各号に定める権利を行使することができる。

3　前項の規定の適用については、当該行為の相手方が第百六十一条第二項各号に掲げる者のいずれかであるときは、その相手方は、当該行為の当時、破産者が前項の隠匿等の処分をする意思を有していたことを知っていたものと推定する。

4　第一項及び第二項の規定による権利の行使は、転得者がその前者から財産を取得するためにした反対給付又はその前者から財産を取得することによって消滅した債権の価額を限度とする。

5　破産管財人は、第一項に規定する行為を転得者に対する否認権の行使によって否認しようとするときは、第百六十七条第一項の規定により破産財団に復すべき財産の返還に代えて、転得者に対し、当該財産の価額から前各項の規定により財団債権となる額（第百六十八条第一項第一号に掲げる場合（第一項ただし書に該当するときを除く。）にあっては、破産者の受けた反対給付の価額）を控除した額の償還を請求することができる。

（相手方の債権に関する転得者の権利）

第百七十条の三　破産者がした第百六十二条第一項に規定する行為が転得者に対する否認権の行使によって否認された場合において、転得者がその受けた給付を返還し、又はその価額を償還したときは、転得者は、当該行為がその相手方に対する否認権の行使によって否認されたとすれば第百六十九条の規定により原状に復すべき相手方の債権を行使することができる。この場合には、前条第四項の規定を準用する。

第百七十六条中「二十年」を「十年」に改める。

第百七十八条第四項中「中断」を「完成猶予及び更新」に改める。

第二百三十五条第二項中「害する事実」を「害すること」に改める。

第二百四十四条の十第四項中「第百六十八条第二項」の下に「及び第百七十条の二第二項」を加え、「同項の」を「これらの規定に規定する」に改める。

（破産法の一部改正に伴う経過措置）

第四十二条　施行日前に破産手続開始の決定があった破産事件における劣後的破産債権（前条の規定による改正前の破産法（第三項において「旧破産法」という。）第九十九条第一項に規定する劣後的破産債権をいう。）については、なお従前の例による。

2　施行日前にされた破産手続開始の申立て又は施行日前に職権でされた破産手続開始の決定に係る破産事件における否認及び施行日前にされた行為の破産事件における否認については、なお従前の例による。

3　施行日前に旧破産法第百七十八条第四項（旧破産法第二百四十四条の十一第三項において準用する場合を含む。）に規定する時効の中断の事由が生じた場合におけるその事由の効力については、なお従前の例による。

（不動産登記法の一部改正）

第四十三条　不動産登記法（平成十六年法律第百二十三号）の一部を次のように改正する。

第九十六条中「代金」の下に「（民法第五百七十九条の別段の合意をした場合にあっては、その合意により定めた金額）」を加える。

（裁判外紛争解決手続の利用の促進に関する法律の一部改正）

第四十四条　裁判外紛争解決手続の利用の促進に関する法律（平成十六年法律第百五十一号）の一部を次のように改正する。

第一条中「かんがみ」を「鑑み」に、「中断等」を「完成猶予等」に改める。

第二十五条の見出し及び同条第一項中「中断」を「完成猶予」に改める。

（裁判外紛争解決手続の利用の促進に関する法律の一部改正に伴う経過措置）

第四十五条　施行日前に認証紛争解決手続（前条の規定による改正前の裁判外紛争解決手続の利用の促進に関する法律第二条第三号に規定する認証紛争解決手続をいう。）においてその目的となった請求がされた場合におけるその請求に係る時効の特例については、前条の規定による改正後の裁判外紛争解決手続の利用の促進に関する法律第二十五条の規定にかかわらず、なお従前の例による。

（会社法の一部改正）

第四十六条　会社法（平成十七年法律第八十六号）の一部を次のように改正する。

第二十三条の二第一項ただし書中「害すべき事実」を「害すること」に改め、同条第二項中「二十年」を「十年」に改める。

第五十一条第一項中「第九十三条ただし書」を「第九十三条第一項ただし書」に改め、同条第二項中「を理由として設立時発行株式の引受けの無効を主張し、又は詐欺若しくは」を「、詐欺又は」に改める。

第百二条第五項中「第九十三条ただし書」を「第九十三条第一項ただし書」に改め、同条第六項中「を理由として設立時発行株式の引受けの無効を主張し、又は詐欺若しくは」を「、詐欺又は」に改める。

第百十七条第四項、第百十九条第四項、第百七十二条第四項、第百七十九条の八第二項及び第百八十二条の五第四項中「年六分の利率により算定した」を「法定利率による」に改める。

第二百十一条第一項中「第九十三条ただし書」を「第九十三条第一項ただし書」に改め、同条第二項中「を理由として募集株式の引受けの無効を主張し、又は詐欺若しくは」を「、詐欺又は」に改める。

第三百五十六条第二項中「同項第二号」の下に「又は第三号」を加える。

第四百七十条第四項中「年六分の利率により算定した」を「法定利率による」に改める。

第五百四十五条第三項中「中断」を「完成猶予及び更新」に改める。

第五百八十一条第二項中「ときは」の下に「、これらの権利の行使によって持分会社がその債務を免れるべき限度において」を加える。

第五百九十三条第四項中「第六百四十八条第二項」の下に「、第六百四十八条の二」を加え、「第六百四十八条第三項」を「第六百四十八条第三項第一号中「委任事務」とあり、及び同項第二号」に改める。

第五百九十五条第二項中「同項第一号」を「同項各号」に改める。

第六百十一条第六項中「年六分の利率により算定した」を「法定利率による」に改める。

第七百一条第一項中「償還請求権は、」の下に「これを行使することができる時から」を加え、同条第二項中「請求権は、」の下に「これらを行使することができる時から」を加える。

第七百五条第三項中「請求権は、」の下に「これを行使することができる時から」を加える。

第七百五十九条第四項ただし書中「害すべき事実」を「害すること」に改め、同条第六項中「二十年」を「十年」に改める。

第七百六十一条第四項ただし書中「害すべき事実」を「害すること」に改め、同条第六項中「二十年」を「十年」に改める。

第七百六十四条第六項及び第七百六十六条第六項中「二十年」を「十年」に改める。

第七百七十八条第四項、第七百八十六条第四項、第七百八十八条第四項、第七百九十八条第

四項、第八百七条第四項及び第八百九条第四項中「年六分の利率により算定した」を「法定利率による」に改める。

第八百六十三条第二項中「第四百二十五条及び第四百二十六条」を「第四百二十四条の五、第四百二十四条の七第二項及び第四百二十五条から第四百二十六条まで」に、「、「会社法」を「会社法」に改め、「掲げる行為によって」と」の下に「、同法第四百二十四条の五第一号中「債務者」とあるのは「清算持分会社（会社法第六百四十五条に規定する清算持分会社をいい、合名会社及び合資会社に限る。以下同じ。）」と、同条第二号並びに同法第四百二十四条の七第二項及び第四百二十五条から第四百二十六条までの規定中「債務者」とあるのは「清算持分会社」と」を加える。

第八百六十五条第四項中「及び第四百二十五条」を「、第四百二十四条の五、第四百二十四条の七第二項及び第四百二十五条から第四百二十五条の四まで」に、「害すべき事実」を「害すること」に改め、「であること」と」の下に「、同法第四百二十四条の五各号中「債権者を害すること」とあるのは「著しく不公正であること」と」を加える。

（会社法の一部改正に伴う経過措置）

第四十七条　施行日前に会社の他の会社に対する事業の譲渡に係る契約が締結された場合におけるその事業の譲渡については、前条の規定による改正後の会社法（以下この条において「新会社法」という。）第二十三条の二第一項及び第二項の規定にかかわらず、なお従前の例による。

2　施行日前にされた意思表示に係る設立時発行株式（前条の規定による改正前の会社法（以下この条において「旧会社法」という。）第二十五条第一項第一号に規定する設立時発行株式をいう。）の引受けについては、新会社法第五十一条並びに第百二条第五項及び第六項の規定にかかわらず、なお従前の例による。

3　次の各号に掲げる裁判所が決定した価格に対する利息については、当該各号に定める規定にかかわらず、なお従前の例による。

一　施行日前に旧会社法第百十六条第一項各号の行為に係る決議をするための株主総会の招集手続が開始された場合（同項各号の行為をするために株主総会の決議を要しない場合にあっては、当該行為に係る取締役会の決議又は取締役若しくは執行役の決定が行われたとき）におけるその行為に係る株式買取請求について裁判所が決定した価格　新会社法第百十七条第四項

二　施行日前に旧会社法第百十八条第一項各号に掲げる定款の変更に係る決議をするための株主総会の招集手続が開始された場合におけるその定款の変更に係る新株予約権買取請求について裁判所が決定した価格　新会社法第百十九条第四項

三　施行日前に旧会社法第百七十一条第一項の決議をするための株主総会の招集手続が開始された場合におけるその全部取得条項付種類株式の取得について裁判所が決定した価格　新会社法第百七十二条第四項

四　施行日前に旧会社法第百七十九条の三第一項の規定による通知がされた場合におけるその株式等売渡請求について裁判所が決定した価格　新会社法第百七十九条の八第二項

五　施行日前に旧会社法第百八十条第二項の決議をするための株主総会の招集手続が開始された場合におけるその株式の併合に係る株式買取請求について裁判所が決定した価格　新会社法第百八十二条の五第四項

六　施行日前に事業譲渡等（旧会社法第四百六十八条第一項に規定する事業譲渡等をいう。以下この号において同じ。）に係る契約が締結された場合におけるその事業譲渡等に係る株式買取請求について裁判所が決定した価格　新会社法第四百七十条第四項

4　施行日前にされた意思表示に係る募集株式（旧会社法第百九十九条第一項に規定する募集株式をいう。）の引受けについては、新会社法第二百十一条の規定にかかわらず、なお従前の例による。

5　施行日前に取締役、執行役又は清算株式会社（旧会社法第四百七十六条に規定する清算株式会社をいう。）の清算人となった者の利益相反取引については、新会社法第三百五十六条第二項（新会社法第四百十九条第二項及び第四百八十二条第四項において準用する場合を含む。）の規定にかかわらず、なお従前の例による。

6　施行日前に旧会社法第五百四十五条第三項に規定する時効の中断の事由が生じた場合におけるその事由の効力については、なお従前の例による。

7　施行日前に持分会社（旧会社法第五百七十五条第一項に規定する持分会社をいう。以下この条において同じ。）の社員となった者の当該持分会社の債務を弁済する責任については、新会社法第五百八十一条第二項の規定にかかわらず、なお従前の例による。

8　施行日前に持分会社の業務を執行する社員又は旧会社法第五百九十八条第一項の規定により選任された社員の職務を行うべき者（次項において単に「社員の職務を行うべき者」という。）となった者の報酬については、新会社法第五百九十三条第四項（新会社法第五百九十八条第二項において準用する場合を含む。）において準用する民法改正法による改正後の民法（以下「新民法」という。）第六百四十八条第三項及び第六百四十八条の二の規定にかかわらず、なお従前の例による。

9　施行日前に持分会社の業務を執行する社員、社員の職務を行うべき者又は清算持分会社（旧会社法第六百四十五条に規定する清算持分会社をいう。）の清算人となった者の利益相反取引については、新会社法第五百九十五条第二項（新会社法第五百九十八条第二項及び第六百五十一条第二項において準用する場合を含む。）の規定にかかわらず、なお従前の例による。

10　施行日前に提起された除名の訴えに係る退社に伴う持分の払戻しについては、新会社法第六百十一条第六項の規定にかかわらず、なお従前の例による。

11　施行日前に合併契約、吸収分割契約若しくは株式交換契約が締結され、又は組織変更計画、新設分割計画若しくは株式移転計画が作成された組織変更、合併、吸収分割、新設分割、株式交換又は株式移転については、なお従前の例による。

12　施行日前に旧会社法第八百六十三条第一項各号に掲げる行為がされた場合におけるその行為に係る取消しの請求については、新会社法第八百六十三条第二項の規定にかかわらず、なお従前の例による。

13　施行日前に旧会社法第八百六十五条第一項に規定する行為がされた場合におけるその行為に係る取消しの請求については、新会社法第八百六十五条第四項の規定にかかわらず、なお従前の例による。

（会社法の施行に伴う関係法律の整備等に関する法律の一部改正）

第四十八条　会社法の施行に伴う関係法律の整備等に関する法律（平成十七年法律第八十七号）の一部を次のように改正する。

第二百三十条第三項第一号を次のように改める。

二　金銭債権（民法第三編第一章第七節第一款に規定する指図証券、同節第二款に規定する記名式所持人払証券、同節第三款に規定するその他の記名証券及び同節第四款に規定する無記名証券に係る債権並びに電子記録債権法（平成十九年法律第百二号）第二条第一項に規定する電子記録債権を除く。）

（一般社団法人及び一般財団法人に関する法律の一部改正）

第四十九条　一般社団法人及び一般財団法人に関する法律（平成十八年法律第四十八号）の一部

を次のように改正する。

第八十四条第二項中「同項第二号」の下に「又は第三号」を加える。

第百四十条第一項中「第九十三条ただし書」を「第九十三条第一項ただし書」に改め、同条第二項中「を理由として基金の引受けの無効を主張し、又は詐欺若しくは」を「、詐欺又は」に改める。

第百六十五条の見出し中「無効又は」を削り、同条中「を理由として財産の拠出の無効を主張し、又は詐欺若しくは」を「、詐欺又は」に改める。

（一般社団法人及び一般財団法人に関する法律の一部改正に伴う経過措置）

第五十条　施行日前に理事又は清算人となった者の利益相反取引については、前条の規定による改正後の一般社団法人及び一般財団法人に関する法律（以下この条において「新一般社団・財団法人法」という。）第八十四条第二項（新一般社団・財団法人法第百九十七条及び第二百十三条第四項において準用する場合を含む。）の規定にかかわらず、なお従前の例による。

2　施行日前にされた意思表示に係る基金（前条の規定による改正前の一般社団法人及び一般財団法人に関する法律第百三十一条に規定する基金をいう。）の引受けについては、新一般社団・財団法人法第百四十条の規定にかかわらず、なお従前の例による。

3　施行日前にされた意思表示に係る財産の拠出については、新一般社団・財団法人法第百六十五条の規定にかかわらず、なお従前の例による。

（信託法の一部改正）

第五十一条　信託法（平成十八年法律第百八号）の一部を次のように改正する。

第十一条第一項中「害すべき事実を知って」を「害することを知って」に、「第四百二十四条第一項の規定による取消しを裁判所に請求する」を「第四百二十四条第三項に規定する詐害行為取消請求をする」に改め、ただし書を次のように改める。

ただし、受益者が現に存する場合においては、当該受益者（当該受益者の中に受益権を譲り受けた者がある場合にあっては、当該受益者及びその前に受益権を譲り渡した全ての者）の全部が、受益者としての指定（信託行為の定めにより又は第八十九条第一項に規定する受益者指定権等の行使により受益者又は変更後の受益者として指定されることをいう。以下同じ。）を受けたことを知った時（受益権を譲り受けた者にあっては、受益権を譲り受けた時）において債権者を害することを知っていたときに限る。

第十一条第二項中「請求」を「詐害行為取消請求」に、「害すべき事実」を「害すること」に改め、同項ただし書中「取消し」を「詐害行為取消請求」に改め、同条第四項中「第四百二十四条第一項の規定による取消しを裁判所に請求する」を「第四百二十四条第三項に規定する詐害行為取消請求をする」に改め、ただし書を次のように改める。

ただし、当該受益者（当該受益者が受益権を譲り受けた者である場合にあっては、当該受益者及びその前に受益権を譲り渡した全ての者）が、受益者としての指定を受けたことを知った時（受益権を譲り受けた者にあっては、受益権を譲り受けた時）において債権者を害することを知っていたときに限る。

第十一条第七項中「害すべき事実」を「害すること」に改める。

第十二条第一項中「受けた者」の下に「が、その行為の当時」を加え、「、「これによって利益を受けた受益者の全部又は一部」を「「受益者が現に存する場合においては、当該受益者（当該受益者の中に受益権を譲り受けた者がある場合にあっては、当該受益者及びその前に受益権を譲り渡した全ての者）の全部が信託法第十一条第一項に規定する受益者としての指定を受けたことを知った時（受益権を譲り受けた者にあっては、受益権を譲り受けた時）において」と、「知らなかったときは、この限りでない」とあるのは「知っていたときに限る」に改め、同条第三項中「受けた者」の下に「が、その行為の当時」を加え、「、「これによって利益を受けた受益者の全部又は一部」を「「受益者が現に存する場合においては、当該受益者（当該受益者の中に受益権を譲り受けた者がある場合にあっては、当該受益者及びその前に受益権を譲り渡した全ての者）の全部が信託法（平成十八年法律第百八号）第十一条第一項に規定する受益者としての指定を受けたことを知った時（受益権を譲り受けた者にあっては、受益権を譲り受けた時）において」と、「知らなかったときは、この限りでない」とあるのは「知っていたときに限る」に改める。

第二十三条第二項ただし書を削り、同条第三項中「第十一条第七項」を「第十一条第一項ただし書、第七項」に改める。

第四十三条の見出し中「損失てん補責任等」を「損失塡補責任等」に改め、同条第二項を次のように改める。

2　第四十一条の規定による責任に係る債権は、次に掲げる場合には、時効によって消滅する。

一　受益者が当該債権を行使することができることを知った時から五年間行使しないとき。

二　当該債権を行使することができる時から十年間行使しないとき。

第五十四条第四項中「第三項」の下に「並びに第六百四十八条の二」を加える。

第九十三条第二項を次のように改める。

2　前項の規定にかかわらず、受益権の譲渡を禁止し、又は制限する旨の信託行為の定め（以下この項において「譲渡制限の定め」という。）は、その譲渡制限の定めがされたことを知り、又は重大な過失によって知らなかった譲受人その他の第三者に対抗することができる。

第九十六条第二項を次のように改める。

2　前項の規定にかかわらず、受益権の質入れを禁止し、又は制限する旨の信託行為の定め（以下この項において「質入制限の定め」という。）は、その質入制限の定めがされたことを知り、又は重大な過失によって知らなかった質権者その他の第三者に対抗することができる。

（信託法の一部改正に伴う経過措置）

第五十二条　施行日前にされた信託の詐害行為取消請求、否認並びに受益権の譲渡し及び返還の請求については、なお従前の例による。

2　施行日前にされた信託に係る信託財産に属する財産に対する強制執行等の制限等については、前条の規定による改正後の信託法（第四項において「新信託法」という。）第二十三条第二項及び第三項の規定にかかわらず、なお従前の例による。

3　施行日前に前条の規定による改正前の信託法（以下この条において「旧信託法」という。）第四十一条又は第二百五十四条第一項の規定による責任に係る債権が生じた場合におけるその債権の消滅時効の期間については、なお従前の例による。

4　施行日前にされた信託に係る受託者の信託報酬については、新信託法第五十四条第四項において準用する新民法第六百四十八条第三項及び第六百四十八条の二の規定にかかわらず、なお従前の例による。

5　施行日前に旧信託法第九十三条第二項に規定する別段の定めがされた場合における受益権の譲渡については、なお従前の例による。

6　施行日前に旧信託法第九十六条第二項に規定する別段の定めがされた場合における受益権の質入れについては、なお従前の例による。

（電子記録債権法の一部改正）

第五十三条　電子記録債権法（平成十九年法律第百二号）の一部を次のように改正する。

第十二条の見出し中「無効又は」を削り、同

条第一項中「第九十三条ただし書若しくは第九十五条の規定による無効又は同法」を「第九十五条第一項又は」に改め、「及び第二項」を削り、「取消しに」を「強迫による意思表示の取消しに」に改め、同条第二項第二号中「無効又は」を削る。

第十三条中「第百十七条第二項」を「第百十七条第二項第二号」に、「同項」を「同号」に改める。

第十六条第一項第四号中「不可分債権」の下に「又は連帯債権」を加える。

第二十三条中「電子記録債権は、」の下に「これを行使することができる時から」を加える。

第三十四条第二項中「の債権による相殺」を「が主張することができる抗弁」に改め、同条に次の一項を加える。

3　第一項の規定にかかわらず、前項に規定する場合において、主たる債務者が債権者に対して相殺権、取消権又は解除権を有するときは、これらの権利の行使によって主たる債務者がその債務を免れるべき限度において、当該電子記録保証人は、債権者に対して債務の履行を拒むことができる。

第三十五条第一項中「第四百五十九条」の下に「、第四百五十九条の二」を加える。

第七十七条第二項及び第三項中「指名債権」を「債権」に改める。

（電子記録債権法の一部改正に伴う経過措置）

第五十四条　施行日前に電子記録（前条の規定による改正前の電子記録債権法（第三項において「旧電子記録債権法」という。）第二条第一項に規定する電子記録をいう。）の請求における相手方にされた意思表示については、前条の規定による改正後の電子記録債権法（以下この条において「新電子記録債権法」という。）第十二条の規定にかかわらず、なお従前の例による。

2　施行日前に無権代理人が代理人として行為をした場合におけるその無権代理人の責任については、新電子記録債権法第十三条の規定にかかわらず、なお従前の例による。

3　施行日前にされた電子記録保証（旧電子記録債権法第二条第九項に規定する電子記録保証をいう。）については、新電子記録債権法第三十四条第二項及び第三項並びに第三十五条第一項の規定にかかわらず、なお従前の例による。

（保険法の一部改正）

第五十五条　保険法（平成二十年法律第五十六号）の一部を次のように改正する。

第九十五条第一項中「三年間行わない」を「これらを行使することができる時から三年間行使しない」に改め、同条第二項中「一年間行わない」を「これを行使することができる時から一年間行使しない」に改める。

（非訟事件手続法の一部改正）

第五十六条　非訟事件手続法（平成二十三年法律第五十一号）の一部を次のように改正する。

目次中「裁判上の代位に関する事件（第八十五条―第九十一条）」を「削除」に改める。

第三編第一章を次のように改める。

第一章　削除

第八十五条から第九十一条まで　削除

第九十二条第一項中「民法」の下に「（明治二十九年法律第八十九号）」を加える。

第九十四条第五項中「第六百五十八条第一項」の下に「及び第二項」を加え、「及び」を「並びに」に改める。

（非訟事件手続法の一部改正に伴う経過措置）

第五十七条　民法改正法附則第十八条第一項の規定によりなお従前の例によることとされる債権者代位権に関する非訟事件の手続については、なお従前の例による。

2　施行日前に前条の規定による改正前の非訟事件手続法第九十四条第二項の規定により選任し、又は同条第三項の規定により改任された保管者の寄託物の保管については、なお従前の例による。

（大規模な災害の被災地における借地借家に関する特別措置法の一部改正）

第五十八条　大規模な災害の被災地における借地借家に関する特別措置法（平成二十五年法律第六十一号）の一部を次のように改正する。

第四条第三項及び第四項を削る。

（大規模な災害の被災地における借地借家に関する特別措置法の一部改正に伴う経過措置）

第五十九条　施行日前に前条の規定による改正前の大規模な災害の被災地における借地借家に関する特別措置法第四条第一項又は第二項の規定により第三者に対抗することができる借地権の目的である土地の売買契約が締結された場合におけるその契約に係る契約の解除及び損害賠償の請求については、なお従前の例による。

第二章　内閣官房関係

（国家公務員災害補償法の一部改正）

第六十条　国家公務員災害補償法（昭和二十六年法律第百九十一号）の一部を次のように改正する。

第二十四条第三項中「中断」を「完成猶予及び更新」に改める。

第二十八条中「権利は、」の下に「これを行使することができる時から」を加え、「行わない」を「行使しない」に改める。

（国家公務員災害補償法の一部改正に伴う経過措置）

第六十一条　施行日前に前条の規定による改正前の国家公務員災害補償法第二十四条第三項に規定する時効の中断の事由が生じた場合におけるその事由の効力については、なお従前の例による。

第三章　内閣府関係

第一節　本府関係

（子ども・子育て支援法の一部改正）

第六十二条　子ども・子育て支援法（平成二十四年法律第六十五号）の一部を次のように改正する。

第七十八条第一項中「権利は、」の下に「これらを行使することができる時から」を加え、同条第二項中「中断」を「完成猶予及び更新」に改め、同条第三項中「民法第百五十三条の規定にかかわらず、時効中断」を「時効の更新」に改める。

（子ども・子育て支援法の一部改正に伴う経過措置）

第六十三条　施行日前に前条の規定による改正前の子ども・子育て支援法第七十八条第二項又は第三項に規定する時効の中断の事由が生じた場合におけるその事由の効力については、なお従前の例による。

（大規模災害からの復興に関する法律の一部改正）

第六十四条　大規模災害からの復興に関する法律（平成二十五年法律第五十五号）の一部を次のように改正する。

第三十六条の五中「第四百九十四条後段」を「第四百九十四条第二項ただし書」に、「同条後段中「過失なく」を「同項ただし書中「過失」に、「重大な過失なく」を「重大な過失」に改める。

（大規模災害からの復興に関する法律の一部改正に伴う経過措置）

第六十五条　施行日前に前条の規定による改正前の大規模災害からの復興に関する法律第三十六条の五に規定する損失補償額の払渡しの義務が生じた場合におけるその損失補償額の供託については、なお従前の例による。

第二節　国家公安委員会関係

（古物営業法の一部改正）

第六十六条　古物営業法（昭和二十四年法律第百八号）の一部を次のように改正する。

第二十条中「商法（明治三十二年法律第四十八号）第五百十九条に規定する有価証券」を「指図証券、記名式所持人払証券（民法（明治二十九年法律第八十九号）第五百二十条の十三に規定する記名式所持人払証券をいう。）及び無記名証券」に改める。

（古物営業法の一部改正に伴う経過措置）

第六十七条　施行日前に発行された有価証券に係

る回復の求めについては、前条の規定による改正後の古物営業法第二十条の規定にかかわらず、なお従前の例による。

（警察官の職務に協力援助した者の災害給付に関する法律等の一部改正）

第六十八条　次に掲げる法律の規定中「二年間行わない」を「これを行使することができる時から二年間行使しない」に改める。

一　警察官の職務に協力援助した者の災害給付に関する法律（昭和二十七年法律第二百四十五号）第九条

二　犯罪被害者等給付金の支給等による犯罪被害者等の支援に関する法律（昭和五十五年法律第三十六号）第十六条

三　オウム真理教犯罪被害者等を救済するための給付金の支給に関する法律（平成二十年法律第八十号）第十三条

（暴力団員による不当な行為の防止等に関する法律の一部改正）

第六十九条　暴力団員による不当な行為の防止等に関する法律（平成三年法律第七十七号）の一部を次のように改正する。

第九条第二十号中「に瑕疵がない」を「が契約の内容に適合している」に、「瑕疵」を「不適合」に改める。

第三節　金融庁関係

（金融商品取引法の一部改正）

第七十条　金融商品取引法（昭和二十三年法律第二十五号）の一部を次のように改正する。

第二十条を次のように改める。

（虚偽記載のある届出書の届出者等に対する賠償請求権の時効）

第二十条　第十八条の規定による賠償の請求権は、次に掲げる場合には、時効によつて消滅する。

一　請求権者が有価証券届出書又は目論見書のうちに重要な事項について虚偽の記載があり、又は記載すべき重要な事項若しくは誤解を生じさせないために必要な重要な事実の記載が欠けていたことを知つた時又は相当な注意をもつて知ることができる時から三年間行使しないとき。

二　当該有価証券の募集又は売出しに係る第四条第一項から第三項までの規定による届出がその効力を生じた時又は当該目論見書の交付があつた時から七年間（第十条第一項又は第十一条第一項の規定による停止命令があつた場合には、当該停止命令があつた日からその解除があつた日までの期間は、算入しない。）行使しないとき。

第二十一条の三中「有価証券届出書若しくは」を「同条第一号中「有価証券届出書又は」に、「当該有価証券の募集若しくは」を「同条第二号中「当該有価証券の募集又は」に改める。

第二十三条の二中「第二十条前段」を「第二十条第一号」に改める。

第二十三条の十二第五項中「第二十条」を「第二十条第一号」に、「、「第四条第一項」を「、同条第二号中「第四条第一項」に改める。

第二十七条の十二第一項中「第二十七条の二十一第一項及び第二項」を「第二十七条の二十一第一項第二号及び第二項第二号」に改める。

第二十七条の二十一を次のように改める。

（公開買付けに係る違反行為による賠償請求権の時効）

第二十七条の二十一　第二十七条の十七第一項の規定による請求権及び第二十七条の十八第二項の規定の適用がある場合における同条第一項の規定による請求権は、次に掲げる場合には、時効によつて消滅する。

一　請求権者が当該違反を知つた時又は相当な注意をもつて知ることができる時から一年間行使しないとき。

二　当該公開買付けに係る公開買付期間の末日の翌日から起算して五年間行使しないとき。

2　前条第二項の規定の適用がある場合における同条第一項の規定による請求権は、次に掲げる場合には、時効によつて消滅する。

一　請求権者が公開買付開始公告等、公開買付届出書、公開買付説明書又は対質問回答報告書のうちに重要な事項について虚偽の記載若しくは表示があり、又は記載若しくは表示すべき重要な事項若しくは誤解を生じさせないために必要な重要な事実の記載が欠けていることを知つた時又は相当な注意をもつて知ることができる時から一年間行使しないとき。

二　当該公開買付けに係る公開買付期間の末日の翌日から起算して五年間行使しないとき。

第二十七条の三十三中「第十八条」と、「有価証券届出書若しくは」を「第十八条第一項」と、同条第一号中「有価証券届出書又は」に、「有価証券の募集若しくは」を「同条第二号中「有価証券の募集又は」に改める。

第百一条の十五第一項中「第九十三条ただし書」を「第九十三条第一項ただし書」に改め、同条第二項中「を理由として組織変更時発行株式の引受けの無効を主張し、又は詐欺若しくは」を「、詐欺又は」に改める。

第百五十六条の五十一の見出し及び同条第一項中「中断」を「完成猶予」に改める。

（金融商品取引法の一部改正に伴う経過措置）

第七十一条　前条の規定による改正前の金融商品取引法（以下この条において「旧金融商品取引法」という。）第二十条後段（旧金融商品取引法第二十一条の三（旧金融商品取引法第二十七条及び第二十七条の三十四において準用する場合を含む。）、第二十三条の十二第五項（旧金融商品取引法第二十七条において準用する場合を含む。）、第二十七条及び第二十七条の三十三において準用する場合を含む。）、第二十七条の二十一第一項後段（旧金融商品取引法第二十七条の二十二の二第二項において準用する場合を含む。）又は第二十七条の二十一第二項後段に規定する期間がこの法律の施行の際既に経過していた場合におけるその期間の制限については、なお従前の例による。

2　施行日前にされた意思表示に係る組織変更時発行株式（旧金融商品取引法第百一条の九第一号に規定する組織変更時発行株式をいう。）の引受けについては、前条の規定による改正後の金融商品取引法（次項において「新金融商品取引法」という。）第百一条の十五の規定にかかわらず、なお従前の例による。

3　施行日前に紛争解決手続（旧金融商品取引法第百五十六条の三十八第十項に規定する紛争解決手続をいう。）においてその目的となつた請求がされた場合におけるその請求に係る時効の特例については、新金融商品取引法第百五十六条の五十一の規定にかかわらず、なお従前の例による。

（船主相互保険組合法の一部改正）

第七十二条　船主相互保険組合法（昭和二十五年法律第百七十七号）の一部を次のように改正する。

第三十七条第一項中「双方代理」を「双方代理等」に改める。

（投資信託及び投資法人に関する法律の一部改正）

第七十三条　投資信託及び投資法人に関する法律（昭和二十六年法律第百九十八号）の一部を次のように改正する。

第百三十九条の九第三項中「請求権は、」の下に「これを行使することができる時から」を加える。

（信用金庫法の一部改正）

第七十四条　信用金庫法（昭和二十六年法律第二百三十八号）の一部を次のように改正する。

第三十五条の五第二項中「双方代理」を「双方代理等」に、「同項第一号」を「同項各号」に改める。

第五十三条第三項第五号の二中「指名金銭債権」を「金銭債権（民法第三編第一章第七節第一款（指図証券）に規定する

指図証券、同節第二款（記名式所持人払証券）に規定する記名式所持人払証券、同節第三款（その他の記名証券）に規定するその他の記名証券及び同節第四款（無記名証券）に規定する無記名証券に係る債権並びに電子記録債権法（平成十九年法律第百二号）第二条第一項（定義）に規定する電子記録債権を除く。以下この号において同じ。）又は金銭債権」に改め、「限る」の下に「。以下この号において同じ」を加え、「これ」を「特定社債」に改める。

　第五十四条の十七中「消滅時効は」の下に「、その権利を行使することができる時から」を加える。

（信用金庫法の一部改正に伴う経過措置）

第七十五条　施行日前に理事又は清算人となった者の利益相反取引については、前条の規定による改正後の信用金庫法（以下この条において「新信用金庫法」という。）第三十五条の五第二項（新信用金庫法第六十四条において準用する場合を含む。）の規定にかかわらず、なお従前の例による。

（長期信用銀行法の一部改正）

第七十六条　長期信用銀行法（昭和二十七年法律第百八十七号）の一部を次のように改正する。

　第十二条中「消滅時効は」の下に「、その権利を行使することができる時から」を加える。

（労働金庫法の一部改正）

第七十七条　労働金庫法（昭和二十八年法律第二百二十七号）の一部を次のように改正する。

　第三十七条の三第二項中「双方代理」を「双方代理等」に、「同項第一号」を「同項各号」に改める。

　第五十八条第二項第十一号の二中「指名金銭債権又は指名金銭債権」を「金銭債権（民法第三編第一章第七節第一款（指図証券）に規定する指図証券、同節第二款（記名式所持人払証券）に規定する記名式所持人払証券、同節第三款（その他の記名証券）に規定するその他の記名証券及び同節第四款（無記名証券）に規定する無記名証券に係る債権並びに電子記録債権法（平成十九年法律第百二号）第二条第一項（定義）に規定する電子記録債権を除く。以下この号において同じ。）又は金銭債権」に改め、「限る」の下に「。以下この号において同じ」を加え、「これ」を「特定社債」に改める。

（労働金庫法の一部改正に伴う経過措置）

第七十八条　施行日前に理事又は清算人となった者の利益相反取引については、前条の規定による改正後の労働金庫法（以下この条において「新労働金庫法」という。）第三十七条の三第二項（新労働金庫法第六十八条において準用する場合を含む。）の規定にかかわらず、なお従前の例による。

（預金保険法の一部改正）

第七十九条　預金保険法（昭和四十六年法律第三十四号）の一部を次のように改正する。

　第百三十一条第一項中「譲渡禁止の特約のある債権の譲渡（第六項において「債務の引受け等」という。）」を「契約上の地位の移転」に、「譲渡禁止の特約のある債権に係る債務者（第六項において「移転債権者等」という。）」を「契約上の地位に係る契約の相手方」に改め、同条第八項中「第三項」を「第四項」に改め、同項を同条第九項とし、同条第七項中「第三項」を「第四項」に改め、同項を同条第八項とし、同条第六項中「移転債権者等が第三項」を「第一項の決定があつた場合における当該決定に係る特定事業譲渡等により救済金融機関又は特定救済金融機関等が引き受ける債務に係る債権者、救済金融機関又は特定救済金融機関等が譲り受ける譲渡制限の意思表示がされた債権に係る債務者及び救済金融機関又は特定救済金融機関等が譲り受ける契約上の地位に係る契約の相手方（以下この項において「移転債権者等」という。）が第四項」に、「債務の引受け等は」を「当該特定事業譲渡等に係る債務の引受け、譲渡制限の意思表示がされた債権の譲渡及び契約上の地位の移転（以下この項において「債務の引受け等」という。）は、」に改め、同項を同条第七項とし、同条第五項中「第三項」を「第四項」に改め、同項を同条第六項とし、同条第四項を同条第五項とし、同条第三項中「及び譲渡禁止の特約のある」を「、譲渡制限の意思表示がされた」に改め、「債務者」の下に「及び契約上の地位に係る契約の相手方」を加え、同項を同条第四項とし、同条第二項中「前項」を「第一項」に改め、同項を同条第三項とし、同条第一項の次に次の一項を加える。

2　民法第四百六十六条第三項及び第四百六十六条の五第一項の規定は、前項の決定があつた場合における当該決定に係る特定事業譲渡等に係る譲渡制限の意思表示（同法第四百六十六条第二項に規定する譲渡制限の意思表示をいう。第四項及び第七項において同じ。）がされた債権の譲渡については、適用しない。

　第百五十一条第一項第八号中「第百三十一条第八項」を「第百三十一条第九項」に改める。

（預金保険法の一部改正に伴う経過措置）

第八十条　施行日前に債権の譲渡の原因である法律行為がされた場合におけるその債権の譲渡については、前条の規定による改正後の預金保険法第百三十一条第二項、第四項及び第七項の規定にかかわらず、なお従前の例による。

（銀行法の一部改正）

第八十一条　銀行法（昭和五十六年法律第五十九号）の一部を次のように改正する。

　第十条第二項第五号の二中「指名金銭債権又は指名金銭債権」を「金銭債権（民法（明治二十九年法律第八十九号）第三編第一章第七節第一款（指図証券）に規定する指図証券、同節第二款（記名式所持人払証券）に規定する記名式所持人払証券、同節第三款（その他の記名証券）に規定するその他の記名証券及び同節第四款（無記名証券）に規定する無記名証券に係る債権並びに電子記録債権法（平成十九年法律第百二号）第二条第一項（定義）に規定する電子記録債権を除く。以下この号において同じ。）又は金銭債権」に改め、「限る」の下に「。以下この号において同じ」を加え、「これ」を「特定社債」に改める。

　第三十六条第二項中「（明治二十九年法律第八十九号）」を削り、「指名債権」を「債権」に改める。

　第五十二条の五十九第五項中「期間の制限」を「消滅時効）及び第七百二十四条の二（人の生命又は身体を害する不法行為による損害賠償請求権の消滅時効」に改める。

　第五十二条の七十四の見出し及び同条第一項中「中断」を「完成猶予」に改める。

（銀行法の一部改正に伴う経過措置）

第八十二条　前条の規定による改正前の銀行法（以下この条において「旧銀行法」という。）第五十二条の五十九第五項において準用する旧民法第七百二十四条後段に規定する期間がこの法律の施行の際既に経過していた場合におけるその期間の制限については、なお従前の例による。

2　前条の規定による改正後の銀行法（次項において「新銀行法」という。）第五十二条の五十九第五項において準用する新民法第七百二十四条の二の規定は、旧銀行法第五十二条の五十九第一項及び第三項の請求権の同条第五項において準用する旧民法第七百二十四条前段に規定する時効がこの法律の施行の際既に完成していた場合については、適用しない。

3　施行日前に紛争解決手続（旧銀行法第二条第二十項に規定する紛争解決手続をいう。）においてその目的となった請求がされた場合におけるその請求に係る時効の特例については、新銀行法第五十二条の七十四の規定にかかわらず、なお従前の例による。

（貸金業法の一部改正）

第八十三条　貸金業法（昭和五十八年法律第三十二号）の一部を次のように改正する。

　第四十一条の五十一の見出し及び同条第一項中「中断」を「完成猶予」に改める。

（貸金業法の一部改正に伴う経過措置）

第八十四条　施行日前に紛争解決手続（前条の規定による改正前の貸金業法第二条第二十一項に規定する紛争解決手続をいう。）においてその目的となった請求がされた場合におけるその請求に係る時効の特例については、前条の規定による改正後の貸金業法第四十一条の五十一の規定にかかわらず、なお従前の例による。

（保険業法の一部改正）

第八十五条　保険業法（平成七年法律第百五号）の一部を次のように改正する。

第二十一条の見出しを「（会社法等の準用）」に改め、同条第二項中「及び第五百二十三条」を削る。

第三十条の五第二項中「第九十三条ただし書」を「第九十三条第一項ただし書」に改め、同条第三項中「を理由として設立時に募集をする基金の拠出の無効を主張し、又は詐欺若しくは」を「、詐欺又は」に改める。

第三十六条中「三年間行わない」を「これを行使することができる時から三年間行使しない」に改める。

第六十一条の七第三項中「請求権は、」の下に「これを行使することができる時から」を加える。

第九十六条の三第一項中「第九十三条ただし書」を「第九十三条第一項ただし書」に改め、同条第二項中「を理由として組織変更時発行株式の引受けの無効を主張し、又は詐欺若しくは」を「、詐欺又は」に改める。

第九十八条第一項第四号の二中「指名金銭債権又は指名金銭債権」を「金銭債権（民法第三編第一章第七節第一款（指図証券）に規定する指図証券、同節第二款（記名式所持人払証券）に規定する記名式所持人払証券、同節第三款（その他の記名証券）に規定するその他の記名証券及び同節第四款（無記名証券）に規定する無記名証券に係る債権並びに電子記録債権法（平成十九年法律第百二号）第二条第一項（定義）に規定する電子記録債権を除く。以下この号において同じ。）又は金銭債権」に改め、「限る」の下に「。以下この号において同じ」を加え、「これ」を「特定社債」に改める。

第百四十条第三項及び第百七十三条の七第三項中「指名債権」を「債権」に改める。

第百九十八条第二項中「及び第五百二十三条」を削り、「並びに」を「及び」に改める。

第二百四十七条の五第一項中「双方代理」を「双方代理等」に改める。

第二百八十三条第五項中「期間の制限」を「消滅時効）及び第七百二十四条の二（人の生命又は身体を害する不法行為による損害賠償請求権の消滅時効」に改める。

第三百八条の十四の見出し及び同条第一項中「中断」を「完成猶予」に改める。

（保険業法の一部改正に伴う経過措置）

第八十六条　施行日前にされた意思表示に係る相互会社（前条の規定による改正前の保険業法（以下この条において「旧保険業法」という。）第二条第五項に規定する相互会社をいう。）の設立時若しくは成立後に募集をする基金の拠出又は旧保険業法第七十八条第一項の募集に係る基金の拠出については、前条の規定による改正後の保険業法（以下この条において「新保険業法」という。）第三十条の五第二項及び第三項（これらの規定を新保険業法第六十条の二第四項及び第七十八条第三項において準用する場合を含む。）の規定にかかわらず、なお従前の例による。

2　施行日前にされた意思表示に係る組織変更時発行株式（旧保険業法第九十二条第一号に規定する組織変更時発行株式をいう。）の引受けについては、新保険業法第九十六条の三の規定にかかわらず、なお従前の例による。

3　旧保険業法第二百八十三条第五項において準用する旧民法第七百二十四条後段に規定する期間がこの法律の施行の際既に経過していた場合におけるその期間の制限については、なお従前の例による。

4　新保険業法第二百八十三条第五項において準用する新民法第七百二十四条の二の規定は、旧保険業法第二百八十三条第五項において準用する旧民法第七百二十四条前段に規定する時効がこの法律の施行の際既に完成していた場合については、適用しない。

5　施行日前に紛争解決手続（旧保険業法第二条第三十九項に規定する紛争解決手続をいう。）においてその目的となった請求がされた場合におけるその請求に係る時効の特例については、新保険業法第三百八条の十四の規定にかかわらず、なお従前の例による。

（金融機関等の更生手続の特例等に関する法律の一部改正）

第八十七条　金融機関等の更生手続の特例等に関する法律（平成八年法律第九十五号）の一部を次のように改正する。

第三十七条の二第一項中「第四百二十三条若しくは第四百二十四条」を「第四百二十三条第一項、第四百二十三条の七若しくは第四百二十四条第一項」に改める。

第五十七条第一項第一号ただし書及び第二号ただし書中「害する事実」を「害すること」に改める。

第五十七条の二第一項第一号中「害する」の下に「こととなる」を加える。

第五十七条の三第一項第二号ただし書中「害する事実」を「害すること」に改める。

第六十条中「第二項及び第四項」の下に「、第九十三条の二第五項」を、「第九十一条の二第一項及び第四項」の下に「並びに第九十三条の二第一項」を加え、「同条第三項及び同法第九十三条第一項第二号」を「同法第九十一条の二第三項、第九十三条第一項第二号及び第九十三条の二第三項」に改め、「第九十二条」の下に「及び第九十三条の三」を加える。

第二百二条の二第一項中「第四百二十三条若しくは第四百二十四条」を「第四百二十三条第一項、第四百二十三条の七若しくは第四百二十四条第一項」に改める。

第二百二十三条第一項第一号ただし書及び第二号ただし書中「害する事実」を「害すること」に改める。

第二百二十三条の二第一項第一号中「害する」の下に「こととなる」を加える。

第二百二十三条の三第一項第二号ただし書中「害する事実」を「害すること」に改める。

第二百二十六条中「及び第四項」の下に「並びに第九十三条の二第一項」を加え、「同条第三項及び同法第九十三条第一項第二号」を「同法第九十一条の二第三項、第九十三条第一項第二号及び第九十三条の二第三項」に改め、「第九十二条」の下に「及び第九十三条の三」を加える。

（金融機関等の更生手続の特例等に関する法律の一部改正に伴う経過措置）

第八十八条　施行日前にされた更生手続開始の申立てに係る更生事件（前条の規定による改正前の金融機関等の更生手続の特例等に関する法律（以下この条において「旧更生特例法」という。）第四条第三項に規定する更生事件をいう。以下この項及び次項において同じ。）における否認及び施行日前にされた行為の更生事件における否認については、なお従前の例による。

2　施行日前にされた更生手続開始の申立てに係る更生事件における更生協同組織金融機関（旧更生特例法第四条第七項に規定する更生協同組織金融機関をいう。）又は開始前協同組織金融機関（同条第六項に規定する開始前協同組織金融機関をいう。）について施行日以後に前条の規定による改正後の金融機関等の更生手続の特例等に関する法律（第四項において「新更生特例法」という。）第百五十八条の十第一項各号又は第三項に規定する破産手続開始の決定がされた場合における当該決定に係る破産事件における否認については、なお従前の例による。

3　施行日前にされた更生手続開始の申立てに係る更生事件（旧更生特例法第百六十九条第三項

に規定する更生事件をいう。以下この項及び次項において同じ。）における否認及び施行日前にされた行為の更生事件における否認については、なお従前の例による。

4　施行日前にされた更生手続開始の申立てに係る更生事件における更生会社（旧更生特例法第百六十九条第七項に規定する更生会社をいう。）又は開始前会社（同条第六項に規定する開始前会社をいう。）について施行日以後に新更生特例法第三百三十一条の十第一項各号又は第三項に規定する破産手続開始の決定がされた場合における当該決定に係る破産事件における否認については、なお従前の例による。

（資産の流動化に関する法律の一部改正）

第八十九条　資産の流動化に関する法律（平成十年法律第百五号）の一部を次のように改正する。

第八十条第二項中「双方代理等」を「双方代理」に改め、「同項第二号」の下に「又は第三号」を加える。

第百二十七条第三項中「請求権は、」の下に「これを行使することができる時から」を加える。

第二百条第二項第二号を次のように改める。

二　債権（民法第三編第一章第七節第一款に規定する指図証券、同節第二款に規定する記名式所持人払証券、同節第三款に規定するその他の記名証券及び同節第四款に規定する無記名証券に係る債権を除く。第二百二条において同じ。）

第二百条第二項中第三号を削り、第四号を第三号とし、同項第五号中「前各号」を「前三号」に改め、同号を同項第四号とする。

第二百二条中「指名債権」を「債権」に改め、「」又は電子記録債権（」を削り、「総称する」を「いう」に改める。

（資産の流動化に関する法律の一部改正に伴う経過措置）

第九十条　施行日前に取締役又は清算人となった者の利益相反取引については、前条の規定による改正後の資産の流動化に関する法律（以下この条において「新資産流動化法」という。）第八十条第二項（新資産流動化法第百七十条第三項において準用する場合を含む。）の規定にかかわらず、なお従前の例による。

（金融機能の再生のための緊急措置に関する法律の一部改正）

第九十一条　金融機能の再生のための緊急措置に関する法律（平成十年法律第百三十二号）の一部を次のように改正する。

第七十五条の見出し中「停止」を「完成猶予」に改める。

（信託業法の一部改正）

第九十二条　信託業法（平成十六年法律第百五十四号）の一部を次のように改正する。

第八十五条の十四の見出し及び同条第一項中「中断」を「完成猶予」に改める。

（信託業法の一部改正に伴う経過措置）

第九十三条　施行日前に紛争解決手続（前条の規定による改正前の信託業法第二条第十三項に規定する紛争解決手続をいう。）においてその目的となった請求がされた場合におけるその請求に係る時効の特例については、前条の規定による改正後の信託業法第八十五条の十四の規定にかかわらず、なお従前の例による。

第四節　消費者庁関係

（特定商取引に関する法律の一部改正）

第九十四条　特定商取引に関する法律（昭和五十一年法律第五十七号）の一部を次のように改正する。

第九条の三第二項中「善意の」を「善意でかつ過失がない」に改める。

第十五条の二第一項ただし書中「電子消費者契約及び電子承諾通知に関する民法の特例に関する法律」を「電子消費者契約に関する民法の特例に関する法律」に改める。

（特定商取引に関する法律の一部改正に伴う経過措置）

第九十五条　施行日前にされた意思表示については、前条の規定による改正後の特定商取引に関する法律（以下この条において「新特定商取引法」という。）第九条の三第二項（新特定商取引法第二十四条の二第二項、第四十条の三第二項、第四十九条の二第二項及び第五十八条の二第二項において準用する場合を含む。）の規定にかかわらず、なお従前の例による。

（製造物責任法の一部改正）

第九十六条　製造物責任法（平成六年法律第八十五号）の一部を次のように改正する。

第五条を次のように改める。

（消滅時効）

第五条　第三条に規定する損害賠償の請求権は、次に掲げる場合には、時効によって消滅する。

一　被害者又はその法定代理人が損害及び賠償義務者を知った時から三年間行使しないとき。

二　その製造業者等が当該製造物を引き渡した時から十年を経過したとき。

2　人の生命又は身体を侵害した場合における損害賠償の請求権の消滅時効についての前項第一号の規定の適用については、同号中「三年間」とあるのは、「五年間」とする。

3　第一項第二号の期間は、身体に蓄積した場合に人の健康を害することとなる物質による損害又は一定の潜伏期間が経過した後に症状が現れる損害については、その損害が生じた時から起算する。

（製造物責任法の一部改正に伴う経過措置）

第九十七条　前条の規定による改正前の製造物責任法（次項において「旧製造物責任法」という。）第五条第一項後段に規定する期間がこの法律の施行の際既に経過していた場合におけるその期間の制限については、なお従前の例による。

2　前条の規定による改正後の製造物責任法第五条第二項の規定は、旧製造物責任法第三条に規定する損害賠償の請求権の旧製造物責任法第五条第一項前段に規定する時効がこの法律の施行の際既に完成していた場合については、適用しない。

（消費者契約法の一部改正）

第九十八条　消費者契約法（平成十二年法律第六十一号）の一部を次のように改正する。

第四条第五項中「善意の」を「善意でかつ過失がない」に改める。

第八条第一項第五号を削り、同条第二項中「前項第五号」を「前項第一号又は第二号」に改め、「条項」の下に「のうち、消費者契約が有償契約である場合において、引き渡された目的物が種類又は品質に関して契約の内容に適合しないとき（当該消費者契約が請負契約である場合には、請負人が種類又は品質に関して契約の内容に適合しない仕事の目的物を注文者に引き渡したとき（その引渡しを要しない場合には、仕事が終了した時に仕事の目的物が種類又は品質に関して契約の内容に適合しないとき。）。以下この項において同じ。）に、これにより消費者に生じた損害を賠償する事業者の責任を免除するもの」を加え、同項第一号中「当該消費者契約の目的物に隠れた瑕疵がある」を「引き渡された目的物が種類又は品質に関して契約の内容に適合しない」に、「瑕疵のない物をもってこれに代える責任又は当該瑕疵を修補する」を「履行の追完をする責任又は不適合の程度に応じた代金若しくは報酬の減額をする」に改め、同項第二号中「当該消費者契約の目的物に隠れた瑕疵がある」を「引き渡された目的物が種類又は品質に関して契約の内容に適合しない」に、「、当該瑕疵」を「、その目的物が種類又は品質に関して契約の内容に適合しないこと」に、「瑕疵のない物をもってこれに代える責任を負い、又は当該瑕疵を修補する」を「又は履行の追完をする」に改める。

第十二条第三項中「第八条第一項第五号」を「第八条第一項第一号又は第二号」に、「同条第二項各号に掲げる場合」を「同条第二項の場合」に改める。

（消費者契約法の一部改正に伴う経過措置）
第九十九条　施行日前にされた意思表示については、前条の規定による改正後の消費者契約法（以下この条において「新消費者契約法」という。）第四条第五項（新消費者契約法第五条第一項において準用する場合を含む。）の規定にかかわらず、なお従前の例による。
2　施行日前に締結された消費者契約（前条の規定による改正前の消費者契約法第二条第三項に規定する消費者契約をいう。）の条項については、新消費者契約法第八条及び第十二条第三項の規定にかかわらず、なお従前の例による。
（独立行政法人国民生活センター法の一部改正）
第百条　独立行政法人国民生活センター法（平成十四年法律第百二十三号）の一部を次のように改正する。
第二十七条（見出しを含む。）中「中断」を「完成猶予」に改める。
（独立行政法人国民生活センター法の一部改正に伴う経過措置）
第百一条　施行日前に前条の規定による改正前の独立行政法人国民生活センター法第十九条第一項の規定により和解の仲介の申請がされた場合におけるその申請に係る時効の特例については、前条の規定による改正後の独立行政法人国民生活センター法第二十七条の規定にかかわらず、なお従前の例による。
（消費者の財産的被害の集団的な回復のための民事の裁判手続の特例に関する法律の一部改正）
第百二条　消費者の財産的被害の集団的な回復のための民事の裁判手続の特例に関する法律（平成二十五年法律第九十六号）の一部を次のように改正する。
第三条第一項中第四号を削り、第五号を第四号とし、同条第二項中「から第五号まで」を「及び第四号」に改め、同項第一号中「、物品、権利その他の消費者契約の目的となるもの（役務を除く。以下この号及び次号において同じ。）の瑕疵」を削り、「、消費者契約の目的となるもの」を「、物品、権利その他の消費者契約の目的となるもの（役務を除く。次号において同じ。）」に改め、同項第三号中「、消費者契約の目的となる役務の瑕疵」を削り、同条第三項第一号中「第四号」を「第三号」に改め、同項第二号中「第一項第五号」を「第一項第四号」に改める。
第六条第二項第一号中「第四号」を「第三号」に改め、同項第二号中「第三条第一項第五号」を「第三条第一項第四号」に改める。
第三十八条（見出しを含む。）中「中断」を「完成猶予及び更新」に改める。
（消費者の財産的被害の集団的な回復のための民事の裁判手続の特例に関する法律の一部改正に伴う経過措置）
第百三条　施行日前に締結された消費者契約（前条の規定による改正前の消費者の財産的被害の集団的な回復のための民事の裁判手続の特例に関する法律（以下この条において「旧消費者裁判手続法」という。）第二条第三号に規定する消費者契約をいう。）に関する請求（旧消費者裁判手続法第三条第一項第五号に掲げる請求については、施行日前に行われた加害行為に係る請求）に係る金銭の支払義務についての共通義務確認の訴え（旧消費者裁判手続法第二条第四号に規定する共通義務確認の訴えをいう。）については、前条の規定による改正後の消費者の財産的被害の集団的な回復のための民事の裁判手続の特例に関する法律（次項において「新消費者裁判手続法」という。）第三条及び第六条第二項の規定にかかわらず、なお従前の例による。
2　施行日前に債権届出（旧消費者裁判手続法第三十条第二項に規定する債権届出をいう。以下この項において同じ。）がされた場合におけるその債権届出に係る時効の特例については、新消費者裁判手続法第三十八条の規定にかかわらず、なお従前の例による。
第四章　復興庁関係
（東日本大震災復興特別区域法の一部改正）
第百四条　東日本大震災復興特別区域法（平成二十三年法律第百二十二号）の一部を次のように改正する。
第七十三条の五中「第四百九十四条後段」を「第四百九十四条第二項ただし書」に、「同条後段中「過失なく」」を「同項ただし書中「過失」」に、「「重大な過失なく」」を「「重大な過失」」に改める。
（東日本大震災復興特別区域法の一部改正に伴う経過措置）
第百五条　施行日前に前条の規定による改正前の東日本大震災復興特別区域法第七十三条の五に規定する損失補償額の払渡しの義務が生じた場合におけるその損失補償額の供託については、なお従前の例による。
第五章　総務省関係
（地方自治法の一部改正）
第百六条　地方自治法（昭和二十二年法律第六十七号）の一部を次のように改正する。
第二百三十六条第一項中「五年間これを行なわない」を「これを行使することができる時から五年間行使しない」に、「より」を「よつて」に改め、同条第三項中「中断、停止」を「完成猶予、更新」に改め、同条第四項中「民法第百五十三条（前項において準用する場合を含む。）の規定にかかわらず、時効中断」を「時効の更新」に改める。
第二百四十二条の二第八項及び第九項を次のように改める。
8　前項の訴訟告知があつたときは、第一項第四号の規定による訴訟が終了した日から六月を経過するまでの間は、当該訴訟に係る損害賠償又は不当利得返還の請求権の時効は、完成しない。
9　民法第百五十三条第二項の規定は、前項の規定による時効の完成猶予について準用する。
（地方自治法の一部改正に伴う経過措置）
第百七条　施行日前に前条の規定による改正前の地方自治法第二百三十六条第四項又は第二百四十二条の二第八項若しくは第九項に規定する時効の中断の事由が生じた場合におけるその事由の効力については、なお従前の例による。
（当せん金付証票法の一部改正）
第百八条　当せん金付証票法（昭和二十三年法律第百四十四号）の一部を次のように改正する。
第十二条中「一年間これを行わない」を「これを行使することができる時から一年間行使しない」に、「因つて」を「よつて」に改める。
（旧簡易生命保険法の一部改正）
第百九条　郵政民営化法等の施行に伴う関係法律の整備等に関する法律（平成十七年法律第百二号）附則第十六条第一項の規定によりなおその効力を有するものとされる同法第二条の規定による廃止前の簡易生命保険法（昭和二十四年法律第六十八号）の一部を次のように改正する。
第八十七条中「返還義務は」を「返還義務に係る請求権はこれらを行使することができる時から」に、「払込義務は」を「払込義務に係る請求権はこれを行使することができる時から」に改める。
（地方税法の一部改正）
第百十条　地方税法（昭和二十五年法律第二百二十六号）の一部を次のように改正する。
第十条中「の連帯納付義務又は連帯納入義務」を「を連帯して納付し、又は納入する義務」に、「第四百三十二条から第四百三十四条まで」を「第四百三十六条」に、「第四百三十九条から第四百四十条まで」を「第四百四十一条から第四百四十五条まで」に改める。
第十八条第三項中「定が」を「定めが」に改める。
第十八条の二の見出しを「（時効の完成猶予及び更新）」に改め、同条第一項中「つき、その処分の効力が生じた時に中断し、当該各号に定める」を「ついては、当該各号に定める期間は完成せず、その」に、「更に進行する」を「新た

にその進行を始める」に改め、同条第二項中「の規定により時効が中断された場合には、その」を「に掲げる」に、「とき」を「場合」に、「なお時効中断の効力は、失われない」を「同項の規定による時効の完成猶予及び更新は、その効力を妨げられない」に改め、同条第三項中「本項」を「この項」に改め、同条第五項中「中断し、又は当該地方税が納付され、若しくは納入されたときは、その中断し、又は納付され、若しくは納入された」を「完成せず、又は新たにその進行を始めるときは、その完成せず、又は新たにその進行を始める」に、「につき、その時効が中断する」を「の時効は、完成せず、又は新たにその進行を始める」に改め、同条に次の一項を加える。

6　地方税が納付されたときは、その納付された部分の地方税に係る延滞金についての地方税の徴収権の時効は、その納付の時から新たに進行を始める。

第二十条の七の見出し中「取消」を「取消し」に改め、同条中「第四百二十三条及び第四百二十四条」を「第三編第一章第二節第二款及び第三款」に改める。

（地方税法の一部改正に伴う経過措置）

第百十一条　施行日前に生じた前条の規定による改正前の地方税法（以下この条において「旧地方税法」という。）第十条に規定する地方団体の徴収金の連帯納付義務又は連帯納入義務については、なお従前の例による。

2　施行日前に旧地方税法第十八条の二第一項又は第五項に規定する時効の中断の事由が生じた場合におけるその事由の効力については、なお従前の例による。

3　施行日前に納税者又は特別徴収義務者（旧地方税法第一条第一項第十号に規定する特別徴収義務者をいう。次項において同じ。）に属する権利が生じた場合におけるその権利に係る旧地方税法第二十条の七において準用する旧民法第四百二十三条の規定による債権者代位権については、なお従前の例による。

4　施行日前に納税者又は特別徴収義務者が地方団体を害することを知ってした法律行為がされた場合におけるその行為に係る旧地方税法第二十条の七において準用する旧民法第四百二十四条の規定による詐害行為取消権については、なお従前の例による。

（地方公務員等共済組合法の一部改正）

第百十二条　地方公務員等共済組合法（昭和三十七年法律第百五十二号）の一部を次のように改正する。

第百十七条第三項中「中断」を「完成猶予及び更新」に改める。

第百四十四条の二十三第一項中「行わない」を「行使しない」に改め、同条第二項中「二年間行わない」を「これらを行使することができる時から二年間行使しない」に改める。

（地方公務員等共済組合法の一部改正に伴う経過措置）

第百十三条　施行日前に前条の規定による改正前の地方公務員等共済組合法第百十七条第三項に規定する時効の中断の事由が生じた場合におけるその事由の効力については、なお従前の例による。

（地方公務員災害補償法の一部改正）

第百十四条　地方公務員災害補償法（昭和四十二年法律第百二十一号）の一部を次のように改正する。

第五十一条第四項中「中断」を「完成猶予及び更新」に改める。

第六十三条中「権利は、」の下に「これを行使することができる時から」を加え、「行なわない」を「行使しない」に改める。

第七十条第二項中「中断」を「完成猶予及び更新」に改める。

（地方公務員災害補償法の一部改正に伴う経過措置）

第百十五条　施行日前に前条の規定による改正前の地方公務員災害補償法第五十一条第四項又は第七十条第二項に規定する時効の中断の事由が生じた場合におけるその事由の効力については、なお従前の例による。

（公害紛争処理法の一部改正）

第百十六条　公害紛争処理法（昭和四十五年法律第百八号）の一部を次のように改正する。

第三十六条の二の見出しを「（時効の完成猶予等）」に改め、同条中「中断」を「完成猶予」に改める。

第四十二条の二十五の見出しを「（時効の完成猶予等）」に改め、同条第一項中「中断及び」を「完成猶予及び更新並びに」に改め、同条第二項中「中断」を「完成猶予」に改める。

（公害紛争処理法の一部改正に伴う経過措置）

第百十七条　施行日前に前条の規定による改正前の公害紛争処理法（以下この条において「旧公害紛争処理法」という。）第二十六条第一項に規定する調停の申請がされた場合におけるその申請に係る時効の特例については、前条の規定による改正後の公害紛争処理法（第三項において「新公害紛争処理法」という。）第三十六条の二の規定にかかわらず、なお従前の例による。

2　施行日前に旧公害紛争処理法第四十二条の二十五第一項に規定する時効の中断の事由が生じた場合におけるその事由の効力については、なお従前の例による。

3　施行日前に責任裁定（旧公害紛争処理法第四十二条の十二第一項に規定する責任裁定をいう。）の申請がされた場合におけるその申請に係る時効の特例については、新公害紛争処理法第四十二条の二十五第二項の規定にかかわらず、なお従前の例による。

（電気通信事業法の一部改正）

第百十八条　電気通信事業法（昭和五十九年法律第八十六号）の一部を次のように改正する。

第百六十七条の次に次の一条を加える。

（民法の特例）

第百六十七条の二　電気通信事業による電気通信役務の提供に係る取引に関して民法（明治二十九年法律第八十九号）第五百四十八条の二第一項の規定を適用する場合においては、同項第二号中「表示していた」とあるのは、「表示し、又は公表していた」とする。

第六章　財務省関係

（国債に関する法律の一部改正）

第百十九条　国債に関する法律（明治三十九年法律第三十四号）の一部を次のように改正する。

第八条中「民法施行法第五十七条」を「民法（明治二十九年法律第八十九号）第五百二十条の十一（同法第五百二十条の十八（同法第五百二十条の二十ニ於テ準用スル場合ヲ含ム）及第五百二十条の十九第二項ニ於テ準用スル場合ヲ含ム）」に改める。

第九条第一項中「消滅時効ハ」の下に「其ノ権利ヲ行使スルコトヲ得ル時ヨリ、」を加え、同条第二項中「消滅時効ハ」の下に「其ノ権利ヲ行使スルコトヲ得ル時ヨリ」を加える。

（企業再建整備法の一部改正）

第百二十条　企業再建整備法（昭和二十一年法律第四十号）の一部を次のように改正する。

第三十三条中「第四百二十四条」を「第三編第一章第二節第三款」に改める。

（会計法の一部改正）

第百二十一条　会計法（昭和二十二年法律第三十五号）の一部を次のように改正する。

第三十条中「五年間これを行わない」を「これを行使することができる時から五年間行使しない」に、「因り」を「よつて」に改める。

第三十一条第二項中「中断、停止」を「完成猶予、更新」に改める。

第三十二条中「民法第百五十三条（前条において準用する場合を含む。）の規定にかかわらず、時効中断」を「時効の更新」に改める。

（会計法の一部改正に伴う経過措置）

第百二十二条　施行日前に前条の規定による改正前の会計法第三十二条に規定する時効の中断の事由が生じた場合におけるその事由の効力については、なお従前の例による。

（閉鎖機関令の一部改正）

第百二十三条　閉鎖機関令（昭和二十二年勅令第七十四号）の一部を次のように改正する。

第二十一条中「第四百二十四条の規定による取消し」を「第四百二十四条第三項に規定する詐害行為取消請求」に改める。

（旧日本占領地域に本店を有する会社の本邦内にある財産の整理に関する政令の一部改正）

第百二十四条　旧日本占領地域に本店を有する会社の本邦内にある財産の整理に関する政令（昭和二十四年政令第二百九十一号）の一部を次のように改正する。

第二十六条中「第四百二十四条」を「第三編第一章第二節第三款」に改める。

（相続税法の一部改正）

第百二十五条　相続税法（昭和二十五年法律第七十三号）の一部を次のように改正する。

第三十六条第四項中「中断及び停止」を「完成猶予及び更新」に改める。

（国外居住外国人等に対する債務の弁済のためにする供託の特例に関する政令の一部改正）

第百二十六条　国外居住外国人等に対する債務の弁済のためにする供託の特例に関する政令（昭和二十五年政令第二十二号）の一部を次のように改正する。

第七条中「第百六十七条第一項」を「第百六十六条第一項」に改める。

（関税法の一部改正）

第百二十七条　関税法（昭和二十九年法律第六十一号）の一部を次のように改正する。

第十四条の二第二項中「中断及び停止」を「完成猶予及び更新」に改め、「同条第五項」の下に「及び第六項」を加え、「、「当該国税」とあるのは「当該関税」と」を削る。

（関税法の一部改正に伴う経過措置）

第百二十八条　施行日前に前条の規定による改正前の関税法第十四条の二第二項において準用する第百三十五条の規定による改正前の国税通則法（昭和三十七年法律第六十六号。第百三十六条において「旧国税通則法」という。）第七十三条に規定する時効の中断の事由が生じた場合におけるその事由の効力については、なお従前の例による。

（国の債権の管理等に関する法律の一部改正）

第百二十九条　国の債権の管理等に関する法律（昭和三十一年法律第百十四号）の一部を次のように改正する。

第十八条第五項中「中断する」を「更新する」に改める。

（租税特別措置法の一部改正）

第百三十条　租税特別措置法（昭和三十二年法律第二十六号）の一部を次のように改正する。

第九十七条の二第二十四項の表第七十三条第五項の項を次のように改める。

第七十三条第五項	国税（	特別還付金（
	国税の徴収権	特別還付金を徴収する権利
	国税に	特別還付金に

第九十七条の二第二十四項の表第七十三条第五項の項の次に次のように加える。

第七十三条第六項	国税（	特別還付金（
	国税に	特別還付金に
	国税の徴収権	特別還付金を徴収する権利

（国家公務員共済組合法の一部改正）

第百三十一条　国家公務員共済組合法（昭和三十三年法律第百二十八号）の一部を次のように改正する。

第百三条第三項中「中断」を「完成猶予及び更新」に改める。

第百十一条第一項中「行わない」を「行使しない」に改め、同条第二項中「二年間行わない」を「これらを行使することができる時から二年間行使しない」に改める。

附則第二十条の八第三項中「民法第百五十三条の規定にかかわらず、時効中断」を「時効の更新」に改める。

（国家公務員共済組合法の一部改正に伴う経過措置）

第百三十二条　施行日前に前条の規定による改正前の国家公務員共済組合法第百三条第三項又は附則第二十条の八第三項に規定する時効の中断の事由が生じた場合におけるその事由の効力については、なお従前の例による。

（国税徴収法の一部改正）

第百三十三条　国税徴収法（昭和三十四年法律第百四十七号）の一部を次のように改正する。

第二十四条第五項第一号中「及び無記名債権」を削る。

第百二十六条の見出しを「（担保責任等）」に改め、同条中「強制競売における担保責任」を「競売における担保責任等」に改める。

（国税徴収法の一部改正に伴う経過措置）

第百三十四条　施行日前に前条の規定による改正前の国税徴収法第百二十六条に規定する差押財産の換価に係る売却決定を行った場合におけるその差押財産の換価については、なお従前の例による。

（国税通則法の一部改正）

第百三十五条　国税通則法の一部を次のように改正する。

第八条中「第四百三十二条から第四百三十四条まで」を「第四百三十六条」に、「第四百三十九条から第四百四十四条まで」を「第四百四十一条から第四百四十五条まで」に改める。

第四十二条中「第四百二十三条」を「第三編第一章第二節第二款」に、「第四百二十四条」を「第三款」に改める。

第七十三条の見出しを「（時効の完成猶予及び更新）」に改め、同条第一項中「その処分の効力が生じた時に中断し、当該各号に掲げる」を「当該各号に定める期間は完成せず、その」に、「更に進行する」を「新たにその進行を始める」に改め、同条第二項中「規定により時効が中断された場合には、その」を削り、「ときにおいても、その時効中断の効力は、失われない」を「場合においても、同項の規定による時効の完成猶予及び更新は、その効力を妨げられない」に改め、同条第五項中「中断し、又は当該国税が納付されたときは、その中断し、又は納付された」を「完成せず、又は新たにその進行を始めるときは、その完成せず、又は新たにその進行を始める」に、「につき、その時効が中断する」を「の時効は、完成せず、又は新たにその進行を始める」に改め、同条に次の一項を加える。

6　国税（附帯税、過怠税及び国税の滞納処分費を除く。）が納付されたときは、その納付された部分の国税に係る延滞税又は利子税についての国税の徴収権の時効は、その納付の時から新たにその進行を始める。

（国税通則法の一部改正に伴う経過措置）

第百三十六条　施行日前に生じた旧国税通則法第八条に規定する国税の連帯納付義務については、なお従前の例による。

2　施行日前に納税者に属する権利が生じた場合におけるその権利に係る旧国税通則法第四十二条において準用する旧民法第四百二十三条の規定による債権者代位権については、なお従前の例による。

3　施行日前に納税者が国を害することを知ってした法律行為がされた場合におけるその行為に係る旧国税通則法第四十二条において準用する

旧民法第四百二十四条の規定による詐害行為取消権については、なお従前の例による。

4　施行日前に旧国税通則法第七十三条第一項又は第五項に規定する時効の中断の事由が生じた場合におけるその事由の効力については、なお従前の例による。

（所得税法の一部改正）

第百三十七条　所得税法（昭和四十年法律第三十三号）の一部を次のように改正する。

第二条第一項第十五号の二中「、指名金銭債権（指名債権であつて金銭の支払を目的とするものをいう。）」を削る。

（地震保険に関する法律の一部改正）

第百三十八条　地震保険に関する法律（昭和四十一年法律第七十三号）の一部を次のように改正する。

第六条第三項中「中断」を「完成猶予及び更新」に改める。

（地震保険に関する法律の一部改正に伴う経過措置）

第百三十九条　施行日前に前条の規定による改正前の地震保険に関する法律第六条第三項に規定する時効の中断の事由が生じた場合におけるその事由の効力については、なお従前の例による。

（租税条約等の実施に伴う所得税法、法人税法及び地方税法の特例等に関する法律の一部改正）

第百四十条　租税条約等の実施に伴う所得税法、法人税法及び地方税法の特例等に関する法律（昭和四十四年法律第四十六号）の一部を次のように改正する。

第十一条の二第一項中「中断し」を「完成せず、若しくは新たにその進行を始め」に改める。

（租税条約等の実施に伴う所得税法、法人税法及び地方税法の特例等に関する法律の一部改正に伴う経過措置）

第百四十一条　施行日前に前条の規定による改正前の租税条約等の実施に伴う所得税法、法人税法及び地方税法の特例等に関する法律第十一条の二第一項に規定する時効の中断の事由が生じた場合におけるその事由の効力については、なお従前の例による。

（株式会社日本政策投資銀行法の一部改正）

第百四十二条　株式会社日本政策投資銀行法（平成十九年法律第八十五号）の一部を次のように改正する。

第三条第一項第八号中「指名金銭債権又は指名金銭債権」を「金銭債権（民法（明治二十九年法律第八十九号）第三編第一章第七節第一款に規定する指図証券、同節第二款に規定する記名式所持人払証券、同節第三款に規定するその他の記名証券及び同節第四款に規定する無記名証券に係る債権並びに電子記録債権法（平成十九年法律第百二号）第二条第一項に規定する電子記録債権を除く。以下この号において同じ。）又は金銭債権」に改め、「特定短期社債を除く」の下に「。以下この号において同じ」を加え、「これら」を「特定社債又は優先出資証券」に改める。

第七条中「消滅時効は」の下に「、その権利を行使することができる時から」を加える。

第七章　文部科学省関係

（私立学校教職員共済法の一部改正）

第百四十三条　私立学校教職員共済法（昭和二十八年法律第二百四十五号）の一部を次のように改正する。

第三十四条第一項中「権利は、」の下に「これらを行使することができる時から」を加え、同条第二項中「のなす」を「が行う」に、「民法（明治二十九年法律第八十九号）第百五十三条の規定にかかわらず、時効中断」を「時効の更新」に改める。

（私立学校教職員共済法の一部改正に伴う経過措置）

第百四十四条　施行日前に前条の規定による改正前の私立学校教職員共済法第三十四条第二項に規定する時効の中断の事由が生じた場合におけるその事由の効力については、なお従前の例による。

（公立学校の学校医、学校歯科医及び学校薬剤師の公務災害補償に関する法律の一部改正）

第百四十五条　公立学校の学校医、学校歯科医及び学校薬剤師の公務災害補償に関する法律（昭和三十二年法律第百四十三号）の一部を次のように改正する。

第五条第三項中「中断」を「完成猶予及び更新」に改める。

第九条中「権利は、」の下に「これを行使することができる時から」を加え、「行わない」を「行使しない」に改める。

（公立学校の学校医、学校歯科医及び学校薬剤師の公務災害補償に関する法律の一部改正に伴う経過措置）

第百四十六条　施行日前に前条の規定による改正前の公立学校の学校医、学校歯科医及び学校薬剤師の公務災害補償に関する法律第五条第三項に規定する時効の中断の事由が生じた場合におけるその事由の効力については、なお従前の例による。

（原子力損害の賠償に関する法律の一部改正）

第百四十七条　原子力損害の賠償に関する法律（昭和三十六年法律第百四十七号）の一部を次のように改正する。

附則第四条第一項中「てん補」を「塡補」に改め、同項各号中「時までの」の下に「その損害の発生時における」を加える。

（原子力損害の賠償に関する法律の一部改正に伴う経過措置）

第百四十八条　施行日前に原子力損害（前条の規定による改正前の原子力損害の賠償に関する法律第二条第二項に規定する原子力損害をいう。）の発生の原因となった事実が生じた場合における他の法律による給付との調整については、前条の規定による改正後の原子力損害の賠償に関する法律附則第四条第一項の規定にかかわらず、なお従前の例による。

（原子力損害賠償補償契約に関する法律の一部改正）

第百四十九条　原子力損害賠償補償契約に関する法律（昭和三十六年法律第百四十八号）の一部を次のように改正する。

第十一条中「権利は、」の下に「これを行使することができる時から」を加える。

（著作権法の一部改正）

第百五十条　著作権法（昭和四十五年法律第四十八号）の一部を次のように改正する。

第七十四条第一項第一号を次のように改める。

一　補償金の提供をした場合において、著作権者がその受領を拒んだとき。

第七十四条第一項第四号中「場合（」を「とき（」に、「除く。）」を「除く。）。」に改め、同号を同項第五号とし、同項第三号中「場合」を「とき。」に改め、同号を同項第四号とし、同項第二号中「過失がなくて」を削り、「場合」を「とき（その者に過失があるときを除く。）。」に改め、同号を同項第三号とし、同項第一号の次に次の一号を加える。

二　著作権者が補償金を受領することができないとき。

第七十四条第二項中「前項第三号」を「前項第四号」に改める。

（著作権法の一部改正に伴う経過措置）

第百五十一条　施行日前に前条の規定による改正前の著作権法（以下この条において「旧著作権法」という。）第三十三条第二項（同条第四項において準用する場合を含む。）、第三十三条の二第二項、第六十八条第一項若しくは第六十九条の補償金、旧著作権法第九十五条第一項若しくは第九十七条第一項の二次使用料、旧著作権法第九十五条の三第三項若しくは第九十七条の三第三項の報酬又は旧著作権法第九十五条の三第五項若しくは第九十七条の三第六項に規定する使用料の支払義務が生じた場合におけるこれらの補償金、二次使用料、報酬又は使用料の供託については、なお従前の例による。

（スポーツ振興投票の実施等に関する法律の一部改正）
第百五十二条　スポーツ振興投票の実施等に関する法律（平成十年法律第六十三号）の一部を次のように改正する。
　第二十条中「一年間行わない」を「これを行使することができる時から一年間行使しない」に改める。
（ＰＴＡ・青少年教育団体共済法の一部改正）
第百五十三条　ＰＴＡ・青少年教育団体共済法（平成二十二年法律第四十二号）の一部を次のように改正する。
　第九条第四項中「第七百二十四条」の下に「及び第七百二十四条の二」を加える。
（ＰＴＡ・青少年教育団体共済法の一部改正に伴う経過措置）
第百五十四条　前条の規定による改正前のＰＴＡ・青少年教育団体共済法（次項において「旧ＰＴＡ・青少年教育団体共済法」という。）第九条第四項において準用する旧民法第七百二十四条後段に規定する期間がこの法律の施行の際既に経過していた場合におけるその期間の制限については、なお従前の例による。
２　前条の規定による改正後のＰＴＡ・青少年教育団体共済法第九条第四項において準用する新民法第七百二十四条の二の規定は、旧ＰＴＡ・青少年教育団体共済法第九条第一項の規定による損害賠償の請求権の同条第四項において準用する旧民法第七百二十四条前段に規定する時効がこの法律の施行の際既に完成していた場合については、適用しない。
（展覧会における美術品損害の補償に関する法律の一部改正）
第百五十五条　展覧会における美術品損害の補償に関する法律（平成二十三年法律第十七号）の一部を次のように改正する。
　第八条中「三年間行わない」を「これを行使することができる時から三年間行使しない」に改める。
（東日本大震災に係る原子力損害賠償紛争についての原子力損害賠償紛争審査会による和解仲介手続の利用に係る時効の中断の特例に関する法律の一部改正）
第百五十六条　東日本大震災に係る原子力損害賠償紛争についての原子力損害賠償紛争審査会による和解仲介手続の利用に係る時効の中断の特例に関する法律（平成二十五年法律第三十二号）の一部を次のように改正する。
　題名を次のように改める。
　　東日本大震災に係る原子力損害賠償紛争についての原子力損害賠償紛争審査会による和解仲介手続の利用に係る時効の完成猶予の特例に関する法律
　第一条及び第二条（見出しを含む。）中「中断」を「完成猶予」に改める。
（東日本大震災に係る原子力損害賠償紛争についての原子力損害賠償紛争審査会による和解仲介手続の利用に係る時効の中断の特例に関する法律の一部改正に伴う経過措置）
第百五十七条　施行日前に和解の仲介（前条の規定による改正前の東日本大震災に係る原子力損害賠償紛争についての原子力損害賠償紛争審査会による和解仲介手続の利用に係る時効の中断の特例に関する法律第一条に規定する和解の仲介をいう。）の申立てがされた場合におけるその申立てに係る時効の特例については、前条の規定による改正後の東日本大震災に係る原子力損害賠償紛争についての原子力損害賠償紛争審査会による和解仲介手続の利用に係る時効の完成猶予の特例に関する法律第二条の規定にかかわらず、なお従前の例による。
（東日本大震災における原子力発電所の事故により生じた原子力損害に係る早期かつ確実な賠償を実現するための措置及び当該原子力損害に係る賠償請求権の消滅時効等の特例に関する法律の一部改正）
第百五十八条　東日本大震災における原子力発電所の事故により生じた原子力損害に係る早期かつ確実な賠償を実現するための措置及び当該原子力損害に係る賠償請求権の消滅時効等の特例に関する法律（平成二十五年法律第九十七号）の一部を次のように改正する。
　題名を次のように改める。
　　東日本大震災における原子力発電所の事故により生じた原子力損害に係る早期かつ確実な賠償を実現するための措置及び当該原子力損害に係る賠償請求権の消滅時効の特例に関する法律
　第一条中「消滅時効等」を「消滅時効」に改める。
　第三条の見出しを「（消滅時効の特例）」に改め、同条中「同条前段」を「同条第一号」に、「同条後段」を「同条第二号」に改め、同条に後段として次のように加える。
　　この場合においては、同法第七百二十四条の二の規定は、適用しない。
（東日本大震災における原子力発電所の事故により生じた原子力損害に係る早期かつ確実な賠償を実現するための措置及び当該原子力損害に係る賠償請求権の消滅時効等の特例に関する法律の一部改正に伴う経過措置）
第百五十九条　前条の規定による改正後の東日本大震災における原子力発電所の事故により生じた原子力損害に係る早期かつ確実な賠償を実現するための措置及び当該原子力損害に係る賠償請求権の消滅時効の特例に関する法律第三条の規定は、施行日前に生じた特定原子力損害（前条の規定による改正前の東日本大震災における原子力発電所の事故により生じた原子力損害に係る早期かつ確実な賠償を実現するための措置及び当該原子力損害に係る賠償請求権の消滅時効等の特例に関する法律第一条に規定する特定原子力損害をいう。）に係る賠償請求権についても適用する。

　　　第八章　厚生労働省関係

（健康保険法の一部改正）
第百六十条　健康保険法（大正十一年法律第七十号）の一部を次のように改正する。
　第百八十九条第三項中「中断」を「完成猶予及び更新」に改める。
　第百九十三条第一項中「権利は、」の下に「これらを行使することができる時から」を加え、同条第二項中「民法（明治二十九年法律第八十九号）第百五十三条の規定にかかわらず、時効中断」を「時効の更新」に改める。
　第百九十四条中「民法」の下に「（明治二十九年法律第八十九号）」を加える。
（健康保険法の一部改正に伴う経過措置）
第百六十一条　施行日前に前条の規定による改正前の健康保険法第百八十九条第三項又は第百九十三条第二項に規定する時効の中断の事由が生じた場合におけるその事由の効力については、なお従前の例による。
（船員保険法の一部改正）
第百六十二条　船員保険法（昭和十四年法律第七十三号）の一部を次のように改正する。
　第百三十八条第三項中「中断」を「完成猶予及び更新」に改める。
　第百四十二条第一項中「権利は」の下に「これらを行使することができる時から」を加え、同条第二項中「民法（明治二十九年法律第八十九号）第百五十三条の規定にかかわらず、時効中断」を「時効の更新」に改める。
　第百四十三条中「民法」の下に「（明治二十九年法律第八十九号）」を加える。
　第百五十二条第一項中「中断」を「完成猶予及び更新」に改める。
　附則第五条第五項中「権利は、」の下に「これらを行使することができる時から」を加える。
　附則第六条第一項中「てん補される」を「填補される」に、「てん補する」を「填補する」に改め、同項各号中「時までの」の下に「その損害の発生時における」を加える。
（船員保険法の一部改正に伴う経過措置）
第百六十三条　施行日前に前条の規定による改正前の船員保険法（次項において「旧船員保険法」

という。）第百三十八条第三項、第百四十二条第二項又は第百五十二条第一項に規定する時効の中断の事由が生じた場合におけるその事由の効力については、なお従前の例による。

2　施行日前に旧船員保険法附則第六条第一項に規定する損害賠償の請求権が生じた場合におけるその損害賠償については、なお従前の例による。

（労働基準法の一部改正）

第百六十四条　労働基準法（昭和二十二年法律第四十九号）の一部を次のように改正する。

第八十五条第五項中「中断」を「完成猶予及び更新」に改める。

（労働基準法の一部改正に伴う経過措置）

第百六十五条　施行日前に前条の規定による改正前の労働基準法第八十五条第五項に規定する時効の中断の事由が生じた場合におけるその事由の効力については、なお従前の例による。

（労働者災害補償保険法の一部改正）

第百六十六条　労働者災害補償保険法（昭和二十二年法律第五十号）の一部を次のように改正する。

第三十八条第三項中「中断」を「完成猶予及び更新」に改める。

第四十二条中「権利は、」の下に「これらを行使することができる時から」を加える。

第五十八条第三項、第五十九条第四項及び第六十条第五項中「権利は、」の下に「これを行使することができる時から」を加える。

第六十四条第一項中「てん補される」を「塡補される」に、「てん補する」を「塡補する」に改め、同項各号中「時までの」の下に「その損害の発生時における」を加える。

（労働者災害補償保険法の一部改正に伴う経過措置）

第百六十七条　施行日前に前条の規定による改正前の労働者災害補償保険法（次項において「旧労働者災害補償保険法」という。）第三十八条第三項に規定する時効の中断の事由が生じた場合におけるその事由の効力については、なお従前の例による。

2　施行日前に旧労働者災害補償保険法第六十四条第一項に規定する損害賠償の請求権が生じた場合におけるその損害賠償については、なお従前の例による。

（消費生活協同組合法の一部改正）

第百六十八条　消費生活協同組合法（昭和二十三年法律第二百号）の一部を次のように改正する。

第三十一条の二第二項中「同項第一号」を「同項各号」に改める。

（消費生活協同組合法の一部改正に伴う経過措置）

第百六十九条　施行日前に理事となった者の利益相反取引については、前条の規定による改正後の消費生活協同組合法第三十一条の二第二項の規定にかかわらず、なお従前の例による。

（生活保護法の一部改正）

第百七十条　生活保護法（昭和二十五年法律第百四十四号）の一部を次のように改正する。

第七十六条の三中「権利は、」の下に「これを行うことができる時から」を加える。

（戦傷病者戦没者遺族等援護法の一部改正）

第百七十一条　戦傷病者戦没者遺族等援護法（昭和二十七年法律第百二十七号）の一部を次のように改正する。

第四十二条（見出しを含む。）中「中断」を「完成猶予及び更新」に改める。

第四十五条中「七年間行わない」を「これらを行使することができる時から七年間行使しない」に改める。

（戦傷病者戦没者遺族等援護法の一部改正に伴う経過措置）

第百七十二条　施行日前に前条の規定による改正前の戦傷病者戦没者遺族等援護法第四十二条に規定する時効の中断の事由が生じた場合におけるその事由の効力については、なお従前の例による。

（厚生年金保険法の一部改正）

第百七十三条　厚生年金保険法（昭和二十九年法律第百十五号）の一部を次のように改正する。

第九十条第四項中「中断」を「完成猶予及び更新」に改める。

第九十二条第一項中「権利は、」の下に「これらを行使することができる時から」を加え、「（当該権利に基づき支払期月ごとに又は一時金として支払うものとされる保険給付の支給を受ける権利を含む。第四項において同じ。）」を削り、「五年を経過したとき」を「その支給すべき事由が生じた日から五年を経過したとき、当該権利に基づき支払期月ごとに支払うものとされる保険給付の支給を受ける権利は、当該日の属する月の翌月以後に到来する当該保険給付の支給に係る第三十六条第三項本文に規定する支払期月の翌月の初日から五年を経過したとき」に改め、同条第三項中「民法（明治二十九年法律第八十九号）第百五十三条の規定にかかわらず、時効中断」を「時効の更新」に改め、同条第四項中「保険給付を受ける権利」を「第一項に規定する保険給付を受ける権利又は当該権利に基づき支払期月ごとに支払うものとされる保険給付の支給を受ける権利」に改める。

第九十三条中「基く」を「基づく」に改め、「民法」の下に「（明治二十九年法律第八十九号）」を加える。

（厚生年金保険法の一部改正に伴う経過措置）

第百七十四条　施行日前に前条の規定による改正前の厚生年金保険法（以下この項において「旧厚生年金保険法」という。）第九十条第四項（旧厚生年金保険法附則第七条の二第三項及び第二十九条第八項において準用する場合を含む。）又は第九十二条第三項に規定する時効の中断の事由が生じた場合におけるその事由の効力については、なお従前の例による。

2　施行日前に保険給付を受ける権利（当該権利に基づき支払期月ごとに又は一時金として支払うものとされる保険給付の支給を受ける権利を含む。）が生じた場合におけるこれらの権利の消滅時効の期間については、前条の規定による改正後の厚生年金保険法第九十二条第一項の規定にかかわらず、なお従前の例による。

（引揚者給付金等支給法の一部改正）

第百七十五条　引揚者給付金等支給法（昭和三十二年法律第百九号）の一部を次のように改正する。

第十六条（見出しを含む。）中「中断」を「完成猶予及び更新」に改める。

第十八条中「六年間行わない」を「これらを行使することができる時から六年間行使しない」に改める。

（引揚者給付金等支給法の一部改正に伴う経過措置）

第百七十六条　施行日前に前条の規定による改正前の引揚者給付金等支給法第十六条に規定する時効の中断の事由が生じた場合におけるその事由の効力については、なお従前の例による。

（生活衛生関係営業の運営の適正化及び振興に関する法律の一部改正）

第百七十七条　生活衛生関係営業の運営の適正化及び振興に関する法律（昭和三十二年法律第百六十四号）の一部を次のように改正する。

第三十三条の見出しを「（理事の自己契約等）」に改め、同条中「契約する」を「契約をし、又は当該理事と組合との利益が相反する行為をする」に、「双方代理」を「双方代理等」に改める。

（生活衛生関係営業の運営の適正化及び振興に関する法律の一部改正に伴う経過措置）

第百七十八条　施行日前に行われた理事と組合（前条の規定による改正前の生活衛生関係営業の運営の適正化及び振興に関する法律第三条に規定する組合をいう。）との利益相反行為については、前条の規定による改正後の生活衛生関係営業の運営の適正化及び振興に関する法律（以下この条において「新生活衛生法」という。）第三十三条（新生活衛生法第五十二条の十第一項及び第五十六条において準用する場合を含む。）

の規定にかかわらず、なお従前の例による。

（国民健康保険法の一部改正）

第百七十九条　国民健康保険法（昭和三十三年法律第百九十二号）の一部を次のように改正する。

　第九十一条第二項中「中断」を「完成猶予及び更新」に改める。

　第百十条第一項中「権利は、」の下に「これらを行使することができる時から」を加え、同条第二項中「民法（明治二十九年法律第八十九号）第百五十三条の規定にかかわらず、時効中断」を「時効の更新」に改める。

　第百十一条中「基く」を「基づく」に改め、「民法」の下に「（明治二十九年法律第八十九号）」を加える。

（国民健康保険法の一部改正に伴う経過措置）

第百八十条　施行日前に前条の規定による改正前の国民健康保険法第九十一条第二項又は第百十条第二項に規定する時効の中断の事由が生じた場合におけるその事由の効力については、なお従前の例による。

（未帰還者に関する特別措置法の一部改正）

第百八十一条　未帰還者に関する特別措置法（昭和三十四年法律第七号）の一部を次のように改正する。

　第十条中「三年間行わない」を「これを行使することができる時から三年間行使しない」に改める。

（国民年金法の一部改正）

第百八十二条　国民年金法（昭和三十四年法律第百四十一号）の一部を次のように改正する。

　第百一条第三項中「中断」を「完成猶予及び更新」に改める。

　第百二条第一項中「（当該権利に基づき支払期月ごとに又は一時金として支払うものとされる給付の支給を受ける権利を含む。第三項において同じ。）」を削り、「支給事由」を「支給すべき事由」に改め、「経過したとき」の下に「、当該権利に基づき支払期月ごとに支払うものとされる年金給付の支給を受ける権利は、当該日の属する月の翌月以後に到来する当該年金給付の支給に係る第十八条第三項本文に規定する支払期月の翌月の初日から五年を経過したとき」を加え、同条第三項中「給付を受ける権利」を「第一項に規定する年金給付を受ける権利又は当該権利に基づき支払期月ごとに支払うものとされる年金給付の支給を受ける権利」に改め、同条第四項中「権利は、」の下に「これらを行使することができる時から」を加え、同条第五項中「民法第百五十三条の規定にかかわらず、時効中断」を「時効の更新」に改める。

　第百三条中「基く」を「基づく」に改め、「民法」の下に「（明治二十九年法律第八十九号）」を加える。

（国民年金法の一部改正に伴う経過措置）

第百八十三条　施行日前に前条の規定による改正前の国民年金法（以下この項において「旧国民年金法」という。）第百一条第三項（旧国民年金法第百三十八条及び附則第九条の三の二第六項において準用する場合を含む。）又は第百二条第五項（旧国民年金法第百三十八条において準用する場合を含む。）に規定する時効の中断の事由が生じた場合におけるその事由の効力については、なお従前の例による。

2　施行日前に年金給付を受ける権利（当該権利に基づき支払期月ごとに又は一時金として支払うものとされる給付の支給を受ける権利を含む。）が生じた場合におけるこれらの権利の消滅時効の期間については、前条の規定による改正後の国民年金法（以下この項において「新国民年金法」という。）第百二条第一項（新国民年金法第百三十八条において準用する場合を含む。）の規定にかかわらず、なお従前の例による。

（中小企業退職金共済法の一部改正）

第百八十四条　中小企業退職金共済法（昭和三十四年法律第百六十号）の一部を次のように改正する。

　第三十三条第一項中「支給を受ける権利は」の下に「これらを行使することができる時から」を加え、「二年間行わない」を「これらを行使することができる時から二年間行使しない」に改める。

　第八十四条第三項中「中断」を「完成猶予及び更新」に改める。

（中小企業退職金共済法の一部改正に伴う経過措置）

第百八十五条　施行日前に前条の規定による改正前の中小企業退職金共済法第八十四条第三項に規定する時効の中断の事由が生じた場合におけるその事由の効力については、なお従前の例による。

（じん肺法及び特定障害者に対する特別障害給付金の支給に関する法律の一部改正）

第百八十六条　次に掲げる法律の規定中「権利は、」の下に「これを行使することができる時から」を加える。

一　じん肺法（昭和三十五年法律第三十号）第三十八条

二　特定障害者に対する特別障害給付金の支給に関する法律（平成十六年法律第百六十六号）第二十一条

（障害者の雇用の促進等に関する法律の一部改正）

第百八十七条　障害者の雇用の促進等に関する法律（昭和三十五年法律第百二十三号）の一部を次のように改正する。

　第六十三条第一項中「権利は、」の下に「これらを行使することができる時から」を加え、同条第二項中「民法（明治二十九年法律第八十九号）第百五十三条の規定にかかわらず、時効中断」を「時効の更新」に改める。

（障害者の雇用の促進等に関する法律の一部改正に伴う経過措置）

第百八十八条　施行日前に前条の規定による改正前の障害者の雇用の促進等に関する法律第六十三条第二項に規定する時効の中断の事由が生じた場合におけるその事由の効力については、なお従前の例による。

（社会福祉施設職員等退職手当共済法等の一部改正）

第百八十九条　次に掲げる法律の規定中「権利は、」の下に「これらを行使することができる時から」を加える。

一　社会福祉施設職員等退職手当共済法（昭和三十六年法律第百五十五号）第二十条

二　職業訓練の実施等による特定求職者の就職の支援に関する法律（平成二十三年法律第四十七号）第十四条

三　年金生活者支援給付金の支給に関する法律（平成二十四年法律第百二号）第三十条

（児童扶養手当法の一部改正）

第百九十条　児童扶養手当法（昭和三十六年法律第二百三十八号）の一部を次のように改正する。

　第十九条（見出しを含む。）中「中断」を「完成猶予及び更新」に改める。

　第二十二条中「権利は、」の下に「これを行使することができる時から」を加える。

（児童扶養手当法の一部改正に伴う経過措置）

第百九十一条　施行日前に前条の規定による改正前の児童扶養手当法第十九条に規定する時効の中断の事由が生じた場合におけるその事由の効力については、なお従前の例による。

（戦没者等の妻に対する特別給付金支給法の一部改正）

第百九十二条　戦没者等の妻に対する特別給付金支給法（昭和三十八年法律第六十一号）の一部を次のように改正する。

　第六条中「三年間行なわない」を「これを行使することができる時から三年間行使しない」に改める。

　第七条（見出しを含む。）中「中断」を「完成猶予及び更新」に改める。

（戦没者等の妻に対する特別給付金支給法の一部改正に伴う経過措置）

第百九十三条　施行日前に前条の規定による改正前の戦没者等の妻に対する特別給付金支給法第七条に規定する時効の中断の事由が生じた場合

におけるその事由の効力については、なお従前の例による。

（戦傷病者特別援護法の一部改正）

第百九十四条　戦傷病者特別援護法（昭和三十八年法律第百六十八号）の一部を次のように改正する。

第二十五条中「二年間行なわない」を「これらを行使することができる時から二年間行使しない」に改める。

（特別児童扶養手当等の支給に関する法律の一部改正）

第百九十五条　特別児童扶養手当等の支給に関する法律（昭和三十九年法律第百三十四号）の一部を次のように改正する。

第三十一条（見出しを含む。）中「中断」を「完成猶予及び更新」に改める。

（特別児童扶養手当等の支給に関する法律の一部改正に伴う経過措置）

第百九十六条　施行日前に前条の規定による改正前の特別児童扶養手当等の支給に関する法律第三十一条に規定する時効の中断の事由が生じた場合におけるその事由の効力については、なお従前の例による。

（戦没者等の遺族に対する特別弔慰金支給法の一部改正）

第百九十七条　戦没者等の遺族に対する特別弔慰金支給法（昭和四十年法律第百号）の一部を次のように改正する。

第八条中「三年間行なわない」を「これを行使することができる時から三年間行使しない」に改める。

第九条（見出しを含む。）中「中断」を「完成猶予及び更新」に改める。

（戦没者等の遺族に対する特別弔慰金支給法の一部改正に伴う経過措置）

第百九十八条　施行日前に前条の規定による改正前の戦没者等の遺族に対する特別弔慰金支給法第九条に規定する時効の中断の事由が生じた場合におけるその事由の効力については、なお従前の例による。

（戦傷病者等の妻に対する特別給付金支給法の一部改正）

第百九十九条　戦傷病者等の妻に対する特別給付金支給法（昭和四十一年法律第百九号）の一部を次のように改正する。

第六条中「三年間行なわない」を「これを行使することができる時から三年間行使しない」に改める。

第七条（見出しを含む。）中「中断」を「完成猶予及び更新」に改める。

（戦傷病者等の妻に対する特別給付金支給法の一部改正に伴う経過措置）

第二百条　施行日前に前条の規定による改正前の戦傷病者等の妻に対する特別給付金支給法第七条に規定する時効の中断の事由が生じた場合におけるその事由の効力については、なお従前の例による。

（戦没者の父母等に対する特別給付金支給法の一部改正）

第二百一条　戦没者の父母等に対する特別給付金支給法（昭和四十二年法律第五十七号）の一部を次のように改正する。

第八条中「三年間行なわない」を「これを行使することができる時から三年間行使しない」に改める。

第九条（見出しを含む。）中「中断」を「完成猶予及び更新」に改める。

（戦没者の父母等に対する特別給付金支給法の一部改正に伴う経過措置）

第二百二条　施行日前に前条の規定による改正前の戦没者の父母等に対する特別給付金支給法第九条に規定する時効の中断の事由が生じた場合におけるその事由の効力については、なお従前の例による。

（石炭鉱業年金基金法の一部改正）

第二百三条　石炭鉱業年金基金法（昭和四十二年法律第百三十五号）の一部を次のように改正する。

第三十四条第一項中「権利は、」の下に「これらを行使することができる時から」を加え、同条第二項中「民法（明治二十九年法律第八十九号）第百五十三条の規定にかかわらず、時効中断」を「時効の更新」に改める。

（石炭鉱業年金基金法の一部改正に伴う経過措置）

第二百四条　施行日前に前条の規定による改正前の石炭鉱業年金基金法第三十四条第二項に規定する時効の中断の事由が生じた場合におけるその事由の効力については、なお従前の例による。

（労働保険の保険料の徴収等に関する法律の一部改正）

第二百五条　労働保険の保険料の徴収等に関する法律（昭和四十四年法律第八十四号）の一部を次のように改正する。

第四十一条第一項中「権利は、」の下に「これらを行使することができる時から」を加え、同条第二項中「行なう」を「行う」に、「民法（明治二十九年法律第八十九号）第百五十三条の規定にかかわらず、時効中断」を「時効の更新」に改める。

（労働保険の保険料の徴収等に関する法律の一部改正に伴う経過措置）

第二百六条　施行日前に前条の規定による改正前の労働保険の保険料の徴収等に関する法律第四十一条第二項に規定する時効の中断の事由が生じた場合におけるその事由の効力については、なお従前の例による。

（児童手当法の一部改正）

第二百七条　児童手当法（昭和四十六年法律第七十三号）の一部を次のように改正する。

第二十三条第一項中「権利は、」の下に「これらを行使することができる時から」を加え、同条第二項中「中断」を「完成猶予及び更新」に改め、同条第三項中「民法（明治二十九年法律第八十九号）第百五十三条の規定にかかわらず、時効中断」を「時効の更新」に改める。

第二十四条中「民法」の下に「（明治二十九年法律第八十九号）」を加える。

（児童手当法の一部改正に伴う経過措置）

第二百八条　施行日前に前条の規定による改正前の児童手当法（以下この条において「旧児童手当法」という。）第二十三条第二項又は第三項（これらの規定を旧児童手当法附則第二条第三項において準用する場合を含む。）に規定する時効の中断の事由が生じた場合におけるその事由の効力については、なお従前の例による。

（雇用の分野における男女の均等な機会及び待遇の確保等に関する法律の一部改正）

第二百九条　雇用の分野における男女の均等な機会及び待遇の確保等に関する法律（昭和四十七年法律第百十三号）の一部を次のように改正する。

第二十四条（見出しを含む。）中「中断」を「完成猶予」に改める。

（雇用の分野における男女の均等な機会及び待遇の確保等に関する法律の一部改正に伴う経過措置）

第二百十条　施行日前に前条の規定による改正前の雇用の分野における男女の均等な機会及び待遇の確保等に関する法律第十八条第一項に規定する調停の申請がされた場合におけるその申請に係る時効の特例については、前条の規定による改正後の雇用の分野における男女の均等な機会及び待遇の確保等に関する法律（以下この条において「新男女雇用機会均等法」という。）第二十四条（新男女雇用機会均等法第三十一条第五項において準用する場合を含む。）の規定にかかわらず、なお従前の例による。

（雇用保険法の一部改正）

第二百十一条　雇用保険法（昭和四十九年法律第百十六号）の一部を次のように改正する。

第六十九条第三項中「中断」を「完成猶予及び更新」に改める。

第七十四条中「権利は、」の下に「これらを行使することができる時から」を加える。

（雇用保険法の一部改正に伴う経過措置）

第二百十二条　施行日前に前条の規定による改正前の雇用保険法第六十九条第三項に規定する時効の中断の事由が生じた場合におけるその事由の効力については、なお従前の例による。

（賃金の支払の確保等に関する法律の一部改正）

第二百十三条　賃金の支払の確保等に関する法律（昭和五十一年法律第三十四号）の一部を次のように改正する。

第七条中「第四百七十四条第一項ただし書及び第二項」を「第四百七十四条第二項から第四項まで」に改める。

（高齢者の医療の確保に関する法律の一部改正）

第二百十四条　高齢者の医療の確保に関する法律（昭和五十七年法律第八十号）の一部を次のように改正する。

第百二十八条第二項中「中断」を「完成猶予及び更新」に改める。

第百六十条第一項中「権利は、」の下に「これらを行使することができる時から」を加え、同条第二項中「民法第百五十三条の規定にかかわらず、時効中断」を「時効の更新」に改める。

（高齢者の医療の確保に関する法律の一部改正に伴う経過措置）

第二百十五条　施行日前に前条の規定による改正前の高齢者の医療の確保に関する法律第百二十八条第二項又は第百六十条第二項に規定する時効の中断の事由が生じた場合におけるその事由の効力については、なお従前の例による。

（水道原水水質保全事業の実施の促進に関する法律の一部改正）

第二百十六条　水道原水水質保全事業の実施の促進に関する法律（平成六年法律第八号）の一部を次のように改正する。

第十六条第五項中「五年間行わない」を「これらを行使することができる時から五年間行使しない」に改める。

（介護保険法の一部改正）

第二百十七条　介護保険法（平成九年法律第百二十三号）の一部を次のように改正する。

第百八十三条第二項中「中断」を「完成猶予及び更新」に改める。

第二百条第一項中「権利は、」の下に「これらを行使することができる時から」を加え、同条第二項中「民法第百五十三条の規定にかかわらず、時効中断」を「時効の更新」に改める。

（介護保険法の一部改正に伴う経過措置）

第二百十八条　施行日前に前条の規定による改正前の介護保険法第百八十三条第二項又は第二百条第二項に規定する時効の中断の事由が生じた場合におけるその事由の効力については、なお従前の例による。

（平成十八年改正前介護保険法の一部改正）

第二百十九条　健康保険法等の一部を改正する法律（平成十八年法律第八十三号）附則第百三十条の二第一項の規定によりなおその効力を有するものとされた同法第二十六条の規定による改正前の介護保険法の一部を次のように改正する。

第百八十三条第二項中「中断」を「完成猶予及び更新」に改める。

第二百条第一項中「権利は、」の下に「これらを行使することができる時から」を加え、同条第二項中「民法第百五十三条の規定にかかわらず、時効中断」を「時効の更新」に改める。

（平成十八年改正前介護保険法の一部改正に伴う経過措置）

第二百二十条　施行日前に前条の規定による改正前の健康保険法等の一部を改正する法律附則第百三十条の二第一項の規定によりなおその効力を有するものとされた同法第二十六条の規定による改正前の介護保険法第百八十三条第二項又は第二百条第二項に規定する時効の中断の事由が生じた場合におけるその事由の効力については、なお従前の例による。

（個別労働関係紛争の解決の促進に関する法律の一部改正）

第二百二十一条　個別労働関係紛争の解決の促進に関する法律（平成十三年法律第百十二号）の一部を次のように改正する。

第十六条（見出しを含む。）中「中断」を「完成猶予」に改める。

（個別労働関係紛争の解決の促進に関する法律の一部改正に伴う経過措置）

第二百二十二条　施行日前に前条の規定による改正前の個別労働関係紛争の解決の促進に関する法律第五条第一項に規定するあっせんの申請がされた場合におけるその申請に係る時効の特例については、前条の規定による改正後の個別労働関係紛争の解決の促進に関する法律（以下この条において「新個別労働関係紛争解決法」という。）第十六条（新個別労働関係紛争解決法第二十一条第四項において準用する場合を含む。）の規定にかかわらず、なお従前の例による。

（障害者の日常生活及び社会生活を総合的に支援するための法律の一部改正）

第二百二十三条　障害者の日常生活及び社会生活を総合的に支援するための法律（平成十七年法律第百二十三号）の一部を次のように改正する。

第九十七条第二項中「中断」を「完成猶予及び更新」に改める。

（障害者の日常生活及び社会生活を総合的に支援するための法律の一部改正に伴う経過措置）

第二百二十四条　施行日前に前条の規定による改正前の障害者の日常生活及び社会生活を総合的に支援するための法律第九十七条第二項に規定する時効の中断の事由が生じた場合におけるその事由の効力については、なお従前の例による。

（厚生年金保険の保険給付及び保険料の納付の特例等に関する法律の一部改正）

第二百二十五条　厚生年金保険の保険給付及び保険料の納付の特例等に関する法律（平成十九年法律第百三十一号）の一部を次のように改正する。

第十二条第一項中「権利は、」の下に「これらを行使することができる時から」を加え、同条第二項中「民法（明治二十九年法律第八十九号）第百五十三条の規定にかかわらず、時効中断」を「時効の更新」に改める。

第十三条中「民法」の下に「（明治二十九年法律第八十九号）」を加える。

（厚生年金保険の保険給付及び保険料の納付の特例等に関する法律の一部改正に伴う経過措置）

第二百二十六条　施行日前に前条の規定による改正前の厚生年金保険の保険給付及び保険料の納付の特例等に関する法律第十二条第二項に規定する時効の中断の事由が生じた場合におけるその事由の効力については、なお従前の例による。

（特定フィブリノゲン製剤及び特定血液凝固第Ⅸ因子製剤によるC型肝炎感染被害者を救済するための給付金の支給に関する特別措置法の一部改正）

第二百二十七条　特定フィブリノゲン製剤及び特定血液凝固第Ⅸ因子製剤によるC型肝炎感染被害者を救済するための給付金の支給に関する特別措置法（平成二十年法律第二号）の一部を次のように改正する。

第九条中「三年」を「五年」に改める。

（特定フィブリノゲン製剤及び特定血液凝固第Ⅸ因子製剤によるC型肝炎感染被害者を救済するための給付金の支給に関する特別措置法の一部改正に伴う経過措置）

第二百二十八条　前条の規定による改正前の特定フィブリノゲン製剤及び特定血液凝固第Ⅸ因子製剤によるC型肝炎感染被害者を救済するための給付金の支給に関する特別措置法第九条に規定する請求期限がこの法律の施行の際既に経過していた場合におけるその請求期限については、なお従前の例による。

（厚生年金保険の保険給付及び国民年金の給付の支払の遅延に係る加算金の支給に関する法律の一部改正）

第二百二十九条　厚生年金保険の保険給付及び国民年金の給付の支払の遅延に係る加算金の支給に関する法律（平成二十一年法律第三十七号）の一部を次のように改正する。

第十二条第一項中「権利は、」の下に「これを行使することができる時から」を加え、同条第二項中「民法（明治二十九年法律第八十九号）第百五十三条の規定にかかわらず、時効中断」を「時効の更新」に改める。

第十三条第一項第二号中「民法」の下に「（明治二十九年法律第八十九号）」を加える。

（厚生年金保険の保険給付及び国民年金の給付の支払の遅延に係る加算金の支給に関する法律の一部改正に伴う経過措置）

第二百三十条　施行日前に前条の規定による改正前の厚生年金保険の保険給付及び国民年金の給付の支払の遅延に係る加算金の支給に関する法律（以下この条において「旧年金給付遅延加算金支給法」という。）第十二条第二項（旧年金給付遅延加算金支給法附則第二条第一項において準用する場合を含む。）に規定する時効の中断の事由が生じた場合におけるその事由の効力については、なお従前の例による。

（平成二十二年度等における子ども手当の支給に関する法律の一部改正）

第二百三十一条　平成二十二年度等における子ども手当の支給に関する法律（平成二十二年法律第十九号）の一部を次のように改正する。

第二十四条第一項中「権利は、」の下に「これらを行使することができる時から」を加え、同条第二項中「中断」を「完成猶予及び更新」に改め、同条第三項中「民法（明治二十九年法律第八十九号）第百五十三条の規定にかかわらず、時効中断」を「時効の更新」に改める。

第二十五条中「民法」の下に「（明治二十九年法律第八十九号）」を加える。

（平成二十二年度等における子ども手当の支給に関する法律の一部改正に伴う経過措置）

第二百三十二条　施行日前に前条の規定による改正前の平成二十二年度等における子ども手当の支給に関する法律第二十四条第二項又は第三項に規定する時効の中断の事由が生じた場合におけるその事由の効力については、なお従前の例による。

（平成二十三年度における子ども手当の支給等に関する特別措置法の一部改正）

第二百三十三条　平成二十三年度における子ども手当の支給等に関する特別措置法（平成二十三年法律第百七号）の一部を次のように改正する。

第二十八条第一項中「権利は、」の下に「これらを行使することができる時から」を加え、同条第二項中「中断」を「完成猶予及び更新」に改め、同条第三項中「民法（明治二十九年法律第八十九号）第百五十三条の規定にかかわらず、時効中断」を「時効の更新」に改める。

第二十九条中「民法」の下に「（明治二十九年法律第八十九号）」を加える。

（平成二十三年度における子ども手当の支給等に関する特別措置法の一部改正に伴う経過措置）

第二百三十四条　施行日前に前条の規定による改正前の平成二十三年度における子ども手当の支給等に関する特別措置法第二十八条第二項又は第三項に規定する時効の中断の事由が生じた場合におけるその事由の効力については、なお従前の例による。

（特定B型肝炎ウイルス感染者給付金等の支給に関する特別措置法の一部改正）

第二百三十五条　特定B型肝炎ウイルス感染者給付金等の支給に関する特別措置法（平成二十三年法律第百二十六号）の一部を次のように改正する。

第十条中「三年」を「五年」に改める。

（特定B型肝炎ウイルス感染者給付金等の支給に関する特別措置法の一部改正に伴う経過措置）

第二百三十六条　前条の規定による改正前の特定B型肝炎ウイルス感染者給付金等の支給に関する特別措置法第十条に規定する請求期限がこの法律の施行の際既に経過していた場合におけるその請求期限については、なお従前の例による。

（公的年金制度の健全性及び信頼性の確保のための厚生年金保険法等の一部を改正する法律の一部改正）

第二百三十七条　公的年金制度の健全性及び信頼性の確保のための厚生年金保険法等の一部を改正する法律（平成二十五年法律第六十三号）の一部を次のように改正する。

附則第五条第二項の表改正前厚生年金保険法第百四十六条の二、第百四十七条の五第二項並びに第百四十八条第一項、第三項及び第四項の項の次に次のように加える。

改正前厚生年金保険法第百七十条第一項	二年	これらを行使することができる時から二年
	五年を経過したとき	その支給すべき事由が生じた日から五年を経過したとき、当該年金たる給付を受ける権利に基づき支払期月ごとに支払うものとされる年金たる給付の支給を受ける権利は、当該日の属する月の翌月以降に到来する当該年金たる給付の支給に係る支払期月の翌月の初日から五年を経過したとき
改正前厚生年金保険法第百七十条第三項	民法第百五十三条の規定にかかわらず、時効中断	時効の更新

（公的年金制度の健全性及び信頼性の確保のための厚生年金保険法等の一部を改正する法律の一部改正に伴う経過措置）

第二百三十八条　施行日前に年金たる給付及び一時金たる給付を受ける権利又は当該年金たる給付を受ける権利に基づき支払期月ごとに支払うものとされる年金たる給付を受ける権利が生じた場合におけるこれらの権利の消滅時効の期間については、前条の規定による改正後の公的年金制度の健全性及び信頼性の確保のための厚生年金保険法等の一部を改正する法律附則第五条第一項の規定によりなおその効力を有するものとされた同法第一条の規定による改正前の厚生年金保険法（次項において「平成二十五年改正前厚生年金保険法」という。）第百七十条第一項の規定にかかわらず、なお従前の例による。

2　施行日前に前条の規定による改正前の公的年金制度の健全性及び信頼性の確保のための厚生年金保険法等の一部を改正する法律附則第五条第一項の規定によりなおその効力を有するものとされた平成二十五年改正前厚生年金保険法第百七十条第三項に規定する時効の中断の事由が生じた場合におけるその事由の効力については、なお従前の例による。

第九章　農林水産省関係

（農業協同組合法の一部改正）

第二百三十九条　農業協同組合法（昭和二十二年法律第百三十二号）の一部を次のように改正する。

第十条第六項第六号の二中「指名金銭債権又は指名金銭債権」を「金銭債権（民法（明治二十九年法律第八十九号）第三編第一章第七節第

一款に規定する指図証券、同節第二款に規定する記名式所持人払証券、同節第三款に規定するその他の記名証券及び同節第四款に規定する無記名証券に係る債権並びに電子記録債権法（平成十九年法律第百二号）第二条第一項に規定する電子記録債権を除く。以下この号において同じ。）又は金銭債権」に改め、「限る」の下に「。以下この号において同じ」を加え、「これ」を「特定社債」に改める。

第十一条の十一第四項中「（明治二十九年法律第八十九号）第七百二十四条」を「第七百二十四条及び第七百二十四条の二」に改める。

第三十五条の二第二項中「契約する」を「契約をし、又は当該理事と組合との利益が相反する行為をする」に改める。

（農業協同組合法の一部改正に伴う経過措置）

第二百四十条　前条の規定による改正前の農業協同組合法（次項において「旧農業協同組合法」という。）第十一条の十一第四項において準用する旧民法第七百二十四条後段に規定する期間がこの法律の施行の際既に経過していた場合におけるその期間の制限については、なお従前の例による。

2　前条の規定による改正後の農業協同組合法（次項において「新農業協同組合法」という。）第十一条の十一第四項において準用する新民法第七百二十四条の二の規定は、旧農業協同組合法第十一条の十一第一項の規定による損害賠償の請求権の同条第四項において準用する旧民法第七百二十四条前段に規定する時効がこの法律の施行の際既に完成していた場合については、適用しない。

3　施行日前に行われた理事、経営管理委員又は清算人と農業協同組合又は農業協同組合連合会との利益相反行為については、新農業協同組合法第三十五条の二第二項（新農業協同組合法第七十二条の二の二において準用する場合を含む。）の規定にかかわらず、なお従前の例による。

（農業災害補償法の一部改正）

第二百四十一条　農業災害補償法（昭和二十二年法律第百八十五号）の一部を次のように改正する。

第八十七条の二第六項中「民法（明治二十九年法律第八十九号）第百五十三条の規定にかかわらず、時効中断」を「時効の更新」に改める。

第八十八条中「払戻」を「払戻し」に、「三年間これを行わない」を「これらを行使することができる時から三年間行使しない」に、「因つて」を「よつて」に改める。

第百三十一条第二項中「中断」を「完成猶予及び更新」に改める。

（農業災害補償法の一部改正に伴う経過措置）

第二百四十二条　施行日前に前条の規定による改正前の農業災害補償法（以下この条において「旧農業災害補償法」という。）第八十七条の二第六項（旧農業災害補償法第百三十二条第一項及び第百四十一条の二において準用する場合を含む。）又は第百三十一条第二項（旧農業災害補償法第百四十一条第二項において準用する場合を含む。）に規定する時効の中断の事由が生じた場合におけるその事由の効力については、なお従前の例による。

（競馬法の一部改正）

第二百四十三条　競馬法（昭和二十三年法律第百五十八号）の一部を次のように改正する。

第十一条中「六十日間行わない」を「これらを行使することができる時から六十日間行使しない」に改める。

第二十三条の六第五項中「、第二項の規定による」を「、当該」に、「年五分の割合で」を「当該同意を得た日における法定利率により」に改める。

附則第五条第四項中「六十日間行わない」を「これらを行使することができる時から六十日間行使しない」に改める。

（競馬法の一部改正に伴う経過措置）

第二百四十四条　施行日前に都道府県又は指定市町村（前条の規定による改正前の競馬法（以下この条において「旧競馬法」という。）第一条の二第二項に規定する指定市町村をいう。）が旧競馬法第二十三条の六第二項の規定による同意を得ていた場合における前条の規定による改正後の競馬法第二十三条の六第五項の規定により交付しなければならない金額については、なお従前の例による。

（水産業協同組合法の一部改正）

第二百四十五条　水産業協同組合法（昭和二十三年法律第二百四十二号）の一部を次のように改正する。

第十五条の八第四項中「第七百二十四条」の下に「及び第七百二十四条の二」を加える。

第三十九条の二第二項中「契約する」を「契約をし、又は当該理事と組合との利益が相反する行為をする」に改める。

（水産業協同組合法の一部改正に伴う経過措置）

第二百四十六条　前条の規定による改正前の水産業協同組合法（以下この条において「旧水産業協同組合法」という。）第十五条の八第四項（旧水産業協同組合法第九十六条第一項及び第百条の八第一項において準用する場合を含む。次項において同じ。）において準用する旧民法第七百二十四条後段に規定する期間がこの法律の施行の際既に経過していた場合におけるその期間の制限については、なお従前の例による。

2　前条の規定による改正後の水産業協同組合法（以下この条において「新水産業協同組合法」という。）第十五条の八第四項（新水産業協同組合法第九十六条第一項及び第百条の八第一項において準用する場合を含む。）において準用する新民法第七百二十四条の二の規定は、旧水産業協同組合法第十五条の八第一項（旧水産業協同組合法第九十六条第一項及び第百条の八第一項において準用する場合を含む。）の規定による損害賠償の請求権の旧水産業協同組合法第十五条の八第四項において準用する旧民法第七百二十四条前段に規定する時効がこの法律の施行の際既に完成していた場合については、適用しない。

3　施行日前に行われた理事、経営管理委員又は清算人と水産業協同組合（漁業生産組合を除く。）との利益相反行為については、新水産業協同組合法第三十九条の二第二項（新水産業協同組合法第七十七条（新水産業協同組合法第九十二条第五項、第九十六条第五項、第百条第五項及び第百条の八第五項において準用する場合を含む。）、第九十二条第三項、第九十六条第三項、第百条第三項及び第百条の八第三項において準用する場合を含む。）の規定にかかわらず、なお従前の例による。

（土地改良法の一部改正）

第二百四十七条　土地改良法（昭和二十四年法律第百九十五号）の一部を次のように改正する。

第三十九条第八項中「民法（明治二十九年法律第八十九号）第百五十三条の規定にかかわらず、時効中断」を「時効の更新」に改める。

第五十九条中「民法」の下に「（明治二十九年法律第八十九号）」を加える。

第八十九条の三第四項中「民法第百五十三条の規定にかかわらず、時効中断」を「時効の更新」に改める。

（土地改良法の一部改正に伴う経過措置）

第二百四十八条　施行日前に前条の規定による改正前の土地改良法（以下この条において「旧土地改良法」という。）第三十九条第八項又は第八十九条の三第四項（旧土地改良法第九十条の二第九項において準用する場合を含む。）に規定する時効の中断の事由が生じた場合におけるその事由の効力については、なお従前の例による。

（森林法の一部改正）

第二百四十九条　森林法（昭和二十六年法律第二百四十九号）の一部を次のように改正する。

第六十一条中「左の各号の一」を「次の各号のいずれか」に改め、同条第一号中「を受ける」を「の提供をした場合において、補償金を受けるべき」に改め、同条第二号中「過失がなく」を削り、「受ける」を「受けるべき」に改め、「とき」の下に「（土地を使用し、又は収用する者に

過失があるときを除く。」を加え、同条第三号中「補償金払渡の差押又は仮差押を受けた」を「差押え又は仮差押えにより補償金の払渡しを禁じられた」に改める。

（森林法の一部改正に伴う経過措置）

第二百五十条　施行日前に前条の規定による改正前の森林法（以下この条において「旧森林法」という。）第五十八条第一項から第四項まで（これらの規定を旧森林法第六十五条及び第六十六条において準用する場合を含む。）の規定により補償金の支払義務が生じた場合におけるその補償金の供託については、なお従前の例による。

（漁船損害等補償法の一部改正）

第二百五十一条　漁船損害等補償法（昭和二十七年法律第二十八号）の一部を次のように改正する。

　第百十三条の十七中「支払義務は」を「支払義務に係る請求権はこれらを行使することができる時から」に改める。

　第百三十八条の二十二第二項中「中断」を「完成猶予及び更新」に改める。

（漁船損害等補償法の一部改正に伴う経過措置）

第二百五十二条　施行日前に前条の規定による改正前の漁船損害等補償法第百三十八条の二十二第二項に規定する時効の中断の事由が生じた場合におけるその事由の効力については、なお従前の例による。

（農地法の一部改正）

第二百五十三条　農地法（昭和二十七年法律第二百二十九号）の一部を次のように改正する。

　第七条第八項中「使用貸借の解除をし」の下に「、若しくは」を加え、「、若しくは返還の請求をし」を削る。

　第十条第三項第一号中「対価」を「対価の支払の提供をした場合において、対価」に、「受領を拒み、又は受領することができない場合」を「その受領を拒んだとき」に改め、同項中第三号を第四号とし、第二号を第三号とし、第一号の次に次の一号を加える。

　二　対価の支払を受けるべき者が対価を受領することができない場合

　第十六条第二項及び第三項を削る。

　第十九条　削除

　第四十三条第七項中「同条第一項」を「同条」に改める。

（農地法の一部改正に伴う経過措置）

第二百五十四条　施行日前に締結された農地又は採草放牧地の使用貸借契約に係る返還の請求については、前条の規定による改正後の農地法第七条第八項の規定にかかわらず、なお従前の例による。

２　施行日前に登記をしてない賃貸借の目的である農地又は採草放牧地の売買契約が締結された場合におけるその契約に係る契約の解除及び損害賠償の請求については、なお従前の例による。

３　施行日前に締結された農地又は採草放牧地の賃貸借契約に係る前条の規定による改正前の農地法第十九条の規定により読み替えて適用される旧民法第六百四条第一項に規定する賃貸借の存続期間については、なお従前の例による。

（旧農林漁業団体職員共済組合法の一部改正）

第二百五十五条　厚生年金保険制度及び農林漁業団体職員共済組合制度の統合を図るための農林漁業団体職員共済組合法等を廃止する等の法律（平成十三年法律第百一号）附則第二十五条第一項の規定によりなおその効力を有するものとされる同法第一条の規定による廃止前の農林漁業団体職員共済組合法（昭和三十三年法律第九十九号）の一部を次のように改正する。

　第六十六条第六項中「中断」を「完成猶予及び更新」に改める。

（旧農林漁業団体職員共済組合法の一部改正に伴う経過措置）

第二百五十六条　施行日前に前条の規定による改正前の厚生年金保険制度及び農林漁業団体職員共済組合制度の統合を図るための農林漁業団体職員共済組合法等を廃止する等の法律附則第二十五条第一項の規定によりなおその効力を有するものとされる同法第一条の規定による廃止前の農林漁業団体職員共済組合法第六十六条第六項に規定する時効の中断の事由が生じた場合におけるその事由の効力については、なお従前の例による。

（漁業災害補償法の一部改正）

第二百五十七条　漁業災害補償法（昭和三十九年法律第百五十八号）の一部を次のように改正する。

　第九十六条中「払いもどし」を「払戻し」に、「三年間これを行なわない」を「これらを行使することができる時から三年間行使しない」に改める。

　第百四十七条の十三第三項中「中断」を「完成猶予及び更新」に改める。

（漁業災害補償法の一部改正に伴う経過措置）

第二百五十八条　施行日前に前条の規定による改正前の漁業災害補償法第百四十七条の十三第三項に規定する時効の中断の事由が生じた場合におけるその事由の効力については、なお従前の例による。

（農水産業協同組合貯金保険法の一部改正）

第二百五十九条　農水産業協同組合貯金保険法（昭和四十八年法律第五十三号）の一部を次のように改正する。

　第百十四条第一項中「引受け」の下に「及び契約上の地位の移転（第六項において「債務の引受け等」という。）」を、「係る債権者」の下に「及び救済農水産業協同組合が譲り受ける契約上の地位に係る契約の相手方」を加え、「移転債権者」を「移転債権者等」に改め、同条第三項中「要旨及び」を「要旨並びに」に改め、「ある債権者」及び「知れている債権者」の下に「及び契約上の地位に係る契約の相手方」を加え、同条第六項中「移転債権者」を「移転債権者等」に、「債務の引受け」を「債務の引受け等」に、「さかのぼつて」を「遡つて」に改める。

（森林組合法の一部改正）

第二百六十条　森林組合法（昭和五十三年法律第三十六号）の一部を次のように改正する。

　第四十七条第二項中「契約する」を「契約をし、又は当該理事と組合との利益が相反する行為をする」に改める。

（森林組合法の一部改正に伴う経過措置）

第二百六十一条　施行日前に行われた理事又は清算人と森林組合又は森林組合連合会との利益相反行為については、前条の規定による改正後の森林組合法（以下この条において「新森林組合法」という。）第四十七条第二項（新森林組合法第九十二条（新森林組合法第百九条第五項において準用する場合を含む。）及び第百九条第三項において準用する場合を含む。）の規定にかかわらず、なお従前の例による。

（種苗法の一部改正）

第二百六十二条　種苗法（平成十年法律第八十三号）の一部を次のように改正する。

　第十四条第五項中「同条」を「同条第一号」に改める。

（種苗法の一部改正に伴う経過措置）

第二百六十三条　前条の規定による改正前の種苗法第十四条第五項において準用する旧民法第七百二十四条後段に規定する期間がこの法律の施行の際既に経過していた場合におけるその期間の制限については、なお従前の例による。

（農林中央金庫法の一部改正）

第二百六十四条　農林中央金庫法（平成十三年法律第九十三号）の一部を次のように改正する。

　第七条中「第五百二十二条まで」を「第五百六条まで、第五百八条から第五百十三条まで、第五百十五条、第五百十六条及び第五百二十一条」に改める。

　第三十条第三項中「同項第一号」を「同項各号」に改める。

　第五十四条第四項第六号中「指名金銭債権又は指名金銭債権」を「金銭債権（民法第三編第一章第七節第一款に規定する指図証券、同節第二款に規定する記名式所持人払証券、同節第三

款に規定するその他の記名証券及び同節第四款に規定する無記名証券に係る債権並びに電子記録債権法（平成十九年法律第百二号）第二条第一項に規定する電子記録債権を除く。以下この号において同じ。）又は金銭債権」に改め、「限る」の下に「。以下この号において同じ」を加え、「これ」を「特定社債」に改める。

第六十九条中「消滅時効は」の下に「、その権利を行使することができる時から」を加える。

（農林中央金庫法の一部改正に伴う経過措置）

第二百六十五条　第四条第二項から第八項までの規定は、前条の規定による改正前の農林中央金庫法第七条に規定する農林中央金庫の行う行為について準用する。

２　施行日前に理事、経営管理委員又は清算人となった者の利益相反取引については、前条の規定による改正後の農林中央金庫法（以下この項において「新農林中央金庫法」という。）第三十条第三項（新農林中央金庫法第九十五条において準用する場合を含む。）の規定にかかわらず、なお従前の例による。

（独立行政法人農業者年金基金法の一部改正）

第二百六十六条　独立行政法人農業者年金基金法（平成十四年法律第百二十七号）の一部を次のように改正する。

第五十二条第五項中「中断」を「完成猶予及び更新」に改める。

第五十八条第一項中「還付を受ける権利は、」の下に「これらを行使することができる時から」を、「給付を受ける権利は、」の下に「これを行使することができる時から」を加え、同条第二項中「民法（明治二十九年法律第八十九号）第百五十三条の規定にかかわらず、時効中断」を「時効の更新」に改める。

（独立行政法人農業者年金基金法の一部改正に伴う経過措置）

第二百六十七条　施行日前に前条の規定による改正前の独立行政法人農業者年金基金法第五十二条第五項又は第五十八条第二項に規定する時効の中断の事由が生じた場合におけるその事由の効力については、なお従前の例による。

第十章　経済産業省関係

（自転車競技法の一部改正）

第二百六十八条　自転車競技法（昭和二十三年法律第二百九号）の一部を次のように改正する。

第十五条中「六十日間行わない」を「これらを行使することができる時から六十日間行使しない」に改める。

（中小企業等協同組合法の一部改正）

第二百六十九条　中小企業等協同組合法（昭和二十四年法律第百八十一号）の一部を次のように改正する。

第九条の八第二項第十号の二中「指名金銭債権」を「金銭債権（民法（明治二十九年法律第八十九号）第三編第一章第七節第一款（指図証券）に規定する指図証券、同節第二款（記名式所持人払証券）に規定する記名式所持人払証券、同節第三款（その他の記名証券）に規定するその他の記名証券及び同節第四款（無記名証券）に規定する無記名証券に係る債権並びに電子記録債権法（平成十九年法律第百二号）第二条第一項（定義）に規定する電子記録債権を除く。以下この号において同じ。）又は金銭債権」に改め、「限る」の下に「。以下この号において同じ」を加え、「これ」を「特定社債」に改める。

第三十八条第二項中「（明治二十九年法律第八十九号）」を削り、「同項第一号」を「同項各号」に改める。

（中小企業等協同組合法の一部改正に伴う経過措置）

第二百七十条　施行日前に理事、清算人又は会長となった者の利益相反取引については、前条の規定による改正後の中小企業等協同組合法（以下この条において「新中小企業等協同組合法」という。）第三十八条第二項（新中小企業等協同組合法第六十九条、第八十二条の八及び第八十二条の十八において準用する場合を含む。）の規定にかかわらず、なお従前の例による。

（小型自動車競走法の一部改正）

第二百七十一条　小型自動車競走法（昭和二十五年法律第二百八号）の一部を次のように改正する。

第十九条中「六十日間行わない」を「これらを行使することができる時から六十日間行使しない」に改める。

（商品先物取引法の一部改正）

第二百七十二条　商品先物取引法（昭和二十五年法律第二百三十九号）の一部を次のように改正する。

第百三十一条の五第一項中「第九十三条ただし書」を「第九十三条第一項ただし書」に改め、同条第二項中「を理由として組織変更時発行株式の引受けの無効を主張し、又は詐欺若しくは」を「、詐欺又は」に改める。

（商品先物取引法の一部改正に伴う経過措置）

第二百七十三条　施行日前にされた意思表示に係る組織変更時発行株式（前条の規定による改正前の商品先物取引法第百二十九条第一号に規定する組織変更時発行株式をいう。）の引受けについては、前条の規定による改正後の商品先物取引法第百三十一条の五の規定にかかわらず、なお従前の例による。

（鉱業法の一部改正）

第二百七十四条　鉱業法（昭和二十五年法律第二百八十九号）の一部を次のように改正する。

第九十八条第一項第一号中「対価」の下に「を提供した場合において、対価」を加え、「、又はこれを受領することができないとき」を削り、同項第三号を同項第四号とし、同項第二号中「訴が」を「訴えが」に改め、同号を同項第三号とし、同項第一号の次に次の一号を加える。

二　対価を受けるべき者が対価を受領することができないとき。

第九十八条第二項中「前項第三号」を「前項第四号」に改める。

第百十三条の見出し中「しんしやく」を「しん酌」に改め、同条中「発生」の下に「又は拡大」を加え、「しんしやく」を「しん酌」に改める。

第百十五条第一項を次のように改める。

損害賠償請求権は、次に掲げる場合には、時効によつて消滅する。

一　被害者が損害及び賠償義務者を知つた時から三年間行使しないとき。

二　損害の発生の時から二十年間行使しないとき。

第百十五条第二項中「前項」を「前二項」に改め、同項を同条第三項とし、同条第一項の次に次の一項を加える。

２　人の生命又は身体を害した場合における損害賠償請求権の消滅時効についての前項第一号の規定の適用については、同号中「三年間」とあるのは、「五年間」とする。

（鉱業法の一部改正に伴う経過措置）

第二百七十五条　施行日前に前条の規定による改正前の鉱業法（以下この条において「旧鉱業法」という。）第九十三条の規定により対価の支払義務が生じた場合におけるその対価の供託については、なお従前の例による。

２　施行日前に損害を賠償する義務が生じた場合におけるその損害賠償の責任及び範囲については、前条の規定による改正後の鉱業法（第四項において「新鉱業法」という。）第百十三条の規定にかかわらず、なお従前の例による。

３　旧鉱業法第百十五条第一項後段に規定する期間がこの法律の施行の際既に経過していた場合におけるその期間の制限については、なお従前の例による。

４　新鉱業法第百十五条第二項及び第三項の規定は、損害賠償請求権の旧鉱業法第百十五条第一項前段に規定する時効がこの法律の施行の際既に完成していた場合については、適用しない。

（信用保証協会法の一部改正）

第二百七十六条　信用保証協会法（昭和二十八年法律第百九十六号）の一部を次のように改正す

る。

第十三条の見出し中「取引」を「取引等」に改め、同条第一項中「取引」の下に「をし、又は当該理事と協会との利益が相反する行為」を加え、「双方代理」を「双方代理等」に改める。

（信用保証協会法の一部改正に伴う経過措置）

第二百七十七条　施行日前に行われた理事と協会（前条の規定による改正前の信用保証協会法第二条に規定する協会をいう。）との利益相反行為については、前条の規定による改正後の信用保証協会法第十三条第一項の規定にかかわらず、なお従前の例による。

（水洗炭業に関する法律の一部改正）

第二百七十八条　水洗炭業に関する法律（昭和三十三年法律第百三十四号）の一部を次のように改正する。

第十九条の見出し中「しんしやく」を「しん酌」に改め、同条中「発生」の下に「又は拡大」を加え、「しんしやく」を「しん酌」に改める。

第二十条を次のように改める。

（消滅時効）

第二十条　第十六条第一項に規定する損害の賠償請求権は、次に掲げる場合には、時効によつて消滅する。

一　被害者が損害及び賠償義務者を知つた時から三年間行使しないとき。

二　損害の発生の時から二十年間行使しないとき。

２　人の生命又は身体を害した場合における損害賠償請求権の消滅時効についての前項第一号の規定の適用については、同号中「三年間」とあるのは、「五年間」とする。

（水洗炭業に関する法律の一部改正に伴う経過措置）

第二百七十九条　施行日前に損害を賠償する義務が生じた場合におけるその損害賠償の責任及び範囲については、前条の規定による改正後の水洗炭業に関する法律（第三項において「新水洗炭業法」という。）第十九条の規定にかかわらず、なお従前の例による。

２　前条の規定による改正前の水洗炭業に関する法律（次項において「旧水洗炭業法」という。）第二十条後段に規定する期間がこの法律の施行の際既に経過していた場合におけるその期間の制限については、なお従前の例による。

３　新水洗炭業法第二十条第二項の規定は、旧水洗炭業法第十六条第一項に規定する損害の賠償請求権の旧水洗炭業法第二十条前段に規定する時効がこの法律の施行の際既に完成していた場合については、適用しない。

（特許法の一部改正）

第二百八十条　特許法（昭和三十四年法律第百二十一号）の一部を次のように改正する。

第六十五条第六項中「同条」を「同条第一号」に改める。

第八十八条第一号中「その対価」を「対価の弁済の提供をした場合において、その対価」に改め、「、又はこれを受領することができないとき」を削り、同条第三号を同条第四号とし、同条第二号中「訴の」を「訴えの」に改め、同号を同条第三号とし、同条第一号の次に次の一号を加える。

二　その対価を受けるべき者がこれを受領することができないとき。

（特許法の一部改正に伴う経過措置）

第二百八十一条　前条の規定による改正前の特許法（以下この条において「旧特許法」という。）第六十五条第六項（旧特許法第百八十四条の十第二項において準用する場合を含む。）において準用する旧民法第七百二十四条後段に規定する期間がこの法律の施行の際既に経過していた場合におけるその期間の制限については、なお従前の例による。

２　施行日前に旧特許法第八十六条第二項第二号（旧特許法第九十二条第七項及び第九十三条第三項において準用する場合を含む。）の規定により対価を支払う義務が生じた場合におけるその対価の供託については、なお従前の例による。

（商標法の一部改正）

第二百八十二条　商標法（昭和三十四年法律第百二十七号）の一部を次のように改正する。

第十三条の二第五項中「同条」を「同条第一号」に改める。

（商標法の一部改正に伴う経過措置）

第二百八十三条　前条の規定による改正前の商標法（以下この条において「旧商標法」という。）第十三条の二第五項（旧商標法第六十八条第一項において準用する場合を含む。）において準用する旧民法第七百二十四条後段に規定する期間がこの法律の施行の際既に経過していた場合におけるその期間の制限については、なお従前の例による。

（技術研究組合法の一部改正）

第二百八十四条　技術研究組合法（昭和三十六年法律第八十一号）の一部を次のように改正する。

第三十三条第二項中「同項第一号」を「同項各号」に改める。

第七十四条第一項中「第九十三条ただし書」を「第九十三条第一項ただし書」に改め、同条第二項中「を理由として組織変更時発行株式の引受けの無効を主張し、又は詐欺若しくは」を「、詐欺又は」に改める。

第百二十九条第一項中「第九十三条ただし書」を「第九十三条第一項ただし書」に改め、同条第二項中「を理由として新設分割時発行株式の引受けの無効を主張し、又は詐欺若しくは」を「、詐欺又は」に改める。

（技術研究組合法の一部改正に伴う経過措置）

第二百八十五条　施行日前に理事又は清算人となった者の利益相反取引については、前条の規定による改正後の技術研究組合法（以下この条において「新技術研究組合法」という。）第三十三条第二項（新技術研究組合法第六十条において準用する場合を含む。）の規定にかかわらず、なお従前の例による。

２　施行日前にされた意思表示に係る組織変更時発行株式（前条の規定による改正前の技術研究組合法（次項において「旧技術研究組合法」という。）第六十七条第一号に規定する組織変更時発行株式をいう。）の引受けについては、新技術研究組合法第七十四条の規定にかかわらず、なお従前の例による。

３　施行日前にされた意思表示に係る新設分割時発行株式（旧技術研究組合法第百二十二条第一号に規定する新設分割時発行株式をいう。）の引受けについては、新技術研究組合法第百二十九条の規定にかかわらず、なお従前の例による。

（割賦販売法の一部改正）

第二百八十六条　割賦販売法（昭和三十六年法律第百五十九号）の一部を次のように改正する。

第三十五条の三の十三第五項中「善意の」を「善意でかつ過失がない」に改める。

（割賦販売法の一部改正に伴う経過措置）

第二百八十七条　施行日前にされた意思表示については、前条の規定による改正後の割賦販売法（以下この条において「新割賦販売法」という。）第三十五条の三の十三第五項（新割賦販売法第三十五条の三の十四第三項、第三十五条の三の十五第三項及び第三十五条の三の十六第二項において準用する場合を含む。）の規定にかかわらず、なお従前の例による。

（商店街振興組合法の一部改正）

第二百八十八条　商店街振興組合法（昭和三十七年法律第百四十一号）の一部を次のように改正する。

第五十条第二項中「同項第一号」を「同項各号」に改める。

（商店街振興組合法の一部改正に伴う経過措置）

第二百八十九条　施行日前に理事又は清算人となった者の利益相反取引については、前条の規定による改正後の商店街振興組合法（以下この条において「新商店街振興組合法」という。）第五十条第二項（新商店街振興組合法第七十八条において準用する場合を含む。）の規定にかかわらず、なお従前の例による。

（小規模企業共済法の一部改正）

第二百九十条　小規模企業共済法（昭和四十年法律第百二号）の一部を次のように改正する。

第二十三条第一項中「支給を受ける権利は」の下に「これを行使することができる時から」を加え、「二年間行なわない」を「これらを行使することができる時から二年間行使しない」に改める。

（中小企業倒産防止共済法の一部改正）

第二百九十一条　中小企業倒産防止共済法（昭和五十二年法律第八十四号）の一部を次のように改正する。

第十九条中「支給を受ける権利は」の下に「これらを行使することができる時から」を加え、「二年間行わない」を「これを行使することができる時から二年間行使しない」に改める。

（半導体集積回路の回路配置に関する法律の一部改正）

第二百九十二条　半導体集積回路の回路配置に関する法律（昭和六十年法律第四十三号）の一部を次のように改正する。

第二十七条第四項中「民法第七百二十四条」を「民法第七百二十四条第一号」に改める。

（半導体集積回路の回路配置に関する法律の一部改正に伴う経過措置）

第二百九十三条　前条の規定による改正前の半導体集積回路の回路配置に関する法律第二十七条第四項において準用する旧民法第七百二十四条後段に規定する期間がこの法律の施行の際既に経過していた場合におけるその期間の制限については、なお従前の例による。

（不正競争防止法の一部改正）

第二百九十四条　不正競争防止法（平成五年法律第四十七号）の一部を次のように改正する。

第十五条を次のように改める。

（消滅時効）

第十五条　第二条第一項第四号から第九号までに掲げる不正競争のうち、営業秘密を使用する行為に対する第三条第一項の規定による侵害の停止又は予防を請求する権利は、次に掲げる場合には、時効によって消滅する。

一　その行為を行う者がその行為を継続する場合において、その行為により営業上の利益を侵害され、又は侵害されるおそれがある保有者がその事実及びその行為を行う者を知った時から三年間行わないとき。

二　その行為の開始の時から二十年を経過したとき。

（不正競争防止法の一部改正に伴う経過措置）

第二百九十五条　前条の規定による改正前の不正競争防止法第十五条後段に規定する期間がこの法律の施行の際既に経過していた場合におけるその期間の制限については、なお従前の例による。

（投資事業有限責任組合契約に関する法律の一部改正）

第二百九十六条　投資事業有限責任組合契約に関する法律（平成十年法律第九十号）の一部を次のように改正する。

第七条の見出し中「業務執行」を「業務の決定及び執行」に改め、同条第一項中「無限責任組合員が」の下に「決定し、」を加える。

第七条の次に次の一条を加える。

（組合の代理）

第七条の二　無限責任組合員は、組合の業務を執行する場合において、他の組合員を代理することができる。

2　無限責任組合員が数人あるときは、各無限責任組合員は、無限責任組合員の過半数の同意を得たときに限り、組合員を代理することができる。

3　前項の規定にかかわらず、各無限責任組合員は、組合の常務を行うときは、単独で組合員を代理することができる。

第十六条中「第六百六十八条（組合財産の共有）、第六百六十九条（」を「第六百六十七条の二から第六百六十九条まで（他の組合員の債務不履行、組合員の一人についての意思表示の無効等、組合財産の共有及び」に改め、「割合）」の下に「、第六百七十五条第一項（組合の債権者の権利の行使）」を、「第六百七十六条」の下に「から第六百七十七条の二まで」を、「組合財産の分割」の下に「、組合財産に対する組合員の債権者の権利の行使の禁止並びに組合員の加入」を加え、「、第六百七十七条（組合の債務者による相殺の禁止）」を削り、「第六百八十条」の下に「から第六百八十一条まで」を加え、「）、第六百八十一条（」を「、脱退した組合員の責任等及び」に改める。

（投資事業有限責任組合契約に関する法律の一部改正に伴う経過措置）

第二百九十七条　施行日前に締結された前条の規定による改正前の投資事業有限責任組合契約に関する法律第三条第一項に規定する投資事業有限責任組合契約については、なお従前の例による。

（電子消費者契約及び電子承諾通知に関する民法の特例に関する法律の一部改正）

第二百九十八条　電子消費者契約及び電子承諾通知に関する民法の特例に関する法律（平成十三年法律第九十五号）の一部を次のように改正する。

題名を次のように改める。

電子消費者契約に関する民法の特例に関する法律

第一条中「要素に」を「申込み又はその承諾の意思表示について」に改め、「及び隔地者間の契約において電子承諾通知を発する場合」を削る。

第二条第四項を削る。

第三条中「第九十五条ただし書」を「第九十五条第三項」に、「電子消費者契約の要素に錯誤があった場合であって、当該錯誤が」を「意思表示が同条第一項第一号に掲げる錯誤に基づくものであって、その錯誤が法律行為の目的及び取引上の社会通念に照らして重要なものであり、かつ、」に改める。

第四条を削る。

（電子消費者契約及び電子承諾通知に関する民法の特例に関する法律の一部改正に伴う経過措置）

第二百九十九条　施行日前にされた電子消費者契約（前条の規定による改正前の電子消費者契約及び電子承諾通知に関する民法の特例に関する法律（次項において「旧電子契約法」という。）第二条第一項に規定する電子消費者契約をいう。）の申込み又はその承諾の意思表示については、前条の規定による改正後の電子消費者契約に関する民法の特例に関する法律第三条の規定にかかわらず、なお従前の例による。

2　施行日前に契約の申込みがされた場合におけるその申込みに係る旧電子契約法第四条に規定する電子承諾通知に関する民法の特例については、なお従前の例による。

（有限責任事業組合契約に関する法律の一部改正）

第三百条　有限責任事業組合契約に関する法律（平成十七年法律第四十号）の一部を次のように改正する。

第十三条第二項中「一部のみを」の下に「一人又は数人の他の組合員又は第三者に」を加える。

第十四条の次に次の一条を加える。

（組合の代理）

第十四条の二　各組合員及び第十三条第二項の規定による委任を受けた第三者は、第十二条第一項の規定による決定に基づき組合の業務を執行する場合において、他の組合員を代理することができる。

2　前項の規定にかかわらず、各組合員は、組合の常務を行うときは、単独で組合員を代理することができる。

第二十四条に次の一項を加える。

3　第一項の規定により組合の成立後に加入した組合員は、その加入前に生じた組合の債務については、これを弁済する責任を負わない。

第五十六条中「第六百六十八条、第六百六十

九条」を「第六百六十七条の二から第六百六十九条まで」に改め、「第六百七十四条第二項」の下に「、第六百七十五条第一項」を、「第六百七十七条」の下に「、第六百八十条の二」を加える。

（有限責任事業組合契約に関する法律の一部改正に伴う経過措置）

第三百一条　施行日前に締結された前条の規定による改正前の有限責任事業組合契約に関する法律第三条第一項に規定する有限責任事業組合契約については、なお従前の例による。

（株式会社商工組合中央金庫法の一部改正）

第三百二条　株式会社商工組合中央金庫法（平成十九年法律第七十四号）の一部を次のように改正する。

第二十一条第四項第六号中「指名金銭債権又は指名金銭債権」を「金銭債権（民法（明治二十九年法律第八十九号）第三編第一章第七節第一款に規定する指図証券、同節第二款に規定する記名式所持人払証券、同節第三款に規定するその他の記名証券及び同節第四款に規定する無記名証券に係る債権並びに電子記録債権法（平成十九年法律第百二号）第二条第一項に規定する電子記録債権を除く。以下この号において同じ。）又は金銭債権」に改め、「限る」の下に「。以下この号において同じ」を加え、「これ」を「特定社債」に改める。

第三十七条中「消滅時効は」の下に「、その権利を行使することができる時から」を加える。

第十一章　国土交通省関係

（鉄道営業法の一部改正）

第三百三条　鉄道営業法（明治三十三年法律第六十五号）の一部を次のように改正する。

第十四条中「一年間之ヲ行ハザル」を「之ヲ行使スルコトヲ得ベキ時ヨリ一年間行使セザル」に改める。

第一章中第十八条ノ四を第十八条ノ五とし、第十八条ノ三を第十八条ノ四とする。

第十八条ノ二中「第十八条」を「前二条」に改め、同条を第十八条ノ三とし、第十八条の次に次の一条を加える。

第十八条ノ二　鉄道ニ依ル旅客ノ運送ニ係ル取引ニ関スル民法（明治二十九年法律第八十九号）第五百四十八条の二第一項ノ規定ノ適用ニ付テハ同項第二号中「表示していた」トアルハ「表示し、又は公表していた」トス

（軌道法の一部改正）

第三百四条　軌道法（大正十年法律第七十六号）の一部を次のように改正する。

第二十七条ノ二第九号中「前条第一項」を「第二十七条第一項」に改め、同条を第二十七条ノ三とし、第二十七条の次に次の一条を加える。

第二十七条ノ二　軌道ニ依ル旅客ノ運送ニ係ル取引ニ関スル民法（明治二十九年法律第八十九号）第五百四十八条の二第一項ノ規定ノ適用ニ付テハ同項第二号中表示していたトアルハ表示し、又は公表していたトス

（船員法の一部改正）

第三百五条　船員法（昭和二十二年法律第百号）の一部を次のように改正する。

第九十六条第五項中「中断」を「完成猶予及び更新」に改める。

第百十七条中「債権は、」の下に「これを行使することができる時から」を加え、「これを行わない」を「行使しない」に改める。

（船員法の一部改正に伴う経過措置）

第三百六条　施行日前に前条の規定による改正前の船員法第九十六条第五項に規定する時効の中断の事由が生じた場合におけるその事由の効力については、なお従前の例による。

（建設業法の一部改正）

第三百七条　建設業法（昭和二十四年法律第百号）の一部を次のように改正する。

第十九条第一項第十二号中「の瑕疵（かし）」を「が種類又は品質に関して契約の内容に適合しない場合におけるその不適合」に改める。

第二十五条の十六（見出しを含む。）中「中断」を「完成猶予」に改める。

（建設業法の一部改正に伴う経過措置）

第三百八条　施行日前に建設工事（前条の規定による改正前の建設業法（次項において「旧建設業法」という。）第二条第一項に規定する建設工事をいう。）の請負契約が締結された場合におけるその契約の内容については、前条の規定による改正後の建設業法（次項において「新建設業法」という。）第十九条第一項の規定にかかわらず、なお従前の例による。

2　施行日前に旧建設業法第二十五条の十一第一号に規定するあっせん又は調停の申請がされた場合におけるその申請に係る時効の特例については、新建設業法第二十五条の十六の規定にかかわらず、なお従前の例による。

（海上運送法の一部改正）

第三百九条　海上運送法（昭和二十四年法律第百八十七号）の一部を次のように改正する。

目次中「第三十二条」を「第三十二条の二」に改める。

第十九条の六の二中「次条第二項」の下に「及び第三十二条の二」を加える。

第二章中第三十二条の次に次の一条を加える。

（民法の特例）

第三十二条の二　一般旅客定期航路事業、人の運送をする貨物定期航路事業又は人の運送をする不定期航路事業（特定の者の需要に応じ、特定の範囲の人の運送をする不定期航路事業を除く。）による旅客の運送に係る取引に関して民法（明治二十九年法律第八十九号）第五百四十八条の二第一項の規定を適用する場合においては、同項第二号中「表示していた」とあるのは、「表示し、又は公表していた」とする。

第四十二条第一項中「及び第三十条」を「、第三十条」に改め、「除く。）」の下に「及び第三十二条の二」を加える。

（道路運送法の一部改正）

第三百十条　道路運送法（昭和二十六年法律第百八十三号）の一部を次のように改正する。

第八十七条を次のように改める。

（民法の特例）

第八十七条　次に掲げる取引に関して民法（明治二十九年法律第八十九号）第五百四十八条の二第一項の規定を適用する場合においては、同項第二号中「表示していた」とあるのは、「表示し、又は公表していた」とする。

一　一般乗合旅客自動車運送事業若しくは一般乗用旅客自動車運送事業による旅客の運送又は自家用有償旅客運送に係る取引

二　一般自動車道の通行に係る取引

（公営住宅法の一部改正）

第三百十一条　公営住宅法（昭和二十六年法律第百九十三号）の一部を次のように改正する。

第三十二条第三項中「年五分の割合」を「法定利率」に改める。

（公営住宅法の一部改正に伴う経過措置）

第三百十二条　施行日前に到来した支払期に係る前条の規定による改正前の公営住宅法第三十二条第三項に規定する利息については、なお従前の例による。

（土地収用法の一部改正）

第三百十三条　土地収用法（昭和二十六年法律第二百十九号）の一部を次のように改正する。

第四十六条の四第二項中「第三号」を「第四号」に改める。

第九十五条の見出し中「払渡」を「払渡し」に改め、同条第二項中「左の各号に」を「次に」に改め、同項第一号中「補償金等を受けるべき」を「補償金等の提供をした場合において、補償金等を受けるべき」に改め、「、又は補償金等を受領することができないとき」を削り、同項第四号中「差押又は仮差押」を「差押え又は仮差押え」に、「払渡」を「払渡し」に改め、同号を同項第五号とし、同項第三号を同項第四号とし、同項第二号中「過失がなくて」を削り、同号に次のただし書を加える。

ただし、起業者に過失があるときは、こ

の限りでない。

第九十五条第二項中第二号を第三号とし、第一号の次に次の一号を加える。

二　補償金等を受けるべき者が補償金等を受領することができないとき。

第九十五条第三項中「前項第三号」を「前項第四号」に改め、同条第五項中「左の各号に」を「次に」に改め、同項第一号中「替地を」を「替地の提供をした場合において、替地を」に改め、「、又は替地の譲渡若しくは引渡を受けることができないとき」を削り、同項第二号中「差押又は仮差押」を「差押え又は仮差押え」に、「引渡」を「引渡し」に改め、同号を同項第三号とし、同項第一号の次に次の一号を加える。

二　替地を受けるべき者が替地の譲渡又は引渡しを受けることができないとき。

（土地収用法の一部改正に伴う経過措置）

第三百十四条　施行日前に前条の規定による改正前の土地収用法（以下この条において「旧土地収用法」という。）第四十六条の四第一項（旧土地収用法第百三十八条第一項において準用する場合を含む。）に規定する補償金の支払義務、旧土地収用法第九十五条第一項（旧土地収用法第百三十八条第一項において準用する場合を含む。）に規定する補償金等の払渡し若しくは替地の譲渡及び引渡しの義務又は旧土地収用法第九十七条第一項（旧土地収用法第百三十八条第一項において準用する場合を含む。）に規定する補償金の払渡しの義務が生じた場合におけるこれらの補償金、補償金等又は替地の供託については、なお従前の例による。

（モーターボート競走法の一部改正）

第三百十五条　モーターボート競走法（昭和二十六年法律第二百四十二号）の一部を次のように改正する。

第二十条中「六十日間行わない」を「これらを行使することができる時から六十日間行使しない」に改める。

（宅地建物取引業法の一部改正）

第三百十六条　宅地建物取引業法（昭和二十七年法律第百七十六号）の一部を次のように改正する。

第三十五条第一項第十三号中「の瑕疵」を「が種類又は品質に関して契約の内容に適合しない場合におけるその不適合」に改める。

第三十七条第一項第十一号中「の瑕疵」を「が種類若しくは品質に関して契約の内容に適合しない場合におけるその不適合」に改める。

第三十九条の見出し中「手附」を「手付」に改め、同条第一項中「みずから」を「自ら」に、「こえる」を「超える」に、「手附」を「手付」に改め、同条第二項中「みずから」を「自ら」に、「手附」を「手付」に改め、「、当事者の一方が契約の履行に着手するまでは」を削り、「償還して」を「現実に提供して」に改め、同項に次のただし書を加える。

ただし、その相手方が契約の履行に着手した後は、この限りでない。

第四十条の見出し中「瑕疵担保責任」を「担保責任」に改め、同条第一項中「の瑕疵」を「が種類又は品質に関して契約の内容に適合しない場合におけるその不適合」に、「第五百七十条において準用する同法第五百六十六条第三項」を「第五百六十六条」に改める。

（宅地建物取引業法の一部改正に伴う経過措置）

第三百十七条　施行日前に宅地（前条の規定による改正前の宅地建物取引業法（次項において「旧宅地建物取引業法」という。）第二条第一号に規定する宅地をいう。以下この条において同じ。）又は建物の売買又は交換の契約が締結され又は成立した場合におけるその契約に係る書面の交付については、前条の規定による改正後の宅地建物取引業法（以下この条において「新宅地建物取引業法」という。）第三十七条第一項の規定にかかわらず、なお従前の例による。

2　施行日前に宅地建物取引業者（旧宅地建物取引業法第二条第三号に規定する宅地建物取引業者をいう。次項において同じ。）が自ら売主となる宅地又は建物の売買契約が締結された場合におけるその契約の解除については、新宅地建物取引業法第三十九条第二項の規定にかかわらず、なお従前の例による。

3　施行日前に宅地建物取引業者が自ら売主となる宅地又は建物の売買契約が締結された場合におけるその契約に係る担保責任についての特約の制限については、新宅地建物取引業法第四十条第一項の規定にかかわらず、なお従前の例による。

（道路法の一部改正）

第三百十八条　道路法（昭和二十七年法律第百八十号）の一部を次のように改正する。

第七十三条第五項中「五年間行わない」を「これらを行使することができる時から五年間行使しない」に、「因り」を「より」に改める。

第九十四条第三項中「過失がなくて」を削り、同項に次のただし書を加える。

ただし、当該管理者に過失があるときは、この限りでない。

（道路法の一部改正に伴う経過措置）

第三百十九条　施行日前に前条の規定による改正前の道路法（以下この条において「旧道路法」という。）第九十四条第一項（旧道路法第九十一条第二項において準用する場合を含む。）の規定により不用物件の返還義務が生じた場合におけるその不用物件の供託については、なお従前の例による。

（航空法の一部改正）

第三百二十条　航空法（昭和二十七年法律第二百三十一号）の一部を次のように改正する。

第百三十四条の二の次に次の一条を加える。

（民法の特例）

第百三十四条の三　航空運送事業による旅客の運送に係る取引に関して民法（明治二十九年法律第八十九号）第五百四十八条の二第一項の規定を適用する場合においては、同項第二号中「表示していた」とあるのは、「表示し、又は公表していた」とする。

（土地区画整理法の一部改正）

第三百二十一条　土地区画整理法（昭和二十九年法律第百十九号）の一部を次のように改正する。

第四十二条第一項中「五年間行わない」を「これらを行使することができる時から五年間行使しない」に改め、同条第二項中「民法（明治二十九年法律第八十九号）第百五十三条の規定にかかわらず、時効中断」を「時効の更新」に改める。

（土地区画整理法の一部改正に伴う経過措置）

第三百二十二条　施行日前に前条の規定による改正前の土地区画整理法（以下この条において「旧土地区画整理法」という。）第四十二条第二項（旧土地区画整理法第百十条第八項において準用する場合を含む。）に規定する時効の中断の事由が生じた場合におけるその事由の効力については、なお従前の例による。

（自動車損害賠償保障法の一部改正）

第三百二十三条　自動車損害賠償保障法（昭和三十年法律第九十七号）の一部を次のように改正する。

第十九条中「請求権は、」の下に「被害者又はその法定代理人が損害及び保有者を知つた時から」を加える。

第七十五条中「請求権は、」の下に「これらを行使することができる時から」を加える。

第八十条第三項中「民法第百五十三条の規定にかかわらず、時効中断」を「時効の更新」に改める。

（自動車損害賠償保障法の一部改正に伴う経過措置）

第三百二十四条　施行日前に前条の規定による改正前の自動車損害賠償保障法（以下この条において「旧自動車損害賠償保障法」という。）第十六条第一項又は第十七条第一項（これらの規定を旧自動車損害賠償保障法第二十三条の三第一項において準用する場合を含む。）の規定による請求権が生じた場合におけるこれらの請求権の消滅時効の期間については、なお従前の例によ

る。

2　施行日前に旧自動車損害賠償保障法第八十条第三項に規定する時効の中断の事由が生じた場合におけるその事由の効力については、なお従前の例による。

（道路整備特別措置法の一部改正）

第三百二十五条　道路整備特別措置法（昭和三十一年法律第七号）の一部を次のように改正する。

第五十五条の次に次の一条を加える。

（民法の特例）

第五十五条の二　道路の通行又は利用に係る取引に関して民法（明治二十九年法律第八十九号）第五百四十八条の二第一項の規定を適用する場合においては、同項第二号中「表示していた」とあるのは、「表示し、又は公表していた」とする。

（海岸法等の一部改正）

第三百二十六条　次に掲げる法律の規定中「五年間行わない」を「これらを行使することができる時から五年間行使しない」に改める。

一　海岸法（昭和三十一年法律第百一号）第三十五条第五項

二　特定多目的ダム法（昭和三十二年法律第三十五号）第三十六条第五項

三　地すべり等防止法（昭和三十三年法律第三十号）第三十八条第五項

四　津波防災地域づくりに関する法律（平成二十三年法律第百二十三号）第四十七条第五項

（内航海運組合法の一部改正）

第三百二十七条　内航海運組合法（昭和三十二年法律第百六十二号）の一部を次のように改正する。

第三十四条の三第二項中「同項第一号」を「同項各号」に改める。

（内航海運組合法の一部改正に伴う経過措置）

第三百二十八条　施行日前に理事又は清算人となった者の利益相反取引については、前条の規定による改正後の内航海運組合法（以下この条において「新内航海運組合法」という。）第三十四条の三第二項（新内航海運組合法第五十五条（新内航海運組合法第五十八条において準用する場合を含む。）及び第五十八条において準用する場合を含む。）の規定にかかわらず、なお従前の例による。

（公共用地の取得に関する特別措置法の一部改正）

第三百二十九条　公共用地の取得に関する特別措置法（昭和三十六年法律第百五十号）の一部を次のように改正する。

第二十七条中「第三号」を「第四号」に改める。

第三十三条第二項中「年六分の利率により算定した」を「法定利率による」に改める。

（公共用地の取得に関する特別措置法の一部改正に伴う経過措置）

第三百三十条　施行日前に緊急裁決で定められた権利取得の時期又は明渡しの期限が到来した場合における前条の規定による改正前の公共用地の取得に関する特別措置法（以下この条において「旧公共用地取得特別措置法」という。）第三十三条第二項（旧公共用地取得特別措置法第四十五条において準用する場合を含む。）に規定する利息については、なお従前の例による。

（河川法の一部改正）

第三百三十一条　河川法（昭和三十九年法律第百六十七号）の一部を次のように改正する。

第四十三条第二項中「一に」を「いずれかに」に改め、同項第一号中「補償金を受けるべき」を「補償金の提供をした場合において、補償金を受けるべき」に改め、「、又は補償金を受領することができないとき」を削り、同項第四号を同項第五号とし、同項第三号を同項第四号とし、同項第二号中「過失がなくて」を削り、同号に次のただし書を加える。

ただし、水利使用の許可を受けた者に過失があるときは、この限りでない。

第四十三条第二項中第二号を第三号とし、第一号の次に次の一号を加える。

二　補償金を受けるべき者が補償金を受領することができないとき。

第四十三条第三項中「前項第三号」を「前項第四号」に改める。

（河川法の一部改正に伴う経過措置）

第三百三十二条　施行日前に前条の規定による改正前の河川法（以下この条において「旧河川法」という。）第四十一条（旧河川法第百条第一項において準用する場合を含む。）の規定により補償金の支払義務が生じた場合におけるその補償金の供託については、なお従前の例による。

（都市計画法の一部改正）

第三百三十三条　都市計画法（昭和四十三年法律第百号）の一部を次のように改正する。

第七十五条第七項中「五年間行なわない」を「これらを行使することができる時から五年間行使しない」に改める。

（都市再開発法の一部改正）

第三百三十四条　都市再開発法（昭和四十四年法律第三十八号）の一部を次のように改正する。

第四十二条第一項中「五年間行なわない」を「これらを行使することができる時から五年間行使しない」に改め、同条第二項中「民法（明治二十九年法律第八十九号）第百五十三条の規定にかかわらず、時効中断」を「時効の更新」に改める。

第九十一条第一項中「年六パーセントの割合により算定した」を「法定利率による」に改める。

第九十二条第一項中「一に」を「いずれかに」に改め、同項第一号中「補償金等を受けるべき」を「補償金等の提供をした場合において、補償金等を受けるべき」に改め、「、又は補償金等を受領することができないとき」を削り、同項第四号を同項第五号とし、同項第三号を同項第四号とし、同項第二号中「過失がなくて」を削り、同号に次のただし書を加える。

ただし、施行者に過失があるときは、この限りでない。

第九十二条第一項中第二号を第三号とし、第一号の次に次の一号を加える。

二　補償金等を受けるべき者が補償金等を受領することができないとき。

第九十二条第二項中「前項第三号」を「前項第四号」に改める。

第百七条第三項中「民法」の下に「（明治二十九年法律第八十九号）」を加える。

第百十八条の十五第一項中「年六パーセントの割合により算出した」を「法定利率による」に改める。

（都市再開発法の一部改正に伴う経過措置）

第三百三十五条　施行日前に前条の規定による改正前の都市再開発法（以下この条において「旧都市再開発法」という。）第四十二条第二項（旧都市再開発法第五十条の十一第三項、第五十六条の三第五項（旧都市再開発法第五十八条の二第二項において準用する場合を含む。）及び第百六条第八項（旧都市再開発法第百十八条の二十四第二項において準用する場合を含む。）において準用する場合を含む。）に規定する時効の中断の事由が生じた場合におけるその事由の効力については、なお従前の例による。

2　施行日前に権利変換計画の認可の公告がされた場合におけるその権利変換計画に係る旧都市再開発法第九十一条第一項に規定する補償金については、なお従前の例による。

3　施行日前に旧都市再開発法第九十一条（旧都市再開発法第九十七条第五項において準用する場合を含む。）の規定により補償金等又は損失の補償額の支払義務が生じた場合におけるその補償金等又は損失の補償額の供託については、なお従前の例による。

4　施行日前に譲受け希望の申出の撤回がされた場合におけるその申出の撤回に伴う対償の支払については、前条の規定による改正後の都市再開発法第百十八条の十五第一項の規定にかかわらず、なお従前の例による。

（海洋汚染等及び海上災害の防止に関する法律

の一部改正）

第三百三十六条　海洋汚染等及び海上災害の防止に関する法律（昭和四十五年法律第百三十六号）の一部を次のように改正する。

　第四十二条の十六第十項中「五年間行わない」を「これを行使することができる時から五年間行使しない」に改め、同条第十一項中「民法（明治二十九年法律第八十九号）第百五十三条の規定にかかわらず、時効中断」を「時効の更新」に改める。

（海洋汚染等及び海上災害の防止に関する法律の一部改正に伴う経過措置）

第三百三十七条　施行日前に前条の規定による改正前の海洋汚染等及び海上災害の防止に関する法律第四十二条の十六第十一項に規定する時効の中断の事由が生じた場合におけるその事由の効力については、なお従前の例による。

（積立式宅地建物販売業法の一部改正）

第三百三十八条　積立式宅地建物販売業法（昭和四十六年法律第百十一号）の一部を次のように改正する。

　第四十条第二項中「行なう」を「行う」に、「の瑕疵」を「が種類又は品質に関して契約の内容に適合しないときにおけるその不適合」に、「第六百三十八条第一項に規定する期間につき」を「第六百三十七条第一項に規定する期間についてその目的物の引渡しの日から」に改める。

（積立式宅地建物販売業法の一部改正に伴う経過措置）

第三百三十九条　施行日前に建設業者である積立式宅地建物販売業者（前条の規定による改正前の積立式宅地建物販売業法第二条第四号に規定する積立式宅地建物販売業者をいう。）が行う積立式宅地建物販売（同条第二号に規定する積立式宅地建物販売をいう。）の契約であって旧民法の請負に関する規定が適用されるものが締結された場合におけるその契約に係る特約については、前条の規定による改正後の積立式宅地建物販売業法第四十条第二項の規定にかかわらず、なお従前の例による。

（船舶油濁損害賠償保障法の一部改正）

第三百四十条　船舶油濁損害賠償保障法（昭和五十年法律第九十五号）の一部を次のように改正する。

　第三十八条の表第十九条第一項の項中欄中「年六パーセントの割合」を「事故発生の日における法定利率」に改め、同表第三十条第一項の項中欄中「まで年六パーセントの割合」を「まで事故発生の日における法定利率」に、「規定する年六パーセントの割合」を「規定する法定利率」に改める。

（住宅の品質確保の促進等に関する法律の一部改正）

第三百四十一条　住宅の品質確保の促進等に関する法律（平成十一年法律第八十一号）の一部を次のように改正する。

　目次中「の特例」を削る。

　第二条に次の一項を加える。

5　この法律において「瑕疵」とは、種類又は品質に関して契約の内容に適合しない状態をいう。

　第七章の章名を次のように改める。

　　　第七章　瑕疵担保責任

　第九十四条の見出し中「の特例」を削り、同条第一項中「第六百三十四条第一項及び第二項前段」を「第四百十五条、第五百四十一条及び第五百四十二条並びに同法第五百五十九条において準用する同法第五百六十二条及び第五百六十三条」に改め、同条第三項を次のように改める。

3　第一項の場合における民法第六百三十七条の規定の適用については、同条第一項中「前条本文に規定する」とあるのは「請負人が住宅の品質確保の促進等に関する法律（平成十一年法律第八十一号）第九十四条第一項に規定する瑕疵がある目的物を注文者に引き渡した」と、同項及び同条第二項中「不適合」とあるのは「瑕疵」とする。

　第九十五条の見出し中「の特例」を削り、同条第一項中「隠れた」を削り、「第五百七十条において準用する同法第五百六十六条第一項並びに同法第六百三十四条第一項及び第二項前段」を「第四百十五条、第五百四十一条、第五百四十二条、第五百六十二条及び第五百六十三条」に改め、後段を削り、同条第三項を次のように改める。

3　第一項の場合における民法第五百六十六条の規定の適用については、同条中「種類又は品質に関して契約の内容に適合しない」とあるのは「住宅の品質確保の促進等に関する法律（平成十一年法律第八十一号）第九十五条第一項に規定する瑕疵がある」と、「不適合」とあるのは「瑕疵」とする。

　第九十七条の見出し中「の特例」を削り、同条中「隠れた」を削る。

（住宅の品質確保の促進等に関する法律の一部改正に伴う経過措置）

第三百四十二条　施行日前に住宅新築請負契約（前条の規定による改正前の住宅の品質確保の促進等に関する法律（次項において「旧住宅品質確保法」という。）第九十四条第一項に規定する住宅新築請負契約をいう。）が締結された場合におけるその契約に係る同項に規定する担保の責任については、なお従前の例による。

2　施行日前に新築住宅（旧住宅品質確保法第二条第二項に規定する新築住宅をいう。）の売買契約が締結された場合におけるその契約に係る旧住宅品質確保法第九十五条第一項に規定する担保の責任については、なお従前の例による。

（大深度地下の公共的使用に関する特別措置法の一部改正）

第三百四十三条　大深度地下の公共的使用に関する特別措置法（平成十二年法律第八十七号）の一部を次のように改正する。

　第三十三条第一項第一号中「補償金を受けるべき」を「補償金の提供をした場合において、補償金を受けるべき」に改め、「、又は補償金を受領することができないとき」を削り、同項第四号を同項第五号とし、同項第三号を同項第四号とし、同項第二号中「過失がなくて」を削り、同号に次のただし書を加える。

　　ただし、認可事業者に過失があるときは、この限りでない。

　第三十三条第一項中第二号を第三号とし、第一号の次に次の一号を加える。

二　補償金を受けるべき者が補償金を受領することができないとき。

　第三十三条第二項中「前項第三号」を「前項第四号」に改める。

（大深度地下の公共的使用に関する特別措置法の一部改正に伴う経過措置）

第三百四十四条　施行日前に前条の規定による改正前の大深度地下の公共的使用に関する特別措置法第三十三条第一項の規定により補償金の支払義務が生じた場合におけるその補償金の供託については、なお従前の例による。

（マンションの建替え等の円滑化に関する法律の一部改正）

第三百四十五条　マンションの建替え等の円滑化に関する法律（平成十四年法律第七十八号）の一部を次のように改正する。

　第七十六条第一項第一号中「補償金を受けるべき」を「補償金の提供をした場合において、補償金を受けるべき」に改め、「、又は補償金を受領することができないとき」を削り、同項第三号を同項第四号とし、同項第二号中「過失がなくて」を削り、同号に次のただし書を加える。

　　ただし、施行者に過失があるときは、この限りでない。

　第七十六条第一項中第二号を第三号とし、第一号の次に次の一号を加える。

二　補償金を受けるべき者が補償金を受領することができないとき。

　第百五十二条及び第百五十四条中「同項第二号及び第三号」を「同項第三号及び第四号」に

改める。

（マンションの建替え等の円滑化に関する法律の一部改正に伴う経過措置）

第三百四十六条　施行日前に前条の規定による改正前のマンションの建替え等の円滑化に関する法律（以下この条において「旧円滑化法」という。）第七十五条若しくは第百五十三条の規定により補償金の支払義務が生じた場合又は旧円滑化法第百五十一条の規定により分配金の支払義務が生じた場合におけるこれらの補償金又は分配金の供託については、なお従前の例による。

（特定住宅瑕疵担保責任の履行の確保等に関する法律の一部改正）

第三百四十七条　特定住宅瑕疵担保責任の履行の確保等に関する法律（平成十九年法律第六十六号）の一部を次のように改正する。

第二条第六項第二号イ及びロ中「隠れた」を削り、「てん補する」を「塡補する」に改め、同項第三号中「てん補する」を「塡補する」に改め、同項を同条第七項とし、同条第五項第二号イ及びロ並びに第三号中「てん補する」を「塡補する」に改め、同項を同条第六項とし、同条第二項から第四項までを一項ずつ繰り下げ、同条第一項の次に次の一項を加える。

2　この法律において「瑕疵」とは、住宅品質確保法第二条第五項に規定する瑕疵をいう。

第六条第一項中「損害賠償請求権」を「瑕疵を理由とする報酬の返還請求権又は損害賠償請求権（次項において「報酬返還請求権等」という。）」に改め、同条第二項第一号及び第二号中「損害賠償請求権」を「報酬返還請求権等」に改め、同項第三号中「損害」を「報酬返還請求権等に係る報酬の返還の義務又は損害」に改める。

第十一条第二項中「隠れた」を削る。

第十四条第一項中「隠れた」を削り、「損害賠償請求権」を「瑕疵を理由とする代金の返還請求権又は損害賠償請求権（次項において「代金返還請求権等」という。）」に改め、同条第二項第一号及び第二号中「損害賠償請求権」を「代金返還請求権等」に改め、同項第三号中「損害」を「代金返還請求権等に係る代金の返還の義務又は損害」に改める。

第十六条中「第二条第三項」を「第二条第四項」に改める。

第十七条第一項中「第六百三十四条第一項若しくは第二項前段又は同法第五百七十条において準用する同法第五百六十六条第一項」を「第四百十五条、第五百四十一条、第五百四十二条又は第五百六十二条若しくは第五百六十三条（これらの規定を同法第五百五十九条において準用する場合を含む。）」に改める。

第十九条第二号中「第六百三十四条第一項若しくは第二項前段又は同法第五百七十条において準用する同法第五百六十六条第一項」を「第四百十五条、第五百四十一条、第五百四十二条又は第五百六十二条若しくは第五百六十三条（これらの規定を同法第五百五十九条において準用する場合を含む。）」に改め、「これらの規定に規定する瑕疵若しくは隠れた」を削り、「てん補する」を「塡補する」に改め、同条第四号中「又は隠れた瑕疵」を削る。

（特定住宅瑕疵担保責任の履行の確保等に関する法律の一部改正に伴う経過措置）

第三百四十八条　施行日前に住宅（前条の規定による改正前の特定住宅瑕疵担保責任の履行の確保等に関する法律（以下この条において「旧履行確保法」という。）第二条第一項に規定する住宅をいう。）を新築する建設工事の請負契約が締結された場合におけるその契約に係る旧履行確保法第六条第一項に規定する弁済を受ける権利については、なお従前の例による。

2　施行日前に新築住宅（旧履行確保法第二条第一項に規定する新築住宅をいう。）の売買契約が締結された場合におけるその契約に係る旧履行確保法第十四条第一項に規定する弁済を受ける権利については、なお従前の例による。

（特定タンカーに係る特定賠償義務履行担保契約等に関する特別措置法の一部改正）

第三百四十九条　特定タンカーに係る特定賠償義務履行担保契約等に関する特別措置法（平成二十四年法律第五十二号）の一部を次のように改正する。

第十条中「三年間行わない」を「これを行使することができる時から三年間行使しない」に改める。

第十二章　環境省関係

（大気汚染防止法の一部改正）

第三百五十条　大気汚染防止法（昭和四十三年法律第九十七号）の一部を次のように改正する。

第二十五条の四を次のように改める。

（消滅時効）

第二十五条の四　第二十五条第一項に規定する損害賠償の請求権は、次に掲げる場合には、時効によつて消滅する。

一　被害者又はその法定代理人が損害及び賠償義務者を知つた時から五年間行使しないとき。

二　損害の発生の時から二十年を経過したとき。

（大気汚染防止法の一部改正に伴う経過措置）

第三百五十一条　前条の規定による改正前の大気汚染防止法（以下この条において「旧大気汚染防止法」という。）第二十五条第一項に規定する損害賠償の請求権の旧大気汚染防止法第二十五条の四前段に規定する時効がこの法律の施行の際既に完成していた場合におけるその時効の期間については、なお従前の例による。

2　旧大気汚染防止法第二十五条の四後段に規定する期間がこの法律の施行の際既に経過していた場合におけるその期間の制限については、なお従前の例による。

（水質汚濁防止法の一部改正）

第三百五十二条　水質汚濁防止法（昭和四十五年法律第百三十八号）の一部を次のように改正する。

第二十条の三を次のように改める。

（消滅時効）

第二十条の三　第十九条第一項に規定する損害賠償の請求権は、次に掲げる場合には、時効によつて消滅する。

一　被害者又はその法定代理人が損害及び賠償義務者を知つた時から五年間行使しないとき。

二　損害の発生の時から二十年を経過したとき。

（水質汚濁防止法の一部改正に伴う経過措置）

第三百五十三条　前条の規定による改正前の水質汚濁防止法（以下この条において「旧水質汚濁防止法」という。）第十九条第一項に規定する損害賠償の請求権の旧水質汚濁防止法第二十条の三前段に規定する時効がこの法律の施行の際既に完成していた場合におけるその時効の期間については、なお従前の例による。

2　旧水質汚濁防止法第二十条の三後段に規定する期間がこの法律の施行の際既に経過していた場合におけるその期間の制限については、なお従前の例による。

（公害健康被害の補償等に関する法律の一部改正）

第三百五十四条　公害健康被害の補償等に関する法律（昭和四十八年法律第百十一号）の一部を次のように改正する。

第百六条第三項中「中断」を「完成猶予及び更新」に改める。

（公害健康被害の補償等に関する法律の一部改正に伴う経過措置）

第三百五十五条　施行日前に前条の規定による改正前の公害健康被害の補償等に関する法律第百六条第三項に規定する時効の中断の事由が生じた場合におけるその事由の効力については、なお従前の例による。

（土壌汚染対策法の一部改正）

第三百五十六条　土壌汚染対策法（平成十四年法律第五十三号）の一部を次のように改正する。

第八条第二項を次のように改める。

2　前項に規定する請求権は、次に掲げる場合には、時効によって消滅する。

一　当該指示措置等を講じ、かつ、その行為をした者を知った時から三年間行使しないとき。

二　当該指示措置等を講じた時から二十年を経過したとき。

（土壌汚染対策法の一部改正に伴う経過措置）

第三百五十七条　前条の規定による改正前の土壌汚染対策法第八条第二項後段に規定する期間がこの法律の施行の際既に経過していた場合におけるその期間の制限については、なお従前の例による。

（水俣病被害者の救済及び水俣病問題の解決に関する特別措置法の一部改正）

第三百五十八条　水俣病被害者の救済及び水俣病問題の解決に関する特別措置法（平成二十一年法律第八十一号）の一部を次のように改正する。

第十四条中「第四百二十四条」を「第三編第一章第二節第三款第一目」に改める。

第十三章　防衛省関係

（連合国占領軍等の行為等による被害者等に対する給付金の支給に関する法律の一部改正）

第三百五十九条　連合国占領軍等の行為等による被害者等に対する給付金の支給に関する法律（昭和三十六年法律第二百十五号）の一部を次のように改正する。

第十六条の見出しを「（審査請求による時効の完成猶予及び更新）」に改め、同条中「中断」を「完成猶予及び更新」に改める。

第二十二条中「三年間行なわない」を「これを行使することができる時から三年間行使しない」に改める。

（連合国占領軍等の行為等による被害者等に対する給付金の支給に関する法律の一部改正に伴う経過措置）

第三百六十条　施行日前に前条の規定による改正前の連合国占領軍等の行為等による被害者等に対する給付金の支給に関する法律第十六条に規定する時効の中断の事由が生じた場合におけるその事由の効力については、なお従前の例による。

第十四章　罰則に関する経過措置及び政令への委任

（罰則に関する経過措置）

第三百六十一条　施行日前にした行為及びこの法律の規定によりなお従前の例によることとされる場合における施行日以後にした行為に対する罰則の適用については、なお従前の例による。

（政令への委任）

第三百六十二条　この法律に定めるもののほか、この法律の施行に伴い必要な経過措置は、政令で定める。

附　則

この法律は、民法改正法の施行の日から施行する。ただし、第三百六十二条の規定は、公布の日から施行する。

理　由

民法の一部を改正する法律の施行に伴い、商法その他の関係法律の規定の整備等を行う必要がある。これが、この法律案を提出する理由である。

平成二十八年十一月二十二日印刷
平成二十八年十一月二十四日発行
衆議院事務局
印刷者　国立印刷局
P

第百九十二回国会
衆議院

法務委員会議録第九号

平成二十八年十一月十八日(金曜日)

午前十時開議

出席委員

委員長　鈴木　淳司君

理事　今野　智博君　理事　土屋　正忠君
理事　平口　洋君　理事　古川　禎久君
理事　宮崎　政久君　理事　井出　庸生君
理事　逢坂　誠二君　理事　國重　徹君

赤澤　亮正君　安藤　裕君
井野　俊郎君　大西　宏幸君
加藤　鮎子君　門　博文君
菅家　一郎君　城内　実君
鈴木　貴子君　田畑　毅君
武部　新君　辻　清人君
中谷　真一君　野中　厚君
藤原　崇君　古田　圭一君
牧島かれん君　宮川　典子君
宮路　拓馬君　山田　賢司君
吉野　正芳君　和田　義明君
枝野　幸男君　階　猛君
山尾志桜里君　大口　善徳君
吉田　宣弘君　畑野　君枝君
藤野　保史君　木下　智彦君
上西小百合君

法務大臣　金田　勝年君
法務副大臣　盛山　正仁君
法務大臣政務官　井野　俊郎君
政府参考人(金融庁総務企画局審議官)　水口　純君
政府参考人(法務省民事局長)　小川　秀樹君
政府参考人(中小企業庁次長)　木村　陽一君
法務委員会専門員　矢部　明宏君

委員の異動

十一月十八日

辞任　補欠選任
安藤　裕君　中谷　真一君
奥野　信亮君　武部　新君
鈴木　貴子君　加藤　鮎子君
田畑　毅君　若狭　勝君
宮川　典子君　和田　義明君

同日

辞任　補欠選任
加藤　鮎子君　鈴木　貴子君
武部　新君　奥野　信亮君
中谷　真一君　安藤　裕君
和田　義明君　大西　宏幸君

同日

辞任　補欠選任
大西　宏幸君　牧島かれん君

同日

辞任　補欠選任
牧島かれん君　宮川　典子君

十一月十八日

選択的夫婦別姓の導入など民法等の改正を求めることに関する請願(畑野君枝君紹介)(第五六一号)

部落差別の解消の推進に関する法律案に断固反対し、成立させないことに関する請願(藤野保史君紹介)(第六二二号)

国籍選択制度の廃止に関する請願(辻元清美君紹介)(第六二八号)

同(中川正春君紹介)(第七〇〇号)

もともと日本国籍を持っている人が日本国籍を自動的に喪失しないよう求めることに関する請願(辻元清美君紹介)(第六二九号)

同(中川正春君紹介)(第七〇一号)

は本委員会に付託された。

本日の会議に付した案件

政府参考人出頭要求に関する件

民法の一部を改正する法律案(内閣提出、第百八十九回国会閣法第六三号)

民法の一部を改正する法律の施行に伴う関係法律の整備等に関する法律案(内閣提出、第百八十九回国会閣法第六四号)

○鈴木委員長　これより会議を開きます。

第百八十九回国会、内閣提出、民法の一部を改正する法律案及び民法の一部を改正する法律の施行に伴う関係法律の整備等に関する法律案の両案を一括して議題といたします。

この際、参考人出頭要求に関する件についてお諮りいたします。

両案審査のため、来る二十二日火曜日午前九時、参考人の出席を求め、意見を聴取することとし、その人選等につきましては、委員長に御一任願いたいと存じますが、御異議ありませんか。

〔「異議なし」と呼ぶ者あり〕

○鈴木委員長　御異議なしと認めます。よって、そのように決しました。

引き続き、お諮りいたします。

両案審査のため、本日、政府参考人として金融庁総務企画局審議官水口純君、法務省民事局長小川秀樹君及び中小企業庁次長木村陽一君の出席を求め、説明を聴取いたしたいと存じますが、御異議ありませんか。

〔「異議なし」と呼ぶ者あり〕

○鈴木委員長　御異議なしと認めます。よって、そのように決しました。

○鈴木委員長　これより質疑に入ります。

質疑の申し出がありますので、順次これを許します。菅家一郎君。

○菅家委員　おはようございます。（発言する者あり）ありがとうございます。

自由民主党の菅家一郎でございます。質問の機会を与えていただきまして、まずは御礼申し上げたいと存じます。

民法の一部を改正する法律案について質問をさせていただきます。

契約のルールを社会の変化に沿ったものとして、百二十年ぶりに、約二百項目に及ぶこのたびの大改正ということで、関係各位の皆様方、取りまとめに心から敬意を表したいと存じます。

それでは、今回の改正案を提出した目的は何か、そして具体的にどのような改正項目があるのかを、まずはお示しいただきたいと存じます。

○盛山副大臣　今、菅家委員から御指摘がありましたとおり、民法が制定されましたのは明治二十九年、一八九六年ということで、今からもう百二十年前になります。それ以来、債権関係の規定につきましては、実質的な見直しがほとんど行われず、制定時の規定、内容がおおむねそのまま残されたまま現在に至っているわけでございます。もちろん、百二十年ということでございますので、この間における我が国の社会経済情勢は大きく変わっております。取引の内容も高度化、複雑化し、情報伝達の手段、インターネットその他が飛躍的に発展する、いろいろな変化がございます。また、裁判の実務におきましても、多数の事件について民法の解釈あるいは適用する中で、膨大な数の判例が蓄積されております。さらには、確立された学説上の考え方が実務で広く受け入れられ、明文ではない法規として解釈の前提となって

おります。しかし、それらの中には、条文からは必ずしも容易に読み取ることができないものも少なくありません。法律の専門でない国民の一般にとっては、民法が定める基本的ルールがわかりにくい、こういうことになっております。

そこで、民法のうち、取引社会を支える最も基本的な法的基礎である契約に関する規定を中心に見直しを行うこととしたものでございます。

具体的には、職業別の短期消滅時効の特例を廃止することによる時効期間の統一化、年五％の法定利率の三％への引き下げその他、事業用融資の保証人になろうとすることについての大きな改正、そして四番目として、定型約款に関する基本的な規律の創設その他でございます。そしてまた、国民一般にわかりやすいものとする視点から、意思能力を有しない当事者がした法律行為が無効であることの明文化、将来発生する債権譲渡等についての明文化、賃貸借の終了時における条項の明文化、こういったものを盛り込んだものでございます。

○菅家委員　それでは、今お示しされた点について、少し詳しく質問をしてまいりたいと思います。

まずは時効についてでございますけれども、消滅時効については、知った時から五年という主観的起算点からの消滅時効の規定を新たに追加するとのことであります。

現行法でも、一年、二年、三年、五年、それから原則的な時効期間である十年と、さまざまな時効期間の定めがありますが、短期消滅時効を廃止し、主観的起算点からの消滅時効の期間を五年とするとの規定を追加した、その理由についてお示しをいただきたいと存じます。

○小川政府参考人　御指摘ありましたように、現在の民法百七十条から百七十四条まで、それから商法にも短期消滅時効の規定がございます。しかし、これらの規定は、その適用の有無の判断が困難であったり、社会経済情勢の変化に伴って合理的な説明が困難なものもございます。そこで、これらの短期消滅時効の特例を廃止した上で、基本的な時効期間については統一化を図り、シンプルなものとするということが合理的であると考えられたわけでございます。

ただ、特例を単純に廃止するだけでは、例えば現在二年とされております生産者や卸売商人の売買代金債権の時効期間が今度は十年に大きく延長されることになるわけですが、これに対しては、関係諸団体からも、領収書の保存費用など弁済の証拠保全のための費用が増加するといった懸念が示されました。さらに、現在五年で時効が完成する商行為債権につきましても、商取引の実情として多数の取引債権に適用されておりまして、この規律を前提として安定した実務運用が行われているため、改正の影響を極力抑える必要があるとの指摘が、これも実務界から強く寄せられたところでございます。

以上の問題状況を踏まえまして検討を進めまして、法制審議会では、現行法の十年という時効期間を維持した上で、権利を行使することができることを知ったときから五年の時効期間を追加し、そのいずれかが完成した場合には時効により債権が消滅するとの案が大方の賛同を得るに至ったところでございます。

そこで、改正法案におきましては、先ほどお話がありました五年の主観的な起算点による時効期間を追加することといたしました。

○菅家委員　私も、飲み屋のツケが一年だったのが延びるということになりますから、ある意味では一つの時代の流れかなというふうに感じます。

さて次に、改正法案においては法定利率を年三％に引き下げることとしており、利率を引き下げることについては賛成であります。

ただし、法定利率については貸出約定平均金利を参考にしているとのことでありますが、現在の貸出約定平均金利の水準は極めて低いですね。例えば、長期プライムレートなどの水準も低い状況であります。そのような中で、法定利率を三％に下げたとしてもなお高いというような印象がございますけれども、法定利率を三％にした理由をお示しいただきたいと存じます。

○小川政府参考人　法定利率の引き下げ幅の検討に当たりましては、貸出金利の水準を参照にすべきであるというふうに考えられるわけですが、法定利率の適用場面はさまざまでありますため、借り手が大企業である場合だけでなく、中小企業あるいは一般消費者である場合の水準も広く考慮に入れる必要があるかと考えられます。

例えば、借り主が大企業や公共団体である場合には極めて低金利となり、かつ、その貸付額も多額に上りますが、国内銀行の貸出約定平均金利の平均値にはこのような特殊性のある大口の貸し出しも含まれるため、貸出約定平均金利は、そのままでは、借り主が中小企業または一般消費者である場合も視野に入れた数値としては低過ぎるということに留意する必要があろうかと思います。

同様に、御指摘がございましたプライムレートにつきましても、優良企業向けの貸し出しに適用される最優遇金利でありますために、借り主が中小企業または一般消費者である場合を視野に入れれば、これも相当に低いものと言わざるを得ないと考えられます。

さらに、法定利率の引き下げの際には、遅延損害金の額が低くなり過ぎると債務の不履行を助長する結果となりかねないことや、これまで百二十年にわたりまして年五％で実務運用がされてきたこととのバランスも考慮する必要があるといった実務的な観点からの指摘も強くされたところでございます。

改正法案におきましては、以上のさまざまな事情を総合的に判断するとともに、実務上取り扱いが容易な、簡明な数値とする必要性なども勘案いたしまして、引き下げ後の法定利率を年三％といたしたものでございます。

○菅家委員　それでは、次は保証についてであります。

事業性の融資については、経営者その他の個人が保証人となったため、その生活が破綻する例も少なくないと言われており、保証人の保護は重要であると認識をしております。

今回、改正法案では、経営者以外の第三者が事業用融資の保証人となる際は、公証人による意思確認を受けなければ保証は無効になる規定を新設しているわけであります。

経営者以外の第三者が保証人となることは全面的に禁止すべきというような意見もありますが、今回、公証人による意思確認を受ければ保証人になることができるとした、その理由をお示しいただきたいと思います。

○小川政府参考人　法制審議会におきます審議の過程では、今御指摘がございましたような、事業のために負担した貸し金等債務を経営者以外の第三者が保証することを全面的に禁止するという意見についても検討が行われました。

しかし、経営者以外の第三者によるいわゆる第三者保証の中には、これはエンジェルなどと呼ばれます、個人の投資家が事業の支援として自発的に保証することなども現に存在しているところでございます。このため、第三者保証を全て禁止することに対しましては、とりわけ中小企業の円滑な資金調達に支障を生じさせ、金融閉塞を招くおそれがあるとの指摘が中小企業団体からの強い意見として示されました。

また、保証人がその不利益を十分に自覚せず、安易に保証契約を締結するような事態を防止する施策を講ずることができれば、第三者保証を全面的に禁止しなくても、保証人がその不利益の具体的な内容をよく理解した上で、保証契約を締結するかどうかを自己の資力や主債務者との関係その他の事情を勘案しつつ決定することができると考えられるわけでございます。

そこで、改正法案におきましては、第三者保証を全面的に禁止する措置は講じないこととする一方で、保証人がその不利益を十分に自覚せず、安易に保証契約を締結する事態を防止するという観点から、事業のために負担した貸し金等債務を保証する際には、原則として公証人による意思確認

を経た上で保証意思宣明公正証書を作成しなければならないとしたわけでございます。

○菅家委員　公正証書を作成することとしても、それによって保証人の保護を図ることが本当にできるのか、公正証書は具体的にどのような手続を経て作成することとなるのか、公証人が公正証書を作成しないことになるのはどのような場面なのか、これについてお示しをいただきたいと思います。

○小川政府参考人　事業のために負担した貸し金等債務に関しまして、保証人になろうとする者は、保証契約を締結する前に、保証意思宣明公正証書の作成を公証人に対して嘱託することになります。

保証意思宣明公正証書は保証契約締結の日の前の一カ月以内に作成される必要がございます。保証人になろうとする者は、公証人に対し、保証意思を宣明するため、主債務の内容など法定された事項を口頭で述べなければならないとされております。

そして、公証人は、保証人になろうとする者が保証しようとしている主債務の具体的な内容を認識していること、それから、保証契約を締結すれば、保証人は保証債務を負担し、主債務が履行されなければみずからが保証債務を履行しなければならなくなることを理解しているかなど、こういった点を検証いたしまして、保証人になろうとする者が相当の考慮をして保証契約を締結しようとしているか否かを見きわめ、仮に保証意思を確認することができないといった場合には公正証書の作成を拒絶しなければならないというわけでございます。

このように、公的機関であります公証人が保証人となろうとする者の保証意思を確認することによりまして、保証人が保証のリスクを十分に認識することなく安易に保証契約を締結し、生活の破綻に追い込まれるという事態を抑止することができるものと考えております。

○菅家委員　今回、改正が行われますと、さまざまな面で社会に影響が生じると考えられます。施行日を「公布の日から起算して三年を超えない範囲内において政令で定める日」としておりますが、この期間で法務省としてどのような周知活動を行う予定なのか、お示しをいただきたいと思います。

○盛山副大臣　何しろ百二十年ぶりの大改正ということで、国民の皆さんに大きく影響を与えると思っておりますので、法律として成立した後は、その見直しの内容を国民に広く十分に周知する必要がある、そんなふうに考えております。

現在の案では、改正法の施行日を、原則として公布の日から三年を超えない範囲内において政令で定める日としてございますので、この間に十分な周知活動、こういったものを行いたい。具体的には、今後検討していくわけになりますけれども、全国各地で説明会を開催すること、あるいは法務省のホームページ、こういった、国民に対してできるだけわかりやすい、効果的な周知活動を行っていきたいと考えております。

○菅家委員　この法律によって、消費活動が円滑に、消費社会の成熟へつながりますことを御期待申し上げまして、質問を終わります。

ありがとうございました。

○鈴木委員長　次に、吉田宣弘君。

○吉田（宣）委員　公明党の吉田宣弘でございます。

本日も、法務委員会においてこのように質問の機会を賜りましたこと、委員長また理事の皆様、委員の皆様、本当に感謝を申し上げます。得がたい時間でございます。早速質問に入らせていただきたいと思います。

私も大学時代は法学部におりまして、私が民法を勉強していた当時というのはまだ片仮名表記の時代です。だんだん片仮名表記で勉強していた方が少なくなっていくのかなと思うと、ある意味、非常に感慨深いものがあるのですけれども、その後、平仮名、いわゆる現代仮名遣いに変わって、今般、債権関係に関して大改正が行われるという意味におきましては、私も、やはり時代の流れ、変化、そういったものを感じながら今回も勉強をさせていただいたところでございます。

質問に入らせていただきます。

先ほど、菅家先生の御質問にもありました、そういう意味からすると、多少重複するところがあるかもしれませんので、その点については御容赦いただきたく思います。通告しておりました第一問目については、菅家先生の御質問にございましたので、その御答弁もこれからしっかり私も読ませていただいて、さらなる質問に続けたいと思います。一問飛ばして、通告の二題目から入らせていただきます。

先ほど来、盛山法務副大臣また政府参考人の方から御説明もございましたけれども、ほかにも細やかな改正点も多いと思うんですね。このような多くの改正事項というのは、これまでどのような審議を経て今般の改正案としてでき上がってきたのか、また、このような基本的な法律の改正に当たっては、実務家や中小企業などのユーザーの声をしっかりと反映させる必要があろうと私は思っておりますけれども、この点についてどのような配慮があったか、当局からお聞きしたいと思います。

○小川政府参考人　まず、提出に至ります経緯でございますが、平成二十一年の十月に、法務大臣から法制審議会に対しまして、民法のうち債権関係の規定について、契約に関する規定を中心に見直しを行うことを内容とする諮問がされました。

これを受けまして、法制審議会には、法律実務家や各種団体の代表などの委員が参画する、これは民法（債権関係）部会と言っておりますが、この部会が設置されました。委員十九名の内訳は、学者七名、法務省三名のほか、裁判官二名、弁護士二名、経済団体、労働団体の代表四名、消費生活相談員一名でございまして、実務家やユーザーの声が反映されるように配慮がされたところでございます。

そして、この部会におきまして、平成二十一年十一月から二十七年の二月までの五年余りにわたりまして、合計九十九回の会議、それから分科会としまして十八回の会議が開催されまして、その審議においては、さらにパブリックコメント手続を二度にわたって行い、関係諸団体のヒアリングも実施するなどして、部会に委員として参加していない団体などの意見を聴取する機会を積極的に設けてまいりました。

このように、実務家やユーザーの意見を反映させた結果、保証人保護の拡充ですとか法定利率の見直しなどを初めとする実質的なルールの見直しを行う改正項目については、実務界からの改正の必要性の指摘などを踏まえた立案が行われておりまして、それが最終的な改正案の内容となっております。最終的な改正案の内容につきましても、実務において適切に運用することが可能なものとなっておるというわけでございます。

以上のとおり、改正法案の立案に当たりましては、実務家やユーザーの声を適切に反映させたものと考えております。

以上でございます。

○吉田（宣）委員　丁寧な審議、そういったものがなされてきたというふうに受け取りました。

今般の法律が晴れて成立した晩には、ユーザー、そういった方々に、法律事務所も含めてですけれども、本当にわかりやすい内容というふうなものになっているかとも思います。積極的に意義をこれからも見出していきたいなと私は思っております。

次に移ります。

先ほどの質問にもありましたけれども、私も、公証人の保証意思というものの確認手続、これは非常に大きな論点だと思われます。そのことについて触れさせていただきたいと思います。

第三者保証は大きな論点ですけれども、今回の改正において、事業のために負担した例えば貸し金等の債務、これを主債務とする保証契約を締結する際に、保証人になろうとする者の意思、これはちゃんとそういうふうな意思がはっきりしてい

るのかということについて、まさに法律のプロである公証人の方がしっかり確認をするというふうな手続が新設をされているということでございます。

このような保証人の意思というものを確認するに当たってプロが担う、そういった規定の新設について、その趣旨を改めて確認させていただきたいと思います。

○小川政府参考人　公証人によります意思確認の手続は、先ほども申し上げたところでございますが、保証契約のリスクを必ずしも認識しないで保証人になろうとする方が生じないように、いわば、そういった保証契約の持つリスクの確認を公的機関であります公証人のもとでしっかりチェックするということがその趣旨でございます。

○吉田（宣）委員　確かに、以前は保証の範囲というものも、一般の国民からすると非常にわかりづらかった印象があります。特に、きょう質問できるかどうかわかりませんけれども、根保証というふうな余り一般の国民が聞きなれない保証形態があって社会問題になったことは、これは若干古い事件であったかと思いますが、私は鮮明に覚えております。

そういった意味において、保証人が公証人のもとまで足を運ぶこと、手続を経るということは、しっかりと保証債務を負担するという意思が明確にあらわれるということであろうかと思いますので、保証人の保護には配慮がなされているというふうにも思います。

ただ、一方で、第三者保証はなるたけなくしていくべきであるというふうな御意見にも、やはりこれは重い意味があるというふうに思っております。この第三者保証をできれば全面的に禁止をしていければ私もいいなとも思うのですけれども、一方でやはり、そういった部分を全面的に禁止してしまえば、いわゆる信用というものの補完において、事業の資金繰りというのもなかなか難しくなってくるというふうなことかとも思っております。

そういう意味では、中小企業へ円滑に資金を融資するに当たって、資金調達というものをやりやすくするという一方で、第三者という方を保護するというバランス、このバランスが非常に難しいのだとは思いますが、私は、この改正案については、そのバランスを本当に絶妙な感じで配慮をされている規定だというふうに思っております。

質問を続けさせていただきます。

今般の改正では、例えば主債務者である会社の取締役など、この意思確認を行う必要がない場合があるということでございますが、ここでもちょっと私確認をさせていただきたいんですけれども、この改正案において、公証人による保証意思の確認が不要となるのはどのような場合か、確認をさせてください。

○小川政府参考人　改正法案におきまして、保証人になろうとする者は、債務者が法人である場合のその取締役など、それから、主債務者が法人である場合のその総株主の議決権の過半数を有する者など、また、主債務者が個人である場合のその個人と共同して事業を行う者、またはその個人が行う事業に現に従事している配偶者のいずれかである場合には、事業のために負担した貸し金等債務を主債務とする保証契約などの締結に当たりまして保証意思の確認は要しないということとしております。

○吉田（宣）委員　これも一つの絶妙なバランスをとったというふうなことかと思います。

次に、もしかするとこれが最後になるかもしれませんけれども、規定の中に、情報の提供義務というふうなものが盛り込まれているかと思います。

改正法案において、事業のために負担をする債務について、完全に禁止するとの方策はとっていないと。保証人被害を防止する観点から、改正法案においては、第三者保証を念頭にさまざまな施策を実施しているというふうなことかと私は認識をしております。

まず、保証人となろうとする者が主債務者の財産や収支の状況をあらかじめ把握をし、保証債務の履行を現実に求められるリスクというものを検討することができるとする、主債務者の財産や収支の状況等に関する情報の提供義務について、どのような改正が行われるかについて御説明を願いたいと思います。

○小川政府参考人　保証人になるに当たりましては、主債務者の財産や収支の状況などをあらかじめ把握し、保証債務の履行を現実に求められるリスクを検討すること、これが非常に重要だというふうに考えております。とりわけ、事業のために負担する債務は極めて多額となり得るものでありまして、この債務を保証することは個人である保証人にとって負担が大きなものとなるわけでして、これを主債務とする保証においては、個人である保証人が主債務者の財産及び収支の状況を把握することが特に重要であるというふうに考えられます。

しかし、現行法上は、保証人になろうとする者において、主債務者の財産及び収支の状況などに関する情報を得ようとしましても、これを制度的に保障する規律は設けられておりません。

そこで、改正法案におきましては、保証人が個人である場合には、保証人保護の観点から、事業のために負担する債務を主債務とする保証などでは、その委託をする主債務者は、自己の財産及び収支の状況等に関する情報を保証人となろうとする者に対して提供しなければならないということとしております。

その上で、この情報提供義務の実効性を確保する観点から、主債務者がこの情報提供義務を怠った場合には、そのために誤認をし保証契約の申し込みなどをした保証人に保証契約の取り消し権、これは債権者の立場にも考慮いたしまして、情報提供義務違反があることを債権者が知り、または知ることができたときに限るわけでございますが、保証人は保証契約を取り消せることとしております。

○吉田（宣）委員　もう質問を終わりますけれども、まだ質問したい事項というのは実はたくさんたくさんございました。これからも、質問の機会をぜひいただきまして、国民の皆様にわかりやすい委員会審議に努めてまいりたいと思いますので、どうかよろしくお願い申し上げます。

以上で質問を終わります。

○鈴木委員長　次に、逢坂誠二君。

○逢坂委員　おはようございます。民進党の逢坂誠二でございます。

それでは、民法の改正について質疑をさせていただきたいと思います。

私は、今回の民法の改正、いろいろたくさん、範囲が多岐にわたっているんですけれども、原理、原則、原点をしっかり確認しながらやっていくことが大事ではないかと思っています。取り組むべき物事が大きければ大きいほど原理、原則、原点を忘れがちになってしまって、その物事をなすことだけが目的になってしまうということがあるものですから、原理、原則、原点を確認しながら丁寧な議論をしていきたいというふうに思います。

きょうの答弁ですけれども、基本的には民事局長に多くお答えいただきたいと思っています。必要があれば政務の皆さんにも御意見を伺いたいというふうに思います。

まず最初に、今回の民法の改正ですけれども、これは何のために何を目的にして行うのかというところ、それはどうでしょうか。

○小川政府参考人　現行民法は百二十年前にできた後、特に債権法に関する部分はほとんど見直しがされていない状況でございました。しかし、この間、社会、経済の変化は著しいものがあり、取引の高度化ですとか情報の発達など、さまざまな事象が生じております。それに対応するというのが一点目でございます。

それからもう一点は、この間、学説や裁判などにおきまして一定のルール、いわゆる判例などによりますルールが形成されてきたわけでございますが、それは条文上からは見えない。要するに、

国民の方からは条文を見ただけではそういった確立したルールも見えない状況でございましたので、その意味で国民にとってわかりやすいものとする、これが二点目の目的でございます。

○逢坂委員　それで、原理、原則、原点みたいなことを確認させていただきたいんですが、まず、民法という法律は何のために存在をしているのか、どういうことを意図して民法というのは存在しているのか、そして、その作用を受ける者、誰のために存在している法律なのか、この点、いかがですか。

○小川政府参考人　まず、民法とは何かという点でございますが、この点につきましては、学問的にもさまざまな考えがあるようでございます。

ただ、大まかに言いますと、私人間の法律関係について定める私法のうち、一般法あるいは基本法とされているもの、これが民法であるというふうに言われているようでございます。

それから、民法は誰のための法律かということでございますが、民法は、先ほども申し上げましたとおり、私法の一般法あるいは基本法でありまして、個人も法人も含むという意味で、広く人を対象として、裁判規範それから行為規範として機能するものでございます。

そこで、民法が誰のためにあるかという点についてでございますが、以上申し上げました意味での、人のための法律であるというふうに考えております。

○逢坂委員　そうなんですね。民法、私人間の取引、私人間のいろいろな関係に関する法律、それから広く人のためにある法律ということだというふうに私も理解をしております。

そこで、加えて、今度は民法全般ではなくて債権法、これは同じような意味で、どういう目的、どういう作用をする法律であって、しかもそれは誰のためのものなのかというところについてお伺いします。

○小川政府参考人　お答えいたします。

まず、債権法でございますが、これは民法の条文の中で用いられている用語ではございません。ただ、民法は、その編別構成で申しますと、第三編に債権の発生原因でありますと契約、事務管理、不当利得及び不法行為に関する規定を配置しておりまして、これらをまとめまして一般に債権法と呼ぶものと承知しております。

また、その意味での債権法は誰のための法律であるかということでございますが、民法は、先ほども申し上げましたとおり、私法の一般法あるいは基本法でありまして、個人も法人も含むという意味で、広く人を対象として裁判規範及び行為規範として機能するということを先ほど申し上げました。そして、債権法も、先ほど申しましたように民法の一部を形成するものでございますので、同様に、広く全ての人のための法律であると言えようかと思っております。

○逢坂委員　民法全般も広く人のためのもの、それから、債権法、これも広く人のためのものということを改めて確認をさせていただきました。

その上で、今回の民法の改正は、社会経済情勢の変化、これが制定後百二十年たって随分あるんだということと、国民にわかりやすくする。それは今までの判例の積み重ねなどで条文から読み取れないことがあるということでありますけれども、具体的な改正のスタートはどの時点だったでしょうか。改正作業のスタートという意味です。

○小川政府参考人　お答えいたします。

法務省としての検討作業ということで申し上げますと、平成二十一年十月、法務大臣の諮問を受けまして、これに基づきまして法制審議会での審議を開始いたしました。

○逢坂委員　二十一年十月に当時の法務大臣から法制審議会に対して、民法のうちの債権関係の規定について、同法制定以来の社会経済情勢の変化への対応を図り国民一般にわかりやすいものとするなどの観点から、国民の日常生活や経済活動にかかわりの深い契約に関する規定を中心に見直す必要があるとして、債権法の見直しが諮問されたということであります。

小川局長にお伺いしたいんですけれども、こういう諮問をするということは、突然諮問しようというふうにきっとならないと思うんですね。諮問するからには、諮問する前のさまざまな積み重ねといいましょうか、そういうものをどう捉えていたかということがあると思うんですけれども、諮問する前、一体この民法についてどんな動きがあって諮問に至ったのかというところは、今、ここは説明できるでしょうか。

○小川政府参考人　民法の改正は、家族法の部分を除きますと、冒頭申し上げましたように、百二十年間、余り改正がされていない状況でございました。ただ、この間、例えば、借地借家法の整備ですとか製造物責任法の制定のような特別法で対応する、さらには債権譲渡特例法といった形で、具体的な問題については特別法で対応するという方法もございました。

他方、民法は、現代語化が当時されておりませんでしたので、民法全体を見渡して現代語化をする動きも、これは平成の三年ころからスタートしたものがございます。その間におきまして、やはり、先ほど申し上げました、社会経済情勢の変化への必要性、あるいは国民にわかりやすいものにするといったことは認識されてきたものだというふうに理解しております。

その上で、学界でも平成十年ころシンポジウムなども開かれて、債権法の改正が意識されるようになってきて、そういう意味では、徐々に徐々に債権法の改正の機運は高まってきたということかと思います。例えば学者のグループによる改正法の検討のグループなどができて、さまざまな立法提案もされ始めてきたというのが、平成二十一年の前の段階までの状況かというふうに理解しております。

○逢坂委員　そうなんですね。個別法でいろいろ民法の改正されていないところを対応してきた、製造物責任法であるとか借地借家法であるとか、そういうことをやってきた。だがしかし、だんだん、私のイメージでは、多分それだけではもう済まない状況になってきているのかなと。

だから、地震などに例えて言うと、プレートがだんだん褶曲してきて、だんだんエネルギーがたまってきて、それは個別のさまざまなことで対応してきたんだけれども、そのエネルギーが随分増大してきて、もう大改正せざるを得ないというところへ来たのかなという印象を持っているんですけれども、小川局長、どんなイメージを持ちますか、今回の民法改正。（発言する者あり）

○小川政府参考人　先ほども申し上げましたように、百二十年間、債権法本体はほとんど改正がされない状態でございましたので、その意味では大分時間がかかったというのが率直な印象ではございます。

○逢坂委員　今ちょっと、横の方から、遅きに失したという、やじのようなつぶやきが聞こえましたけれども。

これは何で百二十年間改正できなかったか。本来であれば、何か事象が生ずるたびに少しずつ改正をしていくというのがある種の理想形、その方が国民にとっても都合がいいのではないかというふうに思うんですけれども、なぜ百二十年間やらなかった、できなかった、そのあたりはどこにあるとお思いでしょうか。

○金田国務大臣　民法がなぜ柔軟に改正ができなかったのかという御指摘でございます。

条文自体が民法は非常にシンプルに書かれておりまして、その規定内容の抽象度が高い、このように受けとめております。社会経済情勢の変化に対しましては、その改正をしなくても、条文の解釈を施すことによって一定程度対応することが可能であった、こういうふうに考えられるわけであります。また、一定の分野における社会経済情勢の変化に対しましては、民法の特則を定めた法律を、先ほどのお話にもございましたが、個別に制定すること等で対応してきたという側面もあろうというふうに思います。

他方で、民法の債権関係の規定というのは取引社会を支える最も基本的な法的基盤であるという

ことから、その規定内容の見直しは取引社会に多大な影響を及ぼすおそれがある。そのために、民法の見直し作業は、法律の専門家でない国民各層からも広く意見を聴取しながら慎重に進められる必要があったということであります。そして、個別に特則を制定することに比べて、その改正に伴う社会的なコストというものが極めて大きい、このように考えられてきたのではないか、このように思います。

そのため、民法の債権関係の規定につきましては、御指摘のように、本格的な改正に着手されないまま現在に至ったものと考えております。

○逢坂委員　大臣から御丁寧に説明いただきまして、ありがとうございます。

そこで、百二十年ぶりの改正ということなんですが、改正の理由、大きく二つ、社会経済情勢の変化ということでありますけれども、この社会経済情勢の変化というのはどういう変化というふうに、政府、立法している側としては見ているんでしょうか。

○小川政府参考人　お答えいたします。

具体的には、例えば契約ルールが直接対象といたします取引について言えば、恐らく大量の取引が頻繁に行われるようになり、しかも、新しい類型の取引なども生じてきているということが言えようかと思います。取引の複雑化、高度化という言い方もできるかと思います。

それからまた、通信手段といたしましても、民法ができましたころは手紙などがベースだったところに、インターネットのような新しい情報伝達の手段も加わり、そういう意味では、意思表示の形成などに関しましても、従来の民法理論とは大分異なる面も出てきたという点も言えようかと思います。

そういった社会、経済、あるいは例えば高齢化などもそういった要素に含まれようかと思いますが、さまざまな場面におきまして変化が生じてきているというのが前提ではないかというふうに認識しております。

○逢坂委員　今、局長の中で、新しい類型の契約という発言がございました、新しい類型の契約というふうに発言したかと思っているんですが、具体的にそれはどんなものがありますかね。

○小川政府参考人　お答えいたします。

民法の債権法は、各種の契約を幾つか定めております。典型契約というふうに申しますが、賃貸借ですとか消費貸借ですとか売買といったことについて個別の規定を設けておるわけでございますが、例えば、従来は類型からいくと必ずしもどれに当てはまるかよくわからないようなもの、典型的には、リースのような賃貸借と融資の両方の内容を持つようなものといった、取引の工夫によってさまざまなものが出てまいりますので、そういったものを挙げることができようかと思います。

○逢坂委員　あと、私は、今回の社会経済情勢の変化の中にもう一つ含めておかなければならないのは、取引がやはりグローバル化しているというところもあろうかと思うんですね。それからもう一つは、世界のいわゆる民法典の中の債権法、あるいは、世界の中では必ずしも債権法とは呼ばずに別な言い方をしている法律もあろうかと思いますけれども、世界の法律のトレンドといいましょうか、その動きも多少はにらんでいるのかなという気もしないでもないんです。

まず最初に、グローバル化、取引が世界じゅうを駆けめぐっているという観点から、今回の債権法の改正はそういう視点も含んでいるのかどうか、含んでいるとすればそれはどういう部分なのか、そのあたりは視野に入っていないのか、そのあたりはいかがでしょうか。

○小川政府参考人　お答えいたします。

お話にございましたように、グローバル化というのがかなり進んでいるわけでございまして、例えば、地域によっては、具体的にはEUのようなところですと、比較的共通の基盤を持つ関係もあって、条約の統一によるような形で私法ルールを共通のものとするようなこともございますし、我が国が入っておりますＵＮＣＩＴＲＡＬにおきましてもウィーン売買条約というようなものが制定され、一種のグローバルなものに対する対応として、条約への対応というのがございます。

ただ、民法ももちろん当然グローバルな意味を持つものでございますので、各国の状況、あるいはそういった条約の状況などについても、当然のことながら、関心は持って見てまいったわけでございます。

○逢坂委員　契約のところは、私は実は余り、さほど詳しいわけではないんですけれども、世界の債権法といいましょうか、契約法といいましょうか、それと比較した場合、日本の民法の債権法というのはどういう違いがあるというか、あるいはどういう特色があるといいましょうか、世界のこの分野の法律と比べてどんな位置にあるのかということを御説明いただけますか。

○小川政府参考人　お答えいたします。

日本の民法のもともとはフランスを親としたようなものでございまして、そういう意味では、当時のヨーロッパの近代法を継受したものでございますので、そもそもの出発点から見ましても、比較的世界共通のかなり先端を行く法律を導入したと考えられると思います。

その上で、日本の債権法の特徴といいますと、そういう意味では、もともと出発点からしましても比較的普遍的なものを持ってまいりましたので、例えば、私的自治の原則と呼ばれる基本的な考え方ですとか、契約違反をした当事者が相手方に一定の責任を負うといった考え方など、その意味では、世界的に見ましても普遍的な考え方を共有している法律という点、これが一つの日本の債権法の特徴として挙げることができようかと思っております。

○逢坂委員　普遍的な考え方を共有している、それが日本の債権法の一つの特徴だということでありますけれども、もう一つ、社会経済情勢の変化ということが今回の民法改正の一つのきっかけ、理由でありますので、改めて、世界の債権法のトレンドみたいなもの、そういうことは今回、何か視野に入っているものはあったんでしょうか。

世界の債権法がこのように変わっている、だから日本もそれに合わせなきゃいけないみたいなところというのはあったのかなかったのか。先ほど条約の話が出ましたけれども、条約以外にも何か法律関係でそういうところはあったのかなかったのか、お教えいただけますか。

○小川政府参考人　お答えいたします。

社会経済情勢が進展しておりますのは、もちろん日本だけのわけがございませんので、世界各国でそれぞれ民法を持ちつつ、そのもとで社会経済情勢の変化に対応するという作業は多くの国で行われていることだというふうに理解しております。

例えば、日本が出発点といたしましたフランス法、あるいは、その後かなりいろいろな意味で参考にさせていただいたドイツ法などにおきましても、民法の改正が比較的頻繁に行われるところでございますが、最近になりましても大きな改正がされておりまして、そういったものについては、例えば定型約款のような問題はフランスでもそういった導入の議論がされておりますので、そういう面も考慮したものということが言えようかと思います。

○逢坂委員　国際的な動きも、全面的にというか大幅にというかどうかは別にしても、多少視野に入っているということが理解できました。

次に、もう一つの今回の改正の論点というか出発点として、国民にわかりやすくというのがあると。

これまで、民法は、具体的に条文改正を行わずに、判例などの積み重ねによって条文を解釈してきた、だから国民にはわかりにくいんだということでありますけれども、例えば、具体的にこの項目というのはどんなことがあるのかというのが一つと、それから、その論点で改正した項目数というのはどれぐらいあるのかというのは、今おわかりになりますでしょうか。

○小川政府参考人　まず、項目の数から申し上げますと、大体百四十ぐらいの項目が、今お話にありました、国民にわかりやすくする観点から判例などのルールを明確化したものでございます。

　具体的な内容を三点ほど申し上げますと、一つは、意思能力の無効であるということを規定しております。これは、いわば民法の基本的な理論としても当然のこととして確立したものでございますが、意思能力を欠いた場合にはその意思表示の効力が否定されるというものでございます。例えば、高齢で判断能力が低下した方などについてそういった問題が出てまいりますので、そういったものに対応することも含めて、規定を設けたわけでございます。

　それから二点目。私どもよく説明しておりますのは、将来債権の譲渡ということで、民法は債権の譲渡については可能であるということを書いてございますが、それが将来にわたって生ずるものについてどのようなものなのか、あるいは可能性がどうなのかということについては規定を設けておりません。

　しかし、最近は、資金調達の手法といたしましても、将来の債権の譲渡、あるいは譲渡担保という手法がかなりとられておりまして、判例も、これもいろいろ変遷はございましたが、将来債権の譲渡についてはもう確立した理論として認めております。これを今回は盛り込んだものがございます。

　それから三点目は、賃貸借の終了した際のルールということで、敷金の点を明確化し、それから原状回復につきまして、例えば、経年変化ですとか通常損耗のようなものは賃借人の原状回復義務に含まれない、これもいわば確立したルールとしてございますので、そういったものを盛り込んだということが代表例として挙げられようかと思います。

○逢坂委員　御丁寧な説明、ありがとうございます。

　私のところへ今回の民法改正についていろいろ意見が寄せられる中の懸念の一つは、今回のわかりやすくするというところ、このことによって従来の判例とか従来の解釈が少し狭くなるのではないか、あるいは、それが変更されるのではないかという懸念をお持ちの声が寄せられるわけですが、善意に考えると、単にわかりやすくしただけなので従来とは全く変わりませんよということで、私は善意に理解をしたいんですけれども。

　百四十の項目を全部チェックするわけにもなかなかいかないんですけれども、局長、従来の判例や解釈と少し守備範囲が変わりましたとか、対応がちょっと変わったんだよねというようなところがあるのかないのか、その辺はいかがでしょうか。全部一〇〇％一緒というふうに解釈していいのかどうか、そのあたりはいかがでしょうか。

○小川政府参考人　お答えいたします。

　判例がもちろんない場面もございまして、今回は、いわゆる通説と言われるようなものに依拠して見直しを、見直しといいますか、その通説の内容を明文化したというようなものもございますので、そういう意味では、既に社会のルールとして確立したものというよりは、ある意味通説的な見解を内容として盛り込んだというものもございます。

　ただ、そういったものも含めた上でということになりますが、今回の改正法案を策定する過程では、先ほど申しましたように、民法を国民一般にわかりやすいものとする観点から幾つかのルールを示すという点につきましては、そういうものをお示ししながら議論してまいりました。

　その上で、審議会での議論があり、パブリックコメントに二回かけ、そういった内容をお示しして、これで大丈夫かということについてもいわば確認をしながら手続として進めてまいりましたので、御懸念のような点は余りないのではないかというふうに考えております。

○逢坂委員　判例のあるものについては判例にのっとってやった、通説については通説をある種条文化したと。でも、通説は、必ずいろいろな解釈の幅があったり、通説の範囲というのでしょうか、通説ですから、必ずしもそれが事実をピンポイントで的を射たことになっていないケースもあるわけですので、通説を条文化したというところについては、私はこれはやはり丁寧にチェックをする必要があるのではないかなというふうに思っています。そうしなければ国民の皆さんの疑問に答えられないというふうに私は思っております。

　ここは、きょうは入り口でありますから、私も実は幾つか、あら、これはどうかなと思っているものがありまして、それは後日の議論の中で一つずつ疑問を解消していきたいというふうに思います。

　ただ、いずれにしても、わかりやすくしたんだということではありますけれども、以前社会の中で行われていたことが条文化されて、全く同じように一〇〇％行われるかどうかについては、一〇〇％の保証はないという印象を持つんですけれども、そのあたりはいかがですかね。ちょっと質問がわかりにくいかもしれません。

○小川政府参考人　お答えいたします。

　もちろん、そういうことに極力ならないように、いわゆる確立した判例というものを、その表現ぶりも含めて、パブリックコメントなどに付しながら、あるいは審議会の中でも慎重な議論を進めてきたということは言えようかと思います。

　ただ、民法は一種の裁判規範として機能するわけでございますので、その意味では最終的には裁判所の判断することではございますが、私ども、作業をする上では、今先生御指摘になった点についても十分配慮しながら進めてまいったというつもりでございます。

○逢坂委員　もう全く、私は善意に解釈してそうなんだろうなというふうには思います。

　ただ、法律の条文は、私、この間も幾度か経験があるんですが、恐ろしいなと思うことがあるんです。国会でいろいろ議論をしていて、いや実はこの条文はこういう解釈ですよというような議論が、例えばある件についてあった場合に、それが十五年、二十年たってみると、後の人は何をやるかというと、その条文の字面だけを見て、そこでまた新たな解釈というか思いというか、それを吹き込んでしまう。条文の字面だけが後になるとひとり歩きするということが結構あったりするものですから、そういうケースを幾つか私なりに体験をしていて、やはり、これほどの大改正を行うときは相当慎重に条文のチェックもしなきゃいけないという印象を持っております。この点は、きょうはこの程度にとどめさせていただきます。

　そこで、今入り口で二つの話をさせてもらいました。社会経済情勢の変化、それからわかりやすくということであります。それを踏まえて今度は、それぞれの議論の場でいろいろとやってきたわけでありますけれども、この法案が国会に出されたのは二十七年ですか、それに至るプロセスを簡潔に説明いただけますか。

○盛山副大臣　これまでも局長その他から詳しく御答弁をしたところでございますけれども、二十一年の十月に法制審議会に法務大臣から諮問をいたしました。そして、二十七年二月に答申をいただいたわけでございまして、その間、先ほど来逢坂委員がいろいろ御質問をされましたけれども、多くの関係者の方にこの法制審議会に入ってもらうような形で、いろいろな各般の分野の御意見をうまく調整させていただいた。さらには、その中でも、途中でパブリックコメント、こういうものを経ながら、案文の作成というんでしょうか、まずはその前の案、骨子をどのように定めていくのか、そんなことをしたつもりでございます。

　それから、先ほど委員が御発言ございましたけれども、確かに、一旦法律として成立しましたならば、その後は、条文をどう解釈するか、どう読むかということになるわけでございまして、これまでの民法が百二十年改正されなかったということのように、できるだけ我々は長く安定して使っていただけるような案はつくるつもりでございます。

　ただ、逆に言うと、百二十年前、インターネッ

トの影も形もなかったわけでございまして、そういった時代の変化に合わせて判例その他の解釈で事実上新しい法文のような形にしていくということにもなるでしょうし、あるいは、きょうのこの国会での審議もそうでしょうけれども、国会での答弁、やりとり、こういったものを参考にしながら今後解釈をしていってもらう。あるいは、我々の方としましても、この民法が成立した暁には、我々の方でこんなふうに考えているんだという、立法者の意思というんでしょうか、そういったものを明らかにし、そして、先ほど来御説明しておりますけれども、いろいろな形で国民の皆さんにできるだけわかっていただけるような広報、こういった活動にこれからも努めていきたいと考えております。

○逢坂委員　これほどの大改正ですから、私は議論のプロセスが結構大事だと思っていまして、中間的な論点整理をされたときは五百項目ほどの改正、あるいはその論点についての中間報告があったというふうに承知しているんですけれども、これがどういうプロセスを経て現在のこの民法改正の法案につながっていったのか、このあたり、簡単に説明していただけますか。

○盛山副大臣　法制審議会の民法の部会の委員は十九名でございますけれども、学者の方が七名、法務省が三名のほか、裁判官二名、弁護士が二名、経済団体、労働団体の代表、それから消費生活相談員、こういった方が入っておりまして、実務家やユーザーの声、そんなふうに配慮をしたつもりでございますし、そしてまた、部会でのヒアリングということで、日本証券業協会、不動産協会、日本司法書士会連合会、弁護士連合会その他、二十一の団体からのヒアリングも経ております。さらに、パブリックコメントの手続を二度経ておりまして、その過程におきまして、一般の個人の方はもちろんでございますが、経団連を初めとする多くの団体からのお声、そういったものを受けておりまして、そういったものを踏まえた形で我々は今回の民法の改正案をまとめてきたつもりでございます。

○逢坂委員　私の質問の仕方がちょっと悪かったみたいで、ごめんなさい。

　中間論点整理で五百項目だった、それで、最終的に今回の改正法案に盛り込まれているのは二百程度の項目だというふうに承知をしているんですが、五百がどういう議論によって二百になったのか。どういう議論というのは、細かい、この項目がこんな議論でこれが落ちましたとかこれが入りましたということはいいんですけれども、大きなトレンドとして五百がどういう議論の方向感で二百になっていったのか、あるいは、どういうところが今回、やはりこれは民法の改正の課題としてはあるんだけれども盛り込まれなかったというのは、どういう基本的な考え方というか、全体を貫くようなものというのは何かあったんでしょうか。

　これは結構大きな議論だと思うんですよ。最初はやはりすごく風呂敷が広かったように思うんですね。

○小川政府参考人　お答えいたします。

　今お話ございましたように、中間論点整理ということでパブリックコメントに付しました際には、項目数は五百を超えておりました。これは、委員の方からも御指摘ございましたように、当初は比較的広目にさまざまな関心事項、先ほど申し上げましたように、いろいろな形での立法提案などもございましたので、そういったものを広く検討の対象としたというところからスタートいたしましたので、かなり多いものとなっていたことは事実でございます。

　ただ、やはり、いろいろと反対意見のあるもの、まだ立法にはなじまないもの、あるいは立法化が非常に困難と思われるもの、技術的な面も含めてですけれども、そういったものもございますので、徐々に徐々に論点は絞り込まれていったというのが状況でございます。

　第二段階といたしまして、中間試案を出しまして、いわば試案という形でパブリックコメントに付したわけでございますが、そのときは項目数が約半分、二百六十程度でございました。

　これは、検討項目からこの段階で落ちた論点が幾つかございますが、やはり全体として見ますと、一方のあるグループは賛成をするけれども、あるグループは反対する、そういう意味では利害の対立の激しいような論点もございましたので、なかなか立法化がそういう意味では困難なテーマということが言えようかと思います。そういったものにつきましては、これも徐々に徐々に絞り込まれ、最終的には大方の異論のないテーマに落ちついて、要綱仮案の決定の段階では項目数が約二百になったというのが実情かというふうに考えております。

○逢坂委員　幾つか類型をお示しいただきまして、ありがとうございました。

　五百が二百に絞り込まれていく類型を御紹介いただいたんですが、それぞれの、例えば立法化が難しいとか、あるいは反対、賛成が対立していたといったような類型の中で、代表例を幾つか御紹介いただけますか。例えば、こんな論点が最初にあったけれども、最終的にはこれがこんな理由で落ちたんだというような、それぞれの類型に従ってお教えいただけますか。

○小川政府参考人　お答えいたします。

　例えば立法化が非常に技術的にも難しいというようなことも先ほど申し上げましたが、その例として、先ほど新たな類型の契約の中で御紹介しましたファイナンスリースなどがございまして、ファイナンスリースなどは、賃貸借類似の契約について賃貸借の規定を準用するということが検討課題と当初されておりました。

　ただ、先ほど申し上げましたように、ファイナンスリースは融資の部分と賃貸借がセットになったようなものでございまして、実質的には金融取引として単純に賃貸借の規定を準用することは妥当ではないなどの指摘がございまして、取り上げないこととされたものでございます。

　それから、意見の対立もあったということで申し上げますと、例えば事情変更の法理というのがございまして、契約の前提となった事情に変更が生じた場合に、一定の要件を満たせばその契約を解除することができることとする旨の規定を設けるかどうか、これがいわゆる事情変更の法理と言われるものでございますが、こういったものを設けるかどうかが一つの検討課題とされておりました。

　ただ、これについては、規定を設けてしまうと、むしろ自由な交渉を萎縮させるおそれがあるのではないかという反対意見、もちろん、一方では、これによって救済を図ることができるという賛成意見もあるわけですが、そういった意見の対立もございまして、盛り込まれることにはならなかったということでございます。

○逢坂委員　そうですね、私も事情変更の法理というのを勉強させてもらいまして、ああ、なるほどなと。これは、確かにそういう思いを持っている人がいることは理解するけれども、そういうものが盛り込まれたときに、そのことによって不利益をこうむる人もいるなというような印象を私も持ちまして、こういうことは今回盛り込まないということはよかったなというふうに、私自身は個人的には思っています。

　実は、私の今回の民法改正に関する一つの着眼点は、冒頭に御答弁いただきました民法というのは何かというのは、それは広く人のための法律なんだということです。

　すなわち、どうしても、債権法の議論というようなことになってしまいますと、商取引をする主体といいましょうか、個人ももちろん商取引の主体であることは間違いないんですけれども、法人とか組織とか団体とか、そちらの視点の方が強くなって、いわゆる生の個々人といいましょうか、私人といいましょうか、そこの視点が抜け落ちてしまうおそれがあるのではないかなというのが私の一つの問題意識であります。

　これは後にまた御答弁いただきたいと思うんですけれども、今回のこの債権法の改正は何のため

に行うのか。何のためにというのは、いろいろな何のためというのがあると思うんですけれども、経済活動を活発化させるために行うのか。あるいは、個々人の取引あるいは個別の取引、それを安定化させるために行うのか。あるいは、取引の態様が非常に高度、複雑化していて、一般国民の皆さんにはなかなかわかりにくい取引もたくさんあるわけですね、そういうものを保護するといいましょうか、そういうために行うのか。

こういったことをしっかり捉まえて行わないと、この債権法の改正をやった結果、私たちの社会が、あら、こんな社会を目指していたのかなというところがよくわからないものになってしまうんじゃないかなという懸念が私はあるんですね。

だから、狙いをどこに定めて今回のこの債権法の改正というのはやっているのかというところについては、もう少し、今回の改正項目を全部足し合わせた結果どんな社会になるのかというのはよく見据えておく必要があると私は思っています。

今私が言ったような観点で、実際に改正作業実務をやっておられた小川局長の方でどんなイメージをお持ちになっていますか。今回の答弁で小川局長が、いや、実はこれは経済取引を活発化させるためと言ったからといって、後にそれで揚げ足をとるつもりはありませんので。議論ですから、これは。いや、こんなイメージなんだよねとか、私が言ったような論点というか観点以外にもこんなことがあってやったんだよねとか、そのあたりはどうですか、実務をやっている者として。

○小川政府参考人　そうですね。最初の方で申し上げましたが、民法は私法のいわば一般法ということですので、そういう意味では、まさに個人、法人、しかも余り色分けをせずに、非常に一般的な意味で人を対象とするものということが言えようかと思います。

これに対して、商法は、当然のことながら商事ですので、営利行為をする会社であったり、いわゆる商人と言われる者を対象とするわけですので、その意味で商法は、当然のことながら、取引の活発化、あるいは最終的にそういった者の経済活動に資するということにかなり重点が置かれるものかと思います。

ただ、もう一度民法に戻りますと、民法は一般的な法律でございますので、あらわれる人間は、事業者の場合もあれば、事業者の中でも当然のことながら大企業もあれば中小企業もあり、当然今度は消費者、消費者の中でも高齢の方であったり若い方であったり、さまざまな類型の方々を対象とするわけですので、もちろん一つ一つの項目を捉えれば、これは消費者の保護に資するものになります、あるいは、中小企業の融資に役立つものですということが言えようかと思いますが、全体としてのトレンドとして申し上げられるのは、やはり、私法の一般法として、あらゆる方に対して一定のルール、当然のことながら民法の理念としての公平ですとかそういったものについてのルールを提供するものだということが言えようかと思います。

○盛山副大臣　ちょっと、私もこの調整過程に入っていたものですから、一つの例として申し上げますと、経済団体との調整の場合、例えば経団連ですとか商工会議所とか、彼らも大変広い業界を所管しているものですから、こちらの業界とこちらの業界の意見というのはなかなかうまく収束しない、そんなことも正直ございました。なかなか返事が出てこない。いや、しかし、こちらも期限があるんだからそろそろ出してくれといったようなやりとりがございました。

そのうちでどういう例を挙げるのが適切かはわかりませんけれども、一つやはり大きな議論になったものとしては約款がございます。標準約款の部分でございます。

なぜこれを今さら民法の中に置かなければならないのか、そういうところから議論が始まりました。それぞれ個別法で今うまくやっているじゃないか、余計なおせっかいはしないでくれみたいなようなこともございまして、いや、それは個別法に根拠が一応あるかもしれないけれども、やはり契約の一番大きなベースとして今回民法に入れるべきではないか、やはり一般の消費者あるいは一般の方とのルールを決めるにはここでちゃんと置いておくべきだろう、そしてその場合にはどういうふうにしていって、そしてそれが民法に対してそれぞれの個別法との関係をこれからどのようにしていくのか、そんなことでいろいろ調整を図った、その結果、今回提出した案になっているというふうにお考えいただければと思います。

○逢坂委員　私は、今回の民法の改正がだめだとかということを必ずしも言っているわけではなくて、やはりこれほどの改正ですから、合成の誤謬が起こってはいけないなと思っているんです。

合成の誤謬というのは、それぞれ個々の条文を見ると、それはそれで改正は理にかなっている、合理性があるというふうに思う、でも、全部それを足し合わせてみた結果、私たちの社会がこれからどんな方向へ進んでいくのかということを、もしかすると今回の改正で、特に経済活動において、ある一定の方向感が、見えるか見えないかはわかりませんけれども、場合によっては見えるかもしれない。そのときに、その方向感が正しいのか正しくないのかというのは、これは多分、私は政治家しか判断できないと思っているんです。

個々の、個別の条文の具体的なことの、合理性があるとか合理性がないということは事務方の皆さんが高い能力で精いっぱいやっていただいて、その結果、社会がどうなるのかということについては、これは私たち政治家がやはり大きく担う部分だろうと思っています。

それからもう一つ、後にもまた質問させていただきますけれども、今回の改正のプロセスを見ると、法人組織あるいは団体、先ほどのほかの方の質疑の中にも出ておりました、実務家とかユーザーという言葉が出てくるんですけれども、法人組織とか団体のヒアリングというのは結構多かったように思うんですけれども。

やはり、自然人としての個人といいましょうか、そういう方々の声をどうやって酌み上げるかというところも非常に重要だと思っていまして、それをやれるのは、場合によってはやはり国会の場しかないのか。もちろん、パブリックコメントもありますけれども、パブリックコメントはやはり、この問題について非常に関心のある方が提出をしてくるわけでありまして、私たちが守らなければならないのは、多分、こういう問題に日常的には関心がない、だけれども、いざ何らかの商取引において契約をする、そのときに、あらという場面に遭遇した国民の皆さんに対して、ちゃんとした安定的な法制度が提供できているかどうかだというふうに思いますので、その観点を私は大事にしたいと思っています。

そこで、また小川局長にお伺いするんですけれども、今回、平成二十一年から最後の、法案ができるまでの間、どんな団体からヒアリングされましたか。

○小川政府参考人　お答えいたします。

法制審の部会の中で、パブリックコメント手続が実施されています間に、これは事業者団体ですとか消費者団体という言い方ができるかと思いますが、こういった団体、合計二十一団体からのヒアリングを行っております。日本何とか協会とか日本何とか連合会とか、そういういわば業界団体のものと、それから消費者関係の方など。

あるいは、個別の形でも、法制審の場でのヒアリングという形式ではなくて、事務当局で事情聴取を行って、その結果を書面で部会に報告する形式で、幾つかの業界団体などからもそういう形式でのヒアリングを実施しておりまして、こちらの方は、合計九団体からのヒアリングを実施しております。

○逢坂委員　ちなみに、その二十一団体ですけれども、ここで読み上げさせていただきますと、日本貿易会、それから情報サービス産業協会、コンピュータソフトウェア協会、日本チェーンストア協会、日本証券業協会、京都消費者契約ネットワーク、消費者支援機構福岡、それから住宅生産団体連合会、日本建設業連合会、全国宅地建物取

引業協会連合会、全日本不動産協会、不動産協会、不動産流通経営協会、日本司法書士会連合会、全国サービサー協会、信託協会、リース事業協会、ＡＢＬ協会、ＡＢＬ協会というのは何かちょっと私はわからないんですけれども、日本損害保険協会、日本賃貸住宅管理協会、日本弁護士連合会というのが二十一団体のようなんですね。

これを見たときにというか、これを聞いたときに、いや、もちろん、私はこの団体からヒアリングするというのは何も問題はないと思う、だけれども本当にこれで、私が言うところの自然人といいましょうか、こういう業界に詳しくない国民の皆さんの思いというか声というかがちゃんとこの法律の中にうまく入れ込められているのかどうか、あるいは、これらの団体にはふだん縁のない人たちが、この法律が成立し施行したときに、この法律を受けとめて、ちゃんと納得できるものになっているのかどうかという視点で、やはり国会では議論しなきゃいけないんだろうと思っています。

結構法制審も、国の審議会は結構やっつけ仕事でやるという場面が多くて、私も、自治体にいたころにも、国の審議会というのは形骸化していてどうしようもないということを随分批判していたんですが、そういう観点から見ると、まあまあ丁寧にやっているんじゃないかなというふうに私は感ずるんです、時間もかけて。それだけに問題が大きかったんだとは思うんですけれども。

そうはいうものの、民法の大きな目的が、やはり広く人であります。もちろん法人も含みますけれども、幅広く人でありますから、その観点で、この法改正が大丈夫かというところをよく見ておく必要があるんだと思っています。

そこで、今回こういう経過でこの改正法案が出てきたわけですけれども、よく私が聞くのは、この法改正を急いでほしいという人の声は、あんなに丁寧な手続をやって、法制審でもやり、各種団体からも声を聞き、途中にパブリックコメントもあり、法人からも個人からも意見があってできた改正案なんだ、だから、国会でそんな時間をかけて審議する必要はないんだとおっしゃる方が中にいるんですね。

でも、私は、やはりそうじゃない、国会は法制審の追認機関ではありませんので、法制審で議論されたところに、もしかして抜け落ちているものがあったりすれば、やはりそれはちゃんと補わなければいけないというふうに思っていますし、出てきた改正案が、これは法制審の議論では十分ではないな、やはり国会の目線で見たときに、ここはちょっと手直ししなきゃならないなということを指摘し、場合によっては手直ししていくというのが国会の役割だと私は思うんですけれども、この点は、政務三役の皆さん、いかがでしょうか。

○**盛山副大臣**　例えば、今委員が読み上げられた団体でも、やはり全ての団体が入っているわけじゃありませんですね。そうしたら、そういう声をどのようにしてうまく酌み上げているのかということになりますし、委員がおっしゃったように、一般の方の、普通の、本当に個人の目線、そういうものをどのようにしていくのか、これは大変重要なことだと思っております。

もちろん、法制審議会、私ももともと法務省の公務員ではなかったわけでございますけれども、法務省に来てみると、法制審というのは予想以上に丁寧に時間をかけて、やはり、特にこういう民法だとか、そういう基本的な法律ですから、予想以上に丁寧に時間をかけ、そしていろいろな方々の御意見も聞きながら、間違いがないようにしているなというふうに私自身感じました。

ただ、さはさりながら、そこにおられる法律の本当の専門家の方々、そういった方々の目線だけで一〇〇％いいのかというのは、委員がおっしゃるとおりだろうと思います。やはりいろいろな方々の目で見て、本当にこれがパーフェクトであるのかどうか、そういった形でもんでいくことは大変大事なことだと思っております。

そうは申し上げましたけれども、私どもとしましては、法制審での審議だけではなく、我々の目線も加えまして、十分に審議にたえる、余り御修正をいただかなくてもいいような案にして提出したつもりではございますので、よろしくお願いします。

○**逢坂委員**　閣法として提出するからには、不都合があったら修正もいいですよなんてことは軽々しく言えないことは、それは私もよくわかるんですが、ただ、やはり百二十年でありますので、この積み重ねの中でやることでありますから、私は、場合によっては、ここは少しというようなところはよく考えてみた方がいいなと思っています。

それで、きょうは個別、各論には入りませんけれども、私が見ている中でやはり心配だなと思っているところは、約款のところも若干心配ですし、保証のところも少し心配かなという、いえ、現状でも保証は心配なんですけれども、でも改正案で大丈夫かなと、ちょっと思っているところもありまして、それについてはまた後ほど、個別の論点の中で話をさせていただきたいと思います。

そこで、これも今度事務的なこと。小川局長、きょうは済みません、何か小川局長とばかりやりとりして、多少通告のないところもあったので、無理をして答弁をしてもらってありがとうございました。きょう答弁したことを、後になって、十一月の十八日にあんな答弁したじゃないかということは私は言いませんので、御安心ください。ほかの人が議事録を見て、言わない保証がないところはちょっとあれですが。

それで、今回、この民法の債権法の改正ですけれども、これに伴って関連法の改正というのは何本ぐらいあるんでしたか。

○**小川政府参考人**　今回、民法改正案とあわせまして、いわゆる整備法案を提出しておりまして、対象となります法律は二百十五本だと記憶しております。

○**逢坂委員**　そうなんですね。そうなんですねというのは、私も見てびっくりしたんですが、二百十五本なんですよ。それで、いや、もちろん、私は残念ながらこの二百十五本のどこがどう改正されているのかを全部チェックし切るだけの能力も時間的余裕もないんですけれども、やはり今回の改正はそれぐらいのことであるということは、我々は国会議員として認識せざるを得ないと思っています。

議論ですから、一〇〇％満足のいくところまで全部やれるかどうかというのは、これは私はわからない。わからないというか、そんな無責任なことで逢坂誠二いいのかとお叱りを受けるかもしれませんけれども。ある一定のところで議論というのは区切りをつけなければいけないということも私はわかるんですけれども、それにしてもやはり結構大きいなというのが正直な感じですね、二百十五本でありますから。それで、法律名を見てみると、やはり結構重要な法律が入っているんですね。だから、これは、やはり丁寧に議論するということが私は必要なんだと思っています。

最後、大臣、きょう私は入り口の議論しかしませんでした。中身の議論は入りませんでしたが、民法は広く人を対象にしている法律であるということ、それから、私の感覚でいえば、法人組織、団体の観点も大事だけれども、やはり人、個人、そういう視点が大事であるということ、さらにまた、改正内容が非常に多岐にわたっているというようなこと、こうしたことを踏まえてみると、やはり丁寧な議論が必要だなというふうに感じております。

先ほどの、わかりやすくといったところを一つとってみても、通説を条文化したなんというところについては、これは相当丁寧にチェックをしておかなければ、後に要らぬ論争を生みかねないというふうにも思いますので、修正するとかしないとかは全く別にして、丁寧な議論が要るというふうに思っているんですが、大臣、感想はいかがでしょうか。

○**金田国務大臣**　委員御指摘のとおり、人の視点といいますか、それを非常に大切にしながらこの民法の改正案について議論をしていく、特に債権

法の分野でございますから、人との関係というのは非常に重要でございますから、そういう丁寧な議論になる、そしてまた、お互いによりよい形で仕上げていくという視点もやはり必要なんだろうというふうに思います。そういう視点で、御指摘のとおり、私たちも臨んでいきたい、こう思っております。

○逢坂委員　多分、丁寧に丁寧にやり出したら相当な時間がかかるというふうに思っています。それは、与野党の中で、どの程度の密度の濃さでやるかということは古川筆頭とも協議しながら決めていきたいと思うんですけれども、でも、やはり、不安を残したままで、大丈夫だよということでやる部分というのは極力少なくしなきゃいけない、そう思っておりますので、これから、場合によっては長いつき合いになるかもしれませんが、よろしくお願いいたします。

ありがとうございます。

○鈴木委員長　次に、井出庸生君。

○井出委員　民進党、信州長野の井出庸生です。本日もよろしくお願いを申し上げます。

民法、債権法部分の大改正の実質的な質疑、審議のスタートということで、私も、法改正の必要性というところからまず伺っていきたいと思います。

平成二十一年の十一月からでしょうか、法制審議会でこれに関するものが始まって、二十七年二月まで九十九回の議論を重ねられた、そのことに対しては率直に敬意を申し上げたいと思います。

ただ、その議論の中で、当初想定されていたものとまとまったものと、その結果というものも大分異なっただろうと思いますし、法案の、法改正の必要性というところをやはり丁寧に議論をしていく必要性というものはあるのではないかなと思います。

まず、小川さんに伺いたいのですが。今回、よく二百項目の改正だと言われているんですが、私、この法務省からいただいた新旧対照表、ちょっとこれは引っぺがして汚くなっちゃって申しわけないんですが、新旧対照表で、法改正の「（新設）」というところがございます、この新設というものを朝ちょっと一生懸命数えてみたら、二百八個あった。数え間違いもあるかもしれませんので、その数は別に、そこは正確性を期しているわけではないんですが。

今回の民法改正というものは、民法の分量が従来よりふえるということは簡単に言えるのかどうかというところを、まず基本的な認識を伺いたいと思います。

○小川政府参考人　お答えいたします。

現在の民法の条文数は、いわゆる枝番号も含めまして千百三カ条ございます。

民法改正法案におきましては、このうち改正の対象として改正がされたものが二百五十七カ条でございます。それから、八十五カ条が枝番号を付して新設されておりまして、トータルでいいますと、新設された分、それから削除された分もございますので、非常に今回の改正によって条文数が膨らんだということではないとは思っております。

○井出委員　新設されたものと削除されたものがある、総じてそんなにふえたわけではないというようなお話もあったんですが、例えば、日弁連の方で、民法改正に合わせて一つの本を出されているんです。日弁連さんなので、「消費者からみた民法改正」ということで、二十四のテーマを厳選されたというように書かれているんですが、二十四のうち最初と最後は、議論のいきさつとか今後の国会審議とかというところ、本論と関係ないんですが。

この本を見たときに、これは日弁連さんが求めていたものなのかどうかわからないんですが、二十二の具体の項目を挙げられているうち、たしか五つのものは見送られた、残りの十七はいずれも新設ですとか明文化、これまでになかったものを加えられている。

ちょっとこの本を読んでから新旧対照表を数えてみたんですが、そうすると、今回の改正によって民法がより詳細な、具体的な記述になってくる、そういうところは一般的に言えるかどうか、ちょっと教えていただきたいと思います。

○小川政府参考人　かつての法律、とりわけ明治時代にできました民法などに見られるのは、非常にシンプルな条文の立て方でございます。原則は書かずに、例外だけを書いて原則も読ませるような、そういう非常に技術的な手法などもとられた結果、日本の民法の条文は、条文数も世界に比べますと比較的少ないというふうに言われておりまして、非常にそういう意味では読みづらい面もあったかと思います。

今回の改正は、もちろん、例えば保証のところなど何カ条も枝番号がついたりしていますけれども、非常に詳細に、具体的な規定として、最近の法制執務に基づいて設けておりますので、その意味では、かつてよりも具体性を持った規定ぶりになっているということは言えようかと思います。

○井出委員　今、具体性を持った記載ぶりというお話がありました。

大臣、先ほど逢坂委員への答弁の中で、これまで民法改正がなされなかったところについて、現行民法がシンプルで抽象的であって柔軟にいろいろなことに対応が可能であったというようなお話もあったんですが、現行の民法の持っているシンプルさ、抽象性というものは民法のよいものとして評価をされているのか、それとも、もうこれは変わっていかなきゃいけないというお考えなのか。それを大臣と局長にそれぞれ伺いたいと思います。

○小川政府参考人　もちろん、国民にとってわかりやすいものにするという観点からは、先ほど言いましたように、非常にシンプルで、例外だけを書いて原則も理解しろというようなやり方は決して親切なものではないというふうに思っておりますので、わかりやすいという観点からすれば、いろいろと、そういった国民一般が読む法律である、理解する法律であるということを前提とした規定ぶりとしていくというのが意味のあることではないかというふうに考えております。

○盛山副大臣　先ほどからいろいろなやりとりをしておりますけれども、何しろ百二十年たっております。そうすると、いろいろ、インターネットが典型だと思いますけれども、明治二十九年に想定していないものをどのように規定していくか、これも大事であります。

あるいは、その間、シンプルであったがために何とかいろいろな解釈で読み込んできたということは言えるんですが、逆に、それは、いろいろな形で判例ができているものですから、条文を読んでいるだけでは理解できない。それをやはり今回わかりやすく、条文を読んだだけで、つまり、いろいろな判例に当たらなくても、一般の人が条文を読んだだけである程度わかりやすくしようじゃないか、そんなところも入れなくてはならない。

しかしながら、何もこれから百二十年改正しないというつもりではないんですけれども、ある程度の期間、この新しい民法でいろいろな事態に対応していくということを考えますと、やはり若干は抽象的な形の表現も含めて、ある程度長く使っていただけるよう、そんなことも考えながら、現在の民法のよいところ、それはそれである程度生かしながら、そうはいっても、今のこの時点で、どうすれば国民の皆さんあるいは外国人の皆さんに読んでいただいてわかりやすくなるか、そんなことを考えてまとめた現在の案でございます。

○金田国務大臣　委員が私の先ほどの答弁を引いていただきましたから、お答えをさせていただきますけれども、先ほどの御質問というのは、御承知のとおりなんですが、民法が社会経済情勢の変化に応じてなぜ柔軟に、フレキシブルに改正してこなかったのかという、その点を考えてみた場合に、先ほどおっしゃった、条文自体がシンプルに書かれておることから規定内容の抽象度が高い、だから、改正をしなくても条文の解釈を施すことによって一定程度対応することが可能であったと考えられるということを申し上げたわけであります。その点をつけ加えておきます。

○井出委員　私も、民法がわかりやすくなる、今回の法改正の大きな目的、それから、法制審でも、わかりやすくしていこうというところは最初からそんなに異論はなかったかと思うんです。

民法、特に債権法の部分ですね、当事者間の契約ですとか合意をするときに、裁判法規ですから、争いがあったときにこれが一つの物差しになるんじゃないかと思うんです。争いがなければ民法の出番はないと思うんですけれども。そのときに、ですから、私は、抽象性というものがむしろ当事者間の合意というものをつくりやすくしてきたんじゃないかなとか、当事者の合意、契約ということにおいて、民法の抽象性、シンプルな条文というものは一定の役割を果たしてきたんじゃないかなという疑問を、特に法制審の一回目、二回目の議論で改正の必要性ということを徹底的に御議論されているんですけれども、その中で、抽象性、シンプルな条文のよさというものもあったのではないかなと考えるに至ったんですが、そのあたりはどうでしょうか。

○小川政府参考人　もちろん、法律の適用される場面はさまざまございますので、その場面に即して考える必要があろうかと思いますが、裁判の規範として、先ほどのお話であれば、紛争が生じて裁判になった場合について見れば、抽象的な条文を前提といたしますと、やはり予測可能性という観点からすると劣る面があるのかなという気はいたします。あるいは、先ほど来話が出ていますように、裁判所が抽象的な規定について補充する必要が出てこようかと思いますので、さまざまな問題はあり得るかとは思います。

他方、裁判まで至らなくても、取引の過程で考えますと、債権法の規定というのは、契約法のルールとして、いわゆる任意規定ではございますが、最終的には合意がない場合も任意規定によって定まるというルールになるわけですので、その意味でも、一定の具体性を持った規定の方が契約に伴うコストという観点からしてもいい面があるのではないかなと。

済みません、私のかなり個人的な部分かもしれませんけれども、そういうふうに感想を持ちました。

○井出委員　ありがとうございます。

私も民法は大変不勉強なので、余り何か学説的な議論をしてもこっちがぼろが出ちゃうので、話を進めてまいりたいと思います。

私、民事裁判の件数というものをちょっと調べてみたんです。これは恐らく裁判所の方で出されていると思うんですけれども、裁判を迅速化しなければいけないということで、平成十年代からいろいろな研究をされてきておりまして、その中で民事第一審訴訟事件全体の概況というものがありまして、それを見ますと、昭和の初めは、民事第一審で新たに受理した件数というものが三万七千七百六十三件だった。それが、多少線がふえたり減ったりはしているんですが、おおむね上がっていって、平成二十一年が二十三万五千五百八件でピークを迎えております。その後、これは昨年のものはないんですが、平成二十六年になりますと十四万二千四百八十七件。民事裁判は必ずしも債権関係だけではないのですが、民事の全体像を見るとそういう状況であります。

法制審の第一回、第二回のときに委員の方も言われているんですが、今何か変えないと困ることがあるのかと。そういうことに対して、わかりやすさを追求していくということも確かに大事、社会経済情勢の変化に照らしていくということも大事なんですが、実際、民法の出番となる裁判も、これは偶然なんですけれども、この民法改正の議論が始まった年が件数がピークで、その後減ってきているんですね。そういう、実際の民事の紛争に照らした必要性の議論というものが、この七年間の間にあったのかないのか。詳しくは、多分、もう長年の議論ですから、記憶の範囲、感覚的なところで結構ですが、ちょっとお答えいただければと思います。

○小川政府参考人　裁判の件数そのものとリンクしたという点はちょっと私の方も承知しておりませんが、やはり裁判自体は、件数は仮に減ったとしても、さまざまなテーマについて複雑化しておりますので、裁判所からも法制審に委員が出ていましたし、弁護士の方も委員が出ていましたので、そういう意味では、実務に即して裁判実務について意識した発言などはされていたというふうには承知しております。

○井出委員　最高裁の方も入られていましたし、弁護士の方も入られていたので、当然そのあたりの視点は持っていただいていたと思うんです。

ここ五、六年、ずっと事件の数が減ってきている。それはなぜかというと、別に、それは決して現行の民法のままでいいという話では直接的にはないと私も思っているんですが、例えば、裁判に至らなくてもＡＤＲの活用がふえてきたとか、さまざまな要因があるかと思うんです。

最高裁の裁判の迅速化に向けた報告書の中に、ＡＤＲがふえてきているということについて、次のような記載があります。ＡＤＲの利用の進展、費用面等からの提訴回避などによって訴訟事件が減少している一方、労働関係、交通関係、ＩＴはちょっと関係ないとしても、新しい取引形態が問題となる訴訟、こういったものが、当事者間の対立が先鋭化する傾向、また質的に困難な事件の類型が増加をしている、こういうことが書かれてありまして、これを見ますと、紛争の場は裁判だけじゃない、ＡＤＲもあると。

もっと言えば、今は企業で働く弁護士というのも一昔前に比べれば圧倒的にふえていると思いますし、裁判以外の場で、当事者間で物事を解決するという場面がふえてきているかと思うんです。その一方で、紛争の中身というものは難しくなり、多様化している。

そういう意味においては、私は、民法を具体的にして、これまでいろいろな特別法ですとか通説、判例によっていたものをある程度まとめて、わかりやすくぽんと提示をするということは大変効果があることかなと思いますが、そういうことは効果があるというお考えでよろしいかどうか、ちょっと教えてください。

○小川政府参考人　もちろん効果のあることだというふうに考えております。

○井出委員　ですから、民法改正の必要性というものを少し具体的に考えていかなければいけないなということで今のようなお話をさせていただいたんです。

例えば、先ほど小川さんのおっしゃった少子高齢化、高齢化というようなことも社会経済情勢の変化に挙げられておりましたが、少子高齢化を情勢変化と捉えるんだったら、やはり、民法でいえば相続の部分ですとか、そっちを見直さなければいけないのかなと思っております。ですから、やはりもう少し、わかりやすさ、社会情勢の変化から、この法改正につながる具体的な、本当に必要性があるんだというところを今後の議論の中で示していっていただければな、そんなふうに今考えております。

その一方で、私は、これは民法に限らないんですが、法律がふえる、法律が具体的になる、そういうことに対しては、また一つ不安に思っているところがございます。民法の債権法の部分は、当事者間の契約、合意で済めば、裁判に至らなければ、そうそう出番はないわけですし、もともと民法というものは、逢坂委員のときの議論にもありましたが、私人間の、人と人とのやりとりの中で発生するもの、私法であって、刑法とは明らかに違うわけです。

刑法と民法の一番の違いは何かといえば、やはり制裁、罰則の懲役、服役というところが一番大きな違いだと思うんです。

民法という法律を具体化していく、それは法規範というものをふやしていくということになるんですが、一方で、社会的には、例えば習俗であったり礼儀作法であったり、道徳や倫理、そういった社会規範で解決をしてくるものもある。当然、契約や合意というものは、そうした社会規範の中で、お互い、それぞれの当事者同士が持つ社会規範を前提に合意がなされるものも数多くあると思

うんです。

そうした中で、いろいろな紛争の場面がふえているということにおいては、先ほどＡＤＲの後に申し上げたように、法文を具体化する必要はあるかもしれない。しかし、民法の具体化、改正というものが、これは一面、反面的に捉えると、日本の社会規範、習俗とか倫理、道徳、礼儀、そういったものになかなかよることのできない社会になりつつあることの一つのあらわれではないかな、そんなことを考えるんですが、ちょっと小川さんの見解をいただきたいと思います。

○小川政府参考人　今御指摘ありました社会規範というのは、一般に人間の社会生活を規律する規範をいうとされておりまして、社会規範の中には、社会倫理ですとかあるいは慣習などのほか、法規範も社会規範の一種とされているようでございます。

社会規範は、もちろんさまざまな類型のものがあるわけですが、逆に民法の方から見ますと、民法、特に家族法のようなものを除いて債権法について言えば、基本的には、契約自由の原則あるいは私的自治のルールが働くわけで、当事者の合意によってルール化されているものということが言えようかと思います。

その意味では、倫理ですとかそういったものが直接債権法の世界に入り込む場面は本来余りないだろうと思うんです。ただ、やはり、公序良俗に反するとかあるいは信義則に反するというような形で、妥当な結論を得るためにそういった社会規範が作用するという場面はあるのかなというふうに思っております。

そういう意味では、やはり法律のありようとしては、そういった社会規範を常に意識し、そういったものを念頭に置きつつ、それが余り乖離すると、社会規範と法というのが乖離するということは望ましいことではないと思いますので、常に社会規範も意識しながら対応していく必要があろうかというふうに考えております。

○井出委員　大臣にも少し伺いたいのですが、例えば民法によらず憲法もそうなんですが、憲法で法務省関係でいえば、犯罪をした加害者の方については令状をきちっと示さなければいけないとかいろいろな定めがあって、犯罪の被害に遭われた方についてはほとんど記載がない。そのことについてはかなり長い間いろいろな御議論があって、実際そこを、憲法を改正すべきだという方もいらっしゃる一方で、法律でさまざまな犯罪被害者支援というものをやってきた、だから、それは決して、憲法に書いていないことはやらなくていいということでは全くないと思うんですね。

私がこの民法の改正でもやはり同じようなことを考えるのは、人と人が社会で生きていく上ですから、当然ルールや法律が必要なのですが、ルールや法律が多過ぎるということは、果たして日本という国にとってよいのか。小川さんが先ほど言われたんですが、日本の民法というのは世界の各国と比べても条文が少なかった、それはやはり一つこれまでよかったところであって、維持していくべきようなところではないかなという思いを私は持っているんですが、大臣の忌憚のない御意見を伺いたいと思います。

○金田国務大臣　委員御指摘の社会規範と法規範という議論の中で、やはり社会規範というのは人間の社会生活を規律する規範をいうんだ、そして、その社会規範は非常に広義のもので、その中に社会倫理とか慣習とか、そのほかに法規範が含まれると一般にはされているんじゃないか、私はこう思うんですね。

だから、民法について言えば、民法自体が法規範なんですけれども、これを取り巻く各種の取引慣行や商慣習というものが社会規範を形成すると考えられるわけですが、適切なものはやはり法規範として必要なのではないか。

そしてまた、法規範と社会規範が乖離していくということに対しても、局長から説明がありましたが、やはり必要に応じて本来見直しを行うことも必要なときもあるのではないか、こういうふうに思っております。

○井出委員　この議論に少し関連して、法制審の議論の中で、中井さんという方の御発言の中にあったのですが、民法は俳句か散文かというようなお話がありました。民法が俳句か散文かというのは、文字どおり、俳句はその抽象性を詠み込んで、そこから伝わってくるメッセージを、民法でいえば人と人とのルールの間に生かしていく。それが散文、説明文になっていくことに対する疑義をその中井さんという方は呈されていたんですが、冒頭の法制審で、一回目、二回目、法改正の必要性を議論していたときは、結構こういう議論が多かったように見えるんですね。

例えば、今この議論の中でもありましたが、非常に簡素であって、判例や取引の実務のルールで対応してきたから改正をしなくてもよかったんだ、そういうことをおっしゃられる方もいますし、そもそも、債権法に係る当事者同士の合意とは一体何ぞや、そんなような提起をされる方もいて、これは大変私自身も理解、結論を出すところが難しいところなんです。

その中で、これは鹿野さん、幹事の方がおっしゃっていた言葉を御紹介しますと、「合意の尊重とは、契約に関係する紛争の解決において、まず当事者の合意の趣旨を出発点としようということだと思います」「それは、形式的に契約書に書かれているものをすべて押し通さなければならないということを意味するのではない」「むしろ、法的に尊重されるべき「合意」とは何かを検討していくことこそが重要だと思います。」こういうことをおっしゃられていて、この議論がスタートしたときは、民法、債権法の改正に何か一つの大きな目的、理念をきちっと明示するのか、それとも、これから各論でやっていきますが、個別のいろいろな問題を解決するのにとどめていくのか、そこでかなり時間を割いた論争がされているんです。

小川局長に伺いたいのですが、五百の項目が二百になって、先ほどの御発言の中では、大体大方の方が異論のないところに落ちついたと。この結果というものが、当初、民法の改正をしなければいけない、それに一体どこまでかなっているものなのか、これは点数をつけるとどのぐらいなのか、そういうことをちょっと伺いたいんですが、いかがでしょうか。

○小川政府参考人　私も法務省の職員として法制審の幹事で法律の立案作業にかかわったことがございますが、やはり比較的最初はさまざまな立法提案などがあって、幅広く意見を伺いつつも、最終的には、民事法の特に一般的な法律でございますので、それぞれ利害の対立があって、どちらかに有利になると、それに反する勢力にとってみると有利にはならない、そういう関係もございますので、法制審議会の中の合意を形成していくことがなかなか難しいのはしばしば経験するところでございます。

そういう意味では、今回の民法の手法も、当時、さまざまな立法提案などもございましたので、幅広く受けとめた上で、徐々に徐々に、最終的には五年以上かけて合意を形成していったものだと思います。そういう手法は決して特殊なものではないというふうに理解しております。

ちなみに、やはり点数はちょっと私としてはつける立場にはないのかなというふうに感じております。

○井出委員　百点満点だと言っていただいても十分よかったんですが、大変控え目に御答弁をいただいたのかなと思います。

かなり難しい議論であったということは容易に想像できるんですが、では、実際、民法改正になって、先ほども少し議論がありましたが、一体これからどういう社会になっていくのかな、そういうところも少し考えていかなければいけないんですが。

きょうは一例で少しお話をしたいんですけれども、今回、四本柱の法改正がある、その中で法定利率の問題があるかと思います。これまで五％だったものを三％にして、そして変動制にする。この趣旨は、昨今の経済情勢ですとか、経済が変わるから損害賠償とかの利率も少し変動がある方

がしかるべきだ、一律五％というのはちょっとおかしい、そういう趣旨で今回御提案をいただいていると思うんですけれども、その趣旨を改めて御説明いただきたいと思います。

○小川政府参考人　お答えいたします。

民法の法定利率の規定は、幾つかの場面に適用されるものでございまして、当事者間で利息の合意がない場合のまさに法律で定める利率であったり、金銭債務の支払いがおくれた場合の遅延損害金の算定の率にもなりますし、それから、今回明文化したわけですけれども、いわゆる中間利息の控除にも用いられるものでございます。

この五％という数字は、それこそ百二十年前に、当時の貸出金利などを念頭に置いて、法定利率でいえば五％が当然だという趣旨で定められたものがその後百二十年間ずっと続いてきたというものでございまして、先ほど言いました幾つかの適用場面、例えば遅延損害金の算定になりますと非常に金額がふえていく状態になりますし、中間利息について言えば、現状の利率に比べて今度は額が減る傾向があるということになるわけですので、そういう意味で、非常に不公平な状態になっていたということが言えようかと思います。それを是正するというのが今回の改正の大きな目標でございます。

当然のことながら、現在、超低金利の時代ですので、その時代とのミスマッチということを前提とした上で不公平感をなくすというのが改正の趣旨でございます。

○井出委員　ちょっと私の理解不足もあると思うので、もう一度お尋ねをしたいんです。

中間利息の控除にかかる利率が変動制となった場合、その適用利率によって損害賠償額に差が生じることになる。従来の損害賠償、一律の利率のときの方が、同じような損害賠償事例のケースがあったときの被害者、だから、あの人は何年前にこういうことがあって、この人はこういうことで同じようなことがあってといったときに、被害者間の公平性を考えれば、一定の利率、そこで公平性ということを重視してきたのではないのかなというところと、あと、損害の予想の可能性、そういうところをこの一律の利率というものは重視されてきたんじゃないかと思うんですけれども、ちょっともう一度御説明をお願いします。

○小川政府参考人　ちょっと私の説明が不十分でしたが、今回の法定利率の見直しは二つの内容を持っております。

一つは、五％という現行の法定利率を三％に引き下げる。これは、現在の経済情勢を見ながら、貸出金利をベースにしつつ、それこそ百二十年間続いてきたというふうな事情ですとか、あるいは遅延損害金としての意味なども考慮した上で三％に下げるというのが一つ。これは、経済的な実情にまず合わせましょうということです。

それからもう一つは、将来にわたって市中金利との乖離が生じないようにするための変動制の採用でございます。私がまず申し上げましたのは、中間利息の控除の場面では、五％よりも三％にした方が、損害賠償額は基本的には、少なくとも逸失利益という場面でいえばふえていくということになりますので、そういう意味で、今までは非常に実勢から離れた金利を指数とする計算によって、本来の中間利息の控除というものから見ると低額に抑えられていたという点が、今回の是正される内容でございます。

それから、変動制は、緩やかな変動制と私ども称しておりますが、見直しの期間も三年を期間としますし、その計算方法によりましても、非常に緩やかな形ということになります。そういう意味で、そうアップダウンが激しいような性質のものではございません。

また、一定の基準時を設けることといたしますので、損害賠償の中間利息控除について言えば、損害賠償の請求権の発生時、つまり事故時に、その時点での法定利率を基準とするということになりますので、その意味では公平は保たれているのではないかと理解するところでございます。

○井出委員　三％にまず下げて、経済の実情を反映する。そこは、五を三にする、五がいいのか三がいいのかというところの論争はありますけれども、一定の公平な物差しなのかなと思います。緩やかな変動制というところは、もう少し議論があるかなと思うんです。ですから、要は、その二つの案件というのは、やはりそのときの経済情勢をきちっと反映していこうというのが一つの立法趣旨かなと思います。

ちょっとその事例を一つ挙げたいんですが、これはたしか二〇〇六年、二〇〇八年ぐらいに起こった問題なんですが、火災保険の構造級、要は木造か鉄筋かみたいなところで、保険会社がその基準の算定をいじくって、契約をふやすために、木造なんだけれども安い保険料を取ったりとか、そういうことが問題化したことがあって、後でお金を支払わなきゃいけないというような問題が発生をした。そのとき、保険会社側は、たしか、そういったことに関する賠償の時効というのが三年なんですけれども、そこをもっと、七年さかのぼって、会社側に責任があるので支払うことにします、利率も商法の方の六％を採用したというようなことを聞いているんです。

結局、そうした当事者間の合意が何よりですから、そういう事例はこれからもあると思うんですね。いろいろなことが、消費者と企業との間に問題があって、企業が何かお金を払わなければいけない。法律に則して払う額は少ないのかもしれないんですけれども、企業も恐らく、信用ですとか株価ですとか、その後、企業の再スタートのことを考えれば、消費者により満足をしていただくような契約を提示することも、これからも往々にしてあり得ると思うんです。

そのときに、一つ、経済の実情に応じるということを今回の法改正の中で打ち出すことが、私は、少なからずいろいろな影響が出てくるんじゃないかなと。裁判にならなければ民法の出番ということは基本的にはないんですが、裁判にならない契約の上でもいろいろな影響が出てくると思いますし、また、全然それと逆の見方をすれば、法律の趣旨は経済情勢に応じた利息の支払いというのに変わったのに、世の中の実態が全くついてこないということも想定されるのではないかと思うんですね。契約が、合意される契約で、今までどおりの契約がいろいろなところで続いていく。そういう両面考えられるかと思うんですけれども、そういうことについて、ちょっと見解をいただきたいと思います。

○小川政府参考人　遅延損害金の部分ももちろん合意によって損害額を定めることは可能でございます。それは債権法に一貫して流れています私的自治の適用できる範囲だと思いますので、その意味では、法律が変わっても、合意によって解決される部分というのはもちろんあると思いますし、それは、変わる部分もあれば変わらない部分もあるということだとは思います。

○井出委員　この話をお話しさせていただいたのは、今おっしゃった私的自治、その私的自治が一番重要なんですけれども、そっちがうまくいけば、いろいろな取引や合意、契約というものは問題ないと思うんですが、そうはいっても、やはり民法が変わるということは、その法律の趣旨、理念が社会に与える影響というのは大変大きいんじゃないかと思うんですね。

そうしたときに、冒頭の話になるんですが、やはり民法を具体化していく、これまであった抽象、普遍的、シンプルな条文から具体化をしていくということは、これから各論の部分で問題があるというところは取り上げていきたいと思いますが、一般論で言っても、やはり社会に大きな影響というものが予想される、そう考えているんですけれども、その点についてちょっとコメントをいただきたいと思います。

○小川政府参考人　繰り返しになりますが、民法は私人の一般法でございますので、その意味では広く人全体に適用されるものでございます。

もちろん、そういう意味で、民法の持つ意味が大きいということは言えるだろうと思いますので、民法が変われば、それに伴って変わることの

意味も大きいというふうには理解しております。

○井出委員　今、変わる影響が大きいということでお話をいただいたんですが、今回、法改正の大きな目的であるわかりやすさというところで、わかりやすさというのは誰にわかりやすいのかといえば、国民だと思うんですね。それは人に限らず、法人とかいろいろなものも人として、あらゆる人ということで入るかと思うんです。

　そのわかりやすさというものが法制審の中では最初から合意もあったし、我々だって、わかりやすさ、それはそうだよねということで思います。その中で、特に法制審では、ユーザーですとか消費者、要は一般国民ですね、特定の団体とかそういうものではなくて、そうした人たちに対しというような御意見もあったかと思うんです。

　当初、小川さんもそこに幹事としていらっしゃって御記憶があるかと思うんですが、消費者といいますか、そうした視点に立つ幹事や委員が五人しかいないんじゃないか、ほかの、大学の先生が十八人もいる、それで果たしてわかりやすい民法になるのかというような問題提起があって、結局、その後、そこの部分のくだりを私もまだちょっとフォローし切れていないんですが。

　結果として、メンバー人選の問題というものは、この出てきた法改正案では杞憂に終わった、そういうふうに考えていいかどうか、それとも、そこはなかなか未解決な部分で、九十九回目になっても少し議論が残ったのか。その部分について教えていただきたいと思います。

○小川政府参考人　もちろん、法制審議会での委員の構成には、研究者の方も多く入っておられますが、これも繰り返しになりますが、実務家、ユーザーの方もお入りいただいて、その他、ヒアリングですとかパブリックコメントでも意見を頂戴していますので、その意味で、決して学理的な関心にかかわるというものではなく、実務的な運用という面からも十分評価できるものとなっていると思いますので、冒頭の御趣旨であれば、杞憂で終わったというふうに理解しております。

○井出委員　パブリックコメントを二回やっていただいて、そういう意味では、いろいろな声を聞く機会というものをとっていただいたのかなと思います。大方の人が賛成するところで落ちついた、そういう話をいただきますと、私も余り反対する理由もないのかななんということを思ったりもする、思ったりするだけで、実際そうするかどうかわからないんですけれども。

　そのときに、ただ、そうはいいつつも、今、先ほど民法というものが社会に与える影響は大きいということを言われましたので、やはりしっかりと審議を尽くしていかなければいけないと思いますし、そういう意味では、慎重に慎重過ぎるぐらいの、本当に大丈夫かというような、いろいろな問題提起をしていくところから始めていってもいいのかと思うんです。

　法制審に係ることなので、最後、少し大臣に伺いたいんですが、逢坂先生も少し、法制審が絶対ではないというような話をされました。刑事訴訟法は昨年でしたよね。（盛山副大臣「去年からことしと呼ぶ」）去年からことしでしたね。もう十年も前のことのように感じるんですが。そのとき、法案の修正を私なりに、私としては大変不満なんですが、修正を少しでもという思いでさせていただいて、合意をさせていただいた。

　それに少し後日談がありまして、私、あれだけあの問題にかかわったものですから、官僚の方とざっくばらんに話をする機会がございました。そのときに、ある方に言われたのは、刑事訴訟法の法制審というのは徹底的にやったんだ、あらゆる団体の言うことを聞いて徹底的にやって、だから、まさか国会で修正があるとは思わなかった、政府の立案側にも、やはり立案の趣旨からいって修正できる部分とできない部分がある、大体それは、刑事訴訟法に関して言えば、法制審で出し切った、これ以上何があるんだとその方は思っていたそうなんですね。

　私から申し上げますと、それは、法制審に入られる方ほど刑事訴訟法や民法に対して専門の知見があるわけではないんですが、それが社会、国民に与える影響、国民にかかわるものであれば、やはり私のような素人でも物を言っていく必要性というものはあると思います。

　今回、大変、九十九回、六年間という御議論を積んでいただいたと思うんですが、もう一度、平らな視点からといいますか、これを一から見直していく必要があると思います。ですから、私は、大方の皆さんのまとまるところで落ちついたというものであっても、やはり、そこは一からきちっと見ていく必要があり、正すべきところが見つかれば、それは速やかに正すというのがあるべき議論の形ではないかな、そんなふうに考えているんですが、大臣のお考えを伺いたいと思います。

○金田国務大臣　法制審で六年をかけたその議論というのは、非常に努力というものをお感じいただけるんだろうというふうに思います。その場の議論も、回数もおっしゃっておられましたが、十二分にやってきたのも事実だと思います。

　したがって、私は、法制審の結果も、ここで議論をさせていただくときには尊重をさせていただくということは必要ではないかと考えております。

○井出委員　まさに、尊重はしていいんですが、ここの議論も尊重していただきたいと思いますが、もう一度お願いいたします。

○金田国務大臣　私は、そういう意味も込めて申し上げたつもりでありました。もちろんこの場の議論も非常に大切だ、こういうふうに思っております。

○井出委員　そうしましたら、また次回は参考人をお招きして、いろいろ御意見をいただきまして各論を深めてまいりたいと思いますので、今後ともよろしくお願いします。

　きょうは終わりたいと思います。どうもありがとうございました。

○鈴木委員長　この際、暫時休憩いたします。

　　午後零時二十七分休憩

――――◇――――

　　午後一時十三分開議

○鈴木委員長　休憩前に引き続き会議を開きます。

　質疑を続行いたします。階猛君。

○階委員　民進党の階猛です。

　金田法務大臣、本日はよろしくお願いします。きょうは、最初の質疑ですので、大きなところを大臣にぜひお答えいただきたいんですが、今回、民法の債権法のところは百二十年ぶりの改正ということで、大改正になっております。よく閣法については、最初に大臣の方から趣旨説明が行われて、速やかに御審議の上、成立をというお話があるわけですけれども、速やかにといいましても、法律の質や量によって、おのずと速やかににつきましても意味が変わってくると思うんですね。今回、この大改正ですから、先ほど井出委員からも質問の中でお話があったように、やはり国会の議論も尊重していただいて、じっくりと議論を尽くすべきではないかと思います。

　まずは、この点について大臣の認識をお伺いさせていただいてよろしいでしょうか。

○金田国務大臣　ただいま階委員から御指摘がありました。

　私は、丁寧な国会での議論というのが必要だと思っております。同時に速やかにということで、このように丁寧かつ速やかに議論を進めていきたい、このように思っております。

○階委員　なるほど。なかなか奥の深い御答弁でありますが。

　ただ、他方で、やはり実務界からは、成立のめどをはっきりしてほしいというような声も聞くわけですね。

　実務界だけじゃなくて、例えば司法試験の受験生、これも、今回の改正によって、私は大分勉強の負担が軽くなるような気がするんですね。というのは、先ほどもありましたように、百四十項目ですか、今まで自分の頭に置いておかなくちゃい

けなかった判例の知識、法律の解釈が条文に全部書いてあるわけですから、これは司法試験の受験生にとっては本当に大歓迎な話ですよね。逆に、そこまでいっちゃうと、私は、弁護士資格というのは何のためにあるんだろうかというか、そんなに難しい試験を課す必要もないんじゃないかという気もするわけですけれども。

　まあ、それはおいておきまして、こういった法律、成立時期は、これは国会の審議の後ですから、今言うわけにはいかないというか言ってはいけない話で、ただし、成立した後、施行期日については公布から三年以内という定めがありますけれども、大体イメージとして、公布から三年以内の中でもどれぐらいで施行したいというふうに考えていらっしゃるのか、この点について大臣、お答えをお願いします。

○**盛山副大臣**　私の方からとりあえず御説明をさせていただきます。

　階委員よく御案内のとおり、法律の施行日というのは、やはりある程度わかりやすい日にちでないといけないと思います。例えば十一月の十八日だとかしますと、もちろん、法律の内容次第では急いで公布即日施行もあるわけでございますけれども、これだけの大きな大改正でございますし、そして、午前中の質疑でもありましたように、その後、我々法務省の方からも丁寧な説明、国民への周知、そういった活動もしたいと思っておりますので、切りのいいとき、例えば一月の一日だとか四月の一日だとか、そういうタイミングになるようなことであり、なおかつ、今の提出しておりますように、三年以内で政令で定める日、そんな形で我々の方としては準備をさせていただきたい、そんなふうに思っております。

○**階委員**　今の御答弁は了としますけれども、これが結構微妙ですよね。年内に成立して切りのいいところだと二〇一九年の一月一日、審議を行って年をまたぐと、切りのいいところで三年以内だと二〇二〇年の一月一日ということで、切りがいいところを重視するのか、それともその期間をなるべく長くとるのかというところでちょっと変わってくるような気がするんですね。

　大臣にもちょっと御確認したいんですが、切りのいいところでということで一月一日とか四月一日を優先させるのか、それとも、周知期間三年というところを、なるべく余裕を見て長目にとるのか、このあたりについて、ちょっと、優先順位というか感触をお聞かせいただけますか。

○**金田国務大臣**　三年の中での切りのいいところというところで考えていくのかなというふうにイメージをいたしております。

○**階委員**　そうすると、仮に年をまたぐとすれば二〇二〇年一月一日というのが可能性として出てきますが、年をまたがないとすると二〇一九年一月一日という可能性も出てくるということだと思います。これ以上は問いませんけれども、そういうふうに、今審議していることが年内かそうじゃないかによって実務にも多分大きな影響を与えるんだと思います。

　我々としてはしっかり議論をしていきたいと思います。その結果、年をまたいだというときに、切りのいいところというとやはり二〇二〇年というところも視野に入ってきちゃうわけですけれども、余り先送りするのも私はよくないだろうなというふうに思いますし、そこは、私は、切りのいいところも大事なんですけれども、やはりある程度早期に、成立したら施行するということも考えていただかなくてはいけないのかなと思っておりますので、その点を申し上げておきます。

　次に、法定利率について。

　先ほど来議論がありました、なぜ三%にしたのかということで、最近の金融情勢を見ていますと三%でも高過ぎるんじゃないかというような御意見もありましたけれども、改めて、この法定利率、三%とした理由といいますか理論的な根拠、これを大臣からも御説明いただけますでしょうか。

○**盛山副大臣**　私の方から先に、簡単に御説明をさせていただきます。（階委員「ちょっと時間がないので」と呼ぶ）はい。では、簡単に御説明をさせていただきます。

　階委員、もうよく御案内のとおりでございまして、法定利率は高い方がいいのか安い方がいいのか、人によってもいろいろ利害が違います。そんな中、やはりわかりやすい金利というのも必要でございますのと、それから、現行の五%、これをどの程度下げるのか、そんなこともございまして、現行の市中金利を考えると同時に、実際に御担当の方、中小の方を含めてお借りになるときの実勢の利率、そういうことも考えました。百二十年にわたり年五%といったようなことのバランスも考えまして、いろいろ審議の末、三%というふうにしているものでございます。

○**階委員**　だから、そのいろいろというところをもうちょっと詳しく聞きたいんですよ。三%というのが適当に決められたとしたら、それはそれで問題ですので、何かもうちょっと理論的な根拠を具体的に説明できないかということで大臣にお尋ねしております。

○**金田国務大臣**　現在の市中金利の水準というものを考えて法定利率を引き下げることにしたのはそのとおりでありまして、考慮した要素としては、やはり、市中金利の指標にはさまざまなものがあるんですけれども、貸し金債権の利息を算定する場面ではもちろんですけれども、金銭債務の遅延損害金を算定する場面でも、ほかから金銭を調達するときの利息分が主な損害として想定されるわけでございますことから、法定利率の引き下げ幅の検討に当たっては、預金金利なんかではなくて貸出金利の水準を参照すべきだということであります。

　もっとも、例えば借り主が大企業や公共団体である場合には極めて低金利となる、かつ、その貸付額も多額に上るわけですけれども、国内銀行の貸出約定平均金利の平均値にはこのような特殊性のある大口の貸し出しも含まれるため、貸出約定平均金利がそのままでは、借り主が中小企業または一般消費者である場合も視野に入れた数値としては低過ぎることにも留意する必要がある。同様に、プライムレートについても、優良企業向けの貸し出しに適用される最優遇金利であるために、借り主が中小企業または一般消費者である場合を視野に入れれば、相当に低いものと言わざるを得ない。

　さらに、法定利率の引き下げの際には、遅延損害金の額が低くなり過ぎると債務の不履行を助長する結果になりかねない。

　これまで約百二十年にわたって年五%で実務の運用がされてきたこととのバランスもある。

　こういうことを考慮いたしまして、改正法案において、以上のような事情を総合的に判断いたしまして、簡明な数値とする必要性なども勘案して、法定利率を約三%に引き下げることとしたものであります。

○**階委員**　それとともに、私は、考慮要素として頭に置いておかなくちゃいけないのは、今回初めて法定利率が変動金利になるということだと思うんですね。しかも、この変動金利、先ほど緩やかな変動制だと誰かがおっしゃっていましたけれども、要するに、施行から三年ごとに見直しが入ってくる。その見直しをするときに、その見直し前の水準の測定期間と見直し時の測定期間、両者の測定期間の平均金利を比べて、それが一%以上上下したら、変動して新たな金利になるということなんですね。

　ところで、仮にですけれども、この法律が成立して、施行されるのが二〇一九年一月一日だったとしておきましょう。そのときに、三年後の見直し時期は二〇二二年の一月一日ですね。そのときに比べる期間はどうなるかといいますと、二〇一四年一月から二〇一八年十二月の五年間、まずこの平均金利を出します。他方、もう一方の比べる期間、これは二〇一七年一月から二〇二一年十二月、この五年間の平均金利を出します。

　恐らく、最初の測定期間と後者の測定期間、今、金利がゼロ%台で推移していますから、前者の測定期間は多分、市場ですから物すごく上に行

く可能性もなきにしもあらずですけれども、今の日銀の失敗した金融政策を前提にすれば、二〇一八年十二月ぐらいまでに大きく金利がはね上がるということはないと思うんですね。つまり、前者の測定期間は二〇一四年一月から二〇一八年十二月の五年間の平均だと言いました、これを平均しても〇・何%だと思うんですよ。〇・九とか〇・八とか、そんなものだと思うんです。

ここから、その後の測定期間、上に行くことはあっても、下に一%下がったらマイナスになりますよね、仮に前者が〇・八とか〇・九だったら。そうすると、さすがに銀行とかお金を貸す人がマイナス金利では貸さないと思いますから、最初の測定期間が仮に〇・八とか〇・九だったら、そこからマイナス一%、下がるということはあり得ないんですよ。つまり、三%が二%に下がる可能性はないということだと思うんですね。ということは、今の時点で三と決めてしまったら、もう未来永劫、恐らく三より下がることはないということも頭に入れておかなくちゃいけないと思うんです。

だからこそ、最近の金融実態を見ていれば、二%ぐらいにしておいて、上に行く分には三年ごとにどんどん改定していけますからいいと思うんですけれども、下方硬直性がある今の金融情勢のもとではやはり三%というのは私は高過ぎると思っていて、二%ぐらいがいいところじゃないかなという気がするんですけれども、二%にすべきではないか。変動金利だけれども、今の制度のもとではこれ以上下に行くことは現実無理だという中で、二%にすべきではないかと私は思うんですけれども、どうでしょうかね、この考え方。

○金田国務大臣　階委員が大変に、金利の現状も踏まえ、経済の現状も踏まえ、そういう計算をされてお示しになりました。

私も、その辺の具体的な試算とか見通しについて、御指摘の趣旨はわからぬでもないんですが、やはりそれを検証する意味においては、ちょっと事務方の方を見たんですが、今資料を持ち合わせていないものですから、それにお答えを申し上げるのは難しいんですけれども。

ただ、私が先ほど申し上げましたように、繰り返しになっちゃうんですけれども、やはり、引き下げ幅を定めるに当たって考慮した要素というのを先ほど申し上げました、その考え方をまた繰り返し述べざるを得ない。その結果、三という数字に今なっているということを申し上げたいと思います。

○階委員　そこで、さっきおっしゃった答弁の中で、今回の変動制度が下には行きづらい制度になっているというところがちょっと考慮要素の中に抜けているんじゃないか。さっき言ったような、今の金利の情勢から、この制度のもとでは三が二に下がるということはほぼあり得ない、まず絶対あり得ないと言っていいと思うんですけれども、そういう中で、上にはどんどん変わり得るわけだから、あらかじめセットしておく数字は二ぐらいでいいんじゃないかというのを私は申し上げたかったわけです。

これについてはまた改めて事務方とも議論させていただきたいと思いますが、大臣に一つだけ、これは、くぎを刺すと言ったらちょっと僭越ですけれども、提案理由の説明の中で、法定利率について、「現行の年五%から年三%に引き下げた上で、市中の金利動向に合わせて変動する制度を導入することとしております。」というくだりがありました。これは、市中の金利動向に合わせて変動する、そのまま読めば上にも下にも変動するというふうに読めますでしょう。実際は、今私が指摘したとおりで、もともと、今の金利情勢からすると、測定期間が恐らく〇・七とか〇・八とか〇・九とかという数字になった場合は、これは変動するとは言っても上方向にしか変動しないんだということはぜひ御理解いただいた上でこれから御議論させていただければなというふうに思います。

○金田国務大臣　今の点につきましては、後で事務方にその辺はよく確認をしてみたいというのが本音であります。

ただ、法定利率が三%を下回らない原因としてはやはり現時点で貸出約定平均金利が空前絶後のレベルで低下しているというお話がございました。基準割合がこれ以上大きく低下することは実際上想定しがたい、そのために改正法案の法定利率が三%を下回ることは想定しにくいかもしれませんが、これは現状の貸出約定平均金利の水準が極めて低いことによるものでもあるということは御理解をいただきたいというふうに、私の思いとしてお話をさせていただきます。

○階委員　幸か不幸か、そういう状況の中で法改正の議論になったんですね。普通の金融情勢で、金利が二パーとか三パーとかのときだったらこういう問題というのは生じないんですけれども、でも、我々の所管じゃないからいいんだみたいなことじゃなくて、やはり、この法律は世の中全体に影響するわけですから、今のことはぜひ頭に置いていただかなくちゃいけない。

それから、三にするか二にするか、たかが一%じゃないかという考え方も私は全然違うと思っていまして、これも先ほど来議論が出ていますように、逸失利益の損害賠償、この中間利息を控除する場合の利率が三になるか二になるかによって全然金額が変わってくるんですね、損害賠償で請求できる金額が。だから、この時点で金融情勢に合わせた判断をしておかないと、どうもやはり賠償請求をする側にはちょっと不満感が残る結果になりかねない。

せっかく五を三にして、法務省としては現下の金融情勢に配慮して損害賠償を請求する側の利益にも配慮したんだと胸を張るかもしれませんけれども、今や世の中は、五が三になるだけじゃ満足し切れない、こういう状況にあるということも頭に入れていただいて、柔軟に考えていただければと思います。

その上で、もう一つ、きょうは限られた時間ですので大まかな話をしたいと思います。

保証の問題、これはこの法案の中でも大きな争点になってくると思います。幾つか論点があると思うんですが、個人保証の制限、規制をするということでありますが、これは条文でいいますと、四百六十五条の六あたりに出てきます。

冒頭に、「事業のために負担した貸金等債務を主たる債務とする保証契約」という表現があります。「事業のために負担した」という枕言葉がついていますので、例えば、結婚式とか葬式で物入りになったのでお金を借りますというときの保証人になる場合とか、あるいは、それこそ損害賠償でお金を払わなくちゃいけなくなったのでお金を借りますというときの保証人になる場合とか、あるいは、もっと言うと、ギャンブルでお金を借りる場合にその人の保証人になる場合、こういうのは含まれてこないと思うんですが、それで正しいですか。

○金田国務大臣　正しいです。

○階委員　そうすると、大体、ギャンブルでお金を借りる人が保証人を頼む場合に、ギャンブルに使うからということで保証を頼むということは普通はないと思うんですね。ちょっと金が必要になったので、悪いけれども保証人になってくれないかみたいな感じで保証人になってもらうわけですよ。ところが、実態はギャンブルだったとした場合、この今の枕言葉の部分からは外れますので、こういった保証はもう無条件、無制限にできるという理解でよろしいですか。

○金田国務大臣　根保証以外は無条件でできるということになろうかと思います。

○階委員　おっしゃるとおりで、根保証で金額の上限というのは定めなくちゃいけないかもしれませんけれども、それ以外、例えば今回みたいに公正証書の作成を義務づけるとか、そういう規制は入っていないわけですね。

私がバランス論で考えると、事業のための借入れについて保証した保証人というのは、将来債務保証を求められる場合であっても、事業が失敗したんだからまあしょうがないかなと。ところが、ちょっと金を借りるので保証してくれと言った人に保証したら、ギャンブルで物すごいすって

いた、返せないからと保証が求められた、これは、事業のための保証人よりもはるかに保証人としては酷だし納得いかないと思うんですね。

今回の法案は、今の大臣の答弁のように、こういうギャンブルのための借り入れ保証については何ら手当てがなされていない。これはちょっと何か、バランス論としてどうかなと素朴に思うんですけれども、いかがでしょうか。

○**金田国務大臣**　改正法案では、公証人によります意思確認が必要となる主たる債務というものを、事業のために負担した貸し金等の債務に限定をしております。これは、事業のために負担した貸し金等債務の保証については、特にその保証債務の額が多額になりがちである、それから、保証人の生活が破綻する例も相当数存在するという指摘があることを考慮したものであります。

そして、もっとも、公証人による意思確認の手続というのは、真に保証の意思を有する者をも含めて、一定の手間やコストを負担させるものであります。したがって、事業のために負担した貸し金等債務以外の債務を主たる債務とする個人保証にも対象を拡大すると、必ずしも保証額が高額ではないものについても公証のためのコストをかけさせることになるといったふうに、かえってその場合には弊害を生じさせるおそれも否定できないと考えております。

○**階委員**　少額の債務であればいいのかもしれませんけれども、ギャンブルで結構大きな額になることだってあるじゃないですか。こうしたところが保証が一律有効というのも、ちょっと私は納得できないような気がするんですね。

何かもうちょっと、せっかく個人保証を規制するのであれば、本当に何のメリットもなくリスクだけ負うのが保証の特質ですから、そのリスクが顕在化したような、その中でも最たるものが意味のない、ギャンブルの借金が膨らんだような、そういう場合で保証される方について配慮するというのは大事なことではないかなと思うんですけれども、これは大臣の政治家としての考え方をお聞きしたいところでもありますが、いかがでしょうか。

○**金田国務大臣**　改正法案におきましては、現時点で特に保証人保護の必要性が高いと考えられる類型の保証を抽出する趣旨で、公証人による意思確認が必要となる主たる債務を事業のために負担した貸し金等債務に限定することにしたものであります。

○**階委員**　これもこの後事務方とも議論したいと思っていますけれども、まず一点申し上げたいのは、個人保証を規制すると言っていますけれども、対象となる主たる債務の範囲がちょっと狭きに失しているんじゃないかということを問題提起させていただきたいと思います。

他方で、個人保証の規制が及ぶ保証人の範囲について、何かいろいろ例外がありまして、主たる債務者が法人その他の団体である場合には、理事とか取締役とか執行役とかこれらに準ずる者とかが除かれたりするわけですね。

私も、被災地で、被災した中小企業の方とかにお話を聞いて、再建する過程で事業承継をしたいというときに、ネックになるのは法人なんですけれども、やはり個人保証を、承継する人もやらなくちゃいけないということで、経営者はさすがに保証してもしようがないかなという気もしないでもないんですが、この経営者の保証についても、今や金融庁とか経産省がガイドラインをつくって、なるべく保証に頼らないようにしましょうという流れになっています。

そういう中で、経営者のみならず理事とか取締役とか執行役、必ずしも経営の根幹に携わらないような人たちも例外となっている。これはちょっと広過ぎるんじゃないか。経営者ぐらいで、実質経営者でもいいですよ、要は、その法人、会社なり団体なりを動かしている人だけに例外はとどめるという方向の方がいいんじゃないかと思うんですが、この点について、大臣の大まかな考えを伺ってもよろしいでしょうか。

○**金田国務大臣**　委員が御指摘になりましたのは、保証人になろうとする者がその三つの事例となる場合は、御承知のように、保証意思宣明公正証書による保証意思の確認が不要であるということになっているわけですね。その三つ、それが広過ぎるんじゃないか、例外になってという御指摘だと思うんですが、事業のために負担した貸し金等債務を主債務とする保証契約等を締結するに当たりまして、保証意思宣明公正証書の作成は不要なものとしているわけですね。そして、保証意思の確認は要しないということになっております。

その理由としては、例外とした者は、主債務者の事業の状況を把握することができる立場にあって、保証のリスクを十分に認識せずに保証契約を締結するおそれが一般的に、類型的にといいますか、低いというふうに言えるという考え方によるものでございますし、また、中小企業に対する融資の実情としましては、これらの者による保証というのは企業の信用補完あるいは経営への規律づけといった観点から有用とされていますから、これらの者による保証が融資の前提とされていることが実際にも少なくないんですけれども、厳格な意思確認の手続を義務づけると、時間やコストを要することとなって円滑な資金調達が阻害されるおそれがあることも否定できないということを考慮いたしまして、この例外の三つの例を定めたという経緯だと私は考えております。

○**階委員**　今の答弁は三年ぐらい前だったらそのとおりかなと思うんですけれども、さっき言いましたとおり、金融庁とか経産省はそもそも経営者の保証もとらないようにしましょうというような方向でのガイドラインをつくっているわけですから、ちょっと、申しわけないですけれども、一周、二周おくれた御答弁だったのかなという気がします。

今、少しだけきょうは御質問しましたけれども、私、銀行で社内弁護士をしていたので、実は私は一番詳しいのはこの分野なんですよ。質問しろと言われたら多分三年ぐらい質問できると思うんですが、そこまでは言いませんけれども、ぜひじっくり議論をさせていただきたいと思います。大臣の手をそんなに煩わせるつもりはありませんけれども、なるべく事務方に質問するようにしますけれども、ぜひ慎重審議、御協力いただければと思います。

きょうはありがとうございました。

○**鈴木委員長**　次に、藤野保史君。

○**藤野委員**　日本共産党の藤野保史です。

今回は、民法の債権関係法が百二十年ぶりに改正されるということで、大変大事な審議が始まったというふうに受けとめております。

政府は先ほど来、改正理由につきまして、社会、経済の変化への対応、そして国民一般にわかりやすい民法にすると御答弁されておりますが、大臣に、さらにちょっと具体的にどのような変化への対応なのか、さらにはどの点が国民にわかりにくいのか、もう少し詳しく教えていただければと思います。

○**金田国務大臣**　委員御指摘の、二点ございます。

まず初めの、社会、経済の変化について、具体的内容いかんというお話でございます。

今回の改正におきましては、社会、経済の変化に対応するための改正事項は少なくありません。少なくないんですが、ここで言う社会、経済の変化としては、具体的には、例えば、取引量の劇的な増大、取引の内容の複雑化、高度化、それから情報伝達手段の飛躍的な発展といったようなものが挙げられるのではないかというふうに考えます。

例えば、取引量の増大や取引内容の複雑化、高度化は、約款を利用した取引の劇的な増大を招いている。そして、このような時代に対応するためには、定型約款に関する基本的な規律を創設することとしているということが例として挙げられております。

それから、二つ目の、基本的なルールが見えないような状況に対する御質問だと思いますが、今回の改正では、民法の基本的ルールが国民一般に

見えない状況を解消する、そして国民一般にわかりやすいものとするために多くの改正を行っているわけであります。

基本的ルールが見えない状況というのは、膨大な数の判例や確立した学説上の考え方といった基本的なルールは民法の条文にはあらわれていないわけであります。したがって、民法の条文を見てもその内容を読み取ることが困難な状態となっているということを申し上げたい、このように考えております。

○藤野委員　今詳しく答弁いただきましたが、取引の量の増大や、複雑、高度化、さらにはわかりやすくするということであります。

こうした変化がこの債権という世界で、これはやはり民法ですから、事業者対消費者だけでなく、消費者と消費者、あるいは事業者と事業者、まさに多角的にかかわってくる。債権法の世界では、この変化がより重要な要素になってくる。とりわけ、当事者間による、おっしゃったような情報量の格差、あるいはそれに基づく交渉力、契約を結ぶ際、その交渉力の差という形でも顕著にあらわれてくるのがこの債権法だと認識をしております。

大臣にお聞きしたいんですが、これから審議をしていく上で、大もとにある複雑さといったような変化を受けて、当事者同士の契約自由に委ねてしまうとこれはどうしても契約弱者が不利な状況に陥ってしまう、そういう債権関係が生まれてしまう、そういうおそれが今大きくなっていると思うんですね。ですから、先ほど答弁で、個人の視点が大事だとか人の視点が大事だという答弁も大臣はされておりましたが、今後の新しい債権法の役割として、交渉力の格差や、そうしたことにも配慮して、契約絶対、契約自由だけではない、やはりそうした生身の現実に配慮した法律をつくっていくことが必要だと思うんですが、そういう考え方について、お考えをお聞かせください。

○金田国務大臣　契約の当事者に情報の格差が生じているというようなことを今おっしゃられたと思います。

そういった問題は、民法はやはり私法の一般法であるという考え方、そのために、取引当事者の情報あるいは交渉力の格差の是正を図るといった消費者の保護それ自体を目的とする規定を設けるのであれば、特別法である消費者契約法などによることが基本になるかな、こういうふうにも思うんです。

この点、今回の改正では、例えば賃貸借のように国民に身近な法律関係に関して現在の実務で通用している基本的なルールを適切に明文化することによって、法律の専門家でない国民一般にも民法をわかりやすいものとしていくということが目指されているのではないか。

したがって、消費者取引でも多用されている約款に関して言えば、社会、経済の変化への対応の一環として、基本的な法律関係を明確化することによって紛争解決や紛争予防を図るということを目指しているものもあるわけであります。だから、これらの改正は、消費者保護を主たる目的とするものではないんですけれども、消費者の権利利益の擁護に資する、そういった効果を発揮することが期待されるのではないかな、こういうふうに考えております。

○藤野委員　いや、約款などの個別例じゃなくて、全体としてのお考えをお聞きしました。

といいますのも、消費者契約法とおっしゃいましたが、それはあくまで事業者と消費者、こういう世界でありますが、民法というのは、消費者と消費者、あるいは事業者と事業者、大企業と中小企業とか、そういうところにもかかわってくるわけで、ですから、まさに基本法としての民法で、基本的な考え方として、そうした変化に対応して、そうした格差、契約弱者を生まないという観点を大事にすべきじゃないかという指摘であったということであります。

その上で、時間の関係もありますので次に行きますが、きょうは個人保証についてお聞きをしたいと思っております。

先ほど来も議論がありましたけれども、入り口ですので、私もさかのぼって考えたいと思うんですが、やはり、この個人保証の問題、長い歴史がございます。

日弁連などの調査によると、現時点でも、借金の肩がわりや保証で、それが原因となって倒産している人が破産債務者の四人に一人に上っているだとか、あるいは、自殺も比較的多いわけですが、その中でも経済苦を理由とするものがまだやはり多い。

かつて、SFCG、商工ファンドの問題なども社会問題化いたしました。私も、かつて国会の秘書をしていた時代に、多重債務、クレ・サラ問題を担当いたしまして、民商の皆さんや多重債務の皆さんが各地で開いていた多重債務問題の対策相談会というのがありまして、通称道場と言われておりました、剣術道場ではないんですが。ひまわり道場とかいろいろあったんですが。

そこでは、多重債務に陥った方、あるいはそれを抜け出した方が、まさに多重債務の方同士が教訓を持ち寄って、どうやってそこから抜け出していくのか、あるいは過酷な取り立てにどうやって適切に対応していくのか、こういったことを本当に当事者同士が知恵を出し合って対応するし、弁護士さんもそれに知恵と力をかしていく。そういう場に私も参加させていただいて、本当に血のにじむような、文字どおりそうした経験でこの問題を切り開いてきた。当時はまだ上限金利の規制がありませんで、そのもとでの本当に苦しい闘いだったわけですけれども、そこから一歩一歩改善してきた。政府も、それに基づいていろいろ努力をされてきたと私も認識をしております。

そのもとで、金融庁にまずお聞きしたいんですが、この間、金融機関から借り入れている企業のうち、経営者本人による個人保証を求めていない融資の割合はどれぐらいでしょうか。

○水口政府参考人　お答え申し上げます。

民間金融機関が無保証での新規融資や保証の契約の解除等を行った件数につきましてですが、平成二十七年十月から二十八年三月までの六カ月間で約二十二万五千件、新規融資全体に占める無保証融資の割合が約一二%でございます。

○藤野委員　これは二〇一四年に始まっているわけで、そのもとで一割を超えつつあるということだと思います。

今おっしゃっていただいた数字は、先ほど御指摘もありましたけれども、経営者保証に関するガイドラインというのが、金融庁と経産省がかかわって、そして民間ベースでつくられまして、まさに個人保証に頼らない保証をどうやるかというガイドラインがつくられて、これは本当に、先ほど言ったような当事者の方や弁護士の方、運動団体の方が切実に求めていた、そういう運動を受けてつくられた制度の一つだと私も認識をしております。

そして、政府系金融機関もこれに基づいてやっていると思うんですが、政府系金融機関における実績も教えてください。

○木村政府参考人　政府系金融機関におきます経営者保証ガイドラインの運用の状況でございます。

本ガイドライン運用開始時の平成二十六年の二月—三月期には、件数にして新規融資全体の一五%、金額で二二%でございましたけれども、平成二十八年の四月から九月の間でございますと、件数にして三三%、金額で五一%ということで、その割合は着実に増加しているというふうに考えてございます。

○藤野委員　民間に比べてやはり政府機関は非常に努力されている。平成二十六年、二〇一四年二月にスタートした時点では、件数では一五%、金額では二二%ですが、二年たちますと、それは件数で三二、金額では五一%まで、いわゆる無保証融資が実現している。やればできると、私はこれを見て思いました。政府が率先してそういう例をつくっていると思いました。ですから、そこを本当に今回の法改正もさらに後押しする、それをまさに踏まえた上での民法のルールをつくっていく

ことが求められていると思っております。

そしてもう一つ、少しだけ紹介したいのは、今言った経営者ガイドラインだけでなく、政府はこの間、さまざまな機関でさまざまな取り組みを、経営者保証だけでなく第三者保証でもやってこられた。

ちょっと時間の関係で私の方で紹介させていただきますが、中小企業庁が二〇〇六年に、信用保証協会に対して、第三者保証について原則禁止する通達を出されました。そして、二〇〇九年には、内閣府が自殺対策の一環として、連帯保証人について、「制度・慣行にまで踏み込んだ対策に向けて検討する」ということを決めました。

政府は、二〇一〇年の金融資本市場及び金融産業の活性化等のためのアクションプラン、この中で、「経営者以外の第三者の個人連帯保証を求めないことを原則とする融資慣行を確立し、また、保証履行時における保証人の資産・収入を踏まえた対応を促進する」、こういう、まさに政府としてのプランも出されている。こうしたことを受けて、金融庁は、二〇一一年に監督指針を改正しました。お聞きしてもいいんですけれども、こちらで言いますと、これも、「経営者以外の第三者の個人連帯保証を求めないことを原則とする」という監督指針の改正であります。

そして、二〇一三年には、今言った経営者保証ガイドラインができ、政府は、二〇一三年には、日本再興戦略の中で、新事業を創出する、あるいは開廃業一〇%台を目指すための施策としてこの経営者保証ガイドラインを位置づけているというわけです。

全体としての位置づけ等にはいろいろ意見もありますけれども、しかし、少なくとも政府自身が、こういう保証に依存しない、これを経営者だけじゃなく第三者でもずっとやってこられた、努力されてきた。先ほど言ったように、政府系金融機関では、金額で言えば五割を超えるところまで来ているわけで、これはやればできるというふうに私は強く思うわけです。

大臣にお聞きしたいんですが、こうした一貫した流れといいますか積み重ねがあるわけでして、今度の債権法の改正も、この流れを前に進める、そういうものであるべきだと思うんですが、御認識はいかがでしょうか。

○盛山副大臣　ちょっと、法制審議会での過程につきまして、私の方から御説明させていただきます。

法制審議会における審議の過程では、事業のために負担した貸し金等債務を経営者以外の第三者が保証することは全面的に禁止すべきであるとの意見がありました。

しかし、経営者以外の第三者によるいわゆる第三者保証の中には、エンジェルなどと呼ばれる個人の投資家が事業の支援として自発的に保証することなども現に存在しております。このため、第三者保証を全て禁止することに対しては、特に中小企業の円滑な資金調達に支障を生じさせ、金融閉塞を招くおそれがあるとの指摘が中小企業団体から特に強い意見として示されました。

やむなく保証人となる原因にはさまざまなものがあると考えられますけれども、保証意思の形成過程には問題があるという事象に対しては、今回の改正で創設する保証委託時の情報提供義務に関する規定や意思表示に関する一般的な規定によって対処するという方策もあると考えられます。

そこで、改正法案におきましては、保証人がその不利益を十分に自覚せず安易に保証契約を締結する事態を防止するという観点から、事業のために負担した貸し金等債務を保証する際には、原則として、公証人が保証意思を確認しなければならないこととしまして、第三者保証を全面的に禁止する措置までは講じないというふうにしたものでございます。

○藤野委員　資金調達の必要だとか、あるいはエンジェルのような人がいるんだというお話ですけれども、では、そもそも聞きたいんですが、第三者保証に関して言えば、誰が第三者保証を求めているのか。

これは中小企業庁にお聞きしたいんですが、中小企業庁で委託したアンケート調査、この中で、第三者保証が求められる原因として一番多いのは何だというふうに。

○木村政府参考人　当庁で平成二十四年度にアンケート調査を行っております。

第三者保証の提供を第三者から受けているというふうに御回答された中小企業のうちの約九割は、金融機関から第三者保証を求められたという回答でございます。

その理由といたしましては、やはり債権の保全、これは当然だと思いますけれども、会社の信用力が低い、あるいは経営者の信用力が低い、経営責任の明確化といったようなことを理由に金融機関から第三者保証を求められているという調査結果がございます。

○藤野委員　ですから、この委託調査によりますと九割というか九三・七%、もう圧倒的なんですね。要するに金融機関が求めている。先ほど言ったエンジェル、要するに自分から申し出た人、第三者が積極的に提供を申し出たというのは一・三%しかないわけです。

そういう意味では、この第三者保証、エンジェルと言われるようなたくさん資産を持っている方は、ある意味、その資産を担保にして物的担保をやればいいわけですが、保証というのはまさに一般財産全体にかかっていく。全く性質が違ってくるわけで、それがまさに悲劇を生んできた根本にあるわけで、それを金融機関が求める。これだけ足りないからこの物的資産に担保をつけてくれとかいうんじゃなくて、まさに丸ごと押さえようとしているというのがこの第三者保証ではもう九三・七%なわけですから、結局そこの都合が優先されているというのが実態だというふうに思います。

大臣、今度は大臣にお聞きしたいんですが、せっかく政府も、原則だめなんだ、経営者保証も第三者保証も、原則それはだめだ、それに頼らないことをやってこそ悲惨な事例もなくなるし、ある意味、政府が再興戦略と言っている金融業のまともな発展にもつながる、こういうことで鋭意この間やってこられた。その原則だめだという道筋が今回の民法改正でもとの金融実務に戻ってしまうんじゃないか、こういう懸念があるわけですけれども、大臣、この懸念についてはどのようにお答えになるんでしょうか。

○盛山副大臣　まず、私の方から答えさせていただきます。

大きく二つあると思います。

主債務者の配偶者を除外する理由としましては、個人……（藤野委員「配偶者は聞いていません。後で聞きます」と呼ぶ）はい。

では、共同事業者みたいな話をします。

いずれにせよ、先ほどから先生がおっしゃっておられる実態があるわけでございます。こういう金融の実態、現状を踏まえながら、理想としましては、先ほど来金融庁なりあるいは中小企業庁が話をしておりますけれども、個人保証を求めないようにしていくという流れがあるわけでございますけれども、何%かは別にして、ある程度進んでいるとはいえ、まだまだやはり現状はそういう状況であります。

それを、今回こういうような法案を出しましたのは、やはり、保証意思宣明公正証書の作成を義務づけるところをどこまでにすべきかということ、そして、今の金融の現状を踏まえながら、法制審議会において、我々が承知をしております中小企業あるいはその他の関係者の御要望、そういうことを踏まえまして例外として扱うというような形で今規定を設けているということであります。

○金田国務大臣　改正法案も監督指針も、それぞれ、民事上の基本的なルールに基づくものであるか、あるいは行政的な手法を通じたものであるかには違いがありますけれども、いずれも、保証契約については、保証がもたらす弊害を念頭に置いて不健全な保証を抑止していこうという趣旨に基づくも

のである、したがって、監督指針と改正法案とでは方向性に違いはないものと考えておりまして、改正法案によって金融庁の監督指針がある現状よりも第三者保証が広がるといった事態が生ずることにはならないものと認識をいたしております。

○藤野委員　先ほど私は道場の話をしましたが、本当にまともな金融機関だったら、さっき言ったような経営者ガイドラインとかにのっとってやるわけですね。そうじゃなくて、そういうことを守らないブラックな金融機関に頼らざるを得ない債務者というのがやはり生まれてきてしまう、そのときに保証が求められる、そういったときに、この制度で、今回の法案改正でそれがストップできるのか、防ぐことができるのかということなんですね。

やはり、この保証の問題では情義性ということが問題になります。情によって、頼むよと言われて、保証人に仕方なくなってしまう。本当に困っていますから、その人から言われてなってしまう、一般財産を保証してしまうということはあるわけです。

この情義性の問題というのは、公証人のところに行って、いろいろ債務者から情報提供を受けて、そういうことでクリアされるような実態では率直に言ってないわけであります。そういう点の保証が、公証人の手続が一つふえたとしても、仕方なく保証債務を負うという悲劇がなくなる保証が、担保があるのかということなんですね。

そういう点でいえば、この点が、逆に言えば、あなた、この書面ありますよね、公正証書ありますよねということで、あなたは自由意思で、自分の意思で債務保証したんですからというふうに、逆にお墨つきを与えることになりかねない。

過去には、自由意思どころか、公正証書を捏造までして、そういう事件を起こしたというのがまさに商工ローンの話でありました。公正証書というのはそういう過去の実例もあるわけですよ。そういう点を踏まえてお聞きをしているわけで、この公証人がきちんと機能する、今回は機能するという制度的担保はどこにあるんでしょうか。

○小川政府参考人　お答えいたします。

公証人をめぐって商工ローンの時期に一定の問題が生じたのは御指摘のあったとおりかと思いますが、今回は、この民法の改正に伴って新しく設けられます保証意思宣明公正証書につきましては、十分なチェック事由、法律でも定まったものでございますので、さまざまな事情についての検証を行うこと、これは当然でございます。

公証人につきましては、法務省の方できちんとした監督がございますし、必要に応じて懲戒もございます。また、当然のことながら、事務の適正さを担保するために、通達などを適時発出して遺漏のない措置をとっていきたいというふうに考えております。

○藤野委員　本当にそうなるのかという点で、今後も審議をしていきたいというふうに思っております。

別の角度からいいますと、これは、金融機関にとってはそういうお墨つきが得られるという反面、保証人になる人にとってはさらなる負担といいますか、例えば公証人というのは全国に五百人いらっしゃって、三百の公証役場がある。一つの役場で一人ないし八人が働いていらっしゃるそうですが、大都市にはそれなりの公証役場があるんですけれども、地方に行きますと非常に少ないんですね。私は北陸信越ブロックなんですが、あの広い長野県で七カ所、新潟県では五カ所、北陸、富山、石川、福井、三県、三カ所ずつしかないわけでして、保証人にしてみればわざわざそこまで行かなきゃいけない、あるいは手数料も払わないといけない、公正証書を出してもらう上で。

そういう意味では負担になってくるわけで、その点も考えると、やはり今回のこの制度が本当に機能するのかという点はこれからさらに質問で聞いていきたいというふうに思います。

その上で、先ほど出ました配偶者の問題、適用除外、公正証書をつくらなくていいですよという類型の中に、四百六十五条の九第三号後段ですけれども、いわゆる配偶者、一定事業をされているということでありますが、配偶者が入っております。

先ほど情義性という問題がこの保証では大きいと、要するに、頼むよと言われて、もう断れないという話をさせていただきましたけれども、まさに配偶者というのはこの情義性の典型といいますか、主たる債務者、現実には夫が多いわけですが、これが破綻した場合にその配偶者がともに経済的に追い込まれる。これを当然視するがごとき、前近代的な規定だというふうに私は思うわけであります。そして、この規定が存在する、生まれるということは、要するに経営者の配偶者は保証人になるのが当然だというメッセージを発することになるんじゃないのか。

大臣、こういうメッセージを今度の改正で発していいんでしょうか。

○盛山副大臣　今委員がおっしゃった御指摘があることは我々も十分承知しております。他方、どこまでをどういうふうに扱うべきかということで法制審議会で議論をしたわけでございます。

個人事業主に関しては、経営と家計の分離が必ずしも十分でないところが一般的でございます。そうすると、主債務者と、一般的には御主人でしょうけれども、その配偶者、妻、奥さんが経済的に一体的であるということが多いことから、配偶者を保証人とすることによって金融機関から融資を受けている事例が現在多いというのが現状かと思います。

そして、そんな中、個人事業主の配偶者は事業の状況ということを当然のことながら一般的にはよく知り得る立場ということであり、また保証のリスクについても認識しているという可能性が大でありますことから、保証意思宣明公正証書の作成を義務づける必要性に乏しいというふうに考えたわけでございます。

法制審議会では、このような実情を踏まえ、さらに中小企業側の意見も踏まえまして、主債務者の配偶者を例外として扱うということが強く主張され、そこで、主債務者が個人事業主である場合のその配偶者については、主債務者の事業に現に従事していることを要求することで、主債務者の事業内容をなお一層把握可能な立場にある場合に限定して例外として扱うということにしたわけでございます。

そういう点ではいろいろな議論がありましたけれども、こういうような限定の中であればやむを得ないかということでの案と御理解いただければと思います。

○藤野委員　新しい時代の変化に対応するというふうに冒頭おっしゃいました。その中には、取引関係だけでなく社会の発展というのもあると思うんですね。民法というのはまさに人を中心に組み立てられるものでありまして、憲法でいえば個人の尊厳というものがあるもとで、ここでは、まさに配偶者は保証人になって当たり前だ、一緒に生活基盤が奪われるということを当然視するかのような規定になってしまっているという点は、私は時代の変化という立法趣旨そのものにもそぐわないというふうに言わざるを得ないと思います。

法制審の議論では、京都大学の教授である潮見佳男教授がこうおっしゃっていました。世界的に、このような規定を設けるということは、個人的には非常に恥ずかしいことではないかと思います、その背後に特に産業界のお考えがあるとしたなら、そういうものを担っていかれるというのは今後の日本の経済社会ではなかろうかと思いますし、ヨーロッパなどでは、近親者保証については、先ほどの暴利行為だのあるいはそれ以外の構成によってこれを否定するという方向が既に定着していると思います、こういう指摘であります。

これは私は当然の指摘だなというふうに思うんですが、大臣、この指摘、どのように受けとめられますか。

○金田国務大臣　先ほど副大臣から申し上げた考え方と同じであります。

○藤野委員　これは、やはり本当に考え直していただきたいなというふうに思うんです。

同じ法制審で、東京大学の教授である道垣内教授はこうおっしゃっているんですね。配偶者による保証というのは最も不当威圧等の存在が推定されるものであるわけですと。そして最後に、今後、本規定の空文化に努力したいと。空文化に努力したいと審議会の場でおっしゃっているわけで、審議会の議論で、まだ議論中であるにもかかわらず空文化に努力したいと言う、私はちょっと、初めてこれは見たわけであります。

そういう点で、個人保証の分野というのは多くの問題がございます。法制審の段階では、まさに第三者保証の原則禁止や、あるいは保証があったとしても責任財産を制限していく、そういう議論もありました。しかし、それが最終的にはなくなってしまっているというようなお話もあります。

そういう点で、今後、参考人質疑もありますけれども、そうした場を通じてこの問題について大いに議論していきたいし、そのためにもしっかりと審議時間を確保していただきたいということを最後にお願いしまして、質問を終わります。

○鈴木委員長　次に、木下智彦君。

○木下委員　日本維新の会、木下智彦です。

きょうもお時間をいただきまして、ありがとうございます。金曜日の午後、最後ということで、なるべく手短にやっていきたいなというふうに思うんですけれども。

きょう、朝からいろいろお話を聞いておりました。やはり、まず基本的なところからお話を聞かせていただきたいなと改めてきょうは思ったんですね。

その一番最初の部分、まず法案に入る手前の部分だと思うんですけれども、法律案の提案理由の説明、趣旨の中でも、それからきょうの御答弁の中でも、制定以来百二十年間、社会、経済の変化への対応を図り、国民一般にわかりやすいものとするような観点からと。百二十年間そのままだったというようなお話をされておりました。

本来だったら、時代の変化は、法律は的確にやはりやらなきゃいけないし、国民にもわかりやすいものをつくっていかなければならない。百二十年間と言いながら、少なくとも戦後七十数年の間にそういったことをやはり怠っていたんだろうな、普通であれば、国民にわかりやすいような法律、それから時代の流れに沿ったような、そういったものをつくっていくような不断の努力とそれから議論が行われなければならなかったはずだと。しかし、それが今回、きょうの御答弁を聞いていても思ったんですけれども、それは、認識を新たにしてみると、それをある意味で怠っていたということになるんですかね。

これをまず最初に、今までこれを怠ってこられたから今回の改正があるのかどうか、この辺の認識をまず聞かせてください。

○小川政府参考人　お答えいたします。

御指摘ございますように、債権法に関する部分は百二十年間ほぼ改正をしてこなかった状態でございます。

その間、一つには、特別法で、例えば借地法、借家法、あるいは製造物責任法ですとか債権譲渡特例法といった特別法、さらには近時は、消費者契約法ですとか労働契約法のように他省庁にもまたがるようなものとして特別法が制定され、それによって対応されてきたということが一点挙げられます。

もう一点は、立法理由の一つにかかわるわけですが、比較的条文がシンプルな中にあって、判例、学説の発展があり、確立した判例、確立した通説といったものが生まれ、それによって一定の規範としての意味を持つような状態が続いたということでございまして、結果としてその間改正がされなかったわけですが、実務としては運用はきちんと行われてきたということだろうというふうに思っております。

○木下委員　そういう形でやってきたんだということは承知しております。

ただ、結局は、今言われていたように、特別法、特別措置法であるとか、それから判例で判断されてきたというふうなことなんですよね。それじゃだめだから、だめだからなのかどうかということもまたこれは一つポイントだと思うんですけれども、だから今回改正をするんだ、私はそういう解釈をしているんですけれども。

大臣、ここでちょっと、今のお話を聞いていただいていたと思うんですけれども、実際にこれをだめだったと言うのはなかなか言いにくいところだと思うんですけれども、ある意味、認識をやはり改めて、今までの特別法それから判例、そういったものでやっていくということを少しでも変えていくということが今回のこの民法の債権法にかかわる部分の改正という認識で正しいのかどうか、それから、大臣がその辺を実際にはどう思っていらっしゃるかということをまず聞かせていただけますか。盛山副大臣でも結構です。

○盛山副大臣　まず、私の方から御説明をさせていただきたいと思います。

先ほど、民事局長の方からも話がありました。そして、木下委員からも御指摘がありました。民法というのは大変基本的な法律であり、午前からの審議の中でもありましたけれども、それなりにシンプルでよくできていた法文ということもありまして、それで何とかやってきたということでありますけれども、さすがに百二十年たちまして、制度疲労というんでしょうか、余りに状況が変わってきたということ。

それから、一固まりでうまく特別法その他でできるところはやってきたわけでございますけれども、債権というのは契約の部分でございますので、我々の社会というのは、まず普通、大体何らかの取引、契約というのがあるのが一般的で、一番基本的な、基礎的な部分でございます。そういう一番基礎的な法規でございます民法の第三編の規定を直すというのは、ここを直すとこっちも直さないといけない、またこちらにも当たりがあるというようなことで、債権編の規定を直すというのはある程度大きくまとまった形でやらないといけない、しかも、それが一般の国民の方々に、皆さんに影響がある、そういうことで慎重に進めなければならない、そういったようないろいろな理由がありまして、ここまで時間がかかってしまった。

そして、平成二十一年から七年かけてということでございますけれども、民法の全面的な見直しという検討を法制審議会でいたしまして、少しずつ手直しということではなく、ここまで来た、そしてそれをやっと今回御提案できるようになった、そんなふうに御理解いただければと思います。

○金田国務大臣　今、民事局長並びに副大臣から申し上げたとおりでありますが、私としては、やはり、特に国民一般にわかりやすいものとするという観点から、見直しをする際にどうしても民法において行うことが必要とされる内容としては、消滅時効期間とか法定利率制度の見直し、あるいは定型約款に関する基本的な規律の創設といったようなものは、まさに民法において見直しを行うことが必要とされるものだというふうに受けとめておりまして、民法自体を見直さざるを得ない状況に直面をしているんだというふうに認識をしております。

○木下委員　皆さんからお答えいただいて、本当にありがとうございます。

今の話を聞いていても、やはり民法というのは大きい、基本的な部分だし、だから変えるところもなかなかままならなかったんだという話だと思うんですね。

これはほかでもあるんだろうなと思っていて、やはり、民法、それから刑法であるとか商法であるとか、こういったものは、結構、今までの改正の話を見ていても、いざ改正するというふうになったときには、あれもこれも、あれもこれもと、いろいろな議論が出てくる。いろいろな議論が出てくるから時間もかかるし、大幅な改正にやはり手をつけていくということになる。そうなると、さっき言われたように七年かかるであるとか五年かかるであるとか、それから、きょうの審議

でも言っていましたけれども、項目でも五百項目ぐらい出てきたとかいうふうな話になる。これがあるから、百二十年間そのままになってきたんだというふうに私は思うんですね。

こういったやり方をどこかでやはり変えていかなきゃいけないんだと思うんですね。それが今回の、まずは手をつけていこうということだと思うんですけれども。

これは、やはり私は思うんですけれども、国会のやり方ということを改めてちょっと考えさせられるなと。

ちょっと関係ないことを言いますけれども、例えば我が党なんかは、改正論議をするべきだというふうに大きく言っております憲法のお話なんかもそうだと思うんですね。やはり今の憲法なんかも時代にそぐわない部分が出てきている、もしくは解釈が、いろいろな意味でいろいろな意見が出てくる。

こういった形になったときに、その部分だけに焦点を当てて、そこだけでも改正しようじゃないかというふうな話をやはりやっていかなければ、いつまでたっても何にも変わっていかないし、そして、その法律、憲法、それぞれがもうどんどん現実とかけ離れたものになっていくのではないかというふうに思っているんです。だからこそ、きょうちょっとこういう話を長々とさせていただいたんです。

大臣に、そう思いませんかというふうなことを聞こうと思っていたんですけれども、今、もう大臣も副大臣もうなずいていただいておりますので、そういうふうな私の意見に御賛同いただけているんじゃないかなというふうに思います。

それで、ただちょっと……（発言する者あり）聞いた方がいい。そうしたら、御答弁いただけますか、どう思われるかということを。（金田国務大臣「せっかくですから前に進めてください」と呼ぶ）前へ進みましょうか。わかりました。では、また次回にでもその辺も聞かせていただければと思います。

そういった意味で、今回のこの民法、きょうもいろいろと話をされていましたけれども、私も全部はまだ読めておりませんけれども、法制審議会の内容、これは答申が出るまで五年から七年というふうな形でずっと議論されてきて、いろいろなことを書いています。これは相当読み応えがあるなと。全部読めなくてきょうここに立っているので非常に申しわけないんですけれども。

やはり、これを見ていて、それから、きょう、逢坂先生でしたか、その辺の話をいろいろとされていて、ちょっとその辺の話をまとめてみると、この今回の改正について、五年の間に九十九回の会議がされて、分科会を十八やられ、それからパブリックコメントをとられということで、さっき言ったとおり五百項目ぐらい上がってきて、それが中間試案になって二百六十、最後に二百ぐらいの項目に論点整理がされたというふうなことだったんですね。

逢坂先生が言われていたのは、法制審議会のあり方というところで、一般の人たちの意見が余り入っていないじゃないかというような感じのことを言われていた。だからこそ国会で審議がされるべきだというふうな話をしていたんですけれども、これから先、この法案について審議がどれぐらい続くのか。先ほど共産党の方も長い審議時間をとりたいとか言われていましたけれども、本当にいいのかなと思うんですね。いや、別にいいと思うんですよ、今の状態の中では審議はしなきゃいけないかもしれないけれども。

ちょっと突拍子もないことを言いますけれども、きょう話を聞いていて思ったんですけれども、国会議員、今ここの委員会にいるような人たちが、ある種、法制審議会の中に入って議論するようなことはあってもいいんじゃないかなというふうに私は思ったんです、特に民法のこの話に関しては。そうすると、国会議員、やはり相当厳しいです。ただ、仕事していない国会議員が多いとかと言われる中で、本来の役割からすれば、こういうことも積極的に私は考えていくべきなんじゃないかなと。

これは質問通告していません。きょうの審議を聞いていて、ふっと思いついたんですけれども、そういったことは本当にできないかなと思うんですけれども、どなたがお答えいただけるか、ちょっとわからないですけれども、そういうことは考えられませんかね。（発言する者あり）

○盛山副大臣　今、逢坂先生が御発言されましたが、国土審議会のように、衆議院議員、参議院議員が入ると規定されているものも中にはございます。しかしながら、一般的に、国会議員がメンバーに入るというのは普通の審議会ではございません。多分それは、我々は立法府のメンバーでございますから、立法府、この国会の場で審議をすればいいということであって、そして、学識経験者や御担当の専門家、そういった方にお入りをいただいて審議会の場では審議をして案をつくろう、こういうことではないかと私は思います。それが一般的ではないかと思います。（発言する者あり）

○木下委員　そうですね。いろいろな御意見、周りからも言っていただいています。司法制度審議会があるじゃないかとか。

ただ、私は思うんです。今回の、法務省が管轄しているような民法であるとか、こういったものに関して、特に百二十年も変わってこなかったわけですよ。ということを考えたら、そういうことももっと積極的に検討されるべきだし、なぜそんなことを言うかというと、そうすることによってこの国会の審議が短くても充実したものになるんじゃないか、私はそういうふうに思いまして、ちょっと一つの提言として聞いていただければいいかなというふうに思いました。

そんなことを言いながら、時間がどんどん過ぎておりますが、勝手なことを言ったんですけれども、では、中身の話も少しだけさせていただきたいなと思います。

大臣がこの趣旨を説明されたところで一番最初に出てきたのが、消滅時効というお話をされておりました。

その前に、私は井野政務官が言われていたこともちょっと言いたかったんですけれども、井野政務官がこの審議になる前に民法の話をされたとき、司法試験に合格されて弁護士資格を持たれているんでしたね、司法試験を制する者というのはどんな者かというと、民法を制する者が司法試験を制するんだと言われていたと思うんですよ。それは何でかというと、それが非常に難解だということ、それから、判例であるとかそういったものを全部多岐にわたって覚えていかなければいけないしということで、これは一般の人だけじゃなくて、司法試験をパスすることを目指しているような方々もそういうことなんだなというふうに思ったんですよ。それを前にくっつけたかったんですけれども、せっかくだから、今ちょっと目が合ったのでお話をさせていただきました。

ちょっと話が戻ります。消滅時効の話なんですけれども、医師の診療に関する債権は三年、飲食店の飲食料に係る債権は一年などとされている短期消滅時効の特例を廃止して統一化を図るというふうに言われている。

そこで思ったんですけれども、そもそも、なぜ医師の診療は三年で、飲食店の飲食料は一年とされていたのかなと。なぜこんなことを聞くかというと、素人の意見のような感じですけれども、やはり根本の理由が明確じゃなければ、今回統一化されることが妥当なのかどうなのか、これは判断できないと思うんです。だから、あえて聞かせていただきたいんですけれども、何でこういう形にばらばらだったんですか。

○小川政府参考人　お答えいたします。

御指摘ありましたように、現行法の百七十条から百七十四条までの規定は、一定の債権について短期消滅時効というものを定めるものでございます。その趣旨とされますのは、特例の対象とされた債権は比較的少額であるということを踏まえて、特に時効期間を短期間にしてその権利関係を早期に決着させることにより、将来の紛争を防止

することにあると言われております。

ただ、特に御指摘もありましたように、一年のものがあったり二年のものがあったり三年のものがあったりというところが次の問題ですが、こういう形で現行法が時効期間を一年から三年などと短縮いたしましたもとになっておりますのは現行法の制定当時のフランス民法でございまして、フランス民法を参考にしたというふうに言われております。

当時のフランス民法にも、六カ月、一年、二年、五年といった短期の時効期間が定められておりまして、例えば、小売商人の売却した商品の代価についての債権ですとか、我が国の弁護士に類似する職業であります、代訴士と言われますが、この報酬債権の時効期間は我が国の民法と同様にフランス民法でも二年とされておりました。

そういうことから考慮いたしましても、基本的には、やはりフランス民法の影響を非常に強く受けたものであるということが言えようかと思います。

○木下委員　成り立ちが結構ばらばらだったり、よその国の法律を見本にしてやったとかという形で、やはりこれは統一しなきゃいけないんだなと、改めて今の話を聞いて納得しました。でも、こういうことを今まで何でそのままにしていたんだろうなということも同時にやはり思ってしまうんですよね。

きょう、内容についてはもうこれぐらいにしておこうかなと思っているんですけれども、恐らく、これから先、一個ずつやっていると、今みたいな話を全部やはり聞いていかなきゃいけないと思うんです。この場でそれを全部やっていくんですかということだと私は思うんですね。

当然のことながら、ここにいらっしゃる委員の方々は、法制審議会の議論の内容、すごい数ですけれども、それぞれ目を通されるんだろうなというふうに思っているんですけれども、やはりそういうことをやるためにも、さっき言いました、法制審議会に対する国会議員のアプローチの仕方というか参加の仕方、こういったことをもう少し議論するべきではないかなというふうに思うこと。

それから、ちょっと早目ですけれども、もうまとめに入ります。

そういうことを考えると、閣法もそうですし、それから議員提案の法律でもそうだと思うんですけれども、おかしいと思ったことをどんどんとやはり提案していって、そういうことが政局に引っ張られてとまるというようなことは、こういうことに関しては特にないようにして、より積極的に議論するべき。そこは、私は思うんですけれども、今までの国会の審議の慣例であるとか、そういったことを乗り越えてやはり話をしていくべきだ。きょうのこの法案について考えるに当たって、改めてそういう思いを私ちょっと強くいたしました。

そういったことを主導なさるお立場が大臣だというふうに思いますので、大臣、最後に一言、これはいつも最後に一言と言うと怒られるんですけれども、ぜひともよろしくお願いします。そういうことで、一言お願いします。

○金田国務大臣　委員からのお話は貴重な御意見として伺わせていただきました。丁寧で速やかな、そういう審議を私どもも努力していきたい、このように思っております。（発言する者あり）

○木下委員　ありがとうございます。

なるほどという声を聞かせていただきましたが、どうもありがとうございました。

○鈴木委員長　次回は、来る二十二日火曜日午前八時五十分理事会、午前九時委員会を開会することとし、本日は、これにて散会いたします。

午後二時四十三分散会

第百九十二回国会　衆議院　法務委員会議録第十号

平成二十八年十一月二十二日(火曜日)
午前九時開議

出席委員

委員長　鈴木　淳司君

理事　今野　智博君　理事　土屋　正忠君
理事　平口　　洋君　理事　古川　禎久君
理事　宮崎　政久君　理事　井出　庸生君
理事　逢坂　誠二君　理事　國重　　徹君

青山　周平君　赤澤　亮正君
安藤　　裕君　井野　俊郎君
奥野　信亮君　門　　博文君
菅家　一郎君　城内　　実君
鈴木　貴子君　辻　　清人君
野中　　厚君　藤原　　崇君
古田　圭一君　宮川　典子君
宮路　拓馬君　山田　賢司君
若狭　　勝君　階　　　猛君
山尾志桜里君　吉田　宣弘君
畑野　君枝君　藤野　保史君
木下　智彦君　上西小百合君

法務大臣政務官　井野　俊郎君
参考人(弁護士)　岡　　正晶君
参考人(名古屋学院大学法学部教授)(弁護士)　加藤　雅信君
参考人(弁護士)　黒木　和彰君
法務委員会専門員　矢部　明宏君

委員の異動

十一月二十二日

辞任　補欠選任
吉野　正芳君　青山　周平君

同日

辞任　補欠選任
青山　周平君　吉野　正芳君

本日の会議に付した案件

民法の一部を改正する法律案(内閣提出、第百八十九回国会閣法第六三号)

民法の一部を改正する法律の施行に伴う関係法律の整備等に関する法律案(内閣提出、第百八十九回国会閣法第六四号)

◇

○鈴木委員長　これより会議を開きます。

第百八十九回国会、内閣提出、民法の一部を改正する法律案及び民法の一部を改正する法律の施行に伴う関係法律の整備等に関する法律案の両案を一括して議題といたします。

本日は、両案審査のため、参考人として、弁護士岡正晶君、名古屋学院大学法学部教授・弁護士加藤雅信君及び弁護士黒木和彰君、以上三名の方々に御出席をいただいております。

この際、参考人各位に委員会を代表しまして一言御挨拶を申し上げます。

本日は、御多忙の中、御出席賜りまして、まことにありがとうございました。それぞれのお立場から忌憚のない御意見を賜れれば幸いに存じます。どうぞよろしくお願いいたします。

次に、議事の順序について申し上げます。

まず、岡参考人、加藤参考人、黒木参考人の順に、それぞれ二十分程度御意見をお述べいただき、その後、委員の質疑に対してお答えをいただきたいと存じます。

なお、御発言の際はその都度委員長の許可を得て発言していただくようお願いいたします。また、参考人から委員に対して質疑をすることはできないことになっておりますので、御了承願います。

それでは、まず岡参考人にお願いいたします。

○岡参考人　本日は、発言の機会を与えていただきまして、本当にありがとうございました。

私は、日弁連からの推薦で本件の法制審部会の委員となり、五年四カ月間、最初から最後までフルで審議に参加をさせていただきました。その立場と経験を踏まえた本改正法案に対する私の意見は、日弁連の意見と同じであります。

本日は、まず冒頭にその意見を述べさせていただきます。次に、その意見を持つに至った経緯、理由として、本改正審議に取り組んだ日弁連の基本姿勢及びどういう陣容でどのように取り組んだかについて説明をさせていただきます。そして最後に、まとめとしての私の所感を述べさせていただきます。

ではまず、意見でございます。

私の配付させていただきました資料五、通しページ十四分の六をごらんください。

真ん中あたり、「第一　意見の趣旨」第一項でございます。「本改正法案は、保証人保護の拡充や約款ルールの新設を見ても明らかなように、利害の対立する複数の契約当事者間の適正な利益調整を図り、かつ、健全な取引社会を実現するために、必要かつ合理的な改正提案であると評価でき、当連合会は本改正法案に賛成する。」、これが結論でございます。

我々弁護士は、民法を市民の最も身近な立場で活用し、それを通じて市民の権利を実現する職責を負っております、民法のヘビーかつ最大のユーザーであります。その立場と責任を踏まえて、日弁連も私も本法案に賛成をいたします。

二項、三項については、後で触れさせていただきます。

次に、資料六、通しページの十四分の十三をごらんください。

日弁連は、昨年の通常国会の法案提出時にこの会長声明を出させていただきました。下から二行目をごらんください。「時を移さず、これらの検討内容を活かして、今国会で」、昨年の通常国会でございますが、昨年の通常国会で「充実した十分な審議を行い、重要法案である本改正法案の成立を求めるものである。」という声明を出させていただきました。

次に、次のページ、十四分の十四をごらんください。

これは、本年九月三十日に会長声明を出したものでございます。ここでも下二行に御注目ください。法案提出から一年半も経過したことを踏まえ、「今国会で充実した迅速な審議を行い、」今臨時国会での「早期成立を求める」というものでございます。時ここに至って、日弁連も私も、充実だけではなく迅速な審議、すなわち丁寧で速やかな審議をお願いしたいと思っております。

それでは次に、このような意見形成に至った経緯、理由の一つ目として、日弁連及び私どもが本改正審議に取り組んだ基本姿勢を御説明いたします。

資料三、通しページの十四分の四をごらんください。

これは、日弁連の理事会で機関決定していただいたものでございます。法制審の部会には、私を含めて四名が推薦されてメンバーになりましたが、私ども四名は、この基本姿勢に基づいて懸命に発言をし、本法案にこれを反映させたつもりでございます。少し早口になりますが、読ませていただきます。

一　改正を所与の前提として拙速な取り纏めをすることなく、各検討事項につき、改正の必要性、方向性、改正の具体的内容および改正

した場合の影響の内容や程度を慎重に検討する。

理念ファーストではなく、個別的、具体的に検討していくという宣言でございます。

二　改正にあたっては、法定債権や担保物権に関する規律などを含む民法全体の整合性、消費者契約関連法、商行為関連法、労働契約関連法などの民事特別法との相互関係や役割分担などについて適切に配慮し、民事法体系全体として整合性・統一性をもった民法とすることをめざす。

三　確立した判例法理や定説のうち法文化すべきものは民法典への適切な取り入れを検討し、市民にとって真に「分かりやすく使いやすい民法」をめざす。

四　専門的知識や情報の量と質または交渉力に大きな格差のある消費者・労働者・中小事業者などが、理由のない不利益を蒙ることがなく、公正で正義にかなう債権法秩序を構築できる民法となるように積極的に提言する。

五　社会経済の現代化、市場の国際化、外国の法制度との比較などの考慮に基づく改正に関しては、我が国における民法規範としての継続性や市民法秩序の法的安定性に十分配慮して検討する。

外国の先進的な取り組みは、研究、検討するけれども、追随はせず、批判的に受け入れる、こういうものでございます。

先ほども申し上げましたが、

六　民法を市民の最も身近な立場で活用し、市民の権利を実現する職責を負う実務法曹の団体として、多面的な議論を尽くし、利用者である市民の視点にたった改正意見を積極的に表明し、活動する。

なお、これに加えて、私個人は、民法は日本国民全てに適用される法律ですので、私のふるさと、四国うどん県、香川県で農村に住む私の両親、親戚にも理解できるもの、納得できるもの、そういうものを目指そうと思いました。

次に、私ども及び日弁連が本改正審議にどういう陣容で取り組んだかを御説明いたします。

資料二、通しページ十四分の三をごらんください。

先ほどの基本姿勢の六項で述べましたように、多面的な議論を尽くすためには、いろいろな立場のできるだけ大勢の弁護士で議論することが重要と考えました。そこで、全国の各層から約六十名弱のバックアップチームをつくっていただき、部会の前日等に、合計すると、ここにありますとおり百二十四回の議論をしていただきました。また、このチーム会議の前に、多くの地方の単位会、委員会でも事前議論をしていただき、それを書面等でチーム会議に提出してもらいました。

本当にさまざまな弁護士、具体的には、消費者、大企業、中小企業、労働者等の代理を多く務める弁護士、企業内弁護士、親族、相続の事件を多く扱う弁護士など、大勢集まって、本当に多面的な議論を尽くすことができたと考えております。

そのほか、この表の右側に記載してありますとおり、全国八つの高裁所在地で、各一回、シンポ、研修会を行ったり、日弁連の重要な意思決定機関である理事会でも何度も意見交換、審議をさせていただきました。

次に、意見形成に至った経緯、理由の最後に、私ども日弁連が本改正審議にどのように取り組んだかを御説明いたします。

資料一、通しページ十四分の一をごらんください。

最初の第一ステージの当初、我々は、強い警戒心を持って臨みました。きついことも発言をいたしました。また、当初は、日弁連内にも、壊れていないものを直す必要なし、学者主導の改正につき合う必要はない等の批判的な意見が多くございました。しかし、先ほどの基本姿勢に基づいて議論を重ねる中で、批判だけにとどまっているのではなく、前向きで建設的な議論が多くなってきました。

また、部会におきましても、この次の九ページの五行目以下にありますとおり、別の学者有志、具体的には加藤先生グループの改正提案でございますが、そのような資料も数多く引用されるとともに、比較法資料も豊富に提供されまして、実に多くの議論が滑らかに進んでいくようになったと理解をしております。

一回目のパブリックコメントの後が第二ステージでございます。

この第二ステージにおきましては、三つの分科会が部会と部会の間に開かれ、本当に中身の濃い審議をいたしました。日弁連も意見書を五本提出いたしました。この九ページの左側の下から十行目にありますとおり、このほかにも弁護士会、弁護士有志等による意見書が何本も部会に提出され、法制審の部会としては異例のことですが、これらも全て机上配付を許され、審議に供されました。

そして、いよいよ、二回目のパブコメが終わった後、第三ステージを迎えました。

資料一、九ページの右側をごらんください。

これは選択と集中の審議であったと認識をしております。まず、全員のコンセンサスが得られたもの、積極的な反対者がいない、そういう論点を要綱案とする方針に従って仕分けが進められました。早々にまとまったもの、詐害行為取消権など、早々に断念されたもの、信義則等の適用に当たっての考慮要素などもございましたが、熟議の上、少数意見者が多数意見を尊重するということでコンセンサスが成立したものも出てまいりました。

その例が消滅時効でございますが、消滅時効については、主観的起算点導入に対する不安や時効完成までの期間が短くなる権利がやあるということで、反対が小さくはありませんでした。しかし、熟議を重ねる中で、主観的起算点というのは既に不法行為において民法に導入済みであること、それについて説得的な下級審判決例も出ていて予見可能性があること、生命身体に関する権利の特則を一般債権、不法行為の両方に設けることなどでコンセンサスが得られるに至ったものでございます。

その後、意見が大きく分かれた論点について、事務当局から、この案でどうかという提案が二次案、三次案、四次案を含め出されまして、この結果まとまったもの、動機の錯誤でありますとか個人保証でございます、そういうものもありましたが、日弁連にとっては遺憾ながら断念されたもの、暴利行為の明文化等も少なからず生じました。

この間、日弁連では、最終局面に入ったことを受け、ここにあるような組織変更を行ったり、日弁連の理事会等で議論をさせていただきまして、最後まで積極的に発言を続けたものでございます。

若干時間がございますので、法定利率についても若干御説明をいたしたいと思いますが、法定利率についても、適用法域が異なるごとに利率を設ける方が合理的ではないか、三％では債務不履行のペナルティーとしては低過ぎるので五％のままでいい、逆に、現在のマイナス金利、まあ、その当時はマイナス金利じゃございませんでしたので、当時の低金利を考えると二％がいいなど、さまざまな意見が出ておりました。しかし、これも熟議を重ねる中で、激変は相当ではないのではないか、現在の仕組みに対する適度な変更が今回は相当ではないかということで、四割減の三％とし、加えて穏やかな変動制を採用するという方向に収れんをしていきました。

私個人は、こういう方程式ではなく、その都度国会が決めればいいという意見でございました。少数意見で採用されませんでしたが、最終的には、こういう方程式があろうとも、国会がその時点で議決をすれば、法定利率を変更することは可能ではないかと考えております。

以上の経緯、理由を踏まえて、私及び日弁連は、本改正案に賛成をし、早期成立をお願いするものでございます。

最後に、まとめとしての所見を三点述べさせていただきます。

第一に、今回の法案は、我々から見ればなお不

十分な点もありますし、法案とならなかったものについても残念なものがございます。しかし、これらも、そのような案が公平妥当という方々が社会の中にいらっしゃり、また、それらはまだ時期尚早であるという方々がいらっしゃることから、こうなったものと理解をしております。そして、本法案には我々として評価できるものが数多くございますし、理論よりも実務を優先して採用していただいた条文もございます。

こういう意味で、本法律案は、各界各層の参加者が民法をよりよいものにしようという思いで長年にわたって検討、議論を行い、その英知を結集したものと理解をしております。そういう意味で、絶妙なバランスのとれた法律案と私は考えております。

第二に、私どもから見れば不十分な点についても、制度としては一つの大きな前進であると考えております。よい方向でのアナウンスメント効果もあると考えております。国会における審議、金曜日の審議を拝見させていただきましたけれども、それを通じて行政指導等も充実されるのではないかと考えております。我々弁護士会としては、今後は、不十分と考えられる点から問題が生じないよう、法教育の充実等も含め、実務において力を尽くしていきたいと考えております。

第三に、最後ですが、今回は法案とならなかったものについても、法制審部会における中身の濃い議論が議事録という形で残り、今後に向けての大きな貯金ができたと考えております。これで相当な進展があったと考えています。これをばねにして、さらに一層、全国の弁護士で実務、判例を積み重ね、多数意見の形成に向けて精進していきたいと思っております。

私の意見は以上でございます。御清聴ありがとうございました。（拍手）

○**鈴木委員長**　ありがとうございました。

次に、加藤参考人にお願いいたします。

○**加藤参考人**　本日は、社会の基本法である民法の大改正に際しまして、国会の先生方にお話をさせていただける貴重な機会をいただきましたこと、心から御礼申し上げます。

現行民法が明治三十一年に施行されてから百二十年の歳月がたっております。その間、社会は大きく変化いたしましたので、その変化に合わせて民法を改正しようとするのは極めて自然なことであります。したがって、本来でしたら、この時期に民法の抜本的改正をすることは歓迎されてしかるべきでございます。しかしながら、現在国会に上程されている改正案を見ますと、首をかしげたくなる点も多々ございます。

なぜこのような首をかしげざるを得ないような案が出てきたのか、それをお話しする必要があるかと思うのですが、その前に、どの点で今回の改正案がすぐれており、どの点で首をかしげざるを得ないのかを、時間の制約もありますので何点かに絞りますが、お話しさせていただきたいと思います。

まず、賛成する点ですが、先ほど岡参考人の方から話がありましたが、法定利率を固定利率から変動利率にして、市場利率を反映させるというようにした点は、もろ手を挙げて賛成したいと思います。

現在は、民法の法定利率が五％、商法のそれは六％で、市場利率よりも高い状況です。そうしますと、利息狙いで訴訟遅延を図ったり、あるいは、高い利息を払うのは嫌なので争わずに和解に応じたりする動きが出て、訴訟の健全な姿がゆがめられております。この点を是正する改正案には心から賛成いたします。

しかし、反対すべき点も多々ございます。

まず、今回の債権法改正の動きが始まった段階で大問題となったのは、当時法務省参与と呼ばれていました内田貴さんを中心になされた、債務不履行による損害賠償を過失責任から無過失責任に転換しようとする提案でした。これは、ドイツ、フランス、日本等の大陸法諸国ではずっと過失責任とされていた法制度を英米流の無過失責任にするもので、民法のこの部分を大陸法型から英米法型に転換しようとするものです。

我が国では、債権法改正作業が始まる前まで、債務不履行を無過失責任にすべきであるという主張があったわけではありませんし、内田さん御自身も、御自身の教科書では債務不履行が過失責任であると説明し、それに別段異議を唱えていませんでした。

社会に無過失責任の要請がないのにこのような改正をいたしますと、取引社会も法曹実務も混乱するだけですので、東大民法の河上正二さんは、この改正をナンセンスという強い言葉で批判され、東大ローマ法の木庭さんは、前代未聞の厳格責任と、厳格責任というのは無過失責任のことですが、批判しましたし、会社法制定の立て役者の江頭憲治郎さんは、民法の債務不履行が仮に厳格責任になっても、商法の方は商法の条文が残っている限り過失責任のままでいくと言明しました。また、各地の弁護士会も反対意見を述べましたし、全国二千人の弁護士を対象としたアンケート調査でも、無過失責任に賛成するのはわずか百八十八名だけで、反対が千五百五十九名と圧倒的でした。

そこで、内田さんたちは、自分たちの改正方向を示した「債権法改正の基本方針」の中では、債務不履行の規定から帰責事由を意味する文言を除き、無過失責任を一旦明示したわけですが、今回国会に提示された改正案では、帰責事由を意味する文言を復活させました。しかし、現在でも、法制審議会民法部会の委員であった潮見佳男さんは、この文言に「取引上の社会通念に照らして」という修飾語がついているので、今回の改正条文は過失責任原則の否定であるということを著書で明言していらっしゃいますし、法務省民事局参事官室の公表した資料でも似たようなことが述べられております。

つまり、一旦公表した無過失責任化案は反対が強いので、文言を玉虫色にしておいて、後から立法者意思に基づく解釈として無過失責任であることを主張し、巻き返しを図ろうとしているとしか思えないというのが、法務省民事局参事官室の解説を見たときの私の印象でございます。

実は、債務不履行の無過失化は、今回の債権法改正の天王山とも言えるものでした。ところが、法務省が国会に提出した改正の理由からは、この点がすっぽり抜け落ちております。恐らく法務省は、この点が国会で議論され、一つの争点となるのを避けたいと考えたのだろうと思います。

私は、本日の委員会配付資料として、「債権法改正法案の総合的検討に向けて　債権法改正の実相を探る」という小さな冊子を配付いたしました。その百二十一ページには、今回の債権法改正をめぐる法務省のやり方につき、裁判所の中枢におられた元裁判官が、今回はこここそ改正作業を行ったので、不信感が出ているのが実情なのではないかと評している旨を紹介いたしました。また、私自身も、債権法改正の一番の目玉とされてきた問題を国会提出の改正の理由から外す一方、法務省民事局参事官室の解説では無過失責任化を説く法務省の今回の手法につき、「国会審議を裏口でくり抜けるような手法は、民主主義国家においてはとってはならない」とそのページに記しました。

この問題に関しまして、ここにいらっしゃる法務委員会の先生方にお願いしたいことがございます。国会で、改正法案の第四百十五条一項が無過失責任か過失責任なのかをぜひ法務省に質問していただければと願っております。法務省は玉虫色の官僚答弁をするかもしれませんが、突き詰めた質問をすれば、回答は無過失責任か過失責任のいずれかにならざるを得ないと思います。

無過失責任と答えたら、なぜこれまでの改正作業で最もヒートした争点を法務省が国会提出の改正の理由に挙げなかったのか、あたかも裏口入学ならぬ裏口立法を狙っているかのごとき法務省の姿勢につき、国会で問いただしていただきたいと私は願っております。

また、過失責任と答えたら、このままでは、民法の最も重要な規定の一つである債務不履行につき、過失責任と無過失責任の双方の主張がなされるような状況は望ましくなく、また、このままで

は民法と商法という私法の二大法典の分裂を招く可能性もあるとして、改正法案の第四百十五条一項から「契約その他の債務の発生原因及び取引上の社会通念に照らして」という文言を削除する修正をしていただけませんでしょうか。そうすれば、今後、法務省民事局参事官室等が今回の改正による債務不履行は無過失責任であると主張する根拠がなくなりますので、混乱の芽が摘まれます。

次に、保証に移りたいと思います。

法務省が国会に提出した参考資料の概要には、取締役等以外の個人が事業債務について保証人となるためには、公証人が保証意思を確認しなければ効力を生じないものとすると書かれており、改正法案の第四百六十五条の六にもそのための規定が置かれております。

ただ、国会におられる先生方は、一九九九年に、当時の商工ファンドの社長の大島健伸氏が国会で証人喚問を受けたことを御記憶かと思います。商工ファンドは、お金に困った中小企業とその保証人をしゃぶり尽くし、次々と自殺者を出しました。その手法は公証人を使ったものでした。具体的には、公証人役場に行って執行証書と呼ばれている執行受諾文言つきの公正証書をつくってもらえば、判決をもらわなくても強制執行が可能になります。商工ローンは、この手法を使って次々と強制執行をかけ、相手を破綻させていったのです。

今回の債権法改正によって、保証人が公証人のところに行くことが保証することの前提となれば、ついでに執行証書にしてもらうことは簡単になります。要するに、今回の債権法改正の規定は、商工ローンの再現に道を開くものとしか私には思われません。このような改正がなされてよいものなのでしょうか。

ある方から、法務省民事局幹部が、公証人に対する教育を行うので問題は起こらないと言っている旨を伺いました。しかし、公証人に対する教育では問題は片づきません。ある公証人から伺ったところでは、問題がある公正証書の作成の依頼も中にはあるのですが、その作成を断っても、結局ほかの公証人役場でつくってもらうことになるので、意味がないのですとのことでした。公証人は基本的に手数料仕事なので、意味がない断り方も仕方がないと考えることになりがちなのです。

公証人役場は法務省の法務局の所管ですので、このような公証の実態は法務省民事局は熟知しているはずです。まさか、まだ、商工ローンで公証制度が悪用されたことを忘れてはいないと思います。それなのに、今回のような改正をし、一見すると見ばえがする、口当たりのいい改正をしようとする。この改正によって、商工ローンと同じような保証人の自殺が出てくるようになったら、法務省はどのように責任をとるのでしょうか。今回の保証法の改正案を見ると、法務省民事局は、行政庁としての責任感を忘れ、法案を通すための体裁だけを整えようとする無責任体制に陥っているようにしか私には思えません。

法務委員会の先生方の手で、ぜひ、改正法案の第四百六十五条の五から第四百六十五条の九までの改正条文を削除し、別の形での保証人保護を考えていただければと願っている次第です。

次に、先ほどもお話が出ました消滅時効に移りたいと思います。

改正条文案では、第百六十六条一項で、債権等の消滅時効は、「債権者が権利を行使することができることを知った時から五年間」、「権利を行使することができる時から十年間」行使しないと、債権は時効消滅するとされています。前者が主観的起算点、後者は客観的起算点と呼ばれます。今回の改正は、これまでの一元的起算点という考えをとっていた消滅時効を二元的起算点の制度に変更しようとするものです。先ほど、不法行為の消滅時効が二元的だとおっしゃいましたが、不法行為のあれが二元的なのは、時効制度全体の中では極めて例外的な現象です。

そして、時効は、民法ばかりではなく、商法や数多くの行政法規等、さまざまな法律にも規定されています。これらの数多い法律の時効制度は、これまで客観的起算点だけで、一元的起算点制度で運営されてきました。それらの法規についての改正がない以上、今後も一元的起算点の制度が維持されていくことになるだろうと思います。

そうしますと、多数の法律にまたがる時効制度の中で、唯一民法だけが突出した二元的起算点制度を導入することになります。これでは、民法の一般法としての性格が、事時効に関しては放棄されることになります。これまで、環境法の分野では、国の法律よりも地方の条例の方が規制基準が強い、いわゆる横出し条例、上乗せ条例が見られることがありました。ところが、今回の改正では民法典が横出し法規になるという、一般法としての民法の自殺現象が見られるのです。

なぜ、このような奇妙な改正がなされるのでしょうか。それは、一般的に二元的起算点制度が欧米で行われているからです。今回の債権法改正では、欧米の物まね改正という提案が数多く行われました。最初にお話しした債務不履行の無過失責任化もその一例です。時効についても、日本の法体系全体を考えずに物まね改正をしようとしているのが今回の時効法の改正提案だと思います。

もっとも、時効法の改正でも、意味があるものもあります。それは、債権の消滅時効期間は一般には十年なのに、現行民法が例外として認めている五年、三年、二年、一年の短期消滅時効の多くの規定を廃止したことです。この多数に上る短期消滅時効の規定の廃止自体は望ましいものです。

ただ、気をつけなければいけないことは、短期消滅時効の対象となるのは、商品代金とか運賃とか飲食料金等の少額債権となるものが多いということです。元来、消滅時効制度は、二重請求された場合に、領収書をなくしていても、時効ですと言えば二重請求による被害を免れられることに意味があります。だから、現行民法は、商品代金、運賃、飲食料金等について短期消滅時効を用意したわけです。これらの現行民法の規定を廃止しただけでは、これらについての領収書を十年間とっておかないと、二重請求の危険にさらされます。

そうであるとしたら、短期消滅時効規定を廃止する際に少額債権一般についての短期消滅時効を用意しておかないと、国民は十年の長きにわたってこれらの領収書をとっておく必要に迫られます。これらの少額債権の領収書を長期間とっておくことは期待しにくいところです。

本当に国民の生活を考えるのであれば、錯綜している現行民法の短期消滅時効の廃止をすること自体はいいのですが、それと同時に少額債権一般についての短期消滅時効の導入を考えるべきなのに、改正法案はそのための手当てを置いていません。失礼な言い方ではありますが、このうてんきな改正案を見ると、法務省民事局が果たして国民の生活を守ろうとしているのかどうか疑わしいという気さえ起こってしまうのです。

次に、民法の取り消し関連の規定に移りたいと思います。

今回の改正法案は、現行民法百二十一条本文の取り消しの効果の規定を基本的には維持しながら、その次に第百二十一条の二「原状回復の義務」という規定を挿入しました。これは、法律行為が無効な場合に限定した不当利得絡みの規定です。

改正法では、契約が無効な場合にはこの改正規定による原状回復が認められることになります。しかし、契約が不存在なのに誤って履行してしまった場合にも不当利得が問題になるはずです。しかし、改正民法では、それは民法七百三条の規定によって不当利得の返還がなされることになります。

今挙げた二つの事例は、これまではどちらも給付利得と呼ばれ、民法七百三条が規律するとされていました。現行民法七百三条は不当利得の条文ですが、不当利得については類型論という議論があり、給付利得はその一類型とされてきましたが、給付利得分断論などは、日本でも世界でもこれまで聞いたこともありません。一体、法務省民事局は、ローマ法以来の民法の歴史、不当利得の歴史を踏まえてこのようなへんぱな改正案を提案したのでしょうか。

その上、原状回復については、不当利得のほか

に物権的返還請求権も問題になるところです。ところが、改正案はこの点にも触れていません。二重三重におかしな、ある意味で、現行民法の精緻な法体系を破壊するだけの思いつき提案としか私には評価することはできません。

民法典をまともなものにするために、先生方には、ぜひ第百二十一条の二の改正提案の削除を考えていただければと願っております。

これ以外にも、約款、債権者代位権、詐害行為取消権等、おかしな提案はたくさんあります。ただ、二十分という時間がありますので、全てを語ることはできません。改正提案の問題点は、やはり配付資料の、大分分厚くはありますが、「債権法改正法務省案の問題点の総合的検討」に今言った三点を含め検討しておきましたので、御一読いただけることを願っております。

ただ、今までの私の話を聞いて、一体なぜ法務省がこのように問題が多い改正法案を国会に提出したのか、不思議に思われる先生方も多いことと思います。そこで、今回の改正の背景事情をお話ししたいと思います。

法制審議会に民法部会が立ち上げられる三年前、民法（債権法）改正検討委員会が立ち上げられました。その民法（債権法）改正検討委員会の規程を見ますと、改正試案の原案作成は準備会の任務とされていましたが、設立された五つの準備会の全てに、法務省参与の内田さんと、参事官の、現在では民事法制管理官ですが、筒井さんが委員として入っていました。また、この規程によりますと、幹事として法務省民事局の局付が準備会に参加することも認められていました。学者で複数の準備会の委員になった人は一人もおりません。この民法改正検討委員会は、全体会議こそ学者が多数でしたが、原案作成は法務省の影響下にあるように組織が組み立てられておりました。

この委員会が立ち上げられると、学界から法務省に移籍した内田さんが委員会の事務局長に就任しました。そして、法務省に移籍した翌年に、論文で、「伝統的な民法が想定していた「人」の概念が消費者を上手く包摂できないことを正面から認め、民法の中にも消費者という概念を使って消費者のための規定を置こう、という立場」があると主張しました。内田さんは、法務省に移籍する以前にはこのような主張をしていたわけではないと私は理解しております。

そして、この論文を発表した翌年、みずからが事務局長を務める民法（債権法）検討委員会が「債権法改正の基本方針」を発表する中で、改正法案の中に、「消費者・事業者の定義規定を一対をなすものとして置くものとする。」、「消費者契約法から私法実体規定を削除」した上で民法典に取り込み、「消費者契約法を消費者団体訴訟を中心とする法律として再編する」という方向をうたい上げました。そして、その翌年の法制審議会民法部会に、次のような内容の資料を提出したのです。

総論（消費者・事業者に関する規定の可否等）

従来は、民法には全ての人に区別なく適用されるルールのみを規定すべきであるとの理解もあったが、民法の在り方についてこのような考え方を採る必然性はなく、むしろ、市民社会の構成員が多様化し、「人」という単一の概念で把握することが困難になった今日の社会において、民法が私法の一般法として社会を支える役割を適切に果たすためには、「人」概念を分節化し、消費者や事業者に関する規定を民法に設けるべきではないかという指摘がある。

これが法制審の資料です。

このような資料を見た法制審議会の民法部会の委員の方々は、第三者の指摘に民法部会が耳を傾けようとしていると御理解なさったと思います。しかし、この指摘をあらかじめしたのは内田参与です。これは、同一人物が法務官僚でもあり、かつ研究者であるという一人二役であることを利用しつつ、かつ、審議会の場では同一人物のものであることを秘匿し、みずからが書いた論文をあたかも第三者の執筆であるかのごとき印象を与えるような資料の提出をしたことになります。

このことを正当化するために、別の論文で内田さんは次のように書いております。私は現在、法務省に所属していますが、参与という身分で、担当者の求めに応じて学問的見地から自由に意見を述べる立場にあります。本書も、長年大学教授として民法を研究してきた私個人の考え方を自由に述べたものであり、法務省の見解とはかかわりがないことをお断りしておきたいと思いますと。

私は、民法（債権法）改正検討委員会が立ち上げられた段階では、その委員会に入らないかと誘われ、別段、当時は法務省の意図も理解しておりませんでしたので、そこに参加させていただきました。ただ、この民法（債権法）改正検討委員会で提案される事務局原案は、余りにも跳びはねた内容のものが多く、日本国民、日本社会にとって無意味どころか有害であることも多かったので、反対意見を述べることも多々ありました。

また、そのような反対により事務局原案が否決されるようなこともありまして、そのような経緯がありましたので、私も含め、事務局原案に反対したことがある者は、法制審民法部会には誰も参加しませんでした。先ほどの参考意見で、法制審民法部会全会一致ということを言われましたけれども、それは、あらかじめ反対意見をした人は全て排除してからの全会一致であることは御記憶していただきたいと思います。

ただ、民法部会が発足してから半年ほど、私は、政府の公式の審議会であれば、もう跳びはねた議論はしないだろう、まともな議論がされるだろうということを期待いたしまして、沈黙を守りました。しかしながら、議事録を見ると、跳びはねた議論が続くもので、覚悟を決めました。そこで、沈黙を破りました。

そのときに考えたことは、今回の債権法改正の本来の、ただ、秘められている目的は、消費者法制定の段階で法務省が、形式的にはともかく実質的に失った消費者契約についての権限を消費者庁から奪還することにある。そこで、自分たちが改正原案をつくった民法（債権法）改正委員会を学者の団体であると言い立てて、消費者契約についての規定を民法に移すという改正案を学者提案としようとしたのだ。そして、この問題が議論の焦点になることを防ぐために、木は森に隠せの格言よろしく、数多くの改正提案の中に消費者契約の問題を紛れ込ませた。そして、債務不履行の無過失責任とか、多くの明らかに反対を呼びそうな改正案を提示し、消費者契約の問題以外に改正案の議論の焦点を誘導した。

このように考えた私は、「民法（債権法）改正　民法典はどこにいくのか」という本等を著し、以上に述べたような構造を世の中に明らかにしました。その結果かどうかはわかりませんが、法務省は、最初の段階では法制審議会に提案していた消費者契約に関する規定を民法に置くことは諦めたようで、この法案には消費者契約の問題は残っておりません。残ったのは、当初は消費者契約についての権限奪還の弾よけのために提起された跳びはねた改正提案だけだったのです。

もちろん、このような改正提案には、当然のことながら、学者、裁判官、弁護士等の多くの反対があります。裁判所の中枢におられた元裁判官の中には、今回の改正は、その改正の内容も改正の進め方も、どちらも公益という姿勢に反しているのではないかとおっしゃっている方もいますし、別の裁判官は、本当に国民のための改正ですかと問い直したいとおっしゃっています。

このような反対がありましたので、当初提案よりは、現在の改正法案は大分穏やかになっております。それでも、今回最初に述べましたような債務不履行、保証、時効、原状回復の改正点にあらわれているように、極めて深刻な問題が多々残されております。私個人は、法務省の改正原案のまま民法改正がなされることがあってはならないと考えております。制定後百二十年たった民法に改正の必要があることは事実ですから、国会の手により、よりよい改正案にしていただくことを願っております。政府原案のまま改正されることには強く反対したいと思っております。

官僚主導のもとでロースクールは大失敗いたし

ましたが、その愚を債権法改正で繰り返すことがないよう、よりよい審議をしていただくように心からお願いしたいと思います。

最後に、冒頭で申し上げました「取引上の社会通念」という、今回の改正で債務不履行以外でも極めて多く用いられている文言には、非常に深刻な問題がございます。この点を時間の制約で申し上げられないことは痛恨のきわみですが、時間ですので、これで私の話を終わらせていただきます。

どうもありがとうございました。（拍手）

○鈴木委員長　ありがとうございました。

次に、黒木参考人にお願いをいたします。

○黒木参考人　おはようございます。

本日は、このような発言の機会を与えていただきまして、まことにありがとうございます。

私は、日弁連の消費者問題対策委員会の委員として、先ほど岡参考人がお話しになりましたけれども、多面的な議論を尽くすためにはいろいろな立場からできるだけ大勢の弁護士で議論することが重要であるとして、全国各層から約六十人弱のバックアップチームをつくって、部会の前日などに、合計すると百二十四回議論したという中にずっと加わっておりました。

私は、事業者と比べまして情報力でも交渉力でも圧倒的に劣位の立場にいる消費者の立場から、今回の債権法の改正に関与してきました。消費者問題対策委員会では、事務方から配られる資料が来ますと、火曜日にありますので、それを金曜日までにみんなで読み込んで、金曜日に集まることができませんので電話会議で議論をし、その議論の結果を日曜日までにまとめて、バックアップに書面で出すということを百二十四回続けてきたということになります。

なぜ、この消費者問題対策委員会がこのような情熱を持って今回の債権法改正に加わったのかということを申しますと、それは、今回の債権法改正ではまさに一種の通奏低音として契約格差の問題が意識され、議論されていたからだと思っております。

本日、私の名前で配らせていただきました資料の一ページ目を見ていただくといいと思いますけれども、私的自治を実現するためには契約は自由に締結できなければなりません。また、その契約に拘束力がなければなりません。

しかし、現代社会では、圧倒的な事業規模を持つ事業者がその事業規模を背景にして、情報力と交渉力を持たない者との間で契約を締結しているということが多数ございます。この契約条項の中には、一方当事者に過度に有利であったり、あるいは詳細な契約条項を理解していない者からすると不意打ちになってしまっているというような条項が散見されることは間違いありません。

同時に、日弁連の消費者問題対策委員会では、過度の債務に苦しむ人たちの救済活動を続けております。その大きな原因が保証制度の問題である、保証人保護は重要な問題であると意識されておりました。そこで、日弁連として、債権法を改正するのであれば、保証人の保護のための改正を強く望んでおりました。

今回の民法の改正は、消費者問題対策委員会といたしましては、以上のように深く審議過程にコミットした中での成案となっておりますので、この法案の成案を強く期待しております。

同時に、本日資料として配付させていただきました「Q&A　消費者からみた民法改正」という冊子がございます。これにつきましては、議論した中で見送りになった七項目について言及しております。また、その他の論点につきましても、各項目ごとに「残された課題」というものを設けておりまして、今後の実務上あるいは立法上の課題について指摘させていただいております。

これは去年の四月に上梓させていただきました。まさに法案ができた直後に、上程された直後に作成させていただいたものでありまして、このような形で議論をしていただくことについては本当にうれしい機会であります。ですから、もしもお時間がありましたら御一読いただければありがたいと思っております。

また、今後、成年年齢の引き下げも検討されているということでございますが、十八歳になりますと、この十八歳以降の人たちというのはやはり類型的な契約弱者となりますので、今後も、消費者保護の観点からは、消費者契約法などの関連法も含めて検討していく課題が出てくるんだろうなと思っているところであります。

ではまず、具体的な例としての保証人保護について御説明申し上げたいと思います。

日弁連は、今回の債権法改正に当たりまして、二回にわたって保証人保護制度についての意見書を発表しております。その意見書のうち、二〇一二年のものは私の資料の七ページ以下、二〇一四年のものは十九ページ以下にあります。

今回の改正内容は、第三者保証人についてはかなり厳格な手続要件を課しているという点で、評価できると考えております。事業に係る債務についての保証契約は、今まで多くの保証人の悲劇を生んできたものであります。

私の地元で親しくさせていただいて、今回の民法改正について一緒にシンポジウムをさせていただきました中小企業の経営者の方がいらっしゃいます。その方は、事業を営む第三者が事業性の保証人になるということは、一度お願いしてほかの会社の社長さんに保証人になってもらうということを意味するんだ、そうすると、今度はその方から、その会社の保証人に自分がなってくれと言われたら断れない、これは、銀行主導で、融通手形をお互い書き合っているのと何も変わらないんだ、こういうふうにおっしゃっていました。まさに第三者保証の問題点を鋭く言い当てた至言であると私は思っております。

その観点から今回の改正を考えてみたいと思います。今回の改正法案と金融庁の監督指針を対比させた表を私のレジュメの二ページ以下でつくっておりますので、ごらんください。個々の点については、詳細な点は割愛させていただきます。

第三者保証については、原則として公証人による意思確認、口授を求めている点では、ガイドラインでは意思確認の方法は単なる無方式、無様式の方法でも構いませんので、その点では評価できると思っております。

また、主たる債務者から保証人に対する虚偽の事実の説明があり、それを債権者が知り、または知り得べき場合には取り消すことができるという規定、これも非常に重要な改正であろうと思っております。

他方、公証人による公正証書による事実確認と同日に執行証書をつくるということが懸念されているということは御指摘のとおりであります。この点は、よく考えてみますと、本当に保証をするのかということについて保証人が公証人から確認された後、一日ぐらいもう一度考える機会を保証人に与えるということをすればよいのではないかと思いまして、例えば、これを、先立つ日という修正をすることで、この点の疑問が払拭されて懸念が払拭できるのではないかなと私自身は思っております。

最後に、監督指針との関係で、ぜひとも今後御検討いただきたい点が、保証履行時における保証人の履行能力を踏まえた対応でございます。これにつきましては、三十四分の三の一番最後のところですけれども、今回の法案にはありません。この点は、日弁連も、繰り返し、比例原則といったような形で何とか改正の中に入れてくれということで立法化を期待した考え方でありますけれども、今回の改正では見送られております。今後は、実務における経営者保証のガイドラインの運用などの実績を踏まえまして、何らかの形で立法化されていくことを強く期待しているところでございます。

また次に、具体的な例としての定型約款について私の意見を申し述べておきます。

定型約款の規定も大変重要な改正だと私どもは考えております。

現行民法には、現代社会において重要な役割を果たしている約款について規定が一切ありません。

この約款のうち、今回は、かなり限定された約款類型である定型約款について規律を設けることとなりました。この定型約款の規律を手がかりといたしまして、当事者の合意が希薄である約款について、どのような要件で拘束力が認められるのか、一方当事者に有利な内容が含まれている場合、合意の効力がどこまで認められるのか、また、約款提供者が約款を変更しようとしている場合、どのような場合にどこまで変更が可能なのかといった論点について、今後、裁判実務も含めて解釈が行われていくことは有意義だと思っております。

この定型約款につきましては、実は、法制審議会で平成二十六年八月二十六日に決定された要綱仮案では、「第二十八　定型契約」と書いてあって、「(P)」、日本語がないという状態でありました。そこで、日弁連は、二〇一四年、平成二十六年十一月に会長声明を発表いたしまして、民法の改正案には約款に関する法規範を規定すべきであるということを申し述べました。このような経緯を経まして、今回、定型約款の規定を含む民法改正案が審議されているということは、私どもにとっては大変喜ばしいことであります。

同時に、定型約款の条項の適用範囲がどうなっているのか、これは単に消費者なのか、消費者と事業者だけなのか、あるいは、交渉力が劣位にある中小事業者との関係でもその適用があるのかないのかといったような点につきまして審議をしていただくことが必要だと思っております。

それから、事業者には、定型約款の重要部分に関する信義則上の説明義務があります。このような説明義務の存在につきましては、改正民法の施行までの間に周知徹底されていくことが必要であろうと考えております。

約款使用者に一方的に有利な契約条項、不当条項の押しつけに対しては、みなし合意の除外規定で対応できるということは大きな改正であると考えています。同時に、通常想定しがたいような契約条項の不意打ちに関しましてもみなし合意除外規定で対応できると考えています。この周知徹底も重要な論点であると考えています。

さらに、定型約款の変更につきましては、変更の可能性の判断基準が抽象的なものとなっております。この変更要件が緩やかに運用されてしまいますと、消費者は契約締結時には同意していない約款条項に広く拘束されることになりますので、約款変更の要件は厳格な運用が必要であるということについても周知徹底される必要がある重要なポイントであると考えております。

あと、個別的な論点といたしましては、時効、法定利率といった大きな改正がなされておりますが、これにつきましては、私どもも議論の中に加わっておりまして、消費者の観点からいろいろな意見を申しましたが、最終的にこの改正の必要性それ自体は是認できるものです。ただ、社会生活に大きな影響を与えることは間違いありません。そのため、法律成立後、施行までの周知期間において、いろいろな広報などにより国民一般に広く周知していただきたいと期待しております。

最後に、残された課題につきましてお話をさせていただければと思います。

この「Q&A　消費者からみた民法改正」では七項目の見送りの論点があるとしておりますけれども、その重要な論点の一つとしまして、暴利行為と取り消し権の原状回復といった点についてお話しさせていただきます。

まず、暴利行為ですけれども、中間試案から最終的な要綱の取りまとめまで、何度か議論が続けられた重要な論点であります。

今後我が国が高齢化社会を迎えていく中で、典型的な契約弱者であります高齢者に対して、高齢者などの状況につけ込んで暴利をむさぼるような事案がふえてくることは間違いないのではないかと懸念しております。そのような場合、民事ルールの基本である民法にこの問題を指摘する条項があってもよかったのではないかというのが偽らざる感想であります。今回の改正では、条項の決め方とかさまざまな問題によりまして見送りとなりました。

ただ、民法の特別法であります消費者契約法の改定作業の中でもこの問題は意識されておりまして、過量取り消し規定が規定されました。ただ、暴利行為はこの類型だけではありません。高齢者の加齢による判断能力の低下につけ込んで高額な商品を買わせる悪徳事業者など、消費者が合理的な判断ができないなと、その状況につけ込む形の不当勧誘についての立法的手当てはやはり必要だと考えております。

また、取り消し権の原状回復につきましても、基本的なルールが明らかになったということについては前進であると思います。

ただ、詐欺取り消しの場合、常に原状回復義務を負担するということでは、取り消し権の実効性が担保されません。その意味で、改正消費者契約法で返還義務の特則が規定されたことは前進だと考えています。ただ、同時に、今後、民法の詐欺取り消しや強迫による取り消しについても同様の規定が用意されるべきではないかと考えております。

最後に、私の今回の民法改正についての意見を申しますけれども、今回の民法改正は、百点かと言われたら、まだそうではありませんが、しかし、重要な改正であると同時に、我々から見ても大きな前進でございます。したがいまして、充実した審議をしていただきますと同時に、早く国民のために新しいルールを社会に定着させていただきたい、そのように考えております。

以上でございます。ありがとうございました。(拍手)

○鈴木委員長　ありがとうございました。

以上で参考人の方々の御意見の開陳は終わりました。

―――――――――――――

○鈴木委員長　これより参考人に対する質疑に入ります。

質疑の申し出がありますので、順次これを許します。山田賢司君。

○山田(賢)委員　ありがとうございます。私は、自由民主党の山田賢司でございます。

明治二十九年に制定され、百二十年を迎えることの根本的な法律の改正の審議に参加できること、大変光栄に存じます。本日は、質問の機会をいただきまして、まことにありがとうございます。

そして、本日は、三人の参考人の皆様方、それぞれの専門の立場から大変貴重な御意見を賜りまして、本当にありがとうございます。改めまして御礼を申し上げます。

さてそこで、早速御質問に入らせていただきたいんですが、まず総論的なことをお聞かせいただきたいと思います。

今回の改正に当たっては、これまでの民法の条文に規定されていたんだけれども、考え方をいろいろ変更しないといけない部分、こういったものもあるんですが、中には、明文の規定にはなかったんだけれども、ある程度判例の理論というものが確立している、こういったものをあえて法文の中に書き込むことによって、明記した、わかりやすくした、こういった改正の部分なんかもあろうかと思います。

こういったものを、先ほど岡参考人からはお話があったように、壊れていないものを直す必要はなしみたいな議論も一部にあったというふうに聞いております。そういった考え方は一つあるんですが、民法という、消費者あるいは国民生活にとって大変身近な法律ですから、きちんと法文に書いて周知し、わかるようにするということは非常に大事かと思っております。

ただ、これは専門家の皆さん方では、あえて条文に明記する意味はないという議論もあったということなので、その辺の、あえて条文に明記する意義について、各先生方の御意見をお聞かせいただきたいと思います。お三方からお願いいたします。

○岡参考人　先ほどの基本姿勢の一で述べましたように、我々実務家は、この条文がいいか悪いかというふうに考えておりますので、全体的に、抽象的な考え方は余りなれておりません。今回の条

文一つ一つを見ていきまして、これはあった方がいいというものについて条文に残していただいた、こういう理解をしております。

どうも、実務家らしい答えで申しわけございません。

○加藤参考人　御質問ありがとうございました。

一般論として、判例法理を民法典に取り込むということは、いい側面と悪い側面がございます。

それは、いい側面というのは、本当に判例法として確立している、抽象的理論を取り込むことはいいことです。しかし、判例というのは具体的な事案に即しているものでございますので、そこでたまたま抽象論として述べた片言隻句を入れると、その事案にはいいけれども、一般論として不適切なものがございますので、一つ一つ吟味しなければいけないと思います。

それから、今回の民法改正に関しまして、法務省は、判例理論を一般に取り込むということを終始一貫言っておりました。しかし、そういう方向で改正がなされたのかというと、私はそうは思いません。もしそうだったら、今回やっているところで、非常に重要な問題として、例えば民法九十四条の外観法理、こういうものを入れなければおかしいのに、そういうものは一切入れていない。そして、例えば、判例法では否定されていて、そして学界でも通説は反対している履行期前の履行拒絶を入れる。

基本的に、今回の民法改正は、日本社会をにらんだものというよりも欧米の改正をにらんだもの、ただ、そういうことを言うと語弊があるので、判例法理を入れている。判例法理を入れているならなぜ外観法理という一番重要なものを入れないのか。言っていることとやっていることの間に食い違いがあるというのが私の評価でございます。

○黒木参考人　私も実務家でございますので、余り、そういう判例が云々という大きなことは申しませんが、ただ、一定の、社会的に明確になっているルールのかなりの部分が今回の条文の中に取り込まれたのではないかと考えておりまして、その意味では、今まで読んでもわけがわからなかったものが、少しは国民にとってわかるようになりつつあるのではないかということでは評価できるものだと思っています。

以上です。

○山田(賢)委員　どうもありがとうございます。

私の質問が抽象的だったもので、かえって実務家の方にはお答えにくかったかと思って、大変恐れ入ります。

それでは、次の質問に。

まず、個別の条文についてお尋ねしたいと思います。

今回、三条の二ということで、意思無能力者の無効という規定が設けられました。これは、法制審の民法部会にも参加していただいております岡参考人にお聞きしたいと思うんですが、意思無能力者の行為は無効、意思能力を有しなかったときは無効という規定になっております。

他方で、既に現行の七条では、事理を弁識する能力を欠く者については、家裁で後見人ですとか保佐人ですとか補助人といった者をつけて、それがなければ、要件を満たさない場合は取り消しという形になっております。

この辺の整理、要するに、事理を弁識する能力のない方、後見人が必要な方、こういった方は意思能力を有しなかったというふうには解せないのか、この辺の重複関係というのはあるのかないのかを含めて教えていただければと思います。

○岡参考人　そういう難しい話は後でじっくり法務省に聞いていただければと思いますが、この三条の二の条文につきましては、意思能力を有しないというのはどういうことなのか、そこをもう少し定義づけしようじゃないかという議論を一生懸命した記憶がございます。ただ、六歳だとか十歳だとかいう説だとか、いろいろございまして、定義化は最終的には断念をしたところでございます。

それから、先ほどの行為無能力者につきましては、行為無能力者よりは、意思能力がないときは、その行為のときは絶対的に無効にする。最も保護に厚くするときの条文がこれだと理解をしております。

○山田(賢)委員　ありがとうございます。

もちろんこれは法務省の方に聞かないといけないんですが、審議の過程で、実務家のお立場からどういった議論があったのかなということで御質問させていただきました。

続きまして、そういう意味ではまたこれも、ほとんど法案の中身というのは提出者である法務省に聞かないといけないんですが、今回はやはり参考人の皆様方のお立場からの御意見をいただければと思っております。

九十五条で、錯誤、これが、従来の無効から取り消しというふうになりました。今まで無効としてきて、これは逆に、実務上不都合というものがあったのかなかったのか。あるいは、無効という言葉を使っているんですが、錯誤の場合の無効というのは、本人が反対しない限り有効にしていたというふうに思うんですね。無効なものというのは本来最初から無効なはずなんですが、この辺、今まで無効としてきて不都合があったのかなかったのか。あるいは、今回、無効を取り消しに変えることによって何らかの実務上の変更があるかどうか。

これまた岡参考人、お願いいたします。

○岡参考人　ここも随分議論したところでございます。

判例等も踏まえて、無効にするというのは本人を保護するためのテクニックである、本人を保護するためのテクニックであれば取り消しでもいいのではないか、そういう学説もあったと聞いております。しかも、判例では、その無効は保護されるべき本人しか主張できないというような考え方もあったと思っております。

そういう意味では、今回、最終的には、無効から取り消しに変えたことで、そう大きな変更はないと理解をしております。そういうことで、大きな変化はないと理解をしております。

○山田(賢)委員　ありがとうございます。

恐らく大きな変化はないのかなと思って、これは多分、こういうことを詰めるのは法務省に聞かないといけないとは思うんですが、実務上どういう不都合が生じて、何が変わるのかなというのがちょっとわからなかったもので、お聞きさせていただきました。

これは、加藤参考人には無効の議論についてはかなりお聞きをしましたので、黒木参考人、この点について同じような点から御意見をいただければと思います。

○黒木参考人　ありがとうございます。

私どもの立場からしますと、無効でも取り消しでも余り変わらないねということでありまして、結局、錯誤無効で相対無効だというような話がありましたものですから、そこの点は結局は余り変わらないんじゃないか。だから、最後のところの原状回復の範囲がどうなるのかということだけが問題だなというところでありまして、余り熱く消費者側として議論した論点ではないというふうに考えております。

ありがとうございます。

○山田(賢)委員　ありがとうございます。ここが余り論点でないということがよくわかりました。

続きまして、同じく錯誤無効のところ、九十五条。これまでは何か、講学上、要素の錯誤というものが無効だということだったんですけれども、今回、動機の錯誤で取り消せるようになったということなんです。これは、考え方によっては、勘違いしたという方にとっては取り消せていいなという反面、あんた、そう言ったじゃないか、あなたの返事を、約束を信頼して私は取引関係に入ったんだという人にとっては、大変取引関係が不安定に置かれる状況になると思うんです。

この辺、要素の錯誤だけではなくて、動機の錯誤まで入れてしまった、これによって何か不都合が生じるのか。先ほど、加藤参考人のあれは意見陳述の中でお聞きをしましたので、何度も恐縮ですが、岡参考人、御意見をお聞かせいただければ

と思います。

○岡参考人　何か司法試験を受けているような気になってまいりましたが。

従前から、要素の錯誤で、重要な場合で一定の場合は取り消せる、無効になるという判例法理がございました。その法理を明文化すべきだということで、どのように条文化すれば、従来の判例法理と整合性があり、安定的な実務が実現できるか、そういうことで随分ここは議論をいたしました。

最終的には、この九十五条の一項の本文にありますように、「その錯誤が法律行為の目的及び取引上の社会通念に照らして重要なものであるとき」、こういう大きな縛りを入れました。その上で、この二号で、動機の錯誤の表現として、「表意者が法律行為の基礎とした事情についてのその認識が真実に反する」場合、そして二項で、「その事情が法律行為の基礎とされていることが表示されていたとき」、この「表示」があるので、相手方の保護とのバランスで取り消せる場合を限定する、こういうバランスのとれた条文に最終的になったと理解をしております。

○山田(賢)委員　ありがとうございます。

そういう意味では、これも抽象的にやっているとイメージが湧きにくいんですが、ただ、これをあえてお聞きするのは、役所に聞くと、個別具体の事案についてはお答えできないということが多いもので、実務家の方にぜひ御質問したいんです。

例えば、今おっしゃった「法律行為の目的及び取引上の社会通念に照らして重要なもの」ということで、認識が真実に反する場合とか、例えば閉店セールとやって、もう今だけですと言われて、これはえらいこっちゃ、買わないとと思って買いに行ったら、次の日もやはりやっていたとか、そういうケースというのは間々あることなんですね。よそよりも安いです、ここが一番安いんですと言われて、そうか、ここが一番安いんだと思って、本人にとっては、だから買うんだという、物すごく重要なことなんだけれども、実はよそにいっぱい安いところがあった。

こういう場合、今までは、買うという行為についての意思ははっきりしているのでこれは錯誤ではなかったんだけれども、動機の錯誤まで取り消せるということになると、そのとき得だと思って買ったけれども、全然得じゃなかったということが後でわかったときに、これは取り消せることになるんでしょうか、どうでしょうか。これはまた教えていただければ。

○岡参考人　試験の解答ですので、間違っていたらまた後で訂正させていただくということで。

今の場合ですと、直観的には、詐欺があったということで詐欺取り消しに行くのではないかというふうに思います。

それで、詐欺までいかないで、相手方が惹起した不実行為に基づいて誤った意思表示をした場合、これがこの動機の錯誤に当たるか否か、動機の錯誤の一形態なので、相手方が惹起した不実表示の場合の取り消しの規定を置こうかという議論を随分いたしました。しかし、最終的に、相手方惹起による不実表示による取り消しは実現はせず、現在の動機錯誤のところの運用でしばらくはやっていこうというふうになったと理解をしております。

そういう変な事例があった場合、実務家はどの条文でいくか、知恵を駆使して対処してまいりますので、今のお話ですと、現在は詐欺か動機の錯誤で対処していくことになると思います。

○山田(賢)委員　ありがとうございます。

私も、余りひどいものというのは詐欺なのかなと思うんですけれども、詐欺というのはかなり認定が難しくて、欺罔されてそれでもってということなんですけれども、単に表示されていて、ああそうか、それなら買おうかということだったら、欺罔されたというところまでいかないのかなとは思うんです。

また、もう一つの考え方を見ると、債務不履行というか、こういうものだと言って売ったのに、その債務に合っていないんだという考え方もあろうかと思うんですが、今回の動機の錯誤、これを取り消せるようにしたことによって、実際の実務の場では、消費者ないしは買った人とか、こういう方の救済にはつながるのかどうか、また岡参考人、教えていただければと思います。

○岡参考人　消費者は黒木先生が専門家ですので、そちらにもお願いしたいと思いますが、十分武器にしていけると理解をしております。

○黒木参考人　黒木でございます。

本日お手元に配っておりますこの本の十四ページと十五ページに、その問題につきましては我々の考え方はまとめておりまして、十五ページに表がございます。

そこで、つまり、今回の改正法につきましては、動機の錯誤は改正案で二重丸になりました。

それから、今おっしゃったような閉店セール、いつまでも続く閉店セールみたいなものを御質問いただきましたが、そういうような、相手方の惹起により意思にミスが起こった場合どうなるのかということにつきましては三角とさせていただきまして、これは今後の解釈に委ねられている、排除されたものではないというふうに考えております。

私どもとしましては、今回の国会審議の中でこれは排除されていないよねということを確認していただくことが、今後、立法者意思という形で裁判実務に大変大きな影響を与えていくと考えておりますので、ぜひとも、私どもはこれは三角だというふうに考えておりますけれども、これは三角なんだ、むしろ丸に近い三角だというふうに議論が進んでいくと、我々とすると大変ありがたいと思っております。

以上でございます。

○山田(賢)委員　ありがとうございます。

それでは次に、時効についてちょっとお尋ねしたいと思います。

今回、ばらばらだった短期の債権の消滅時効というのが五年ということでそろえられたんですが、もちろん、請求する側からすれば、一年、二年だったものが五年ということでは保護にはなるんですけれども、例えば飲み屋さんのツケとか、そういったものを一年から五年にして、長過ぎないかなという気も逆にして、これは先ほど加藤参考人も御指摘になられたんですけれども。

ただ、これは決めの問題ですから、わかりにくいというものをきれいにするというのは一つの意義はあろうかと思うんです。例えば、不法行為の損害賠償請求権の消滅時効、これは知ったときから三年で、行為のときから二十年になっている。

他方、債権の消滅時効は全部延びて、知ったときから五年、そして行為のときから十年ということになりました。不法行為の損害賠償請求権の方が逆に手厚くしてあげないといけないんではないかというような気もするんですけれども、知ったときからの期間は不法行為の方が短くて、行為のときからというのは債権時効の方が、起算点からの十年ということで、こちらの方が短くなっている。

この辺について、消費者の保護というのか、被害者の保護といった観点から矛盾はないか、これは黒木参考人、御意見をいただければと思います。

○黒木参考人　ありがとうございます。

御指摘の点ですけれども、これは現行民法の不法行為が既に三年ということになっておりまして、先ほど岡参考人の方も申し上げていらっしゃいましたけれども、起算点、主観的起算点については、被害者保護の考え方から何をもって起算点と考えるかということについては判例実務がかなり精緻なものがございます。それを考えますと、基本的に、客観的消滅時効が延びるということの方が被害者、弱者にとっては保護ではないかと私どもは考えておりまして、この点につきましては賛成ということで考えております。

以上でございます。

○山田(賢)委員　同じく、岡参考人、御意見いただければと思います。

○岡参考人　もう来ないかと、ちょっと油断をしておりましたが。

まず、不法行為の時効と一般債権の時効を全部そろえた方が簡明ではないかという意見もござい

ました。

ただ、黒木さんがおっしゃったように、不法行為の三年、二十年が現にあるので、一般債権をすぐそこまで持っていくのは相当ではないだろうと。一般債権につきましては、商事時効が五年というのがかなり一般的でございましたので、基本的には、そこでまずは統一をするということで、一般債権の短期の方が五年になったと理解をしております。

ただ、さっきも申し上げましたが、基本的には同じ性質ですので、生命身体に係るものについては、一般債権も五年、二十年、不法行為も五年、二十年にそろえたということで、整合性が全体としてとれたと理解をしております。

○山田（賢）委員　ありがとうございます。

それでは、加藤参考人に全然質問しなくて済みません、せっかくですから、ぜひお聞かせいただきたいんですけれども。

今回の改正案が大変不十分だというお考えというのは私も理解をしたんですけれども、不十分な点、不満足な点というのはあるんですけれども、それでもさまざまなところで消費者の保護であるとかそういった規定が設けられていて、これをまず一旦速やかに成立させて、課題は課題としてさらにもう一度議論をしていくというお考え方というのはどのように考えられるか、お聞かせいただけますか。

○加藤参考人　先ほども申し上げたんですけれども、当初の提案よりは大分穏やかになってきたことは事実です。

現在の民事局長じゃなくて前の民事局長と、何人かの方と御一緒したときに、法務省の方が、先生、ずっと反対なさっていましたけれども、ここまで来たら賛成していただけませんかということを言い、ただ、それは局長がおっしゃったんじゃないですけれども、そのときに私がにやっと笑ったら、隣にいた法制審の委員の方が、加藤先生は大きなマイナスがある改正が小さなマイナスになったと考えていらっしゃるんですよとその法務省の方には説明しました。

そういう意味で、法定利率とか若干、やっていいというのはあるんですよ。ただ、全体としてはマイナスだ。それはなぜかというと、日本社会のために民法を変えようというのではなくて、要するに、ある意味で法務省の権限争いとかなんかで跳びはねた改正であったものの残滓で、前よりはよくなったけれども依然としてあれなので、これをやることには私は依然として反対でございます。

○山田（賢）委員　ありがとうございます。

時間が参りましたので、終わらせていただきます。三人の参考人の皆様方、本当にきょうは貴重な御意見をいただきまして、ありがとうございました。失礼いたします。

○鈴木委員長　次に、國重徹君。

○國重委員　おはようございます。公明党の國重徹でございます。

きょうは、参考人の三名の先生方に当委員会までお越しいただきまして、貴重な御意見を賜りましたこと、心より感謝と御礼申し上げます。

今回、民法の債権法の大改正ということで、論点も多岐にわたっておりますし、時間も二十分ということで限られております。また、政府に対する質疑ではなくて、きょうは参考人の先生方に対する質疑ということですので、私の方から、余り細かい条文の解釈論というよりは、例えば、岡先生、法制審議会に参加されて感じたこととか、また今後の実務の運用、こういったことについてお伺いしていきたいと思います。

そういった観点から、きょうは、長年実務に携わってきた岡参考人、黒木参考人中心になるかと思いますけれども、加藤参考人の御意見も先ほどるるお伺いさせていただきましたので、また御容赦のほどよろしくお願いいたします。

まず第一点目に、岡参考人にお伺いしたいと思います。

岡参考人、先ほどお話の中で、六十名弱の弁護士から構成される司法制度調査会民法部会バックアップチームというもので、百二十四回会議がされた。こういうバックアップを受けて、岡参考人が法制審議会の民法部会の委員として最初から最後まで、五年四カ月も参加されてさまざまな意見を言ってきたということですけれども、この間、これは先ほど加藤先生からもお話もありましたけれども、いろいろ悩むこともあったかと思います。最後、絶妙なバランスでこれはできたと思っているということでしたけれども、それは最終結論であって、五年四カ月やっている間にはさまざまな悩み等もあったかと思います。

こういったところで、岡参考人が今回の法制審議会の中で一番悩まれた点はどのような点だったのか、また、今回法制審議会に参加されて、このやり方はちょっとこういうふうに変えた方がいいんじゃないかとか、もし思う点があれば、ぜひ教えていただきたいと思います。

○岡参考人　事前に通告があれば、もっといい答えをしたと思いますが。

率直に言って、やはり社会的合意というのがこんなに難しいのか、それを一番感じました。

まず、日弁連の中でもいろいろな意見がございました。それぞれもっともな意見、それをどのようにまとめて法制審でしゃべればいいか、これがまず最初に悩んだ点でございます。ただ、それは、日弁連は四人の委員、幹事を出していただいておりましたので、では、この点は君ね、この点は僕ねという役割分担をして出したこともございました。

それから、やはり部会の中で、さまざまな研究者がおり、経団連さんがおり、中小企業さんがおり、消費者さんがおり、裁判官がおり、そういう中でそれぞれもっともな意見が出てきて、その中でどれを条文にしたら本当に日本にとっていいんだろう、そこが自分の個人の考えではないところでも、そっちの方がやはり社会にいいのかなと。社会にとっての判断、私にとっての判断ではなく、社会にとって、多数派にとって何がいいのか、それを考え抜いた四年九カ月だったと思います。

実務家ではない視点、むしろ、やはり政治家さんはそういうことに日々悩んでいるんだろうなという思いをして、やはり私は政治家にはなれないな、そういう思いをしたところでございます。

○國重委員　岡参考人、率直な御意見をありがとうございました。

まさに、やはり合意形成というのは、国会においても極めてこれが難しく、重要なものでありまして、ただ、この法務委員会は、与野党ともに、非常に野党の皆さんの意見もしっかりと取り入れながら審議をされている委員会であると思いますので、またしっかりと法務委員会で充実した審議をしてまいりたいと思います。

続きまして、第三者保証の制限に関してお伺いしたいと思います。

先ほど加藤参考人の方から、これは商工ローンの再現に道を開くものじゃないかというような厳しい御指摘もございました。

この改正法案では、先生方はもう十分御存じのとおり、事業用融資の保証契約は、一定の例外を除いて、公証人がその保証意思を確認しなければ効力を生じない、要は無効であると、非常に強い効力を生じさせることにして、事業用融資の第三者保証における保証人の保護を図ることにしております。

先ほど加藤先生の御意見は伺ったとして、岡参考人、黒木参考人、長年実務家をされてきて、これが仮に改正法として成立した場合、今後、運用としてこういうところには留意してほしいという点があれば、ぜひ御教示いただきたいと思います。

○岡参考人　まず、公証人のところの手続について、過去、加藤先生がおっしゃるような不祥事といいますか、余りよくない事例があったのは承知しておりますので、まず、公証人さんのところの研修といいますか法務省による監督といいますか、公証人さん自身の自覚的な運用、そこがかなり大きいことだろうと思っております。そういう指導等をぜひ国会等からしていただければと思っております。

実務家としましては、やはり情義性の問題も含めて法教育が大事なのではないか。頼まれたら断れない、そういうところに根差しているものがございますので、法教育が随分重要になり、弁護士も努力しなければいけないというふうに思っております。

最後に、やはり弁護士としましては、万が一トラブルといいますか事件化した場合には、今回できましたいろいろな条文を駆使して救うべきものは救う、そこで最後は弁護士が頑張らなければいけない、こういうふうに考えております。

○黒木参考人　この商工ローンの問題は、実は私も債務者側でやりましたけれども、あれに、金銭消費貸借契約と複写式で委任状までつくられてしまうという、初めからもう事業者がそういう意図を持ってやっていて、しかも、その立ち会いというか、証人というのも事業者が連れてくるという中で執行証書ができていたという問題であります。

今回の場合は、条文上は口授が条件になっておりますので、面談の上、口頭でのやりとりということが手続として必要になります。

そうなりますと、普通の人であれば、公証人役場に行くというだけでもえらいこっちゃと思うだろうと思いますし、そこで、あなた、保証というのはこんなものだよという話をして、それについて、わかりました、私はこうですということについて口頭でのやりとりをするということになりますと、かなり心理的な負担は上がる。あるいは、後で知った、それは知らなかったということは言いにくくなるということはよくわかっていただけるのではないかと思います。

ただ、これは、私どもも同じように消費者問題対策委員会の中から言われていることですけれども、同日、執行証書がつくられてしまったらどうするんだという話はあります。ですから、私としましては、先立つ日という形で、一般の私文書である契約証書も含めて一回公証人から話を聞いて、もう一度よく考えてみるという機会を、一晩寝ようというか、寝て考えるという機会を一回与えるというのも一つの保証人保護の関係では必要なのではないかと考えています。

そうすると、緊急の資金融資がだめなんじゃないかという話があるかもしれませんが、保証人がいないと貸せないような緊急の資金融資というのはかなり主たる債務者が怪しいわけですので、そうなってくると、今度は、主たる債務者が正しいことを伝えていたのか、そして、それについて保証人に正しく伝えて、債権者もそれを知っていたのか知っていなかったのかという取り消し権の問題が、同時にそういうことが出てくるわけですから、正常な保証を守る、そして正常な保証が予想外の形で事業展開をしてだめになったときにも保証人がそれを理解するという点では、一晩寝るというために、先立つ日にという形で修正すると、今のような問題はかなり軽減されるのではないかと私は考えております。

以上であります。

○國重委員　貴重な御意見、ありがとうございました。

私もここは結構重要であると思っておりまして、例えば公正証書遺言、私も弁護士時代、相当数、かなりの数つくりましたけれども、遺言者と一緒に公証役場に行って、証人が二人必要なので、私と弁護士事務所の事務員が一緒に行って証人になるということでつくりました。

公正証書の民法上の条文というのは、「遺言者が遺言の趣旨を公証人に口授すること。」ということで、これも口授ということが書いてあるんですけれども、実際に実務上どうやってできているかというと、先生方も御存じのとおり、私が遺言者から話を聞いて、遺言者ないしその親族とかいろいろ話し合いをして、事前に下書きをほぼ完璧な形でつくって、それで必要書類等も、公証役場に通帳とかいろいろな必要書類は先にファクス等で送って、事前に下書きを送っていますので、公証人としてはそれをただ、仮にちょっとした言い回しのミス等があればそこは若干直してもらうところがあるにしても、ほぼそのままそれを書いている。

遺言者は、行った場合に、それを自分で読むのではなくて、公証人がそのままずらっと読み上げたものを、これでいいですかと言って、はい、結構ですというようなことが実務上公証役場でも行われていますし、場合によっては、余命幾ばくもないような、少しふらふらで、病院ではなくて家で最期の瞬間をまさに迎えようとされている方というか、そういう方の場合は、家にまで出張で、出張費を払って公証人に来ていただいて、その場合はあらかじめほぼできたもの、こう言うとあれですけれども、どこまで判断能力があるかどうか若干懸念があるような場合も、今までの公証人というのは、私の経験では、少し緩やかに、柔軟に認めてくださっていたような気がするんです。当然、それが、後で意思能力がなかったとかということで無効の裁判等を起こされる場合もあるかもしれませんけれども、実務上かなり柔軟な運用がされてきたんじゃないかというのが私の実感でございます。

そうすると、そういった運用と今回の保証意思の確認というのは同じであってはならない、これは当然のことでございまして、こういった観点から、さまざま、今後政府に対する質疑でもここは確認していきたいと思っております。

続きまして、今回、民法の債権法の大改正というのは、市民生活に大きくかかわることでございます。当然、弁護士会等でも今研修等をされていることと思います。これで、例えば高齢の弁護士の先生がもう俺はやらなくていいんだということで、しなくて、弁護過誤が起きるようなことがあってはならぬということですので、しっかりと弁護士会でもしていただいていることと思います。

また、先ほど岡参考人の方から、法教育が重要だというようなお話もいただきました。その上で、現場の第一線で奮闘されている先生方からした場合に、この民法というのがいろいろな、まさに市民の生活の基本にかかわるということで、政府に対して、この周知が極めて重要だと。では、政府に対してどのような周知をすることを求められるか、できるだけ具体的に、こういうことを政府に望みたいということがあればぜひ言っていただいて、私もそれをもとにまた政府に対して質疑をしてまいりたいと思いますので、ぜひ御教示のほどよろしくお願いします。

これは、一応、加藤参考人も、この法案には反対ですけれども、仮にできた場合にということを前提で、できるだけ簡潔に三名の参考人にお話しいただければと思います。

○岡参考人　私の資料の十四分の十二をごらんいただきたいと思います。

上から七行目ぐらいに、民法の所管官庁である法務省において、市民に対する広報、説明会、講演会の実施、関係団体への個別通知などを徹底していただきたい。当然、当連合会もやりますが。

第二に、法務省民事局参事官室の責任において、わかりやすい解説書を、従来の一問一答の倍ぐらいしっかり書いて、しかも早急に書いていただきたい。この書物は非常に重要であると思っております。

第三に、施行までの十分な期間が必要であろうというふうに思っております。ただ、提出から一年半もたっておりますので勉強は進んでおりますが、施行までの期間は十分にとっていただきたいと思います。

それから第四に、経過規定、これも重要だろうと思っております。案が出ておりますが、それをきちんと見て、それの実施に努めたいというふうに考えております。

○加藤参考人　別に、どの条文について啓蒙活動が必要かという形で条文を見ていたわけではありませんので、見落としもあるかもしれませんけれども、私が見るところ、年金等とは違いまして、この条文を知らないと市民が、わあ、こういう損をするよというのは、ぱっとは思いつきません。

そういう意味では、一般的な法教育といいますか啓蒙活動は必要だと思いますけれども、この点

についてやらないと市民が困るよというのは、後でやって思いつくかもしれませんけれども、今の段階では思いつきません。

そういう意味では、一般的な啓蒙活動の一環として、これは基本法でございますから当然知っていただく必要がありますし、特に法曹関係者、準法律家も含めて、そういう人たちはこれを知らないと非常に問題ですから、そういう人たちの教育が非常に重要だろうと思います。

○黒木参考人　私の立場から申しますと、国民の皆様方がこの民法について知識を、詳しく知る必要があるということはフィクションだと思います。ただ、消費生活センターの相談員の方々とかが最も市民にとって身近なトラブルの相談の窓口ですので、そういったような方々に対して、やはり何らかの形で政府としてはこの新しい民法のルールを伝える。

それから、地域包括支援センターとか、そういう高齢者の方々と日常的に接する立場の方々もいらっしゃいます。こういう方々にとりましても、やはり民法のいろいろな問題点を知っておくということは、高齢者がいろいろ今後の問題点にぶつかったときにまず相談を受ける方ですので、そういった方々を一つのターゲットとしてやっていただければと思います。

企業法務の人は、ほっておいても自分たちで勉強するのでいいんです。そういう人たちはもう置いておいてもいいと言ったら語弊がありますけれども、やはり、そうじゃなくて、普通の市民生活を営んでいる人たちにとって、民法が変わるか変わらないかというのは、身近な問題ではありますけれども、トラブルにぶつからぬ限りはほとんど気がつかない問題ですので、今のような方々に周知徹底を、これはある程度政府として命令、命令と言ったら変かもしれません、何かのそういう機会を与えてやることができるのではないかと思いますし、そういう方々がこのセクターとなって周知徹底していただければ余り混乱が起こらないのではないかと思っています。

以上です。

○國重委員　貴重な御意見、ありがとうございました。

しっかりと今の御意見を踏まえてやっていきたいと思いますし、また、一問一答形式の解説書等も、やはり当委員会の審議の充実ぐあいによってより充実したものになると思いますので、しっかり頑張ってまいりたいと思います。

最後の質問をさせていただきたいと思います。

先ほど加藤参考人は、四百十五条、債務不履行責任に関して、無過失責任なのか過失責任なのか、ぜひこれを今後の審議で問うてほしいというようなことでおっしゃいましたけれども、今後の法務委員会の審議というのは極めて重要になってまいります。

こういった観点、先ほど加藤参考人は今のところでおっしゃいましたけれども、岡参考人、黒木参考人に最後に簡潔に教えていただきたいのは、今後、我々、政府に対する質疑、また参考人の方も来られるかもしれませんけれども、そのときどういうような質疑を望まれるか、これに関して最後にお伺いしたいと思います。

○岡参考人　それは四百十五条に関してということではなくてですね。（國重委員「違います。今後の審議全般です」と呼ぶ）はい。

私どもとしては、この法案については迅速に成立をさせていただきたいと思っておりますが、冒頭に述べましたように不十分な点もありますので、その点について、先ほどのような金融庁に対する指導でありますとか法教育でありますとか、国会でなければできない仕事があると思いますので、国会が何をするのか、何をしたらもっとよい施行になるのか、そういう観点で議論していただければとてもありがたいと思います。

○黒木参考人　ありがとうございます。

私の立場からいたしますと、実はよくわからない、まだ最終的によくわかっていないところは、定型約款が、本当はB―Cといいますか消費者にかなり近い事業者みたいな人たちが、フランチャイズの加盟をしている人とか、事業者なのか消費者なのかよくわからない人たちがいまして、そういうような人たちについてのこの定型約款の適用はどうなのかといった点については、ちょっと私、個人的にはぜひ議論をしていただきたいと思っております。

ただ、先ほど申しましたとおり、この法律ができることによってその議論の場が、今まで全く手がかりがないのが、今後、国民のみんなの前に定型約款という考え方が示され、そして、それによっていろいろな考え方がまたこの解釈をめぐって国民各層から出てくるということになっていくことは非常に重要なことでございますので、その手がかりになるのはここの審議でしていただければありがたいと思いますけれども、本当に、まずそういう形のルールをいただきたいというのが偽らざる気持ちです。よろしくお願いします。

○國重委員　以上で質問を終わりたいと思いますけれども、きょうは、三名の参考人の先生方、率直で貴重な御意見を賜りましたこと、心より感謝と御礼申し上げます。

ありがとうございました。

○鈴木委員長　次に、井出庸生君。

○井出委員　民進党、信州長野の井出庸生でございます。

きょうは、三人の先生方、急なお願いにもかかわらずお越しをいただきまして、大変ありがとうございます。私は終わらない閉店セールでスーツを買っている口ですので、きょうは優しくいろいろ教えていただければな、そんなふうに思います。

早速質問に入ってまいりたいのですが、まず、これは弁護士会の黒木先生に伺いたいのですが、消費者のお立場ということを専門にやってきたということで伺いたいのです。

地裁の民事の第一審訴訟事件数というものを、私、ちょっとこの法案審議に当たって調べたのですが、戦後は三万七千七百六十三件、昭和二十四年という数字がありまして、平成二十一年がピークで二十三万五千五百八件、民事第一審訴訟事件の新たに受けた件数ということでございます。それがどういうわけか、偶然にもこの民法改正の法制審の時期と重なるんですが、だんだん訴訟事件の数が減っていきまして、平成二十六年には十四万二千四百八十七件となっているんです。

民法の法改正がされたときに、裁判になったときが一番の民法の出番なのかなと思うんですが、訴訟全体の、これも債権法に係る件数ではないので私もこの判断が難しいんですが、債権法に係るところの訴訟ですとかADRですとか、そういうものが一体ふえるのか、また、その質がどのように変化すると予想されていらっしゃるか、忌憚のないところを教えていただければと思います。

○黒木参考人　ありがとうございます。

非常に難しい質問でありまして、私個人もわかりませんが、かつて、二十一年ごろのは、過払い金の事件が非常に多かったために一時的に起きた現象だと考えています。

それで、今回の民法が改正になったときに、裁判実務の中でこの民法が問われることは間違いないんですけれども、それが事件数とどうなるのかということについては、私は、さほど、余り変わらないんじゃないかなとは思っています。結局、社会のベースとなる紛争がどれくらいあるかということが裁判件数の増減に物すごく影響、過払い金の場合は過払い債権者がいっぱい、今まで債務者だと思っていた人が債権者になっちゃったという事実があったからどっとふえたわけでありまして、民法が変わったからということで社会の紛争形態が大きく変わるのかと言われると、余り変わらないんじゃないか。

むしろ、特に企業法務の人たちを中心に、いろいろなことを考えて、トラブルにならないように一生懸命やり始める可能性があって、弁護士からするとむしろ紛争は減るんじゃないかなという気もしますけれども、こればかりは、ほかの経済状況とかも影響しますので、私は何とも言えません。

これが直ちに、民法が変わったから、みんなして施行日の次の日に訴状をいっぱい持って弁護士

がいっぱい行って、どっと裁判所に訴状を出すなんということはちょっと考えにくいので、やはりそこまではないんじゃないかなという気がしております。

以上です。

○井出委員　ありがとうございます。

これまでの民法がシンプルで条文も抽象的であった。それが、前回、法務委員会の中で私が質問したときに、条文の量は減ったところもあるのでそんなにはふえないんだけれども、具体化はしたというようなことを民事局長がおっしゃっていたんですが、要は、抽象的な民法ですと、抽象的だからゆえに話し合いがつくということもあれば泣き寝入りもある、抽象的だからこそ訴訟ということもあるんじゃないかと思うんです。

先ほど先生も関心があると言われていた定型約款のことについて、これは、二〇一五年七月の法学セミナーという資料の中で河上正二さんという方が論文を書かれているんですが、今回、定型約款が、定型取引を合意した者にあっては、一つには、契約の内容とする旨の合意をした、または二つ目に、定型約款を準備した者があらかじめその定型約款を契約の内容とする旨を相手方に表示していたときには、定型約款の個別の条項についても同意したものとみなされるものとしていると。

この河上さんは、特に後者のケース、定型取引に同意したというだけでは、相手方、顧客の約款内容に対する同意の要素が完全に否定されており、民法の根幹にかかわる私的自治、意思自治の観点から問題が極めて深刻だと。

少し中略をするんですが、今回の民法の改正、新たな約款の規定ですと、その約款の受領者は、採用合意のレベルではなかなか争うことが、する余地が少なくなって、断念をしてこれに従うか、または裁判所に出向いて条項内容の不当性をこのみなし規定を打破するというレベルの問題として争うほかないことになると。

そういうようなことを論文に書かれているんです。ある程度ルールが具体化されると、社会一般上の契約の世界にあっては、こういうルールです、そうなんですかということになって、それがどうしてもおかしいということになれば裁判になると思うんです。

ですから、裁判の質の変化というところは少し、今までの、よくわからないから裁判をしてみようから、より先鋭化するのではないかというような懸念を持っておるんですが、その点については、先生、いかがでしょうか。

○黒木参考人　今の御質問は、まさに定型約款の拘束力の範囲が、どういう約款が定型約款としてこの規制に適用されるのかということがまずわからないとよくわからない話ではありますけれども、御懸念の点は確かにあるかもしれません。

そこは私にも何とも言えませんが、ただ、今、消契法、消費者契約法十条とかでもこういう問題がありまして、それについては適格消費者団体が裁判を起こすことができているのですが、では、適格消費者団体が消契法十条に基づいて、私も福岡の適格消費者団体の理事をしておりますけれども、いっぱい裁判をやっているのかというとそんなこともないわけでして、これが個人の問題になったからといって、直ちに裁判がふえるのか、裁判が混乱するのかというと、余りないんじゃないかなと思います。

今は何が何だかわからないわけです。今、よくわからない条項に基づいて拘束されているか拘束されていないかもわからないという状況が、ここは確実に拘束されるねとわかるということは、むしろ紛争が減る方向に行くかもしれないなと思っていますけれども、これはもうまさに適用されてみないとわからないので、私としては感想めいたことのコメントになります。済みません。

○井出委員　ありがとうございます。

次に、岡先生に伺いたいのですが、先ほど加藤先生の二十分のお話の中で少しお話があったんですが、これは二〇一三年ごろになるのですか、法律時報の八十五巻三号から少し引いてきたんですが、民法改正、全国弁護士千九百人の声ということで、弁護士の声を民法改正に反映させる会事務局がアンケートをされている。

この文面を見ますと、当時、中部弁護士会連合会司法制度調査委員会は、会として正式に会員の意向調査をする、山梨県弁護士会も同様のことを考えられていたということで、そのアンケートの結果を見ますと、賛成意見百七十六、反対意見千三百七十八、各設問も五段階の評価をして、五が一番大賛成、一は大反対、その平均値をとると一・九で、極めて慎重な弁護士さんが多いということをこの論文は言われているわけなんです。

先生が冒頭おっしゃられた、弁護士会の中でさまざまな体制を組んで賛成に至ったというところも十分理解はできるんですけれども、例えばこういった声というものは具体的に弁護士会の中でどういう位置づけ、取り上げ方、議論があったのかをちょっと教えてください。

○岡参考人　今でも一部の方に反対の弁護士がいらっしゃるのは事実でございます。

過程の中で段階がそれぞれございまして、当初の中間論点整理のあたりでは、論点数も相当多うございましたし、やや過激な論点もありましたので、それを対象にすると反対という意見も多かったように思いますし、バックアップ会議あるいはその前の単位会の会議でも、そういう意見のある方で会議に出てきていただいた方とはしっかり議論をしていきました。その上で、最終的にはどんどん煮詰まって、最後のこの法律案になったもの、そこについては大多数の賛成が得られているというふうに理解をしております。

ただ、反対の方が今でもいらっしゃるのは事実でございます。

○井出委員　ありがとうございます。

次に、加藤先生に伺いたいんですが、加藤先生には、私の方からちょっときょうは個別にお願いをした経緯もございまして、特に、三人の先生方の中で、法案に対する慎重な意見を述べていただきました。

民法改正について本当に長い間かかわられてこられたというところは、きょうの二十分のお話で、大変理解をしたんですが、一つ、先生の御経歴の中で、国際ファイナンスリースに関するＵＮＩＤＲＯＩＴ条約、この日本政府の代表代理をされたり、ＵＮＩＤＲＯＩＴリース条約草案・ファクタリング条約草案起草委員というのを先生はされていたと伺っているんですが、ちょっとこれについて簡単な説明と、また、このお立場が先生の民法改正案に対するお考えに何か影響があれば教えていただきたいと思います。

○加藤参考人　確かに、民法改正で、初め、民法（債権法）改正検討委員会というのは、法務省は学者の団体だとは言っていますけれども法務省の方がすごくかかわったあれで、それに誘われたということを申し上げましたけれども、私、民法改正でここまで発言しますと何か反体制派のように思われがちなんですけれども、私は別に全然反体制派でも何でもなくて、ごく普通に行動していましたので、政府の委員や何かもたくさんやっております。

今おっしゃった国際リース条約やファクタリング条約をつくるときにも、これは外交会議というのでつくりました。私は当時国立大学におりまして、外務省に出向していきました。外務省に出向したときに、外務省が私をピックアップしたという形にはなっていますけれども、これは法務省の推薦だと思います。法務省とも別に全然険悪な関係ではなく、法務省の仕事を今までも手伝っていましたし、法制審の民法部会の委員を、この債権法改正ではなくて、やっておりましたし、司法試験委員もやっている、ごくごく普通の関係。

ただ、今回の民法改正も、そういう意味で、最初に誘われたとき、ごく普通の官庁の仕事で、また、私は民法を改正すべきだという立場でしたから、ごく素直な気持ちで行ったんですけれども、余りにも改正案の原案が跳びはねているので、一つ一つに反対せざるを得なくて反対していった。そして、三年ぐらいしてやっと、民法改正の基本

方針が出た段階で、ああ、ここまでやってきたものの背後には消費者契約法の問題があったとやってきたのが三年たった段階で、そういう状況でございましたので、リース条約とか何かつくったときにはごく普通の、よくある学者。私はいわゆる、お役所の言うとおりに動く立場でもありませんので、すさまじく重用されたというわけでもないんですけれども、ごく普通に官庁とつき合っておりました。

○井出委員　国際的なお仕事もされたということを伺いたかったんですが、ざっくばらんにいろいろとお話をいただきまして、ありがとうございます。

先生の御本の中から一点伺いたいのですが、今回、約款というものが全然民法にないじゃないかということで定型約款を設ける。先生の御著書「迫りつつある債権法改正」の中で、実は約款の適正化というものは長らく論じられてきている問題だと。

昭和五十九年の第九次国民生活審議会の消費者政策部会の中で、「解釈に疑義がある場合は作成者である事業者に不利に解釈すること。」と。このもととなっている、昭和五十六年十一月に出された第八次国民生活審議会消費者政策部会報告においては、「事業者からの変更及び解消　消費者は、契約内容に将来変更がないものと考えて契約を締結するのが通常であり、また、事業者は、将来起こり得る危険の負担を織り込んだ上で契約内容を定めることができる。したがって、事業者から理由なく契約内容の変更又は解消を一方的に行うことは許されない。これを行うことができるのは、合理的な事由のある場合のみに限定し、また、その事由を明確に示す必要がある。」

これが第八次の報告の中で言われていることなのですが、この約款作成者不利の原則ということが、今回の民法の定型約款の新たな規定の中で何か、これまでどおりなのか、それが大きく変わってしまうのか、先生の御意見をいただきたいと思います。

○加藤参考人　ありがとうございました。

約款につきまして、現行民法に規定がないので約款を規定すべきだということ自体は、私はあるべき方向だと思います。ただ、当たり前ですけれども、規定するというときは、規定の内容がよくなければいけないわけですね。

ごくフラットに考えまして、契約をつくった人と、ああそうと言ってサインする人だったら、つくった人の方が有利なのに決まっているんです。ですから、約款というのは常に作成者の方に有利で約款適用者に不利になる可能性があるので、世界的に、いわゆる約款作成者不利の原則という、解釈に疑義があるときは約款作成者の不利に解釈しようとか、そういう議論がなされています。

それがここのところに反映しているかというと、反映はしておりません。ただ、反映していないのが大問題かというと、ほかの国の事情を見ても、約款作成者不利の原則で決定的なことがあったと私は思っておりませんので、それがないことが大問題だとは私は特に思っておりません。

ただ、今回の約款法の改正で大問題なのは、約款作成者に事後改定の自由を認めたんですね。

これは、今までの、法制審ができる前に、まだ経済企画庁の国民生活審議会が議論したときに、そういうことがあってはいけないということは何回も何回も議論されていましたし、ドイツ民法が改正されましたけれども、ドイツ民法では、約款の中に約款作成者の改定権を入れた場合にはそれを無効とするとなっているんです。

それを、今度の民法の改正は、何も書いていなくても、作成者の自由を法律で認めちゃったんですね。世界的にちょっと考えられないので、さっき先生がおっしゃった河上正二さんというのは約款の専門家なんですけれども、この河上正二さんも含めて、この約款の規定は何だろうと言っている民法学者が極めて多い。恐らく、つくる方には有利ですから、これを推進する方々がいることも事実ですけれども、これは世界的にはかなり異様な約款の規定だと私は思っていますし、これは私個人じゃなくて、学者の方々、もしほかに今後聞いていただいたら、約款の普通の研究者はそう思うと思います。

○井出委員　どうもありがとうございます。

最後、保証の関係を黒木さんに伺いたいのですが。

民進党は、個人の保証について、これまでも厳しくすべきだという法律を出してまいりまして、保証人が法人である場合や保証人が主たる債務者である法人の代表者である場合、それ以外は原則として認めない。

そしてまた、今回の法案については、それもさることながら、その前段の公証人というものについても、果たして本当に機能をするのか、また、これまでの議論で、今回、公証人にも行かなくていい例外で配偶者というところが残っていて、これは極めて前近代的ではないか、そういう指摘があると思うんです。

先生のお立場、先生のお考えで、ここを、さらなる改正、もっと改正を踏み込んだ方がいいとお考えなのか、そのあたりを少し教えていただきたいと思います。

○黒木参考人　ありがとうございます。

まず第一点の公証人に対する口授の問題でございますが、先ほどもいただいておりましたけれども、遺言の場合は、口授をする側の利益があって、自分の遺言意思を公証人によって確定させていただくことによって自分の意思に基づく遺言の効力が発生するという意味で、発言者に利益があるわけです。ところが、今回の場合は保証債務を負担するということでありますので、本人にはほとんど利益がない。こういう、利益状況が違います。

そのような場合に、公証人が、あらかじめ金融機関がつくってきた文書みたいなものをばっと持たされて、それで、あなた、こういうことだけれども保証人いいのというような形の、そういう形式的な口授と意思確認をするのか、それともより踏み込むのかというのは、やはり実務の問題ではあると思いますが、これは利益状況が百八十度遺言とかと違うわけです。

そのあたりはぜひとも、法務省等々のお力もあって、やはり保証人に対する口授の仕方というのは、不利益、公証人によって口授することが本人にとっては死活問題になる、しかも、人の債務によって自分が死活問題になるというものですので、自分の財産を自分の死後どうするかという遺言とは全く違うわけですから、そこについての公証人の説明義務の程度、内容の深化というのは違うということをぜひお願いしたいと私は個人的に思います。

そういうことを公証人から言われると、公証人の方というのは結構年ですので、なかなか、聞いている方も、結構大変なことが起こるんじゃないかなというふうに思うんじゃないかなと思いたいと思っていますので、そういう点でまず一つ。

それから第二点、配偶者の問題は非常に重要な問題であると思っております。

これは結局、旦那が失敗したら奥さんも一緒にまとめて保証して、二人して破産しろみたいな、そういう思想が背景にあると思っていますけれども、やはりそれは、現在の社会的な中ではそういう見解、そういうような事実が全くないわけではない。結局、いろいろ議論をした結果、やはり必要だということで押し切られてしまいましたが、この結果として、例えば、離婚してももともとの旦那の保証債務だけが乗っかってくるといったような事例もあります。そうなってくると、今度は奥様の再建というようなこととか、旦那が離婚した後何しているかわからないのにいきなり保証債務だけ飛んでくるとか、そういうような事例がいっぱいありますから、今後そういうことについてもいろいろな審議を深めていただいて、これは最終的にはいろいろな形になるかもしれませんけれども、例えば、いわゆる事情変更みたいなもので、旦那と当時は現に事業に従事していたかもしれないけれども、そのままけんかしちゃって別れちゃったから、これは保証債務の効力というのはどうなんだみたいな論点というのも今後何らかの

形で裁判実務では考えていきたいと思いますし、この中でも、そういう点についてもどうなのかと。

事業に現に従事するときが成立要件ですけれども、存続要件は何なのかみたいな話をしていただくことかも含めて、やはり配偶者の問題だというのは重要な問題だと私は思っておりますので、ぜひ、できたらそこは修正していただきたいんですけれども、なかなか、いろいろな形の中でこうなってしまっておりますので、そのあたり、今後、特に離婚した後とか、本当に、相談を受けていてかわいそうだなと思います、もう養育費ももらっていないのに突然連帯保証債務だけやってくるみたいな形が現場でありますので、そういうことも考えていただければと思っております。

以上です。

○井出委員　三人の先生方、貴重な御意見ありがとうございました。

どうもありがとうございました。

○鈴木委員長　次に、藤野保史君。

○藤野委員　日本共産党の藤野保史です。

きょうは、参考人の先生方、御多忙の中、大変貴重な御意見を聞かせていただきまして、本当にありがとうございます。

三人のお話をお聞きして、この民法典の改正、四年九カ月間の審議にさまざまな形で主体的にかかわってこられた、その思いといいますか熱意というものを本当に強く感じました。私自身も、そうした大変重要な法案審議だということを、改めて、決意といいますか覚悟といいますか、それを今固めているところであります。本当にありがとうございます。

その上で、論点としては大変多岐にわたるというふうに思います。その大前提としまして、岡参考人がきょう御提出いただいた基本姿勢、岡参考人の資料の十四分の四に当たるところなんですけれども、この基本姿勢がやはり大事かなと思っております。

とりわけ、私も先日の質疑で聞いたんですけれども、四番目の「専門的知識や情報の量と質または交渉力に大きな格差のある消費者・労働者・中小事業者などが、理由のない不利益を蒙ることがなく、公正で正義にかなう債権法秩序を構築できる民法となるように積極的に提言する。」ということであります。この視点というのを私は大事にしたいなと個人的には思っておりまして、この点で、今回いろいろ審議があってというお話もありましたが、この角度から見て、参考人の皆さんは、この法案、どうなっているというふうにお感じなのか、お聞かせいただければと思います。

○岡参考人　この点はなかなかハードルの高い点だったと理解をしております。明確に弱者保護ということを打ち出しますと、やはり経済界等から反対が多かったということで、論点から落ちたのも多々あるように理解をしております。

ただ、その次の五ページを見ていただきますと、やはり、保証人保護の拡充につきましても、弱者になり得る個人の保護に役立つと思いますし、定型約款の明文化につきましても、若干狭い要件立てではありますが、弱者の保護につながるものだと思っております。重要ルールの明文化のところでも、意思能力の無効の明文化というのは、やはり高齢者の方々に対する前進だと思っております。その下の、賃貸借契約終了時の原状回復義務で通常損耗を除いた、判例法理の明文化ではございますが、そういうところで一歩進展はあったと思っております。

ただ、これは、暴利行為の明文化でありますとか信義則の考慮要素の明文化でありますとか、そういうところでは今回一歩及ばなかったところでございますので、次に向けて社会的合意の形成に努めていきたい、こういうふうに考えております。

○加藤参考人　ありがとうございました。

なかなか、法というのは、いろいろな法があって、役割分担をしていると思うんですね。ですから、取引でも、大企業同士の取引もあれば市民間の取引もあれば大企業と消費者との取引もある。それのときに、基本的に、民法というのはフラットな関係を規律する、そして消費者法とか労働法とかそういったもので弱者を保護する、そういうふうな役割分担ができている法体系になっております。

そういう意味で、今回の民法改正が、では弱者保護にすごく資するかというと、特に資するとは私個人は思っておりませんが、そのことは、改正方向としてけしからぬというよりは、もともと役割分担として民法がそういうものなんだから、民法の改正ではそういう形。これは、今でも消費者契約法の改正が進んでおりますけれども、そういったところでやる。

要するに、民法というのは全てに適用されますから、弱者保護の規定があると大企業同士の取引も規制されてしまうんですね。ですから、それは法の役割分担ということで仕方がないことかなと思っておりまして、その点では、私、今回の改正について問題があるとは思っておりません。もともと民法はそういうものだと。

○黒木参考人　私どもとしましては、一番最初の意見のときに申しましたけれども、民法改正の議論の中の通奏低音として契約格差の問題はずっと意識されていたと思っています。この事実認識が正しいかどうかというのはまたあれでしょうけれども、そう思っていましたし、その立場で関与していました。

その中で、いろいろな、例えば暴利行為の議論とかも、最後の最後まで、要綱仮案がまとまる直前ぐらいまで議論をされていました。議事録の中でも、貴重な、いろいろな判例の読み方といったようなことも含めた熱い議論がされていたというところから考えますと、民法の中に、今の社会は、やはり、巨大な事業者と、そうじゃない事業者と、それから本当の、そんなところと無関係にただ単に生きているというか、普通の消費者として消費生活をしている人たち、いっぱいいろいろな多様な層があって、そういうような中のルールのある程度一般化できるものは民法の中に取り込もうという意見があったということも承知していますし、それは一つの考え方であると思っていましたし、私ども消費者問題対策委員会では、民法の中に、何かの規定で、事業者と消費者の定義規定ぐらい置いてくれという議論も最後までしていました。

だから、そういう意味においては、トライしたということは間違いないし、その中で、トライした結果として、もちろんそれが入ることによっては解釈の幅が広がり過ぎちゃって、先ほど加藤先生がおっしゃったみたいに、巨大企業同士のＭアンドＡみたいなところにそんな議論が入ってきたら困るじゃないかとか言われてしまうこともあることも十分承知しておりますので、一定程度、そこはできなかったものもあります。

ただ、先ほど岡参考人もおっしゃっていましたけれども、我々とすると、この日弁連の評価はそのとおりだと思っていまして、個人保証とか定型約款といったようなところでは、かなり前進した、新しいルールができようとしていると思っています。

以上です。

○藤野委員　ありがとうございます。

そこで、今お話も出ました個人保証と約款につきましてもお聞きをしたいと思うんです。それぞれ、前進面というところと、やはり懸念もあるということでお話しいただいたと思うんです。

とりわけ、個人保証でいいますと、第三者の場合は、いわゆる公証人による手続というのが今回加わったわけですけれども、先ほど来、法教育の話もありまして、なるほどなというふうにも思いました。

改めて、情義性という部分がどうしても、最後、どうクリアできるのか、手続的にこれを担保できるのかというのがあると思うんですが、この情義性ということに関して、今回の法案はどういう議論を経てこういうことになったのか、あるいは参考人はどうお感じなのか、ちょっと改めて三人にお聞きしたいと思っております。

○岡参考人　最終的には、情義性は民法では対応し切れないのではないかというふうに考えまし

た。軽率性については、公証人手続等で自立支援の方向で対処はできますが、情義性の点でいくとすれば、実態判断をして、一定の場合無効にするという手法しかないように思われまして、それは、今の民法としては相当ではないのではないかというふうに思います。

まあ、時代はだんだん変わってきておりまして、亭主あるいは妻の保証なんかやらない、そんなのは当然だというムードも、私の子供を見ている限り、ふえてきておるように感じますし、保証被害がこれだけ報道される中で、やはり国民の意識を変える、政府あるいは弁護士等がそちらで頑張るしかないのではないか、個人的には私はそう思っております。

○加藤参考人　民法は個人の意思に基づくものでございますから、情義で、気持ちからそういう形に来ることについて手当ては非常にしにくいんですね。

ただ、保証に関しましては、実はこの民法改正に先行しまして、経産省の中小企業庁とかそれから金融庁がかなり強い規制をしております。そういう意味で、そちらの方で、情義そのものを全て、情義に焦点を当てたことは不可能ですけれども、かなり法整備がされてきていますので、前よりは状況がよくなったと思っています。

それから、そういう情義とは関係なく、公証人をスクリーニングに使うということは危険性が伴うということをさっき私申しましたけれども、また別の話がありまして、公証人役場に行くのは嫌だという人はたくさんいるわけですね。それのときに、そうおっしゃるならば、では連帯債務にしてくださいとか重畳的債務引き受けにしてくださいといったら、連帯債務でも重畳的債務引き受けでも全部同じ機能を持てるんですね。ですから、保証だけこういう危険回避をやっても全く意味がない。私は、この提案があったときから、保証をやるならば、保証と連帯債務とそれから重畳的債務引き受けを三位一体でやらなきゃ意味がないですよということをずっと論文とか何かで言っていたんです。保証だけやっても、保証にするための公証が嫌だったら、それじゃ連帯債務にしてくださいと言ったらおしまいなので、余り意味がないと私は思っています。

○黒木参考人　ありがとうございます。

なぜ第三者が保証するのか、まさに情義だと思います。私も言いましたけれども、中小企業の社長さんのお話で、自分で保証をお願いした、そしてなってもらったら、その人から頼まれたら俺はならないとは言えない、これが情義性の中心を占める感覚で、それは彼の言葉によると、融通手形の書き合いだ、まさにそのとおりだと思います。この点は非常に重要な、保証の悲劇を生む根拠でもあると思っております。

それにつきまして、先ほど申しましたけれども、今の金融庁のガイドラインでは、これについて、合理的な判断をしているということを確認できればいいということだけなんですね。

それについて手続要件を課す、公証人のところにわざわざ行くというようなことで、そこでやはり、頼む方も、公証人のところまで行ってください、それだけお願いします、では、わかった、そこまで行こうというところで、その情義性というものが手続的にもスクリーニングされるということを期待したいと思っています。

そこまでしても、書き合い手形になるということをわかってもやらなくちゃいけないという中小企業の経営者の人たちの実態というのが否定されているわけではないと思いますから、そういうものはあるんだ。しかし、それはもう本人がそこまでやった。

前は、当然のように、行きもせずに、銀行員も、署名させて印鑑を押して、印鑑証明書があれば二段の推定で連帯保証だみたいな実務があったわけです。今だとそれが少しずつ変わってきてはいますけれども、これが大きく変わるということで、やはりお互いに、大体、銀行が保証人を連れてこいと言わない限りは保証人を頼みに行かないわけですから、そういうことも含めて金融実務が変わっていくことを期待したいと思います。

情義性の問題は本当におっしゃるとおりで、これはなかなか今の日本の社会からこの問題を消すことはできないから、こういう形で考えさせていただいたということが私なりの理解でございます。

○藤野委員　ありがとうございます。

本当にこの中身について少しでもよいものになるように、これからの審議でいろいろと詰めていきたいと思っております。

次は黒木参考人にお聞きしたいんですが、約款についてなんですけれども、今回、組み入れ要件が結構緩やかだというお話もありました。消費者にとっては、これがやはり不意打ちや不当な形でかぶさってくるということがあってはならないというふうに私は考えております。

その点で、どういった点をこれからの審議で確認していくべきなのか。例えば、みなし合意除外規定というのが五百四十八条の二第二項にあるわけですけれども、この役割がかなり重要だというふうに認識をしているわけですが、具体的に、例えば不当条項や不意打ち条項への適用を含め、こういうことが必要じゃないかというのを実務家の観点で黒木参考人に教えていただければと思います。

○黒木参考人　ありがとうございます。

非常に難しい質問であると思います。今までは除外規定なんかないんです。初めて除外規定というものの概念ができました。だから、これがどういうことになるのか、この除外規定の実体的な要件は何なのかということで、書かれている内容をむしろこれから先生方も含めて議論をしていただきたいと思っております。

ただ、私どもといたしましては、信義則制限としては、相手方の権利を制限したり義務を加重する条項であって、社会通念に照らして信義則に反して一方的に害するという、立法過程の議論からすると非常に抽象的な言葉であります。これによって適用が除外される、合意の対象から外れていくという新しい法効果を生む規定なんですけれども、この内実は何ですかというのは、この条文にこれから具体的な現場で当たってみないとわかりません。

しかし、今よりは、ないのですから、消契法の十条で任意規定その他の云々というのはありますけれども、それに比べても広いのではないかと思うんですけれども、そういうことも含めて非常に重要な規定が入った。

もちろん、それに対しては事業者の方々は、これは狭く解するべきだとおっしゃるに決まっていますので、そのせめぎ合いというようなこともあると思いますので、そのあたりも含めて議論、どういう場合がそうなのかということについて、実務家は依頼者がいないと考えないという変なところもありまして、まだですけれども、ただ、いずれにしましても、大変重要な条文であることは間違いないので、内実について立法提案者である法務省も含めて議論をしていただければありがたいと思います。よろしくお願いします。

○藤野委員　まさにそうした形で立法提案者にしっかりと確認していきたいと思っております。

条文のたてつけでいえば、不当条項にこの除外規定が適用されるということは確認できると思うんですが、不意打ち条項、これについてもやはりこうした除外規定でしっかりと対応できるようにしていくというようなことも必要であるというふうに思っております。

先ほども話が出ましたけれども、変更ができるという、世界でも珍しいというお話がありましたが、こういう、つくった人が勝手に変更できるというふうなことがフリーハンドでやられると、これはやはり消費者にとっては大変影響が大きいわけですから、この点についてもそうではないということを質疑等で確認していきたいというふうに思っています。

そして、もう一点、黒木参考人にお聞きしたいんですが、今法案では実現できなかったけれども、やはり今後こういうことが必要ではないかという

ようなことを冒頭おっしゃっていただきましたが、もう少し詳しく教えていただければと思います。

○黒木参考人　ありがとうございます。

この「Q&A」の中の六ページ以下に書いている暴利行為の問題でございます。これがやはり私どもとしては非常に重要なものでありまして、既に判例がある、判例として昭和九年とかあるわけですけれども、それを立法化していこうという議論をずっと続けていただいておりました。

ただ、この暴利行為につきましては、やはり、どういう形でこれが裁判規範として機能するのかというようなこととか、民法ですから適用範囲が広過ぎるんじゃないかというような議論があって、最終的に、進めるべき意見と、それから反対するべき意見とがあって、結局立法化できなかったということであります。

それにつきまして、私どもの方では、この本の中の九ページのところで、「残された課題」という形でこれをまとめさせていただいております。

私どもとしましては、暴利行為とは、MアンドAで暴利行為があったかなかったかということについて一切興味がありません。巨大な企業同士が何か買収して、そこにのれんをつけるのが高かったか安かったか、暴利行為かということで後でひっくり返るかどうかというような話をする気は一切ないんです、暴利行為の中では。

そうじゃなくて、契約当事者が弱っている、考え方が弱いというようなところにつけ込む、そういうようなものがやはり暴利行為じゃないかということになるわけですので、そういうところでまず消費者契約法、それから、できたらこの民法の中でもその議論を国会でもしていただいて、やはりこれはいつかは必要だよねという附帯決議とかそういうようなことも含めて、これから超高齢社会に日本はなるわけでして、そうすると、どうしたって、細かな字は読めないとか、いいことしかわからないとか、そういうふうに人間はなっていきますから、そういう状況につけ込む事業者というのは必ず出てきます。そこに対する手当てとして、こういう問題について国権の最高府として議論をしていただいて、やはり対応が必要なんだ、今後も必要だということを言っていただきたいと思っております。

以上です。

○藤野委員　大変貴重な御指摘だと思います。

冒頭、皆さんの熱意を感じたという感想を述べさせていただきましたけれども、今回の法案はそうした到達点はあるんだけれども、やはりさらに前向きな形でこれをどう変えていくのかという点を視野に入れながら法案の質疑をやっていきたいというふうに思っております。

最後になりますけれども、冒頭、岡参考人のお示しいただいた資料の中にも、荒れた審議で始まったということや、ステージが三つほどあって、それぞれ局面が変わっていったというお話、あるいは、加藤参考人からはもともとの狙いも含めてお話がありましたけれども、いわゆる過失責任主義の問題等で一点だけお聞きしたいのは、過失責任主義のお話がありましたけれども、四百十五条の規定ぶりも含めて、結局、結論としてどういう到達になったのかというのを、改めて加藤参考人と岡参考人の御認識をお伺いしたいと思います。

○加藤参考人　結論として申しますと、帰責事由相当の文言が入り、それに一定の修飾語がついたということでございます。

普通、帰責事由、過失責任か無過失責任かというのは、こういった債権法改正の議論が始まる前に私は教科書で書いておりまして、帰責事由という言葉、故意、過失という言葉があれば基本的に過失責任、なければ無過失責任ということを書いておりまして、それが普通のクライテリアです。ですから、素直に読めば、これは過失責任の規定と読むのが普通だろうと思います。

ところが、法務省の民事局の参事官室とかあるいは民法部会の委員が、こういう一定の修飾語がついたからこれは過失責任原則の否定だということを言っている。これは、全然立法と関係ない人が言っているなら、そんな説があるんだで通ると思うんですけれども、やはり立法関係者が言っていると、彼らが立法者というわけではないんですけれども、でも、立法者意思ではそうなんだという議論が出てくるので、恐らく実務は混乱するだろうと思います。混乱しても、恐らく裁判官は、普通は条文を読むことになれている人たちですから、マジョリティーは過失責任と読んでくれると私は思っているんですけれども、しかし、必ずそう読まない一部の人も出てきて、混乱するだろうと思います。

そういう意味で、混乱状況になってしまったなというのが私の印象でございます。

○岡参考人　実務家としては、混乱は生じないと思っております。従来に比べて、この修飾語が入ったことによりまして、契約を中心に考えるけれども、契約だけではなく、取引上の社会通念というのも判断要素に入るということで、プラスになったのではないかと思っております。

従来から、弁護士会としては、契約に決めたら契約が全てだ、そうなると契約強者が強くなってしまう、こういう問題意識を持っておりましたので、契約が中心だけれども取引上の社会通念も配慮はする、こういう条文になったことで、従来の実務がより明確になって、また明確にして充実したものに実務として対応していけるのではないか、このように思っております。

○藤野委員　質問を終わりますが、三人の参考人の皆様、本当にありがとうございました。

○鈴木委員長　次に、木下智彦君。

○木下委員　日本維新の会、木下智彦です。

本日は、貴重なお時間をいただきまして、ありがとうございます。もうあと二十分少々ですので、おつき合いいただきたいと思います。

今回のお話なんですけれども、百二十年ぶり、相当多岐にわたる部分、それから今まで改正されてこなかった部分、そういった部分にメスを入れていこうということで、きょうもお話を三人の方々から聞かせていただいていたら、さまざまな御意見、それから、同じような視点であったとしても、ベクトルは同じ方向なのかなと思いながらも、感覚的には少し違う御意見があったかな、そういう感覚があります。

そこで、きょうは皆さん、割と細かく法案の中身について聞かれていたんですけれども、ちょっとその前にお話を聞かせていただきたいことがあります。

というのは、まず最初に、岡先生の方からこの資料をいただきました。資料の中にいろいろとたくさん読むべき部分があって、私も、法制審議会の内容とかも、全部見るのは相当厳しいんですけれども、見せていただいて、今まで変えているべきであったところを変えられなかった、変えてこなかったといった部分で、ぜひともこれは早期にやはり解決していくべきだという立場ではいるんです。

その中で、この資料の十四の四のところで、「民法改正問題に取り組む基本姿勢　日本弁護士連合会」という形で、こういうお話が書かれていたり、それから、その次、十四の六のところで、これは意見書、これも弁護士連合会から来ている。最後の部分では、日弁連会長から会長声明、そういう感じで資料立てされておりました。

そこで、ちょっと考えたんですけれども、そうはいいながら、やはりさまざまな意見それから主張があった。岡参考人の方からも、日弁連の中でもいろいろな意見があったんだというふうな話がありましたけれども、こういった声明が出たり意見が出たりといったものを、どういった形で日弁連の中で意見集約をされて機関決定されているのかといったところをちょっと岡参考人の方からお話しいただければと思います。

○岡参考人　資料十四分の三をごらんいただきたいと思います。この右側に意見形成に向けた動きも書いてございます。

一番最初は、最初に申し上げましたように、バックアップチームを全国でつくる。法務省からいただいた部会資料を各弁護士会、委員会に流して意

見形成をしていただく。ただ、それでは意識のある方が中心になりますので、上から三つ目ぐらいの枠にありますとおり、「会員への状況周知・検討のため各地でシンポジウム開催」、これを、下の方にありますが、研究財団でも行いました。そういうことで、刻々と状況が変わっておりましたので、そういう現状をお知らせして、お考えいただくという対応をとりました。

それに加えまして、グレーで囲ってありますところが「理事会での意見書審議・意見交換等」ということでございます。この理事会といいますのは、全国の単位会の会長さんが全員東京に集まりまして、一カ月に一回、丸二日間議論をするところでございまして、重要な意思決定はそこで行っております。全部で七十一人だったと思いますが、そういうところで代表の、責任のある会長さんと、こんな方向で進んでいて、このような意見が今多数になっていますよ、こういう御説明をしてまいりました。

その上で、十四分の六という意見書は、理事会で多数決で決定するものでございます。その理事会で決定されたものがこの十四分の六でございます。

会長声明、十四分の十三、十四といいますのは、意見書の範囲内であれば、正副会長会議というのがございます、会長一人と副会長十三人が、これは毎週一回、丸一日会議をしておりますが、そこの機関決定を経て、この会長声明を出しているものであります。

そういう意見形成と手続を経て、このような書面を出しております。

以上でございます。

○**木下委員**　ありがとうございます。

非常に民主的なというのか、しっかりとしたやり方で意見をまとめられているんだなというふうに思いました。

とはいえ、きょうのお話を聞いていると、加藤先生であるとか黒木先生、いろいろと御意見があるかと思うんですね。こういったプロセスで実質的に意見集約がされてそれなりの内容がまとまったというふうにお考えになられているかどうかということを、加藤先生それから黒木先生、いろいろ御意見あるかと思うので、ちょっとまずお聞かせいただきたいんです。

なぜこんな話をするかというと、参考人で、きょう、たまたまと言ったらあれですけれども、やはり弁護士の方々が三人来られております。この委員会の中でも、法制審議会の中はやはりどうしても専門家に任されてしまう部分が多くて、もっと国民一般の意見が取り入れられやすい、そういった審議がやはり必要なんじゃないかというふうな話があったんですね。にもかかわらず、参考人となると、どうしてもやはり弁護士、専門の方々に御意見を聞くことになってしまう。そこで、ちょっとこのプロセスについても少し掘り下げたいなと思う、そういう次第で、お二人から御意見をいただければと思います。

○**加藤参考人**　私も弁護士ではございますけれども、弁護士会の流れをずっと言いますと、中坊会長が来るまで、日弁連というのはかなり野党色が強い組織だったと思っています。中坊会長が来た後、日弁連の執行部は法務省とかなり融和的になって、私、場合によっては除名されるかもしれませんけれども。そういう形で、特に、日弁連の執行部になるのは東京三会と大阪が中心で、そういうところの、弁護士の中枢で会務をとっていらっしゃる方々は結構法務省の意向と合う。

ただ、私は法務省の、法務省ではあれは学者の会だと言うかもしれませんけれども、民法（債権法）検討委員会に入っていて、法務省と立場を異にしましたので、半年ほど沈黙を守っていたんですけれども、反対の方々が相当私のところに連絡をとってきました。その中には弁護士の方が非常に多いんですね。

さっき、この質疑でも弁護士千九百人の声というのがありましたけれども、あの後ふえていて、二千人の声となっているんですけれども、あれを見ても反対が圧倒的なんです。その声は弁護士会には反映されておりません。それは要するに、弁護士会の執行部にいる人と一般の弁護士との間の乖離だと思います。

今は、反対の方がいらっしゃるというのが岡先生の認識ですけれども、私は、いらっしゃるんじゃなくて、ここまで来たからもういいやという諦めの声はあると思いますけれども、これを積極的に推している人はほとんど少数で、日弁連の執行部の方々は推していらっしゃるかもしれない、あるいは東京三会、大阪とか、他の大都市の執行部の方は推していらっしゃるかもしれないけれども、ほとんど一般の弁護士の方は余りそうではないと思っています。

私は弁護士と同時に学者というあれで多少特殊かもしれませんけれども、この法案が通って、わあ、こういうぐあいによくなるなと思うところがあるのなら賛成したいと思いますし、法定利率等賛成するところはあるんですし、若干ですけれども、ほかにも賛成するところはありますけれども、マジョリティーとして、わあ、これで現行民法がよくなったというよりは、端的に言ってしまえば、もともとの狙いは法務省は達成することができなかったけれども、全部失敗したらメンツ丸潰れですから、そこのところでやっているので、非常に民法はよくなったというような改正とはほど遠いと私は思っていますし、それは多くの弁護士の方々の感覚ではないかと思っております。

それから、弁護士ばかりじゃなくて一般の国民の声を聞くということは絶対必要なことですし、それは本当にあれで、先生方は国民から選出されているんですから、そういう形の国民の声をすい上げていただけるように、ぜひお願いしたいと思います。

ありがとうございます。

○**黒木参考人**　黒木でございます。

私は福岡県弁護士会でございますので、東京三会でも大阪でもありません。その福岡県弁護士会の審議の過程についてはある程度わかっていますので、そのことを申し上げたいと思います。

先ほどの、お示しいただきました岡参考人の十四分の三を見ていただきますと、二〇一一年の四月にパブコメがありました。これは三・一一の東日本大震災を受けて直後だったので、それについて東北三会が出せないんじゃないかというような話もあって延ばしてもらったというようなこともあって、それでも東北三会はパブリックコメントを出されています。福岡も出しました。これは五百項目もありまして、大激論をやはりしなくてはいけなかったのであります。しかし、弁護士会としては、この中間論点整理という形には多分ほとんど全部の単位会は意見を出したんだと思います。そうだったと思います、出していないところはないんじゃないかと思います。

それから、その後も、先ほど申しましたが、私は消費者問題対策委員会で、これは全国のさまざまな単位会から来ていまして、法務省の事務方から、本当は水曜日にもらえるとかいう話だったのが、遅くなって木曜日になりますとか、そんなのはいっぱいあって木曜日にもらって、それを、金曜日にみんなで会議をすることであらかじめ決めていますから、一日で読んで、それで意見をまとめて、日曜日までに出さないといけない。岡参考人が当時、俺は「龍馬伝」を見てからみんなの意見を見るから、それまでに出していないと俺は見ないとか何か、そういうことを言っていましたけれども、とにかく、それまでには出さないといけないということでやっていました。

もう一回申しますと、中間試案に対するパブコメも実施されましたけれども、単位会も、それぞれ全部の単位会は、恐らく中間試案についても、ここはいい、ここは悪いといった意見を出したはずであります。それを踏まえて、その単位会の会長というのは日弁連の理事会を構成しますし、日弁連の意見書は理事会の承認を得なければなりませんので、ある意味では、全国の、この民法の改正についてある程度継続的に勉強している、法制審議会の議論がどうなっているのかということを継続的に検討している弁護士はかなり理解してい

ると僕は思っています。

他方、加藤先生がおっしゃった、反対している先生方もいらっしゃいます。この方々というのは、こう言っちゃなんですけれども、余りこの改正の過程に深くコミットはされていないと思います。やはりこれはすごく労力がかかることでありまして、僕たちの仕事は、法制審議会に出てくる資料を読むことじゃなくて、やはり準備書面を書いたりすることがメーンの仕事ですので、それをすっ飛ばしてそれをやるということに大変なエネルギーが要るわけですけれども、メンバーを見ていても、余りそれはされていなかったのではないかなと思う方々が言われています。

当初反対だった人たちも、この議論をずっとしていく中で、自分たちの必要な部分、それから、どうしてそれが今回立法化されなかったのかということについてもいろいろな意味で議論を深めていますので、私としましては、今のような地方単位会から見ていても、これはかなり日弁連全体の意見としてはかたいものであって、内部でちょっとひっくり返すと、また反対派がわっと出てくるというようなものではないんじゃないかと思っています。

以上です。

○木下委員　ありがとうございます。

自分で思いながら、いい質問したなというふうに思いました。もうここでずっと聞いていたいなというようなお話だったんですけれども。

ちょっと、今の話も聞いていて思ったんですけれども、私がいつもここで疑問に思うところもあるんですね。それは何かというと、やはり今も言われていたとおり、弁護士会、地方の弁護士会、それぞれあります。皆さんが日弁連に加盟している。これは弁護士法の四十七条でしたか、規定されていて、ちょっと条文があれですけれども、何か、弁護士それから弁護士法人などは当然日弁連に加盟すると。私も、当然とは、何で当然なんだろうというふうに思ったんですけれども。

それで、そういうところで意見集約がされて一つのものになっている。いろいろプロセスについては御意見があるかと思うんですけれども、これ自体が本当にいいのかどうかという問題にもかかわってくるのかなと私は思っているんです。というのは、弁護士の先生が一々その一つの団体に加盟していなきゃいけないのかどうか。

これ以外にも、ほかにもいろいろなことがあります。私、何でこんな話をしたかというと、先ごろ、日弁連でも、今大変言われている、死刑制度についてなんかはそういうふうな話をされていますよね。そういった中で、一つの団体しか認められない、こういうことの中でこういう意見集約をしていかなければいけないというのは、相当僕は限界があるのかなというふうに思っております。

ちょっとその辺についても、もう時間で、せっかくなので、もうきょうはそういう話にしようかなと今切りかえましたけれども、逆に今度は、黒木参考人から、加藤参考人、岡参考人という順番で、その方が多分公平かなと思いますので、御意見をいただければと思います。

○黒木参考人　ありがとうございます。

全く想定していない質問なので、どう答えていいかわかりませんが、強制加入は、弁護士自治と裏腹の関係だと僕は思っています。

したがって、私どもがいろいろなこういう問題について、あるいは死刑についても、福井の人権大会も私も参加いたしましたが、いろいろな議論を規制官庁なしに激論を交わせるというのは、強制加入の反対側である自治権があるからであると考えています。これはもう完全に私個人の考えですけれども、これ自体は一種のやむを得ないものであるし、したがって、会内的には民主的な手続というか、できるだけ多くの人たちに参加する機会は、お忙しい方もいらっしゃるので、参加する機会だけで、実質参加できるかどうかはまたそれぞれの弁護士の仕事の状況その他によりますけれども、与え続けていくということによって、いろいろな意見集約をするということではないかと思っています。

以上です。

○加藤参考人　強制加入団体としては、弁護士会もそうですし日本司法書士会もそうです。

今御質問をいただいてふっと思ったんですけれども、弁護士会でも司法書士会でも、一定の決まったことに対して従わなくて、それで、それについて、何の問題でだったか、とにかく弁護士会とか司法書士会とその会員とが訴訟を起こしている例というのは若干ございます。

確かに強制加入団体として、今、黒木先生がおっしゃったように、弁護士自治という形からするならば強制加入をしなければいけないということもわかりますけれども、恐らく、今御質問いただいて思ったことですけれども、強制加入団体ということは、意見が多様な問題についてどこまで発言していいかという問題はあり得ると思うんですね。ここの民法改正ですとちょっとあれですから、関係ない死刑の問題でも、弁護士会の中にも、死刑に反対派もいれば賛成派もいるに決まっているわけで、それについて一つの方向を打ち出すということが、いわば思想信条の自由を強制加入団体であれば侵すことになりますから、当然、強制加入団体の行動の限界というのは考えられてしかるべきだろうと思います。

私自身、もともときっすいの学者をやっていまして、年をとってから弁護士登録したものですから、余り弁護士会のことについて言うだけの資格があるかどうか問題なんですけれども、恐らく強制加入という制度をもらうことの代価はあるだろうと思うので、多様な問題についての意見表明については慎重にしなければいけない。

ただ、それは、民法改正について日弁連がやったことはけしからぬとかそういう趣旨ではなくて、一般論としてお聞きいただければと思います。

○岡参考人　強制加入団体である以上、発言あるいは意見集約にのりがあるべきだ、これはそう思っております。私も昨年度、日弁連の副会長をやりましたけれども、そののりを踏まえなければならないという意思が執行部にもずっと存在をしております。

ただ、弁護士法一条二項に、「弁護士は、前項の使命に基き、誠実にその職務を行い、社会秩序の維持及び法律制度の改善に努力しなければならない。」と書いてございます。民法改正については、この観点からやはり弁護士それぞれが考えなければいけませんし、反対意見があるからといって、日弁連が意見表明しないのは相当ではなかろう、こういう考え方をしておりました。

もう一つ、だからこそ、日弁連が、さっき申し上げたような丁寧な意見形成に努めておるということはまず前提としまして、その上でも、日弁連の声明あるいは意見が会員の意見を拘束するということは判例等でも明らかにされておりますので、会員個人を拘束するものではない、会員の意見形成に極めて慎重に対処しなければならないのりがある、こういう原則のもとに日弁連は動いております。

○木下委員　ありがとうございます。

もう時間が来てしまいまして。非常に聞き応えのある話だなと。

おもしろいなと思ったんですけれども、きょう、弁護士の先生方なんですけれども、バッジをつけていらっしゃる方はいらっしゃらないんですよね。国会議員は当然のように、まあ今は議会ですからつけております。それ以外も、外に行っていても外さない人というのは多いんですよね。その中で、皆さん、ちょっとすばらしいな、逆にすばらしいなというふうに思って聞いていたんですけれども。

本当は、用意していたところ、先ほどの一般の意見というところで、法制審議会なんかに、これはちょっと立法と行政というふうな分かれはありますけれども、国会議員がもう少し入っていってそれで議論をしていけば、こういった議会の中での議論ももう少し活発化する、もしくは短い審議の中でも充実したものができるというような感じのことをどうでしょうかというお話もちょっと聞

かせていただきたかったんですけれども、もう時間がなくなりましたので、これで終わらせていただきます。

きょうはどうもありがとうございました。

○鈴木委員長　これにて参考人に対する質疑は終了いたしました。

一言申し上げます。

参考人の方々には、貴重な御意見をそれぞれ賜りまして、まことにありがとうございました。委員会を代表して厚く御礼を申し上げます。（拍手）

次回は、公報をもってお知らせすることとし、本日は、これにて散会いたします。

午前十一時四十五分散会

平成二十八年十二月六日印刷
平成二十八年十二月七日発行
衆議院事務局
印刷者　国立印刷局
P

第百九十二回国会
衆議院

法務委員会議録 第十一号

平成二十八年十一月二十五日(金曜日)
午前八時五十分開議

出席委員
委員長 鈴木 淳司君
理事 今野 智博君 理事 土屋 正忠君
理事 平口 洋君 理事 古川 禎久君
理事 宮崎 政久君 理事 井出 庸生君
理事 逢坂 誠二君 理事 國重 徹君
赤澤 亮正君 安藤 裕君
井野 俊郎君 大西 宏幸君
奥野 信亮君 加藤 鮎子君
門 博文君 菅家 一郎君
城内 実君 鈴木 貴子君
辻 清人君 野中 厚君
藤原 崇君 古田 圭一君
山田 賢司君 吉野 正芳君
和田 義明君 若狭 勝君
枝野 幸男君 階 猛君
山尾志桜里君 大口 善徳君
吉田 宣弘君 畑野 君枝君
藤野 保史君 木下 智彦君
上西小百合君

法務大臣 金田 勝年君
法務副大臣 盛山 正仁君
法務大臣政務官 井野 俊郎君
政府参考人(法務省民事局長) 小川 秀樹君
政府参考人(法務省人権擁護局長) 萩本 修君
法務委員会専門員 矢部 明宏君

委員の異動
十一月二十五日
辞任 補欠選任
宮路 拓馬君 大西 宏幸君
同日
辞任 補欠選任
大西 宏幸君 和田 義明君
同日
辞任 補欠選任
和田 義明君 加藤 鮎子君
同日
辞任 補欠選任
加藤 鮎子君 宮路 拓馬君

十一月二十四日
国籍選択制度の廃止に関する請願(玉城デニー君紹介)(第七六一号)
同(浅尾慶一郎君紹介)(第八一三号)
同(近藤昭一君紹介)(第八六八号)
同(小川淳也君紹介)(第一三一七号)
もともと日本国籍を持っている人が日本国籍を自動的に喪失しないよう求めることに関する請願(玉城デニー君紹介)(第七六二号)
同(浅尾慶一郎君紹介)(第八一四号)
同(近藤昭一君紹介)(第八七〇号)
同(小川淳也君紹介)(第一三一八号)
治安維持法犠牲者に対する国家賠償法の制定に関する請願(田村貴昭君紹介)(第八六九号)
同(今井雅人君紹介)(第一〇四四号)
は本委員会に付託された。

十一月二十四日
いわゆる共謀罪法案の提出に反対することに関する陳情書外四件(秋田市山王六の二の七 外山奈央子外四名)(第一一三号)
死刑制度の廃止を含む刑罰制度全体の改革を求めることに関する陳情書(東京都千代田区霞が関一の一の三 中本和洋)(第一一四号)
司法試験合格者のさらなる減員を求めることに関する陳情書外一件(佐賀市中の小路七の一九 長戸和光外一名)(第一一五号)
平成二十八年十一月十一日、福岡拘置所における死刑執行に抗議することに関する陳情書外四件(名古屋市中区三の丸一の四の二 石原真二外四名)(第一一六号)
同日
婚外子差別撤廃のために戸籍法改正を求める意見書(神奈川県鎌倉市議会)(第一五六一号)
修習手当の創設等の司法修習生に対する給付型の経済的支援の速やかな実施を求める意見書(兵庫県議会)(第一五六二号)
不動産登記法第十四条第一項に基づく登記所備付地図の早期集中的な作成に関する意見書(埼玉県議会)(第一五六三号)
別居・離婚後の親子の断絶を防止するための法整備を求める意見書(北海道議会)(第一五六四号)
法務局等の増員に関する意見書(山梨県議会)(第一五六五号)
は本委員会に参考送付された。

本日の会議に付した案件
政府参考人出頭要求に関する件
民法の一部を改正する法律案(内閣提出、第百八十九回国会閣法第六三号)
民法の一部を改正する法律の施行に伴う関係法律の整備等に関する法律案(内閣提出、第百八十九回国会閣法第六四号)

◇

○鈴木委員長　これより会議を開きます。
第百八十九回国会、内閣提出、民法の一部を改正する法律案及び民法の一部を改正する法律の施行に伴う関係法律の整備等に関する法律案の両案を一括して議題といたします。
この際、お諮りいたします。
両案審査のため、本日、政府参考人として法務省民事局長小川秀樹君及び法務省人権擁護局長萩本修君の出席を求め、説明を聴取いたしたいと存じますが、御異議ありませんか。
〔「異議なし」と呼ぶ者あり〕
○鈴木委員長　御異議なしと認めます。よって、そのように決しました。

○鈴木委員長　質疑の申し出がありますので、順次これを許します。逢坂誠二君。
○逢坂委員　おはようございます。民進党の逢坂誠二でございます。
先日、参考人質疑が行われて、私は非常によかったなというふうに思っています。いろいろな論点が見えてきましたし、賛成と思われる参考人の方からも、この論点はさらに深掘りをした方がいいというふうな指摘もあったりして、これからの審議の方向性というか、そういうものがやはり議論をしていくたびに見えてくるんだなという印象を持ちました。
与党の筆頭との間では、参考人質疑はこれからも複数回やろうということでもう折り合っているところでありますので、しっかり議論を深めていきたいというふうに思います。
そこで、政府に事務的に確認なんでありますけれども、今回の民法改正の目的、これは、社会経済情勢の変化があるということと、もう一つは国民にわかりやすい民法にするんだということが二つの大きな目的なんですが、現在の債権法のもとで、日本の社会において、例えば契約や取引や、そういうものが混乱をしていて、これはもう早急に是正しなければならないんだというような状況

になっているのかどうか。

確かにこの間、債権法改正の議論はいろいろと細かにやられてきた。だがしかし、現状、社会の中で、もうどうにもならない、にっちもさっちもいかない状況があるんだということがあるのかないのか。あるいはまた、逆に、今回の民法改正によって、今回の債権法の改正によって、今社会の中で相当大きな問題を抱えているんだ、それがうまく解決する、クリアするというような、急を要するような事項というものがあるのかないのか。これは事務的に教えていただければと思います。

○小川政府参考人　お答えいたします。

民法の債権法の部分は、百二十年間実質的な見直しがほとんど行われていない状態にございます。

実質的な見直しが急がれる事項は多岐にわたりまして、そのうちのどこまでを契約や取引の混乱に基づくものと評価するかは難しい面もございますが、例えば保証契約に関しましては、これまでの委員会質疑や参考人質疑でも指摘されましたとおり、個人保証人の中にはそのリスクを十分に自覚せずに安易に保証契約を締結してしまう者も少なくなく、これにより生活の破綻に追い込まれるといった状況が現に生じており、これを早急に是正する必要性は高いものと認識しております。

また、昨今の超低金利の情勢のもとでは、法定利率が市中金利を大きく上回る状態が続いておりますが、法定利率が市中金利を大きく上回っていると、債務者が支払うべき利息や遅延損害金の額が著しく多額となる一方で、損害賠償額を算定する際の中間利息の控除の場面では不当に賠償額が抑えられるなど、当事者間の公平を害する結果となっており、この状況も早急に是正する必要がございます。

さらに、現代社会における大量の取引を迅速に行うためのいわゆる約款につきましても、約款中の一部の条項が文字どおりに契約の内容となるか否かが争われるといった事態が生じております。これらの状況も早急に是正する必要がございます。

以上のように、現行の民法のもとでは、法律を見直すことによって対処が可能な多くの問題が現に生じていることから、これらの問題を早急に是正する必要があると考えております。

○逢坂委員　今例示に出されたことについては、私もある一定程度理解いたします。例えば法定利率でありますとか保証の問題でありますとか定型約款の問題、これらをクリアしていくということは非常に大事な問題だというふうに思っています。

片や、一方で私が懸念を持っておりますのは、判例などを積み重ねてきた結果、民法典を読んでも国民の皆様はどういう状況になっているのかがわからないということで、今回、判例などを条文化するということでありますけれども、私は、本当にこれは急いでやっていいのかどうか、少し悩ましい問題だというふうに思っています。

まず一つは、判例を条文化するということになりますと、仮に判例のままで置いておくのであれば、違った判決を出すということは場合によってはあり得るわけですね、ところが、条文化してしまいますと、それを固定化するということになってしまいますから、それは本当にそれでいいのかどうかという問題があろうかと思っています。

それから、世界の民法典を見ると、必ずしも微に入り細に入り細かく規定していない、しかしながら、そのことが社会経済情勢の柔軟さに対応する一つの肝というかコツになっているようなところもあるわけですね。

したがいまして、今回、法定金利をどうするかとか保証人をどうするかとか定型約款をどうするかといったような、新たに提示された論点というのは、確かにある程度急ぎ足でやった方がいいものなのかもしれないんですけれども、判例を条文化するというところについては、私は、いやいや、判例でもうはっきりしているんだからこれは問題ないんだというふうに一般的に言われがちなんですが、実はそちらの方に大きな問題が潜んでいるような気がするんです。だから、判例で決まっている、それを条文化しただけなんだ、だから議論は要らないということではどうもないのではないかという気が私は今しております。

そこで、あえて、短い時間ではありますけれども、きょう、こういう質問をさせていただきました。

私は、野党の筆頭理事として、いたずらにこの法案の審査を引き延ばしをして議論をとめようとか、そういう気持ちはさらさらございません。しかしながら、やはり基本法をいろいろと変更させるということは社会に相当大きな影響があるんだということを、議論をすればするほど痛感をするわけであります。個別法とはやはり全く違った議論の姿勢が要る、そういう感じがしているわけであります。しかも、判例の積み重ねだからそれは条文化する、これは当たり前だろうということではどうもない、そういう思いを持っているものですから、あえて、短い時間ですけれども、質疑をさせていただきました。

これからも深掘りできる議論をしてまいりたい、そのように思っております。

では、終わります。ありがとうございます。

○鈴木委員長　次に、山尾志桜里君。

○山尾委員　おはようございます。民進党の山尾志桜里です。

今、逢坂委員の話を聞いていて、ちょっと、あわせて意見を一つだけ申し上げて、きょうの質問に入りたいと思います。これは意見です。

きのう憲法審査会がありまして、私もそこで発言をしました。ともすると、今テーマになっている憲法改正の要否について、規律密度が低いから、やはりその間を埋めるために憲法を改正すべきだというような御意見が特に自民党の方から複数、これは先々回ですけれども、あったんですね。それについて私が先回、きのう申し上げたことは、やはり規律密度の低さ、言いかえれば抽象度の高さというのは、憲法に要求される、時代を超えた安定性、その要請と、もう一つ、時代の変化に合わせて変わっていくべき可変性、それを両立させていく先人からの知恵ではないかということを思うわけです。

もちろん、憲法と民法には性質上違いがあることは重々承知をして申し上げているんですけれども、やはり民法も、幅広い国民生活に関連をする大変重要な基本法の一つでありますし、だからこそ、百二十年という時を経て、それなりに、国民生活の中で民法が生きた法律として、さまざまなリーガルの力をかりながら日本の社会の中の法律関係というのを処理し、対応し、一定程度安定させてきたということで、そこは皆さんにも少し考えていただきたいんですね。

それは、今逢坂委員がおっしゃった問題意識と重なるところがあるのかなというふうに思いましたので、一言申し上げて、質問に入りたいというふうに思います。

きょうは、債権法の質疑ということで、本当に貴重な参考人の質疑も踏まえて、具体的な質問に入っていきたいと思いますけれども、その前にちょっと一点だけ、いわゆる鶴保大臣を含めた土人発言と言われるものについての法務省そして法務大臣の見解を、この衆議院の法務委員会の場で少し議論をしていきたいというふうに思います。

まず、萩本人権擁護局長にお伺いをしたいと思います。沖縄県の米軍ヘリパッド建設現場付近で、大阪府警の機動隊員が、あろうことか、抗議活動している人に対して土人というような発言をした問題についてであります。

一般に、警備中の警察官が土人というような発言を行うことは人権擁護上問題があるとお考えでしょうか。人権擁護局長にお伺いをいたします。

○萩本政府参考人　今、委員から、一般にというお話がありましたが、今、委員が問題として取り上げられた発言そのものにつきましては、その発言に至る経緯や、その際の具体的な状況について、その詳細を法務省として把握しておりませんので、お答えを差し控えたいと思います。

ただ、一般論としまして申し上げますと、不当

な差別的言動はいかなる者に対してであってもあってはならないものでして、人権擁護上問題があると考えておりまして、従前からそのような答弁をさせていただいているところでございます。

○山尾委員　参議院の有田委員からの質問にも萩本局長はこのようにお答えになっており、私は、政府の一員、そして政治家ではない局長として一定程度御答弁をしていただいているのかなというふうに思っているんですね。

だから、そういう評価のもとで、あえてもう一つ質問しますが、私、今、人権擁護上問題があると思われますか、こういう質問をしました。そして、局長は、人権擁護上問題があるという答弁のみならず、その前段で、不当な差別的言動はいかなる者に対してもあってはならない、こういうことも御自身でおっしゃってくださいました。したがって、一般論で、警備中の警察官が土人というような発言を行うことは人権擁護上問題があるというだけではなくて、不当な差別的言動にも当たり得る、こういう御答弁と私は理解をするわけですけれども、局長、いかがですか。

○萩本政府参考人　断定することができないということは繰り返しお断りさせていただきたいと思いますが、当たり得るか否かということであれば、当たり得るということは否定できないというように考えます。

○山尾委員　私も、よく御答弁を一歩一歩いただいているというふうに思っています。

それでは、擁護局長がここまで答弁をしてくださいましたので、法務大臣にも同じ質問をさせていただきます。

一般に、警備中の警察官が土人というような発言を行うことは人権擁護上問題があるとお考えですか。

○金田国務大臣　委員のただいまの御質問、私も、関連して何度かお答えを申し上げております。

まず、一般論で申し上げれば、個別の事案における発言を人権問題として取り上げるべきかどうかについて、言われた側の感情に主軸を置いて判断すべきことであって、その発言によって言われた側の感情を傷つけたという事実があるならばしっかりと襟を正していかなければならないというふうに思いますし、また、人権問題として捉えるかどうかを含めて、個別の事案についてはつぶさにそれを注視していく、そのことが重要だというふうに思います。

○山尾委員　個別のことでは聞いておりません。一般論として、警備中の警察官が土人というような発言を行うことは人権擁護上問題があるとお考えですか。

○金田国務大臣　一般論としてお聞きだということで、私も一般論でお答えをしたと思いますが、やはり、その発言によって言われた側の感情を傷つけたという事実があるならばしっかりと襟を正していかなければならない、また、人権問題として捉えるかどうかを含めて、個別の事案についてはつぶさにそれを注視していく、そのことが重要だというふうに私は思います。

○山尾委員　よろしくはないわけであります。

人権擁護局長が、一般論としてであればという前置きで、警備中の警察官が土人というような発言を行うことは人権擁護上問題があるというふうに答弁をしっかりとされました。大臣は、局長の考えと違うところがあるのであれば、この点が違うとおっしゃるべきですし、同じであれば、同じであるとお答えすべきだと思います。

いかがですか。

○金田国務大臣　従来から私が答弁してまいりましたケースは、特定のケース、先般の沖縄での発言のことについても申し上げてはきました。

ただ、一般論として申し上げた場合には、不当な差別的言動というものはいかなる者に対してもあってはならず、人権擁護上問題があると考えておりまして、従前からそのように答弁をしてきたところであります。

○山尾委員　巧妙にかどうかわかりませんけれども、私の質問をすれ違えてあえて答弁をされていると思います。

私は、このヘリパッドの個別の問題を聞いているのではありません。ただ、それ以上に抽象化をして質問しているわけでもありません。一般論として、警備中の警察官が土人というような発言をする、こういう事態について人権擁護上問題があると思われますか、こういう質問をしております。

ちなみに、人権擁護局長は、全く同じ質問に対して、今大臣が聞いていただいたとおりの明確な答弁をしてくださっています。もしここで違うということであれば、局長と大臣の考えが違う、こういうことになりますし、私は、この点に関して言えば、同じと言っていただいても全く問題ないと思いますし、大臣としてそれが適切な答弁だと思います。あくまでも一般論を聞いております。

○金田国務大臣　同じことを申し上げているんですが、かつて官房長官も答弁されたと思いますが、私も同じ思いでありまして、例えば警察官のような、逮捕権を有し、公権力を有する者が威圧的言動、行動を行ったことについては大変残念で許すまじき行為である、このように考えております。

○山尾委員　それは、本件、個別の事案についての官房長官の発言であります。

繰り返します。個別のことについて尋ねているのではありません。一般論として、警備中の警察官が土人というような発言を行うことは人権擁護上問題ありやなしか。人権擁護局長は、人権擁護上問題があるとおっしゃっています。

聞き方を変えましょう。大臣は、人権擁護局長の先ほどの御発言と見解は同じですか、違いますか。

○金田国務大臣　一般論としてお聞きになっていると思いますので、私は、先ほどの局長の答弁と同じ思いであることを申し上げます。

○山尾委員　では重ねて、先ほど局長は、一般論として、このことは不当な差別的言動に当たり得る、こういう答弁もいただきました。この点について法務大臣は、見解は同じですか、違いますか。

○金田国務大臣　その当たり得るというところ、ですから、それは同じだということを繰り返し申し上げております。

○山尾委員　繰り返しというか、大臣みずからの答弁としては、私としては初めてお聞きをした答弁であります。

一般論として、警備中の警察官が土人というような発言を行うことは、人権擁護上問題があり、そして不当な差別的言動に当たり得る、こういう明確な法務大臣の見解をいただきました。

そこで次に、今度はこの個別の問題について大臣にお伺いをしたいと思います。

この個別の問題について、私は、この大臣の言葉はすごく人間的な、また法務大臣としての心情があらわれたものとしてすごくいいなと思ったんですけれども、大変残念で許すまじき行為である、こうおっしゃいました。その見解にもちろんお変わりはありませんよね。

○金田国務大臣　今の御質問にありましたように、警察官が行った発言、大変残念で許すまじき行為と考えていることは、かつて私も申し上げましたし、官房長官のコメントとも同じでありますし、そこは繰り返し申し上げているとおりであります。

○山尾委員　それで、先ほど大臣は、言われた側の感情が大切だ、言われた側の感情を傷つけた面があるなら襟を正すべきだ、こういうふうにおっしゃられたのでお伺いしますが、大臣、この警察官の言動、そして、その言動について、必ずしも差別に当たるということは言い切れないというような鶴保大臣の重ねての言動、これによって沖縄県民の皆さんは、今、傷つけられた側の心情としてどういう心情になっておられるか。大臣が先ほど、言われた側の心情が大事だとおっしゃられたので、大臣も当然、その心情をしっかりと想像されて言語化されていると思うんですけれども、それをお話しいただきたいと思います。

○金田国務大臣　前にもお答えをいたしておりますが、発言に至る経緯あるいはその際の具体的な状況といったような、その詳細を私個人としても法務省としても把握していない状況の中で、それが差別的発言かどうかについてはお答えは差し控えさせていただきます。

○山尾委員　全くそれは質問しておりません、今は。

　先ほど大臣が、やはりこういうことについては言われた側の心情が大切だということをおっしゃったので、この個別の事案について、言われた側、言われた方、そしてそれを受けとめた沖縄県民の気持ち、これを当然大臣は御想像されていると思うんですね。されていなかったらおかしいですよね、だって言われた側の心情が大切だとおっしゃったんだから。

　大臣の中で沖縄県民に寄り添った想像力をしっかり働かせていただいたその率直な感情を、やはり言葉であらわしていただく必要があると思うんです。

　別に、差別的言動かどうかという質問には今至っておりません。

○金田国務大臣　私は、先ほどから申し上げているつもりであります。

　一般論とこの個別の案件、個別の案件についてお尋ねでございます。私が当初から申し上げておりますように、警察官が不適切な発言を行ったことは大変残念で許すまじき行為であると考えていることは繰り返し申し上げてきたところであります。

○山尾委員　質問にお答えをいただきたいと思います。言われた側の心情が大切だと御自身でおっしゃりながら、言われた側の心情について一切答弁をされないというのは余りにも無責任だと思います。

　先ほど、その発言に至る経緯とか状況とかがつまびらかでないというふうにおっしゃいましたけれども、それは恐らく、差別的意識に基づくものかどうか、言った側が差別的意識に基づくものかどうか、それは、その発言に至った経緯とか状況が明らかでないので差し控えたい、こういう文脈でずっと大臣は御答弁をされていると思うんです。

　私、後でそこもちょっと聞くかもしれませんけれども、今はもっと大事なこと、言われた側、この個別の事案について、沖縄県民の皆さんの心情、これについて法務大臣はどう御想像されるか。

　ちなみに、翁長知事も、当然、強い憤りを感じるとおっしゃっておられますし、沖縄県議会はこのような抗議決議を可決しています。「今回の発言は、沖縄県民の苦難の歴史を否定し、平和な沖縄を願って歩んできた県民の思いを一瞬のうちに打ち砕いたものと言わざるを得ない。」、こういった抗議決議を賛成多数で沖縄県議会は可決しております。

　こういった沖縄県民の、それぞれの立場の代表者の反応も含めて、法務大臣は、この個別の事案について、受け取る側、言われた側、沖縄県民、沖縄の心情をどのように感じられますか。

　そんなに慎重になることというよりは、本当に素直な気持ちを吐露していただければいいのではないかと私は思います。

○金田国務大臣　先ほどからお答えしておりますが、どうもお酌み取りいただいていないようでございますが、もう一度申し上げますと、言われた側の思いも踏まえて、私は、このたびの不適切な発言については大変残念で許すまじき行為である。このように答えてきたところであります。今もその思いであります。

○山尾委員　言われた側の思いをどのように踏まえたのかということを私は伺っております。

○金田国務大臣　先ほどからお答えしております。

　私は、言われた側の思いを一言で申し上げることは難しいものだとは思いますが、そこは大変残念で許すまじき発言であるというふうに思います。

○山尾委員　私としては、どうして大臣がそこまで、言われた方はこんな気持ちになったのではないか、そしてそれを知った沖縄県民の皆さんの気持ちはこういうふうになったのではないかということを、御自身の生きた言葉で一言でも二言でも具体化、言語化していただけないのかなと、大変残念に思います。

　そういったメッセージを発信することはやはり政治家として非常に大事なことだと思いますし、法務大臣ですから、言葉は選ばなきゃいけないかもしれないですけれども、法務大臣はまさに少数者の人権のとりでで、法務行政のトップですから、そこは、これだけ聞いて、県民の側がどういう感情になったのかということを一切言葉で語っていただけないというのは、私としては大変残念に思います。

　ただ、ここまで一つ一つお話を伺っていって、法務大臣の今回の件の認識としては、大変残念で許すまじき行為だ、これが認識としておありになるということでございました。

　沖縄に最も寄り添うべき大臣が、沖縄で抗議活動している国民に対し人権擁護上大変問題のあり得る行為をした警察官について、あたかも、それが差別に当たるかどうか、それは到底判断できることではないというような発言を繰り返しております。一方、閣議決定では、この大臣の言動は県民を侮辱したとの指摘は当たらない、県民の気持ちに寄り添わないという指摘は当たらない、こういう決定がなされています。

　大臣がもし一生懸命寄り添おうと努力をしてくださっているのだとしたら、この質問をするのは私としてはちょっと不本意ではありますけれども、大臣も同じですか、この大臣、鶴保大臣の言動が県民を侮辱したには当たらない、県民の気持ちに寄り添わないとの指摘は当たらない、こういうお考えで、同じなんでしょうか。

○金田国務大臣　鶴保大臣の答弁についてのお尋ねと受けとめておりますが、これにつきましては、やはり鶴保大臣御自身にお尋ねいただくべきものと私は考えます。

　いずれにしましても、警察官が不適切な発言を行ったことは大変残念で許すまじき行為と考えていることは、これまでも繰り返し申し上げているところであります。

○山尾委員　もう一点、差別的意識に基づくものかどうかという話になるんですけれども、大臣は、先ほども御答弁されたように、「事実の詳細が明らかでない状況の中ではお答えは差し控えたい」というふうにおっしゃられております。

　その後、事実の詳細を明らかにするためのどのような努力をされたんでしょうか。

○金田国務大臣　一般論としてでございますが、法務省の人権擁護機関では、人権相談等によりまして人権侵害の疑いがある事案を認知した場合には、人権侵犯事件として立件して、調査を行い、その結果を踏まえて、事案に応じた措置を講じることにいたしております。

　なお、個別の人権侵犯事件につきましては、関係者のプライバシー保護や、調査にかかわる事実をみだりに公にすることによって今後の調査に支障が生じることを防ぐといったような観点から、原則として調査の有無等について公表をしないことにいたしております。

　御指摘の発言の件についても、お答えは差し控えたいと思います。

○山尾委員　今、意外な角度からの御答弁だったんですけれども。私のさっきの個別の質問に対して、一般論としては人権侵害の疑いがある場合は、人権侵犯事件としての立件もあり得ると。それに対して、ではこれはあるんですかと私が尋ねると思われたのか、その調査の有無については答えないんだということを先回りしておっしゃったのかな、こういうふうに思いますけれども。

　今のお話でいうと、少なくとも一般論として、警備中の警察官が土人というような発言をすることは、局長そして大臣の御答弁からすると、人権擁護上問題があり、不当な差別的言動に当たり得る、つまり、人権侵害の疑いが一般論としてあり

得る。もしそういう一般論としての疑いがあり得るのであれば人権侵犯事件として立件もあり得る、そういう調査をスタートさせることもあり得る、しかし、その調査を今回するかどうかについては、これは答えを差し控えたい、そういうことですか。

○金田国務大臣　そうした、その後どういう調査をしたかとか、あるいは、その後どういうふうな対応をしたかという点につきましては当局から答えさせたいと思います。

○萩本政府参考人　これも一般論になってしまいますけれども、個別の人権侵犯事件の調査につきましては、その調査の有無も含めまして、関係者のプライバシーの保護、あるいは関係者との信頼関係の保護等の観点から、基本的に公表しないという取り扱いとしておりますので、その意味からも、今回の件についてどうするかということをこの場で御答弁するのは差し控えたいという趣旨と理解しております。

○山尾委員　これから先、この場で議論をしていくべき論点が見つかったのかなというふうに思います。

先回りして、調査の有無は差し控える、そういう御答弁をお二人からいただきましたけれども、例えば私人間であればそうでしょうね。ただ、やはり今回の件というのは、まさに警察官の言動、そして大臣の言葉にしても、まさに公権力が一般の私人、国民に対して行った言動が問題になっているわけですから、今の定型的な答弁というのは必ずしも当たらないのではないかなというような気もいたします。

いずれにしましても、こうやって、一歩ずつ、やはりうやむやにせず、こういった問題はしっかりこの法務委員会で議論をつなげていきたいというふうに思いますので、きょうのところは、局長、大臣、それぞれの御答弁に理解まではいかないんですけれども、次に続くということで、債権法の議論に移りたいというふうに思います。

今回の債権法改正は、まず、たびたび参考人も含めて問題を指摘されている、配偶者が適用除外になっていることの問題点、これをお聞きしたいと思います。

簡単に言いますと、今回、事業融資のための個人保証については、その契約締結に先立っての「一箇月以内に作成された公正証書で保証人になろうとする者が保証債務を履行する意思を表示していなければ、その効力を生じない。」、こういう規定が新設されて、一定の保証人保護が図られようとしています。しかし、「主たる債務者が行う事業に現に従事している主たる債務者の配偶者」がこの保証人保護規定の枠の外に置かれようとしています。

そこで、まずお聞きします。なぜ配偶者を保護の枠の外に置いたのでしょうか。

○小川政府参考人　お答えいたします。

今お話がありました保証意思宣明公正証書の作成を義務づけるのは、個人的な情義などから、保証のリスクを十分に自覚せずに安易に保証契約を締結することを防止することにあります。

そのため、改正法案の立案の過程におきましても、個人的情義などから保証人となることが多い主債務者の配偶者を例外とするのは相当でないという指摘もございました。

しかし、個人事業主に関しましては、経営と家計の分離が必ずしも十分ではなく、主債務者とその配偶者が経済的に一体であることが多いことから、現に、配偶者を保証人とすることによって金融機関から融資を受けている事例も少なくないのが実情でございます。したがって、配偶者については、これを保証人とする客観的な必要性も高いものと考えられます。

また、個人事業主の配偶者は、一般に事業の状況などをよく知り得る立場にあると言え、保証のリスクを認識することが可能であるから、その意味で保証意思宣明公正証書の作成を義務づける必要性がそれほど高くないと考えられるところでございます。

このような実情を踏まえまして、法制審議会においても、とりわけ中小企業側の意見といたしまして、個人事業主による円滑な資金調達が困難にならないよう、主債務者の配偶者を例外として扱うべきことが強く主張されました。

そこで、改正法案におきましては、主債務者が個人事業主である場合のその配偶者については、主債務者の事業に現に従事しており、事業内容を把握することができる地位にあることを要件とした上で、保証意思宣明公正証書による保証意思の確認がされなくとも保証契約を有効に締結することができることとしたわけでございます。

○山尾委員　配偶者が保証人になるという実情が多いということは、それに伴って、一家もろとも、保証債務、主債務、両面から押しつぶされて、その家庭の子供も含めて非常に厳しい状況を生み出しているという事案もまた多いということにもつながるのでありまして、これを枠の外に置く理由には私はならないというふうに思っているのです。

また、その後、三点おっしゃったんですけれども、これは盛山副大臣が先回おっしゃったこととも同じなんですが、副大臣でも局長でも結構ですけれども、まず、その個人事業主の配偶者が事業の状況を一般的によく知り得る立場であるということが理由づけの一つになっていますよね。でも、事業の状況を一般的によく知り得る立場というのは、配偶者であるという要件から導かれるものというよりも、主債務者が行う事業に現に従事していることから導かれ得るものであって、配偶者であるからといって、当然ながら、一般的によく知り得る立場にあるというふうに必ずしも定型化できないというふうに私は思うのですけれども、この点いかがですか。

○小川政府参考人　先ほど申し上げましたように、主債務者と配偶者が経済的に一体であることが多いということ、これは経営と家計の分離が必ずしも十分でないことから、一般的な議論としては言えるのではないかというふうに考えております。

○山尾委員　それは、何かそれを裏づける数字でもお持ちなんでしょうか。（発言する者あり）

○小川政府参考人　数字としては承知しておりません。実態としての認識でございます。

○山尾委員　そういう肌感覚ということでいえば、先ほどからつぶやかれているとおり、母ちゃんは黙ってついてこいとか、そういう共同経営形態もあるわけですね、実態としての肌感覚として。一般的に知り得る立場にあっても、必ずしも知ろうと別に思わないとか、必ずしも母ちゃんが知るべきだとも思わないとか、それでも経営と家計が一体となって事業を進めている、こういうことは、実態として特に中小零細では非常に多いというのが肌感覚であるし、肌感覚議論になればこれは水かけ論でありまして、必ずしも定型的に、配偶者であればよく知り得る立場なんだということの根拠には私はならないというふうに思いますし、今の答弁では、そのことについて説明責任を果たしたというふうにはならないんだというふうに思いますね。

経営と家計の分離がされていないということが繰り返し言われるわけですけれども、経営と家計の分離がなされていないという実情が一部あるにしても、それを所与のものとして肯定的に捉えていいのかどうかということも、またこれ、私は大変疑問であります。経営と家計が一体化しているからこそ、仮にその事業が、リスクが顕在化したときに、本当に家計もろとも、子供も含めて、あるいは介護している両親も含めて、大変な状況に陥るということがあるわけで、さらにそのことを理由にして配偶者も保証人になることについて後押しするような改正がなされるのであれば、よりこのリスクは高くなるということになるんだと私は思います。

もしこの点について御意見があったらどうぞ。ない。

では、二番目に行きたいと思います。保証のリスクについても認識しているという可能性が大である、こういうお話があります。

今の話とかぶるんですけれども、表面上事業に現に従事しているとされる者の中で、現実にはそれほど事業の状況について精通しているわけではないんだけれども、表面上はさまざまな利便性を理由に従事者として扱われている立場の最たる者が私は配偶者だというふうに思うんですね。

そう考えると、配偶者が保証のリスクについても認識している可能性が大である、こういうふうにおっしゃる体感以外の根拠をお聞きしたいんですけれども、いかがですか。

○小川政府参考人　お答えいたします。

今申し上げましたような保証のリスクの認識の点につきましては、これは個人事業主についてということになりますが、その点につきましては、法制審議会の中でも中小企業団体からその旨の御発言があったところでございます。

○山尾委員　ごめんなさい、ちょっとわからないんですけれども、中小企業の団体からどういった発言があったということですか。

○小川政府参考人　個人事業主の配偶者は一般に事業の状況などをよく知り得る立場にあると言えて、保証のリスクを認識することが可能である、そういう趣旨の発言でございます。

○山尾委員　可能であるかどうかというよりも、一般論として可能性が大であるかどうかという話をしているんですけれども、いかがですか。

○小川政府参考人　実態としても、やはり可能性は大きいということは言えようかと思います。

○山尾委員　百歩譲って、そういう旨の発言もあるでしょう。でも一方で、私のような立場から、必ずしもそうは言えないんじゃないですか、こういう発言もあったのではないですか。

もう少し言いましょうか。別の立場からもう少し申し上げますと、私は、配偶者であるという立場は、保証のリスクの認識可能性については、一般論として、逆である可能性も高いと思うんですよ。主たる債務者の配偶者と第三者とを比べたとき、保証人になる際、どちらが保証リスクについて真剣に検討すると思いますか。一般論であれば第三者ではないですか。だって、自分自身が保証人になるときのことを考えてみたら、妻とか夫の保証人になるのと、隣にいる議員とかそういう人の、第三者の保証人になるときと、どっちが保証リスクを真剣に検討しますか。

少なくとも、配偶者であれば保証リスクを真剣に検討して認識している可能性が大であるというのは、ちょっと偏った雑駁な見方ではないかというふうに思うんですけれども、この指摘について何か御意見があればお答えください。どなたでも結構です。

○小川政府参考人　今回の制度の説明といたしますと、個人事業にかかわるものでございます。それに関する事業主の配偶者ということですので、もちろん、事業の経済状況については一般的に知り得る立場にあって、その意味で、リスクについても認識しやすい立場にあるということを繰り返し申し上げているわけでございます。

○山尾委員　近くにいるから知り得る立場にあり、したがって、そのリスクについても認識し得る立場にあるというのは、これはそういう見方もあると思います。でも、そうやって事業の中身を知ろうと思えば知れても、あるいはリスクについて考えようと思えば考えられても、それを特に知らずに、あるいはリスクについて真剣に検討せずに保証人になりやすいというのがまさに配偶者の情実性の問題だというふうに私は思うんですね。

先ほど、最初の方の答弁でも、やはり個人的な情義から保証人になるということの問題点の指摘もありました。保証の情義性、情が一人のかけがえのない人生を狂わせたり、また、このことについては、その家庭丸ごと、何度も申し上げますけれども、子供とか高齢の親御さんも含めて、本当にそういう家庭丸ごとを狂わせる、大きな犠牲を生むリスク、これを低減せずに、この保証ということについて、せっかく保証人を守ろうとしているのに、ここを枠の外に置くのは、私は本当に合点がいかなくて、したがってもう少し聞いてみたいんです。

三点目、配偶者に関して言えば、公正証書まで義務づける必要性に乏しいというふうにおっしゃるんですけれども、これはやはり配偶者ならではの、ほかの場合よりも定型的に保護の必要性が高いという面、ここをどこまで考えてくださっているのかということが気になるんです。

債権者との関係でいえば、例えば、お金を借りようとする主債務者に夫がいる、多くの場合妻がいるというときに、債権者の側から、せめて奥さんぐらいは保証人に立てられませんか、奥さんに対しても、奥さんぐらいは保証人になってくださいよ、あなたの夫でしょう、奥さんすら保証できないのに、どうやって赤の他人の私が信用できるんですか、こういう有形無形の、少し強い言葉で言えば圧力にさらされる場面というのは、配偶者だからこそ定型的にあるわけですね。

配偶者たる債務者と、夫、妻の関係にしても、保証人を頼むよという一言、説明不足の中で、リスクを真剣に検討する現実的な環境にない中で奥さんが保証人になっていくという場面こそがやはり一般的にある場面だというのが、私も、地元を回っていても体感でもあるわけですね。

こういう配偶者ならではの保護の必要性というのをどこまで検討していただいた上で、配偶者は保護の必要性が少ないというふうにおっしゃられているのか、もうちょっと率直な御意見をどなたからいただければと思うんですけれども、いかがですか。

○小川政府参考人　先ほども申し上げましたが、法制審議会の中の中小企業団体からは、こういった場合の配偶者の保証の必要性、有用性ということについての指摘はたびたびいただいたところでございます。

○山尾委員　これまでやはり、保証というのは必要性の観点からずっと語られてきて、必要だから必要だからと。でも、今回この改正をしたのは、必要だからということで保証債務がもし仮にかぶさってきたときの、その人の人生、それを本当に狂わせていいのか、そういうことをできるだけ少なくしようよ、こういう優しい思いからスタートしていることだと思うんですね。

全てを、一〇〇%とは言いません、でも、この配偶者の問題は、きょう私が申し上げたとおり、ここを保護せずして、やはりこれは魂が入らない部分だと思うんですね。だって、主債務者と配偶者が丸ごと主債務と保証債務を抱え込んだら、何度も言いますけれども、その家族全部の人生が変わる。これは、第三者が債務保証人になるのとはまた違う、本当に大きなリスクだし、本当に、夫婦という関係に子供があるということはよくあること、ない家庭もあるけれども、そういうことを考えたときに、そういう状況から子供も含めて救おうよということをもう少し私は考えていく必要があると思います。この点についてはこのまま私は仕方なしというふうには到底思えません。

法務大臣、この点について一言、いかがですか。

○金田国務大臣　委員御指摘の点につきまして、お話を伺っておりました。

融資の必要と保証人の保護というのは、やはり両方とも重要ではないか、このように考えております。（発言する者あり）

○山尾委員　ちょっと、なるほどというような答弁では私は受けとめられないのですけれども、また機会があると思いますので、一回議事録なども読んでいただいて、次は、さらに血の通った答弁をいただきたいなというふうに思うところであります。

では、次なんですけれども、今回、債務者から保証人となろうとする者に対して、情報提供義務を負うということが改正案の中にあります。そもそも、この情報提供義務について、私が知っているところによると、日弁連は情報提供義務を債権者に課すことを提案していたと聞いております。改正案では、この義務の主体が債権者ではなくて主債務者というふうになったのですけれども、それはなぜなのでしょうか。

○小川政府参考人　お答えいたします。

提供すべき情報を保有しているのは債務者でございますので、その意味では端的に債務者の義務とするということでございます。

○山尾委員　私が勉強したところによっても、このことについては、提供すべき情報を持っているのは債務者であって、必ずしも債権者は主債務者に関する情報を広く把握しているわけではない、こういう理由があった、こういう御答弁だと思います。

では、その主債務者がこの情報提供義務に違反した場合に、保証契約の効果というのはどうなるんでしょうか。

○小川政府参考人　お答えいたします。

この情報提供義務の実効性を確保する観点から、主債務者がこの情報提供義務を怠った場合には、そのために誤認をし、保証契約の申し込みなどをしたという保証人に保証契約の取り消し権を与えることとしております。

○山尾委員　しかし、その取り消し権には、誤認をして申し込みをしたという保証人の認識のみならず、もう一つ条件がついておりますよね。別に、書いてあることですから、私から申し上げますと、債権者が主債務者による情報提供義務の不履行、虚偽の情報提供の事実を知り、または知ることができた場合に限り、こういう条件がついております。そうですよね。はい、うなずいていただいています。

このことに関する立証責任は誰が負うことになるんですか。

○小川政府参考人　取り消し権を行使する保証人側だと思います。

○山尾委員　そうなんですよね。保証契約の取り消しを主張する保証人が、自分自身が、間違った情報を与えられたり、あるいは隠されたから、誤って、誤認をして保証しちゃったんだという自分の認識を証明するだけじゃなくて、主債務者が情報を提供しなかった、あるいはうその情報を提示した、こういうことについて、債権者がその事実を知っていた、あるいは知ることができた、そのことについても取り消し権を行使する保証人の方が立証しなきゃいけないわけです。

これは考えていただきたいんですけれども、実際に、債権者がいて、主債務者がいて、保証人がいて、保証人がそれを立証できる場合というのはどれだけあるんでしょうか。主債務者がうそをついた、隠したということについて、債権者、あなたは知っていただろう、あるいは知ることができただろうということを、こっちの端っこにいる保証人が立証できるというのは極めてハードルが高いんじゃないかというふうに思うわけです。

なぜなら、さっきおっしゃっていただいたとおり、そもそも契約の際の情報提供義務は、債権者は主債務者の情報を持っていない、主債務者の情報、債務の情報、財産の状況を知っているのは主債務者であるから情報提供義務を債権者じゃなくて主債務者に課した、こういう答弁でした。債権者と主債務者の距離ですらこれだけ遠いんです。さらに、主債務者を挟んだ債権者と保証人の距離というのはどれだけ遠いんでしょうか。

そして、取り消し権を行使したいと思う保証人が債権者の認識まで証明できるというのは立証責任として相当厳しいハードルで、このままでは、幾ら取り消しできるんだといっても、実効性担保に欠けるのではないかというふうに思うんですけれども、いかがですか。

○小川政府参考人　もちろん、立証の対象は、知っているという主観的な認識であるとともに、知ることができたということでございますので、それは客観的な状況によって知ることができたはずかどうかというのは決まってくるだろうと思います。そういう意味で、客観的な状況を主張、立証することは十分可能だろうと思います。

とりわけ、実務上の動きとして考えられることでございますが、保証契約が取り消されるリスクを完全に解消しておこうという観点から、要するに、金融機関とすると何でも知っておこうということになりますので、主債務者がどのような情報を提供したのかなどを積極的に確認する実務慣行が形成されることも予測されるところでありまして、そういう状況になりますと、そうであるにもかかわらず情報提供義務違反が生じたという場合には、それを金融機関が知り得るということも想定されるところでございまして、あくまで、やはり客観的な状況が重要であろうというふうに考えております。

○山尾委員　なので、債権者の認識を裏づける客観的な状況について、保証人がどこまでその情報を把握して立証するところまで持っていけるのかという実務上の困難さを私は申し上げているわけです。

やはり、ここの実効性を担保するには私はもう一工夫あり得るのかなというふうに思いまして、難しいのかもわからないけれども、例えば、保証人の側の立証責任は、自分自身が誤った情報あるいは情報を受け取れなかったことによって誤認をして保証契約をしてしまったという、自分自身の認識あるいはそれを裏づける客観的状況については保証人の立証責任の範囲ということで、それは妥当なんだろうと思いますけれども、では、そういうことについて債権者が実際に知っていたか、あるいは知り得る状況にあったのかということについては、立証責任の転換というようなことも保証人保護という観点からは一つの工夫としてはあり得るのではないかというようなことも考えております。

いずれにしましても、質疑時間が終了いたしましたが、きょうは済みません、たくさんの質問を用意して、御答弁も用意いただいていたかと思うんですけれども、まだまだ引き続き、落ちついたいい議論を続けていきたいと思いますので、どうぞよろしくお願いいたします。

ありがとうございました。

○鈴木委員長　次に、階猛君。

○階委員　民進党の階です。本日もよろしくお願いいたします。

今の山尾さんの質問、私もちょっとそこに関連する問題意識を持っておりまして、忘れないうちにそこだけちょっと聞いておきたいんですが、山尾さんのおっしゃっていたのは、多分、改正法の四百六十五条の十というところに関する御質問ということでよろしいですよね。この中で、契約締結時、主たる債務者が根保証の委託をするときに、財産及び収支の状況等々を情報提供しなさい、この情報提供したものが間違っていたような場合、その間違っているものだということについて債権者が知り、または知ることができたときは、保証人は取り消すことができるということなんですね。問題は、この債権者が知るとか知ることができたというのを、保証人の側に立証責任を負わせるのは酷ではないかということだったと思います。

私、この問題を解決するための一つの方策は、後で質問もしようと思っていたんですが、公正証書をつくる際に公証人に口授する事項の中に今四百六十五条の十に掲げてあるような情報を全部盛り込んで、公正証書に書き込んでしまえば、それを債権者は当然見るわけだから、後で知らなかったというような債権者側の抗弁を封ずることができるような気がするんですね。だから、口授する事項の中にそういったことも盛り込んでしまえばいいような気がするんですが、ちょっと、まずその点についてお聞かせいただきたいんです。

○小川政府参考人　口授すべき事項は、基本的に法律に書かれた事項でございます。保証の場合と根保証の場合に分けて、法律で四百六十五条の十に定めているところでございますが、実際上の運用として、公証人が公正証書を作成する段階では、当然のことながら保証する意思を確認していくわけですので、なぜ保証するに至ったか、その意味では、主債務者の財産状況がどの程度あるかについて一定の確認はすることになると思います。

この点を、きちんと情報提供を受けたのかということについて検証することは当然の内容だというふうに考えております。

○階委員　情報提供を受けたことを確認するだけ

じゃなくて、どういった情報を受けたのかということをちゃんと紙に書いて残しておくということにすれば、債権者には当然、公正証書の内容は知らしめられるわけですから、それによって、この四百六十五条の十で保証人が立証責任を負わなくてはいけないという問題をクリアできるんじゃないかなという気がするんですけれども、どうなんでしょうか。単に確認するだけじゃなくて、公正証書に盛り込むということはどうでしょう。

○小川政府参考人　立証の手段を与えるという意味では、一つの方法かとは思います。

○階委員　そういう方法もあり得るだろうということで、まず御提案をさせていただきます。

それと、先ほどの山尾さんの質問で、私も気になるのは、やはり、配偶者が保証人になる場合は公正証書をつくらずともフリーパスで保証してもらえるということについて、私も、これは非常に問題になるんじゃないかなという気がしますよ。

糟糠の妻とかというのがありますね。不遇の時代、旦那さんが事業を立ち上げたけれども、全然もうからない、そういうときに、奥さんも、保証するだけじゃなくて事業にも従事しながら、一生懸命稼いで、それでようやく事業が順調になった。そういう順調になったときに限って、えてして旦那さんは不倫とかするわけですよ。

それで、こういうのをげすと言うと思うんですが、糟糠の妻を見捨てて離婚してしまう。また、そういう離婚するような旦那だから、そんな成功は長続きしないんですよ。長続きしないで、いずれまた事業が失敗する。そうすると、事業が失敗したのでということで、保証人になっている奥さんの方に改めて、あなた、保証人だから保証債務を払ってください、こういう話になった場合、これはまさに踏んだり蹴ったり、私は、平成の踏んだり蹴ったり事件だと思いますよ。奥さんの平成の踏んだり蹴ったり事件。昔、踏んだり蹴ったり事件という有名な事件があったんです。そういうことも実際に起こり得ると私は思うんですね。

だから、私は、配偶者というのをあえて例外としてフリーパスで保証を認めるというのは余りよろしくないんじゃないかなと思うんですけれども、この点について御見解を改めて伺いたいと思います。

○小川政府参考人　お答えいたします。

この制度の説明といたしましては、先ほども申し上げましたように、個人事業主について言えば、経営と家計の分離が十分されていないというような実態、あるいは保証のリスクについても配偶者の方が知り得る立場にあるといったことなどを考慮して、さらに加えて、中小企業団体の方からも非常に強い要望がございましたので、この制度を盛り込んだということでございます。

○階委員　いやいや、私が想定しているケースについて答えてほしいんですけれども。

離婚してしまった場合、しかも相手に帰責事由があるような場合ですよ、旦那さんの方に帰責事由があるような場合、なお配偶者である奥さんに保証履行責任を課すのは、本当に正義にかなうんでしょうか。私はちょっと問題があると思うんですが、そういうのも法務省はしようがないんだと言い切ってしまうんでしょうか。

○小川政府参考人　離婚の前に負った債務について保証の対象になるというのは、これはいたし方ないところだと思いますが、例えば、今お話ありました離婚について言えば、根保証のような場合は、事情が変わったということで特別解約権的な解釈ということで、離婚後発生する債務については負わないという考え方は解釈論としてあり得るとは思います。

○階委員　根保証ではなくて単純保証、特定債務の保証の場合はどうなんですか。

○小川政府参考人　例えば、一定の条件がついているような場合を除けば、やはり、離婚前の債務ですので、保証の対象になるというふうに考えております。

○階委員　それは余りに法務省としては酷な扱いだと私は思いますよ。やはり配偶者というのは、今、離婚も多い時代ですし、いろいろな状況の変化も起こり得るわけですから、例外に含めるというのは、私はちょっと判断としてどうかなと思います。この件については、また後ほど別な観点からお尋ねします。

前回私が質問した続きということで、まず大臣にお尋ねしたいんです。

前回、私の方から、三%の法定利率の見直し条項について説明をさせていただきまして、現在の金融情勢のもとでこの制度がスタートすると、実際には、下方硬直性といいますか、三%が二になったりすることはあり得ないんじゃないかということを大臣にお尋ねして、そういう認識でいいかどうかということを確認したかったんですけれども、大臣は、そのときは、「今の点につきましては、後で事務方にその辺はよく確認をしてみたい」ということで引き取られています。

改めて私の方からも説明しますけれども、仮にこの法案が成立して、二〇一九年の一月一日から施行と、切りのいいところで仮定した場合、これは、二〇一四年一月から二〇一八年十二月の五年間の貸出平均金利、これをもとにして、施行後三年間の見直し時に、その当時の金利水準、正確に言うと、二〇二二年一月一日が今の仮定だと見直しする日になりますから、二〇一七年一月から二〇二一年十二月までの五年間の金利水準、この両者を比較して、一%下がれば三が二になるということはあり得るということなんですね。

さするに、今の金融情勢は、マイナス金利政策もあり、極めて低い状況です。ちょっと試算してみましたところ、施行が二〇一九年一月とした場合、算定の基礎となる二〇一四年一月から二〇一八年十二月の貸出平均金利、これは、今現在の水準がその当該期間の終期である二〇一八年十二月まで仮に続くと仮定しますと、その二〇一四年一月から二〇一八年十二月の平均金利が大体〇・七五%ぐらいになるということです。〇・七五%ということは、既に一%を下回っています。そこから、〇・七五から一下回るということは、マイナスの領域に入ってしまうわけですね。でも、マイナスの領域に入る貸出金利というのは現実には起こり得ないと思っております。

ですから、今回の制度というのは、今の金融情勢を鑑みると、やはり三%から上に行くことはあっても下に行くことはない、こういう制度である、そういうふうに私は理解したんですけれども、これは大臣にも共有していただけるかどうか、まずその点をお願いします。

○金田国務大臣　ただいま委員が御指摘になりました、今の金融の状況、制度を前提とすればというお話でございました。

御指摘のとおりだと私も思います。

○階委員　ありがとうございます。

ということは、三が下に行くことはないという前提で物を考えていくときに、法定利率が適用される場面で典型的な例として、遅延損害金を計算する場合と、逸失利益の中間利息を控除する場合と、二つ考えます。

遅延損害金を計算する場合については、先般副大臣もお答えになられましたけれども、余りに三%より低い水準だと、これは債務不履行を助長することになるからよろしくないだろう、これは私も理解します。

ところが、中間利息を控除する局面は、実は、被害回復をする側にとっては、これは低ければ低いほど手取り額は大きくなるということですから、今の金融情勢よりも高い、高過ぎる三%という水準というのは余り好ましくないだろうと私は考えております。

そこで、遅延損害金割合と中間利息控除割合を、今回、わざわざ法律に規定を設けて同じ法定利率で計算しましょうということにしているわけですが、私は、必ずしも同じ割合で計算する必要はないと思うんですね。なぜ遅延損害金割合と中間利息控除割合を同一にしなくちゃいけないのか、この点について御説明いただけますか。

○小川政府参考人　確かに、法制審議会における検討の過程の中でも、中間利息控除に用いる利率は、いわゆる運用利率を参照として、遅延損害金

の算出に用いる利率とは別に定めるべきであるという意見もございました。

もっとも、現在の裁判実務におきましては、特に交通事故訴訟や医療過誤訴訟などを中心として、遅延損害金の算出に用いる利率と中間利息控除に用いる利率が一致すること、これを前提に安定した損害賠償額の算定の実務が形成されていると言えようかと思います。

これは、かつて、中間利息控除に用いる利率を法定利率よりも低くすべきであるとの議論がある中で、最高裁が、平成十七年でございますが、遅延損害金の算出に用いる利率と同様に、中間利息控除に用いる利率も法定利率によるべきであると判断したことを受けたものというふうに考えております。

この最高裁の判断は、法定利率が民法制定当時の貸付金利などを踏まえて定められたことを前提に、そのように定められた法定利率を用いて中間利息控除を一律に行うことが、控除割合の判断が区々になることを防ぎ、被害者相互間の公平を確保し、損害額の予測可能性を確保して紛争の予防も図ることにつながるという趣旨に基づくものであるが、このような趣旨は、改正法案におきましても、法定利率を見直すこととする際に尊重すべきものと考えられるところでございます。

また、実際、運用利率を参照するといいましても、その主体が個人であるか法人であるかによってその割合は大きく異なると考えられますし、運用利率の算定が必要となる期間も、これは個別の事案ごとに、数年であったり、あるいは数十年に及ぶものもあるわけでございまして、それらの差異に応じた合理的な割合を算定することは実際上困難でございます。また、そういった数値が算定困難である以上、引き下げ用の数値として、仮に例えば二%とした場合であっても、制度の趣旨に照らした場合に、果たして合理的なのかどうかということについての説明は極めて困難であると考えられます。

以上のような検討結果を踏まえまして、現状の損害賠償額の算定の実務が合理的なものとして維持すべきものであることを前提に、遅延損害金の算出に用いる利率と中間利息控除に用いる利率とを同一のものとしたのでありまして、改正案はそういう趣旨に基づくものでございます。

○階委員　いろいろ述べられましたけれども、前半の方で、私が申し上げたように、遅延損害金の割合と中間利息の控除割合を分けるという議論もあったというふうにおっしゃられました。分けたからといって、最高裁の判旨に反するものでもないというふうに私は思っています。

最高裁の判旨によると、先ほど引用された平成十七年の最高裁ですけれども、これによると、通常の利用方法によれば年五%の利息を生ずるということであるとか、法的安定及び統一的処理が必要であるといったことを、当時、五%を中間利息の控除に用いることの根拠として挙げられているわけです。

ところが、この通常の利用方法によれば年五%というのはまさに今の時点では当てはまらないですし、これから法律を改正していく議論をしているわけですから、法的安定とか統一性というのは今この局面では当然変わるわけですから、変わった後、法的安定性、統一性が図られればいいということだと思いますので、必ずしもこの平成十七年の判旨には矛盾するものではないと私は考えております。

そこで、やはり、この三か二かというのは、私、前回も、重要な影響があるんだということを申し上げました。きょう資料で配らせていただいておりますけれども、これは、前回、参考人の黒木先生がお持ちになった資料から抜粋したものの写しが二枚目にあります。

ここで挙がっていますのは、モデル例ということで、二十七歳の男性、仮に月額四十一万ぐらいのお給料をもらっていて、この若さで事故とかに遭われて、四十年、就労可能年数があったとした場合、生活費の控除割合とかを勘案した逸失利益、五%で割り引いた場合だと五千五百五十九万なんですが、仮に三%とすると、この表の下の段で、七千四百八十九万という数字が出ています。確かに、現在の五%に比べれば、三四・七%ふえるので、これはこれで被害者のプラスになることは認めます。

ただ、もし現在の金融情勢を勘案しつつ、かつ、先ほど大臣にも確認したように、三が二になることはないということも踏まえて、最初から二%にしておいたならどういうことになるかというと、三%のときよりもさらに千三百七十四万円もふえて、八千八百六十三万円になるんですね。これは本当に、たかが一%とはいえ、これだけ大きな違いが出てくるわけで、我々としては、ちょっとここは重要なところだと思っております。

二%に逆にしないということになると、先ほど言いましたとおり、この金融情勢下であるということ、それから、引き下げる方向での見直しは事実上あり得ないということから、逸失利益を損害賠償請求する側にとって極めて酷ではないかと思いますが、この点についていかがですか。

○小川政府参考人　お答えいたします。

改正法案において、中間利息控除に用いる利率を年三%とすることにより、ただいまの資料にもございましたように、逸失利益として賠償される額は現在よりも上昇するわけでございます。その意味では、これは損害賠償を請求する者の保護につながるというのが今回の改正の趣旨でございます。

他方、中間利息控除に用いる利率を年三%からさらに低い水準とすることについては、損害賠償額が、今度は、いろいろ評価も含まれるかもしれませんが、著しく高額化することにもつながり、いわば現在の、これは保険も含む安定した損害賠償実務を混乱させるおそれもあるということかと思います。

また、法定利率が三%を下回ることが事実上ないという理由は、現在の市中金利が過去に例を見ない水準で推移しており、実際には法定利率が上昇することしか考えがたいという経済状況にあるということによるものでございまして、そのこと自体を特に取り上げて、当初利率をさらに低く定めるべきものとすることが適切かどうか、この点については慎重な検討を要すると考えております。

○階委員　著しく高額というのは、何をもって著しく高額かというのをはっきりさせてもらわないと困るんですよ。

要するに、私たちが考えたいのは、本来、逸失利益というのは、毎年毎年得られる金額を、それがトータルでどれだけに上るかというのを計算して、それを現在価値に割り引いて一括でもらうわけですから、逆に、もらった側としては、それを毎年毎年運用していって、トータルで見て、四十年間、普通にもらっていれば得られる金額とイコールになればいいわけですね。

今の金融情勢で、もし一括でもらったとして、三%で割り引かれるわけですけれども、一括でもらったものを三%で運用できるかというと、それはないと思うんですよ、実際問題。三%で運用できないということは、逆に言うと、本来もらえるべきものよりも少なくもらっているということにもなるんじゃないですか。

だから、著しく高額というよりも、私の感覚だと、今の金融情勢で三%の割引率を適用されるということは、著しく高額じゃなくて著しく低額だと思うんですが、その点はどうお考えになりますか。

○小川政府参考人　もちろん、そういう見方もあり得るところだと思いますが、先ほど申し上げましたように、基本的には、遅延損害金の算出に用いる利率と中間利息控除に用いる利率が同一であるということに合理性があるというふうに考えておりますので、著しく低額という評価は当たらないものと考えております。

また、そもそも、逸失利益の考え方自体、いわばフィクションに近いところがあるわけで、先ほどの例にありましたように、四十年先のことにつ

いては、もうある意味わからない部分もあるということではないかというふうに考えております。

○階委員　最初の方におっしゃったのは、法定利率を遅延損害金にも、この中間利息控除にも、両方に適用するのは合理性があるということだったんですけれども、まず、そこの認識が私は違うんですね。

前回の質疑の中でも、なぜ三％ということに当初決めたのかという中で、賠償する側がその同じ金額を金融機関などから借りる金利を参考にして決めますという話でした。そこで、遅延損害金の利率は三％ぐらいというのは私はわかるんですね。要するに、手元にお金がない人は、どこかから借りてその賠償金を払わないとどんどん利息が膨らんでくるということで、それで調達する金利が参考になるというのはわかるんです。

一方で、中間利息控除の場合は、そういう貸出金利ではなくて、もらった側の立場に立って、その人が幾らで運用できるか、運用金利の方で考えるべきだと思っています。運用金利を何を見て参考にするか、何を指標にすべきか、これはいろいろ御議論があると思いますけれども、やはり私としては、大体こういった逸失利益が問題になる場合は中長期の期間ですから、例えば十年物の国債の金利とか、そういったものも参考にしながら決めていく。当初の金利としては二％ぐらいにして、その後変動がある場合は、その運用金利である国債金利などの水準を参考にして決めていくというのが、私は合理的なあり方ではないかなと思っています。

いろいろ議論してきましたけれども、まず、遅延損害金割合と中間利息控除割合というのは同一の法定利率を適用しない方がいいんじゃないか、さらにその上で、見直す場合の参照すべき金利も、遅延損害金の場合は調達金利、中間利息控除の場合は運用金利ということで、参照金利も別にすべきではないかというふうに私は考えますけれども、この見解に対する大臣のお考えをお聞かせいただけますか。

○金田国務大臣　ただいままでの前回からの委員の御指摘に対しまして、私は、先ほど民事局長からも説明がございましたが、法制審議会における検討の過程においても、中間利息控除に用いる利率はいわゆる運用利率を参照して、遅延損害金の算出に用いる利率とは別に定めるべきとの意見もあったようでございますが、最終的には、同一のものとするのが適切であるとの結論になった、このように承知をしております。

その理由としては、大きく言えば、現在の安定した損害賠償の実務を混乱させるべきではないという配慮と、中間利息控除では、確かに、運用利率を参照するというふうにいいましても、その制度の趣旨を踏まえた適切な数値の設定が極めて困難であるという理由であったものと認識をいたしております。

委員の御指摘には、先ほどから申し上げていますように、傾聴すべき点もある、このように考えておりますけれども、以上述べました理由に照らしますと、やはり、遅延損害金の算出に用いる利率と中間利息控除に用いる利率は一致させるのが適切であるものと考えるものであります。

○階委員　ちょっと見解が違いますので、私としては承服しがたいところもあります。この点については、修正案を出すかどうかも含め、考えさせていただければと思います。

それから、個人保証の問題についても前回も少し議論させていただきました。

まず、確認として、前回申し上げたとおり、今回、貸し金等債務の個人保証については、それが事業にかかわらないものである場合は無条件でオーケーだということを前回確認させていただきました。

他方で、事業にかかわる債務であっても、要は公正証書があればオーケーなわけです。さらに、経営者とか一定範囲の人間については公正証書すらなくてもオーケーだということで、いわば貸し金等債務の個人保証は原則有効ですよ、こういうたてつけになっていると私は理解しています。

この委員会でもいろいろな方から個人保証の問題点を指摘されていまして、私は、個人保証というのは、原則有効ではなくて原則無効とし、ただ、資金調達上どうしても必要な場合、例えば法人が主債務者で経営者が保証するような場合、そういったごくごく例外的な場合に限って例外的に有効だ、原則無効で例外有効というようなたてつけにする方が私は今の社会情勢にも合っていると思いますけれども、この点について、なぜ貸し金等債務の個人保証を原則禁止にせず原則有効にしたのかということについて、参考人からで結構ですので、お答えください。

○小川政府参考人　保証の問題は、保証人が経営者である場合と経営者以外の者、いわゆる第三者の場合で分けて考えるということが一つの手法かと思います。

経営者の保証につきましては、やはりその必要性ですとか、必要性というのは融資のための必要性であったり、一定の経営の規律づけといった表現もされようかと思いますが、そういった観点からも一般に認める向きが多いのではないかと思います。

そうしますと、議論の中心は経営者以外の第三者の保証の点でございまして、もちろん、経営者以外の第三者の保証については全面的に禁止すべきという意見も法制審の中でもございました。

しかし、経営者以外の第三者によるいわゆる第三者保証の中には、これはエンジェルなどと呼ばれる形のものですが、個人の投資家が事業の支援として自発的に保証することなども現に存在することもございます。こういったことから、第三者保証を全て禁止することに対しては、とりわけ中小企業の円滑な資金調達に支障を生じさせ、金融閉塞を招くおそれがあるとの指摘が中小企業団体からの強い意見として示されたところでございます。

また、保証人がその不利益を十分に自覚せず安易に保証契約を締結するような事態を防止する施策を講ずることができれば、第三者保証を全面的に禁止しなくても、保証人がその不利益の具体的な内容をよく理解した上で、保証契約を締結するかどうかを自己の資力や主債務者との関係その他の事情を勘案しつつ決定することができると考えられるところでございます。

そこで、改正法案におきましては、貸し金等債務の第三者保証を原則禁止するということはせず、保証人がその不利益を十分に自覚せず安易に保証契約を締結する事態を防止するため、事業のために負担した貸し金等債務を保証する際には、公証人による意思確認の手続を求めるということとしたところでございます。

○階委員　保証人の問題が出てくるのはこの委員会でも指摘されていますが、保証人が知識がなかったり、あるいは誤解に基づいて保証契約をしたような、いわば軽率な保証と言われる場合、それから、立場上やむを得ず、断り切れず保証する情義に基づく保証の場合、この二つの場合が主に保証契約がトラブルになる場合だというふうに理解していますけれども、そうすると、今回の法改正によって、そうした軽率な保証とか情義に基づく保証によるトラブルというのは完全に排除できるというふうに考えていますか。

○小川政府参考人　今回の制度は公証人の意思確認の手続でございますので、これを求める対象となるものにつきましては、少なくとも軽率さ、これは、先ほども出ましたが、保証意思の確認をきっちり公正証書で行うというものでございますので、軽率性という点につきましては解消されると思います。

それから、情義の点でございますが、これはまさに義理人情の問題でなかなか難しいところがございますが、これも公証人の方で重ねて保証意思の確認を求め、保証契約を締結するに至った点などについての確認をし、さらには保証に伴うリスクについても十分説明いたしますので、その点についても一定程度の効果は生ずるものと考えております。

○階委員　私は、だから、一定程度というところ

は完全にはリスクは排除できないわけで、他方で、資金調達ということの便宜というのは、経営者が保証することは認めているわけですから、そこでほとんどカバーできるのかなと。エンジェルという人については、別に保証という形態によらなくても、出資であるとか物上保証、すなわち担保を提供する、こういったことで対応すればいいわけで、エンジェルがあらわれなくなるから困るというのはちょっと的外れではないかなと私は思っております。

それと、先ほど、配偶者が公正証書をつくらなくても保証人になれる、例外の中に含まれているということを問題にしましたけれども、それ以外にも、公正証書なしで、それこそ軽率性とか情義性の問題をチェックせずに保証人にできるというふうになっている例外の範囲が極めて広いということだと思います。

それは四百六十五条の九にるる書かれておりますけれども、例えば、主たる債務者が法人の場合は、理事、取締役、執行役またはこれらに準ずる者ということで、経営者といえば、普通、株式会社だと代表権のある取締役だと思いますが、代表権のあるなしにかかわらず、およそ取締役であれば、社外取締役であろうと、単なる平の取締役でそんなに責任が重くなくてもフリーパスで保証人になれるというのは、ちょっと余りにも広過ぎるのではないか。まさに軽率性、情義性の問題を生じるのではないかと思っています。

この免除する人的範囲、四百六十五条の九にたくさん掲げられておりますけれども、極めて広くて、私はこれが合理的とは思えないんですけれども、このように広くすることの合理性について御説明いただけますか。

○小川政府参考人　お答えいたします。

改正法案の中では、保証人になろうとする者が、例えば主債務者が法人である場合のその取締役など、あるいは支配株主であったり、それから主債務者が個人である場合の共同事業者や配偶者ということで、例外的な者を掲げております。これらの者は主債務者の事業の状況を把握することができる立場にあり、保証のリスクを十分に認識せずに保証契約を締結するおそれが類型的に低い者というふうに考えております。

また、中小企業に対する融資の実情として、これらの者による保証は企業の信用補完や経営の規律づけといった観点から有用とされているため、これらの者による保証が融資の前提とされていることが実際にも少なくないわけでございますが、厳格な意思確認の手続を義務づけると時間やコストを要することとなって、円滑な資金調達が阻害されるおそれがあることも否定できません。

これらのことを考慮して例外を定めたものでございます。

なお、先ほどお話がありました代表取締役か取締役かという点ですが、改正法案におきましては、今申し上げましたように、主債務者である会社の事業の状況を把握することができる立場にあり、保証のリスクを十分に認識せずに保証契約を締結するおそれが類型的に低いと言える、そういう趣旨でつくっておりますので、その意味では取締役が公正証書作成の例外となるというふうに理解しております。

要するに、取締役であれば、代表権がない者あるいは社外取締役などでありましても株式会社に対して善管注意義務を負うため、いずれの取締役も会社の事業の状況を把握すべき立場にございます。また、会社の業務執行は取締役会あるいは取締役の過半数をもって決定することとされるなど、これは社外取締役も含めまして、取締役が業務執行の決定に参加すべき立場にございます。

そのため、平取締役や社外取締役でありましても、取締役であれば主債務者である会社の事業の状況を把握することができる立場にあり、保証のリスクを十分に認識せずに保証契約を締結するおそれが類型的に低いというふうに言えようかと思います。そこで、代表権がない取締役の場合でありましても、取締役であれば公正証書作成の例外としたというところでございます。

○階委員　ただし、こういう広い範囲でフリーパスで保証が認められるということになりますと、世の中の流れ、この間も御説明しましたとおり、まずは第三者保証はなるべくやらないようにしましょうという金融庁からの監督指針が出され、そして最近では、第三者のみならず経営者の保証もなるべく頼らないようにしましょう、こういう時代の流れがある中で、まさに今回の改正法も社会、経済の変化に対応しましょうという改正なわけだから、むしろ保証に頼らない方向の改正をすべきなのに、一昔前に戻ったような、経営者のみならず平取締役、社外取締役にも保証責任を課すことを法律が容認する内容になっているわけですね。

こういう、そもそもの今回の法改正の大目的との兼ね合いで、私は、このような規定ぶりというのは整合しないのではないかと思います。その点について、どのように見解をお示しになりますか。

○小川政府参考人　基本的には、個人保証に依存し過ぎない融資慣行の確立は我が国社会において極めて重要なものであるというふうに認識しております。

お話にございましたように、金融庁は、金融機関向けの監督指針において、経営者以外の第三者の個人連帯保証を求めないことを原則とする旨を明記し、自発的な意思に基づく申し出がある場合といった例外を除きまして、第三者との間で連帯保証契約を締結しないこととしております。これは、金融機関に対する監督を通じて、第三者保証と言われる経営者以外の保証を求めないことを原則とする融資慣行の確立を図るものだというふうに理解しております。

他方で、改正法案におきましては、個人がリスクを十分に自覚せず安易に保証人になることを防止するため、事業のために負担した貸し金等債務について個人が保証人となるには、原則として公証人による意思確認の手続を経なければならないとし、そのような手続を経ない保証については無効ということとしております。

このように、監督指針も改正法案も、要するに、行政的な手法を通じたものであるか民事上の基本的なルールに基づくものであるかに違いはあるものの、いずれも保証契約については、契約自由の原則に委ねることとはせずに、保証がもたらす弊害を念頭に、不健全な保証を抑止していこうという趣旨のものというふうに理解しております。

したがいまして、基本的には、監督指針などといった行政の動きと改正法案とで方向性に違いはないものというふうに考えております。

○階委員　方向性は同じでも、ベクトルの大きさが違うような気がするんですね。こちらの方が短いと思いますよ、ベクトルの長さが。だから、やはり現代の経済社会情勢に合ったというためには、もう一歩踏み込んだ保証の規制ということも考えなくちゃいけないかなと思っております。

今、公正証書のお話も出ましたので、資料の三ページ目を見ていただきたいんです。

先ほど来出ているような、保証人になろうとする者が公証人に口授すべき事項について、ここの規定に書かれております。保証契約と根保証契約でちょっと分かれておりますけれども、先ほど言ったように、この口授すべき事項には、山尾さんが取り上げた四百六十五条の十でしたか、こういった情報も口授して、それを書面に残すべきではないかとも思います。

また、もう一つあえて挙げるとすると、次の四ページを見ていただくと、今回改正の対象となった錯誤の条文、九十五条も挙げられていますが、いわゆる動機といいますか、「表意者が法律行為の基礎とした事情」、こうした事情に関することも公証人に口授をして、その内容を書面に書きとめておいたりすると、この事情に錯誤があった場合の取り消しというのも債権者側が知り得ることになりますから、これは取り消しがやりやすくなって、保証人の保護には資すると思うんです

ね。

私は、そもそも公正証書をつくればいいという立場には立ちませんけれども、公正証書をもしつくるとすれば、今申し上げました四百六十五条の十に掲げてあるような情報であるとか、この動機の錯誤に関する事情であるとか、そういったものも入れておかないと不十分ではないかなという気がしております。

なぜこの程度の、この程度のというのは、改正法の今の三ページ目の範囲の情報にとどめたのかというところについて教えていただけませんか。

○小川政府参考人　お答えいたします。

先ほども申し上げましたように、四百六十五条の十の情報提供義務の点ですとか、あるいは保証に至った経緯、それから保証に伴うリスク、具体的には、例えば保証債務を履行できなければどういう状態になるかということについても、公証人とすると、保証人となろう者が十分に理解しているかどうかということを見きわめることが必要でございます。その意味で、説明を求めることはさまざまございます。それによって、十分に理解しているかということを確認するというわけでございます。

ただ、他方で、制度のつくり方として、法律上の口授すべき、口頭で述べなければならない事項そのものにつきましては、いわば法律の定める保証の内容ですとか、あるいは根保証の場合の極度額ですとかそういった特別なもの、さらには、連帯保証の場合は連帯保証についての特別なものということで、具体的な口授する事項そのものにつきましては、いわば法律の内容を求めるということで、そこも区別をしているわけではございます。

○階委員　要するに、口授した内容と書面にする内容は区別している、法律上はそこは分けて考えるということをおっしゃっているわけですか。

私の法律の文言を見た理解だと、例えば今の三ページ目の資料でいいますと二項の二号になるんですか、「公証人が、保証人になろうとする者の口述を筆記し、これを保証人になろうとする者に読み聞かせ、又は閲覧させること。」というくだりがありますね。だから、保証人になろうとする者が言ったことは基本的に全部筆記して、それが公正証書になるというふうに理解したんですけれども、違うんですか。

○小川政府参考人　この条文の中の口授すべき事項というのは、公正証書に記載すべき事項ということになります。

ただ、現実には、公証人は、この記載すべき事項だけを聞き取るわけではなくて、先ほども申し上げていますように、リスクについての、どういうリスクをしょうことになるのか、あるいはどういう経緯なのか、さらには情報提供義務の内容についても説明を求め、いわばその答えを確認し、検証していくわけでございます。

委員御指摘のようなそういった点、いわば法律が求める記載事項以外の点についても公正証書に付記していくかどうかという点については、これは実務的な観点から少し検討させていただきたいと思います。

○階委員　いや、それは結構重要な話で、よく見ると「口述を筆記し、」とかと書いていますから、確かに一号の方は「口授すること。」ということで、表現もちょっと違いますね。

だから、ぜひ、保証人といろいろなやりとりをする中で、例えば、保証人は、主たる債務者から絶対迷惑はかけない、これだけ巨額の資産を持っているというような説明を受けたので保証するに至りました、こういったこともちゃんと書面に残しておくと、まさに、それがうそだった場合は錯誤の取り消しとか、あるいは四百六十五条の十に基づく取り消しとか、そういうことが容易に援用できると思うので、この口述を筆記するときにそういった中身も筆記していただく、これはぜひ実務上やっていただきたいと思うんですが、いかがでしょうか。

○小川政府参考人　検討させていただきたいと思います。

○階委員　そういうことにして、多分議論としては、私たちは、経営者以外の保証は全面的に禁止すべきだという立場に立ちます。ところが、今回の政府案は、原則有効として、一定の場合は公正証書をつくりましょうということだと思います。その両者のせめぎ合いの中でどうなるかということだと思うんです。

改めて大臣にお聞きしたいんですが、私たちの立場である、経営者及びこれと同視できる者以外の個人保証については原則禁止すべきではないかと我々は考えるんですけれども、この点について、大臣の考えもお願いします。

○金田国務大臣　委員の御質問でございます。お答えいたします。

これまで法務当局から述べてまいりましたとおり、法制審議会における審議の過程では、事業のために負担した貸し金等債務を経営者及びこれと同視することができる者以外の第三者が保証することについて、これを全面的に禁止すべきであるかどうかについても検討が行われたわけであります。そして、第三者保証の中には個人が自発的に保証するものなども現に存在するということのために、第三者保証を全て禁止することに対しては、特に中小企業の資金調達に支障を生じさせることになる、金融閉塞を招くおそれがあるとの指摘が中小企業団体からの強い意見として示されたわけであります。

そこで、改正法案の立案に当たりましても、中小企業の円滑な資金調達に支障が生じないようにしつつ、個人がリスクを十分に自覚せず安易に保証人になることを防止するべく、両者のバランスをとることが重要であると考えられたわけであります。

こうした観点で、改正法案におきましては、第三者保証を全面的に禁止する措置は講じないこととする一方で、保証人がその不利益を十分に自覚せずに安易に保証契約を締結する事態を防止するための措置として、事業のために負担をしました貸し金等債務を保証する際には、原則として公的機関である公証人による意思確認を経ることとしたものでありまして、現在の中小企業金融の実情等に配慮をした適切な内容になっている、このように認識をしておる次第であります。

○階委員　この点については、隔たりがある部分ですので、さらに議論を尽くしたいと思います。

まだまだいろいろ聞きたいこともありますが、そろそろ時間なのですが、あと一点だけ聞かせてください。

民法九十条、公序良俗の規定がありますけれども、微妙に修正が施されていますね。今までは「公の秩序又は善良の風俗に反する事項を目的とする法律行為は、無効とする。」となっていたんですが、今回は「公の秩序又は善良の風俗に反する法律行為は、無効とする。」ということで、「事項を目的とする」というのが抜けております。

これはなぜなのか。何か、文言だけを見ると、例えば振り込め詐欺をやる目的でどこかのアパートの一室を借りた、こういうのは、今までの文言だとまさに公序良俗に反する事項を目的とする賃貸借契約で無効になりそうなんですが、新しい文言だとそういうのはどうなのかなとふと思ったものですから、この削除の趣旨を教えてください。

○小川政府参考人　お答えいたします。

現行法第九十条によって無効とされますのは、公序良俗に反する事項を目的とする法律行為と規定されておりまして、その文言上は、これは「目的とする」というふうに書かれていますが、この場合の「目的」というのは法律用語としては内容ということでございますので、法律行為の内容が公序良俗に反するものが対象とされているというのがむしろ現行法九十条の読み方だというふうに考えております。

しかし、判例は、例えば賭博の用に供することや賭博で負けた債務の弁済に充てるという動機のもとで行われた金銭消費貸借契約のように、法律行為の内容自体は公序良俗に反するものではない事案においても、その動機を相手方が知っている場合には法律行為を無効としておりまして、民法

制定以来の解釈、運用を通じて、法律行為の内容だけでなく、法律行為が行われる過程その他の事情も広く考慮して無効とするか否かが判断されるようになってきております。
　そこで、改正法案においては、このような裁判実務における判断の枠組みを条文上も明らかにするために、「事項を目的とする」という文言それ自体を削除いたしまして、端的に、公序良俗に反する法律行為を無効とすることとしております。
○階委員　私も昔そんなふうなことを勉強しているときに聞いた気がしますけれども、ただ、文言がひとり歩きすると、さっき言ったような懸念もあるわけで、そのあたりは注意された方がよろしいかと思います。
　以上で終わります。
○鈴木委員長　次に、藤野保史君。
○藤野委員　日本共産党の藤野保史です。
　きょうは、私は、約款の問題について質問をいたします。
　ネット販売から保険契約など、まさに身近な商品から命や健康にかかわる契約にまで対応されているのがこの約款であります。ところが、約款というのは、情報量や交渉力に優位にある事業者がみずからに有利な約款をつくって、消費者の側は、事実上交渉の余地もなくそれを契約のもとにせざるを得ないということが多いわけであります。
　配付資料をお配りさせていただいております。若干字が小さくて恐縮なんですけれども、内閣府がこの約款について行った調査であります。
　百六十三の業者に対して二百二十五の約款を調べているということで、なかなかリアルだなと。
　例えば三ページの下の方には、インターネットサービス契約で、「運営者は本サービスへの表示をもって、会員の承諾を得ることなく、いつでも料金規定の変更を含む、本規約および諸規定の変更を行うことができます。」。本当に一方的に料金含め変えられるよと。
　あるいは、七ページには、これは賃貸借契約なんですけれども、真ん中あたりにあるんですが、「本契約事項の一つたりとも違反した場合は、乙は甲に何らの催告をしないで本契約を直ちに解約し、乙は無条件で明渡すものとする。もし乙がこれに従わない場合は、甲が勝手に本物件内に入り、乙の遺留品その他一切の物品を処分するも、乙は異議なきものとする。一旦処分された後は如何なる理由あろうとも返還しない。又それらの物品の片付け、処分等に要した費用は乙負担とする。」。
　これを見出すと大変なんですけれども、要は、九ページには、加盟店契約で、下の方ですけれども、「甲は乙より支払われた加盟金、その他の料金等はいかなる理由があろうとも一切返還しない。」というようなこともあります。
　契約者が一方的に契約内容を変更できるとか、それに対して消費者は異議なく承諾したと擬制する条項だとか、消費者の解除権は制限するんだけれども、一方で事業者はいつでも解約できますよというものだとか、あるいは損害賠償についても、事業者の損害賠償は上限を決めて制限する、あるいはそもそも清算義務を一切免除しちゃうとか、その一方で消費者には損害賠償義務を加重するとか。
　まあ、何というか、余りに不公正な条項が横行している。資料を見ていただければ、理由のいかんを問わずとか、いかなる理由があってもとか、そういう表現が非常に目立つわけであります。こういう状況があるからこそ、本法案は、初めて民法に約款を盛り込むということに踏み出されたんだと私は認識をしております。
　このもとで起こっている被害もちょっとだけ紹介したいんですが。国民生活センターに寄せられている被害は、例えば保険会社から勧められて、こっちの方がいいですよというので、がん保険からがん特約のある医療保険に切りかえた、ところがその直後にがんと診断されて給付を請求したんだけれども、がん保険から特約つき医療保険に切りかえたときに免責期間というのができてしまって、それに該当するからあなたには払いませんということを言われたと。保険会社から言われたからかわったのに、その免責期間の説明はなくて、一方的にその特約なるものに基づいていわゆる給付金が払われない。こういうようなことが起きたりしましたし、中古品を購入した直後にキャンセルしたら違約金が何倍もとか、それは割合はいろいろなんですが、物すごい違約金が請求されたとか、あるいは美容クリニックで、お医者さんでなくカウンセラーに相談して植毛の手術の契約をした、しかし、その後セカンドオピニオンを受けて解約を申し出たんだけれども前払い金は払わないということを言われたとか、こうした被害が国民生活センターには多数寄せられております。
　大臣にお聞きしたいんですが、こういう実態があるからこそ、今回、民法典で約款というところに足を踏み出されたという認識でよろしいでしょうか。
○盛山副大臣　私の方から、まずお答えをさせていただきます。
　今先生御指摘のとおり、定型約款、こういったことについていろいろな被害があるというのが、今回の民法の中にこういった約款というものを置く根拠づけ、大変大きな背景というのは、先生御指摘のとおりでございます。
　それぞれの個別の事業法その他で定めをしているものもあるんですけれども、それ以外のものというのもやはり現在多数存在しているものでございますので、今おっしゃられたような、御指摘のような被害その他も起きている、こういうことでございます。
○藤野委員　この条項、不当条項と言われるような条項なわけですけれども、これはどうやって規制していくかという点で、法制審ではかなり議論がされたと認識をしております。その際、諸外国で、不当条項リストというものをつくって規制していこうというやり方、リスト化していくやり方というのも紹介されております。ドイツ民法やフランスの消費法典、EUの消費者の権利に関する指令案など、非常におもしろいなと思っております。
　それらの特徴といいますのは、共通しているのは、不当条項リストを二種類あるいは三種類に分類する。例えばフランスの場合は、ブラックリストというものとグレーリストというのに分けまして、ブラックリストの方は反証の余地なく無効、これに対してグレーリストは、反証の余地は認めるけれども、その立証責任は事業者にあるということなんですね。
　ちょっとこれは法務省にここだけ確認したいんですが、こういうことが法制審で議論された、資料も出たということ、それだけお答えください。
○小川政府参考人　お答えいたします。
　以上の点は議論されております。
○藤野委員　私も資料を読ませていただきました。
　フランスの消費法典、これはR百三十二の二条というらしいんですが、ここにはこう書いてあるんですね。事業者と非事業者または消費者の間の契約において以下のような目的または効果を持つ条項は、事業者が反証を提出した場合を除いて、濫用的であると推定されると。ですから、事業者が一定のグレーな条項について、ある意味直ちにブラックだ、無効とするのではなくて、反証を認めるということで、硬直的な運用ではない、バランスをとりつつも、しかしその際の立証責任は事業者ですよということであります。
　私は、約款をめぐる情報量やさまざまな力関係を考えれば、立証責任を事業者に負わせるというのは一つの知恵だなというふうに思いました。
　法務省にお聞きしたいんですが、なぜ検討したのにこれが入らなかったのか、主にどの団体がだめだと言ったんでしょうか。
○小川政府参考人　今御指摘ありましたように、ブラックリストの問題ですとかグレーリストの問題なども議論されております。
　もちろん、いろいろ議論はございますが、グレーリストを設けることにつきましては、当事者

は、形式的にグレーリストに該当していれば、それが不当条項には該当しないと確信を持って判断することができない限り、無効とされるリスクを回避するという観点から、その条項をできるだけ契約に用いないことをせざるを得ず、これによって取引に過度な萎縮効果が働くおそれがあると懸念する意見が強うございました。こういった懸念は、事業者団体の方から主に出されたところでございます。

○藤野委員　反証というのは能力を持っていればできるわけで、過度に萎縮するなんというのは、全くそれはかみ合わないわけですね。

実際、日本でも、公正取引委員会がかつてつくっていたガイドライン、独禁法上のガイドラインの一つである特許・ノウハウライセンス契約に関する独占禁止法上の指針、こういうものがかつてあったんですが、ここには、黒条項、ブラックですね、灰黒条項、灰色と黒の間の条項、灰条項、グレー条項、こういう分類があったわけですね。

契約の世界の中でも約款の世界というのは、力関係という点でいえば、私は独禁法に親和性があるなというふうに思っているわけですが、つまり、日本でもこういうのがあったわけですから、十分可能な制度だというふうに思うわけです。しかし、それが、事業団体、経済界の反対で今回は実現しなかった。経済界としては、こういう立証責任というものを負うのが嫌だったんだろうと思うんですね。

大臣、しかし、ちょっとお聞きしたいんですが、こういうリストにあるように、いかなる理由があってもとか理由のいかんを問わずとか、ある意味ブラックな条項をさんざんつくっておいて、自分たちは立証責任は嫌だと。これは随分勝手な主張だなというふうに私は思うんですが、大臣、率直な御感想はいかがでしょうか。

○盛山副大臣　先生おっしゃるように、その事業に対するいろいろなノウハウその他、力関係も含めて、契約者たる相手方の消費者と大きな力関係、差があるじゃないかというのはそのとおりかと思います。ただ、これもいろいろな、ケース・バイ・ケースというんでしょうか、事業だとか、その会社によってさまざまなケースがあろうかと思います。

特に今、我々の法体系におきましては、公益事業その他のものにつきましては、それぞれの事業法で、標準約款その他の根拠も設けたりもしております。法制審議会でもいろいろな形で議論いたしまして、定型約款の内容を理解しないままに内容に拘束されるというその方の利益をどのように保護するべきかということを議論した結果でございますけれども、今回、このような形で民法の中に約款を設ける、これ自体についても大変大きな議論があったところでございますが、そんなふうに落ちついたものでございます。

○藤野委員　結果として、今回はこうしたリスト形式は実現しなかった。これが到達点だということだと思うわけですが、しかし、やはり今後さらに、この不当条項への規制のあり方というのは、これは終わりでなく、もっと豊かにしていく、あるいは国民にわかりやすくしていく。今回の法改正の最大の趣旨は、国民一般にわかりやすい民法をということでありますから、そのリストというのは非常にわかりやすいわけであります。ぜひ、こういう方向も検討していただきたい。大体、萎縮効果とおっしゃっても、ヨーロッパではばんばんやっているわけです。本当にそんなことがあるのかというのもしっかり研究していただいて、ぜひ今後取り入れていただきたい。

その意味で、今度は大臣にお聞きしたいんですが。

今回、初めて民法で不当条項が規制の対象になった、これは第一歩だということだと思うんですが、これで終わりではなくて、今後も、今回の不当条項の分野でも考え方をさらに発展させていく、そういう姿勢が大事だと思うんですが、大臣、そういう姿勢で臨まれるんでしょうか。

○金田国務大臣　委員御指摘の点については、例えば経済団体でもさまざまだと思うんですね。良好な企業活動というものもあろうと思います。したがって、そういうものを尊重していくという場合も必要だ、こういうふうに思うわけであります。

ただいまの質問に対しましては、一般法である民法において対応すべきものか否かという観点も踏まえながら、やはり改正法案施行後の定型約款を利用した取引の実情というものを注視していくことで対応をしていきたい、このように思っております。

○藤野委員　まさにこれは、国民の身近な暮らしから命、健康にかかわる大変重要な分野でありますので、ぜひそこは注視をしていただいて、これは第一歩なんだが、さらに前に進めていくという姿勢で臨んでいただきたいというふうに改めて要請させていただきたいと思います。

その上で、先日の参考人質疑で日弁連の黒木参考人からは、この約款について、大変重要な条文であることは間違いないので内実について立法提案者である法務省も含めて議論していただきたい、中身はまだこれからだという御要望をいただいたと認識しております。これは法務省だけでなく、まさに当委員会の責任も大きいなと感じているわけです。

そこで、幾つか質問させていただきたいと思っております。

まず、組み入れ要件。いわゆる五百四十八条の二第一項で、約款を見ていないことが多いんだけれども契約内容に組み入れるという規定があるわけですが、これは法制審の議論では、契約締結前に内容を開示させたらどうかとか、認識可能性というものを要件にしたらどうかとか議論はあったんですが、これは全部入りませんで、かなり緩い形で組み入れることが決まっているということなんです。

しかし、これによって立場の弱い消費者が知らないものに拘束されるがままという状況は起きないことが必要だと思うんです。そのための担保として、条文上は明文として規定はされていないんですけれども、事業者には、定型約款の重要部分について、信義則上の情報提供義務や説明義務があると解釈すべきだと思うんですが、法務省、この解釈で間違いありませんか。

○小川政府参考人　説明義務の点でございますが、まず、説明義務としては、例えば保険業法などのいわゆる業法の中には、顧客保護の観点から、事業者に対して契約を締結する際の説明義務を課しているものがございますので、こういったものは、事業者は所定の説明義務を果たす必要がありますので、今回の改正法においても、そのことについては、当然のことながら変更はございません。

また、裁判例におきましては、民法第一条第二項の定める信義則を根拠として、契約の一方当事者が相手方に対して、契約を締結するか否かの判断に影響を与える一定の事項について説明をしなかったことにより相手方が損害を受けた場合には、当事者の一方が損害を賠償する責任を負うとしたものがありまして、これは事業者に説明義務を課したものと理解することができようかと思います。

定型約款を利用した取引についても、個別の事案に応じた解釈によって、事業者側に説明義務が課されることはあり得るものと考えられるところでございます。

改正法案においては、一定の要件のもとで、定型約款の個別の条項について当事者が認識していなくても合意したものとみなすこととしておりますが、このような説明義務を履行する必要がなくなるものではないというふうに考えております。

○藤野委員　信義則上の義務はあるということでありました。

組み入れを緩やかに認めたわけですから、これはやはり重要な部分についてのそうした義務を果たしていくというのは当然必要だというふうに思います。

そして、もう一点。組み入れを認める、みなし

ていくというこの規定とセットの問題として、しかし、そうはいっても、みなし合意として認めるには余りに不当だということで、除外規定というものも五百四十八条の二の第二項に設けられております。

条文を読みますと、いわゆる不当条項だけを対象としているようにも見えるんですが、不当条項だけではなくて、いわゆる不意打ち条項ですね、通常予測しがたいような内容が盛り込まれているという不意打ち条項についてもこの条文で対応できる、適用される、こういう理解でよろしいですか。

○小川政府参考人　お答えいたします。

改正法案におきましては、相手方にとって負担となるような条項、すなわち相手方の権利を制限し、または相手方の義務を加重する定型約款の個別の条項については、両当事者間の公平を図る基本原則である信義則に反して相手方の利益を一方的に害すると認められるときは、合意をしなかったものとみなすこととしております。

定型約款を利用した取引においては、画一性が高い取引であることなどから、相手方である顧客においても、約款の具体的な内容を認識しようとまではしないのが通常でございます。このような特質に鑑みますと、相手方である顧客にとって、客観的に見て、予測しがたい条項が置かれている場合において、その条項が相手方に多大な負担を課すものであるときは、相手方においてその内容を知り得るようにする措置を定型約款準備者が講じておかない限り、信義則に反することとなる蓋然性が高いと考えられるところでございます。

このような定型約款を利用した取引の特質が考慮されることをあらわすために、五百四十八条の二の第二項におきましては、定型約款の個別の条項が信義則に反して相手方の利益を一方的に害すると認められるか否かについての考慮事由として、「定型取引の態様」という表現を用いております。

以上申し上げましたように、委員御指摘の、いわゆる不意打ち条項でございますが、「定型取引の態様」という文言を入れたという点から見ましても、改正法第五百四十八条の二第二項の規定によって排除され得るものと考えているところでございます。

○藤野委員　何か、いろいろやっておられますけれども、やはり不当条項だけでなく、議論があって、不意打ちであっても不当でなければいいとか、不当であっても不意打ちでなければいいとか、そういうことではなくて、両方、この条文で対応していくんだということだというふうに思うんですね。

ですから、そこは、今の答弁でうなずいておられますので、確認されたと。ちょっと、もう一回確認しますけれども、大丈夫ですね。

○小川政府参考人　いわゆる不当条項と不意打ち条項、いずれも含むものでございます。

○藤野委員　そして、約款の変更についてもお聞きをしたいと思うんです。

この変更が緩やかに解されてしまいますと、まさに相手方はもう極めて不安定な立場に置かれる、この点については、産業界からも法制審でかなり意見が出されたと認識をしております。

法務省にお聞きしたいんですが、約款の変更については裁判例もまだそれほど多くない、ですから、これからの実務が大事になってくるわけで、法務省としても、この安易な変更を認めないように厳格に解釈、運用がなされるようにさまざま努力していく、そういう立場でよろしいですか。

○小川政府参考人　お答えいたします。

変更の可否の判断基準という点でございますが、変更に係る事情に照らして合理的な変更であるときという要件がございます。

その点につきましては、事業者側の事情のみならず、相手方の事情も含めて、変更に係る事情を総合的に考慮しなければならないものでありまして、かつその判断は客観的に見て合理的でなければならず、事業者にとって……（藤野委員「合理性を厳格にやるかどうかですよ」と呼ぶ）合理的なものと言えれば言えるわけでございます。

そういう意味では、一方だけのものではなくて、事業者側、相手方双方の事情も含めますので、適切な判断がされるということでございます。

○藤野委員　いや、違うんです。私が聞いたのは、変更というものが、それこそつくった人が勝手に変更すると極めて不安定になるから、変更については厳格に解釈、運用するべく法務省としても力を尽くすのか、こういう質問です。

○小川政府参考人　もちろん、変更はそれ自体もともと例外的なものでございますので、厳格に運用されることは適当なことだというふうに考えております。

○藤野委員　ちょっと一つ具体的に聞きたいんですけれども、その同条、五百四十八条の四には、さまざま合理性とかいろいろある中で、「その他の変更に係る事情」という文言があるんですね。これはちょっと抽象的なんですけれども、事前にお聞きしましたら、例えば不利益な変更、消費者にとっての値上げとか義務の加重があっても、ほかの条項で契約からの離脱とかが代償措置として規定されていれば自分で権利を守れるということで、そうしたことが、このその他の事情に入るというような説明もありました。

しかし、例えば、解除で契約から離脱する際に違約金だなんと言われて、先ほど言ったように消費者が違約金を取られるということであれば、これはもう大変なことで、そうしたことがない、まさに、他の条項においても消費者の立場でそうした事情が、合理性が判断される、そういう理解でよろしいですか。

○小川政府参考人　ただいま御指摘いただきました例に即して申し上げますと、定型約款の変更を望まない取引当事者に契約を解除する権利が付与されていることは、その取引当事者が契約を離脱することを可能とし、その負担を軽減する効果を有するものであるため、定型約款の変更の可否を判断するに当たっては、変更を肯定する方向で考慮され得る変更に係る事情でございます。

しかし、定型約款の変更を望まない取引当事者に契約を解除する権利が付与されていたとしても、解除によって過大な違約金を支払わなければならないこととされているなどの事情がある場合には、その権利が実質的には確保されているとは言えないというふうに考えます。

したがいまして、このような場合には、解除する権利が付与されていることを定型約款の変更を肯定する方向で考慮することはできないというふうに考えております。

○藤野委員　今のは一つの例ですけれども、そうした形で、実質的に消費者側の権利というものを含めて合理性の判断がなされるような解釈、運用をぜひ法務省も広げていく、そのために、周知徹底に大いに力を尽くしていただきたいと思っております。

最後になりますけれども、大臣、今回、経済界のいろいろな抵抗で抜け落ちた面もたくさんあります。黒木参考人は、先日、こうおっしゃっておりました。事業者の方はこれを狭く解するべきだとおっしゃるに決まっていますので、そのせめぎ合いというようなところもあるとおっしゃっておりました。

大臣、今、このせめぎ合いの中での審議がやられております。ですから、今後、今のような厳格な解釈、運用に向けて審議を充実させていくという点につきましての大臣の御決意をお聞きして、質問を終わりたいと思います。

○金田国務大臣　私どもも、委員御指摘のような思いを持って、丁寧かつ速やかに審議を進めていきたい、このように思っております。

○藤野委員　質問を終わります。

○鈴木委員長　次に、木下智彦君。

○木下委員　日本維新の会、木下智彦です。

きょうもお時間をいただきまして、ありがとうございます。大臣、半ごろまでお時間があるということなので、なるべくぱぱっと質問させていただきたいと思います。

　きょうは、民進党さんもずっとお話しされていましたけれども、債務保証、第三者保証であるとか、保証制度について主に質問させていただきたいというふうに思います。

　いろいろと話を聞いておりますと、いろいろな形で保証人の保護という方策が拡充されていく、これ自体は特に異論のないところだというふうに思っているんですね。

　いろいろと前々から私の方からお話しさせていただいていますけれども、法制審議会でずっといろいろな議論がされてきた。読んでいると、すごい多岐にわたるので、読み応えもあって、内容も相当な議論がされているなというふうに感じて、その中で、この保証人の保護に関してお話があるところで、きょうも話をしていたんですけれども、経営者もしくは経営者の配偶者、そういうふうなくくりでお話をされています。

　よくよく見てみると、これは、経営者というふうに言っていますけれども、経営者等というふうな、そういう形になっているかと思うんですね。

　それは何でだろうなと思って見てみると、細かく書いているのをずっと見ていると、事業用融資の第三者保証の制限というところで、経営者だけじゃなくて、理事だとか取締役だとか執行役だとか、そういうところも含まれているというところも含んで経営者等というふうになっているんだなと思って見ていたんです。経営者等となっているんですけれども、そもそもは、恐らく経営者というところから話が始まっているんだなというのも、これは法制審議会の中でわかってきた。

　そこで聞きたいんですけれども、今回こういう形で、ある種、経営者等という形にして、ある程度幅を持たせているんですけれども、そもそも、話をしていくその過程において、経営者の定義ということ自体が恐らく議論にあったかと思うんですね。

　それで、ちょっと聞きたいんです。

　そもそもは、その経営者の定義というのはどういうふうに考えられていたのか、もしくは、今回のこの法律の中で、経営者というふうにしてしまうと定義づけが非常にこれは限界があるということで経営者等という形にしたんだと思うんですけれども、そこも含めて、少し突っ込んでその辺を教えていただければと思います。

○小川政府参考人　お答えいたします。

　法制審議会における審議の過程におきましては、事業資金の貸し付けについての個人保証は、いわゆる経営者によるものを除いて制限するという考え方をとることを前提として、経営者の範囲を法律上具体的にどのように定めるべきかが検討されました。

　ここで、いわゆる経営者による保証については制限が必要でないと考えられる根拠は、経営者が主債務者の事業の状況を把握することができる立場にあり、保証のリスクを十分に認識せずに保証契約を締結するおそれが類型的に低いと言えるほか、中小企業に対する融資の実情として、企業の信用補完や経営の規律づけといった観点から有用とされているためでございます。

　したがいまして、経営者という考え方は、以上申し上げたところからむしろ考えていくというのが当時のアプローチでございます。

○木下委員　もともとはそういう考え方だったんだろうと思います。これはわかります。

　ただ、議論の過程の中で、ちょっとそこの話が欲しかったんですけれども、この中にあるような、理事だとか取締役だとか執行役だとか、総株主の議決権の過半数を有する者等とか、個人である場合は共同事業者または主たる債務者の行う事業に現に従事している主たる債務者の配偶者、この辺も全部含めてというふうになっていったわけですよね。

　結局、一くくりにできなかったということなのかなと私は思うんです。一くくりで経営者と最初は言っていたんだけれども、現実を見てみたらそうじゃなかった、それじゃ限界があったよね、そういうことを示しているのかなというふうに思っているんですけれども、そういう解釈でいいんですか。経営者と一くくりでやっていこうとしたんだけれども、やはりちょっとそれができなかったのか、それとも、そもそもそういうことじゃないのか、ちょっとその辺も含めて教えてほしいんです。

○小川政府参考人　お答えいたします。

　もともと経営者という概念自体が、よく私どもも、いわゆる経営者という言い方をするんですが、具体的に、もちろん企業の形態もさまざまでございますし、場合によっては個人事業の方もいらっしゃるわけで、そういう意味では、これが経営者だという概念を決めるのはなかなか難しいところがございます。

　そういう意味では、一般に、私どもも、いわゆる経営者の概念についてどこまで含めていくかということを検討したということだと思います。

○木下委員　そうですね。恐らくそういう話になっていく。ただ、それで、法律で何とかして落とし込んでいかなきゃいけないということだったと思うんです。

　ちょっと時間がないのであれなんですけれども、そもそも、そこまでして、経営者等ですね、いわゆる経営者と言われるものだけを切り出してまで、保証の部分を、この範囲にならないよ、公証人までわざわざ行ってもらうどうこうとかいうふうな保護をしなくてもいいよという例外をここでつくっているわけですね、そんなことまでするんだったら、保証自体、全部一律同じような決め方をしたらいいんじゃないかなというふうに私は思うんです。

　だって、考え方によったら、どこまでがいわゆる経営者に当たるのか、もしくはそれに関連する、関連すると言ったらまたここも難しいんですけれども、切り方が相当難しい。だったら、一々こんなところで、公証人の前でその意思を確認する人が、どうこうとかというのが誰で、誰がどうこうって、全員、公証人の前に行けばいいんですよ。何でわざわざこんなことをするのということを思うんです。

　そもそも、これが百二十年間変えられなかった。それで、これから改正をしよう、時代に即してやろうと。時代に即してやろうというふうにして考えたときに、これから先、突き詰めていくと、では、この経営者の定義はどうなのとか、どこまでがどうで、どこまではしなくていいのか、これはいろいろな形が、考え得る以上のものが出てくる可能性があるというふうに思うんです。

　だったら、もう一律、意思確認とすればいいじゃないかというふうに私はちょっと思っているんです。もしくは、もっと根本からいうと、債務に関する保証なんて、第三者、個人にさせることは一々しなくていいんじゃないかなというふうにちょっと思っているんですけれどもね。

　余り長く言うとあれなので、もう次の話をしちゃおうかなと思っているんですけれども、もう一つあるのが、保証人のところで、貸し金等の債務ですね、そこはいろいろと保証人の保護というふうにされていると思うんですけれども、賃貸借契約について、私、ちょっと聞きたいなと思っているんです。

　これはちょっと聞きにくいなというふうには思いながら、実例というのか、私が経験したことを踏まえながら話をしたいんですけれども。

　今回の法律で保証人の極度額の定めが入ってくる、今までなかった。前置きを言うのを忘れました。例えば、どこかの部屋を借ります、賃貸借契約を結びます。そのときには必ず連帯保証人を立てるように大体されているんですね。定型フォームになっています、大体大きな不動産会社が持っていたりとかするところと契約するときは。そこの連帯保証人というのは、今の世の中では無限責任なんだ。だから、これはもう根保証と同じなんですね。

　私なんかが普通に自分の家をサラリーマン時代に借りようとすると、大体、賃貸契約というのは二年間だと。二年間だけれども、それに連帯保証人をつけなきゃいけない、これを悩んじゃいまして、無限責任の連帯保証を誰にするか。やむなく

兄にお願いをしたんです。でも、それを調べていく中で、兄貴にいろいろ言われるわけですよ。無限責任で、こんなのなかなかできるものじゃないよねと。こっちからも説明しなきゃいけないので、いやいや、無限責任といいながら家賃の範囲内か。家賃の範囲内じゃないんですね。原状回復義務があったり、しかも二年間を超えた後でもその債務が発生する可能性があり得る、だから極度額を設けていこうというふうな話だと思うんです。そんなことに、さすがに自分の兄でも、もういいかげんにしろよと言われました。でも、世の中、普通こうなんだというふうなことを説明するのは非常に大変。

そこで、私は不動産会社と交渉したんです。普通は当事者間の契約なんだから、契約書の内容のこの連帯保証の条項を、極度額を定めるか、もしくは外してくれと。外す条件としては、二年間のその契約期間内の家賃を一括で払うよというふうに言いました。そうしたら、いやいや違うんですと。その後の原状回復とかもあるし、しかも、そんなことはなかなか交渉では認められない。大きな会社で、今、約款の話もしましたけれども、約款に近いですね、定型フォームで全部決められているという状態になっていた。だから、これを少なくとも何とか前に進めようということで、この極度額についてはちゃんと定めをしよう、これはいいことだと思っているんです。

ただ、もう一つ、私は大きな問題が保証人保護について、この賃貸借契約についてはあると思っているんです。これを言うと業界団体の人たちにも相当嫌がられるところなので、言うかどうか迷ったことなんですけれども。

二年間契約します、そうすると、次にまた三年目住もうと思うと、契約書の中に更新事項があるんです。ただ、これは、意思をある程度言って、大体電話がかかってきて、更新しますというふうに言ったらそれでもうおしまいなんですね。当事者間はそうです。

それと同じように、賃貸借契約の中では、この保証人についても、保証人にその意思を確認することなく、そのまま保証が継続することになる。これは結構大変な話で、え、保証人の保護はされているのという話になります。ただ、そのかわり、業界団体もそうだし、借りる側もそうだと思うんですけれども、一々更新のときに保証人にもう一遍頼みに行くというのは、当事者、借りる側も嫌なんですよね。業界団体は当然、またその手続をしなきゃいけないので面倒くさい。実態としてはそれが、これでいいだろうという形で、この議論がされなかったのかなというふうに私は思っているんです。

それがいいか悪いか、社会の今の状況の中でそういう判断がされたというんだったら、それはそれでいいと思うんですけれども、そこを明確にしたいと思うので、今の私の解釈、それでいいのかどうか、ちょっと教えていただけますか。

○小川政府参考人　お答えいたします。

実態を必ずしも十分把握しているわけではございませんが、今お話ありましたように、保証契約についても更新ということが行われて継続していくという状況かと思います。

○木下委員　そういうことなんですね。

私は何が言いたいかというと、保証人保護についても、社会の実態に合わせて、やはり限界もしくは落としどころ、バランスというのがあるんだなということだと思うんです。

大臣もきょう御答弁されていました、第三者保証について、業界団体等からの要望それから保証人保護の観点、そこの中でバランスをとって今回こういうふうにしたというふうに大臣は言われていた。だから、基本的にはいいのかなというふうに思って聞いていたんですけれども。でも、そもそも、この中で、例えば配偶者の話もさっきしていましたけれども、いろいろこんなことがあるんだったら、考えたときに、本当にこれはいいのと。中小企業者が生き延びていく策というのが現実問題あるから、中小企業団体からこういうふうなことを言われているというふうなことを言っている。でも、ただ、今、政府の考え方は本当にそうなんですかということなんです。

中小企業対策として実際にやらなきゃいけないのは、新陳代謝をちゃんとやっていかなきゃいけないですよね。不必要な保証をするのではなくて、ちゃんと事業承継するところに事業承継させられるような、そういう円滑化させるようなことを、ことしの春も法案が出ていましたよね、可決していましたよね。でも、ここの中で個人の保証云々をこうやって法律として助長してしまうと、それに私はブレーキをかけてしまう可能性だってあり得るというふうに思うんです。

例えば、金融庁なんかも言っていますよ、いろいろガイドラインみたいなことがあって、経営者保証に依存しない融資の一層の促進、こういうことを言っているんです。言っているにもかかわらず、法律の中に落とし込まれてしまうと、どうしても保証がありき、その中でどういうふうにしなきゃいけないか、こういう議論になってしまう。これはもういたし方ないことなのかもしれないですけれども、そもそもの、ここからを直していく必要が私はあるんじゃないかと思うんです。

ただ、それが、何でこれができないのかというと、法制審議会の中で議論されるのは法律事項にやはり特化してしまうんですよ。業界団体からいろいろ言われる、いろいろ言われたことも全部含めてやると言いながら、では政府の意向はどこまで入っているのか、私はそう思うんです。これが今回、民法の中で、法律ではそういう部分は排除されているかと私は思っているんですけれども、これは排除すべきではないと。本来、その時代に即して、これからこの国をどうしていくのかということをしっかりと民法の中にも私は落とし込むべきだというふうに思っているんです。

ということを考えたら、前にも言ったところで、国会議員の人が、そういった意味合いで法制審議会の中にも意見を言う、参加していく、そういうことは意義が出てくるのではないかなというふうな、こじつけなのかもしれませんけれども、私の考え方はそうなんですね。

だから、やはりしようがない、民法は、こういう形で、法律事項として落とし込んでいくとこうかもしれないけれども、もう少しそこの部分、前のめりになった、そういった改正をこれから私はしていっていただきたいなと思うんですけれども、大臣、最後にそれだけ、どう思われるかということを。

○金田国務大臣　委員御指摘のように、バランスをとるということも大事なんですが、それに加えて、私が思いますのは、引き続き、個人保証に依存し過ぎない融資慣行の確立といったような、関係省庁と連携もしながら、改正法案の施行後の状況を注視して対応していくという点も重要かな、こういうふうに思っております。

○木下委員　そういうことだと思います。

そういうことも含めて考えると、大きく改正するんじゃなくて、直すべきところがあったときにはすぐにやっていく、それがやはりそういう環境もつくることだと思いますので、ぜひともそういう観点でこれからも進めていってください。

以上です。ありがとうございます。

○鈴木委員長　次に、吉田宣弘君。

○吉田(宣)委員　公明党の吉田宣弘でございます。

本日も、質疑の機会を賜りましたこと、心から感謝を申し上げたいと思います。

木下先生の後でございまして、何となく、いつもの雰囲気であればこれで終わりというふうな空気も漂っているのかもしれませんけれども、私の質疑が残っております。あとしばらくおつき合いいただければと思います。

今回の改正で、保証について、先ほど来ずっと議論が積み重ねられております。私も先日、情報提供義務というところで質問を一題させていただいて、そこで時間が参りました。残りの質問について、まず一つさせていただきたいと思います。

先日は、保証人に対する情報提供義務、これは極めて重要

であるということでございました。前回の質疑では、主債務の財産や収支の状況について、主債務者が情報提供義務を負うという規定について確認をさせていただきました。

他方、保証人に対する情報提供という点では、債権者が保証人に対して情報提供を行うという規定が新設をされているというふうにお聞きをしております。

主債務の状況に関する情報提供義務について、この点、どのような改正が行われているかについてお聞かせいただきたいと思います。

○小川政府参考人　お答えいたします。

主債務の状況に関する情報の提供義務に関しましては、一つには主債務の履行状況に関する情報の提供義務、二つ目は主債務の期限の利益喪失時における情報の提供義務について、それぞれ規定を新設しております。

まず、主債務の履行状況に関する情報の提供義務でございますが、保証人にとりましては、主債務者が主債務を履行しておらず遅延損害金が日々生じている状況にあることや主債務の残額が幾らになっているかといった情報、すなわち債権者が把握している主債務の履行状況に関する情報は、履行しなければならない保証債務の内容にかかわる重要な情報でございます。しかし、現行法には、これらの情報を保証人に提供する義務を債権者に課す規定はございません。

法律の規定がなくとも、保証人からの問い合わせに応じて、債権者が任意にこれらの情報を主債務者に提供することはあり得るところでございますが、主債務の履行状況に関する情報は主債務者の信用にかかわるものでございまして、これを保証人に提供することにより、守秘義務あるいは個人情報保護の問題が出てまいります。そこで、法律の規定がない状況では、保証人に対して情報を提供することに債権者がちゅうちょを覚えるという指摘もございます。

こういった点を踏まえまして、改正法案におきましては、主債務の履行状況に関する情報の提供義務に関する規定を新設することといたしまして、保証人が主債務者の委託を受けて保証した場合には、債権者は、保証人の請求があったときは、遅滞なく、主債務の元本、利息、違約金等の債務の不履行の有無、これらの各債務残額と、残額のうち弁済期が到来しているものの額に関する情報の提供を義務づけております。

それから、主債務の期限の利益の喪失時における情報の提供義務でございますが、保証人の責任は、主債務者が支払いを遅滞すると、日々発生する遅延損害金によって増大してまいります。とりわけ、主債務者が分割金の支払いを遅滞するなどして期限の利益を喪失し、保証した債務の全額について弁済期が到来した場合には、発生する遅延損害金の額が多額となります。しかし、こういった期限の利益を喪失したことは保証人が容易に知り得る情報ではなく、また、現行法にはこういったことを保障する制度もございません。

そこで、改正法案におきまして、保証人が個人である場合には、保証人を保護する観点から、主債務者が期限の利益を喪失した場合には、債権者は二カ月以内に保証人に通知しなければならず、通知をしなかったときは、保証人に対し、期限の利益を喪失したときから通知を現にするまでに生じた遅延損害金を請求することができないということとしております。

○吉田(宣)委員　ありがとうございます。二つの義務について、それぞれ深く御説明いただいたかというふうに思います。

通告には、この後、一つ、実益というふうな点で通告をしておりましたが、これは少し割愛をさせていただきたいと思います。

その上で、私が今ちょっと感じていることですけれども、先ほど、山尾先生からこの情報提供義務について御質問もありました、取り消し権ということに関する立証責任というふうな深いテーマが議題になったかというふうに思っております。

私もこの点は非常に考えさせられましたけれども、恐らく、保証人に債権者の主観的事情を立証させるという重い責任というものも、私は、今の時点では、主債務者からの情報提供、それと債権者からの情報提供、これをきちっと組み合わせることができれば、もしかするとそういった立証責任の負担というものも何とかクリアできてくるのではないかなというふうな印象を今持っております。

この点に関しては、まだ私の浅はかな感覚なのかもしれませんので、これからも検討をさせていただきたいというふうに思っております。

もう一点、先ほど階先生また山尾先生からもありました、配偶者に関する、公正証書なくフリーパスというふうな問題、これも非常に重い問題であろうかとも思いますが、一方で、私がこの保証の話をいつも考えるときに、一つやはり心にとめておかなきゃいけないことは、私は今、保証人の立場に立っての議論でございますが、仮に債権者の立場に立ったときに、この保証契約、また物上保証という制度もありますけれども、これはとりもなおさず、債権者に、平易な言葉で言うと、損をさせないというふうな制度であろうかと思うわけですね。どちらが上、どちらが下かということではなく、あえて申し上げれば、例えば金銭債権であれば、やはりお金を貸すということの方が保護をされなければならないんだろうというふうな視点は、私は忘れてはいけないんだろうというふうに思っております。

中小企業の資金の円滑化等々で、この第三者保証の議論がこれからも深められていくとは思いますけれども、いずれにせよ、やはり債務者の保護というのも大切ではありますが、債権者の観点での議論というのもこれからやはりやっていかなければいけないんだろうというふうに、私は今思っている次第でございます。

次に移ります。

次に、根保証ということについて、少し初歩の質問から入らせていただきたいと思います。

そもそも、この根保証ですけれども、やはり国民的にはなかなか聞きなれない言葉であるのかなというふうな気もいたしました。そこで、確認の意味でございます。そもそも根保証というものは一体何なのかについて、簡単に教えていただければと思います。

○小川政府参考人　お答えいたします。

根保証契約とは、一定の範囲に属する不特定の債務を主債務とする保証契約でございます。根保証契約においては、特定の債務を主債務とする通常の保証契約と異なりまして、主債務となる債務が保証契約の締結後に追加される可能性がありまして、保証人が契約締結時には予想していなかった過大な責任を負うリスクがある、これが根保証契約の特徴でございます。

○吉田(宣)委員　ありがとうございます。

保証人が個人である根保証契約、これは平成十六年にも民法の改正が行われているというふうにお聞きをしております。今回の改正法案において、根保証に関してどのような改正が行われているのか、この点についても確認をさせていただきたいと思います。

○小川政府参考人　先ほど申し上げましたように、根保証契約には、保証人が契約時には予想していなかった過大な責任を負うリスクがございます。

このため、平成十六年の民法改正におきまして、主債務に貸し金等債務、これは金銭の貸し渡しまたは手形の割引を受けることによって負担する債務をいいますが、貸し金等債務が含まれている保証人が個人である根保証契約のみを対象として、保証人の責任の上限となる極度額に関する規律、保証の対象元本が確定する日であります元本確定期日に関する規律、特別な事情の発生によって保証の対象元本が当然に確定する元本確定事由に関する規律、この三つが設けられております。

改正法案におきましては、根保証契約に関するこのような規律のうち、極度額と元本確定事由に関する規律について、それぞれ適用対象となる保証契約の範囲の拡大等を行っております。

具体的には、現行法におきましては、保証人が

個人である根保証契約のうち、主債務に貸し金等債務が含まれているものに対象を限定して、極度額を定めなければ契約が無効となる旨の規律を設けられておりますが、改正法案では、この規律の適用対象を、保証人が個人である根保証契約全般に拡大しております。

次に、元本確定事由に関する規律についても、現行法では、その適用対象は、主債務に貸し金等債務が含まれている個人の根保証契約に限られておりますが、改正法案の中では、個人保証人保護の観点ということで、この規律の適用対象を基本的に拡大することとし、個人の根保証契約全般に及ぼすこととしております。

○吉田(宣)委員　今、改正の概要をお聞きをさせていただいたというふうに思っております。

この極度額に関する規律、これは根保証契約全般に適用対象を拡大するというふうな趣旨でございますけれども、その理由はどういうものでございますでしょうか。確認をさせてください。

○小川政府参考人　お答えいたします。

先ほど申し上げましたように、平成十六年の民法改正で、いわゆる貸し金等債務を保証の範囲に含む根保証につきまして、極度額を定めなければならないという改正がされたわけですが、この規律の対象とされた貸金等根保証契約以外の根保証契約についても、個人である保証人が予想を超える過大な責任を負うおそれはあり得るわけでございます。

そこで、法制審議会におきましては、規律の対象を拡大することの要否に関して検討がされ、裁判例の中には、不動産の賃借人の債務を主債務とする根保証契約において、賃借人が長期にわたり賃料を滞納した事案ですとか、賃借人が賃借物件において自殺した事案などで、親類や知人である個人保証人に過大な責任を求めることが問題となったものもあることから、極度額に関する規律の対象を、貸金等根保証契約以外の、保証人が個人である根保証契約にも拡大すべきであるとの意見が大勢を占めました。

これに対して、建物賃貸借の根保証は、賃料以外にも賃借人が負う損害賠償債務なども保証するものであり、将来発生する損害などを予測して極度額を定めることは実務的に困難であるとの意見もございました。

しかし、予測が困難であることのリスクを個人保証人に負わせるのは適当ではなく、個人保証人については極度額を定めることとした上で、必要に応じて、現在の実務でも用いられている法人の保証人をより活用することが適切であるとの意見が大勢を占めたところでございます。

そこで、こういった点を踏まえまして、改正法案におきましては、極度額に関する規律の対象を一般的に拡大したということでございます。

○吉田(宣)委員　ありがとうございます。

次に、根保証契約における元本確定事由に関するルールについて、改正の内容を確認させてください。

○小川政府参考人　お答えいたします。

平成十六年の民法改正では、貸金等根保証契約については、契約締結後に主債務者が破産するなど、著しい事情変更となる事由が生じた場合には、個人保証人の保護の観点から、主債務の元本が当然に確定することとされております。これを元本確定事由と呼んでおりまして、現行法は、主債務者か保証人のいずれかが破産したり、死亡したり、あるいは債権者から強制執行などを受けるといった、合計六通りの事由が定められております。

もっとも、貸金等根保証契約以外の、保証人が個人である根保証契約においても、契約締結後に著しい事情変更が生ずることはあり得るわけでございます。そのため、法制審議会の中でも、元本確定事由に関する規律の対象を、貸金等根保証契約以外の、保証人が個人である根保証契約にも拡大することの要否について検討がされました。

その中では、予想外の事態が生じた場合における個人保証人の責任をできる限り低減するという観点から、貸金等根保証契約以外の、保証人が個人である根保証契約についても、基本的に元本確定事由の規律を及ぼしていくべきであるとの意見が大勢を占めました。

他方で、主債務者が債権者から強制執行を受けたことと、主債務者が破産したことという二つの事由につきましては、これを保証人が個人である根保証契約一般の元本確定事由とすることに否定的な意見が大勢を占めたところでございます。

これは、典型例と言えます不動産の賃借人の債務を主債務とする根保証で見てみますと、これらの二つの事由によって主債務の元本が確定してしまうと、賃貸借契約は主債務者である賃借人についてのこれらの事由によっても終了いたしませんので、賃貸人としては、保証契約の存在を前提として賃貸したにもかかわらず、以後は保証契約がない状態での賃貸を強いられる、そういう事態になるわけでございます。

そこで、改正法案においては、これらの二つの事由を除く元本確定事由に関する規律について、個人保証、根保証契約全般に拡大することとしたわけでございます。

○吉田(宣)委員　今、平成十六年改正において創設された元本確定事由に関するルールをそのまま拡大しなかったというふうな御説明であったかと承知をしております。確かに、ルールをより広く適用していこうということであれば、さまざまな配慮が必要になってくるのは当然のことだろうと思います。

今回は、根保証に関するルールのうち、元本確定期日についてのルールは置かれておりませんが、それはどのような事情に配慮したことなのか、それについても確認をさせていただきたいと思います。

○小川政府参考人　お答えいたします。

法制審議会の中でも、保証人の責任を限定するために、元本確定期日に関する規律の対象を、貸金等根保証契約以外の、保証人が個人である根保証契約に拡大することの要否も検討いたしました。しかし、貸金等根保証契約以外で、保証人が個人である根保証契約の典型例であります不動産の賃借人の債務を主債務とする根保証契約について見ますと、例えば、最長でも五年以内には元本が確定することといたしますと、賃貸人としては、保証契約の存在を前提として賃貸借契約を締結したにもかかわらず、借地借家法の規定によって、これは五年を超えて賃貸借契約が存続する場合がございますので、こういった場合には、保証がないまま賃貸することを強いられるという不都合が生ずるとの意見がございました。

他方で、個人根保証契約一般について極度額を定めるということにいたしますと、元本確定期日に関する規律の対象とされなくとも、保証人にとっても予想を超える過大な責任を負う事態は最低限回避されるのではないかということも言えます。

こういった事情を考慮いたしまして、改正法案におきましては、元本確定期日に関する規律の対象は拡大することとはしておりません。

○吉田(宣)委員　ありがとうございました。

根保証については以上のような確認をさせていただいて、これを利用する国民がわかりやすい制度運用をやはりしっかり今後図っていかなければならないというふうに私自身も思っております。

次に、実は通告でも、先日の参考人の加藤先生から大変大きな問題提起がございまして、いわゆる四百十五条、債務不履行責任のことについて、確認も含めて質問をさせていただきたいというふうに通告もさせていただいておりましたが、これに関しては、一つ一つの課題がやはり重たいなというふうなことも感じております。残り時間を勘案すると、それも十分質問もできないのかなというふうに今ちょっと感じておるところでございまして、少々早うございますが、私の質問は以上で終わらせていただきたいと思います。

ありがとうございました。

○鈴木委員長　次回は、公報をもってお知らせすることとし、本日は、これにて散会いたします。

午前十一時五十三分散会

平成二十八年十二月九日印刷

平成二十八年十二月十二日発行

衆議院事務局

印刷者　国立印刷局

O

第百九十二回国会
衆議院

法務委員会議録　第十二号

平成二十八年十二月二日(金曜日)

午前十一時三十分開議

出席委員

委員長　鈴木　淳司君

理事　今野　智博君　理事　土屋　正忠君
理事　平口　洋君　理事　古川　禎久君
理事　宮崎　政久君　理事　井出　庸生君
理事　逢坂　誠二君　理事　國重　徹君
理事　赤澤　亮正君　秋本　真利君
井野　俊郎君　奥野　信亮君
門　博文君　菅家　一郎君
木村　弥生君　城内　実君
鈴木　貴子君　鈴木　隼人君
辻　清人君　野中　厚君
藤原　崇君　古田　圭一君
宮川　典子君　宮路　拓馬君
山田　賢司君　吉野　正芳君
若狭　勝君　枝野　幸男君
階　猛君　山尾志桜里君
大口　善徳君　吉田　宣弘君
畑野　君枝君　藤野　保史君
木下　智彦君　上西小百合君

法務大臣　金田　勝年君
法務副大臣　盛山　正仁君
法務大臣政務官　井野　俊郎君
政府参考人(金融庁総務企画局審議官)　水口　純君
政府参考人(法務省民事局長)　小川　秀樹君
政府参考人(中小企業庁事業環境部長)　吉野　恭司君
法務委員会専門員　矢部　明宏君

委員の異動

十二月一日

辞任　補欠選任
赤澤　亮正君　山下　貴司君

同日

辞任　補欠選任
山下　貴司君　赤澤　亮正君

同月二日

辞任　補欠選任
安藤　裕君　木村　弥生君
門　博文君　秋本　真利君
宮路　拓馬君　鈴木　隼人君

同日

辞任　補欠選任
秋本　真利君　門　博文君
木村　弥生君　安藤　裕君
鈴木　隼人君　宮路　拓馬君

本日の会議に付した案件

政府参考人出頭要求に関する件

民法の一部を改正する法律案(内閣提出、第百八十九回国会閣法第六三号)

民法の一部を改正する法律の施行に伴う関係法律の整備等に関する法律案(内閣提出、第百八十九回国会閣法第六四号)

○鈴木委員長　これより会議を開きます。

第百八十九回国会、内閣提出、民法の一部を改正する法律案及び民法の一部を改正する法律の施行に伴う関係法律の整備等に関する法律案の両案を一括して議題といたします。

この際、お諮りいたします。

両案審査のため、本日、政府参考人として金融庁総務企画局審議官水口純君、法務省民事局長小川秀樹君及び中小企業庁事業環境部長吉野恭司君の出席を求め、説明を聴取いたしたいと存じますが、御異議ありませんか。

〔「異議なし」と呼ぶ者あり〕

○鈴木委員長　御異議なしと認めます。よって、そのように決しました。

○鈴木委員長　質疑の申し出がありますので、順次これを許します。宮路拓馬君。

○宮路委員　委員の皆様方、おはようございます。私、自由民主党の宮路拓馬でございます。

民法改正案について、初めて質問をさせていただきます。

私、一応、大学の法学部を出ております。ただ、当時、民法というものがこの世からなければどれほどいいことかと思って、大分苦労したことが思い出されます。そんな私が今こうして民法改正案の質疑の場に立っているということは、何というか、世の中何があるかわからないなと。

ただ、今回こうして民法改正案というのを改めて見てみますと、消滅時効、法定利率、保証あるいは意思能力、かつての記憶がおぼろげに思い返されるところでありますが、ああ、そういうこともあったなと思うとともに、しかし、こうして、私も間もなく三十七歳を迎えます、十二月六日が誕生日でございますので。三十数年生きてくると、社会というのが徐々にわかってくるものでございまして、民法というのがどれだけ我々の生活に直接あるいは間接的に影響しているのかということがよくわかるようになった、そういうことも改めて感じた次第でございます。ちょっと、とうとうと私の思いを述べてしまいましたが。

まず最初に、先日の参考人質疑で、法案に反対の立場の方、加藤参考人から触れられていた点についてまずお伺いしたいと思います。

今回の改正法案では、債務不履行による損害賠償の要件を定めた民法第四百十五条、これも改正対象になっているというふうに考えております。この条文の改正については、先日も各参考人が異なる評価をされていたところでございますので、この点について少し詳しく説明をしていただければと思っております。

まず、改めて改正法案の内容について確認をさせていただきます。

改正法案では、第四百十五条で定める債務不履行による損害賠償の基本的な要件について、今回どのような改正が行われているのかについてお伺いしたいと思います。

○小川政府参考人　お答えいたします。

債務不履行の損害賠償に関します現行法の四百十五条は、履行不能の場合に限って、債務者に帰責事由がなければ責任を負わない旨を規定しておりますが、判例は、履行遅滞など履行不能以外の債務不履行についても、債務者に帰責事由がないことによる免責を認めております。

そこで、改正法案においては、まず、この判例の解釈に従いまして、履行不能とそれ以外の債務不履行を区別することなく、債務不履行全体について、債務者に帰責事由がない場合に債務者は損害賠償責任を免れる旨の規定を設けまして、債務者に帰責事由がないことが損害賠償責任を免責する要件であることを明確化することとしております。

また、現在の裁判実務におきましては、帰責事由の有無は、給付の内容や不履行の態様から一律に定まるものではなく、個々の取引関係に即して、契約の性質、契約の目的、契約の締結に至る経緯などの、債務の発生原因となりました契約などに関する諸事情を考慮し、あわせて、取引に関して形成された社会通念をも勘案して判断されております。

そこで、改正法案におきましては、このような

帰責事由の判断の枠組みを明確化するため、帰責事由の有無は契約その他の当該債務の発生原因及び取引上の社会通念に照らして判断されることを明文化することとしております。

○宮路委員　ただいまの答弁を聞いておりますと、先日、加藤参考人は、今回の改正によって債務不履行による損害賠償の基本的な枠組みが大きく変わるのではないかという指摘もされていたところでございましたけれども、ほかの参考人の方々から、そういうことはないのではないかという評価もございました。私も、裁判実務、あるいはこれまでのそうした取引の実務をしっかり明文化したにすぎないものではないかというふうに思っております。

ただ、一方で、そうしたことに懸念を抱いている方がいらっしゃる、しかも法律の専門家にということもまた事実でございますので、その点について、しっかりと今後とも国として説明を果たしていただきたいというふうに思っております。

それでは次に、これまでの審議でもかなり多く取り上げられてきております第三者保証の問題についてお伺いしてまいりたいと思います。

これまでの審議の中では、第三者保証を禁止すべきか、それとも公証人の意思確認で足りるのかという点が問題となってきております。そこで、改めて、第三者保証について、これを今回、全面的に禁止せずに、公証人の意思確認手続をすることとした理由についてお伺いしたいと思います。

○盛山副大臣　宮路委員から冒頭御発言がありましたけれども、私も実は法律が嫌いでございまして、法学部なんですが、政治学科というところにおったわけでございますけれども、私がこうやって民法を担当して御答弁していいのかなと思いながら御答弁をさせていただきます。

法制審議会における審議の過程では、事業のために負担した貸し金等債務をいわゆる経営者以外の第三者が保証することについて、これを全面的に禁止すべきであるかどうかについて検討が行われました。しかしながら、第三者保証の中には個人が自発的に保証するものなどが現に存在するため、第三者保証を全て禁止することに対しましては、特に中小企業の資金調達に支障を生じさせ、金融閉塞を招くおそれがあるとの指摘が中小企業団体から強い意見として示されました。

そこで、改正法案の立案に当たりましては、中小企業の円滑な資金調達に支障が生じないようにしつつ、個人がリスクを十分に自覚せず安易に保証人になることを防止すべく、両者のバランスをとることが重要であると考えたものでございます。

そこで、改正法案におきましては、第三者保証を全面的に禁止する措置は講じないこととする一方で、保証人がその不利益を十分に自覚せず安易に保証契約を締結する事態を防止するための措置として、事業のために負担した貸し金等債務を保証する際には、原則として公的機関である公証人による意思確認を経るということとしたものであります。

○宮路委員　ありがとうございます。

私の尊敬する盛山副大臣と同じ思いでこの場に立っているということに、改めて深い感銘を受けたところでございます。

これまでの審議の中で、公証人の意思確認手続を創設するとしても、その例外の範囲が適当かという議論もまたなされております。

法制審の議論においては、中小企業の意見を踏まえたものという説明がなされているようでありますけれども、そうはいいながらも、その意見を全て受け入れてきたわけでもないということも伺っているところでございます。

例えば、中小企業の意見の中では、事業承継予定者についても意思確認の対象から外すべきであるとされていたということも伺っておりますが、今回それを意思確認の対象から外さなかった理由をお伺いしたいと思います。

○小川政府参考人　お答えいたします。

法制審議会における検討の過程におきましては、今お話がありましたように、中小企業側からは、事業承継予定者について、金融庁の監督指針などにおいてもこれは一定の要件のもとで例外とされていることを踏まえ、公証人による意思確認の対象外とすべきであるという意見がございました。

しかし、事業を承継する予定であったとしても、いまだ主債務者の取締役などの地位にない以上は主債務の事業の状況を把握することができる立場にあるとは言いがたく、保証のリスクを十分に認識せずに保証契約を締結するおそれが定型的に低いとは言えないと考えられます。

そのため、改正法案におきましては、中小企業側の意見とは異なり、事業承継予定者については、公証人による意思確認の対象外とはしないこととしております。

○宮路委員　ありがとうございます。

それでは次に、この論点につきましてさらに御質問したいと思います。

これまた、これまでの議論の中で、特に配偶者がその例外とされていることについて問題とする意見も多数聞かれたところでございます。今回、個人事業主の配偶者について、公証人の意思確認手続の例外とした理由を詳しくお聞かせいただければと思います。

○小川政府参考人　改正法案の検討の過程におきましては、個人事業主の配偶者を公証人による意思確認の手続の例外とするのが適切かについて、さまざまな意見がございました。

その中でも、中小企業団体あるいは金融機関からは、主債務者が法人であるかあるいは個人事業主であるかを問わず、主債務の事業に現に従事する配偶者については、経営者との経済的一体性や経営の規律づけの観点から保証人となることに合理性があり、現に金融庁の監督指針などにおいても例外的に保証を求めることが許容されていることを踏まえ、公証人による意思確認の手続の例外とすべきであるという強い意見がございました。

しかし、改正法案におきましては、その例外とすべき配偶者の範囲といたしましては、法人である事業者の代表取締役の配偶者などは含めないこととし、あくまでも個人事業者の配偶者であって事業に現に従事している者に限定して例外扱いをすることとしております。

個人が事業を営んでいる場合には、その個人の財産がその事業に供され、かつ、その利益はその個人に帰属することとなりますが、その個人事業主が婚姻しているときは、事業に供した個人の財産及び個人が得た利益は、その配偶者とともに形成した夫婦の共同財産であると評価されるものでございます。そして、夫婦の共同財産が事業に供されるだけでなく、その配偶者がその事業に現に従事しているのであれば、事業を共同で行う契約などが夫婦間に存在せず、共同事業者の関係にあるとまでは言いがたい事例であっても、財産や労務を事業に投下し、他方で利益の分配を受けているという点におきまして、実質的には個人事業主と共同して事業を行っているのとこれは類似する状態にあると評価することができようかと思います。

そういたしますと、個人事業主の事業に現に従事している配偶者は、その個人事業主の事業の成否に強い利害関係を有し、その状況を把握することができる立場にあると言えようかと思います。

他方で、先ほど挙げました、法人が事業を行っている場合におけるその法人の代表者などの配偶者ということにつきましては、今申し上げましたような意思確認の手続の例外とすべき実質的な事情は存在しないと考えられるところでございます。

このように、改正法案におきましては、中小企業などの実情も踏まえた上で、保証のリスクを認識せずに保証人となるといった被害を防止するという公証人による意思確認手続創設の趣旨に鑑みまして、個人事業主の配偶者についてのみ、かつ、あくまでも事業に現に従事している配偶者に限定して意思確認手続の例外としたものでありまして、合理的なものだというふうに考えております。

○宮路委員　ありがとうございます。

私も、やはり保証人の保護という観点、今回の法改正において非常に重要だと考えております。その中で、ただいまの答弁をお聞きいたしますと、事業に現に従事しているというその実体的な要件、これが非常に重要であると考えております。

今回の改正によって新たに設けられる、事業に現に従事しているという要件でございますが、これについてはどのように実際判断されることになるのかについてお伺いしたいと思います。

○小川政府参考人　お答えいたします。

御指摘ありましたとおり、改正法案におきまして個人事業主の配偶者を保証意思確認の例外としておりますが、それはあくまでも事業に現に従事している配偶者に限定されておりまして、この点は重要であるというふうに考えております。

すなわち、比較的零細であることが多い個人事業主の事業を前提といたしますと、現に事業に従事している配偶者であれば、その事業の状況などを把握することは十分に可能であると考えられるのでありまして、そうであるからこそ、先ほど申し上げましたように、保証意思の確認手続の例外とすることが許容されるというふうに考えております。

そして、以上申し上げましたような趣旨に照らしますと、現に事業に従事しているとは、文字どおり、保証契約の締結時においてその個人事業主が行う事業に実際に従事していると言えることが必要であると考えられます。したがいまして、例えば、単に書類上、事業に従事しているとされているだけではこれは足りませんし、また、保証契約の締結に際して一時的に従事したというようなものでも足りないというふうに考えております。

○宮路委員　相当程度、実質的に本当に保証人たり得るのかということが判断された上で、例外ということになろうかと思います。この点、やはり保護の観点からも非常に関心が寄せられる分野だと思いますので、この点についても、改めて、今回の改正案についての説明の中でしっかりと説明をしていただきたいというふうに思っております。

次に、これまでの質疑では余り話題に上っていなかった分野ではございますけれども、経済実務の観点からしても、債権譲渡に関する改正についても非常に重要であるというふうに考えております。そこで、今回の改正法案において、中小企業の資金調達の円滑化を図る観点から実施しようとしている施策についてこれから伺ってまいりたいと思います。

まず、将来債権の譲渡が可能であるということについて、今回規定を設けることとしたということでございますけれども、将来債権の譲渡、私も法学部時代、はてなでございました。この部分は、もともとその内容が一般市民の方には余りなじみがないものではないかと思っております。

そこで、将来債権の譲渡が可能であるということを明確にすることの意味、あるいは、これがどのような分野で実際利用されているのかについて、具体的にお聞かせいただければと思います。

○小川政府参考人　今お話ありました将来債権の譲渡と申しますのは、将来発生する債権を売買などによって譲渡し、またはこれを担保に供する目的で譲渡する、いわゆる譲渡担保のような場合を指すわけでございます。例えば、いわゆるゼネコンから継続的に仕事を受注しています下請会社が、金融機関から融資を受ける際に、融資後一年間に発生する請負代金債権を担保に供する目的で譲渡するといった例が将来債権の譲渡のされる場合として挙げられようかと思います。

もっとも、現行法におきましては、将来債権の譲渡が可能であることは条文上明確であるとは言えません。判例においては、かつては譲渡が可能な将来債権の範囲が制限的に解されていたものの、現在では、原則として将来債権の譲渡が可能であることは広く認められるに至っております。

将来債権の譲渡は、最近におきましては、先ほど例に挙げましたように、主として中小企業が将来の収益源であります売り掛け債権などを担保に資金を調達する手法として広く用いられるようになっております。従来、担保を設定する不動産を持たない中小企業は保証人を立てることによって資金調達を図ることが多かったわけでございますが、保証に依存しない融資慣行の確立が求められていることから、将来債権の譲渡は、企業の事業収益力に着目した資金調達の手法として脚光を浴びておりまして、利用が急激に増加しているものでございます。

そこで、改正法案では、将来債権の譲渡を安定的に行うことを可能とするという観点から、将来債権の譲渡が可能であるということを明らかにする旨の規定を設けることといたしました。

○宮路委員　今御説明いただいたとおり、保証に依存しないという観点から、最近は、将来債権の譲渡が中小企業の資金調達にとって非常に重要な意味を有してきているということであります。

そして、今回の改正案では、それに加えまして、そのような実情を踏まえて、中小企業の資金調達をより円滑に実施可能なものとするために、債権譲渡を禁止、制限する特約、これは譲渡禁止特約というふうに言われているものだと思っておりますが、それが当事者間でされていたとしても、その債権を譲渡することができるようにしたということもその内容であるということでございますが、これはどういうことなのか、なぜこのような改正を行うこととなったのか、この点についてお伺いしたいと思います。

○小川政府参考人　お答えいたします。

先ほど申し上げましたように、債権の譲渡による資金調達という手法は、主として中小企業の資金調達手法といたしまして重要な役割を果たしてきております。

しかし、現行法のもとでは、債権には、譲渡制限特約、あるいは譲渡禁止特約というふうに申しますが、こういった特約を付すことができまして、譲渡制限特約が付された債権の譲渡は無効であるというふうに解されております。

そのため、譲渡制限特約が付された債権を利用して資金調達を行おうとする債権者は、債務者の承諾を得た上で債権を譲渡する必要がありますが、実際には債務者の承諾を得ることができない場合が少なくないと言われております。

また、債権を譲り受けようとする側におきましても、譲渡制限特約の存在によって譲渡が無効となる可能性が払拭し切れないため、譲渡人の信用リスクをも勘案して債権の価値を算定せざるを得ないという問題もございます。

そこで、譲渡制限特約が資金調達の支障になっているという問題を解消する観点から、改正法案では、譲渡制限特約が付されていても、債権の譲渡の効力が妨げられないこととしております。

○宮路委員　今の御説明を伺っておりまして、やはり大学生時代の私には到底理解できないような世界だったのだなと改めて思った次第でございますが、その後、十数年を経て、私、今の答弁の内容が理解できるようになりました。経験というのは非常に大事なものであります。

ただいま、債権譲渡したい、そういう気持ちがあるというのはわかりますが、他方で、債務者にとっては、債権譲渡しないという合意をしていたのにそれが無視されてしまうことになってしまいます。この点についても改めてここでお伺いしたいと思っておりますが、今回の改正で、そうした譲渡禁止あるいは制限特約というものを設けておるその債務者に何か不都合が生じることはないのか、この点についてお伺いしたいと思います。

○小川政府参考人　お答えいたします。

債務者にとりましては、譲渡制限特約を付する目的は、これは主として、弁済の相手方を固定することにより見知らぬ第三者が債権者となるといった事態を防ぐことになりまして、その限度では、譲渡制限特約を付した債務者の期待は保護する必要があると考えられるところでございます。

そこで、譲り受け人が、譲渡制限特約がされたことを知り、重大な過失によって知らなかった場合、いわゆる悪意または重過失というふうに申し

上げておきますが、この悪意または重過失がある場合には、債務者は、譲り受け人に対する債務の履行を拒むことができ、かつ、譲渡人に対する弁済等をもって譲り受け人に対抗することができるということとしております。

したがいまして、この規定のもとでは、譲渡制限特約について、悪意または重過失の譲り受け人との関係では、これは債務者は従前どおり譲渡人に対して弁済を続ければ足りるということになるのでありまして、先ほど申し上げました、債務者の期待は保護されているというところでございます。

○宮路委員　わかりました。

それでは次に、今回の改正によって、譲渡人に支払えば足りるとなりますと、いざその譲渡人が破産したといった場合には、譲り受け人の方は債権回収を図ることができないことにもなりかねません。譲渡人が破産した場合には譲り受け人としてはどのような対策をとることができるのかについて、またこの場でお聞きしたいと思います。

○小川政府参考人　改正法案のもとでは、譲渡制限特約について、悪意または重過失の譲り受け人は、債務者が譲渡人に対して弁済した金銭を譲渡人から受領することによって債権を回収するということが想定されているわけでございます。

もっとも、先ほど御指摘がありましたように、譲渡人が破産した場合には、譲り受け人は、譲渡人に対して弁済された金銭の全額を譲渡人から回収することができなくなる、そういうリスクがございます。債権譲渡を利用した資金調達の円滑化を図るためには、このようなリスクを除去するための措置を講じておく必要があると考えられるところでございます。

そこで、改正法案におきましては、譲渡制限特約が付された金銭債権が譲渡された後に、譲渡人について破産手続開始の決定があった場合には、譲り受け人は債務者にその金銭債権の全額に相当する金銭を供託させることができることとしております。この供託の請求がされた後は、債務者は譲渡人に対する弁済をもって譲り受け人に対抗することができないことになるわけでございます。

そして、この譲り受け人による供託の請求を受けて供託された金銭については、譲り受け人のみが手元に持ってくる、要するに還付を請求することができるとされておりますので、譲り受け人はその還付を受けることによりまして債権の全額を回収することができる、こういう仕組みを設けております。

○宮路委員　当然のことながら、よく練られたものでございまして、債務者に対する配慮も十分になされているということがよくわかりました。

ところで、債務者の意向に反して譲渡制限特約が付されている債権を譲渡してしまうと、債務者から、譲渡禁止の特約に違反したことを口実に契約を解除されないかという懸念もあったというふうに聞いております。なかなか細かいところまで皆さんよく行き届いているものだなと思ったわけでございますが、この点についてはどのように考えているのか、この場でお伺いしたいと思います。

○小川政府参考人　改正法案に対しましては、譲渡制限特約が付されている債権を譲渡したとしてもその効力は妨げられないことになるわけですが、譲渡人としては、債務者との関係で、特約に違反したことを理由として、今お話ありましたように契約を解除されるおそれがあるため、譲渡制限特約が付された債権を譲渡するのはやはり困難で、資金調達の円滑化にはつながらないのではないかという懸念も示されたところでございます。

しかし、改正法案におきましては、債務者が譲渡制限特約を付する場合の一般的な目的、すなわち弁済の相手方を固定する目的は達成することができるように、これは先ほど申しましたように弁済の、対抗するような措置をとっております。そういった配慮をした上で債権譲渡を有効としておりますので、譲渡制限特約が付された債権の譲渡は、必ずしも特約の趣旨に反するものではなく、特約違反を構成しないと見ることが可能でございます。

また、仮に特約違反になるとしても、債務者にとっては特段の不利益がないということになりますので、それにもかかわらず、債権譲渡を行ったことをもって取引関係の打ち切りですとか契約解除などを行うことは極めて合理性に乏しい行動と言えて、いわゆる権利濫用などに当たり得るものとも考えられます。

法務省といたしましては、この点を含めて改正法案の趣旨を広く周知し、譲渡制限特約に関する実務運用が改正法案の趣旨に沿ったものとなるよう努めていく所存でございまして、関係省庁や関係団体とも連携協力して、中小企業の資金調達の円滑化を進めるべく取り組んでまいりたいというふうに考えております。

○宮路委員　ありがとうございます。

今の論点を含めまして、今回の改正案、そのほか、消滅時効あるいは法定利率、これもこれまでの審議において各委員の方々から有益な質疑が行われたところでございますが、その内容の周知が極めて重要であると考えております。

民法というのは、これまで、債権法の分野は百二十年間大きな改正がなされてこなかったということ、これは、逆に言うと、それだけ定着しているということであります。それを変えるということですから、その周知について、非常に重要であるということであろうと思います。

参考人の方々も、このことについては、周知が大事だということで触れておられたところでございます。

最後に、大臣にお伺いしたいというふうに思っておりますが、この法案が成立した場合の周知について、法務省としてどのように取り組んでいくおつもりか、その決意をお聞かせいただきたいと思います。

○金田国務大臣　宮路委員から、限られた時間で非常に中身のある、第三者保証あるいは債権譲渡についていろいろ質問をいただきました。

そして、ただいまは、私がお答えすることになりますが、本法案が成立した場合の周知の重要性をおっしゃっています。そのとおりだと私も思っております。

改正法案は、民法の中で、債権関係の諸規定を全般的に見直すものであります。したがって、国民の日常生活や経済活動に広く影響を与え得るものでありますから、法律として成立をさせていただきました後は、その見直しの内容を国民に対して十分に周知する必要がある、このように私も考えている次第であります。

そこで、改正法案においては、近時の民事基本法の改正と比較しても長期の準備期間を確保するという趣旨で、改正法の施行の日を、原則として、公布の日から三年を超えない範囲内において政令で定める日としております。

法務省としては、改正法が適切に施行されますように、施行日までの間に、国民各層に対しまして効果的な周知、例えば、全国各地で説明会の開催を行ったり、あるいは法務省ホームページのより一層の活用を考えたり、あるいはわかりやすい解説の公表をするなど、そういった形で効果的な周知を実施するように努めていきたい、このように考えておるところであります。

○宮路委員　これまで、どちらかというと法務行政というのは国民にとってやや遠い存在だったのではないかと思いますが、金田大臣の力強いリーダーシップのもと、国民に近い法務行政ということで、周知の徹底をお願いしたいというふうに思っております。

これで質疑を終わらせていただきたいと思いますが、かつての民法の教授が私の今の姿を見たら何と思うか。（発言する者あり）ありがとうございます。

これで質問を終わらせていただきます。

○鈴木委員長　次に、逢坂誠二君。

○逢坂委員　民進党の逢坂誠二でございます。

北海道函館からやってまいりました。三時間ほど前までは風速三十メートルぐらいで、時折ふぶいている状況だったんですが、この東京の青空の

もとへ来ると、そういう厳しい情景を忘れてしまうというか、人間というのは随分勝手なものだなというふうに思っていますけれども。飛行機がおくれるかと思ったんですけれども、間に合いまして、本当によかったと思っています。

質問に入る前に、大学できちんと法律を学んだ先生方が、いや、実は大学時代に余り法律は得意でなかったとか、法律は好きじゃなかったという話をされるのは、私は御謙遜なんだというふうに思います。ただ、そういう声を立法府の一員である、国民の代表である国会議員が余りしゃべらない方がいいんじゃないかなという気は私は内心しないでもありません。

私は、逆に、大学では物理や化学や生物の勉強をしておりました。残念ながら、法律の勉強というのは教養のときにちょっとしかやっておりません。だから、法的な思考力という点では、大学でしっかり法の基礎を学んだ方に比べれば、私は相当劣ると思っています。だけれども、立法府にいる国民の代表として、私の持てる力の限りこの立法という仕事を私なりの観点でやはりやっていきたい、そう思っておりますので……（発言する者あり）ありがとうございます。よろしくお願いしたいと思います。

それで、きょうは、改正民法の四百六十五条の六、主にここについてちょっと話をしたいというふうに思います。

この間もこの保証の問題は複数の先生がお話しなさいましたし、それから参考人の方からも話がございました。今回の民法改正の一つの大きな柱だろうというふうに思います。

今回、事業に関係のない個人が保証人になるということについて、公正証書を作成することで保証人になることの意思をしっかり確認しようということではありますが、私は、これまでの議論を聞いていて、今回のことで何が改善されるかなと思うと、軽率だったり安易だったりする保証人、こういうものは相当程度減っていくだろう、簡単な気持ちで、おお、いいぞ、俺、保証やってやるよなんというのはなくなるかもしれないというふうに思います。

しかしながら、よく専門用語で言う情義性、要するに、どうしてもいろいろな人間関係の中で保証せざるを得ないとか、あるいは、取引の都合上、ああ、あの社長のところだったら保証しなきゃならないかななんていう情義性、この部分については、残念ながら今回の改正でもクリアすることはできない、解決することはできないのではないかというふうに思います。

それからもう一つが、これは根源的な問題でありますけれども、そもそも保証人が保証能力があるのかどうかという点については、必ずしも今回の改正だけではクリアできないなというふうに思います。

それから、私の経験の中で、保証人、特に個人で保証する方の問題で多いのは、お一人で幾つもの保証をされている方がいらっしゃるというようなこと、それから、相互に保証し合っている関係があったりすること、あるいは、相対の相互ではなくて、複数人の間で保証を持ち合いしているといいましょうか、そういうケースが結構散見されるわけでありますけれども、そういうことについても今回の法改正では必ずしもクリアできないだろうというふうに思います。

ただ、安易、軽率な保証行為、これがある一定程度抑制されるだろうというふうには思いますが、それにしても、もう少し丁寧にいろいろなことを確認しておかなければいけないな、そんな思いでおります。

なぜ私がこんなことを言うかというと、実は、私の実家は小さな商売をやっておりました。まさに父と母で仕事をしているような商売でありました。そのときに、運転資金を借りるということで、私の知らない間に、実は私が保証人になっていたということがございました。私が保証人になっていた。そのことで父ともめました。何で勝手にやるんだと。おまえ、いいじゃないか、どうせちゃんと返すんだからと。それはもちろん返してもらわなければ困るわけでありますけれども、でも、そんなことが実は世間で当たり前のようにあったのがかつてでありました。

それから、私の知り合いの農家の息子さん、この方もやはり、お父さんがその息子さんに無断で保証人にした。そこは我が家と違って、残念ながら離農せざるを得なかった。その息子さんの人生はもう、一生を棒に振ると言うと言い過ぎかもしれませんが、父の借金を返すためだけに二十年も三十年も働いているという実態があります。

だから、そういう経験を踏まえると、やはりここはちょっと丁寧にやらなきゃいけないなというふうに思っています。

それから、加えて、相互に保証し合っているということがあるために、ある一軒がおかしくなったら地域全体が、みんなが倒れてしまったというケースも私なりに体験をさせていただきましたし、そのことによってみずから命を絶った方というのも、私の仕事の中でもいらっしゃいました。そういう経験も踏まえて、保証のところを少し詳しく聞かせていただきたいと思います。

まず、法務省にお伺いします。

事業に関係のない個人が保証をすること、いわゆる第三者保証という言い方をするんだと思いますが、これの課題、問題点というのはどういうところにあると見ていますでしょうか。

○小川政府参考人　お答えいたします。

保証契約は個人的な情義などに基づいて行われることが多いことや、保証契約の締結の際には保証人が現実に履行を求められることになるかどうかが不確定であることもあって、保証人の中には、そのリスクを十分に自覚せず安易に保証契約を締結してしまう者が少なくないことなどが指摘されております。このような問題は、とりわけ、経営者以外の第三者が保証人となるケースにおいて顕著であると承知しております。

もっとも、第三者保証の中には、個人の投資家が事業の支援として自発的に保証することなども現に存在しているものと承知しております。このため、第三者保証を全て禁止することに対しては、特に中小企業の円滑な資金調達に支障を生じさせ、金融閉塞を招くおそれがあるとの指摘が中小企業団体からの強い意見として示されておりまして、この意見も重く受けとめる必要があると考えております。

第三者保証のあり方を検討するに当たりましては、これらの相反する要請をどのようにバランスのとれたものとしていくか、これが重要な課題であるというふうに認識しております。

○逢坂委員　第三者保証を全部禁止すると金融閉塞が起こるんだ、それから、個人の意思に基づいて投資をしようという人もいるんだということでありましたけれども、これは通告していませんけれども、個人の意思によって投資をしようという人は、全体の割合からするとそんなに多くなかったですよね。どうでしたか。通告していないですけれども。

○小川政府参考人　お答えいたします。

数的には多くないことは承知しております。

○逢坂委員　だから、個人の意思に基づいてやる投資家がいるから金融閉塞が起こるんだということは、私は必ずしもそうではないのではないかという気がするわけであります。だから、原則禁止にして、そういうところだけを例外的に残すという方法はあるんだというふうに私は感ずるわけであります。それはちょっと、またこの後の議論で話をしていきたいと思いますが。

それでは、現在の第三者保証の件数というんでしょうか、これはどの程度かということはわかりますでしょうか。金融庁にも来ていただいておりますので。

○水口政府参考人　お答え申し上げます。

金融庁では、全ての金融機関における第三者保証の徴求状況というのは網羅的には把握してございませんけれども、幾つかの金融機関とのヒアリングの際に確認したところでは、監督指針の改正以降におきまして、いわゆる、経営に実質的に関与していない第三者による自発的な意思に基づく

申し出によりまして個人連帯保証契約というのを締結しているケースは、ほとんどない、もしくはまれであったということでございます。

○逢坂委員　今の金融庁の話、改めて確認をさせていただきたいんですが、個人の自発的な意思に基づく保証という言い方をされたかと思うんですけれども、それは、いわゆるエンジェルとか言われる、そういうもののことを言っているんでしょうか、それとも、どういうことを言っているんでしょうか。

○水口政府参考人　お答えいたします。

監督指針におきまして、今申し上げました、みずから連帯保証の申し出を行った方という趣旨で申し上げたものでございます。

○逢坂委員　それでは、みずから連帯保証の申し出を行っていない、要するに、みずからは行わないけれども、お願いされてなった方は含まれていない、そういう意味でしょうか。

○水口政府参考人　そこは含まれてございません。

○逢坂委員　わかりました。

びっくりしました。金融庁の答弁のとおりだったら、これは立法事実がないということになってしまうものですから、ちょっとどきどきしました。

法務省に、それじゃ改めてお伺いしますけれども、立法事実はあるんですよね。要するに、今回の四百六十五条の六に該当するような、今回はその人たちは公正証書をつくるということになっているわけでありますけれども、この法が改正される以前にこの対象になるような人はいるということですよね。

○小川政府参考人　もちろんいらっしゃいます。

私どもの方としても、今お話がありましたように網羅的に承知しているわけではございませんが、これは、平成二十五年六月十日の参議院法務委員会におきまして、当時の全国地方銀行協会の会長行であります千葉銀行の方から、自行の個人保証の徴求状況について、個人連帯保証契約先約三万三千のうち、経営に実質的に関与している第三者は約三千五百、それから経営に実質的に関与していない第三者は五十五というふうになっておりますが、この経営に実質的に関与していないというのも、代表取締役を退いた会長や取締役を退いた実質オーナーなど、経営に実質的に関与している第三者として計上しておりますので、これら三千五百ですとか五十五につきましては、今回の改正案によりますと、支配株主であるような場合を除きますと、原則として意思確認の手続の対象になるということでございます。

○逢坂委員　ちょっと冒頭聞き逃したんですが、民事局長、今の、最初に言った三万三千というのは、銀行協会の何と言いましたでしょうか。

○小川政府参考人　これは、参議院の法務委員会での参考人質疑におきまして、当時の全国地方銀行協会の会長行であります千葉銀行が呼ばれておりまして、その担当者の方から、改めて申し上げますと、いわゆる経営者本人保証を含む個人保証全体の件数は約三万三千件である、そのうち、自発的な意思に基づく申し出によって、経営に実質的に関与していない第三者が保証人となっているものは約五十五件、それから、代表取締役を退いた会長や取締役を退いた実質オーナーなど経営に実質的に関与している第三者が保証となっているものは約三千五百件。要するに、第三者保証の類型として、今申し上げました五十五件と三千五百件ということを言われています。

その三千五百件の方、我々の仕切り方と若干違いますので、改めて説明いたしますと、代表取締役を退いた会長ですとか取締役を退いた実質オーナーであっても、この方は、例えば支配株主であるというような要件を満たさない限りは今回の意思確認の手続の対象になるという類型であると考えております。

○逢坂委員　それで、三万三千と母数を千葉銀行の方がおっしゃったということでありますけれども、その三千五百と五十五以外というのは、それはどういうことなんでしょうか。どういうふうに法務省では見ているんでしょうか。

○小川政府参考人　済みません、私の説明が不十分でございました。

要するに、千葉銀行が自分の銀行の個人保証の徴求状況を説明した文脈でございます。個人連帯保証契約先が約三万三千あって、今申し上げました五十五ですとか三千五百の類型以外は経営者本人保証、個人保証全体の件数として三万三千件でございますので、その余のものは経営者本人保証というふうにお考えいただければと思います。

○逢坂委員　わかりました。

それでは、千葉銀行さんを例にとれば、大体三千件強が今回の公正証書作成の対象になり得る可能性があるということ、そのように理解をしましたけれども、よろしいですか。五十五だけですか。

○小川政府参考人　先ほど申し上げましたが、この類型が私どもの方の類型と必ずしもマッチしているわけじゃないんですが、代表取締役を退いた会長や取締役を退いた実質オーナーなども、これは第三者保証の類型でございます。

したがいまして、自発的な意思に基づく申し出によって、経営に実質的に関与していない第三者が保証人となっているものという類型で五十五件、もう一つの第三者保証の類型として、代表取締役を退いた会長や取締役を退いた実質オーナーなどが第三者として保証人となっているものが約三千五百件ということでございますので、先ほどから申し上げていますように、支配株主であるような場合は若干でこぼこがございますが、全体としますと、この合計の三千五百五十五件というのがいわゆる第三者保証であるというふうに理解しております。

○逢坂委員　私が何でこんな話をするかというと、立法事実がどれぐらいあるかということをやはり確認する必要があると思うんですね。

法務省として、これは、今回の件でどの程度の数があるかという推計、累計みたいなことというのは必ずしもやられておらないんでしょうか。

○小川政府参考人　お答えいたします。

私どもといたしましても状況について詳細に承知しているというわけではないということでございますが、先ほど申し上げました千葉銀行の例をもとにして一定の試算をしております。

この千葉銀行の件数は、当時の、平成二十五年段階での一時点において継続している保証の総数を述べたものでありまして、一年ごとに新規に締結される保証契約の件数はこの数値よりも低くなるわけでございます。

一般に、一件当たりの保証期間をどの程度のものとして保証契約が締結されるかは定かではございませんが、事業性の融資の多数を占めると考えられます貸金等根保証契約については、その保証期間が法律上最大で五年とされていることを踏まえますと、五年に一度は保証契約が締結し直されているものと考えております。そういたしますと、一年ごとに新規に締結される保証契約の件数は、ある一時点における総数の五分の一というふうに仮定できようかと思います。要するに、五年分が累積して先ほどの数になっておりますので。

その上で、これは千葉銀行の貸出残高と、都市銀行や地方銀行、信用金庫などの貸出残高の合計額とを対比いたしまして、保証契約の件数を推計いたしました。この結果として、先ほどの二つの類型の合計として、全体として予想される、ここで言う第三者保証として考えておりますのが四万数千件というところでございます。

以上申し上げましたのが、私どもが行いました試算でございます。

○逢坂委員　四万数千件というのは日本全体でということで、改めて確認していいんでしょうか。うなずいておりますので、そういうこと……。どうぞ答弁ください。

○小川政府参考人　先ほど申し上げましたように、千葉銀行の貸出残高と全国のいわゆる金融機関の貸出残高との合計額を対比して、掛け算いたしましたので、これは全国の数字というふうに理解しております。

○逢坂委員　金融庁にはこれは通告していないんですけれども、今言ったような形での数字みたいなものは、金融庁としては何らか把握しているものはあるんでしょうか。あればある、なければないで構わないんですけれども。

○水口政府参考人　お答えします。

　金融庁としては特段把握してございません。

○逢坂委員　では、金融庁に改めて問いたいんですけれども、金融庁はこの間ずっと、この第三者保証というものを縮小する方向で頑張ってこられたというふうに認識をしているんですが、これを最初やるときにどの程度の件数があって、それをどういう程度縮小しようとか、そういう目標が必ずしも金融庁はあったわけではないという理解でよろしいんでしょうか。

○水口政府参考人　お答えします。

　あらかじめの目標というのは特にございません。

○逢坂委員　私、ちょっと、今、正直申し上げまして愕然としているんですが、こういう法改正をするからには、どの程度の件数があってというようなことはやはりしっかり把握をした上で、立法事実がこうである、しかも、今回の手だてを講ずることによってそれがどの程度減ぜられるのかということをやはりしっかり把握した上で法改正しないと、何となくやったようには見えているけれども、本当に効果があったのかどうかというのは私はわからないということになってしまうんじゃないかなという気がするんですね。

　それと、もう一つは、実務を考えてみたときに、これから公正証書をつくっていただくわけですから、実際に全国の公証人役場がそれを引き受け切れるぐらいの量なのか、あるいは全体の業務量からいって全くそれは取るに足らない量なのか、そのことも今の話からすると予定していないように思えてならないんですけれども、この辺、もうちょっとお話を聞かせていただきたいと思います。

　それじゃ、金融庁は、この間、第三者保証のさまざまな問題というのは改善されているという認識であろうとは思うんですけれども、何をもって改善されているという判断をしているんですか。

○水口政府参考人　お答えいたします。

　どの程度改善されているかとお尋ねでございますけれども、今回の民法改正案にございましては、保証人になろうとする者による保証意思というのを公証人が確認するということが求められていると承知してございます。

　こうした保証意思の確認の手続によりまして、第三者が連帯保証契約を締結することに対してより一層慎重になるという効果は考えられますけれども、その結果、第三者保証がどの程度減少するかについてお答えすることはなかなかちょっと困難でございます。

　ただ、金融庁としましては、金融機関が個人保証に依存しない融資を一層促していくことが重要だというふうに考えてございまして、モニタリング等を通じて金融機関にさらに取り組みを促していきたいと思っております。

○逢坂委員　正直なところ、驚きました。

　私は、今回のこの改正を必ずしも否定的に思っているわけではないんです。ただ、もう少し緻密な見通しがあってやっているのかなと思ったんですけれども。

　今回の改正によって、私が冒頭に言ったとおり、軽率で安易な保証というのは、それには抑止がかかる可能性は非常に高いというふうに思っています。ただ、情義性とか、そもそもの保証能力の問題については、これはクリアできないだろうという話をさせていただいたんですが、必ずしも立法事実を把握しておらないということと同時に、今回の法改正による効果についても余り何か強く感じておらないというのはちょっと意外でありました。

　逆に言うならば、それでは、問題になる第三者保証というのは少ないという見方なのかどうか。ちょっとその辺はお答えづらいと思いますので聞きませんけれども。

　私はそうではないんだと思うんですね。これぐらいの改正をやるからには、もっとそのあたりをちゃんと調べて、全国的に、千葉銀行だけではなくて事実をもっと調べてやらないと、本当に出発点があやふやだというふうに思います。これは批判せざるを得ません。ちょっと驚きました。

　それでは次に、現在の公証人役場の公正証書の作成件数というのはどれぐらいになるでしょうか。

○小川政府参考人　平成二十七年の公正証書の作成件数は約二十二万件でございます。

○逢坂委員　二十二万件公正証書が作成されている。今回、それでは新たな、民法のこの公正証書の作成ということが保証人について出た場合には、それがどのぐらいふえるというふうに見込んでいるんでしょうか。

○小川政府参考人　先ほど申し上げましたように、私どもの試算では一年間当たりで四万数千件、先ほども言いましたように若干含まれないものも入っているかもしれませんが、多目に見積もって四万数千件。もちろん、一定の数の減少が二十五年から続いている可能性はあると思いますので、やや変動的な要素があろうかと思いますが、差し当たって四万数千件程度の増が考えられるのではないかというふうに思っております。

○逢坂委員　四万数千件程度、多目に見積もってという発言がありましたけれども、私は、そこはそのまましゃべっていいのかなという気が内心しないでもないんですが、であるならば、公正証書作成業務という観点でいえば、全体の枚数のうち二割弱仕事がふえるという理解でよろしいんでしょうか。

○小川政府参考人　公証人の業務はもちろん公正証書作成だけではございませんが、公正証書作成という観点から見れば御指摘のとおりだと思います。

○逢坂委員　それで、現在、公証人役場というのは全国に三百ぐらいある、それから公証人の方は五百人ぐらいいるというふうに承知をしているんですが、これに間違いがないかどうかと、仮に四万ふえたとしても、現在の体制のままでそれは十分業務としてはやれる、そういう認識でいるということでありましょうか。

○小川政府参考人　お答えいたします。

　本日現在で公証人の現在員は四百九十七名でございます。役場の数は二百八十六カ所でございます。

　公正証書の増加数と、それに伴う対応の可否ということでございますが、先ほど申し上げましたように、本日時点での公証人の数は四百九十七人でございまして、先ほど、見込まれる件数を申し上げましたが、現在の公証人の数で割りますと、一人当たりの増加する事件数は、多くて年間約百件程度というふうに見込んでおります。

　そして、先ほど公正証書につきましては二十二万件というふうに申し上げましたが、公証人の仕事はそれ以外にも多数ございます。公正証書の作成のほかにも定款認証、私署証書の認証、確定日付といったものが主要な業務でございます。これらを合計いたしますと年間百三万件程度ございまして、これを一人当たりで見ますと年間二千百件程度の事件を扱っていることになります。

　先ほど申し上げましたように、公正証書の増加という観点から見ますと、年間百件程度の増加であれば、現在の公証役場の体制で差し当たっては対応することが可能であるというふうに考えております。

　もっとも、これは、公証に対する需要が今後とも高まっていくことが予想されますし、この保証意思宣明公正証書は非常に重要なものでございますので、その推移などを見定めながら、公証人を適切に配置するように努めてまいる所存でございます。

○逢坂委員　仮に四万という推計が正しければ、多分それはそのとおりなんだろうなというふうに聞いて、私は若干安心はいたしました。

　ただ、やはり一番問題になるのは、出発点である四万というところが本当にそうなのかどうかと

いうところは、多分かつてに比べれば第三者保証というのは減っているんだろうというふうには思うんですが、せっかくこういう議論をするからには、法務省としては、あるいは金融庁もそうなのかもしれませんけれども、もう少し立法事実のところを丁寧に拾っておけば、この三十分はこんなに時間がかからなかったなというふうに思います。

でも、ここは結構私は大事だと思うんですよ。どの程度の方がお困りになっている、その対象の母集団でいるのかどうかということをしっかり考えておかないと、対応、対策をせっかくとっても、いや、余り効果がなかったねということになると、これほどエネルギーをかけてやっていることが水の泡になってしまう可能性があるなというふうに思っています。

そこで、実は公証人役場というところは、多くの方々はそんなに行ったことがないんじゃないかと、私は勝手にそう思っているんですけれども、これは感覚で結構なんですが、法務省は公証人役場も所管をしていると思うんですけれども、感覚として、敷居は高いんでしょうか、割とどなたでもどうぞという感じなんでしょうか。そういうところというのはどう、民事局長の感想で構わないので。

○小川政府参考人　私も、いわゆる公証役場に何度か仕事の関係で伺うようなことがございますが、もちろん、都会にあります公証役場はいかにもオフィスという感じでございまして、よくある事務所と同じような形態のものでございます。他方、地方の方に行きますと、比較的小規模な、ビルの何階かに事務所を構えているというようなところがございまして、雰囲気はさまざまでございます。

かつては恐らく敷居が高かったと思われますが、最近は遺言公正証書など非常にふえてきておりますので、一般の方からも近いものになってきているのではないかというふうに感じております。

○逢坂委員　午前中は終わります。

○鈴木委員長　午後一時から委員会を再開することとし、この際、休憩いたします。

午後零時三十一分休憩

―――◇―――

午後一時開議

○鈴木委員長　休憩前に引き続き会議を開きます。

質疑を続行いたします。逢坂誠二君。

○逢坂委員　逢坂でございます。

それでは、午前中に引き続いて質問させていただきます。

午前中の質疑の中で、今回の四百六十五条の六の立法事実が私は薄弱だとは思いません。立法事実はあるんだと思います、いろいろ困っている方がたくさんいらっしゃいますから。だが、法務省の立法事実の把握はちょっと甘いというふうに私は感じました。

さてそこで、金融庁の方にも午後も引き続きお座りいただきまして、本当にありがとうございます。この間、金融庁も第三者保証というものをだんだん狭めていこう、減らしていこうという取り組みをされてきたことはわかるんですが、個人の事業主は、第三者保証がどんどん減ってくるということになったら、将来的に、どういう形で金融機関に信用を担保するということになるんでしょうか。例えば信用保証協会というようなものがあったり、あと、それ以外ではどういう形になるのかというところを、もし金融庁の方でわかれば教えていただきたい。どんな姿を目指しているのか。

○水口政府参考人　お答えいたします。

先生お尋ねの機関保証がどのようになるかというお話でもあったと存じますけれども、金融庁としましては、金融機関に対しまして、第三者保証に限らず保証に過度に依存することなく、取引先企業の事業内容ですとか成長可能性等も適切に評価して融資等を行うよう促してきておりまして、今後ともモニタリングを通じて金融機関のそういう取り組みを促していきたい、そういう方向性で今考えてございます。

○逢坂委員　私が最近ちょっと実務から遠ざかっているので現場に疎いのかもしれないんですけれども、ということは、例えば信用保証協会なんかを使うということもあるけれども、それを使わないで個人事業主にお金を貸すというケースもあり得るということですか。その個人事業主の信用度合いが高ければそういう方向だということなんでしょうか。

○水口政府参考人　お答えします。

先ほども申し上げましたけれども、金融庁としては、いわゆる担保、保証に依存することなく、取引先の企業の内容もしくは成長可能性なんかも勘案しながら融資が行われるように金融機関に促しておりまして、その取り組みをさらに促してまいりたいということでございます。

○逢坂委員　もう一言だけちょっと。私は頭の中でイメージできないんです。

ということは、金融庁が目指している姿というのは、第三者保証はどんどん少なくなっていったらいいなということは、それはそれでいいんです。だけれども、では個人事業主にお金を貸すときに、本人に信用力があれば、それは保証というものがない形というのもある種の理想だと考えているということなんでしょうか。

○水口政府参考人　お答えします。

担保、保証に過度に依存することなく、まさに企業の内容ですとか成長可能性ですとか、そういうものを金融機関が見てきちっと融資できるようにということを今促してございまして、その取り組みというのを促してまいりたいということでございます。

そういう意味では、担保、保証というのに過度に依存することなく金融機関が債務者企業の状況を見て融資できるようにしていきたいとしてきておりまして、今後ともそうしていきたいと思ってございます。

○逢坂委員　いや、確かに言っていることはわかるけれども、それで金融機関は納得するのかなという気がしないでもないんですが、この問題はきょうの本質ではないので、後でまたちょっと。

いやいや、言っているのは私は優等生の答弁だと思いますよ。だけれども、それで現実社会が回っていくのかどうか。というか、金融機関はそれで、いや、確かに調べましたよ、これはいいですね、でもここは悪いですね、悪いから保証をつけてほしいということに一般的にはなるような気はするんですけれども、そこについては排除していないんですよね。第三者保証はだんだん減らしていきたいけれども、保証をつけるということについては排除していないということでいいんですね。

○水口政府参考人　お答えします。

保証、担保をとってはいけないということではもちろんございませんで、過度に依存することなく、取引企業の事業内容、将来性をきちっと見るような融資をしていただきたいというふうに促しておるということでございます。

○逢坂委員　この業界というか、この類いの議論というのは、何となく、言葉だけ聞いていると、ああなるほどなと思いがちなところは多いんですけれども、実務を頭に思い浮かべると、何か現実と合っていないような話のところがあるような気がしてしようがないんですね。

金融庁に対する質問はきょうはこれで終わりたいと思います。午後まで引きとめて大変申しわけございませんでした。これからもまたどこかでお話を聞かせてもらうと思いますので、きょうのところはありがとうございました。

それじゃ次、また法務省にお伺いしますけれども、公正証書の話にもう一回戻ります。

今回のこの改正民法による公正証書をつくろうとすれば、これはお金は当然かかるわけですね。

○小川政府参考人　公証業務につきましては手数料をいただくということになっておりますので、今回の保証意思宣明公正証書につきましても手数

料をいただく予定でございます。（逢坂委員「お幾らですか」と呼ぶ）一万一千円の予定でございます。

○逢坂委員　一万一千円の手数料をかけて公正証書をつくってもらって保証人になる、その一万一千円は事実上誰が負担するのかはともかくとして、公証人役場へ行ったときは、その保証人になる人がきっと基本的には払わざるを得ないのだろうというふうに推測しております。

さてそこで、公正証書のつくり方なんですけれども、これは、法律によれば、保証人になる本人が幾つかの事項を、「公証人が、保証人になろうとする者の口述を筆記し、これを保証人になろうとする者に読み聞かせ、又は閲覧させること。」、そして「保証人になろうとする者が、筆記の正確なことを承認した後、署名し、印を押すこと。」ということで、これで公正証書をつくることになっているんです。

保証人になろうという人、今回保護をしなければならない保証人という方は、きっと、もしかすると余り法律事項に詳しくないとか、あるいは、そもそもそういうことにふなれな人という方が、場合によっては保護されなければならない人だと思うんですけれども、この「保証人になろうとする者」が例えば上手に伝えられないとかというような場合は、代理の公正証書の作成というのは認められるんでしょうか。

○小川政府参考人　お答えいたします。

口授すべきは本人というふうに定めておりますので、今回の公正証書につきましては代理嘱託はできないこととしております。

○逢坂委員　代理嘱託はできないということですけれども、それじゃ、もう一歩別な形で、本人は余り上手にしゃべれないので、代理嘱託ではないけれども、本人も公証人役場へ行きます、だけれども、銀行の方が誰かがついてきて、その方がある種、本人の話を、この人はこうこうこういうことを言うつもりで来たんだというようなことを言うということは、これは公正証書をつくる上で可能でしょうか。

○小川政府参考人　基本は本人の意思の確認でございますので、もちろん一定の補助ということは考えられる場面もあるかとは思いますが、いずれにしろ、制度が本来予定している姿というよりは好ましくないものだというふうに考えております。

○逢坂委員　ここは結構私は重要だと思っていまして、かつてのいろいろなお金の貸し借りの契約の中でも、私も目の前で見ていたケースがあるんですが、やはり御本人はよくわからない、でも御本人がそこに座っている、それで金融機関の方ですとか、ＪＡの方ですとか漁連の方ですとかが来て、横に座って、まあまあ、ここはこうだからこうだからこれでいいから、じゃここに判をついてくださいみたいなことになっちゃう。

公正証書の場合は、そういうことは許されないということでよろしいでしょうか。

○小川政府参考人　繰り返しになりますが、本人の口授が必要でございますので、今先生の御指摘のあったようなパターンでは、できないというふうに考えております。

○逢坂委員　では次に、お金を貸し借りする契約の中で、返済が滞ったと。返済が滞ったら、裁判の手だてなしに強制的に保証人の財産を没収する、いわゆる強制執行ができるというケースもあろうかと思うんですが、こういうことになるのは、どういう手続を経たらこういうふうになるんでしょうか。

○小川政府参考人　お答えいたします。

ただいま御指摘がありましたのは、いわゆる執行証書と言われます、執行認諾文言つきの公正証書ということだと思います。

この執行認諾文言つきの公正証書とは、金銭の一定の額の支払いなどを目的とする請求について、公証人が作成した公正証書で、債務者が直ちに強制執行に服する旨の陳述が記載されているものをいいます。

この執行認諾文言つきの公正証書が作成されている場合には、債権者は、これを債務名義として、保証人に対して強制執行の手続をとることができるということとなっております。

○逢坂委員　ここも多くの方が気にしているところだと思うんですが、債務が滞ったら強制執行しますよというふうに、仮にそのお金を貸し借りする契約書の中に書いてある。書いてあっただけで、そこに保証人として名前を連ねても強制執行はされない。強制執行されるためには、公正証書に別途、もし債務が滞ったら強制執行されても構いませんよということが書いていなければ強制執行はされないということでよろしいでしょうか。

○小川政府参考人　お答えいたします。

先ほど申し上げました執行認諾文言つきの公正証書は、債務者側の執行認諾、執行を受けるということについて認める旨の文言が必要でございますので、本人の認める旨の文言がない以上は執行証書としては扱われないということになります。

○逢坂委員　ここも結構大事なところだと思っていまして、余りこれは多くの人はわからない。しかも、今の言葉は難しいですよね、執行認諾文言つき公正証書。ニンダクと言われてすぐさま漢字が思い浮かぶ人は相当業界に近い人で、ニンダク、ニンダクと言って思い浮かぶ人はなかなか私はいないような気がするんですが。

それじゃ、公証人役場へ行って、本人はいろいろしゃべる、口述する、そのときに、このことが入っているかいないか、要するに執行認諾文言つきの公正証書であるかどうかということは相当に慎重にやはり確認をする手だてが要るんだと思うんですね。

単に保証人になりますよということだけではなくて、執行認諾文言つき公正証書であるか否か、この点については、私は、公証人の方々に十分これは指導しなければいけないのではないかというふうに思うんですが、本人が知らないうちに実はそういうものが入っていたということであるならば今回の立法趣旨から大きく外れることになるわけですから、この辺、いかがでしょうか。

○小川政府参考人　今回制度として設けますのは、保証意思そのものを宣明する公正証書でございますが、それとは別に、保証契約について執行の認諾文言がつくということについては十分注意するというのは、御指摘のとおりだと思います。

○逢坂委員　本人の意思確認の公正証書以外に、認諾文言つきというところについては、分けて、ちゃんとやれるように、これは今後とも法務省にはちゃんとやってもらいたいと思います。もし法案が通ればの話でありますが。

それから、私は、公証人役場のことについて、これは前に藤野先生も多分御質問されたかと思うんですが、全国に三百程度ということになりますと、やはり距離の問題というのがどうしても出てこざるを得ないと思っています。私の選挙区を考えてみますと、離島が一つある。離島はそもそも遠いわけでありますけれども、陸続きのところでも車で二時間半かかるというのが一番遠いところであります。

そういうふうに考えてみると、公証人役場の距離の遠さというか利便性というか、そういうものについては法務省ではどう考えているでしょうか。

○小川政府参考人　お答えいたします。

先ほど申し上げましたように、公証役場は全国で二百八十以上の数がございますが、やはり、事件数との関係などを見ますと、比較してみますと都市部に多いというのは確かでございます。

もちろん、今後も、そういった需要などを見定めながら、適正な配置、配備を目指していきたいというふうには考えておりますが、公証人の場合、例えば、典型的には遺言公正証書などではよく見られますが、御本人が公証役場に出向くのが難しいというような場合には出張するというようなこともやり方としてはございますので、保証意思宣明公正証書においてもそういったものの活用は考えられるのではないかと思っております。

○逢坂委員　公証人役場の地理的な業務の範囲というのは、必ずしも国民の皆様はわかっていない

ような気が私はするんですが。

私は、今、函館に住んでいます。私が東京の公証人役場へ出向いていって公正証書をつくってもらうことは可能かどうか。逆に、私が函館にいる、その際に、東京の公証人役場にいる公証人が函館に出張してきて公正証書をつくってもらうことは可能かどうか。この二点、いかがですか。

○**小川政府参考人**　公証人につきましては、いわば職務執行区域という考え方がございまして、職務監督をする法務局の単位での区域が職務執行区域ということになりますので、最初に言われた、東京の公証人のところに北海道から来られてということであれば、東京の公証人は東京の職務執行区域内で行っておりますので、これは問題ございません。逆に、函館の方に東京の公証人が出向いてやるということは、公証人の制度としては認めておらないということでございます。

○**逢坂委員**　そうなんですね。

そういうことを考えてみると、実は、広い地域を所管している公証人役場にいる公証人の方というのは実は人数が結構少なくて、人口密集しているところ、割と多くの公証人役場があるところにいる公証人の方というのは、どっちかというと配置の人数が多いんですね。

だから、その観点でいいますと、出張して来てもらいたいなと思う、そういう地域のところに公証人の方が少ない、こういう関係になっているような印象を持つんですね。だから、先ほど民事局長から、出張という手だてもありますよとはいったものの、果たしてその出張というのは現実的なのかどうかというところも、きょうはもうこれ以上は言いませんので、ちょっと考えてみなきゃいけないのではないかなというふうに思っています。

ほかにも、公証人の研修をどうするかとか、今回のこの法がもし施行された場合に、この法の趣旨をどうやって徹底するのかとか、あるいは、先ほど昼食のときも幾つか議論になっていたんですけれども、公証人によって、随分、対応というか、質とまでは言うかどうかわかりませんけれども、対応にばらつきがあるといったような話も実は出ておりまして、こういった問題についても機会があればちゃんとただしておきたいなというふうに思います。

それで、もう時間がなくなりましたので、これで、大臣の方にちょっと感想というか、お伺いしたいんです。

きょう私が質疑した中で、公正証書を作成するということについては、軽率あるいは安易な保証、これは多少避けることができるだろうというふうに私は感じました。だけれども、情義性の保証、これはやはり今回の手だてをもってしてもうまくいかない。あるいは、保証能力をどう確認するかというところについては、金融庁はいろいろ言っていましたけれども、少なくとも今回の法整備の中ではそこにもなかなか手だてがいかないのではないかなという印象を持ちます。それから、一人で幾つも保証をするとか、あるいは、相互に保証し合っているといったようなことについてもなかなかうまくいかないのではないかなという印象を持っております。

それから、最大のきょうの問題点は、立法事実というのは多分あるんだろう、だがしかし、立法するに当たって、その立法事実の把握、この辺が具体性が少し乏しいのではないかという印象を私は持ちました。

これらの議論を聞いて、大臣、どのようにお感じになったか、御所見をお伺いします。

○**金田国務大臣**　午前中からの委員の御指摘、そして民事局長の答弁といったものを私もお聞きしておりました。

ただいま言われたことに関しましては、私は、やはり、公証人による保証意思の確認ということ、公的機関である公証人が保証人となろうとする者の保証意思を確認するという手続を設けることによって安易に保証契約を締結してしまうという事態を抑止することが可能となるという点と、この手続が存在することによりまして、結果的に保証人となることを差し控える例も相当数出てくるというふうに考えておりますので、私は、例えば、委員の御指摘の非常に多い第三者保証の件数、そういうものを減らす方向で、具体的な数字などを申し上げることはできないんですけれども、安易に保証人となるという事態は減少することになるのではないか、このように考えておる次第であります。

○**逢坂委員**　大臣、ありがとうございました。

ただ、私は、大臣に反論するわけではないんですけれども、安易にならない傾向が強くなるというのは私も同じ感想なんですが、ではそれが具体的に大体どの程度なのかとか、そういうところを、かっちりとした数字は言えないにしても、母集団をちゃんと捉まえた上でどうなるのだというところはやはりもう少し把握しておくべきではないかというふうに思います。

終わります。ありがとうございます。

○**鈴木委員長**　次に、井出庸生君。

○**井出委員**　民進党、信州長野の井出庸生です。本日もよろしくお願いをいたします。

たくさん通告をさせていただきましたが、大事なものから入っていきたいと思います。

まず、今回の新たな債権法の改正、民法改正の中で、「取引上の社会通念に照らして」、こういう言葉が随所に出てくるのですが、この「取引上の社会通念に照らして」、個別の条文についてはまた後ほど順次聞いていきますが、この言葉を今回この法律に盛り込む、また多用する、そこのあたりの意図を、まず民事局長から伺いたいと思います。

○**小川政府参考人**　お答えいたします。

御指摘ありましたように、改正法案におきましては、「取引上の社会通念に照らして」という文言が、例えば善管注意義務を定めました四百条ですとか、履行不能を定めました四百十二条の二など、こういった場面では、「契約その他の債務の発生原因及び取引上の社会通念に照らして」などという形で、一定の法律要件などの存否についての判断の枠組みを示すために用いられております。

これは、現在の裁判実務において、ある法律要件などの存否を判断する際に、契約の性質などの、債権の発生原因となった契約に関する諸事情のほか、取引に関して形成された社会通念をも考慮していることを踏まえ、このような判断の枠組みを明らかにしたものでございます。

全部で九カ条存在しておりますが、いずれも、抽象的な概念を用いた要件などの存否についての判断の枠組みを明確にする趣旨で規定されているものでございます。

○**井出委員**　今お話があったように、私も確認をしたところ、九カ所この言葉が使われておりました。

今御説明あったところは、では、例えば四百十五条の債務不履行による損害賠償のところでいいますと、四百十五条の一で、その前段、「債務者がその債務の本旨に従った履行をしないとき又は債務の履行が不能であるときは、債権者は、これによって生じた損害の賠償を請求することができる。」。この後なんですが、「ただし、その債務の不履行が契約その他の債務の発生原因及び」、ここから「取引上の社会通念に照らして債務者の責めに帰することができない事由によるものであるときは、この限りでない。」と。

この条文を例にしますと、「契約その他の債務の発生原因」というところは、想像するに、当事者同士が契約をする、債務関係が発生する、ですから、契約をした目的とか契約の趣旨の部分なのかなと思うんですが、その後の「及び」の後、私が取り上げている「取引上の社会通念」というものは、当事者間の契約の発生原因、契約の趣旨といったものよりは、簡単に言えば、取引の常識、常識的にはこうなんだよ、そういう意味合いなのかなと受けとめているのですが、それでよろしいのかどうか伺いたいと思います。

○**小川政府参考人**　お答えいたします。

社会通念という用語の意義自体は、一般的には、社会一般に受け入れられ通用する常識などと言われておりますので、御指摘がありましたように、取引上の社会の常識ということでよろしいかというふうに考えております。

○**井出委員**　今そういうようなお話を伺いまして、九カ所全部やっておりますとさらなる会期の延長をしなければいけなくなってくると思いますので、重立ったところから聞いてまいりたいと思うのですが、まず、今お話をした四百十五条、債務不履行による損害賠償の部分でございます。

　これはもともと、現行の四百十五条は「債務者がその債務の本旨に従った履行をしないときは、債権者は、これによって生じた損害の賠償を請求することができる。債務者の責めに帰すべき事由によって履行をすることができなくなったときも、同様とする。」と。

　細かいところはちょっと、いろいろ説明し出すと切りがないんですが、私が先ほど読み上げた新しい方の法律も、ただし書きの前までは大体似たようなことが書いてあるんですね。ただしその債務の不履行が契約その他の債務の発生原因及び取引上の社会通念に照らしても債務者の責めに帰すことができないときはこの限りではないと。

　現行法と新法、ただし書きのついたものを読み比べますと、債務者が責任をとらなくていい、損害賠償をしなくていい、新たにそういうケースが、この条文だけ比較するとふえるのかな。現行法は、基本的には損害賠償を請求することができて、債務者に責任があるときはそうなんだよと書いてあるんですけれども、今度は、ただし書きという形で、責任をとらなくてもいいケースを契約、債務の発生原因及び取引上の社会通念ということで挙げられているんですが、これはやはりそういう、債務者が損害賠償しなくていいケースというものを新たに盛り込むということになるのかどうか、そこを確認したいと思います。

○**小川政府参考人**　お答えいたします。

　条文の体裁自体は若干異なる部分はございます。例えば立証責任をひっくり返すような形で、これは確立した判例実務に従ったものですが、そういう条文の立て方にはしておりますが、基本的な内容は従来の判例と同様でございます。

　帰責事由そのものについても、現在の裁判実務においては、給付の内容や不履行の態様から一律に定まるのではなくて、個々の取引関係に即して、契約の性質、契約の目的、契約の締結に至る経緯などの、債務の発生原因となった契約などに関する諸事情を考慮して、あわせて取引に関して形成された社会通念をも勘案して判断されているということでございまして、書かれている条文の書き方は異なるものの、実質は、あるいは運用としても、変わるところはないというふうに考えております。

○**井出委員**　実質、運用は変わらないというお話をいただきまして、もう少し、念には念をで確認をしたいんですが。

　お配りをしている資料、出典は「図解による民法のしくみ」、神田さんという方が書かれている本。その真ん中の表といいますかエクセルといいますか、そこの部分を見ていただきたいんですが、「債務不履行には、以下の三つの類型がある」と。「履行遅滞」、「履行不能」、「不完全履行」。

　ここも議論はあるんですが、とりあえずそこはきょうはおいておきまして、その要件の中に、私がちょっとピンクの印をつけているんですが、その三つの類型があっても三つとも、やはり、「債務者に責任があること」をまず要件としている。ここは、この間、参考人でいらっしゃった加藤先生が、損害賠償は過失責任なのか無過失責任なのかはっきりさせてくれということをおっしゃっておったんですが、現行、こういう、三つの類型について、いずれも「債務者に責任があること」を要件と解説されている本がございます。

　その三つの類型の書き方も今回の新法で少し変わるんですが、ただ、いずれにせよ、債務不履行というものに対して、やはり債務者に責任があるということは、今回ただし書きが加わってもその大きな原則というものは揺らがないのか、そのことについてもう一度お願いいたします。

○**小川政府参考人**　債務不履行による損害賠償に関する現行法四百十五条は、履行不能の場合に限って債務者に帰責事由がなければ責任を負わない旨を規定しておりますが、判例は、履行遅滞など履行不能以外の債務不履行についても、債務者に帰責事由がないことによる免責を認めております。それが判例の確立した実務でございます。

　今の資料では「責任があること」というふうに書いていますが、恐らく、趣旨とすると、債務者に帰責事由がないとは言えないということだと思います。それをそのように書かれているのであって、実質としては、そういう意味では全く異なるところはないというふうに考えております。

○**井出委員**　その責任を、あると書くのか、ないとは言えないと書くのかで、非常にここの部分はわかりにくいんですが、これまでの判例とまた運用は変わらない、そのことは確認をさせていただきました。

　次に問題として取り上げたいのが、五百四十八条の二、定型約款のところでございます。

　定型約款の部分にも、五百四十八条の二の一で、まず、定型約款について説明をしている。五百四十八の二の二項で「前項の規定にかかわらず、」「相手方の権利を制限し、又は相手方の義務を加重する条項であって、その定型取引の態様及びその実情並びに」、またここで「取引上の社会通念に照らして第一条第二項に規定する基本原則に反して相手方の利益を一方的に害すると認められるものについては、合意をしなかったものとみなす。」と。

　ここは、今読み上げたところは、今回、定型約款を事業者と不特定多数の方とが結ばれるときに、約款を作成する側の方がいろいろな情報があったり知識もあったりして、そういうこともあって、不特定多数の方いわゆる消費者を守る側の観点なのかなと思うのですが、そこにも「取引上の社会通念」と、その前段に「定型取引の態様及びその実情」ということもくっついているんですが、消費者側からすれば留保がかかっておるんです。

　ここを少し私なりに分析をしますと、「定型取引の態様及びその実情」というのは、お互いの、物を買ったりするときの、要は契約の目的、趣旨だと思うんですが、ただ、それは不特定多数なので、なかなか個別の趣旨というわけにもいかないと思うので、恐らく、定型取引の態様、実情と、先ほどの債務不履行のときと比べると少し言葉を変えられているのかなと。その一方で、「取引上の社会通念に照らして」ということも併記をされているんですが、ここの二つの部分のもう少し具体的な意味を御説明いただきたいと思います。

○**小川政府参考人**　御指摘ありましたように、五百四十八条の二の第二項におきましては、定型約款の個別の条項が信義則に反して相手方の利益を一方的に害すると認められるか否かについて、いわゆる考慮事由として定められておりまして、その内容が、「その定型取引の態様及びその実情並びに取引上の社会通念に照らして」ということでございます。

　こういった考慮事由を定めました趣旨でございますが、定型取引の態様というのは、まず、ある特定の者が不特定多数の者を相手方として行う取引であって、その内容の全部または一部が画一的であることがその双方にとって合理的であると言える、これが定型取引の定義でございます。

　これにおいては、契約内容の画一性が高い取引であるため、相手方である顧客において、約款の具体的な内容を認識しようとまではしないのが通常であります。このような特質に鑑みますと、相手方にとって客観的に見て予測しがたい条項が置かれている場合において、その条項が相手方に多大な負担を課すものであるときには、相手方においてその内容を知り得る措置を定型約款の準備者が講じておかない限り、そのような条項は不意打ち的なものとして信義則に反することとなる蓋然性が高いと考えられます。こういった定型取引の

特質を考慮するということを示したのが定型取引の態様でございます。

今の定型取引の態様は、いわば定型取引の一般的な特質を踏まえた考慮要素でございますが、これに加えて、個別の取引の実情を具体的に考慮し、問題とされた条項が信義則に反するかどうかを検討することも必要となるわけでございます。

具体的には、その取引がどのような経済活動に関して行われるものか、その取引においてその条項が設けられた理由や背景、その取引においてその条項がその当事者にとってどのような利害得失を有するものかなどといった点も広く考慮されるべきものと考えられます。この趣旨で、個別の取引の実情という意味で、定型取引の実情と言っております。

また、当事者間の公平を図る観点からは、条項が信義則に反するか否かに当たっては、その種の取引において一般的に共有されている常識、すなわち取引通念に照らして判断することも必要になると考えられます。このことをあらわす趣旨といたしまして、取引上の社会通念を考慮事由として示したものでございます。

○井出委員　わかったようなわからないような、恐らく私が法学部でないことにも一つ、理解が進まない理由があるのかもしれませんが。

「その定型取引の態様」というのは、例えば携帯電話会社が携帯電話を販売するときに、基本的に、どなたであっても何かいろいろ書いたものを用意すると。その後の「実情」というところは、実際の個別の携帯電話を売る店舗での対応ですとか、私はそんなような思いで捉えていたんですが、そこが合っているか間違っているか、ちょっと実例に即して教えてください。

○小川政府参考人　お答えいたします。

定型取引の態様というのは、一般的な、まさに定型約款を用いた、画一性ですとか、余り条項の内容を読まないといった、そういう前提に立ったものでございますので、先ほどの御指摘でよろしいかと思います。

それから、定型取引の実情も、まさに個別の取引の実情ですので、販売店でどういうことが行われていたかとか、あるいはそこでの契約の締結に至る趣旨、経過なども含めて実情ということでございますので、御指摘のとおりかというふうに考えております。

○井出委員　今、その態様、実情のところの御説明をいただきました。

あと、「取引上の社会通念」、常識の部分なんですが、そもそも定型約款の項目そのものは今回新設をされますので、さまざまなケースや判例があるのかもしれませんが、その常識というものは一体どういうふうに解釈をしていくのかなというところが大変気になるのですが。

この定型約款というものは、弁護士会なんかもそうですけれども、やはり消費者の保護というものの視点に立って定型約款の部分を評価されていると。ただ、こうしたただし書きといいますか、留保のような条項が一体どのくらいの影響があるのかなというところは考慮していかなければいけないと思います。

前に、参考人の質疑のときにも少しここを議論させていただいたんですが、きょうはまた別の専門家の方の視点を少し紹介したいんです。

「民法改正案の評価」、信山社という会社から出ている、加賀山茂さんという方が書かれている本なんですが、そこでは、最大の問題点は、無効とすべき不当約款の判断基準から任意規定という概念が落ちて、かわりに取引上の社会通念という、約款の無効ではなく、むしろ約款の有効性を担保するのに好都合な概念を基準としている、約款が一旦作成をされ合意されたものとみなされると、それが取引上の社会通念とされることになるのであるから、それを約款の無効の判断基準としたのでは公正な判断基準とはなり得ない、定型約款の規定を新設した意義を大きく損ねていると。

ちなみに、その加賀山さんも指摘をされているんですが、消費者の利益を一方的に害する条項の無効ということで、消費者契約法の第十条を見てみますと、消費者契約法の第十条では、「民法、商法その他の法律の公の秩序に関しない規定の適用による場合に比し、消費者の権利を制限し、又は消費者の義務を加重する消費者契約の条項であって、民法第一条第二項に規定する基本原則に反して消費者の利益を一方的に害するものは、無効」であると。

加賀山さんは、消費者契約法第十条、不当約款の判断基準は「民法、商法その他の法律の公の秩序に関しない規定」だ、それが今回、民法の新法では取引上の社会通念に成りかわってしまっている、そういう意味では、極めてそこがまず曖昧になって、さらに約款の有効性を助ける書きぶりになってしまっているのではないか、そういうことを指摘されているんですが、その点についてちょっと御見解をいただきたいと思います。

○小川政府参考人　今お話がありました消費者契約法自体はもちろん消費者と事業者との関係の問題には適用されますので、先ほど言われた内容も、広く、定型約款も含めた形で適用はされる前提でございます。

ただ、民法の条文としては、消費者契約法のような任意規定との比較という基準には立たなかったということでございますので、今言われた批判は必ずしも当を得ていないのではないかというふうに思っております。

○井出委員　この指摘は前に参考人質疑の際に私も申し上げたんですが、これまで約款の議論というものが全くなされていなかったかといえば、決してそうではない。そういう中で、作成者不利、何かあったときに、作成する側、情報をきちっと持っている側、そういう者が不利になるという原則が確立されてきて、それが変わってしまうのではないかという疑念なんです。

ちょっと今のところをもう一度お聞きしたいんですが、消費者契約法第十条では、「民法、商法その他の法律の公の秩序に関しない規定の適用による場合に比し、消費者の権利を制限し、又は消費者の義務を加重する消費者契約の条項であって、民法第一条第二項に規定する基本原則に反して消費者の利益を一方的に害するものは、無効」であると。

少なくとも約款の部分に関して言えば、定型約款というものが盛り込まれて、いろいろ気を使って条文をつくっていただいたとはいえ、前段に御紹介をしたような定型約款の定義というものが生まれて、それに対して、取引上の社会通念とかが、あるときは、はっきり言ってしまえば、作成者側の利をちゃんと認めるということも書かれているんですが、そうすると、民法が一歩、定型約款に関して具体的なものを書くことによって、消費者契約法第十条の解釈、運用というものも変わってくるんじゃないのか。それは、加賀山さんの指摘からすれば、これまでの約款作成者不利原則というものがやはり損なわれるのではないか。ちょっとその点について教えていただきたいと思います。

○小川政府参考人　まず、御指摘がありました不利の原則については、ちょっと今回の内容とは直接はかかわらないのではないかというふうに思っております。

それから、消費者契約法第十条の解釈に当たりましては、これまでの裁判例の中で、民法等の法律に規定がない判例や一般的な理解から導かれるルールとも比べて、相手方の権利を制限し、または相手方の義務を加重するという要件を充足するか否かを判断するという考え方が既に考え方として確立しておりますので、この考え方は妥当であると考えられますが、実際の解釈論と条文の文言との間に乖離があるとも言える状況にあります。

そのため、先ほど御指摘のあった、「民法、商法その他の法律の公の秩序に関しない規定の適用による場合に比し」という要件は規定していないというのが説明でございます。

○井出委員　今、約款の作成者不利の原則のところを申し上げたときに、そのことは少しこの部分の議論には当たらないのではないかと御指摘をいただいたんですが、一番の問題意識は、定型約款

を明記すること、それが弁護士会は消費者にとって一歩前進だと評価をしている、また、新聞とか各種報道を見ていても、消費者のために大きな前進だというようなことが論調として書かれているんですが、果たして本当にそうなのか。

　これは、金田大臣にもちょっと伺いたいのですが、金田大臣、以前この議論で藤野先生が質問をしたときに、「民法はやはり私法の一般法であるという考え方、そのために、取引当事者の情報あるいは交渉力の格差の是正を図るといった、消費者の保護それ自体を目的とする規定を設けるのであれば、特別法である消費者契約法などによることが基本になるかな、こういうふうにも思うんです。」と。このことに対して、藤野委員は、約款の個別例じゃなくて全体としての考えを聞いたんですというお話をされていたところがあるんですが。

　果たして、弁護士会や新聞、テレビが言うように、消費者を守る定型約款の新設なのか、そうではなくて、大臣がおっしゃっている、あくまで民法だから私法の一般法なんだ、消費者を守るのであれば特別法でやっていくことが基本になる、どっちのスタンスがこの法律の定型約款を新設することの趣旨なのか。大事なところですので、できれば大臣に答えていただきたいと思います。

○小川政府参考人　まず、私の方からお答えさせていただきます。

　今回の定型約款の制度の基本的な内容は、やはり、定型約款が有効になる場合、あるいは一定の場合に無効になる場合、さらには変更を認められる場合といった枠組みを定めること、これによって予測可能性が立ちますし、紛争の解決の基準としても一定の機能をするということが一般法としての民法の主たる役目でございまして、そのことが消費者にとっても利益になるということ、これが一つの説明でございます。

　消費者との関係、事業者と消費者という、まさにその両者との関係のことについていえば、民法以外にも消費者契約法があって、消費者保護をストレートに目的とする規定が用意されているということでございますので、民法の方としますと、あくまでやはり一般法としての規定を設けているということだろうと思います。

○金田国務大臣　確かに、定型約款を用いた取引の当事者の間には、交渉力や情報力の格差があるケースというものが少なくないと考えられます。でも、このような交渉力、情報力の格差そのものを是正する観点からの法規制というものは、消費者契約法といったような、民法以外の法律によって行われているところでありまして、こうした格差から生ずる悪影響については、今回の改正法案が結果的にその是正に効果を発揮する面があるとしても、民法以外の法律によって適切に対応されることが期待されるというふうに考えられます。

○井出委員　民法はやはり一般法ですので、私は、新聞やテレビ、新聞にもそういうふうに正確に書いていただくべきかなと。よくよく読んでみると、定型約款を明確化したことは、確かに局長がおっしゃるように消費者にとっても一つのメリットかもしれませんが、それは消費者側にとっても、法律が明確にされることで、想定される責務みたいなものも出てくるのかなと思います。

　もう一つ、約款の問題で伺っておかなければいけないのが、その後の五百四十八条の四の変更のところなんです。

　変更にはいろいろ変更の規定があるんですが、そこは後で聞くとして、一番大事なところは、定型約款の変更を一定の条件で認めているんですが、定型約款の変更については、今し方ずっと議論をしてきました、相手方の権利を制限し、または相手の義務を加重するような条件で何とかかんとかと認められるものについては合意しなかったものとみなす、これを適用しないということを五百四十八条の四の四で書かれているんですが、そうすると、確かに変更をインターネットで周知しなければいけないとか書いてはあるんですが、これはなかなか、変更を妨げるものというものがないのではないかと。

　ここは、もうまさに参考人の加藤先生が御指摘をした、約款の作成者の不利の原則なんかはそれに比べたら小さな問題だ、約款の事後変更の自由を認めてしまうことの方が非常に大きな問題である、そこに力を込められているんですが、変更を一方的に認めているように、確かに加藤先生の本と条文を見ればそうなのかなと私は今疑問を持っておりまして、変更について見解を、そうではないと言っていただければ一番いいんですが、ちょっと解説をいただきたいと思います。

○小川政府参考人　定型約款の変更における条項の相当性は、不当条項規制よりも厳格な要件のもとで判断されます。したがって、定型約款の変更については、内容の不当性も含めて、先ほど言われました点ですけれども、五百四十八条の四の第一項の要件で判断すれば足りるので、だからあえて五百四十八条の二の第二項の規定を適用する必要がないというのが両者の関係でございますので、いわば両者の要件を比較した上で適用関係を定めたにすぎない条文でございます。

○井出委員　定型約款の変更の要件が厳しい、私、今そこをすっ飛ばしてしまったのは大変申しわけなかったんですが、定型約款の変更の要件というものを五百四十八条の四に掲げておりまして、以下の条件をみなせば、「個別に相手方と合意をすることなく契約内容を変更することができる。」と。

　一つは、「定型約款の変更が、相手方の一般の利益に適合するとき。」、相手にとっていいときですね、それはまあよしなのかなと。もう一つは、「定型約款の変更が、契約をした目的に反せず、かつ、変更の必要性、変更後の内容の相当性、この条の規定により定型約款の変更をすることがある旨の定めの有無及びその内容その他の変更に係る事情に照らして合理的なものであるとき。」、ここが変更できる条件で、それから、その変更の効力発生時期を定めて、インターネットやその他の適切な方法で周知をするんだと。

　その定型約款変更の条件なんですけれども、「相手方の一般の利益に適合するとき。」、これは確かに消費者にとっていいような話なのかもしれませんが、その後の「変更の必要性」ですとか、「変更後の内容の相当性」ですとか、でも、これはやはり事業者側、約款の作成者が一義的に決めることになるわけですね。そこが、果たして要件を厳しくやっていただけるのか。

　ちょっと先ほどの答弁でわからなかったんですが、変更の要件が厳しいから不当条項は適用しないということかと聞いていたんですけれども、果たしてこれで本当に変更の要件が厳しいと言えるのか。これを読んでも、やはり不当条項がかかっていた方が双方、約款をつくる側、それを承諾する側にとっても公平じゃないか、そういうことを考えるんですが、いかがでしょうか。

○小川政府参考人　基本的に、変更が契約の目的に反せず、かつ、変更に係る事情に照らして合理的な変更であるときを定型約款の変更の二つ目の要件としたのは、この場合には相手方の利益に適合するとは言えないものの、法令の変更や経済情勢、経営状況に変動があったときなどに、それに対応して定型約款を変更する必要性があるため、契約の目的に反しないことなどの厳格な要件のもとでこのような変更も許容すべきものと考えられるからということでございます。

　そして、変更に係る事情に照らして合理的な変更であるときという要件については、事業者側の事情のみならず、相手方の事情も含めて変更に係る事情を総合的に考慮しなければならないものであり、かつ、その判断は客観的に見て合理的でなければならず、事業者にとって合理的なものと言えればよいというわけではございません。

　このように、定型約款の変更のルールは、事業者に有利に運用されるといったようなことを想定しているものではございません。

○井出委員　いずれ裁判になったときに、この文言に沿って事業者と契約者の争いを仲裁していくということになるかと思うんですが、この文言を見たその印象としては、今まで約款の規定自体

も、それから約款の変更もなかった。だから、トラブって、裁判にならなくても争っているときに、いや、ここに変更していいと書いてあるんですよ、こういう理由で合理的なんですよ、そういうケースが出てくるのではないかなというような思いを持っております。

この変更というのは、加藤先生がおっしゃっているんです。加藤さんは今回の民法に対して大変厳しい御意見を持っているんですが、ただ、約款の規定をすることは望ましいと述べられているんです。だけれども、この約款変更権というものは削除をした方がいいと。それは私が今質問した趣旨だと思うんですが、この約款変更権というものは、逆に、やはりなきゃいけないものなんですか。

○小川政府参考人　定型約款による契約には、契約関係が一定の期間にわたって継続するものも多いわけでございまして、定型約款には極めて詳細かつ多数の条項が定められているのが実情でありますため、法令の変更や経済情勢、経営状況に変動があったときなどに、それに対応して定型約款を変更する必要が生ずることが少なくないと言われております。

もっとも、民法の原則によれば、契約の内容を事後的に変更するには個別に相手方の承諾を得る必要があるわけですが、定型約款を用いる不特定多数を相手方とする取引では、相手方の所在の把握が困難であったり、仮に所在の把握が可能であっても相手方の承諾を得るのに多大な時間やコストを要することがあるほか、一部の相手方に何らかの理由で変更を拒否された場合には、定型約款を利用する目的である契約内容の画一性を維持することができないということも問題として出てまいります。

このため、約款中に、この約款は当社の都合で変更することがあります等の条項を設けておいて、この条項に基づいて変更を行うとの実務も見られますが、この条項が有効であるか否かについては見解が分かれているのが現状でございます。

そこで、改正法案においては、定型約款準備者が相手方と合意することなく一方的に契約の内容を変更する制度を設け、その要件として、定型約款の変更が相手方の一般の利益に適合するか、あるいは、先ほど来出ております、変更が契約の目的に反せず、かつ変更に係る事情に照らして合理的な変更であることを要するということとしております。

これによりまして、定型約款準備者としては、必要な定型約款の変更を安定的に行うことが可能になりますとともに、定型取引の相手方、いわゆる顧客にとっても、定型約款の変更の効力を争う際の枠組みが明瞭になりまして、その意味で、その保護にも資することになると考えられるというところでございます。

○井出委員　一定の御主張をいただいたんですが、私の脳みそのキャパを超えておりまして、また答弁をちょっと精査させていただきたいと思います。

ただ、この定型約款のところは、加藤先生以外にも、きょうの加賀山先生、また河上さんという方も問題ありとお話をされているので、もう少し、また再度伺いたいと思います。

きょう、中小企業庁に来ていただいているので、中小企業庁にお答えをいただくところのお答えをいただきたいので先にそっちに移りますが、保証、配偶者の問題でございます。

前回、山尾先生が質問をされたときに、経営者、その配偶者、配偶者だからよく知っている、事業のことをよくわかると定型的に言えるのか、それは感覚的なものだ、そういう議論がちょっとあったんですが、少しその関連で。

そもそも、中小企業の方がお金を借りるときに、配偶者が保証人となっているケース、団体からの要望が大変強いということなんですけれども、実際、例えば、千人の中小企業の社長が金を借りに来たら、八百人ぐらいは配偶者を保証人にしているのか、そういう実態があるかないかを、わかる範囲で教えてください。

○吉野政府参考人　お答えいたします。

この問題に関しまして、中小企業庁が平成二十四年度に個人保証制度に関する中小企業の実態調査という調査をいたしております。そのアンケートによりますと、まず、第三者保証の提供の有無、あるかないかということなんですが、まず、ある場合が二一・三%、ない場合が七八・七%でございます。

ある場合の二一%余りのうち、第三者保証の提供者について問うておりますけれども、これは配偶者に限定した数字ではございません、あくまで代表者の親族ということなんですが、その数字としまして、七四・四%という数字が出ております。

以上でございます。

○井出委員　数字を聞くと、配偶者にこだわらずに、第三者保証そのものが二一%だから、そこをもう少し何か努力できないのかなというような気に今なってきたんですが。

法務省にあわせて伺いたいのですが、これまで、中小企業団体から、配偶者をきちっとそこに書いたままにしてくれ、そういう要望が強かったと。法制審で言われているのかなと思うんですが、どの団体が、どこの会議で、どういうように発言をしているのか、ちょっと具体的に紹介していただきたいと思います。

○小川政府参考人　お答えいたします。

中小企業団体からの具体的な要望といたしましては、例えば、平成二十五年十一月十九日の法制審の部会第八十回会議におきまして、日本商工会議所の推薦を受けた大島委員から、いわゆる経営者による保証を除き、保証の範囲を自発的に保証する意思を有することが確認されたものに限ることに対して、「現在有効かつ適切に行われている保証契約が行えないなど、中小企業の資金調達に支障が生じないよう留意が必要であると考えております。このような観点で部会資料を拝見しますと、個人事業主の配偶者が保証する場合、事業承継予定者が保証をする場合、事業承継を行った先代の経営者が保証をする場合の三つのケースにおいて困難が生じるおそれがございます。」との意見がございました。

また、平成二十六年三月十八日の第八十六回会議におきましても、大島委員から、「主債務者が個人事業主の場合には配偶者を保証人として融資を受けることは非常に困難になる。」と記載をされました意見書が提出されました。

さらに、二十六年六月二十四日、第九十二回会議、これは今回の改正法案と同じ内容ということでございますが、それに対しまして大島委員からは、「商工会議所は、従前から個人事業主の配偶者は個人保証の制限の例外として認めていただきたい旨の主張」をしているなど記載された意見書が提出されたほか、「仮に、個人事業主の配偶者の保証は、公正証書の方法によらなければならない旨の規律を置いた場合には、個人事業主が必要な資金を融資により迅速に調達できなくなるとの懸念が払しょくできません。そこで、現在、部会資料で提案されているとおり、個人事業主の配偶者が公正証書の方法によらず保証を行えるという実務は維持していただきたいと思います。」との意見が述べられております。

○井出委員　今、御説明があったのはいずれも同じ方なのかなと思うんですが。やはり一度、役所と私でごちゃごちゃやっているよりは、当事者の方にお話を直接伺ってみるというのも、一つ議論を深める手だてなのかなと思います。

もう一点、中小企業庁に伺いたいのです。

中小企業庁が発表されている経営者保証に関するガイドライン、きょうちょっと手元に持ってくるのを忘れちゃったんですが、そこの冒頭の、四ページ、ガイドラインを作成して、その適用者には経営者とその配偶者が入っているんですね。だから、配偶者もこのガイドラインに書かれていることの対象ですと。これを読み進んでいきますと、八ページに、前経営者、経営者をやめた方が、経営者だったらそれをやめれば保証契約が解除される、そんなケースがあるというようなこと

を、詳しくは私も理解できなかったんですが、ざっくり言うとそういうことが書いてありました。

　これを見たときに、なぜ、前配偶者、前夫でも前妻でもどちらでもいいんですが、離婚してどこか遠くに引っ越すとか、もうその関係性がなくなる、そういう人たちに対して、保証契約の解除というものがここに併記されていないのかな、そういうことを思ったんですが、ちょっと教えてください。

○水口政府参考人　お答え申し上げます。

　お尋ねの件でございますが、経営者保証ガイドラインの対象には、経営者の配偶者が保証人となる場合について含まれておりますけれども、離婚等により経営者の配偶者でなくなった方につきましても、既存の保証契約の適切な見直しのガイドラインの部分は当然適用されるというふうに承知してございます。

　したがいまして、離婚した前配偶者から、既存の保証契約の解除等の申し入れがございました場合、金融機関においては、ガイドラインの要件に照らして、改めて保証の必要性等について真摯かつ柔軟に検討することになると承知してございます。

　なお、ガイドラインにおきましては、事業承継時の、先ほどの対応につきまして特段の規定がございますけれども、これは、経営者保証が特に円滑な事業承継を阻害する要因となっているとの指摘がございましたことから、事業承継時における対応としまして、前経営者との保証契約の解除について適切に判断することが明記されたものというふうに承知してございます。

○井出委員　運用をしていただけるというのであれば、私みたいなど素人でもわかるように明記をしていただきたかったなという思いがあります。

　時間になりましたので、次回は、古い裁判の、内縁の妻というものをちょっと例にしてこの問題をさらに考えたいと思います。

　どうもきょうはありがとうございました。

○鈴木委員長　次に、山尾志桜里君。

○山尾委員　図らずも、今、井出委員が最後の方で問題提起されたことと同じ問題意識からスタートしたいと思います。

　配偶者が公正証書を必要とする保護規定の適用除外となっていることについて、きょうは五十一分いただいているわけですけれども、主にこの問題にロックオンして、しっかりと議論したいというふうに思っております。

　今、くしくも井出委員が小川局長の答弁から引き出したとおり、この法制審において、やはり配偶者は公正証書は必要ないんだ、適用除外にするべきなんだと積極的に明言をしている委員は、私も精査したところ、ただ一人なんですよね。ただ一人の委員が、今小川局長がおっしゃったように、繰り返しそういった発言をなさっておられます。

　該当部分を精査いたしました。法制審の債権関係の部会というのは、一人の部会長と、十八人の委員と、十八人の幹事で構成をされております。そして、その中で、配偶者は枠外だ、そうすべきだというふうに言っていたのは誰なんだ、このことを前回私もお聞きしたわけですけれども、小川局長に、ちょっと確認のため、もう一回お聞きします。

　この人というのは、つまるところ、商工会議所を代表してこの委員になられていた大島委員ということでおっしゃっていたわけですね。

○小川政府参考人　御指摘のとおりで、大島委員でございます。

○山尾委員　大島委員お一人ということなのであります。

　この法制審の中で配偶者の議論が沸騰したのは何回かございまして、先ほど局長から話のあった第八十回、そして八十六回、八十八回、そして終盤の九十二回、ここら辺の審議が配偶者の議論がかなり沸騰した回であります。

　特に、配偶者は適用除外だということで列挙された案が初めて出たのが、第八十八回の法制審であります。このときに、配偶者を限定的に列挙して、この人については公正証書を不要とする、こういう例外に明記をした案が提案されたときの政府の説明でも、第八十六回において主債務者が個人事業主である場合における配偶者を保証制限の例外とすべきであるとの意見があったことを踏まえたものであります、こういう説明がされていました。

　ちょっと素朴な疑問なんですけれども、局長、別にこの賛成派一人の方を私は非難するつもりはないんです。お立場からそういう議論が出るのも健全なことだと思います。しかし、この八十八回より以前の複数回の中で、そうやって賛成派の人はお一人おられましたけれども、それに対して複数の、やはり懸念がある、もしくは反対だ、こういう意見がやはり繰り返し数多く出ていたわけですね。なぜ、それにもかかわらず、そういった議論の客観的状況にもかかわらず、このたったお一人の、やはり配偶者は適用除外にするべきだ、これを採用した案が政府から出てきたんでしょうか。

○小川政府参考人　やはり中小企業団体から出られた方でございますし、この問題はすぐれて中小企業の資金調達にかかわる問題でございますので、いわば非常に強い当事者的な立場にも立つものでございまして、数としては少ないのは御指摘のとおりでございますが、その発言自体には非常に重みがあったということだと理解しております。

○山尾委員　少ないのではなくて、三十六人中たった一人なんですね。

　この八十八回において、ある委員の方が本当に素朴な疑問を提示されておられます。配偶者ということを特に推す意見というのはそれほど強いんでしょうかと尋ねておられます。まさにそのとおりです。それに対して、政府の関係官が、お答えをしているようでしていない。それほど強く推す声というのはあるんですかという声に対して、あえて政府は答弁をしておりません、この第八十八回のやりとりの中で。言えないと思いますね、三十六人中たった一人ですから。

　さらに、この八十八回において、そのたったお一人の方の意見をベースに、配偶者は適用除外、こういう素案が出てきました。そのとき、少なく見積もって七人の委員が立て続けにこの八十八回で懸念を表明し、うち三人は、議事録を読ませていただく限り、かなり明確に、強い語調で、反対であると断言をされています。賛成派の立場でこの八十八回において弁解あるいは反駁される委員は、私が読んだところ、おりませんでした。

　そして、さらに九十二回、これは最終盤です。この議事録を読んだとき、私は刑事訴訟法の議事録を非常に思い出しました。そもそも、本当に説得力ある理由をもって、反対だ、配偶者を適用除外することには理由がないとおっしゃって闘ってこられた委員の方たちが、この第九十二回、まとめの場面ですよね、かなり苦しい意見表明をされています。

　委員の皆様にも、あるいは法務大臣にも聞いていただきたいので、あえて具体的に申し上げますけれども、三人御紹介しますね。

　例えばお一人の方。「配偶者による保証を特別扱いすることに反対し、その意見自体は変わってはおりませんが、」「今回は最後まで反対することはしないということにしたいと思います。」。その後何とおっしゃっているか。「今後、本規定の空文化に努力したいと思います。」と。空文化に努力したいとおっしゃっています。

　また、別の方。「賛成はできませんが、反対はしません。」「空文化することに向けて努力をするとおっしゃられましたが、その気持ちは私も共感するところがございます。そういう共感しなければいけないような人間がもう一人いるということを特によくお考えいただいて、今後の説明等に注意を払っていただきたい」。

　もう一方。「配偶者については規定するべきではないという意見は根強く今でも存在いたします。私個人としても、これを載せた要綱仮案に賛

成したという委員に名前を残したくないという気持ちも強いところがございます。」。切りがありません。

この一人の賛成派の方の当事者としての意見を重く受けとめた、局長はこうおっしゃいましたけれども、政府が選んだ専門家による法制審の委員が立て続けに、本当に賛成できない、空文化にこれから努力する、委員として名前を残したくない、これだけのことをおっしゃっているということも私は同等以上に強く受けとめていただく必要があると思いますけれども、局長、いかがですか。

○小川政府参考人　もちろん、審議の過程でいろいろ御意見があったことは御指摘のとおりでございますが、要綱、その場合は仮案だと思いますけれども、これを取りまとめるためにいろいろと御意見を闘わせた上で、最終的には御賛同いただいたものと理解しております。

それから、委員の中で全銀協から御出席されています委員につきましても、例えば八十八回会議におきまして、「個人事業主の場合、一番問題なのは部会資料にも記載されていますが、配偶者と債務者との経済的結び付きが強い」と配偶者の例外的扱いを支持する旨の意見を述べたという方もいらっしゃることを申し添えておきたいと思います。

○山尾委員　大臣にも伺いたいんですけれども、最終盤の取りまとめの中で、これほどの強い懸念の声があり、そして積極的に賛成を表明する方が、私、もう一回局長の今の答弁は精査しますけれども、先ほど局長のお話でも、この大島委員という方が三回とも繰り返し述べている、たった一人、こういう事実関係は、大臣、御存じでしたか。

○金田国務大臣　委員御指摘の中身について、委員の御指摘ほどに厳密に精査してそれを承知していたわけではありません。

しかし一方で、人数だけでは決められない部分もあろうかと思います。やはり、中小企業金融への影響とか、そういったものも含めて重く受けとめるべきである発言、そういうものも考慮した上で考えていく必要があろうかと思います。

○山尾委員　大臣おっしゃるとおり、人数だけではないと私も思うので、もちろん、きょうは、賛成派の理由、反対派の理由、それぞれどちらに理を多く感じられるか、こういう議論をしていきたいと思っております。

ただ、事実関係として、法制審の審議の中で三十六人の委員のうちの内訳というものを大臣に改めて認識していただいたというのは、私は大変重要なことだというふうに思っています。

中身に入っていくんですけれども、この法務委員会の中で、去年の刑事訴訟法の審議の過程にかかわられた方も、かかわっていない方もおられるわけですけれども、思い出すわけですね。あの刑事訴訟法の改正案のときも、やはり法制審の中で、各委員が、あのときは、可視化の一部法制化に合わせて、通信傍受の手法の範囲拡大だとか司法取引の導入だとか、本当にこれは合わせわざで、一歩前進だけれども、後退部分を含めてこれは本当に賛成できるのかと、かなり苦しい議論が法制審の議論の中でありました。

当時、私たちはガラス細工で、みんなで賛成したんだから修正案は無理だ、こういう雰囲気の中で始まったわけですけれども、最終的には、この委員会の中で、与野党問わず丁寧な議論を積み重ねて、確かに十分とは言えませんでしたけれども、それこそ、司法取引では例外なき弁護士の立ち会いという修正だとか、あるいは通信傍受についても、私たちから言わせれば、第三者の立ち会いは必ずしもなくなったけれども警察による立ち会いの確保ができたとか、そういう修正ができたわけです。

だから、ぜひ読んでいただきたいんですけれども、八十八回と九十二回だけでもいいので読んでいただくと、本当に委員の皆さんがぎりぎりまで頑張られたこの法制審、その第一ラウンドを引き継いで、空文化に努力したいなんていうことを言わせないで、立法府たる第二ラウンドでしっかり私は修正条文をつくっていきたい、与野党問わず一緒に、そういうふうに本気で考えておりますので、ぜひよろしくお願いしたいと思います。

その上で、数だけではない、中身なんですけれども。でも、私はやはり、賛成派の方あるいはこの案を出している政府の理由よりも、懸念を主張し、あるいは反対をしている立場の方の理屈の方が十個並べても理があるなというふうに思っているので、きょうは時間の許す限りそれを明らかにしていきたいというふうに思います。

まず、政府が、もうこれでいくんだ、配偶者は適用除外、こういう案を出してきた第九十二回、このときの補足説明の資料なんですけれども、これは局長にお伺いしますね。

これは、何で配偶者は除外でいいのかということの、突然びっくりするような新しい理由がこの補足説明につけられていて、最後は賛成するしかないと、九十二回である意味覚悟をしておられたんでしょう、委員の皆さんも、この期に及んでなぜこの理由と。

本当に皆さん、相当強い語調で懸念を表せられているのが、要は、配偶者が適用除外になる理由として、「民法上、夫婦は同居、協力及び扶助の義務を互いに負っており、離婚をした場合などには財産分与が行われるなど、法律上その経済的つながりが強いことが予定されており、一方の配偶者の財産と他方の配偶者の財産を区別するのは相当」でない、こういう理由が最後の終盤の九十二回になって、これは政府ですよ、大島委員の名誉のためにも申し上げますが、決して大島委員が言っていることではありません、政府の補足説明で突然出てくるわけです。

ちょっと粗っぽく言えば、夫婦の財産というのは区別できないのだから、保証人になってもこれはある意味当たり前だ、こう言わんばかりのこの理由づけですけれども、これは局長にお伺いします、この理由づけ、現段階でも維持されているんですか。

○小川政府参考人　現段階でも維持するということはございません。

○山尾委員　では、もう一度はっきりお聞かせをいただきたいんですけれども、もしこれが維持されているとすれば、まさにこの債権法改正は、夫婦財産の独立性の原則まで変えようとしているのか、こういう懸念を生じるわけですが、もう一度局長にお伺いをします。

この九十二回では、政府の理由づけに使われていた七百五十二条、互いの扶助の義務、あるいは離婚した場合の財産分与規定、そして配偶者間の財産を区別するのは相当でない、この見解を法務省として撤回される、そういうことですか。

○小川政府参考人　撤回いたします。

○山尾委員　はっきり撤回をしていただいて、私は評価いたします。これは議事録にしっかりと残ったと思いますし、これは一切、今提案されている案の理由にはならないということ。

改めてお伺いしますけれども、法務省民事局として、七百六十二条一項が原則づける夫婦財産の独立性の原則ということ、これは、当然のことながら、極めて夫婦間の財産における大原則である、こういうことをもう一度確認させていただいてよろしいですか。

○小川政府参考人　もちろん大原則でございます。

○山尾委員　では、そういった答弁をいただいたところで、大臣にも確認をさせていただきたいと思います。

法務省が、これは平成二十六年六月二十四日ですけれども、いっときはこの配偶者適用除外の理由として出してきた先ほどから申し上げている理由、これを法務省として撤回するということでよろしいですか。

○金田国務大臣　ただいま私ども民事局長から答弁をいたしました。私も同じ考え方であります。

○山尾委員　撤回いただいたということを議事録

に残し、では次に進みますけれども。

もちろん、この理由が撤回されたり、あるいは削除をされれば、これは例外が認められるんだというわけではありません。私が思ったのは、法務省民事局をしてこんな理由まで持ってこなければ説明できないような状況に九十二回が追い込まれたのかということで、私は非常に、かなり無理筋だなと思ったので、そこは撤回していただいて、良識を保っていただいたというふうに評価したいと思います。

そして次に、やはりこれは適用除外にする、こういう理由として根強く繰り返されているのが、よく必要性と許容性の議論といいますけれども、配偶者が保証人になるというのは実務ですごく多いから必要なんだ、今すぐこれに制約をかけると困るんだ、こういう必要性の議論であります。

では、実際に、配偶者による保証というのがどれぐらいなされているのかという話が、先ほどやはり井出委員からもありましたね。さっき答弁にも出ましたけれども、私もその報告書ぐらいしか出てこなかったんです。同じです。平成二十四年度個人保証制度に関する中小企業の実態調査報告書。中小企業の一万社に対してアンケート調査をかけている、中小企業庁が委託をして出てきた調査結果なんですね。

第三者保証をつけている中小企業のうち、その提供者の七四・四%が代表者の親族である、これは先ほどの答弁どおりです。ちなみに、二番目は、代表者親族以外の役員一〇・五%。親族は七四・四%で、親族以外の役員というのが一〇・五%ですから、相当の乖離があるわけです。第三者保証というのはかなり親族に頼っている。

ただ、私、素朴な疑問なんですけれども、今回、親族という中でも、配偶者のことが問題になっておりますよね。局長でいいんですけれども、法務省として、では実際、配偶者がどの程度保証の比率を担っているのか、こういう調査はなぜされなかったんですか。

○**小川政府参考人**　私ども、法制審議会の中で議論する過程において、先ほど来のお話に出てまいります中小企業団体の方においでいただいていますので、その方による発言がいわば実情であるという理解をしております。

○**山尾委員**　ちょっと、局長、それは余りにもあんまりな答弁ではないかと思うんですけれども。

やはりデータですよね。実際、こうやって、親族の比率というのは調査をすれば出てきているわけで、当然、その中でも配偶者の比率というのは、中小企業庁に委託するのか、何か第三者機関に委託するのは構わないですけれども、法務省としても、やろうと思えば当然可能ですよね。先ほどの話からすると、何のデータの裏づけもない、商工会議所を代表としている方の、私もかなり発言は読み込んだつもりですけれども、数字は出てきていませんね。資料も出てきていませんね。

私、今からでも御提案しますけれども、やはり立法事実の核心ですね、必要性の部分。とりわけ、保証というのはかなり配偶者に頼っていて、これが立ち行かなくなったり手続が煩雑になると本当に困るんですという、立法事実の核心部分ですよね。法案を通そうとする前に、私は調査をなさる必要があると思いますけれども、何か、やらない理由が、合理的な理由があるのであれば、どうぞ御答弁ください。

○**小川政府参考人**　繰り返しになりますが、借りる側、あるいは法制審の中には貸す側、銀行協会の方も入っておられますので、そういった方の御発言が私どもとしては理解する内容というふうに考えております。

○**山尾委員**　済みません、発言する内容が理解する内容ということの意味がわからないので、もう一度御答弁お願いします。

○**小川政府参考人**　発言する内容で、それを実情として考えたということでございます。

○**山尾委員**　数字の裏づけが必要でないというふうに考える合理的な理由を述べてください。

○**小川政府参考人**　まずは、やはり一番身近な立場にいる借りる側あるいは貸す側の説明される状況でいわば足りるという理解をしたということでございます。

○**山尾委員**　私は、そういう方の肌感覚、体感が不要だと言っているのではありません。しかし、それで足りるという合理的理由は、今、局長の答弁からは一切ありませんでした。

なぜ体感のみで足りて、数字の裏づけは必要ない、こういう判断をなされたんですか、根拠をお尋ねします。

○**小川政府参考人**　もちろん、委員として加わっていただいた方は、個人として加わっているというよりも、組織を代表し、あるいは組織の中のいわゆるバックアップ委員会的なものでの検討を前提とした上で御発言をいただいていますので、そういう意味では、広く、中小企業一般にもいろいろと意見などを伺った状況を反映したものだというふうに理解いたしました。

○**山尾委員**　その委員の発言のバックアップ資料の中に、配偶者によるその保証の比率というのがどれぐらいになっているのか、そういう数字的なデータによって委員の発言がしっかりと組織的にあるいは数字的に裏づけられているのか、こういう確認は法務省民事局としてなされたんですか。

○**小川政府参考人**　そのような確認はしておりません。

○**山尾委員**　確認をしていないということであれば、やはり今のは理由にならない答弁だと思いますし、もう余りこんな追及的なことを言ってもしようがないんですけれども、誰もがわかりますわね、だって、配偶者による保証が実務ですごく多くて必要性が高いから、これは適用除外にせざるを得ないよ、今回ばかりは頼むね、こういうところですよね。それなのに、では、実際、配偶者による保証の割合がどれぐらいなのかという立法事実のデータすらとろうとしていないということの不合理性は誰もが感じると思うんですけれども。

これは、政務官、副大臣、大臣、どなたでもいいですけれども、これは要らないんだと、何かありますか、体感だけでいいんだと。

体感も必要なんですよ、私、体感は何ら別に否定していません。でも、そういった、一番の当事者の方の体感に合わせて、せめてその一番のベーシックな数字、私は必要だと思いますけれども、それは不要なのだという合理的な理由をお聞かせいただけるお三方、どなたかおられればお願いします。

○**盛山副大臣**　データがあればそれにこしたことはないとは思います。しかしながら、現状、実態を考えた上で、委員の皆様方、これで最終的には納得されたと思います。

もちろん、私個人といたしましても、現状の個人保証のあり方がいいと思っているわけでは決してありません。ただ、個人保証の現状を変えるにしても、時間がかかるだろうと。

そして、私は、空文化されたいという委員の方と直接お話をしたわけではありませんけれども、それは、こういう法律の規定がなくてもいいような金融あるいは融資、そういう実態になっていくようになればいい、そういうふうにお考えで御発言をされたんじゃないかなと私は考えております。

○**山尾委員**　どんな気持ちで空文化に努力するとおっしゃったかというのは、ちょっと私、これを真摯に読んだ限りではなかなか容易に推測は、申しわけないけれども、できません。

その上で、先ほど御紹介したとおり、きちっと反論してこられた委員の方が本当に納得しているとはとても思えません。納得していないということをはっきりおっしゃっていますよね、皆さん。

そういう中で、提案なんですけれども、先ほど中小企業庁が使われた実態調査を見ますと、アンケート調査期間は、このアンケートでいうと一月十八日金曜日から二月一日の金曜日、約二週間でできております。しかも、これは結構、項目が多岐にわたっていますけれども、今私が問題に取り上げた、要するに配偶者にどれぐらいよっているのか、これの調査ということであればもっと短い期間で済むでしょう。これはやれない理由がない

と思うんですけれども、大臣、これはやった方がいいんじゃないですか。

つまり、法制審の委員は最終的には皆反対はしなかったとおっしゃいますけれども、実際反対されていますし、そして何よりも、一番最終的に国民の代表者として納得しなければいけないのは私たち国会議員ですから、今せっかくこういう議論がなされているわけで、短い期間でこれはできる調査だと思います。大臣、おやりになる考えはありませんか。

○金田国務大臣　先ほど私どもの副大臣の方からも答弁があったわけですけれども、委員が御指摘のように、数字はあった方がよかったかもしれません。

しかし、法制審議会の委員の皆さんの発言を踏まえて、相当の割合があると認識していたものと私自身は理解をしておりますので、ただいまの御指摘については、私は、少し考えてみたいとは思いますが、そういう部分については、今回の法制審の結論として最終的にお認めいただいた経緯もあることもしっかりと踏まえて考えていかなければいけない、私自身はそう思っております。

○山尾委員　少し考えてみたいというところに、私は、なるほどというふうに言いたいと思うんですね。

ぜひ、これはやれますから。しかも、期間もそんなにかかりませんし。やはり数字はあった方がよかったかもわからないというか、これは立法事実として、なくてはならない最もベーシックな数字がないままこれを押し切るというのは、やはり法務委員会として余り適切なことではないのではないかと私は思いますし、できることですから、やるということでぜひ御検討いただいて、その回答をきちっといただきたいというふうに思います。不可欠だというふうに思います。

それは、今、そういう前向きな御答弁をいただいたということで次に進むとしますと、私が申し上げているのは、要するに、委員の皆さんも、配偶者が保証人となることを、別に今、現段階で禁止すべきだと言っているのではないんですね。公正証書を必要としましょうというこの一手間すらなぜかけられないんだ、こういうことをずっと言っているわけです。

だから、百歩譲って、配偶者が実際保証を負っていることが多いという実務の必要性もあるんだよ、こういう大臣や局長の答弁を私も受けとめるとしても。必要なんだよ、実務が今それで回っているんだ、それで融資が受けられなくて困るという中小企業もあるから、そこも考えてほしいと。だとしても、公正証書を受けるという一手間すらかけられないんだということの、何か腑に落ちる説明になっていないと思うんですけれども、この点、局長、いかがですか。

○小川政府参考人　今回の公正証書による保証意思の確認手続は、いわばリスクを理解してもらって、そこで改めて考えた上で保証をするかどうかを決めるということでございまして、そういう意味での制度でございます。

したがいまして、家計と経営が一体的になっているような場合につきましては、そういう経済状況についても知り得べき立場にございますので、その意味で、今回の公正証書の保証意思確認手続には定型的に乗るというものではないという理解でございます。

○山尾委員　確認しますね。配偶者には公正証書は必要ないんだ、この理由として今局長がおっしゃったのは、先日と同じですけれども、配偶者という立場は、リスクや経営状態を知り得る立場にある、定型的にそう考えられる、こういうことを一点おっしゃって、これについては、私も、きょうまたさらに議論をします。

もう一つ、この理由があるかどうか知りたいんですけれども、賛成派の委員の御発言をひもとくに、要するに、公正証書をとるという手続はやはり非常に手間もかかるんだ、だから、実際、実務上多い配偶者保証についてまで公正証書を必要とする手間をかけると、実務が回らなくなって非常に困るんだと。

公正証書をとる、公証人を絡ませる、このことのやはり手間がかかるということも、これは理由になっているんですか、ならないんですか。

○小川政府参考人　借りる側からいうと、いわゆる円滑な資金調達がしにくくなるということで、その手間について、それを嫌うということはあると思います。

ただ、私どもとして、そのことについてとやかく言っているわけではございません。

○山尾委員　いや、ちょっと前段と後段の関係性がわからないのですけれども。

ちょっとはっきりさせたいんですね。配偶者には公正証書は必要ない、こういう判断に今のところ至っている理由として、一つは、配偶者の、定型的に、リスク等を知り得る立場にあるという民事局の御見解、それプラス、公正証書というもの自体にやはり手間暇がかかるから適用除外というものが必要なんだ、こういう理由、これは両方あるんですか。

○小川政府参考人　後者の方の、要するに、手間暇がかかるということについては、それが中小企業団体側から主張されている内容で、それによって円滑な資金調達が阻害されるということを中小企業側が言われているということは、例外とする理由の一つでございます。

○山尾委員　民事局としては、その理由も正当な理由の一つというふうに判断されているんですか。

実際、あるんです。そうなんですよ、この九十二回で、賛成派の方が、配偶者の保証は公正証書の方法によらなければならない、こういう規律を置いた場合には迅速に調達できなくなる、こういうことをおっしゃっているのでね。これは一委員の意見ですから。これも一つの理由として法務省民事局としても採用されておられるんですか。

○小川政府参考人　それも一つの理由だというふうに考えております。

○山尾委員　やはり公証人制度、公正証書によるということの手間暇、あるいは迅速性の阻害、スピード感がなくなる、これも理由の一つだと今おっしゃいました。そうであるならば、ちょっと私は、大変疑問があるんですね。

先に申し上げると、確かに、地域の偏在の問題などなど、きょうも議論になっていたかと思います公証人制度あるいは公正証書という手続、これにさまざまな課題があるのは確かだと思うんですけれども、それは公証人制度そのものの課題であって、そのことを解決する努力をせずして、やはり、そういう課題があって迅速さに欠けるから配偶者は適用除外でいいんじゃないか、こういう論になるんだとしたら、それは私は、前後、筋道が違う、こういうことを先ほどから言いたかったわけです。

実際、公証人制度における地域偏在の問題、これについて民事局として課題を認識しておられるか、認識しておられるとしたら、それをどのように解決しようとなされているのか、こういうことをちょっとお伺いしたいんですけれども。

今めくっていらっしゃるので、少し私の調べたところを言うと、日本公証人連合会というところが出している資料によれば、全国に公証役場が約三百カ所、公証人は約五百人、確かに思いのほか少ないんですよね。だから、公正証書が必要だとなったときに、ちょっと時間がかかるということは事実としてあろうかと思います。ちなみに、北海道には役場が十三カ所、公証人は二十人、この資料によれば、こういうふうになっております。

こういった地域偏在の事実関係、それについて、どのように課題として認識をされていて、どうやって解決しようというふうに考えていらっしゃるか、この点、御答弁できますか。

○小川政府参考人　お答えいたします。

公証人は公証事務に対する需要などを考慮して配置されておりますため、御指摘ありましたとおり、大都市に多く配置されているところでございます。保証意思宣明公正証書について言いますと、この作成につきましては保証人になろうとする者による口授が必要でありまして、代理人によ

る嘱託ができないこととしております。

公証人が比較的少ない地域においても、証書作成の緊急性等の諸般の事情を勘案して、役場での職務執行が相当でないと判断される場合には、公証人が出張して公正証書を作成することも可能と考えられます。

公証人が比較的少ない地域におきまして効率的に役場外での職務執行を行う方策なども含めまして、今後、全国の公証人の組織であります日本公証人連合会において、改正法のもとでの公正証書の作成事務のあり方につき、実務上の観点から具体的な検討が進められるものと承知しておりますので、法務省といたしましても、これに必要な協力を十分に行っていきたいというふうに考えております。

○山尾委員　何とも、ちょっと当事者意識が薄いというか、この公証人制度というものをさらに利用して、この改正も含めて、保証という制度の保証人保護をやっていこうという法務省としては、どうしてそういう、協力はするよというような、そういう答弁で終えていいのかなという気がするんですね。

ちょっと基礎的なデータをお伺いしたいんですが、公証人の方の平均年齢というのはお幾つなんですか。

○小川政府参考人　平均年齢は六十四歳でございます。

○山尾委員　公証人の方の収入もお聞きしたいんです。平均的な収入というのはお幾らなんですか。

○小川政府参考人　これは、法務局が公証人制度を監督しておりますけれども、監督法務局においては、公証人の手数料収入の総額を把握することはできるわけですが、公証人が負担している役場維持費用などの必要経費を把握することができないため、いわゆる正確な実収入額というのは不明でございます。

なお、最近に、平成二十七年でとっておりますけれども、平成二十七年における公証人の手数料収入の全国平均で申し上げますと、これは月額約二百五十万円程度でありまして、公証人はその中から役場維持経費、つまり役場の賃料ですとか執務用設備の購入維持費、それから、事務補助者が必要になりますので、事務補助者などの人件費などを支払っているというところでございます。

○山尾委員　先ほど、公証人、約五百というのは、私、連合会の資料で申し上げたんですけれども、現時点で公証人の方というのは何名いて、そのうち、法務省の退職者あるいは裁判所の退職者以外の方というのは何名いらっしゃるんですか。

○小川政府参考人　お答えいたします。

公証人の現在員は四百九十七名でございます。このうち、前職が法務省関係の職員または裁判所職員であった者以外の者は三名でございます。

○山尾委員　ということは、四百九十七名いらっしゃる公証人のうち、四百九十四名は法務省OBあるいは裁判所のOBと。それがファクトなんだと思いますね。

ちょっと素朴な疑問なんですけれども、なぜ、もうほとんど、九九%、法務省OBあるいは裁判所OBという構成になっているんですか。

○小川政府参考人　公証人制度につきましては、平成十四年度から公募の制度を始めておりまして、これまで、公募制度が始まりましてから、合計七百五十五名の公証人を任命しております。このうち、いわゆる民間出身者を公証人に任命した実績は、先ほど申しました公証人、トータルで見ますと、司法書士が四名という状況でございます。

これは、もともと民間出身者からの応募が、公募に対するものとして、極めて少ないというのが現状でございます。もちろん、応募が極めて少ない理由はさまざま考えられるわけでございますが、現状としては、民間出身者からの応募が極めて少ないというところでございます。

○山尾委員　公証人制度そのものの問題でもあるので、あと五分という中でどこまでというのはあるんですけれどもね。

では実際に、民間の方にもこの公証人という窓口が開いているよ、こういうことをどれだけ外に向かってアピールしていらっしゃるのか。しかりそれをアピールしているのであれば、なぜ民間出身者がこんなにも少ないのか。そして、収入は、もちろん支出はあるんでしょうけれども、月額二百五十万円の手数料収入というのは、これは決して少ない額ではありませんですね。そういう一定程度の収入も見通せる中で、どうしてこういう結論になっているのか。そしてまた、平均年齢も六十四歳と決して若くない。なぜこの制度がこういう状況になっているのか。

そしてまた、こういう状況になっている中で、かなり地域の偏在が激しくて、それが、ひいては、やはり商工会議所の方がおっしゃる、地方等々を見れば、必ず、とりわけ口授だから、保証人になろうとする人が行く、これは原則。場合によっては公証人の方に来てもらわなきゃならない。しかも、それは自分の利益ではなくて、自分が保証人になるために。こんなことを本当にやっていられるのか、やはり、必要な融資が急ぎだというときにできない場面が出てくるじゃないか、これは、この制度をこのままほっておけば、そういう懸念が商工会議所という立場の方から出てくること自体は、私は理解はします。

ただ、その問題を、では、しようがないから配偶者はもう除外にしてしまおう、そういうふうな形で解消するのは筋道違いだということを言いたいんです。必要であれば、公証人が公証人としての役割をしっかり果たせるような環境をきちっとつくるということが本筋だと思うんですね。その課題を解決しようという中には、今言ったような、年齢の問題も出てくるし、なぜ九九%が法務省、裁判所のOBなのかということも出てくるでしょう。そういうことをまずやるべきであって、それをやはり配偶者を適用除外とすることの道筋に位置づけるべきではないということを私は申し上げたいというふうに思います。

まだ時間がちょっとあるということで、もう一つ、やはり、国際的な潮流ということを一言申し上げたいと思います。

今回、配偶者をそうやって例外にしていくというときに、国際的には、どちらかというと、配偶者保証というのはやはりかなり問題が多いと。そういう、家族や配偶者が保証人になるということをできるだけ避けていこうというのがヨーロッパを初めとする国際的な潮流だと思いますし、私、手元に論文も幾つもありますので、時間があれば御紹介をしたいですけれども、こういうことについては、何か今回検討を加えられたんでしょうか。

○小川政府参考人　今回の検討に当たりましては、さまざまな比較法の調査はしております。

その上で、事業の限定といったことも、そういったものを参考にして行ったところでございます。

○山尾委員　時間ですので、次の議論に譲りたいと思いますけれども、イギリス、ドイツ、フランスと、私もさまざま論文を目にしたことも含めて、やはり、今回このまま修正もかけずに法案を通してしまうと、本当に国際的な潮流に逆流するような、せっかくの百二十年ぶりの改正で、逆流しているじゃないか、日本は逆行しているんじゃないか、こういうふうに思われるのは大変恥ずかしいし、残念なことになってしまうと思うので、今後ともしっかり議論を続けて、この配偶者の問題についてはしっかり議論し修正をしていただきたいというふうに思います。

ありがとうございました。

○鈴木委員長　次に、藤野保史君。

○藤野委員　日本共産党の藤野保史です。

きょうは、不法行為による損害賠償請求権の期間制限、民法でいえば、七百二十四条後段の改正についてお聞きをしたいと思います。

これは、B型肝炎やじん肺、あるいは水俣病など、これまで薬害や公害をめぐって多くの訴訟が行われてきたわけですが、これと密接に関連する規定であります。

例えば、私は北陸信越ブロックから選んでいただいております。新潟水俣病、阿賀野川がありまして、阿賀野川患者会の皆さんからも何度もお話を聞いてまいりました。ことしは、実は水俣病公式認定から六十年、新潟水俣病でいえば、少しおくれて五十一年ということになります。しかし、五十年たっても六十年たっても、被害はなお続いている。

実は、きのうも国会内で、終わらない水俣病を問う院内集会が開かれました。十二万筆を超える署名が寄せられました。私も参加したんですが、いまだに水俣病は終わっていないという痛切な訴えが相次ぎました。

しかし、こうやって終わっていないにもかかわらず、不法行為による損害賠償請求権が消滅してしまうという解釈が同条をめぐってなされてきた。これは、被害者にとってみれば大変過酷な解釈がこの七百二十四条後段をめぐってずっと続いてきたという問題であります。

今回、これが改正されるわけですけれども、そこで、この点についてお聞きをしていきたいと思います。

まず、前提として法務省に確認したいんですが、同条は、特に後段が、これは消滅時効なのか除斥期間なのかということで争われてまいりました。端的にお願いしますが、消滅時効と除斥期間というのはどう違うのか、教えてください。

○**小川政府参考人**　お答えいたします。

除斥期間は、一定の時の経過に権利消滅の効果を認める制度である点では消滅時効と共通いたしますが、消滅時効と異なって、一般に、これは改正法で概念を整理いたしましたが、現行法でいいますと、中断や停止がなく、また、当事者の援用がなくても裁判所がその適用を判断することができるために、援用が信義則違反や権利濫用に当たるとされることはないと考えられております。

○**藤野委員**　今答弁いただいたとおりでありまして、結局、除斥期間というのは、ある意味、その期間が経過すればもう自動的に権利が消滅する、大体そういうような形で主張され、援用というものがなくても裁判所が判断できてしまうということであります。

そのもとで法務省にもう一点お聞きしたいんですが、最高裁は、この条文はどちらの解釈をしてきたか、この点もお答えください。

○**小川政府参考人**　除斥期間というふうに判断しております。

○**藤野委員**　そうなんですね。最高裁の平成元年十二月二十一日の判決でこの七百二十四条後段の規定が除斥期間であると言って以降、本当に苦しい裁判闘争が続けられてきたわけであります。

この点が法制審で今回議論されたわけでありまして、私は重要だと認識しているんですが、法制審は、この最高裁の解釈のもとでどういう問題が起きてきたというふうにしているでしょうか。法務省、お願いします。

○**小川政府参考人**　お答えいたします。

先ほど若干申し上げましたが、除斥期間は、消滅時効期間と異なりまして、中断や停止の規定の適用がないために、期間の経過による権利の消滅を阻止することはできず、また、除斥期間の適用に対して信義則違反ですとか権利濫用に当たると主張することはできないと解されておりました。

そのため、長期の権利消滅期間が除斥期間であるといたしますと、長期間にわたって加害者に対する損害賠償請求をしなかったことに真にやむを得ない事情があると認められるような事案においても被害者の救済を図ることができないということが問題とされました。

○**藤野委員**　まさにおっしゃったとおりで、不法行為によるいろいろな侵害を受けたとしても、真にやむを得ない事情が被害者の側にあって、援用したいんだけれども、時効を中断、停止したいんだけれどもそれができないという、時には加害者から妨害されたり、そういうこともあって時効をとめられないという場合にも、これが除斥期間だという理由で、それはもう権利消滅したという事案が幾つも出てきたわけですね。

法制審では、著しく正義、公平の理念に反し、被害者にとって酷な結論となるという議論がされて、配付資料を見ていただきますと、ちょっと多くて恐縮なんですが、例えば三枚目の真ん中あたりに「例えば、」と書いてありますが、同じく最高裁、平成十年六月の判決や平成二十一年四月の判決で、こうした例が法制審でも挙げられている。

ちなみに、平成十年の判決は、不法行為の被害者が、不法行為を原因として心神喪失の状態になってしまった。そのために後見人が選べなかった。それでずっと時間が経過してしまって、二十年がたってしまった。もう自分が心神喪失ですから、援用なり、そういうことは全くできないわけですね。後見人も選べなかった。にもかかわらず、二十年たったからということで、そういう事案が争われた例であります。

平成二十一年は、被害者が殺害されてしまいまして、加害者がそれを隠したわけですね。死体を隠したために、相続人の人たちは被害者の死亡そのものを知ることができなくて、相続人が確定しないという状況が続いた。その結果、損害賠償請求権を行使するという機会がないまま、これまた二十年が経過してしまった。

二十年が経過したということを除斥期間と考えるもとで、これを本当に救う手段というのを、ある意味、この十年判決や二十一年判決は、いろいろな形で時効の規定を、法理を使ったりさまざまやってきたわけですけれども、しかし、それは不合理だということが法制審で議論されたわけです。

そこで、また法務省に聞きたいんですが、こうした不合理な事態を解決するために、結論として、この七百二十四条後段について、どう解釈すべきだというふうに法制審は答申したんでしょうか。

○**小川政府参考人**　長期の権利消滅期間を、除斥期間ではなく消滅時効期間とすることとしております。これによりまして、中断、停止を再構成したものであります更新、完成猶予の規定が適用されることになるため、被害者において、加害者に対する権利の時効による消滅を防ぐための措置をとることが可能になります。

また、消滅時効期間の経過により権利が消滅したという主張が加害者側からされたといたしましても、裁判所は、個別の事案における具体的な事情に応じて、加害者側からの時効の主張が信義則違反ですとか権利濫用になると判断することが可能になるものでありまして、これによって、不法行為の被害者の救済の可能性が広がるものというふうに考えております。

○**藤野委員**　そのとおりでありまして、法制審は、今までの最高裁の、これは除斥期間であるという解釈を、今回の法改正で、消滅時効にするというふうに改めたわけですね。これによって、権利濫用とか信義則とか、個別事案に沿った解決が法理上も可能になってくるということになります。

配付資料を見ていただきたいんですが、先ほどと同じページ、下の方の、ページでいうと十と書いてあるところですけれども、法制審ではこう言っているんですね。

素案(二)は、民法第七百二十四条後段の期間制限が同条前段の消滅時効とは異なる性格のものであるという解釈の余地を封ずる趣旨で、「同様とする」という文言を使わずに、これらを各号の方式で併記するものである。これにより、二十年の期間制限が消滅時効であることが明らかになり、中断や停止が認められ、また、信義則や権利濫用の法理を適用することによる妥当な被害者救済の可能性が広がることとなる。

そして、後ろから三枚目のところにも同様の資料がございます。配付資料の二になるわけですが、「概要」と真ん中に書いてあるんですけれども、ここには、

民法第七百二十四条後段の不法行為の時から二十年という期間制限に関して、中断や停止の認められない除斥期間であるとした判例とは異

なり、同条後段も同条前段と同様に時効期間についての規律であることを明らかにするものである。

ということで、はっきりと、そういう立法趣旨であるということを明確にしているわけであります。

大臣、確認したいんですが、今回、そうした法案を提案されたということでよろしいですね。

○金田国務大臣　先ほど民事局長から答弁申し上げました、現行法の第七百二十四条の後段の改正の理由でございますが、除斥期間を消滅時効期間と改めることで、中断、停止を再構成して、更新、完成猶予の規定が適用されることになる、そしてまた、被害者においても、権利の時効消滅を防ぐための措置をとることが可能になる、また、消滅時効期間の経過によりまして権利が消滅したという主張が加害者側からされたとしても、裁判所は、個別の事案における具体的な事情に応じてその主張が信義則違反や権利濫用になると判断することが可能になるということで、被害者の救済を図る余地が広がることを期待しているものである。

したがって、現行法の第七百二十四条後段の改正によりまして被害者の救済を図る余地が広がることを期待しているものでありまして、適切に運用されるように、その趣旨の周知徹底を図ってまいりたい、このように考えています。

〔委員長退席、土屋(正)委員長代理着席〕

○藤野委員　本当に、そういう意味で、今回の改正は大きな一歩だと私も認識をしております。

つまり、二十年たってしまえば、権利濫用とか信義則、そういう主張すらできなかったわけで、今回それができるようになるという点で、その適切な解釈、運用の徹底を図るという点も非常に重要なことだというふうに思っております。

先ほど新潟の阿賀野患者会のお話をしましたけれども、さまざまな薬害や公害でお話をお聞きしますと、一方の側からは、二十年間もほっておいたんだからやむを得ないんじゃないか、そういう声も時々お聞きするわけですね。しかし、実態は全く違う。被害者だと名乗り出たくても出られない。不法行為による侵害が大きければ大きいほど病気や症状も重いわけですし、あるいはエネルギーも奪われてしまう、お金もかかる、日々生きるだけで精いっぱいということで、時効停止の訴えを起こすどころではないわけであります。

きょう、ここで指摘したいのは、さらに深刻な問題として、社会的な差別、偏見という問題があるということであります。

その次のページをめくっていただきますと、配付資料の三番目、読売新聞の記事であります。「新潟水俣病　遠い救済　確認五十年　残る潜在患者　「金目当て」差別・偏見恐れ」ということであります。

ここでも紹介されているんですが、新潟水俣病第五次訴訟団の原告団長を務める皆川栄一さんという方がこの一番上の段で紹介をされております。実は私もお会いしたことがありまして、昨年五月、新潟の現地調査に伺って、新潟水俣病の震源地の一つと言われます昭和電工の鹿瀬工場跡地などを視察したわけですけれども、そこに御同行いただいていろいろと御説明いただいたんですけれども、そのとき皆川さんもこういった趣旨のことをおっしゃっていました。この記事では、「「金目当てのニセ患者」と言われている人も見てきて、名乗り出るのが怖かった」という記事であります。

この皆川さん自身は、二十代のころからもう手足のしびれとか耳鳴りに悩まされていたんだけれども、当時、いろいろな差別、偏見があって、患者の家に嫁はやるなとかいろいろ、やはり事実としてあった、そのもとで、水俣病の診察を受けるということ自身が家族に影響が及んでしまう、申請に手を挙げること自身が子供たちに影響を与えてしまうという思いからずっと耐えていた、しかし、加齢によって、年によって症状がもう重くなって耐えかねて、子供たちの自立を見届けた後に申請を、手を挙げた、原告団にも入ったというお話でした。それが何と二〇一三年三月ということで、本当に、そういう意味での深刻な実態というのがあるんだということであります。

ほかのところでも、これは水俣病だけじゃなくて、B型肝炎訴訟の方にも共通して寄せられております。

例えば、このB型肝炎の方は、お医者の方から絶対に酒は飲むなと言われたときに、しかし、職場の飲み会で上司からお酒を勧められる、いや、飲めないと言って断っているんだけれども、先輩たちからは、何だ、俺たちも飲んで鍛えられたんだみたいな、最近の若いのはわがままだなというようなことを言われる。しかし、ウイルス性の肝炎なんですと言えないというんですね。そう言うと、何か、やはりそれに対するまだ偏見や差別がないと確信が持てないもとで、そういうことが言えないと。実際、配偶者の両親と飲むこともあって、配偶者の両親がすごいお酒好きで、しかし一緒に飲むことができない、親族、家族にも隠し事をしなければならないということが本当につらいんだというお話をされています。

結局、原告は、病気だけでなく、差別や偏見に対しても闘わないといけないというのが実態だというふうに思うんですね。

ですから、やはりこうした問題があって、身体的にきつくて、あるいは精神的にきつくて時効を訴えられないということに加えて、社会的にも、それを名乗り出ること、手を挙げること、時効を停止したいと言うことそのものが非常に厳しい状況があるもとで、この間、時効の問題が闘われてきた。そういうものがあるもとで、裁判所は、二十年たったら、権利の濫用、信義則での判断すら許さないということをずっとやってきたということが今回の改正の背景にあるということだと認識をしております。

ですから、この解釈というのが今回の改正で変わるわけですが、しかし、私は、やはりこれは、法制審の議論の前に、本当に血の出るような被害者と弁護団の皆さんの長年にわたる闘いがあったということを踏まえて、私たちは審議に臨む必要があるのではないかと思っております。

先ほど、平成十年と平成二十一年の最高裁を紹介しましたけれども、これも、除斥期間のもとで救済した例ですけれども、それ以外にも、やはり下級審でも、じん肺をめぐる下級審やB型肝炎、水俣もそうですが、本当に多くの下級審があったわけであります。そうした、本当に皆さんの長年の運動がこの法改正の背景にある。

大臣にお聞きしたいんですが、今回の改正、先ほどおっしゃっていただいた、これは本当に立法者の意思を示すという点で重要だと私も思うわけですが、そういう意味も含めて大きな一歩であるという御認識だということでよろしいでしょうか。

○金田国務大臣　ただいまの御指摘に対しましては、現行法の第七百二十四条後段の改正によりまして被害者の救済を図る余地が広がることを期待しているものだということで、適切な運用をなされますように、その趣旨の周知徹底を図っていきたい、このように考えています。

〔土屋(正)委員長代理退席、委員長着席〕

○藤野委員　その上で、しかしまだ幾つかの問題についてもちょっとお聞きをしたいと思っております。

その次の条文で、七百二十四条の二で、生命身体の侵害に対する損害賠償請求があるわけですが、これが設けられた趣旨、これは新設なんですね、これを端的に法務省に、まず前提としてお答えいただきたいと思います。

○小川政府参考人　お答えいたします。

生命や身体の侵害による損害賠償請求権は、債務不履行または不法行為に基づいて生ずるわけですが、生命や身体に関する利益は、一般に、財産的な利益などの他の利益と比べまして保護すべき度合いが強いということでございますので、生命や身体の侵害による損害賠償請求権については、他の利益の侵害による損害賠償請求権よりも権利

行使の機会を確保する必要性が高いと考えられます。また、生命や身体について深刻な被害が生じた後、債権者は、通常の生活を送ることが困難な状況に陥るなど、時効完成の阻止に向けた措置を速やかに行うことを期待することができないことも少なくありません。

したがいまして、生命や身体の侵害による損害賠償請求権については、他の利益の侵害による損害賠償請求権についてよりも長い時効期間を設定するのが合理的であるというふうに考えられますが、現行法上はこのような特別な規律が存在いたしません。

他方で、時効制度には、長期間の経過に伴う証拠の散逸などにより反証が困難となった相手方を保護するという側面もあるため、被害者保護のために時効制度を廃止することや時効期間を著しく長いものとすることには弊害もございます。

そこで、改正法案では、生命や身体の侵害による損害賠償請求権について、時効期間を合理的な範囲で長くするという観点から、不法行為に基づく場合には、損害及び加害者を知ったときから三年間という時効期間を五年間とすることとしております。

○藤野委員　要は、やはり新設するということで、保護の必要性が高いということであります。

条文上は生命身体への侵害と規定しているだけなんですが、適用対象として、ＰＴＳＤのように精神的に大きな打撃を受けた場合、これも含まれるという解釈でよろしいですか。

○小川政府参考人　お答えいたします。

身体を害する不法行為に当たるか否かにつきましては、単に精神的な苦痛を味わったという状態を超え、いわゆるＰＴＳＤを発症するなど精神的機能の障害が認められるケースにつきましては、これを身体的機能の障害が認められるケースと区別すべき理由はないと考えられます。

したがいまして、ＰＴＳＤが生じた事案につきましても、身体を害する不法行為に当たるものと考えられるところでございます。

○藤野委員　その上でなんですけれども、ですから、そうしたやはり重大な影響を受けますと、先ほど答弁ありましたように、時効完成の停止に向けた措置を速やかに行うことが期待できないという場合が間々あるわけですね。先ほど私も申し上げました、いろいろな例で。個人の要因だけではなくて、社会的にもそれが阻害されるというケースもあるわけであります。

その点で、法制審の場では、時効の期間につきまして、二十年ではなく三十年でもいいじゃないか、三十年でもといいますか、三十年という案も出されて議論されたと認識をしております。

結論としてはこれは二十年になったわけですが、二十年になった理由は何なのか、お答えいただけますか。

○小川政府参考人　お答えいたします。

法制審議会での検討の過程におきましては、特に生命身体への侵害による損害賠償請求権を対象として、権利消滅期間を三十年とするかどうかが検討の対象となりました。しかし、この消滅期間には、長い時間の経過に伴って証拠が散逸することなどにより反証が困難となった債務者を保護するという公益的な機能もあり、その機能は軽視することができないと考えられるところですが、長期の権利消滅期間を二十年から三十年に変更すると、この機能が大きく損なわれるおそれがあると考えられます。

他方で、今回の改正案におきましては、不法行為の損害賠償請求権の長期の権利消滅期間を、先ほども申し上げましたように、除斥期間から消滅時効期間に改めることとしております。そのため、加害者が被害者の権利行使を実際上妨げる行為をしていたといったケースにおいては、加害者による消滅時効の援用は権利の濫用に当たって許されないと判断することが可能となり、個別の事情に応じて被害者の救済を図ることが可能となっております。

以上の点を踏まえまして、現行法七百二十四条後段の二十年の期間を三十年に延ばすということはしないという結論に至ったものでございます。

○藤野委員　そこがよくわからないんですね。証拠の散逸というのでいえば、二十年も三十年もそんなに変わらないといいますか、二十年で散逸するような証拠であれば、別に三十年、余り変わらない。

法制審の議論を見ますと、こうおっしゃっているんですね。この時効期間を三十年とした場合には、損害賠償請求の相手方となるのが加害者本人ではなく、その相続人であるという事態が少なからず生じ得る、その後に、そして、時間の経過によって証拠が散逸しという話が出ていて、一番初めの理由としては相続人が挙がっているわけであります。

しかし、この相続人という点もよくわからない。個人の場合はわかるとしましても、損害賠償請求の相手方が個人じゃない場合、政府とか大企業とか、先ほど言った薬害とか公害とかいった場合、大体、公なわけであります。損害賠償請求が個人じゃない場合は、相続人の問題は生じません。

ですから、法務省にこれをお聞きしたいんですが、損害賠償請求が例えば相手が政府や大企業の場合は、三十年という特則を設けてもいいんじゃないでしょうか。

○小川政府参考人　まず第一に、現在の消滅時効期間は二十年ということでございまして、この消滅期間には、長い時間の経過に伴って証拠が散逸することなどにより反証が困難となった債務者を保護するという公益機能がございます。その点では、仮に相手方が法人であっても、今申し上げましたような機能が大きく損なわれる点については異ならないというふうに考えております。

○藤野委員　ちょっと答えていないんですけれども。

要するに、大企業や政府が相手方の場合、三十年でもいいじゃないかというのが私の質問なんです。

○小川政府参考人　お答えいたします。

時効期間が持つ公益的機能につきましては、特段差異はないというふうに考えております。

○藤野委員　大臣、この点をどう思われますか。ああいう答弁なので、ちょっとお聞きしますけれども。

○金田国務大臣　民事局長が答弁申し上げているとおりなんですけれども、私も、やはり二十年と三十年とでは違うのではないか、このように考えます。

相続人というのは、反証の難しさの典型例を指摘したものでございますし、法人でも反証は難しいのではないかな、こういうふうに私は考えます。

○藤野委員　法人一般じゃなくて、大企業とか政府とか、ある意味しっかりしたところなんです。そういうところにとって、相続という概念そのものが生じないではないかという話とは別に私はお聞きしているわけで、証拠の云々という話とは違うということを指摘したいと思います。

ちょっと時間の関係で法務省にお聞きしたいんですが、やはり今後問題になってくるのは、今回の法改正は一歩前進なんですけれども、今後どうなるのかという話であります。

先ほど紹介した最高裁平成二十一年四月二十八日の判決には田原睦夫裁判官の意見がついていると思いますけれども、これは簡単に言ってどういったような意見でしょうか。

○小川政府参考人　御指摘のとおり、田原睦夫最高裁判事の補足意見がございまして、その骨子は、民法七百二十四条後段の規定を除斥期間と解する場合には、具体的妥当な解決を図ることは法論理的に極めて難しく、他方、時効期間を定めたものと解することにより、具体的に妥当な解決を図る上で理論上の問題はなく、また、そのように解しても不法行為法の体系に特段の支障を及ぼすとは認められないのであり、さらに、そのように解することが今日の学界の趨勢及び世界各国の債権法の流れに沿うことからすれば、民法七百二十

四条後段の規定を除斥期間と解した、これはもともと平成元年の判決がございますので、その平成元年判決は変更されるべきであるというのが補足意見の骨子でございます。

○藤野委員　そういう意見なんですね。

いろいろな学説の状況や世界の流れ、あるいは不法行為の体系からいってもこれは変更されるべきだという意見、これは最高裁の中からも出ていたという点を紹介したいと思うわけであります。学界からもこういう意見は出ております。

問題は、これからやはり改正法の成立あるいは施行ということが問題になってくるわけですが、その以前に、今回二十年ですけれども、二十年を経過している事案というのがもう既に多々あるわけでありまして、こうした事案でも多くの被害者の方が苦しんでいらっしゃるという実態があるわけですね。

しかも、こうした事案こそですけれども、被害者の方の高齢化というのが進んでおりまして、先ほど言った新潟水俣病でいえば、事件発生からもう半世紀以上過ぎていて、熊本の場合も六十年たっているわけですから、もはや一刻の猶予も許されない、もう人権問題だというふうに私は思うわけであります。

その点で、今回、政府がこうした形で、七百二十四条後段は時効であるということを明確にする法改正を提案しているということであります。そうであれば、私は、これからこの法案がどうなるのか、改正までどれぐらいかかるのか、あるいは施行までどれぐらいかかるのか、そこの周知徹底という問題もあるというふうに思うわけですが、そこが見通せないもとで、今の被害者の方は刻々と日々年をとって、救済を求めているといいますか、当然の権利を求めているわけですね。

ですから、今回の法改正自身はそうした実態を受けてのものだというふうに思いますし、大臣も適切な運用、周知徹底とおっしゃっているわけでありますので、そこは本当に大事な点だと思うんですが、やはり、これからこの法案が施行されるまでに、裁判もあるし、いろいろな運用もあるというもとで、例えば裁判で国側がこれをいまだに除斥期間だと主張するようなことが仮にあれば、これは私たちのこの審議とも違ってくるわけですし、何より、被害者の痛切な思いとも反してくるわけであります。

ですから、もう時間が来ましたので終わりますが、今この議論を踏まえて、やはり施行前の事案であっても、この趣旨を生かして、これは時効であると、除斥期間などという主張は行うべきでないということを強く求めて、質問を終わります。

○鈴木委員長　次に、木下智彦君。

○木下委員　日本維新の会、木下智彦でございます。

本日もお時間をいただきまして、ありがとうございます。

きょう、お話を聞いていて、珍しく民進党の山尾志桜里先生と意見が一致するところもあるなというふうに思いまして、珍しくと言うと大変申しわけないんですけれども。特に、債務保証のお話をされていたかと思うんですけれども、第三者の保証について、実質的なあり方はどうなんだろうというところ、ここは相当考えさせられるところかなと。特に経営者の配偶者なんかについて特例的に、公証人に委ねられることなく、そういうふうな話は結構そうなんじゃないかなというふうに私も聞いていたんですけれども。

私の方からも、そういった意味で、債務保証に関連するお話を聞かせていただきたいなというふうに思います。観点が私の場合はちょっと違うんですけれども、前回の質問の中でもあったんですが、この法律案、改正案について、実質的に、要は、政府、内閣の考える政策と、それからこの法律の限界、限界と私は言いたくはないんですけれども、そういった観点について、少し質疑を続けさせていただきたいと思うんです。

きょうは、そういったことも含めて、経産省の中小企業庁それから金融庁の方から来ていただいております。なぜかというところなんですけれども、政府の政策にかかわる部分、特に債務保証にかかわる部分には、相当、もう少し政策的な意味合いを強めた改正案にするべきではなかったか、そういう観点であります。

では、どういうことを言いたいかというところなんですけれども、今、経産省、特に中小企業庁を中心に、政府の考え方として、中小企業庁なんかは、企業の中でも新陳代謝を促されている。なぜならば、生産性を高めてより日本の経済のファンダメンタルを強めていく必要があるんだということを強く言われておりまして、この政策については私は非常に賛同する部分が多い。特に、私は、当選以来、今回の国会はこの法務委員会をメーンで所属させていただいておりますが、今まで、委員長もそうですけれども、経済産業委員会にずっと所属をさせていただいていた関係で、そういった意見を持っております。

その経済産業省中小企業庁の政策の中で、やはりそういったところが色濃く出てきているのが産業競争力強化法であるとか、それから、ことしからやられている事業承継円滑化法。特に事業承継円滑化法というのは、中小企業にスポットを当てたそういった法律だというふうに思っております。これは名前のとおり、事業承継を円滑にしていこう、そういうことだと思うんですね。産業競争力強化法については、中小企業のみならず、大きな企業に関しても、事業のポートフォリオ、いろいろな事業をやっている中で、不採算な部分は切り出して、どこかとくっつけて、うまく競争力それから生産性を上げていこうということ。それから、事業承継を円滑化するというところについては、これはやはり、経営者の親族のみならず第三者であるとか、そういったところにも円滑に中小企業が事業を承継していけるようにしようというふうなことだと思っているんです。

そういった趣旨で、せっかく経済産業省に来ていただいたので、その辺の、今私がほとんど話していますけれども、そういった点を踏まえて、何をしようとしているのか、経済産業省の重点施策というところで今どういうことをされようとしているのかというところを少し説明いただければと思います。

○吉野政府参考人　お答えいたします。

私ども中小企業庁でございますけれども、今まさに先生おっしゃられました新陳代謝、創業、新事業の展開ですとか、それから事業承継といったものをしっかり後押ししていかなければならないと思っております。特に事業承継に関しましては、今、中小企業の経営者のピークの年齢が六十六歳といったところまで来ておりまして、喫緊の課題というふうなところでございます。

これに当たりまして、経営者の個人保証を求めないといったことは重要な観点かと思っております。あらかじめ求めない、それから、実際のこの履行に当たりましてもそれに配慮をするといったところは重要だと思っておりますので、この点、中小企業の活力を引き出す、さらには日本経済の活性化に資するということを目的としたこのガイドラインにつきましては、私ども、しっかりと普及をしてまいりたいというふうに思っているところでございます。

○木下委員　ありがとうございます。明快に御答弁いただいたかと思います。

もう少しちょっと言いたいところがあるのでお話しさせていただくと、今言われていた創業を支援していくというところで、新創業融資制度みたいなものがあって、ここの中に書いてあるのが、新創業融資制度とは、「新たに事業を開始する者や事業を開始して間もない者に対し、無担保・無保証人で日本公庫が融資を行う制度である。」と。これは無担保無保証である。

これは、ちょっともう一度質問として聞きたいんですけれども、なぜ保証等が必要でないのか、逆に、保証等が必要になるようなことがハードルだから、だから無担保無保証でやるというふうに私は読み取れるんですけれども、そういう理解でいいですか。そこまでだけ、一つ言っていただければいいと思います。

○吉野政府参考人　お答え申し上げます。

中小企業の創業は、先ほどの観点からもとても大事だということでございますけれども、こうした、経営者による思い切った事業展開を進めるに当たりまして、個人保証、創業時点から保証ですとか担保ですとか、こういうところを当初から求めていくところに関しては、そうした動きを損なうところもあるということで、公的金融におきましては、特に創業時点というところに関しても御指摘のような配慮をしてきているということでございます。

○木下委員　ありがとうございます。

新しい事業を始めるときは特に難しいんだということだと思います。そこをチャレンジしやすい環境に持っていくためにこういうふうな施策をされている。

もう少し行くと、平成二十八年度、今年度の「経済産業政策の重点」、ここもちょっと読ませていただきたいんですけれども、「創業促進・事業承継円滑化等による新陳代謝促進」、そこの中で書いてあるのが、ちょっと抜粋しますと、「「経営者保証に関するガイドライン」の周知・普及により、個人保証に依存してきた融資慣行を改善し、中小企業・小規模事業者の思い切った事業展開や早期の事業再生等を促進する。」、これはまさしく今御答弁いただいた内容と合致していると思うんです。

そこで、今度は金融庁にお話を聞きたいんですけれども、今言われた経営者保証に関するガイドライン、これは恐らく、私の理解するところによると、経済産業省が中心となりながら政府が推し進めていく「経済産業政策の重点」、この意思にのっとった形でこのガイドラインというのが決められている、その理解で正しいでしょうか。

○水口政府参考人　お答えいたします。

委員御指摘のとおり、金融庁としましては、創業、事業承継というものを円滑に進める上で経営者保証に過度に依存しない融資というのは大変重要であると考えてございまして、こうした点も踏まえまして、中小企業庁と金融庁の方で二十五年十二月に、民間の自主的なルールとして経営者保証ガイドラインというのがまとめられて、二月に適用がされたところでございます。

○木下委員　さすがだなと思うんですね。

これは、中小企業庁とそれから金融庁がしっかり連携して、政府の意向に沿った形で政策的な制度、それから運用がなされている、もうまさしくそういうことだというふうに思うんです。

では、その経営者保証に関するガイドライン、ちょっと中を見せていただきました。その中で、これは調査室の説明資料の中で、「主な着眼点」というところで、「経営陣は、ガイドラインを尊重・遵守する重要性を認識し、主導性を十分に発揮して、経営者保証への対応方針を明確に定めているか。また、ガイドラインに示された経営者保証の準則を始めとして、以下のような事項について職員への周知徹底を図っているか。」、これは、民間の金融機関に対してこういうことの周知徹底を図っているか、その一番最初に書いてあるんですね。

同じようなことですけれども、「経営者保証に依存しない融資の一層の促進（法人と経営者との関係の明確な区分・分離が図られている等の場合における、経営者保証を求めない可能性等の検討を含む。）」。要は、基本的には保証をしない、保証なしに、これは逢坂委員のときの金融庁の答弁でも同じだったかと思うんですけれども、なるべく保証をせずにお金を金融機関が貸すというようなことをやっていってくださいねということだと思うんです。逢坂先生はちょっといろいろ意見があったようですけれども、私はこれはいいと思っているんです。

なぜならば、お金を貸す、お金を貸すときには金利が当然あるわけですね。お金を貸して、貸し手の方は金利というものの存在によってそのみずからのリスクをうまく打ち消している、これが普通の摂理として成り立っている。そこにこの保証が入ってくるから私は結構難しくなってくると。

ただ、そのかわり、この保証というのが今までの日本の世の中ではちょっと一般化してしまっているんだと思うんですね。これがまた、今度は今回の民法の説明のところに書いてあるんです、「検討の経過」。この法律案の経緯に戻りますけれども。

「検討の経過」の中で、経営者保証については、「有用な場合があることは否定できず、民事法による強力な規制は不適当」ということで適用対象外になった。そのかわり、さっき言った「民間ベースの経営者保証ガイドラインに委ねる。」と。ただ、経営者保証ガイドラインには、先ほどから言っているとおり、なるべくそういうふうなことをしないようにすると。結局、法律では規定できずに、こういったガイドラインに委ねざるを得なかったということだと思うんですね。それからもう一つ、第三者保証についても書いていますね。「できる限り抑制すべきであるが、一律禁止は行き過ぎ（厳格な要件の下で許容）。」というふうに書いてあるんです。

本当にこれでいいのかなということは、また一つ議論があると思っているんです。では、「有用な場合があることは否定できず、」、この「有用な」と言っているのは誰なんだということなんです。それはちょっと次回の議論にしようかなと思っているんですけれども。要は、いろいろなところからの意見を聞いていると、こういったことは「否定できず、」というふうになっている。「できる限り抑制すべき」、でも全部抑制しないよということですよね。本当にこれでいいのかな。

ただ、さっきから言っているところの、今回の法律案、この中で見る限りにおいては、これは法律だからしようがないというのかもしれませんけれども、この法律の条文だけを読み取ってしまったら、保証人の保護というふうな観点で書いてあるかもしれないけれども、この法律をそのまま真っすぐにとってしまうと、保証はいいんだというふうに捉えざるを得ない。ここからここまでの部分については保証はいいですよというふうなことなのかもしれません。ただ、保証はいいですよということになってしまう。

そうすると、これだけをとってみると、今いろいろ言われていた政策と、この民法の法律案の中に書かれていることというのが整合性がうまく保てていないんじゃないかな。まあ、運用等々でいろいろ考えられるのかもしれません。さっき言っていたように、「経営者保証ガイドラインに委ねる。」というふうに書いています。

ただ、本来であれば、これを言うと法律の専門家の方々には申しわけないんですけれども、幾ら民法であったとしても、政府の意向、政策というのが色濃く反映されているべきなのではないかというふうに私は思っておりまして、ここはちょっと非常に難しいところなんですけれども、大臣がそういった部分についてどういうお考えを持っておられるかというところ、きょうちょっとそれをお聞きしたかったんです。よろしいですか。

○金田国務大臣　委員の御指摘を拝聴しました。

個人保証に依存し過ぎない融資慣行の確立、そういうものは我が国の社会において極めて重要だというふうに認識はしております。他方で、やはり、個人保証を利用することを全面的に禁止した場合には、特に信用力に乏しい中小企業の資金調達に支障を生じさせるおそれがあるという指摘が寄せられておった経緯は今まで議論に出ているとおりであります。したがって、この指摘も一方で重く受けとめる必要があるという中で、個人保証の問題に関しては、これらの相反する要請をどのようにバランスのとれたものにしていくかという点が重要であった、このように認識しております。

したがって、これらの要請を調和のとれたものにするために検討が行われたわけですけれども、最終的な結論としては、事業性の融資に関して、保証契約を無効にするという極めて強力なルールを設けることを前提に、このルールの適用対象として、弊害が顕著である第三者が保証するケースに限定をして、かつ、第三者保証についてもこれ

を全面的に禁止することとはしないということにしたものであって、改正法案は、金融機関が金融庁の監督指針に反する行動をとることを許容する性質のものではなく、金融庁の監督指針と相まって、第三者の個人保証を求めないことを原則とする融資慣行を確立し、その適正化を図ることに資するものだというふうに考えているわけであります。

引き続いて、個人保証に依存し過ぎない融資慣行の確立に向けて、関係省庁、きょうもお見えですが、連携をしながら取り組んでいきたい、このように考えておるわけであります。

○木下委員　ありがとうございます。丁寧に御答弁いただいたかと思います。

ただ、やはり今大臣がおっしゃられたようなこと、これはずっと言い続けなきゃいけないと思うんですね。この法律だけをとってしまったら、いや、悪いことしていないじゃないと言う人は絶対に出てくる。

しかも、もう一つ私がちょっと言わせてもらうと、これは、次回もこの保証制度についてもう少し突っ込んで話をしたいと思っているんですけれども、要は、言えば、金融機関はもっと働けよということだと思うんですね。自分たちがちゃんとリスクをとって、相手の信用力がどれぐらいか、それによって金利をどれぐらいに設定するかというふうなこともちゃんとやっていけよと。多分金融庁なんかはそう思っていらっしゃると思うんですけれども、そういうことをちゃんとやっていって、本当に社会が適正に回るということに、これは法務省、この民法の中でもちゃんとそういったことを何とかして規定できるようにしていくべきなんじゃないかなということ。これは非常に難しいです。

それから、もう一つ、大臣がおっしゃられていましたけれども、バランスをと。では、このバランスというのが、どこにバランスがあるのかということなんです。法律の専門家それから業界団体、それだけで本当にいいのか。前回は、一般の人の意見というのも必要だと言っていたんですけれども、もう一つ、もっと重要なことは何かというと、ちゃんと政府の意向、こういうものが反映されたような、そういった法律をつくっていっていただきたい。しかも、その政府の意向というのが正しいものであるかどうか、それをしっかりとこういった委員会で審議ができればというふうに思っております。

きょうは少し早いですけれども、金曜日、最後、厚労委員会とここしか立っておりませんので、これで終わらせていただきたいと思います。

ありがとうございます。

○鈴木委員長　次回は、公報をもってお知らせすることとし、本日は、これにて散会いたします。

午後三時五十七分散会